珍藏本
纪念版

汉译世界学术名著丛书

马唐草边疆

〔美〕肯尼思·杰克逊 著

王旭 李文硕 王宇翔
刘敏 孙群郎 译

2017年·北京

Kenneth T. Jackson

CRABGRASS FRONTIER

The Suburbanization of the United States

中文版经版权方授权,根据牛津大学出版社 1985 年平装本译出

汉译世界学术名著丛书
（120 年纪念版·珍藏本）
出 版 说 明

2017 年 2 月 11 日，商务印书馆迎来 120 岁的生日。120 年前，商务印书馆前贤怀揣文化救国的理想，抱持“昌明教育，开启民智”的使命，立足本土，放眼寰宇，以出版为津梁，沟通中西，为中国、为世界提供最富智慧的思想文化成果。无论世事白云苍狗，潮流左右激荡，甚至战火硝烟弥漫，始终践行学术报国之志，无改初心。

迻译世界各国学术名著，即其一端。早在 20 世纪初年便出版《原富》《天演论》等影响至今的代表性著作，1950 年代后更致力于外国哲学和社会科学经典的译介，及至 1980 年代，辑为“汉译世界学术名著丛书”，汇涓为流，蔚为大观。丛书自 1981 年开始出版，历时三十余年，迄今已推出七百种，是我国现代出版史上规模最大、最为重要的学术翻译工程。

丛书所选之书，立场观点不囿于一派，学科领域不限于一门，皆为文明开启以来，各时代、各国家、各民族的思想与文化精粹，代表着人类已经到达过的精神境界。丛书系统译介世界学术经典，引领时代思想，为本土原创学术的发展提供丰富的文化滋养，为推动中国现代学术和现代化进程做出了突出的贡献。

为纪念商务印书馆成立120周年，我们整体推出“汉译世界学术名著丛书”120年纪念版的珍藏本，寄望既利于文化积累，又便于研读查考，同时向长期支持丛书出版的译者、编者和读者致以敬意。

两甲子后的今天，商务印书馆又站在了一个新的历史时间节点上。我们不仅要铭记先辈的身影和足迹，更须让我们的步伐充满新的时代精神。这是商务人代代相传的事业，更是与国家和民族的命运始终紧密相连的事业。我们责无旁贷，必须做好我们这代人的传承与创造，让我们的努力和成果不仅凝聚成民族文化的记忆，还能成为后来人可以接续的事业。唯此，才能不负前贤，无愧来者。

商务印书馆编辑部

2017年10月

献给芭芭拉和我永远想念的

次子肯尼思·戈登·杰克逊(1968—1984)

目　录

鸣　谢 7

在从事这个课题研究的漫长的过程中，我受益于多方的帮助，对于他们，无论怎样感谢都不为过。全国人文学科基金会、约翰·塞蒙·古根海姆纪念基金会、美国学术团体理事会为我提供了研究基金和研究时间；1982 年设在乔治·华盛顿大学的班耐克教授职位，又使我能够充分利用美国住房与城市发展部和国家档案馆的很多资料。哥伦比亚大学社会科学研究理事会和历史系的杜宁研究基金为我的书稿资料的打印提供了帮助。我在全国查询资料和实地调研的工作是惬意而富有成效的，多亏下列人员的协助：休斯敦的 Joyce Dalbey；新奥尔良的 Dale & Douglas Curry 夫妇；南卡罗来纳州哥伦比亚市的 Sarah and Austin Tothacer 夫妇；亚特兰大的 Patey & Lewis Lanter 夫妇；北卡罗来纳州查珀尔希尔市的 Phyllis & Roger Lotchin 夫妇；芝加哥的 Darry & Michael Ebner 夫妇和 Carolyn & Jan Benjamin 夫妇；杰克逊维尔的 Juanita & Hiram Caroom 夫妇；费城的 Mark Haller；达拉斯的 Estelle & Bob Crenshaw 夫妇；戴顿的 Wanda and Alan Goldstein 夫妇；华盛顿的 Anne & Thomas Scheckells 夫妇；Thomas M. McNair，Patrick W. Murphy；丹佛的 Harry L. Davis；韦斯特切斯特的 Paula & Max Schouten 夫妇，Sally & John Cunningham 夫妇，

Mary & John Heilner 夫妇;圣何塞的 Betty and Robert Hume 夫妇;旧金山的 Gaithe and Byron Smith 夫妇;洛杉矶的 Kenneth M. Batinovich,Sue & Clelland Downs 夫妇;圣迭戈的 Sally & Pete Finch 夫妇。Christine & Val Sharp 夫妇在莱克福里斯特、格林威茨以及拉迪的家里欢迎我,每次都打开家门和冰箱门,任我
8 随意享用,与我成为至交。在孟菲斯,Carolyn & John Parish 夫妇总是把我视为他们的孩子;而我的母亲 Elizabeth William Jackson 在这些年里非常支持我、关爱我,周到地照顾我,我的很多朋友也都说她待他们亲如子女。

任何熟悉这个题目的人都看得出,我大量援引了其他学者的相关著述。在这里我尽可能地一一列明。我感谢下列人员提供了难以计数的批评和建议,他们是:Alan F. J. Artibise, John F. Bauman, Stanley Buder, Clara Cardia, Michael Conzen, Leonard Dinnerstein, Michael Ebner, Roderick French, David R. Goldfield, Susan S. Hallas, David Halle, Glen E. Holt, Timothy Jackson, Roger Lotchin, Michael McCathy, Zane L. Miller, Jon A. Peterson, Stanley K. Schultz, Allen Share, Bayrd Still, Joel A. Tarr, Sam Bass Warner, Jr., Margaret Kurth Weinberg, Olivier Zunz。Deborah S. Gardner, Camilo J. Vergara, Carol Willis 与我分享他们收集的照片,而 George Tremberger 在百忙中抽出时间为本书绘制图表。在美国遗产公司,Patrick Bunyan 从卷帙浩繁的档案中找到合适的图片,艾弗里建筑图书馆的 Janet Parks 和 Jay Hendrickx 也是如此。在美国住房与城市发展部,Frederick J. Eggers, Mary A. Grey, William A. Rolfe, Joan Gilbert(现在耶鲁大学任职)帮助我破解官僚部门的谜团,而 Joseph B. Howerton,Jerry N. Hess、Charles Gellert 指点我在国家档案馆如何找到有价值的资料。Ben H. Graham,Wallace E. Johnson,Martin Winter 慷慨地放弃了手中的基建生意,帮我追溯住房建筑产业的历史。

在我任教 17 年的哥伦比亚大学,Stuart Bruchey,Ainslie Herbert J. Gans,John A. Garraty,Henry F. Graff,Herbert S. Klein,Peter Marcuse,Robert A. McCaughey,Eric L. McKitrick,Robert O. Paxton,Rosalind Rosenberg,Elliott Sclar,James P. Shenton,Alden T. Vaughan,Gwendolyn Wright 都是慷慨无私而乐于助人的学者。William E. Leuchtenburg 是我在莫宁塞德-海茨认识的第一个学者,他后来离开了纽约,但此前他在专业上和个人生活上一直鼓励和帮助我,他严谨而扎实的治学风格一直是我效仿的榜样。我教过的很多学生,特别是 James Baughman,David Bensman,Euenie Ladner Birch,William N. Black,Kenneth Cobb,Estelle Freeman,Deborah Gardner,Mark Gelfand,Timothy Gilfoyle,Jacquelyn Dowd Hall,David Hammack,Clifton Hood,Betsy W. Kearns,Thomas Kessner,Veronique Marteau,Eleanora Schoenebaum,David Schuyler,Frank Vos,Ray Weisman,Carol Willis,他们从本书中可能会找到自己曾提出的某些见解。我的老师 Richard C. Wade 先生20 年前在芝加哥大学任教时曾借用“马唐草边疆”这个表述,他是我在城市史方面的启蒙导师。我想他会知道他的思想和榜样自那时起对我产生了何等重要的影响。

9 牛津大学出版社的 Sheldon Meyer 是非常耐心而真诚的朋友，也是一个有价值的顾问；同一家出版社的 Pamela Nicely 则帮我修正了书中的数十处纰漏。错缪之处仍在所难免，作为作者，当然是文责自负。

本书的某些部分已以某种形式发表，因此，这里我要特别感谢普林斯顿大学出版社、行为研究院高级研究中心、《城市史杂志》、《芝加哥历史》杂志、哥伦比亚历史协会、塞奇出版社公司、沃兹沃思出版公司，以及达布戴出版公司慷慨应允本书收录先前发表的某些论文。

撰写本书过程中最重要的人当然是我的妻子 Barbara，包括这部著作以及我的两个孩子在内的我生命中美好的事物，都源自她的奉献、牺牲和激励。她使我看到了某些我可能永远也注意不到的事情，她帮助我渡过一个又一个难关，陪伴我分享了 23 年的风风雨雨，我希望借此表达我对她的感激和爱慕。

就在本书付梓前两周，我们 16 岁的爱子在一场车祸中丧生，出事地点距我们家仅几英里。Barbara 和我都经历过失去父母和朋友的痛苦，但我们从没想到会在家门口面对警察和牧师，不然，这本该是一个平静的周五的晚上。Kenneth Gordon Jackson II 与他的兄弟们、朋友们终日厮守，他爱着他的鼓、他的运动，以至于无暇顾及他父亲的书，但他教会我如何使用电脑，这份书稿就是用电脑打印出来的，他帮我安装了第一个文字处理系统，把我的软盘格式化并整理其内容。无论何时，只要我一有问题，他就立即出现在我面前。更重要的是，他促使我离开办公桌，无数次地和他进行乒乓球比赛，去滑雪，观看比赛，滑铁圈，打垒球，扔飞盘。虽然在这

个世界上每一个人都是独特的，但正像他的朋友 Edd Payne 形容的那样，Gordon 比任何人都不寻常。他在太多太多方面都极有悟性——他的微笑、他的机敏，他喜爱户外运动，他对每一种动物都有怜悯之心，他笑对新的事物和挑战，他有很多朋友，但没有传统的门户之见。我的余生将永远记着我的儿子，他永远活在我的心中。

Gordon 突然离去之后，很多朋友来安慰 Barbara、Kevan 和我，他们帮着清理房间、做饭，以减缓我们的痛楚，分担我们的忧愁。他们中没有一个人读过这份书稿，对本书也一无所知；但他们所做的事与我们息息相关，想方设法缓释我们内心的空虚和伤感。我们要感谢所有这些人，特别是 Jack Silvey Miller 牧师，他帮助我们重新站起来，在我们最需要的时候给我们以爱。

肯尼思·杰克逊

1984 年 11 月 12 日

于哥伦比亚大学

导　言 3

就在你读到此刻，以平方英里计数的、模式单一的“火柴盒”正在像坏疽一样四处蔓延……可以想见，由贪婪驱动的开发，所到之处无不滋生腐朽。

——约翰·基茨(John Keats):《落地窗上的裂痕》

(*The Crack in the Picture Window*)

纵观历史，一个民族对特定住所的处理和安排，与其他富有创意的艺术品相比，彰显了更多的意义。住房是人们内心的外在表现形式；任何一个社会，如果不考虑其成员的住所，就无法充分地理解他们。有一首19世纪的歌曲这样表白：“哪里都不能与家相比。”尽管置身翡翠城(法兰克·包姆虚构的首都之城)中，多萝西却实在想不出哪里有比她在堪萨斯的家更好的地方。我们的家是我们远离尘嚣的港湾。

本书所研究的，正是美国人居住的这种港湾。书中阐明：我们周围的空间——邻里、道路、院落、房屋以及公寓的实际组织形式——决定了我们的生活方式。正如刘易斯·芒福德(Lewis Mumford)曾经说过的：“房屋的建造是任何一种文明的重要成果。”显然，这些特定形式的人工环境是多种因素相互作用的结果，包括技术、文化类型、人口压力、土地价值以及社会关系；即便是在非常死板苛刻的条件和技术限制下，各种物质模式的产生也都是可能的。工作、宗教以及家庭生活可以在单一空间内完成，也可以在分离而专业的空间中进行。无论这种模式强调紧凑性（如维也纳），还是侧重分散化（如当代美国），都是选择的问题。拿西非马里中部山区的25万名多贡人来说，他们长期深居马里内陆，好几个世纪的时间都难得有任何改变。多贡人居住在崎岖、贫瘠的山
4 地，他们把村庄建在陡峭的崖壁旁，洞穴则用来埋葬死去的人。由于多贡人凶蛮好斗，基督教传教士和改宗的穆斯林都把他们描述成无法皈依的异教徒。人类学家却注意到，多贡人的民居，极为合乎逻辑地体现了其特有的宇宙哲学观。

在美国，主导性的居住模式是郊区化，这一点毋庸置疑。1980年美国人口调查数据显示，超过40%的人口，也就是超过1亿的美国人，居住在郊区，这一比例高于居住在农村地区和中心城市的人口。无论从相对意义还是从绝对意义上来讲，大城市人口在减少。1950年美国25个最大的都市中，有18个在其后的30年间人口逐渐减少。而在此期间，郊区化成为美国社会典型的表现形式；与小汽车、摩天大楼或美式职业足球相比，郊区文化也许更具代表性。郊区化是美国当代文化完整的、充分的具体表现形式；郊区化也是美国社会基本特征的展现，例如令人印象深刻的消费文化、对私家车的依赖、社会垂直流动、核心家庭、工作与休闲严格区分，以及在种族与经济上的排外倾向。

毫无疑问，“郊区”(suburb)一词是含义模糊的，它本身就足以释放很多谜团。少数人曾尝试对该词做出具体的解释，美国著名

专栏作家埃尔玛·邦贝克(Erma Bombeck)几年前谈到:郊区是小规模、有约束的社区类型;在那里,人们多半有着近似的生活水准,修剪同样的草坪,家家户户拥有同等数量的垃圾桶,同样的家居计划以及同样大小的化粪池。美国著名记者拉塞尔·贝克(Russell Baker)不无揶揄地说:“美国是一座大型购物中心,或者说是一家环绕乡村极速运转的购物中心。”

这不是陈词滥调,而是真真切切存在的,体现在整齐划一的自行车、旅行车以及露台诸方面。这一模式之所以能维系下来,是因为它符合政治谱系两端人们的期盼。对于那些持右派观点的人来说,这一模式确立了全民所渴望的“美国生活方式”;对于左派人士来讲,郊区的幻象正如一种使用灵活的武器,可以用来抨击各种全国性的问题,从文化的僵化到生态破坏。

学者们对这种模式是持否定态度的,但他们也还并未达成一致意见。诚然,某种过度反应表明匆忙下结论是不明智的。随着大都市区的蔓延,郊区化也逐渐演变成各地人们所普遍接受的生活方式。郊区化是一种规划模式,同时也是一种基于想象和象征 5
的心智图景。经济学者以核心与周边地区的功能关系为基准,界定郊区化的地位;人口统计学者则按照居住密度或者通勤方式来界定它们;建筑师通过建筑类型来界定;而社会学家采用人们的行为或者生活方式来界定。美国人口统计署把大都市区看作一个由5万人口构成的中心城市,它也包括与之有一定程度通勤关系并具备一定城市化特征的周边地区的综合体。因为屈从于沉重的政治压力,人口统计署在界定“郊区”和“大都市区”时使用更多的是令人混淆的表述,不能带给那些严谨的研究人员以启发。词典中

的释义也绕过了郊区含混不清的人口学概念，而把郊区解释为："那些坐落在镇或市外围并与其围墙或者边界相毗邻的居住区。"

由于种类繁多的地点经常被贴上郊区的标签，致使郊区的定义令人困惑。底特律的海兰帕克、洛杉矶的贝弗利希尔斯以及达拉斯的帕克城都是法律意义上独立但被大城市完全包围的地区。休斯敦的里弗奥克斯、堪萨斯城的坎特里特拉布以及布朗克斯的菲尔德斯通除了没有法定地位外，无论从哪一个方面看都具备了郊区的特征。美国城市的边界并未遵循更合乎逻辑的常规划定。新泽西的纽瓦克充其量也就 23 平方英里，如此小的弹丸之地从市中心步行几个街区就到了另一个城市，或者可能进入另一个县*。佛罗里达的杰克逊维尔与纽瓦克人口数量差不多，但其蔓延的地域面积相当于纽瓦克的 40 倍，达 850 平方英里，其中包括沼泽和丛林。

即使我们把注意力仅仅局限在那些自治的社区，也很快能发现美国郊区在种类、格局以及面积方面所呈现的多样化——贫困的社区与富裕的社区、工业社区与住宅社区、新区与老区。从费城穿越特拉华河的新泽西卡姆登，以及通过这所"西进之门"跨越密西西比河的东圣路易斯，两座城市经济凋敝，致使它们所遗留的问题成为全国最棘手的问题之一；而旧金山外的希尔斯伯勒、芝加哥外的温内特卡以及纽约市外的萨德尔里弗，都以平均房价接近 50 万美元而为人知。有些外围社区以工业为主，但其他一些社区有严格的规划，受区划法限制，以保证所有住宅都能享受安静的环

* 在美国的行政区划中，存在县辖市的情况。——编者注

境。有些郊区，比如坎布里奇和新罗歇尔，比费城历史还悠久；相
比较而言，像欧文、莱斯顿以及哥伦比亚这样的规划型社区则几乎
全是新的。单一种族的郊区也很常见。仅仅是芝加哥的周边，就 6
包括波兰裔的西塞罗市、犹太裔的司考基市、非洲裔的罗宾斯市、
白人清教徒的森林湖市，以及以其民族多样性而自豪的橡树园和
伊凡斯顿这样的地区。

尽管有这么多明显的多样性，依然有人试图对美国的居住区发展进行一般性概括。许多读者可能对于在整个区域范围进行概括持异议，他们认为，像圣迭戈和达拉斯这样的“阳光地带”城市与布法罗和克利夫兰这样没落的制造业城市之间存在着根本差别，形成了不同的景观。美国大都市区之间的差异如此巨大，很大程度上是由美国辽阔的国土、大都市顺利发展时期的运输模式，以及当地的经济结构所造成的。但美国居住模式的相似性远大于差异性，尤其是在年代、离城远近及社会经济阶层确定的情况下。在地域差异清晰可见的情况下，流行的看法往往不见得正确。洛杉矶或凤凰城周边沙漠地带住宅区的典型特征是人烟稀少，闲置的空间随处可见，但这些住宅区的地价比起纽约或波士顿郊区相应地块的价格要低很多。

如果我们以国际化的视角来看待美国郊区化，其共性特征就明晰多了。一直以来，美国在四个重要方面具有独特性，可以用这样一句话来概括：富裕的中产阶级往往住在远离其工作地点的郊区，拥有私人住房，这些房子坐落在一个大院子的中心。若依据城市的标准，这些院落面积真是太大了。此外，这一独特性还涉及人口密度、自有住房、居民身份以及工作通勤。

美国大都市区的第一个显著特征是都市区居住密度低以及城乡差异的缩小。在所有的文化当中，土地的价格很大程度上取决于距离城市中心的远近。因此，某一住宅占用空间的大小，从逻辑上来讲，外围总是高于中心。然而，从国际的宏观视野看，美国人口聚落是松散的，人口密度（密度弧线）的降低是渐进的，土地使用规划的力度不够，土地和房产比较容易获得，这对美国社会自我属性的认定起了关键作用。美国很多社区拥有宽敞的街道、大面积的草坪，人口高度分散，甚至在最大的组合城市里，每英亩土地上人口平均密度不到 10 人。早在 1930 年，纽约大都市区土地面积达 2 514 平方英里，人口为 1 090 万，每英亩平均不到 7 人；而纽约市的某些区是世界上最拥挤的地区。其他城市的人口更加分散，
7 举例来说，1950—1970 年，华盛顿特区的城市化区域从 181 平方英里扩展到 523 平方英里。蔓延根源于美国人生活的私有化以及对独栋住房的喜好。1980 年，美国 8 640 万居住单元中，有大约三分之二，即 5 730 万户，居住在花草满目的庭院中央的独栋住宅中。

在其他国家，城市更加拥挤，与乡村形成巨大差异。哥本哈根、莫斯科、科隆以及维也纳的外部边缘由公寓构成分界线，乘火车 20 分钟即可到达乡间。同样地，开放空间环绕着锡耶纳和佛罗伦萨狭窄的街道和拥挤的住房。大都市东京自二战以来已经吞噬了数以万计的农场，但是其私人建筑地块很少超过 0.05 英亩。与西方城市不同的是，上海从法律意义上讲，包括数千英亩的高产农田，但其人口却集中在市中心，市中心的平均人口密度几乎达到每平方公里 10 万人。

瑞典人的生活水平可与美国人相媲美，因此，以瑞典为例特别

具有启发性。自1950年以来，新城如雨后春笋般地在首都斯德哥尔摩周围涌现，但瑞典郊区多为高密度高层建筑，生活环境并不是很舒适，如城中心以西9英里的魏林比、城中心以南6英里的法斯塔，那里移民高度集中，主要靠公共交通出行，它们与低密度、以汽车为主导的美国郊区可谓天壤之别。

美国住房文化中第二个突出的特征是对私有住宅的强烈喜好。这个特点通过数据可以得到很好的说明。大约三分之二的美国人拥有自己的住宅，美国劳工联合会/产业工会联合会联盟会会员的这一比例升至四分之三，45—64岁的两人家庭的这一比例是85%，小城市中标准白人家庭的相应比例则高达95%。总的来说，美国的这一比例差不多是德国、瑞士、法国、英国以及挪威的两倍，比社会主义国家保加利亚和苏联高出许多倍。在社会主义国家体制内，住宅私有化从技术上来讲是不合法的。瑞典再次成为了典型，富有启发性，原因在于瑞典这一富裕国家只有大约三分之一的家庭拥有按揭或全额付款的住房。在1945年以来的前所未有的繁荣时期，这一比例一直非常稳定。只有新西兰、澳大利亚和加拿大三个国家与美国的经历大致相似，它们有某些共同的特点，即边疆传统浓厚、人口不多，以及英国式的厌恶城市文化。

美国住房模式的第三个，也是最重要的突出特征，是中心和外 8
围地区的社会经济差异。在美国，身份和收入与郊区相互关联，郊区为相当数量的受过大学教育、有职业追求并获得上等收入的人们提供住所。虽然近年来人们对美国城市的重新振兴心存希望且情况确实有所改进，但1980年的人口统计数据显示，大都市区内的中心城市居民和毗邻郊区的居民比例失衡现象日益严重，这不

仅体现在收入方面，还表现在就业、住房、居住方式以及家庭结构方面。以1970年来说，中心城市家庭的平均收入是郊区的80%。到1980年，这一数字降至74%；1983年再降为72%。甚至在中心商务区复兴以及中产阶级住房改善被普遍看好的波士顿，中产家庭的收入也相对下降。由于低收入阶层、公共住房以及少数族裔群体都集中在城市中心，因此经济学家理查德·穆斯（Richard F. Muth）推断："从中心商业区向外，美国城市中产家庭的收入呈增加趋势，大约每英里递增8%，10英里以外这一数字就会翻番。"

其他国家的情形与此形成鲜明对比。以1976年为例，驶进约翰内斯堡的一辆拥挤的通勤列车失事造成31人遇难，遇难者中除两位是白人，其余都是黑人。这一带有悲剧性的种族比例反映了一种现实——在南非联邦，受压迫的黑人民众经常要长途通勤去工作，而市中心则留给少数白人特权阶层。南非政府禁止在大城市近郊建造房屋，然而，比勒陀利亚以北25英里的地方遍布着密密麻麻的棚屋，这些棚屋由废弃物、包装袋以及一些金属棒加固而成。温特雅德的村落里生活着50万—70万人口，但这个居住区却未获官方认可。同样，距离高雅、舒适的开普敦不过几英里的地方，有2万名黑人移民搭建了很多非法棚屋，棚屋用木板、纤维板以及塑料薄膜草草围起来，这个黑人贫民区被称为克罗斯罗兹（Crossroads）。

发展中国家的城市也具有类似的特点。在开罗，欧洲化的富足的田园城市矗立在尼罗河畔，也就是大都市的中心位置，而大部分贫民窟分布在南部和东北部边缘地带。在土耳其，倘若有人一夜之间在空地搭建了四面墙和一片屋顶，传统上来讲，他就是这座房子的主人。结果，摇摇欲坠的“棚屋”在安卡拉和伊斯坦布尔的边缘地区大量出现。在加尔各答和孟买，唯一提供可饮用水的地区是市中心，那里是富人居住的地方。在其外围则是数千合法划 9
定的贫民窟区，贫民窟遍及所有大都市区，不过多在城市周边。在社会主义国家保加利亚，高层官僚生活在索菲亚市中心。虽然政府承诺消除中心和外围地区的生活差异并努力使外围地区变得更好，但这些计划通常“无疾而终”。

正是由于出现了现代居住方式的精细划分，西欧的居民区才保住了它历史上的风采。罗马、巴塞罗那和维也纳最高级的社会经济区都在其商业区附近；郊区通常具有低收入区的特点。在阿姆斯特丹，富裕程度在老城中心体现得十分清楚，一排排翻修过的17世纪城镇住房鳞次栉比地排列在平静的环城运河周围。中心地带保存了其历史的特质和生命力，劳工阶层则被迫逐渐向郊区迁移。在巴黎，阶级差别趋向于通过塞纳河东西两岸展示地理性的区隔。西部郊区——布洛涅、纳伊、圣克卢、梅勒敦、塞夫勒和沙维尔——在19世纪曾是时尚之都，这些地方直到1984年依然能维系稳定的中产阶级水平；然而，从圣丹尼斯穿过奥布维里埃莱利拉南部到达文生尼绿地，日益扩大的东部与北部的葡萄牙人和阿尔及利亚人的内陆郊区，则显示出凋敝的景象，由于这些地区的居民经常投共产党候选人的票，长久以来被称为“红色郊区”。在巴黎市中心，雷德勋爵(Baronde Rede)、已故的赫莲娜·鲁宾斯坦(Helena Rubinstein)以及乔治·蓬皮杜(Georges Pompidou)总统都曾在此居住，具体地点在圣路易斯岛及毗邻的圣日耳曼近郊。邻近的蓝领区域，如巴士底与塞纳河之间的玛莱区，正在组织保护

委员会来阻止富裕的贵族居民的到来。

南美城市的模式与其北部近邻大相径庭。在巴西,贫民窟居民从城市中心区被排斥出来,这种现象在文化上根深蒂固,葡萄牙语把他们称为边际人(marginais),描述他们到来的词语则是入侵(invasao)。暖色调的棚屋居民区被称为 favelas,这个名字取自一种大量生长在山坡上的开花树,棚屋居民区散布在圣保罗和累西腓的周边。在里约热内卢,满载着奔向塞佩蒂巴海湾游客的大巴一定会路过荷欣尼亚的棚屋,这一地区分布着数百处这样的贫民窟。没有人可以确定到底有多少人居住在棚屋里,然而,人口调查员通过航拍照片估算人口数量应该在 10 万—12 万。同时,在布宜诺斯艾利斯、圣地亚哥、墨西哥城以及利马,赤贫都出现在郊区。在那里,抽水马桶、下水道、自来水、消防和治安保护,都是闻所未
10 闻的事情。在南美大陆最富裕的城市加拉加斯,大都市区周围环绕的山脉斜坡上布满了棚屋,而优雅的乡村俱乐部则坐落在山谷中,且毗邻城镇。

美国住房历史的第四个也是最后一个突出的特征,便是平均通勤时间长。无论是用英里还是用分钟来计算,都很长。根据 1980 年人口统计数据,典型的美国工人经过 9.2 英里的路程、花费 22 分钟可到达工作地点,每人每年花费超过 1 270 美元。在较大的大都市区,这一数字更高。对于欧洲、亚洲以及南美洲来讲,精确的统计数据无法获得,但是那里的人们习惯回家吃午饭,饭后还可能午睡一会儿,由此可见,在其他文化中,工作地与居住地之间的联系更便捷,更被看重,也更易实现。

本书旨在阐明美国与世界其他地区所走过的不同道路。美国

人是如何，又为什么改变了他们关于工业化以及后工业化时代美好生活的愿景的？为什么美国的大都市区如此快速地走向分散化？是什么技术和意识形态的力量塑造了现代大都市区独特的形式？美国城市的空间模式——它一向被认为孕育着希望与理想——是否来源于或者导致了一系列有利于郊区化的社会价值和政治政策？分散化在多大程度上妨碍了城市公共设施的建设而只换来私有空间的最大化？接下来，本书探讨城市土地使用的情况、既往城市发展的历程，以及美国人通过什么方式聚集到大都市区来安排他们的生活。

这些探讨尝试针对美国的郊区化做出一个广义的阐释与总结。我当然不敢保证这项研究详尽无遗，把所有重要的郊区都描述一番需要耗费巨大的精力。但我会尽量将对思想史、建筑史、城市史、交通运输史以及公共政策史的分析有机地结合在一起；同时，我也试图把美国经验放在国际化的视野下进行研究。鉴于《马唐草边疆》一书涵盖了广泛的地理和历史范围，它更像是一篇论文，而不是一部专著，也不寻求用严格概念做出精确的可量化的结论。正如奥斯卡·汉德林（Oscar Handlin）提醒我们的，读一篇好的文章正如体验一件蕴含学者思想的产品；在理想的状况下，它把所有的信息汇集在一起并彰显它们的意义。利顿·斯特雷奇（Lytton Strachey）曾经对某种学术倾向颇有微词："资料浩如烟海，如果简单堆砌，等于从大海深处随意地汲几瓢水，却又煞有介事地在日光下打量和研究。"在收集特征化样本方面，我做得还很不够；但我一直在努力取得关于一般模式的思想结果，而不是罗列有地方特征的简单事实。

11 与大部分命题宏大的研究一样，本书也存在简单化概括的风险。从很大程度上讲，按照居住方式来区分不同群体的价值观和生活方式并做出令人信服的表述是困难的。本书对郊区做出的基础性定义涵盖四个方面：功能（非农业住宅）、阶层（中层和上层）、间隔（每日的通勤）和密度（相对于老区来说）。我注意到，仅仅关注建成区外围的低密度非农业用地是武断的、不严谨的。例如，低密度在19世纪的含义是，城市化密度每平方英里一般介于5万—10万人，新区通常为3万人。20世纪晚期这一含义则不同，在这一时期，许多内城地区每平方英里不到1.5万人，郊区不足1 000人。同样，有些国家的生产性农业用地的人口密度可能高于美国非生产性的、公共的郊区的人口密度。

本书反复重申几个主题，它们包括：土地开发商的重要性，廉价地块的重要性，低成本建筑方式的重要性，交通运输技术改进的重要性，充足能源的重要性，政府补贴的重要性，以及种族压力的重要性。始终贯穿本书的概念是：美国人长久以来喜欢独栋住宅，而不是联排住房；喜欢乡村生活，而不是城市生活；喜欢拥有住房，而不愿选择租房。按照层级分散的原则，我的焦点主要放在中产阶级和上层阶级，因为社会变革通常从社会的上层开始。在美国，富裕的家庭容易获得经济资源，并且机动灵活，因而率先迁往城市边缘。这种富裕和拥有权力的阶层时兴的生活方式，后来也在普通居民当中流行起来。最后，我要说明的是，历史与当代公共政策息息相关，我希望本书可以阐明：郊区化作为一个自然进程，与政府也有密切关系。

第一章　郊区 12

——贫民窟之所在

依我来看，鄙人的住宅是这世上最美的。它靠近巴比伦，我们既能得享这座城市的便利，回到家中又能远离那里的尘嚣。

这是公元前539年致波斯国王的一封信，用楔形文字刻在泥板上，在现存的记录中，第一次表达了郊区生活的梦想。然而，想把农村和城市生活最好的一面结合起来的渴望甚至比这封2 000多年前的信还要早。如今，曾经的文明古城乌尔（Ur）早已随风逝去，只留下一片断壁残垣在泥沙中呜咽。这个古代文明的奇迹位于今天的伊拉克境内，在波斯湾西北方向120英里处。4 000年前，乌尔却是一片歌舞升平，这个两河流域南部的苏美尔人城邦可谓阅尽浮华，无论是高塔、宫殿和神庙，还是圣迹、花园和纪念碑，无不凸显雄姿，竞展豪奢。乌尔在公元前2300年到公元前2180年间经历了高度的繁荣，以致乌尔城无法容纳其10万居民，于是人们搬到城外，来到莱奥纳德·乌利爵士（Sir Leonard Woolley）称之为“或许算是乌尔郊区”的地方。与之类似，在古埃及城市壁

画和墓葬陪葬品中也发现了带有宽敞花园的郊区别墅或模型。[①]

但“郊区”一词(Suburb，或是 Burgus，Suburbium，Suburbis)的历史比郊区的历史短得多。1380 年，约翰·威克里夫(John Wycliffe)使用了“郊区”一词，而几年后，杰弗雷·乔叟(Geoffrey Chaucer)在《坎特伯雷故事集》(*The Canterbury Tales*)的一则对话中也用到了它。到 1500 年时，弗里特街和伦敦城外的教区都被时人视作伦敦郊区；而到了 17 世纪，在英格兰，形容词“郊区的”指的既是郊区，又是郊区的居民。约翰·霍尔(John Hall)在《伦敦这个大都市及其所在地区》(*London：Metropolis and Region*)一书中指出，早在 1574 年，伦敦就开始越过罗马时代的城墙，沿着泰晤士河向西扩展。弗兰克·斯莫尔伍德(Frank S. Smallwood)在《大伦敦——大都市区改革的政治》(*London：The Politics of Metropolitan Reform*)中将伦敦早期郊区化的主要原因归结为两场灾难，即 1665 年的瘟疫和 1666 年的伦敦大火。斯氏写道，瘟疫打开了人们涌向郊区的大门，此后直到现代，这一趋势越来越快地行进着。

13 欧洲郊区有着与之相似的身世，在法语和德语中被分别叫做 *le faubourg* 和 *die Vorstadt*。在对中世纪法国城市图卢兹的经典研究中，约翰·穆迪(John Mundy)指出，12 世纪时 *Burgus* 或 *Suburbium* 这两个词指的是越过萨拉森城墙逐渐靠近那个著名修

① 伊娃·李斯娜(Iva Lissner)：《活生生的历史——7 000 年文明史》(*The Living Past：7 000 Years of Civilization*)，纽约，1957 年，第 44 页；莱奥纳德·乌利(Leonard Woolley)：《迦勒底人的乌尔》(*Ur of the Chaldeans*)，纽约州伊萨卡，1982 年，第 31—32 页、112 页。

道院的聚居区。圣日耳曼莱昂(Saint-Germain-en-Laye,不要与塞纳河左岸的 Saint Germian des Pres 混淆了)位于巴黎以西的一片肥沃平原上,距首都 13 英里。这个古老的郊区年代久远,居民彬彬有礼,小路蜿蜒回环,笑望沧桑的石屋点缀其间,其历史可以追溯到 14 世纪,至今已有 300 年。1638 年,太阳王路易十四就出生在此地的古堡里。大约与圣日耳曼莱昂同时期,有些富裕的巴黎人受更清洁的空气的吸引,在芳草萋萋的蒙梭高地和布洛涅森林生活,如同隐居一般的乡村生活颇受欢迎。在欧洲各处,有闲阶级总是会定期到乡野度假。由于欧洲城市分布密集,即便是那些最大的城市,距离乡间也不过一英里之遥,即使穷徒贫汉也能步行到达。①

在北美大陆,波士顿、费城和纽约市早在美国革命前就建起了郊区。还在 1719 年时,约翰·斯坦尼福德(John Staniford)就鼓吹位于马萨诸塞殖民地首府波士顿巴顿广场的一处新建房产"在两条街道的交会处,有整整一个街区的宽度,放眼望去,波士顿河和查尔斯顿的美景尽收眼底,波士顿城的大部分就显现在眼前"。在费城,"第一个郊区"邻近社会山,希彭兄弟在那里拥有大片房产,由于意识到扩张的费城很快就会吞并这里,他们从 1739 年开始廉价出售这片地产。1741 年,拉尔夫·艾什顿将自己在北利波特斯地区的 80 英亩土地分成小块出售,于是这里变成了费城的又

① 《牛津英语字典》(*The Oxford English Dictionary*)提供了"郊区"一词权威的、完整的解释。在同时代,贵族有时住在图卢兹城外以免于当地的税收。见约翰·穆迪(John Mundy):《图卢兹的自由和政治权力》(*Liberty and Political Power in Toulouse*),纽约,1954 年,散见全书。

一个“郊区”。在纽约，郊区居民区在1775年时沿着格林威治和布鲁明盖尔路向北延伸。此时的格林威治村与华尔街以南拥挤肮脏的纽约城分割开来，中间夹着两英里长的沼泽地。[①] 在新奥尔良，城市周边的社区纷纷追随巴黎人的习俗，被称作圣玛丽郊区、马里尼郊区和索雷特郊区。[②]

因此，郊区作为安家之所，作为城市以外的居住区和商务区，其历史几乎与人类文明一样悠久，无论是在古代、中世纪，还是在近代早期的城市传统中，郊区都是其中一个重要的组成部分。然而，郊区化却不等同于郊区，它起源于美国和英国，可以追溯到1815年前后，指的是一种进程。在这一进程中，外围地区经历了系统化的增长，其速度远远超过中心城市。在随后的半个世纪中，纽约、费城和波士顿的郊区增长迅猛，其变化范围之广可谓史无前例。在英
14 国，伦敦的人口比这三个城市的更多，尽管其交通改进的速度稍慢，尽管没有那么多独栋住房，但其郊区的发展速度毫不逊色。[③]

---

① 到1775年，费城的北利波特斯和瑟瓦克两个郊区共有约7 000人，而费城人口则有16 560人。到1790年，两个郊区共有14 000人，而费城则有28 000人。卡尔·布里登博(Carl Bridenbaugh)：《荒野中的城市——美国城市发展的第一个百年》(*Cities in the Wilderness: The First Hundred Years of Urban Growth in America*)，纽约，1938年，第146页、267—268页、306页、411页。

② 在1815年的新奥尔良城市测量中出现了新奥尔良的郊区。关于巴黎早期的郊区，见奥里斯特·拉纳姆(Orest Ranum)：《专制主义时代的巴黎》(*Paris in the Age of Absolutism: An Essay*)，纽约，1968年，第2—4页。

③ 肯尼思·杰克逊(Kenneth T. Jackson)：《19世纪的城市分散：一项数据调查》(“Urban Deconcentration in the Nineteenth Century: A Statistical Inquiry”)，载于列奥·舒诺尔(Leo F. Schnore)编：《新城市史——美国历史学家的量化研究》(*The New Urban History: Quantitative Explorations by American Historians*)，新泽西州普林斯顿，1975年，第110—142页。

倘若考察1815年世界上每个大城市共有的五个空间特征，无疑能完美地展现郊区化进程的革命性特征。由于步行是外出最便捷、最廉价也最普遍的方式，我们不妨将这些前工业化时代的聚居区称为“步行城市”（Walking Cities）。

此类城市的第一个重要特征是集聚。在维多利亚女王出生的1819年，伦敦拥有80万人口，是当时世界上最大的城市。[①] 然而，只需两小时，你就可以从当时还在城市边缘的帕丁顿、肯辛顿、汉默史密斯或福尔汉姆徒步走到伦敦市中心，共计3英里。举凡利物浦、伯明翰、曼彻斯特和格拉斯哥，新建成地区距离市政厅不过区区2英里。在欧洲大陆，中世纪的城墙堡垒往往成为阻止城市向外扩散的屏障，这在维也纳、柏林、凡尔登和阿姆斯特丹均可见一斑，其集聚性与伦敦比起来也在伯仲间。集聚地区的人口密度往往在每平方英里3.5万人到7.5万人之间，这一密度不亚于1980年代的纽约市。

与欧洲城市相比，北美城市尽管历史短、规模小，但其人口密度和内城集聚程度却不输前者。那里的地块面积窄小（通常宽不足20英尺），街道逼仄局促，房屋往往贴近路牙。费城狭窄的埃尔弗里希小巷（费城的一条小巷，其历史可以追溯到18世纪，现在是国家历史遗址——译者注）几乎是王政复辟时期伦敦的翻版，那里的联排别墅户型狭小，正面由砖砌成，向今天的人们展示着200年

① 1700年的江户（东京）有100多万人口，是世界最大城市。到1800年时，江户似乎进入了人口下降时期，规模已不如伦敦。关于伦敦的分散化，见哈罗德·詹姆斯·戴尔思（Harold James Dyos）：《维多利亚时代的郊区——坎伯韦尔发展研究》（*Victorian Suburb: A Study of the Growth of Camberwell*），莱斯特，1961年。

前典型的紧凑布局。那时，大片土地距离费城这个特拉华河的港口城市不过几英里之遥，却几乎完全是乡野。①

步行城市的第二个重要特征是城市与乡村之间差异明显。之所以如此，部分是继承了此前几个世纪的传统，那时社区的围墙是不可侵犯的，近乎神圣一般。恰如米利西亚·埃利亚德（Mircea Eliade）所言，城墙不仅仅是防御敌人的屏障，其作为精神边界的作用同样不容小觑，因为这样的城墙可以将生活在其内的人们与外界的邪恶分隔开来。征之于史就会发现，直到19世纪中期，诸如维也纳之类的帝都王城才拆毁厚重的城墙，铺就宽阔的环形道路或环城大道（*Ringstrasses*），以之作为主要公共建筑的绝佳地址，而此时，来福炮早已能够将高大的城墙轰得七零八落。

在拿破仑时代以前，欧洲的各种定居点往往被城墙环绕，而新
15 大陆却大异其趣，除了魁北克城和蒙特利尔之外皆无城墙。曼哈顿的华尔街之所以冠以“城墙”的名号，乃是由于其本作抵挡印第安人进攻之用，那里曾是一段城墙，但为时极短，且难以称得上固若金汤，若是遇到一场攻坚战，不过螳臂挡车而已，幸而这样的事情从未发生过。然而，城市与乡村间的界限却毫不模糊，也无需明确的标志来告诉路人正走入某个社区。在工业资本主义时代来临之前，城市在地图上就是一个棱角分明的点，代表着政治和经济权

① 土地价格从市中心向外逐渐降低，足以反映这种居住模式。1815年时，辛辛那提市中心2英里内的土地价格在每英亩500—1 000美元，再向外3英里，每英亩就会降到50美元以下。托马斯·塞内尔·贝里（Thomas Senior Berry）：《1861年前的西部土地价格——辛辛那提市场的研究》（*Western Land Prices before 1861：A Study of the Cincinnati Market*），马萨诸塞州坎布里奇市，1943年，第11页。

力，整个区域只有一小部分人居住其中，与大部分人口分离开来。城市中密集的住宅区与环绕四周的乡野之间的差异是一目了然的，即使在那个没有辐射状的高速公路，更不会有快餐店、汽车旅馆和服务站伸向远方的时代亦然如此。①

步行城市的第三个重要特征是没有明确的功能分区。除了滨水地区的仓库和红灯区，城市中没有哪个街区是专门的商务、办公或居住地带。那时几乎没有工厂，工匠的小店铺承担着生产功能。政府机构和娱乐场所也没有自己专属的地区，公共建筑、旅店、教堂、仓库以及商店和住房纵横交错，常常挤在同一栋建筑里。

生活区与工作区之间相距不远，这是此类城市的第四个重要特征。1815 年，即使在最大的城市中，去 1 英里之外工作的人也不过 1/50。② 那时工作时间长，而且人们出行只能骑马或者步行，这样一来，可以徒步从家里走到商店和商务区就是一大优势了。工作和居住空间常常挨在一起，家人和学徒要么住在工作场所的楼上，要么住在不远的地方。

在步行城市中有一种趋势，即市中心是最高档、最体面的地方，这也是此类城市最后一个重要特征。在欧洲，这种对市中心的

① 武装起来的圣奥古斯丁(St. Augustine)、彭萨科拉(Pensacola)、莫比尔(Mobile)和圣多明各(Santo Domingo)在其建成的最初几个世纪中是军事据点和宗教中心，而非一般意义上的城市，西班牙在新世界的许多聚居地都是如此。

② 由于城市非常紧凑，步行 1 英里以上的距离上班只可能是住房和工作地点恰恰在相反方向并且都位于城市建成区的边缘地带。艾伦・普雷德(Allan R. Pred)：《1800—1840 年美国商业城市的制造业》("Manufacturing in the American Mercantile City, 1800 - 1840")，《美国地理学家协会年鉴》(*Annals of the Association of American Geographers*)1966 年 7 月第 56 卷，第 307—388 页。

喜好是一项传统，足以追溯到数千年前。作为大城镇的居民意味着可以享受生活最绚烂多彩的一面，这才是真正属于人类的生活方式。而住在城外，远离宫殿和教堂，意味着生活在低等世界中。在18世纪的巴黎，城门税和行会的限制将一些人堵在城外，他们与那些躲避法国首都官僚作风的人一起构成了郊区居民的主体。法语和德语中用来指称“郊区”的形容词，同时也有工人阶级聚居
16 区的含义。在16、17世纪的伦敦，郊区生活常常破坏法律和秩序。1580年，伦敦试图通过立法阻止此类地区的扩展，但仅仅依靠法律手段并不能遏制在伦敦边缘地区出现更多的“租屋老巢”和杂乱肮脏的住房。之所以如此，主要因为制皂、制革和炼油等时人眼中的低贱行业集中在那里。[①] 由于伦敦城的这些恶臭难以挥发殆尽，尤其是彼时尚不存在排污系统，而且人们常在露天燃烧泥炭或木柴以煮饭和取暖，达官贵人们纷纷住在上风向，那些为他们提供服务的劳苦大众则住在背风处。[②]

尽管1815年前美国城市并没有明显地被阶级地位分割开来，尽管城市中穷人的陋街小巷紧邻富人的豪华宅邸，但郊区低于市

---

① 杰拉德·威斯克（Gerardus Antonius Wissink）：《揭秘美国城市——以边缘地区发展为重点的研究》（*American Cities in Perspective, With Special Reference to the Development of Their Fringe Areas*），瑞典阿森市，1962年，第76—77页；哈罗德·詹姆斯·戴尔思（Harold James Dyos）：《维多利亚时代的郊区——坎伯韦尔发展研究》（*Victorian Suburb: A Study of the Growth of Camberwell*），第34—35页；阿萨·布里吉斯（Asa Briggs）：《维多利亚时代的城市》（*Victorians Cities*），伦敦，1963年，第280—281页。

② 这段话笔者引自K. H. 谢弗（K. H. Schaeffer）、埃利奥特·斯科拉（Elliot Sclar）：《向所有人开放——交通与城市发展》（*Access for All: Transportation and Urban Growth*），巴尔的摩，1975年，第10页。

中心的迹象依然十分清晰。[①]“郊区”一词本身就含有轻蔑的意思。拉尔夫·爱默生(Ralph Waldo Emerson)将“郊区”与“事物的边缘”相提并论,而纳撒尼尔· 帕克·威利斯(Nathaniel Parker Willis)则抱怨说,与英国相比,美国已经“从一个外地人沦落成郊区人或外省人”。[②]

威廉·佩恩(William Penn)的“绿色乡村城镇”即费城,是18世纪北美最大的城市,很好地诠释了上述趋势。1811年,诺曼·约翰斯顿(Norman J. Johnston)规划了费城教友派会众的居住区,并按照身份等级的高下做了区分。富商大贾往往在费城市中心安家落户,而不是在城市边缘。而此时,费城第一个郊区瑟瓦克(Southwark)却住满了木匠、鞋匠和裁缝等工匠以及讨海为生的人(表1—1)。[③] 尽管此时的瑟瓦克还没有沦为贫民窟,但其居民中却鲜有富家公子或高门显宦。1790年,虽然费城人口约为瑟瓦克的4倍,但其所拥有的医生和律师的数量则为后者的12倍,商

① 1775年费城多个社区和郊区的相对社会地位可参见迪·布隆斯泰特(Dee Blomstedt):《殖民地时代费城的财富分配,1774—1775年》(Wealth Distribution in Colonial Philadelphia, 1774－1775),哥伦比亚大学硕士学位论文,1974年;小萨姆·巴斯·沃纳(Sam Bass Warner, Jr.):《私人之城市——费城发展过程中的三个阶段》(*The Private City: Philadelphia in Three Periods of Its Growth*),费城,1968年,第12—15页。

② 转引自戴维·斯凯勒(David Schuyler):《1800—1870年的公共景观与美国城市文化:乡村公墓、城市公园和郊区》(Public Landscapes and American Urban Culture, 1800－1870: Rural Cemeteries, City Parks, and Suburbs),哥伦比亚大学博士学位论文,1979年,第6章。

③ 瑟瓦克1638年由瑞典人建成,比费城的历史长40年,名称来自保卫伦敦桥“南部工作区”的伦敦郊区。1762年瑟瓦克成立了市政府,1794年正式建制,1854年并入费城。

旅贩夫则为后者的13倍之多。[①]

瑟瓦克之所以还没有臭名昭著，部分是因为那里有将屠宰、制革和妓院等不受欢迎的行当赶出去的传统。[②] 1799年5月3日，《奥罗拉》(*Aurora*)如此评论瑟瓦克这个费城的郊区：

> 前往费城郊区的居民注意了，迎接你们的将是冲天的恶臭和令人作呕的气味；要是你们选择在雨后的温暖天气去，那更得小心了。这些恼人的味道来自动物的尸体，来自随处可见的潭潭死水，来自被费城扫地出门的各种垃圾，它们无处不在，似乎就是为了制造死亡才来的……[③]

① 之所以职业分析截至1790年，是因为费城主要向西和北两个方向扩展，而瑟瓦克并没有在快速发展的边缘上。1790年与费城的比较来自约翰·亚历山大(John K. Alexander)：《费城没有了"兄弟之爱"：18世纪末的费城穷人》("The City of Brotherly Fear: The Poor in Late Eighteenth-Century Philadelphia")，载于肯尼斯·杰克逊(Kenneth T. Jackson)、斯坦利·舒尔茨(Stanley K. Schultz)合编：《美国史中的城市》(*Cities in American History*)，纽约，1972年，第93页。

② 妓院分布在郊区的习俗也进入了农业城镇和大城市，因此无论在堪萨斯州的威奇托(Wichita)和阿比林(Abilene)，还是加拿大艾伯塔省(Alberta)的卡尔加里(Calgary)，舞厅和妓院都在边缘地区。罗伯特·戴克斯特拉(Robert R. Dykstra)：《牛镇》(*The Cattle Towns*)，纽约，1969年，第233页；马克斯·弗兰(Max Foran)：《1884—1945年卡尔加里的土地开发模式》("Land Development Patterns in Calgary, 1884 - 1945")，载于艾兰·阿特柏斯(Alan F. J. Artibise)、吉尔伯特·斯特尔特(Gilbert A. Stelter)编：《借鉴城市的历史——加拿大现代城市的规划和政治》(*The Usable Urban Past: Planning and Politics in the Modern Canadian City*)，多伦多，1979年，第295页。

③ 转引自纳尔逊·曼弗雷德·布莱克(Nelson Manfred Blake)：《城市用水——美国城市供水问题史》(*Water for the Cities: A History of the Urban Water Supply Problem in the United States*)，锡拉丘兹，1956年，第8页。

表 1—1　1790 年宾夕法尼亚州费城县瑟瓦克区职业分布[a] 17

白领 17%		蓝领 45%			
海船船长	37	劳工	128	制柜匠	4
商人	26	造船工人	56	灰泥匠	4
酒吧老板	22	海员	45	油漆工	4
杂货店主	20	鞋匠	39	搬运工	4
坐商	18	建筑工	32	船铆工	4
教师	15	裁缝	30	车夫	3
领航员	14	铁匠	29	捻缝工	3
旅店老板	11	铜匠	26	制衣工	3
绅士	10	织工	17	酿造工	3
贵妇	7	面包师	15	车匠	3
职员	5	缆绳匠	15	银匠	3
医生	4	大副	12	修帆工	3
治安法官	4	木瓦匠	11	水手	2
神职人员	4	泥水匠	7	陶工	2
烟草商	3	船舶捻缝工	7	锡工	2
律师	2	屠夫	6	印刷工	2
巡警	2	桅杆工匠	5	理发师	2
拍卖官	1	女裁缝	5	船工	2
中介商	1	造船工	4	其他	25
啤酒店老板	1	家务劳工	4	总计	571
海关官员	1				
巡查员	1	未分类 38%			
护士	1	未独立职业	207		
警长	1	未婚及寡居	34		
管理人员	1	自由黑人	221		
理发师	1	奴隶	21		
总计	213	总计	483		

a 若是比较 1790 年该地区全部 5 661 名居民，那么 1 267 名户主看上去似乎合理。不管怎么说，我统计的白领比例偏高，因为所有不明确的职业都被列入白领范围了。

资料来源：美国人口统计署，《1790 年美利坚合众国第一次人口普查之户主数量——宾夕法尼亚州卷》(*Heads of Families at the First Census of the United States Taken in the Year 1790*, *Pennsylvania*)(华盛顿特区：政府印刷局，1908 年)，第 208—214 页。

几乎整整半个世纪后，1849 年，乔治·福斯特（George G. Foster）写道：“那些让费城横遭恶名的人十有八九就住在郊区破败的屋子里。”这话同 50 年前的情况一模一样。接下来，福斯特将郊区的一个红灯区称为“举凡人类所居之处，其最腐败最邪恶之中心一定是在此处”。[①]

18 就在上述这种对郊区生活的厌恶与日俱增之时，步行城市由中心到边缘的距离也在不断增加，纽约市即是一例。革命之前，曼哈顿的富豪们住在这个岛屿东南角河滨地区的街巷里，尤其是道克街，在那里他们既可以享受便捷的商务，也能欣赏海湾北部旖旎的风光。在独立后的 50 年中，纽约上流人士最心仪的住址变成了百老汇大街以西，尤其是哥伦比亚学院附近，他们喜爱沿着钱伯斯大街、沃伦大街和穆雷大街居住。尽管居住地点较以前距离远了，但这些商业巨子选择住址时，仍然属意于距离其商铺不远的地方，步行即可到达。反观纽约的穷徒贫汉，却只能在更北部的上城的街道附近安家，除此别无选择。[②]

纽约在 19 世纪初崛起为西半球首屈一指的城市，此时人口压力迫使其不得不沿着曼哈顿岛向北部扩张，而引领这一潮流的正

---

① 乔治·泰勒（George Rogers Taylor）编：《剖析费城：乔治·福斯特日记》（“Philadelphia in Slices: The Diary of George G. Foster”），《宾夕法尼亚历史与传记杂志》（*The Pennsylvania Magazine of History and Biography*）1969 年 1 月第 93 卷，第 34 页、39 页、41 页。

② 尽管 1664 年英国人从荷兰人手中夺走了纽约，但 1703 年，纽约市最贫穷的北区有 80%的人口是荷兰人，而英国人控制着城市最富足的街区。托马斯·阿奇迪肯（Thomas Archdeacon）：《1689—1710 年莱斯利统治纽约市的时代：从社会与人口视角解读》（New York City During the Leislerian Period, 1689－1710: A Social and Demographic Interpretation），哥伦比亚大学博士学位论文，1971 年，第 228 页。

是城中无家可归的寒门子弟。1857 年，中央公园所在的地区还是纽约市的边缘，为了建公园，弗雷德里克·奥姆斯特德（Frederick Law Olmsted，美国景观设计学的奠基者——译者注）和卡尔弗特·沃克斯（Calvert Vaux）只得驱赶那里成百上千的拾荒者和马夫。上东区的约克维尔社区与之命运相似，时人称其为“长满灌木的沼泽区，潭潭死水遍布其间”。①

① 关于 19 世纪城市空间结构最好的宏观分析是：戴维·沃德（David Ward）：《19 世纪末移民聚居区的内部空间结构》（“The Internal Spatial Structure of Immigrant Residential Districts in the Late Nineteenth Century”），《地理分析》（*Geographical Analysis*）1969 年 10 月第 1 卷，第 337—353 页；戴维·沃德（David Ward）：《1850—1920 年马萨诸塞州波士顿和英国利兹市有轨电车郊区之历史地理的比较分析》（“A Comparative Historical Geography of Streetcar Suburbs in Boston, Massachusetts and Leeds, England, 1850 - 1920”），《美国地理学家协会年鉴》（*Annals of the Association of American Geographers*）1964 年第 54 卷，第 477—489 页；小萨姆·巴斯·沃纳（Sam Bass Warner, Jr.）：《有轨电车的郊区——1870—1900 年波士顿的成长》（*Streetcar Suburbs: The Process of Growth in Boston*, 1870 - 1900），马萨诸塞州坎布里奇市，1962 年，第 16—20 页；托马斯·普克（Thomas K. Peucker）：《19 世纪的理论地理学家约翰·格奥尔格·科尔》（“Johann Georg Kohl, A Theoretical Geographer of the Nineteenth Century”），《专业地理学家》（*Professional Geographer*）1968 年第 20 卷，第 247—250 页；杰伊·福利斯特尔（Jay W. Forrester）：《城市活力》（*Urban Dynamics*），马萨诸塞州坎布里奇市，1969 年；爱德华·格罗斯（Edward Gross）：《密集在美国大城市发展中的因素》（“The Role of Density as a Factor in Metropolitan Growth in the United States”），《人口研究》（*Population Studies*）1954 年 11 月第 7 卷，第 113—120 页；小戴维·哈里森（David Harrison, Jr.）、约翰·科恩（John F. Kain）：《城市形态的历史模型》（“An Historical Model of Urban Form”），《哈佛大学地区与城市经济研讨会集刊第 63 卷》（*Harvard University Program on Regional and Urban Economics Discussion Paper No. 63*），马萨诸塞州坎布里奇市，1970 年；列奥·舒诺尔（Leo F. Schnore）：《大都市去中心化的时机：对辩论的贡献》（“The Timing of Metropolitan Decentralization: A Contribution to the Debate”），《美国规划师协会杂志》（*Journal of the American Institute of Planners*）1959 年 11 月第 25 卷，第 200—206 页；以及彼得·古西恩（Peter Goheen）：《维多利亚时代的多伦多》（*Victorian Toronto*），芝加哥，1972 年，第 8—10 页、150—152 页。

从面向非洲裔美国人的居住选择中也可看出步行城市的上述变迁。起初，城市奴隶要居住在奴隶主近处，这意味着前者也住在市中心，就在白人精英的豪宅背后。在那些小巷里，奴隶们有效地与白人融合起来。①

随着奴隶越来越多地“住在外面”，他们可以选择的居住方式也逐渐增多，由之黑人奴隶们开始向城市外围搬迁。他们住在离主人尽可能远的地方，这样一来，他们甚至要到城市的行政界限之外安家。由此可知，美国历史上第一批因为种族问题逃往郊区的不是白人，而是黑人。比如在萨凡纳，邻近码头的八至十个街区是居住的首选，黑人们只能住在“城市最偏远的地方，诸如福特区、马麦克劳或温泉山这些边缘地带”。在新奥尔良，人们将黑人居住区称作“郊区棚屋”。②

不过也有为数不多的例外，郊区并非都是贫民窟，但这些特例大多是居住在市中心的富贵人家建在乡间的度假别墅，其中绝大多数只是用来避暑，少部分是周末远足的歇脚之处。这并非只是继承了英格兰的生活方式，同样也来自归隐田园的传统，即移居乡
19 间别墅，这是15、16世纪时意大利生活的一种核心特征，那时在威尼斯、罗马和佛罗伦萨兴起了一个有闲阶层。环绕佛罗伦萨建起了豪奢的庄园，长达3英里，而威尼斯的教俗名流则在布伦纳建起了别墅，与前者难分伯仲。这类豪宅距离城市有几个小时的路程，

---

① 理查德·韦德(Richard C. Wade)：《城市中的奴隶制——1820—1860年的南部》(*Slavery in the Cities: The South, 1820 - 1860*)，纽约，1964年，第274—277页。

② 理查德·韦德(Richard C. Wade)：《城市中的奴隶制——1820—1860年的南部》(*Slavery in the Cities: The South, 1820 - 1860*)，第78—79页、275—276页。

既可方便富家公子一尽放鹰狩猎之奢华雅兴，又不乏乐享田园时光之悠扬闲趣，亦不失宁静致远、高山流水之智性生活。[①]

在美国，甚至早在革命前，一些乡村便成为达官贵人的一时之选，这些地方大多坐落于河边湖畔，风景秀丽，而且距离城市不过几个小时的路程。到 1760 年，“从丹佛斯、梅福德到米德尔堡，波士顿四周的乡村地区已布满了绅士们的豪宅，显示了一个新兴贵族阶层的雅致与奢华”。[②] 仅仅纽约一地就有不少这样的住宅，塞缪尔·拉各斯(Samuel Ruggles)在西点建起了周末度假的小屋，瓦伦丁·莫特医生(Dr. Valentine Mott)修建了自己的避暑山庄，地点就在今天的 93 大街和百老汇；除此之外，亨利·赫伯特(Henry Herbert)归隐在诺瓦克郊外的“雪松城”，纳撒尼尔·帕克·威利斯在哈得孙河畔建起了浪漫的“宁远轩”，华盛顿·欧文(Washington Irving)搬到了“日悠谷”消磨时光，而约翰·杰伊(John Jay)则在坎多纳买田置地，以便退休后颐养天年。[③] 沿东河北去，

① 对乡村别墅社会意义和功能的最好分析当属戴维·科芬(David R. Coffin)：《文艺复兴时期罗马日常生活中的乡村别墅》(*The Villa in the Life of Renaissance Rome*)，普林斯顿，1979 年。亦可见刘易斯·芒福德(Lewis Mumford)：《郊区：梦想的终结》(“Suburbia：The End of a Dream”)，《地平线》(*Horizon*) 1961 年 7 月第 2 卷，第 62 页。

② 卡尔·布里登博(Carl Bridenbaugh)：《混乱的城市——1743—1776 年的美国城市生活》(*Cities in Revolt：Urban Life in America，1743 - 1776*)，纽约，1964 年，第 24—25 页、144 页。

③ 费城附近类似的乡村住房包括罗伯特·斯佐特尔(Robert Strettel)位于日耳曼敦的住宅、詹姆斯·洛甘(James Logan)在斯托顿(Stenton)的家、安德鲁·汉密尔顿(Andrew Hamilton)在布什山(Bush Hill)的住房以及乔治·麦考尔(George McCall)在塞维蔡斯(Chevy Chase)的住宅。卡尔·布里登博(Carl Bridenbaugh)：《荒野中的城市——美国城市发展的第一个百年》(*Cities in the Wilderness：The First Hundred Years of Urban Growth in America*)，第 306 页、411 页。

在如今89大街的东端，纽约银行总裁阿奇博尔德·格莱西（Archibald Gracie）从自家乡村住宅远眺，地狱之门（Hell Gate，一处水流湍急的峡谷——译者注）的风光尽收眼底，不出家门便可阅尽远处布朗克斯那崎岖的地势，[①]也可以在出门办公前看看天气以做好准备。谁曾想不过一个半世纪，透过这扇窗户看云卷云舒的人已非格家后人，而变成了纽约市长。然而，对格莱西和其他在郊区拥有休闲胜地的人来说，并非每天都要通勤去城里，这是特例，并非常态。[②]

当风力、人力和水力仍然是文明最主要的推动力时，郊区无论社会地位还是经济实力都远在城市之下。这种城乡悬殊的结构遍布全世界，江户（即东京）、伦敦、墨尔本以至纽约和巴黎等大都会尽管各有不同，但在这一点上却相差无几。不用说郊区生活了，仅仅"郊区"这个词语就代表了习俗之低劣、视野之狭隘和躯体之肮脏。

① 1874年以后韦斯特切斯特县部分地区成了今日的布朗克斯，那时该县的南部被纽约市兼并。1898年一场更大规模的兼并使更大一片土地并入纽约市，成为今日的布朗克斯。

② 关于通勤问题的一场争论见汉斯·胡斯（Hans Huth）：《自然与美国人——三百年来的观念变迁》（*Nature and the American: Three Centuries of Changing Attitudes*），伯克利，1957年，第121—125页。

第二章　交通革命和步行城市的消失 20

1815—1875 年，美国一些最大的城市经历了一场引人注目的空间变化。蒸汽渡船、公共马车、通勤铁路、有轨马车、高架铁路以及缆车的应用对市中心人口的外流形成了一个新的推力，这拨人口外流使城市发生了由里到外的变化，开创了一个新的模式：郊区富裕而市中心衰落。随着商业区和住宅区、贫民区和富人区的适时分离，这种模式的出现被认为是不可避免的。

弗雷德里克·奥姆斯特德曾写道："城市不单单是私人住宅，还要划分为不同的片区，各个片区发挥专门的功能，如果一幢房屋被用于不同的目的，那它的各个房间、过道在尺寸、照明和设备方面肯定各不相同。一个大都市也应该如此：在不同的地区适应不同的需要。"南北战争一结束，奥姆斯特德就写下这些话。当时随着人口向城市集中出现了众多有钱人，他们创造了市场需求——对大量位于市中心附近的私人房屋的需求。[①]

本书附录部分对这种变化的开端进行了定量分析。实质上，

---

① 转引自戴维·斯凯勒（David Schuyler）：《1800—1870 年的公共景观和美国城市文化：乡村公墓、城市公园和郊区》（Public Landscapes and American Urban Culture，1800－1870：Rural Cemeteries，City Parks，and Suburbs），哥伦比亚大学博士学位论文，1979 年，第 7 章。

它证明了大都市区的巨大增长与以下现象是同步的：外围人口的快速增长、人口密度曲线的趋缓，市中心绝对人口的减少，平均上班路程的增加，以及郊区居民社会经济地位的上升。这种转变不是一朝一夕出现的，它的渐变性质同样重要。确实，这种现象是社会史上最重要的现象之一，因为在有城市以来的 4 500 年里，它代表了城市结构最深刻的重组。①

21 在人口最为稠密的大都市区，郊区和市中心居住地位的转变在内战前就开始了。在波士顿，出身于上层社会家庭的哈里森·奥蒂斯(Gray Otis)，在步行城市的扩展中积累了可观的财富。他在 1795 年成立了芒特·弗农公司，几年后又花 18 500 美元在毕肯街购买了 18 英亩的空地。奥蒂斯迅速将这块地开发为波士顿上层社会的住宅区，因为在他的努力下，马萨诸塞州议会就选址在这块地的旁边。就像沃尔特· 怀特希尔(Walter M. Whitehill)所写的那样："这笔投资……是当时波士顿最大的一笔土地交易，因为它，整个地区的风貌骤然间发生了变化。"②

在波士顿之外，最显著的变化发生在尚未被兼并的坎布里奇

① 包括纽约下东区(Lower East Side)和东哈莱姆(East Harlem)在内的最拥挤的地段，其人口密度在 1890 年代达到最高，但它们并非美国城市的典型，而且从那时到 1910 年它们的人口也一直在流失。雷蒙德·费尔斯(Raymond L. Fales)和利昂·摩西(Leon Moses)的著作从经济学角度对这种人口变化作了很好的分析，雷蒙德·费尔斯(Raymond L. Fales)、利昂·摩西(Leon Moses)：《土地使用理论和 19 世纪城市的空间结构》("Land-use Theory and the Spatial Structure of the Nineteenth-Century City")，《区域科学学会论文集》(*The Regional Science Association Papers*) 1972 年第 37 卷，第 49—80 页。

② 埃利奥特·斯科拉(Elliot D. Sclar)等编：《变动之地——1870—1970 年波士顿的房屋产权和社会流动》(*Shaky Places: Homeownership and Social Mobility in Boston, 1870–1970*)，纽约，哥伦比亚大学出版社，1984 年，第 3 章。

和萨默维尔。根据亨利·宾福德(Henry Binford)的说法,它们在1800—1850年形成了三个重要的郊区特征:明确地方优先发展的事项;对住宅区扩张的偏爱胜过商业区;政治上坚决独立于波士顿之外。随着大都市区人口在19世纪三四十年代的膨胀,老城坎布里奇和坎布里奇港年轻而富有的居民率先开始在当地通勤。这些早期的郊区居民被宾福德称为"过渡时期的通勤者",他们在两个方面与后来的通勤者不同:不使用公共交通;第一住所位于郊区,而不是波士顿。

在纽约,异乎寻常的增长使纽约城和毗邻的布鲁克林区的人口在1860年突破了百万大关,跟风的人群从市政府向北移动,特别是迁向距离第五大道两边几个街区的曼哈顿岛中间的高地。沿着金街和查尔顿街,或在华盛顿公园、格莱莫西公园、圣约翰公园这样的小公园周围建造了大量的住宅区,他们将其精英机构——联盟俱乐部、第一长老教会、沐恩堂教会和哥伦比亚学院——搬到了郊区。

哥谭镇(Gotham,华盛顿·欧文对纽约的称呼)的变化是如此之快,以至于居民完全无所适从了。菲利普·霍恩(Phillip Hone)在1821年提前退休,以便将余生致力于社会和公共事务(后来他做过一段时间的市长)。他说他不得不从市政厅对面舒服又体面的家搬出,因为购房者的出价让他无法拒绝,这些购房者计划把他的地产用作商业活动。

> 老城区的官宦人家,他们终其一生都住在一个地方,在下个夏天极不情愿地大批向北迁居,将他们的帐篷安在当时还

> 22 是果园、玉米地或沼泽的地方。这些地方离城区是有相当一段距离的，从城区过去要花不少时间，并且要事先做长途跋涉的准备，但是现在已成为纽约最时髦的地段。①

现在已是公认地标建筑的东四街 29 号的一栋房子反映了这一趋势。这座房子是一个投机商在 1832 年建的一排房子中的一部分，位于“上城”的开阔地带，当时周围都是农田。这座四层砖瓦结构的房屋三年后卖给了西伯里・特雷德韦尔(Seabury Tredwell)，他是一个发达了的五金商人，是纽约新圣公会教堂第一个主教塞缪尔・西伯里(Samuel Seabury)的后裔。这所房子最大的几个卖点是：一个结合了联邦复兴和希腊复兴风格的装饰精美的门廊；后花园里有一个早于克罗顿水道系统(Croton Aqueduct，1837—1842 年纽约市建的河水分送系统，工程巨大而复杂——译者注)的容量为 4 000 加仑的蓄水池；被优美的红木推拉门间隔开的希腊和埃尔尼亚式的室内立柱；贯通整个住房的双客厅。这栋房子有其不寻常之处，1835—1933 年特雷德韦尔家族居住于此，这所位于农业区的房子代表了富裕的中产阶级家庭从老纽约向正在发展的边缘地带的转移。

就像通常在美国所看到的那样，人群的区分主要是通过房产所有者和建造者的欲望决定的：他们通过吸引有钱人、排斥穷人来提高其投资回报。塞缪尔・拉格尔斯(Samuel Ruggles)尤其擅长

---

① 阿伦・内文斯(Allan Nevins)编：《菲利普・霍恩日记(1828—1851)》(*The Dairy of Phillip Hone*, 1828 - 1851)，纽约，1936 年，第 202 页。

开发高档地产，他在1831年购买了占地22英亩的格莱莫西农场，这个农场南达第19街，北至第23街，西到布卢明代尔路（Bloomingdale Rode，现在的百老汇），东至第二大道。拉格尔斯迅速将这片地分成108块，并将其中相当于42个地块的地皮改造成520×184英尺的私人公园。这块土地转让的契约内容如下：

> 塞缪尔·拉各斯计划将上述42块地单独划拨出来用于建造私人景观广场或花园。该花园带有西南、东北走向的马车道和步行道，以方便其周围66块土地上的所有者和居住者使用、获益和休闲，这66块土地也属于塞缪尔·拉各斯；该花园的建造有提高这些土地价值的考虑。

随着这座公园成为一个富裕地带的中心，并将富人从曼哈顿下城推向上城住宅区，这块土地的价值确实提高了，按照惯例，要进入其中必须拿到一把特殊的钥匙，而这把钥匙只有那些通过筛选的人才能得到；到墨西哥战争时期，格莱莫西公园已经成为上流社会的一个堡垒。早期住在这里的名人有：瓦伦丁·莫特医生，据说“他作为一名外科医生，就像惠灵顿作为一名军人那样伟大”，住在第1号；阿莫斯·平肖（Amos Pinchot），是著名政治家及宾州的前州长，住在第2号；第3号和第4号，被认为是该公园里最美 23
的房屋，属于哈珀出版社的梅厄·哈珀（Mayor James Harper）；第5号住的是文森特·阿斯特（Vincent Astor）；小说家亨里埃塔·海恩斯（Henrietta B. Haines）住在第10号；作曲家兼艺术赞助人塞缪尔·巴洛（Samuel L. M. Barlow）住在第11号；财政部

前部长艾伯特·加勒廷(Albert Gallatin)住在第24号;斯坦韦(Steinway)钢琴世家住在第26号。[①]

费城住宅区的发展和纽约类似。费城在1850年有56.5万居民。其建成区大约有10平方英里,增长最快的是里奇大道至西北一线。1850—1860年,宾区发生了突飞猛进的变化(表2—1和表2—2),该区社会经济的变化,说明了外围居住区的地位在日益提高。在这10年里,斯普林花园和肯辛顿的主要人口是步行去附近郊区工厂上班的工匠和不熟练的工人。[②] 以前渺无人烟的地方,现在人口却飞速增长,商人、工厂主、医生、店主等萨姆·巴斯·沃纳所谓的"新中产阶级"的比例几乎翻了一倍。[③] 内战后,前往市中心通勤的人数继续增长,因为商人选择了"所有好的地方,只要它和城市之间的交通方便又廉价"。[④]

① 《纽约信使论坛报》(*New York Herald-Tribune*)1931年5月17日;《纽约时报》(*New York Times*)1951年4月29日;约翰·派因(John B. Pine):《格莱莫西公园的故事》(*The Story of Gramercy Park*),纽约,1921年。

② 1810年,宾区(Penn District)是一个劳动力净输入区,而斯普林花园是净输出区。小萨姆·巴斯·沃纳(Sam Bass Warner):《私人之城:费城发展过程中的三个阶段》(*The Private City: Philadelphia in Three Periods of Its Growth*),第60、135页。

③ 我认为,斯图亚特·布吕曼(Stuart Blumin)对1820—1860年费城职业和居住流动性进行的缜密分析中,暗示迁往郊区代表了社会地位的下降而迁往市中心则说明社会地位在提高。斯图亚特·布吕曼(Stuart Blumin):《内战前费城的流动性和变化》("Mobility and Change in Ante-Bellum Philadephia"),载于斯蒂芬·瑟恩斯特罗姆(Stephen Themstrom)、理查德·森尼特(Richard Sennett)编:《19世纪的城市:新城市史论文集》(*Nineteenth Century Cities: Essays in the New Urban History*),纽黑文,1969年,第47—69页。

④ 丹尼尔·鲍恩(Daniel Bown):《费城史——兼及附近的村庄》(*History of Philadelphia, with a Notice of Villages in the Vicinity*),费城,1839年,第183页。

表2—1　1850年宾夕法尼亚州费城县宾区(南部宾区)职业分布①

新中产阶级②	12.5%	手艺人	49.3%	不熟练工人	38.2%
零售店店主	4	木匠	13	劳工	33
商人	4	泥水匠	8	运货马车夫	13
旅店老板	3	鞋匠	8	其他	12
烟草零售商	2	制砖工	4	总计	58
书记员	2	家具师	4	比例	38.2%
会计	1	裁缝	4		
马医	1	缝纫工	3		
工厂主	1	染工	3		
推销员	1	铁匠	3		
总计	19	钟表匠	3		
比例	12.5%	制帽人	2		
		油漆工	2		
		工头	2		
		农场主	2		
		做腰带的	2		
		织工	2		
		其他	10		
		总计	75	总样本量	160
		比例	49.3%	未分类	8

资料来源:美国人口统计局(U.S. Bureau of the Census):《美国第七次人口统计一览表,1850:宾夕法尼亚卷》(*Population Schedules of the Seventh Census of the United States, 1850. Pennsylvania*)。

① 采用系统随机抽样,抽样数量为该区所有家庭的10%。如果一个家庭给出了不止一个成员的职业,则只记录最先列出的家庭成员的职业。

② 分类法采用小萨姆·巴斯·沃纳(Sam Bass Warner, Jr.):《私人之城市——费城发展过程中的三个阶段》(*The Private City: Philadelphia in Three Periods of Its Growth*)中第64—65页所建议的方法。赫伯特·古特曼(Herbert Gutman)教授建议我将这些职业中的某些技能归入中产阶级。

表 2—2　1860 年宾夕法尼亚州费城市宾区(Ward 20)职业分布

新中产阶级	27.3%	手艺人	48.3%	不熟练工人	24.4%
书记员	31	鞋匠	36	劳工	69
商人	29	木匠	33	司机	7
杂货商	24	裁缝	19	制衣工	5
工厂主	14	铁匠	15	导引员	4
医生	5	机工	10	裱褙工	4
承包商	4	泥水匠	9	运货马车夫	4
房地产经纪人	4	屠夫	9	桶匠	3
教师	4	铸工	7	煤气厂工人	3
旅店老板	4	石匠	7	锡工	3
律师	3	家具师	7	清洁工	2
药材商	3	油漆工	7	制帽人	2
牧师	3	马车制造工	6	制革工	2
药剂师	2	印刷工	6	花匠	2
绅士	2	钟表匠	5	摩洛哥皮敷裹员	2
烟草商	2	粉刷工	5	其他	16
磨坊主	2	马具商	5	总计	128
旅游中介	2	面包师	4	比例	24.4
one each	5	制绳工	4		
总计	143	啤酒酿造者	4		
比例	27.3%	雕石工	4		
		织工	4		
		车匠	4		
		three each	12		
		two each	18		
		one each	13		
		总计	253	总样本量	524
		比例	48.3%	未分类	33

注:该表所采用的方法和分类系统与上表一样。

资料来源:美国人口统计局(U.S. Bureau of the Census):《美国第八次人口统计一览表,1860:宾夕法尼亚卷》(*Population Schedules of the Eighth Census of the United States, 1860. Pennsylvania*)。

有钱人从波士顿迁往毕肯山，从纽约迁往格莱莫西公园和华 25
盛顿广场，从费城迁往日耳曼敦，这一活动同样发生在其他大都市区。旅行作家威拉德·格莱泽（Willard Glazer）在 1883 年将辛辛那提的郊区比喻为“草地、花园、草坪和林荫路的天堂”。到 1860 年，旧金山的银行家、商人和医生源源不断地从商业区迁出，把他们的家安在诺布山和俄罗斯山较高的地方。虽然在内战时期芝加哥大部分高档住宅区靠近中心商业区，但上流社会迁往郊区的趋势到 1873 年已经很明显了，及至 1899 年更成为普遍现象。纳什维尔在 1850 年代将浮桥建成之后，其上层居民都搬到了坎伯兰河对岸的埃奇菲尔德，与中心商业区遥遥相对。布法罗在 1860 年以后，位于外部边缘地带的精英阶层的新住宅区很快就得到了开发。①

在小一点的城镇，郊区在 20 世纪以前仍是以贫民窟为主。以卡尔加里为例，迟至一战时，成片的廉价房屋和“棚屋区”建在山脊之下的狭窄平地上。1970 年前的北美乡村，最好的街道通常还是通向市中心的。但早在 1875 年的时候，主要市中心的富商大贾和

① 罗杰·洛特金（Roger Lotchin）：《1846—1856 年的旧金山：增长的模式及混乱》（“San Francisco, 1846 - 1856: The Patterns and Chaos of Growth”），载于肯尼斯·杰克逊（Kenneth T. Jackson）、斯坦利·舒尔茨（Stanley K. Schultz）编：《美国史中的城市》（*Cities in American History*），第 151—160 页；霍默·霍伊特（Homer Hoyt）：《芝加哥百年地价：1830—1933 年芝加哥增长与其地价升值的关系》（*One Hundred Years of Land Values in Chicago: The Relationship of the Growth of Chicago to the Rise in Its Land Values, 1830 - 1933*），芝加哥，1933 年，第 6 章；以及马克·B. 赖利（Mark B. Riley）：《埃奇菲尔德：对纳什维尔早期郊区的研究》（“Edgefield: A Study of an Early Nashville Suburb”），《田纳西历史季刊》（*Tennessee Historical Quarterly*）1978 年夏第 37 期，第 133—154 页。

百万富翁已经在寻找小山顶、水边或农田来建造他们坚固的房屋了，随着时光的推演，拥挤的大城市所具有的吸引力越来越小了。[①]

第一个通勤郊区

因为土地投机商在城市边缘经营了数千年，也因为1800年以前许多社区被贴上“郊区”的标签，所以现代郊区起源于何时是有争议的。罗伯特·斯特恩（Robert A. M. Stern）将其追溯到乔治王三世执政时急速扩张的伦敦，当时的新晋富商模仿贵族的乡间建筑，在边远的村子建了许多小房子。其他可能的起源则包括位于伦敦的克拉彭和约翰·纳什（John Nash，1752—1835，英国著名建筑师——译者注）所在的帕克村、波士顿的坎布里奇、纽约以北的格林威治村、费城附近的斯普林花园和北利博蒂斯，以及斯塔滕岛上的新布莱顿。这些地方通勤者的数量不易确定，几乎没有进入大城市的便利条件，也没有布鲁克林高地那种田园牧歌式的环境。布鲁克林高地与曼哈顿下城隔港相对，在19世纪最初几十

① 马克斯·弗兰（Max Foran）：《1884—1945年卡尔加里的土地开发模式》（“Land Development Patterns in Calgary, 1884－1945”），载于艾兰·阿特柏斯（Alan F. J. Artibise）、吉尔伯特·斯特尔特（Gilbert A. Stelter）编：《借鉴城市历史：加拿大现代城市的规划和政治》（*The Usable Urban Past：Planning and Politics in the Modern Canadian City*），第297页。赞恩·米勒（Zane L. Miller）详细介绍过辛辛那提居住区增长的空间模式，并说明了该城涉及这些地区互动的政治历程。偏远的“山顶”区为上层社会所占据。赞恩·米勒（Zane L. Miller）：《城市老板考克斯的辛辛那提：进步主义时代的城市政治》（*Boss Cox's Cincinnati：Urban Politics in the Progressive Era*），纽约，1968年，第18—43页。

年就有了很大发展。[①]

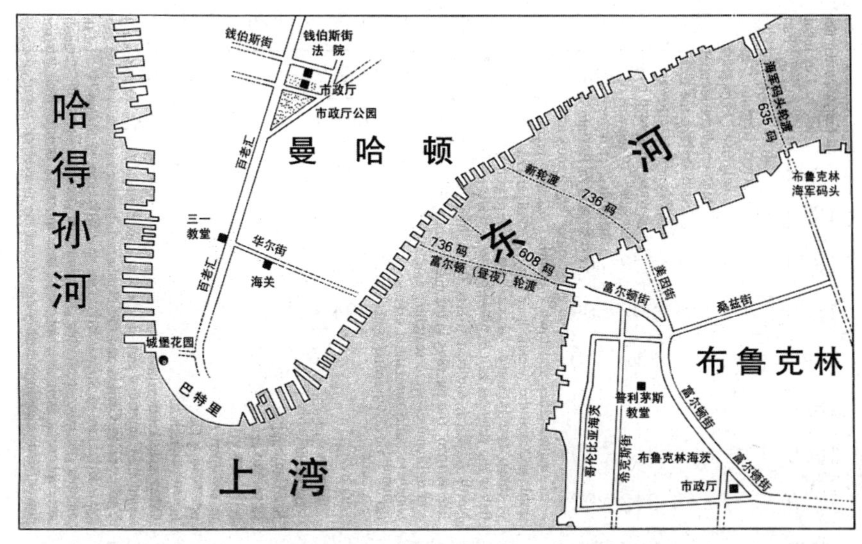

26

卡纳西印第安人(The Canarsie Indians,北美印第安人的一个部落——译者注)将现在位于高高沙质台地的布鲁克林高地称 27 之为“Ihpetonga”。在荷兰人于1636年到来之前,他们在那里生活了数百年,所住的公共房屋绵延数百英尺。但是不像极度商业化的新阿姆斯特丹——它在1624年跨东河而建,布鲁克林直到1800年还是以农业为主,与纽约这个大都市贸易中心的经济联系非常少。迟至1810年,布鲁克林的大部分地区还是农田,人口不

① 由约翰·纳什(John Nash)于1825年为伦敦摄政开发公司设计的东帕克村,并不像布鲁克林那样容易与市中心区别开来。罗伯特·A. M. 斯特恩(Robert A. M. Stern)宣称它在《替代“中城”的郊区》(“The Suburban Alternative for the Middle City”)文中首次提出“郊区”这一称谓,《建筑学实录》(*Architectural Record*)1978年8月,第93—100页;以及斯特恩:《盎格鲁—美利坚郊区》(*The Anglo-American Suburb*),伦敦,1981年,第4—19页。

超过 5 000 人。[①]（表 2—3）

27 表 2—3　1790—1890 年每十年纽约城、布鲁克林和弗拉特兰德的人口

年份	纽约城	布鲁克林	弗拉特兰德
1790	33 131	1 603	423
1800	60 489	2 378	493
1810	96 373	4 402	517
1820	123 706	7 175	512
1830	202 589	15 394	596
1840	312 710	36 233	810
1850	515 547	96 838	1 155
1860	813 669	266 661	1 652
1870	942 292	396 099	2 286
1880	1 206 299	566 663	3 127
1890	2 515 301	806 343	4 075

注：该表是用来证明地理对于社区增长的影响。弗拉特兰德和布鲁克林在 19 世纪都是金斯县的城镇。然而，布鲁克林紧邻下曼哈顿，而弗拉特兰德则在金斯县的东部边缘，那里离纽约 8 英里左右。

资料来源：艾拉·罗森维克（Ira Rosenwaike）：《纽约人口史》（*Population History of New York City*），锡拉丘兹，1972 年，特别是表 4 和表 15。

但是，布鲁克林在其后 40 年里发生了巨变。其与纽约（当时只包括曼哈顿）之间的定期汽船轮渡始于 1814 年，一年后《布鲁克林之星》（*Brooklyn Star*）预测该地“必将成为有品位的富有绅士、各式各样的商人和店主、艺术家、技工、体力劳动者以及社会上各

① 研究邻里社区最好的著作是克莱·兰开斯特（Clay Lancaster）：《老布鲁克林高地》（*Old Brooklyn Heights*），佛蒙特州拉特兰，1961 年。最近对布鲁克林区做得最好的研究是戴维·门特（David Ment）：《布鲁克林简史》（*A Brief History of Brooklyn*），布鲁克林，1979 年。1770 年已有 3 位居民用私人渡船与下曼哈顿通勤，当时布鲁克林被称为“三叶草山”。

行各业人的理想居住地”。该预言的准确性很快就明朗化了。布鲁克林的林荫大道、舒适的房屋、到达曼哈顿的便捷、普遍的中产阶级氛围，吸引了那些希望从纽约的极度忙碌和拥挤中暂时脱身的人。沃尔特·惠特曼（Walt Whitman）——他的《鹰报》（*Eagle*）办公室在布鲁克林，可以俯瞰富尔顿渡口——经常对布鲁克林的快速发展发表评论。他说：“在那里，中产阶级人士可以凭中等租 28
金租到房屋。而在纽约，除了富丽堂皇的大厦和断壁残垣的小屋是没有其他选择的。”因为经常写到哈得孙河、雾和渡口，惠特曼将布鲁克林通勤的特点称为“布鲁克林之美”。①

> 早上川流不息的人群——他们在纽约上班——涌向渡口。人流从六点就开始了……一些年轻人几近疯狂的行为还真是发人深省，他们离登船几步之遥，待铃声一响就拼命往前冲，挡住他们去路的胖女人或是任何一个行动笨拙的人遇上他们可要倒霉了。

更多的轮渡线路很快提升了通勤的方便性。1836 年，南码头开通了从怀特霍尔街到布鲁克林大西洋街的定期航线，1846 年汉密尔顿码头开始将汉密尔顿大道和曼哈顿的炮台连接起来。到 1854 年，联合轮渡公司已经成功兼并了 12 条互相竞争的线路，每

---

① 布鲁克林镇是后来组成布鲁克林市及之后的布鲁克林区的六镇之一。正是布鲁克林镇经历了早期的郊区化；像弗拉特兰德这样位置偏远的镇在整个 19 世纪依旧是乡下，沃尔特·惠特曼（Walt Whitman）：《我坐下来细观》（*I Sit and Look Out*），纽约，1932 年，第 145 页。

天的航运班次达到 1 250 次，单程轮渡费用为两美分。[①] 以威廉斯堡为例，工作日每 10 分钟有六艘蒸汽渡轮从派克码头驶出，从格兰德街出发的每五分钟有六艘。轮渡客运量从 1835 年的 3 000 人猛增到 1852 年的 4 万人。到 1860 年代，东河边上的几个渡口每年运送 3 284.5 万人（差不多每个工作日 10 万人），到 1870 年代，每年乘坐轮渡的人增长到 5 000 万。确实，当时流传这么一个说法：碰上有雾的天气，在曼哈顿上班的人有一半都会迟到。实际上，1860 年布鲁克林的工薪族只有 40% 在曼哈顿上班，但是他们的财富和地位都在平均水平之上。随着轮渡区与金县更靠近乡下的其余地区间的区别日益明显，政治格局也开始变化。1834 年，尽管曼哈顿代表反对，布鲁克林的代表还是从州议会那里为布鲁克林赢得了城市地位。在那之前，郊区的土地所有者和投机商风风火火地将他们的土地分成小块，他们觉察到一个更强有力的政府将铺设道路、提供公共服务，这有助于郊区快速发展，同时又很可能不出现高税收，就像不动产投资者很快强调的那样。1854 年，詹姆斯·科尔（James Cole）父子公司为他们在卡罗尔公园附近的 450 个地块打公告，他们乐观地宣告：

这些地块到纽约商品交易所的距离，与到纽约第十街的

① 纽约的多家轮渡公司合并成几家大的企业集团，这成为该世纪稍后地面交通公司相似经历的预兆。亨利·伊夫林·皮尔庞特（Henry Evelyn Pierrepont）：《富尔顿渡口的历史素描》（*Historical Sketch of Fulton Ferry*），布鲁克林，1879 年，第 161—163 页；乔治·希尔顿（George Hilton）：《斯塔滕岛渡口》（*The Staten Island Ferry*），伯克利，1964 年。

> 距离是一样的，但是所需时间只有到第十街的一半，因为这两
> 个城市之间有通勤的快速渡船……布鲁克林和威廉斯堡的合
> 并有可能减少税收，并永久地把税收固定在房地产税上，就当 29
> 前来说这要比纽约的税收少得多，而布鲁克林房产的价格不
> 到纽约其他类似区域的五分之一。[①]

不管布鲁克林这个大郊区的吸引力来自便捷的交通、宜人的环境、低廉的地价，还是低额度的税收，到1800年，它的确以比纽约更快的速度在增长。从那时到1860年，每10年它的人口就几乎翻一番。有人开玩笑说，布鲁克林向房地产开发商"批发自然"，向个体房主零售。1853年，以一次性销售量计算，布什威克卖出了360个地块，汉密尔顿堡卖了150块，布鲁克林卖出600块，牛顿则卖了950块。哪怕是在已建地区最边远的郊区，中产阶级家庭的影响也很快表现出来了。比如，在1850年，一个叫做贝福德(Bedford)的小村子(现在是美国东北部最大的黑人居住区Bedford-Stuyvesant的一部分)，那里有各种职业岗位，反映了它实实在在的乡村格调。但是到了1880年，它成为了急速扩展的纽约大都市的一部分，劳动力所剩无几，农民也消失了。[②] 报纸广告对这

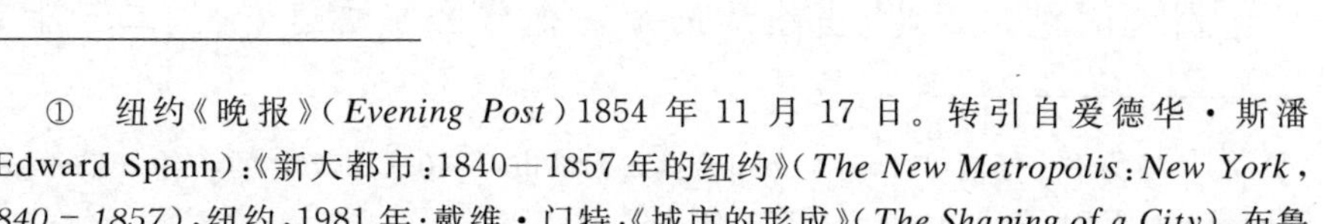

① 纽约《晚报》(*Evening Post*)1854年11月17日。转引自爱德华·斯潘(Edward Spann)：《新大都市：1840—1857年的纽约》(*The New Metropolis: New York, 1840－1857*)，纽约，1981年；戴维·门特：《城市的形成》(*The Shaping of a City*)，布鲁克林，1980年，第28—36页。

② 洛伊丝·吉尔曼(Lois P. Gilman)：《1850—1880年贝福德邻里社区的发展：个案研究》(The Development of a Neighborhood: Bedford, 1850－1880: A Case Study)，哥伦比亚大学硕士学位论文，1971年，第8—31页。

些郊区的住房不乏溢美之词：距曼哈顿市中心的距离并不比很多租屋远，房款首付 10%—40%，余下的房款可在三年到五年内付清。开发商不光为富人建造有“清新海风和观赏大纽约及其港口绝佳视野”的豪宅，也为中产阶级住户建造价格合理的住房。[①]

纽约的报界、政客和开发商远没有将布鲁克林的增长看成好事，到 1850 年，他们对这种激烈的竞争忧心忡忡，对“有钱人离弃纽约”备感忧虑。改进穷人状况协会抱怨道，“许多有钱人和成功人士离开纽约，而穷人却蜂拥而入”。早在 1840 年，市议员丹尼尔·蒂曼(Daniel F. Tieman)就反对改进轮渡服务(针对布鲁克林一直以来的不满，这项工作由纽约市通过立法命令进行控制和管理)，因为他认为更多的人可能为此选择更有田园风味的河对岸而离开纽约。相反，蒂曼及其支持者建议将票价提高七倍多(从 3 美分到 25 美分)。[②]《纽约论坛》(*The New York Tribune*)在 1847 年 1 月 21 日总结了这起反对郊区竞争的斗争：

> 房产主们为避开沉重的税收，正持续不断地从我们的城
> 市中流走；许多在这里发了财的人将他们的财富带走以满足
> 30 消费和享受，同时数以千计的人继续在这里经商、居住，但在
> 别处赋税。因此，当纽约的每一个郊区在快速增长、二三十英

① 爱德华·斯潘(Edward Spann)：《新大都市：1840—1857 年的纽约》(*The New Metropolis: New York, 1840 - 1857*)，第 185 页。

② 布鲁克林早期享有教堂城市的美名。1855 年，它的人口大约只有纽约的 1/10，教堂数量却是纽约的一半(布鲁克林和纽约的教堂数分别是 111 座和 218 座)，《1855 年纽约州人口统计》(*Census of the State of New York for 1855*)，奥尔巴尼，1857 年。

里之外的村子靠从纽约挣来的钱维持时，纽约不会有同样快速的增长，这里未得到改善的房产也常常卖不出去，哪怕以象征性的价格。

作为人口从纽约持续不断离去和外溢的结果，布鲁克林逐渐从郊区转变成主要的城市——19 世纪后半叶美国的第四大城市。到 1890 年它已经有 26.1 万国外出生的居民，仅这个数字就与它 30 年前的总人口持平。随着人口的增长，许多从曼哈顿逃离出来的人所竭力避免的衰败、嘈杂以及快节奏的生活方式也跟着他们来到了河对岸。尽管布鲁克林最初兴盛的原因是由于其安静的环境，而且从这里也方便到达世界最繁忙港口——纽约中心商业区，其后的增长却是自身商业和工业发展的结果。到 1890 年，布鲁克林拥有大型制帽厂、化工厂、铸铁厂、糖果公司以及咖啡厂和糖浆厂。唯有芝加哥肉类包装产业的规模大过布鲁克林，而布鲁克林的糖类提纯和谷物贮藏都是世界上最大的。[①]

赫齐卡亚·比尔斯·皮尔庞特

作为 19 世纪上半叶最重要的郊区，布鲁克林的迅速崛起可以从赫齐卡亚·比尔斯·皮尔庞特(Hezekiah Beers Pierrepont)的

① 哈罗德·科芬·赛雷特(Harold Coffin Syrett):《布鲁克林政治史(1865—1898)》(*The City of Brooklyn, 1865 - 1898: A Political History*)，纽约，1944 年，第 241—242 页；詹姆斯·威尔逊(James Wilson):《纽约城市史》(*History of The New York City*)，纽约，1893 年，第 4 卷，第 23—25 页。

事业中得到反映。[①] 赫齐卡亚·比尔斯·皮尔庞特生于1768年，其祖父是耶鲁大学的奠基者之一。因为不喜欢拉丁语和希腊语，他年少时便十分另类。最初他在纽约海关工作，后来成为一名金融师，并很快展现出自己赚钱的能力。1793年，他和堂兄合伙一起去了巴黎，在法国经营进口必需品，当时法国因为大革命的原因，物资匮乏现象很普遍。尽管经历了恐怖统治（皮尔庞特亲眼见证了罗伯斯庇尔在1794年7月28日被处以死刑），皮尔庞特还是获得了成功，紧接着他将业务扩展到印度和中国。但在1797年，他在国外的投资出了问题，当年他的满载货物的货船"联盟号"落入了海盗手中。所有恢复元气的努力均告失败，这位29岁的创业者破产了。[②]

1800年回国之后，皮尔庞特走上了一条再寻常不过的致富之路。1802年，他和安娜·玛丽结婚。安娜是纽约州最大的私人土地所有者、富商威廉·康斯特布尔的女儿。作为结婚礼物，皮尔庞特得到了位于奥斯威戈、杰斐逊、刘易斯、圣劳伦斯和富兰克林县
31 50万英亩的土地。因为风险太大，皮尔庞特放弃了海外生意，看到酒类前景更好，他决定投身这一行。因此，他在布鲁克林乔拉尔曼街的一端购买了一家杜松子酒酿造厂。那之后，他很快又于

---

① 尽管赫齐卡亚·皮尔庞特常常用其名字的英国拼法"Pierpont"，他的子女们仍然用原来的拼法"Pierrepont"，穿过他先前地产的皮尔庞特街（Pierrepont Street）亦是如此。

② 《皮尔庞特文集》，长岛历史协会，布鲁克林。描写皮尔庞特生平最好的著作是亨利·斯泰尔斯（Henry R. Stiles）：《布鲁克林城市史》（*History of the City of Brooklyn*），第2卷，布鲁克林，1869年，第145—151页。

1804 年为他的新娘买下了本森农场及其豪宅——“四壁炉”。[①]

酿酒厂并没有赚到钱，皮尔庞特很快将精力转向土地投机和社区推进活动。他比其他任何人都清楚地知道他的小村庄未来的繁荣前景，准确地推测出行动迅速的人将获巨利。他将自己在纽约的地产（罗伯特农场和乔利斯农场的一部分都是他的）扩大到 60 英亩，其中包括位于纽约港的 800 英尺长的临港房屋；而且他开始积极参与地方政治。[②] 1816 年，十五人委员会得到了颁给布鲁克林村庄宪章的殊荣，而皮尔庞特是该委员会的一员，之后他又成了理事。同样，在开辟、加宽道路时，如果可能影响到皮尔庞特的地产，皮尔庞特都要在其中发挥影响。因为对第一次提交给理事的街道计划不满意，皮尔庞特自己雇了测量员，提出了更有利于自己利益的替代方案，并推动该方案被采纳。然后他将自己的地产分成了 25×100 英尺的许多地块。通过集土地投机商和本地政客角色于一身，皮尔庞特建立起了一种传统，这种传统将成为美国各种各样居住区的典型。

罗伯特·富尔顿（Robert Fulton）于 1807 年成功发明了北美第一台汽船，皮尔庞特是他的密友并为他提供资金支持。一开始，皮尔庞特紧攥着土地不卖，他在等待时机，直到后来东河水上运输的改善使土地价格升值能卖个好价钱时他才出手。1814 年，富尔

① 尽管“四壁炉”已不在，布鲁克林高地在 1820—1865 年建造的住宅仍然超过了 1 000幢。邻里街区，仍然宁静如初、绿树成荫，在 1966 年成为了纽约城第一个官方历史名区（Historic District）。

② 为皮尔庞特所有的土地从水边几乎延伸到了富尔顿街，其最长处几乎有半英里。

顿在曼哈顿的比克曼码头（1816 年，为了纪念 1815 年去世的这位发明家，更名为富尔顿街）和布鲁克林的富尔顿街之间，开始了世界上首次蒸汽轮渡服务。每个渡轮大到足以容纳 200 名乘客和许多马匹、马车，快到足以在 8 分钟内完成一次运输。同时，皮尔庞特在酝酿着一个计划——为那些富商建造高档住宅区，那些有钱人有能力购买数个相邻的地块，并将它们连成一个大地块用以建造大宅邸。在 1820 年，布鲁克林高地只有七套房屋可作为炫耀的资本，但到 1823 年，为“布鲁克林高地”所做的一条广告，则预示着变化即将出现：

> 正对纽约市东南部，有最近的乡村休闲地，商业中心最东边的入口虚位以待；包括过河在内，到纽约的平均步行时间为
> 32 15 至 25 分钟。地势稍高，四季宜人，坐拥乡村所有优点和纽约的大部分便利。
>
> 如果先生您因为生意、业务要每天去纽约，那么，为了您家人的健康和舒适，没有比加入这个共同体更好、更划算的了。①

正如我们所见，布鲁克林高地像皮尔庞特预期的那样受欢迎。1841 年，居住于皮尔庞特开发的地产上的 84 位业主中，有 39 人在纽约上班，其中 26 人是商人。在这些新的郊区人口中，有退休

① 尽管 1642 年纽约和布鲁克林的公共轮渡就已问世，但直到 1814 年，频繁往来的定期蒸汽轮渡服务才开始运营。拉尔夫·韦尔德（Ralph Foster Weld）：《布鲁克林村》（*Brooklyn Village*），纽约，1938 年，第 28 页。

富裕皮毛商威廉·S.帕克(William S. Packer),还有艾比尔·阿博特·洛(Abiel Abbott Low),他是一个船业巨头,与中国的贸易大获成功。[①]

皮尔庞特于1838年去世,去世时尚未实现他最后的梦想:在滨水地带为公众建造散步场所。[②] 但他的继承人继续将其地产分块出售,有时候为了把地块分得更细小而需先分成大块。皮尔庞特在有生之年也确实看到了蒙塔格、雷姆森以及皮尔庞特街上极好的房屋,其中有些是传统的城市排房。它们的宁静与纽约城的拥挤、嘈杂恰成对比,使得布鲁克林呈现出对中产阶级具有吸引力的景象。

就像皮尔庞特代表了布鲁克林郊区增长的第一代人一样,埃德温·利奇菲尔德(Edwin Clark Litchfield)是第二代的代表。依靠在中西部铁路投机积累的财富,利奇菲尔德于1852年在公园坡开始了一系列大规模的购地活动,他最终掌握了包括现在公园坡的中心部分以及郭瓦纳斯运河附近的一大片草地、湿地。利奇

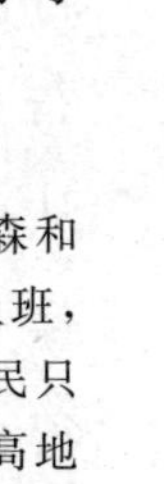

① 我的分析是基于对1841年布鲁克林城市指南上的所有以皮尔庞特、雷姆森和蒙塔格命名的街道进行考察得出的。所有这些街道上的人口大约有50%在纽约上班,其中30%是商人。相比之下,伦敦在1831年,有贵族气派的帕丁顿和肯辛顿的居民只有20%是资本家、商人或专业人才。这说明这些居民的社会地位相较于布鲁克林高地要低得多。D.A.里德(D. A. Reeder):《郊区大剧院:1801—1911年伦敦西部的发展模式》("A Theater of Suburbs: Some Patterns of Development in West Heights, 1801－1911"),载于H.J.戴欧斯(H. J. Dyos)编:《城市史研究》(*The Study of Urban History*),伦敦,1968年,第255页。

② 该散步场所提供了一个观赏纽约港的广阔视野,最终在罗伯特·摩西(Robert Moses)的支持下于二战结束后建起来了。

菲尔德总的设计是将郭瓦纳斯运河附近的地产开发成上流社会的住宅区和商业及工业用地。第一步是建造一个雅致的意大利式住宅区——雅居山庄——来为整个地块奠定贵族基调。这项工程获得的成功令人瞩目，该地区一举跻身纽约大都市区最令人向往的地方之列。利奇菲尔德的家也成为了纽约市公园与休闲部在布鲁克林的总部。利奇菲尔德家院子的一部分被纳入了前景公园，成为弗雷德里克·奥姆斯特德众多作品中最杰出的一个。

其他轮渡郊区

布鲁克林是第一个，也是最重要的现代“轮渡郊区”。但水上
33 通勤在别的地方也很重要。在荷兰隧道（1927 年）和林肯隧道
（1937 年）完工前，跨哈得孙河到新泽西有 20 条轮渡线路。1821
年，螺旋桨的发明者、整个“霍巴克岛”的所有者约翰·史蒂文森
(John Stevens)上校建立了到霍博肯的定期轮渡服务，很快，霍博
肯便成为了一个闻名遐迩的休闲去处。[①] 1829 年，约翰·雅各
布·阿斯特(John Jacob Astor)在霍博肯建造了一栋避暑别墅。
从那之后，维霍肯·帕利塞兹很快就成为了纽约有钱人建造雅致
住宅的场所。结果，每年夏天的周末都有数以千计的居民越过哈
得孙河去消暑。到 1850 年代早期，泽西城和曼哈顿之间的轮渡每
15 分钟就能往返一次。到 1870 年，每日到纽约通勤已成为住在
哈得孙县的中产阶级居民的特色，光泽西城渡口每天送进纽约的

① 1814 年，到霍博肯的不定期蒸汽轮渡开始运营。

人口就超过 3 000 人。[①]

在水上交通方面，没有城市可以与纽约比肩。但在内战前，费城和坎登、新港和辛辛那提、匹兹堡和阿勒格尼之间日常的水上通勤也很普遍。1850 年代，旧金山的富商开始在旧金山湾对面的奥克兰和阿拉梅达湾对面建造住宅区。同时，在波士顿乘船全程水上游览努德尔岛和东波士顿只需 5 分钟，费用为 2 美分，它每天吸引的游客超过了 1 000 人。[②]

公共交通系统的出现——公共马车

蒸汽动力应用于水上交通只在为数不多的城市中有重大影响。但是，许多大的社区都面临一个问题，那就是它们的增长是如此显著，以至于步行——作为一种组织城市空间的可行方式——都过时了。建筑比以前更大了，街道也更拥挤，人口密集只能通过向居民开放更多的地域而得以缓解。显而易见的解决之道是在城市建立地面交通系统。公共交通系统可以定义为按照确定的时间表、沿着固定的线路、按单程票价收费的运营方式。1825 年之前，

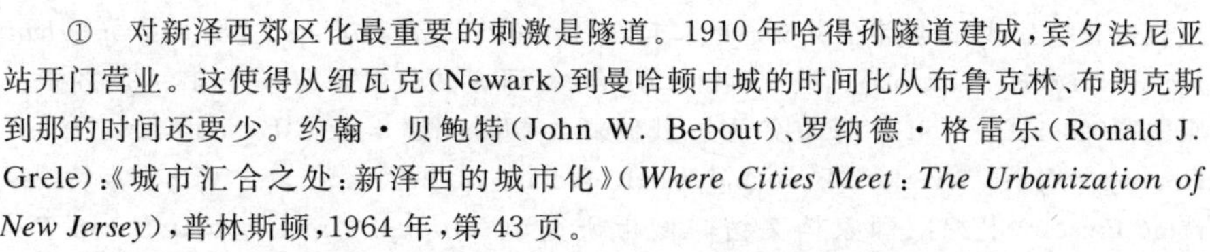

① 对新泽西郊区化最重要的刺激是隧道。1910 年哈得孙隧道建成，宾夕法尼亚站开门营业。这使得从纽瓦克(Newark)到曼哈顿中城的时间比从布鲁克林、布朗克斯到那的时间还要少。约翰·贝鲍特(John W. Bebout)、罗纳德·格雷乐(Ronald J. Grele)：《城市汇合之处：新泽西的城市化》(*Where Cities Meet: The Urbanization of New Jersey*)，普林斯顿，1964 年，第 43 页。

② 罗杰·洛特金(Roger Lotchin)：《1846—1856 年的旧金山：增长的模式及混乱》("San Francisco, 1846 - 1856: The Patterns and Chaos of Growth")，载于肯尼斯·杰克逊(Kenneth T. Jackson)、斯坦利·舒尔茨(Stanley K. Schultz)编：《美国史中的城市》(*Cities in American History*)，第 151—160 页。

还没有哪个城市拥有公共交通系统。[①] 雇的四轮马车——有时作为出租车或者出租马车(hackneys)而为人所知——代表了大众短途旅行的模式。距离长点的旅行则有驿马车(stagecoach)。首个公交系统的出现是极其偶然的。1826年,一名从法国军队退役的军官鲍德里,在法国西部南特市外几英里的地方买了公共浴池,为了让人们更方便到达他的浴池,他在南特市中心和浴池之间建立
34 了一条短途马车线路。这些马车立刻就受到了人们的欢迎。但鲍德里注意到,大部分乘客并不去浴池,而是在中间站点就下车了。为了从这一发现中获利,鲍德里迅速扩大了短途运输马车的数量和线路,并巧妙地以“公共”马车(omnibuses)命名,取自一位名叫Omnes([法国布列塔尼地区的一个姓氏,也是拉丁语的姓氏,意为“普遍”——译者注]的制帽工的名字)。这种做法获得了成功。1828年1月30日,巴黎第一辆公交开始在马德伦和拜斯迪尔之间运营。到1832年,鲍德里尚不甚完善的交通系统在波尔多、里昂和伦敦得到了应用。实质上,公共马车兼具出租马车和驿马车

① 关于公共交通工具,有些学者征引1819年巴黎出现的voiture omnibus,或称“普遍式用车”以及1662在巴黎亮相的被布莱斯·帕斯科称为carosee a cing sous的车辆,我对此持保留态度。比较分析方面最好的成果是约翰·麦凯(John P. McKay)《电车轨道和电车:欧洲城市公共交通的兴起》(*Tramways and Trolleys: The Rise of Urban Mass Transport in Europe*),普林斯顿,1976年;对研究文献最好的综述,其一是格林·霍尔特(Glen E. Holt):《城市交通史:我们来自哪里、到哪儿去》(“Urban Mass Transit History, Where We Have Been and Where We are Going”),载于杰尔姆·芬斯特(Jerome Finster)主编:《国家档案馆与城市研究》(*National Archives and Urban Research*),俄亥俄州雅典市,1974年,第81—105页;其二是福斯特·帕尔默(Foster M. Palmer):《城市铁路交通系统研究文献综述》(“The Literature of the Street Railway”),《哈佛图书馆简报》(*Harvard Library Bulletin*)1948年第12卷,第117—138页。

的功能。①

1829年,亚伯拉罕·布劳尔(Abraham Brower)开始在纽约的百老汇大道运营公共马车,从而将这种服务引入北美。之后,精明的投机商人分别在1831年、1835年和1844年将其引入费城、波士顿和巴尔的摩。典型的应用模式是市政府授权一家私人公司——通常是从事服装制造或货运的小商人——特许其在某条街道上独家经营。作为回报,公司同意提供某些基本的服务。多年以后,虽然许多公司试图通过年票的方式在新的居民区提供通勤服务,这种票平均每天只花4美分就可以无限制地乘车,但普通的单程车票还是要花十多美分。②

到19世纪中期,公共马车已经成为一块大蛋糕。当时交通拥挤已成为城市生活的基本标志,而公共马车为这种拥挤增添了引人注目的内容。1832年纽约城持有执照的马车为80辆,1837年

① 约翰·麦凯(John P. McKay)《电车轨道和电车:欧洲城市公共交通的兴起》(*Tramways and Trolleys: The Rise of Urban Mass Transport in Europe*),第10—12页。

② 研究19世纪美国公共交通最好的著作是格伦·霍尔特(Glen E. Holt):《对城市病理学认识的变化:关于美国公共交通发展的一篇论文》("The Changing Perception of Urban Pathology: An Essay on the Development of Mass Transit in the United States"),载于肯尼斯·杰克逊(Kenneth T. Jackson)、斯坦利·舒尔茨(Stanley K. Schultz)合编:《美国史中的城市》(*Cities in American History*),第324—343页;乔尔·塔尔(Joel A. Tarr):《从城市到郊区:交通技术的道德影响》("From City to Suburb: The 'Moral' Influence of Transportation Technology"),载于小亚历山大·卡洛(Alexander B. Callow, Jr.)编:《美国城市史:带评论的解说性读本》(*American Urban History: An Interpretive Reader with Commentaries*),纽约,1973年第2版,第202—212页;以及乔治·罗杰斯·泰勒(George Rogers Taylor):《美国城市大众交通的起源:第一部分和第二部分》("The Beginnings of Mass Transportation in Urban America: Parts I and II"),《史密斯森历史期刊》(*Smithsonian Journal of History*)1966年夏、秋第1卷,第35—52页、31—54页。

为 108 辆，1845 年为 255 辆，1840 年为 425 辆，1853 年为 683 辆。当时有 22 家公司在为拉顾客而竞争，某些站点的平均等待时间不超过 2 分钟。在下百老汇的一个路口，据说每 15 秒钟就有一辆马车通过。这项服务对于纽约的经济如此重要，以至于当一场大火毁掉了西边线路的大部分营运设施时，下城的商人和市政官员都忙不迭地帮公共马车恢复运营。当 1844 年这些装在轮子上的"车棚"出现在巴尔的摩时，《太阳报》(*Sun*)热情地预测它们将使"人们可以把家安在离上班地点有一段距离的、更健康的地带，从而避免了步行造成的时间浪费和疲劳"。[①]

尽管对于步行来说，公共马车代表着明显的进步，但没有衬垫的长凳，通风不良和粗鲁、坏脾气的司机确实使人疲惫，它暴露出了地面交通的局限。好一点的道路由大大小小的鹅卵石铺面，差的则有深深的车辙，如此状况的街道严重阻碍了笨重的、载客 12
35 人的马车这种交通工具的发展。在这样的路况上行驶，即便对于其热心的支持者也是一种情绪和体力的考验。就像《纽约先驱报》(*New York Herald*)在 1864 年抱怨的那样："乘坐纽约的公共马车简直就是现代版的殉难。"[②]好像这样的折磨还嫌不够，公共马车的行驶速度不紧不慢地保持在每小时 5 英里之内，时常还没有

---

① 转引自伦·霍尔特(Glen E. Holt)：《对城市病理学认识的变化：关于美国公共交通发展的一篇论文》("The Changing Perception of Urban Pathology: An Essay on the Development of Mass Transit in the United States")，载于肯尼斯·杰克逊(Kenneth T. Jackson)、斯坦利·舒尔茨(Stanley K. Schultz)合编：《美国史中的城市》(*Cities in American History*)，第 325 页。

② 《汽车交通的新时代》(The New Age of Automobility)这一章对 19 世纪城市道路服务状况进行了讨论。

快速步行走得快。毫不奇怪，哪怕是在公共马车网络最发达的纽约，在 1850 年只有 2.5 万人或 1/30 的居民每天使用这种公共交通。然而，这种稍显原始的交通系统的重要性在于，它促进了城市居民中有影响力的少数人养成了格伦·霍尔特（Glen Holt）所说的“乘车习惯”。[1]

蒸汽铁路

到 19 世纪中叶，100 马力的蒸汽动力已经得到了普遍应用。蒸汽铁路对城市面貌的改变具有特别深远的影响。铁路当然是英国人的发明，1814 年，乔治·斯蒂芬森（George Stephnson）——他没有上过学，是一座煤矿的机械工——首次将铁路引入美国。正是他认为煤可以成为将煤碳资源运到水边的动力源。整整半个世纪后，狄更斯（Dickens）在《我们共同的朋友》（*Our Mutual Friend*）中这样形容正在消失的伦敦边界：“肯特伯爵和萨利伯爵的领地在那儿接界，铁路至今仍在那儿从菜农的菜畦间穿过，而眼看着这些菜园子都要毁于铁路之下了。”在北美，第一条重要铁路——巴尔的摩—俄亥俄铁路——于 1829 年开始铺设。[2]

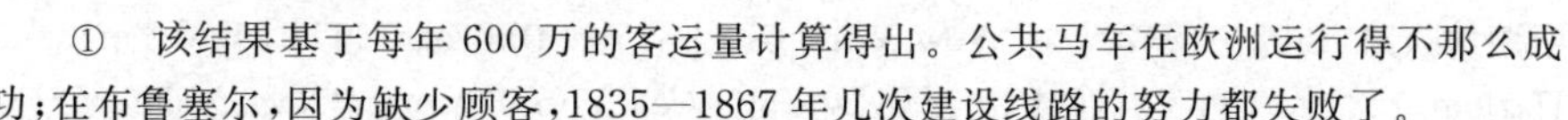

① 该结果基于每年 600 万的客运量计算得出。公共马车在欧洲运行得不那么成功；在布鲁塞尔，因为缺少顾客，1835—1867 年几次建设线路的努力都失败了。

② 1826 年 10 月 9 日，马萨诸塞一条 3 英里长的铁路开始运送花岗岩。另外一条不太长的线路在查尔斯顿开张。世界上第一条提供公共服务的客运线路——斯托克顿—达林顿铁路（Stockton and Darlington Railway）——1825 年 9 月在英国投入使用。

这条铁路被设计用于长途旅行而非本地通勤。但铁路所有者在所有可能的地方寻求收益，很早就在这条线路所经过的边远村庄设立站点，这些村庄位于大城市的外围地带。在纽约，第一条在蒸汽铁路上运营的基本通勤线路始于1832年，到1837年纽约和哈莱姆铁路开始为第125街提供定期通勤服务。[①] 它的成功促成了一家新旅馆的建设，也使得《纽约先驱报》预言："这样那样的进步将使哈莱姆成为霍博肯、新布莱顿和其他避暑胜地的强劲对手。"[②]1844年，这条线路的分支通到了韦斯切斯特县的中心地带，使得《纽约论坛》预测："到1860年，这条铁路线将会是一条远至怀
36 特·普莱恩斯的由连续不断的村庄组成的铁路。"同时，绕长岛一周的纽约—纽黑文铁路在1843年修到了纽黑文；通往奥尔巴尼的哈莱姆河线1849年修到了皮克斯基尔。在这些线路建成后的第一个十年里，地产开发在拉伊、塔里敦和新罗歇尔等地如雨后春笋般冒了出来。[③] 19世纪五六十年代，韦斯切斯特县的总人口增长了75%，紧邻城市的部分翻了一番还多。早在1855年，英国观察家巴克斯特（W. E. Baxter）就注意到郊区的住宅："五年前还是

① 哈莱姆17世纪以后一直是荷兰的一块农业拓殖地，但200年以来它是一个远离城市的，相对孤立的前哨站。

② 小约瑟夫·格林（Joseph Warren Greene, Jr.）：《纽约市第一条铁路：纽约—哈莱姆铁路，1832—1867年》（"New York City's First Railroad: The New York and Harlem, 1832 to 1867"），《纽约历史协会季刊》（*New York Historical Society Quarterly*）1926年1月第4卷，第107—123页。

③ 这些城镇以及扬克斯和玛玛伦奈克等城镇，先于铁路铺设时就已存在，与哈莱姆的历史一样久远。但在1850年代为逃脱城市高物价和租金而出现房地产开发之前，它们也曾是农耕的村落。

互相缠绕的浓密森林的一部分，现在则像蘑菇一样星星点点地冒了出来；到处都是值钱的地产，尤以几条铁路沿线的增长最让人不可思议。来自扬克斯市和哈得孙河其他地方的地产所有者一直在做着积微成著的改变。”①

因为对于大多数挣工资的人来说，每年的通勤费太高了(1853年到布朗克斯维尔要45美元)，这些铁路更让人觉得韦斯切斯特是富人的一方领地。甚至在内战前，最靠近南部的福德姆、莫里森尼亚、特里蒙特和芒特·弗农都正在成为中产阶级的聚居地。特别是莫里森尼亚在1850—1865年发生了翻天覆地的变化。最初，莫里森尼亚只是南部中心地带(现在的布朗克斯)波士顿邮政路上的一个小村庄，1840年代中期在此设立了铁路站点之后，它才成为大规模建设活动的缩影。在1860年，一块400英亩大、叫做老莫里森尼亚的特别重要的地皮位于古弗尼尔·莫里斯(Gouverneur Morris，美国革命和建国初年著名政治家——译者注)的宅邸附近。

就像往北的铁路打开了韦斯切斯特县(包括后来成为布朗克斯一部分的地方)发展的大门一样，蒸汽铁路也在很大程度上取代了以前开到扬克斯市和皮克斯基尔的汽船。同样，长岛铁路和纽约—弗拉兴(Flushing，又译法拉盛，今天昆斯区一个亚裔移民聚居的区域——译者注)铁路也使曼哈顿人可以从东边进出曼哈顿。建立长岛铁路的最初目的是连接纽约市和波士顿，因为“康涅狄格

---

① W.E.巴克斯特(W. E. Baxter)：《美国和美国人》(*America and the Americans*)，伦敦，1855年。

州的山和新英格兰许多宽阔幽深的河流”的阻碍，修一条陆上直线铁路行不通。铁路筹办者相信可以在长岛找出解决之道，因为长岛“大体与康涅狄格的海岸线平行，既没有河也没有山”。最初的线路“穿过未开发且贫瘠的松杉平原地区，从南部海岸向北延伸6英里以上”，直抵格林波特，乘客从那儿可以转乘汽船到斯托宁顿，也可以坐火车到波士顿。这条铁路于1844年7月27日首次运
37 行，获得了极大的成功。同时，作为事后的补救措施，到1860年，长岛铁路在这条线路上设立了通勤服务。[1] 纽约—弗拉兴铁路明显更对短途运输感兴趣，丝毫不介意做地产投机者的工具。在1850年代后期，通过将现在昆斯区的农村居民在一小时内带入曼哈顿，这条铁路为牛顿、玛斯派思和法拉盛带来了新的人口。[2]

内战前，通勤铁路在其他城市也得到了很好的建设。泽西城与曼哈顿隔哈得孙河相望，是一个既有轮渡又有铁路线的交通枢纽，这些通勤铁路可以在一小时内将通勤者从离纽约16英里的南奥林奇带到纽约城。在1850年代，纽瓦克和泽西城之间的铁路线是世界上最繁忙的铁路线之一。到1859年，费城已有超过40个车次在西北部郊区日耳曼敦设立站点。而在芝加哥，因为芝加哥—密尔沃基铁路提供的便捷服务，芝加哥北边的埃文斯顿也在快速增长。[3]

---

① 米尔德里德·史密斯(Mildred H. Smith)：《长岛铁路公司早期史》(*Early History of the Long Island Railroad*)，纽约，1958年，第2—8页。

② 爱德华·斯潘(Edward Spann)：《新大都市：1840—1857年的纽约》(*The New Metropolis: New York, 1840 - 1857*)，第189页。

③ 《铁路干线——为精英人士打造的郊区和通勤铁路》(The Main Line: Elite Suburbs and Commuter Railroads)一章将讨论该主题。

波士顿的郊区通勤者所占比例大过其他城市。到1834年，乘客可以沿着波士顿和伍斯特的主干线去布鲁克兰，10年之内，在波士顿有七家公司首创了下列服务：通勤；家庭优惠票价和为那些有可能在郊区购地的波士顿人提供免费的周末往返票。在波士顿，新的价格表把铁路通勤的费用降到与公共马车一样的水平。随着铁路公司和房地产经纪人联合为郊区生活大做宣传，降价策略奏效了。[①] 为波士顿和洛维尔铁路公司所做的一条广告这样写道："萨默维尔、梅福德和沃本不光为有闲的绅士，也为在城里工作的商人提供了许多令人愉快而健康的住所，因为这里的车辆日夜川流不息，为他们提供了与波士顿通勤的绝佳条件。"郊区开发者通常将铁路时间表附在广告中提醒潜在的购买者，每个地块只需"步行几分钟即可到达站点"，[②]他们也由此得到了回报。

随着铁路公司之间竞争的加剧和价格的下降，通勤费用的多少变得特别重要，它通常以年为单位来出售。在1840年代早期，

① 波士顿市长自诩通勤人口有10万，但最近亨利·宾福德（Henry C. Binford）将1860年通勤人口令人信服的估确定为2万。查尔斯·肯尼迪（Charles J. Kennedy）认为该城内战时期的通勤人口为工作人口的1/10。亨利·宾福德：《郊区事业：杰克逊时代的城镇和波士顿通勤者，1815—1860》（The Suburban Enterprise: Jacksonian Towns and Boston Commuters, 1815 - 1860），哈佛大学博士学位论文，1975年；查尔斯·肯尼迪（Charles J. Kennedy）：《1835—1860年 波士顿地区的通勤服务》（"Commuter Services in the Boston Area, 1835 - 1860"），《商业史评论》（*Business History Review*）1962年夏第36期，第153—170页。

② 《波士顿邮报》（*Boston Post*）1850年6月24日。转引自亨利·宾福德（Henry C. Binford）：《郊区事业：杰克逊时代的城镇和波士顿通勤者，1815—1860》（The Suburban Enterprise: Jacksonian Towns and Boston Commuters, 1815 - 1860），第125—128页。

到林恩要 62 美元，到牛顿要 50 美元。当一些郊区的年度往返票价格低至 30 美元时，蒸汽铁路就可与公共马车在价格上进行竞争了。[①] 其结果是，早在 1849 年，在 15 英里的范围内，每天就有 59 列通勤火车进入波士顿（15 英里之外还有 45 列），像德达姆、米尔顿、昆西、多尔切斯特、布莱顿、牛顿、梅福德、梅尔罗斯、莫尔登、温切斯特、萨默维尔以及西坎布里奇这样的地方，被《波士顿晚报》（*Boston Evening*, *Transcript*）（1855 年 4 月 4 日）贴上了铁路郊区
38 的标签。[②] 拉尔夫·埃莫森（Ralph Waldo Emerson）描述"1854 年，乘坐早班车进城的人都是读者和喜欢思考的人"。在这种狂热之下，亨利·梭罗（Henry David Thoreau）甚至都被洗脑了，在其文章中他提到："每天至少有五次，我可以在一小时内到波士顿打个来回。"

在普通老百姓身上，通常看不到铁路巨头和地产开发商身上的那种热情。牧师谴责铁路公司，因为火车在安息日仍然运行；农民把火车看作天敌，因为它打碎了他们宁静的生活，使奶牛受到惊吓而产不出奶，它的煤渣和烟灰使乡间蒙尘。与他们同时代的亨利·梭罗一样，他们反对汽笛和哐当哐当哐当的车轮声；与梭罗

---

① 假设每人每年去市中心 300 次，那么单次乘车的费用大概为 5 美分，这甚至比公共马车还便宜。然而，许多情况下，通勤者会在铁路的终点站坐公共马车，从而将两种交通方式都用到。

② 查尔斯·肯尼迪（Charles J. Kennedy）：《1835—1860 年波士顿地区的通勤服务》（"Commuter Services in the Boston Area, 1835－1860"），第 169 页；以及罗伯特·格罗斯（Robert A. Gross）：《超验主义和城市化：康科、波士顿及其他地方》（"Transcendentalism and Urbanism: Concord, Boston, and the Wider World"），1982 年 1 月 27 日在丹麦哥本哈根召开的两年一次的北欧美国研究协会学术会议上的论文。

不同的是，他们有时会掀翻铁轨，烧毁车站，将道钉从路基上拆掉从而造成严重事故。①

在建筑物众多的地区，制造混乱的火车遇到的困难更为严峻。1839 年，纽约第 14 街的一辆火车头的锅炉发生爆炸，造成技师死亡、20 多名乘客受伤。这一事件，再加上其他一些事故，造成的影响是人们对于大的火车头的恐惧蔓延开来，而且暴民们不止一次掀掉了鲍厄里的铁轨。很快，纽约和布鲁克林市政府的高级官员禁止火车头驶入其人口稠密的地区（曼哈顿第 14 街以里），要求他们用马将火车拉到乡间，到那里再换上蒸汽机车。在费城，类似的限制迫使铁路的修建止步于斯古吉尔河的西岸。②

驱散这些恐惧的方法是缩小火车头的尺寸，将火车头伪装成客运车厢而非让人害怕的怪物。其结果是所谓“哑巴”引擎的出现，为了让这种“哑巴”引擎看起来对人无害，设计和制作过程很是小心谨慎。然而，从长远看来，没有必要做隐藏的努力。随着事故的减少，蒸汽火车头被接纳为城市景观的一部分。更重要的是，火车头开始被视为家庭逃离拥挤的城市的一个积极因素。铁路的这种“道德影响力”使机械动力的支持者积极支持铁路的修建。1849 年，当一些市民反对将哈莱姆铁路向南延伸到钱伯斯街时，《纽约

① 蓄意破坏活动在长岛萨福克县（Suffolk County）尤其恶劣，但 1860 年前超过 12 条线路上的破坏事件都被曝光。

② 类似的立法活动，参见乔治·罗杰斯·泰勒（George Rogers Taylor）：《美国城市大众交通的起源：第二部分》（“The Beginnings of Mass Transportation in Urban America: Part II”），《史密斯森历史学刊》（*Smithsonian Journal of History*），1966 年秋第 1 卷，第 39—43 页。

论坛》针锋相对地评论：

> 我们希望看到火车通到纽约的各个地方，这样每个市民都可以在离其商店两个街区之内的地方坐到车，并迅速赶到坐落于绿色田野和绿波翻滚的森林之间的居住区，哪怕是为
> 39 了无关紧要的小事。这样，1 万人挤在三四个街区的建筑物里的不健康状况将逐渐得到改善。①

有轨马车

1830 年后，蒸汽铁路在美国的快速发展，使人们产生了这样一种想法：将公共马车放在铁路和铁轮子上将会极大地改善其服务。公共马车（the horse-drawn streetcar），更广为人知的名字是有轨马车（horsecar），最先由约翰·梅森（John Mason）开发，于 1832 年开始在普林斯和下曼哈顿的第 14 街之间的铁路轨道上运营。有轨马车将畜力的低耗、灵活、安全和定点铁路的效率、平稳和不受天气影响的优点结合了起来。简言之，有轨马车是公共马车和火车优点的集合物。

---

① 纽约《论坛》（*Tribune*）1849 年 6 月 11 日。转引自爱德华·斯潘（Edward Spann）：《新大都市：1840—1857 年的纽约》（*The New Metropolis: New York, 1840–1857*），第 192 页。参见乔尔·塔尔（Joel A. Tarr）：《从城市到郊区：交通技术的道德影响》（"From City to Suburb: The 'Moral' Influence of Transportation Technology"），载于小亚历山大·卡洛（Alexander B. Callow, Jr.）编：《美国城市史：带评论的解说性读本》（*American Urban History: An Interpretive Reader with Commentaries*），第 202—212 页。

有轨马车的大量出现是1852年之后的事，当年阿方斯·卢巴(Alphonse Loubat)开发了一种带凹槽的铁轨，它可以嵌入地面。这是一项关键的技术进步，因为最早的有轨马车所用的铁轨高出街面6英尺或更多，这严重地妨碍了载客马车和运货马车的行驶，从而阻止了有轨马车这一新发明的应用。到1855年，有轨马车将公共马车赶出了纽约的街道，使其被迫进入次一级的线路，及至1860年，同样的情况也出现在了巴尔的摩、费城、匹兹堡、芝加哥、辛辛那提、蒙特利尔和波士顿。欧洲街道上最早的铁轨分别于1860年和1861年出现于伯肯黑德和伦敦。①

有轨马车的巨大优势在于它使用了铁轨，这使得以一定速度(6—8英里/小时)更平滑地行驶成为可能，这一速度几乎是公共马车的两倍，如果人们想住得离上班的地方远一点，速度就成为了重点考虑因素。更重要的是，摩擦力的减小使得一匹马就能拉动载客30人至40人的车辆，而且与典型的公共马车相比，这种车辆的内部空间更大，上下更方便，刹车也更迅速。所有这些优点降低了运营成本，最终将平均单程费用从公共马车的15美分降到了有轨马车的10美分。乘车状况唯一没有得到改善的是马车夫，他坐在车厢外的平台上忍受风吹雨淋。设计者不是没有想到将该平台

① 第一条官方有轨马车线路于1836年开辟，时任纽约市长的沃尔特·布朗(Walter Browne)充满热情地称，该事件“将作为人类最伟大的成就而载入美国史册”。交通史的绝佳入门著作是K. H.谢弗(K. H. Schaeffer)、埃利奥特·斯科拉(Elliot Sclar)：《向所有人开放：交通和城市发展》(*Access for All*: *Transportation and Urban Growth*)。

封闭，但这样一来，马车夫的注意力和警觉性怕要打点折扣。①

通常的模式是：路轨从城市中心以直线向外散射。有轨马车的车轨沿着干道铺设，通常通向位于郊区的正在兴起的富人居住区。确实如此，这一快速有效的大众交通方式的广泛存在提高了
40 地产的吸引力，土地投机商当然不会错过这一潮流。零售地产商将他们的地块安置在靠近铁轨的地方，并对它们靠近有轨马车大肆宣扬。在波士顿，萨默维尔的开发商乔治·布拉斯托（George Brastow）是组建米德尔塞克斯有轨马车公司的领袖人物，如同早期的公共马车一样，该公司的有轨马车线路也会在同一方向推动地产的开发。在圣路易斯，大众交通将建筑密集区扩展到了东北面，而吸引力与其不相上下的西南部，就因为有轨马车线路的稀少而增长缓慢。在加利福尼亚州的奥克兰，地产大亨塞申（E. C. Session）在1875年组建了奥克兰水果山谷铁路公司，为他新得到的高地公园和钻石区的开发服务。奥克兰另一位土地巨头沃尔特·布莱尔（Walter Blair）在1876年创办了百老汇—皮德蒙特铁路公司，1876年12月12日，《奥克兰每晚论坛报》（*Oakland Daily Evening Tribune*）对这一事件的结果进行了报道：

街道铁路作为一项促进或打开地产市场的投资，其价值

① 在某些公共马车线路上，可以买年票，这种年票可以将每次乘车的费用降到4美分。有轨马车偶尔也有同样的机会。但只要坐车，绝大多数乘客是付现金的。弗雷德里克·斯皮尔斯（Frederic W. Speirs）：《费城街道的铁路系统：历史与现状》（*The Street Railway System of Philadelphia: Its History and Present Condition*），巴尔的摩，1897年，第9—11页。

可以从去年建成的百老汇—皮德蒙特铁路公司得到体现。这是一家由沃尔特·布莱尔、塞缪尔和蒙哥马利·豪领导独家运营的私人公司，其目的是为其地皮打开进入的通道，以提高其沿线地产的价值。随着新线路的建成，沿线地产的价值增加了，销售量也居高不下，这证明了该企业的经营智慧。[①]

几乎一经应用，这一新的交通系统就改变了有钱人的习惯，这可以从悉尼·费希尔（Sidney George Fisher，费城的一个富家子弟）1859 年写的一则日记中得到体现：

这些客车——虽然这么叫，却是用马做动力的街道火车——具有极大的方便之处。投入使用不过一年，就几乎取代了那些笨重、颠簸、移动缓慢又不舒服的公共马车，大有完全迅速将公共马车和用来出租的马匹排除在外之势。这些客车内部宽敞、行动平稳又轻松、干净，外观好看且垫子舒服，离地面很近所以乘客上下车很方便，速度又快。城市现在变得如此之大，以至于从一个地方到另一个地方的路程相当长，而有轨马车为横穿城市提供了极好的工具。它们从城市的这一头跑到那一头，既便宜又节省时间。今天我坐第 6 街线去牛棚街，然后走到伊丽莎白·费希尔码头。之后乘派因街线去

① 达拉斯·斯麦思（Dallas Smythe）：《东湾经济史》（Economic History of the East Bay），加利福尼亚大学博士学位论文，伯克利，1937 年；亨利·宾福德：《郊区事业：杰克逊时代的城镇和波士顿通勤者，1815—1860》（The Suburban Enterprise: Jacksonian Towns and Boston Commuters，1815－1860），第 140—149 页。

> 了位于派因街——它在19街的上行方向——的霍恩女士家。再后来坐斯普鲁斯街线下行到第10街，从那儿去了费希尔的家。下午回家时，在沃尔纳特街——那儿离英格索尔先生的家不远——坐第5街线，在日耳曼敦下车。有轨马车引人瞩目的成功说明了人们是多么需要它们。①

41 有钱有势的费希尔代表不了普通劳工。他们既没有时间也没有钱在城里如此频繁地出行。但"乘车习惯"很快就在中产阶级中流行开了，其程度之深足以让拥挤成为很早出现却长期存在的问题。纽约一份报纸叙述乘客乘车的经历可作为这种拥挤的典型代表："人们挤在车厢里就像罐头里的沙丁鱼，身上的汗好比罐头里的鱼油。座位形同虚设，乘客们像队列似的被安置在车厢中间，他们紧紧握住带子，好像食品杂货店里的烟熏火腿。"②

① 乔治·罗杰斯·泰勒(George Rogers Taylor)编:《悉尼·费希尔日记，1859—1860》("The Diary of Sidney George Fisher，1859－1860")，《宾夕法尼亚州历史与传记杂志》(*Pennsylvania Magazine of History and Biography*)1963年4月第87卷，第191—192页。

② 转引自格伦·霍尔特(Glen E. Holt):《对城市病理学认识的变化:关于美国公共交通发展的一篇论文》("The Changing Perception of Urban Pathology: An Essay on the Development of Mass Transit in the United States")，载于肯尼斯·杰克逊(Kenneth T. Jackson)、斯坦利·舒尔茨(Stanley K. Schultz)合编:《美国史中的城市》(*Cities in American History*)。参见哈里·卡曼(Harry J. Carman):《纽约路面铁路的特许经营权》(*The Street Surface Railway Franchises in New York City*)，纽约，1919年；约翰·安迪生·米勒(John Anderson Miller):《请买票！从马车到流线型火车》(*Fares Please! From Horse Carts to Streamliners*)；以及哈罗德·考克斯(Harold E. Cox):《周日以外的日子:蓝色法规和费城有轨马车的运营》("Daily Except Sunday: Blue Laws and the Operation of Philadelphia Horsecars")，《商业史评论》(*Business History Review*)1965年9月第34卷，第228—242页。

有轨马车的影响在纽约最为直接或深刻。有轨马车运营满一年的1853年,纽约的马拉火车运送了700万名乘客。到1856年,小小的曼哈顿岛上已铺设了23英里长的铁轨,而且第二大道和第三大道的线路都已通到了第60街。到1860年,铁轨里程已经达到了142英里,运送乘客3 600万人,大约每天10万人。[①] 当时,45分钟的通勤范围可到达尚在建设中的中央公园的南端,在车流较少时,则可到达第80街或更远的地方。尽管在1856年,《纽约论坛》注意到"所谓的城外,几年前指的是上运河街,现在指的则是哈得孙河或上湾的对面——远在海岸线之外,或邻县快速消失的森林区域",但有轨马车对上曼哈顿的实际影响在于为其地产增长提供了巨大的推力。至少与当时存在的其他交通方式相比,有轨马车通过提供一种舒适的地面交通方式,暂时分流了通过轮渡进入布鲁克林和新泽西的移民,并保持了纽约和其他大城市的差异:高度密集的人口覆盖。[②]

最重要的是,有轨马车促成了世界上首项一体化交通系统的出现。在纽约、费城、波士顿和芝加哥,有轨马车将提供城内客运服务的公共马车、长距离通勤服务的蒸汽火车相联系,这样就与在相邻航道上来回行驶的轮渡连接了起来。乘坐有轨马车的乘客中有许多还坐火车或轮渡,他们在火车或轮渡的终点站换乘有轨马车去上班。到1880年代中期,美国有415家街道铁路公司,营运

① 同年,波士顿运送乘客达1 350万人次,或每天3.5万人次左右。因为波士顿的人口大约是纽约的三分之一,所以有轨马车的市场影响与纽约不相上下。

② 爱德华·斯潘(Edward Spann):《新大都市:1840—1857年的纽约》(*The New Metropolis: New York, 1840 - 1857*),第417页。

线路超过 6 000 英里,每年运送旅客 1.88 亿人次,相当于所有生活于 2 500 人以上的城市中的男人、妇女、小孩每人每年乘车 12 次。1859 年费希尔在许多方面预见到了如此规模的载客量的影响:

42 其有益影响在于将使每个人拥有一栋郊区别墅或乡间住所,将城市地域扩展到极大,而同时拥有集中和纯净空气、花园和田园乐趣的好处。居住于密集街道和小巷中的城镇生活,将只有一些为数不多的职业,城市将只是商店、货仓、工厂和商业场所的集合体。①

尽管有轨马车没有像电车和小汽车一样在非常大的程度上扩展城市的建筑半径,但费希尔的预测还是非常符合美国的实际情况的。因为正是在美国,有轨马车得到了最为广泛和密集的应用。其影响就像当代人所总结的那样:“几乎不用说,在大都市增长最不可或缺的诸因素中,现代有轨马车必居其一。在那些以娇柔、虚弱为风尚的日子里,能乘车就绝不走路,实质上,有轨马车为郊区的增长确定了终极界限。”②

在欧洲,有轨马车线路的铺设要慢得多,一般比北美晚 10—15 年。在 1869 年,欧洲只有几条有轨马车线路在运营,迟至 1875

---

① 乔治·罗杰斯·泰勒(George Rogers Taylor)编:《悉尼·费希尔日记,1859—1860》(“The Diary of Sidney George Fisher, 1859 - 1860”),《宾夕法尼亚州历史与传记杂志》(*Pennsylvania Magazine of History and Biography*)1963 年 4 月第 87 卷,第 191—192 页。

② 约翰·安迪生·米勒(John Anderson Miller):《请买票!从马车到流线型火车》(*Fares Please! From Horse Carts to Streamliners*),第 33—37 页。

年，巴黎、伦敦、威尼斯、柏林的有轨马车载客量加在一起，也比单单纽约市的少得多。东方最大的城市东京，有轨马车甚至直到1882 年才出现。[①]

与维多利亚女王治下的强大且技术先进的英国做一番比较是有好处的。在利兹市，直到 1880 年代，公共马车在交通中仍居主导地位，当时离行动迟缓的四轮马车大部分从美国城市的街道上消失已有一代人的时间。同样地，直到一战时，有轨马车才在英国活跃起来，这已是美国有轨电车系统中电车取代无处不在的有轨马车很久之后的事了。美国新的交通方式的快速应用是强调移动和变化的国民性的反映。相比之下，在英国，绝对不止惠灵顿公爵——他在滑铁卢打败了拿破仑——一个人认为铺设铁路根本就是个错误，因为他认为铁路将“只会鼓励普通人毫无必要地四处走动”。[②]

交通革新和郊区增长

交通技术的进步尚不足以解释郊区潮最初的发展。如果是这样的话，那每个分享工业革命财富和有轨马车及铁路技术的大城

① 约翰·麦凯(John P. McKay)《电车轨道和电车：欧洲城市公共交通的兴起》(*Tramways and Trolleys: The Rise of Urban Mass Transport in Europe*)，第 15—26 页。

② 公共马车可能在英国比在美国更成功，因为英国的街道铺得极好，这使得英国人可以让马车跑得像铁轨上的马车一样快。戴维·沃德(David Ward)：《1850—1920 年马萨诸塞州波士顿和英国利兹市有轨电车郊区之历史地理的比较分析》(“A Comparative Historical Geography of Streetcar Suburbs in Boston, Massachusetts and Leeds, England, 1850 - 1920”)，《美国地理学家协会年鉴》(*Annals of the Association of American Geographers*)1964 年第 54 卷，第 477—489 页。

43 市，其居住模式都将大同小异。就像阿德纳·F.韦伯（Adna F. Weber）在他那本详尽的《19世纪城市的增长》（*The Growth of Cities in the Nineteenth Century*）中所注意到的，世界各地大都市的增长都以边缘地区最为迅速。在18世纪末的伦敦，一种新的环境正在巴恩斯、汉普斯特德、帕特尼、哈默史密斯和圣约翰伍德成形。到1840年代，这些郊区的广大地带到处都是惊奇的参观者。利用私人马车和公共马车，贵族将西边的小村庄变成时尚居住区。1849年，托马斯·麦考利（Thomas Babington Macaulay）写道："商界领袖"已经将他们的家迁到了"由灌木丛和花园环绕的郊区住所……隆巴德街和思雷德尼德尔街只是人们辛苦工作和集中的地方。他们去别的地方玩乐、消费"。事实上，肯辛顿家族宏伟的宅邸和景观公园的影响力是如此之大，以至于看重社会地位的伦敦市民发现有必要在本世纪中叶之前搬到"庭院郊区"。和美国一样，最早进入郊区的是上层社会，最晚的则是工人阶级。甚至在今天，伦敦仍是一个低人口密度的城市——伦敦着力避免欧洲其他地方那种典型的集中方式，它是村庄的集合。[①]

① 罗伯特·菲什曼（Robert Fishman）：《英国郊区观念的起源》（"The Origins of the Suburban Idea in England"），《芝加哥历史》（*Chicago History*）1984年夏第8卷，第26—35页；D.A.里德（D. A. Reeder）：《郊区大剧院：1801—1911年伦敦西部的发展模式》（"A Theater of Suburbs: Some Patterns of Development in West Heights, 1801 - 1911"），载于H.J.戴欧斯（H. J. Dyos）编：《城市史研究》（*The Study of Urban History*），第253—255页；以及戴维·戈登（David M. Gordon）：《资本主义发展和美国城市史》（"Capitalist Development and the History of American Cities"），载于威廉·塔布（William K. Tabb）、拉里·索耶（Larry Sawyer）编：《马克思主义与大都市：城市政治经济学的新视角》（*Marxism and the Metropolis: New Perspectives in Urban Political Economy*），纽约，1978年，第25—63页。

这一模式很难说是不可避免的。美国和英国大城市的特权阶层能够在市中心保有其方便的住宅，而将破败的郊区留给穷人。出现在欧洲、亚洲和南美洲的情形也是如此，在那里，典型的郊区是拥挤不堪的，住在里面的是穷人而非富人。甚至不甚富有的市民也尽其所能往城市挤。1850 年，距离巴黎 1 英里之外的地方，在石膏矿和连绵山丘的荒地上有一个郊区；离罗马城墙差不多也是 1 英里的地方，游客则如同身处无边无际的空旷之地。在 1890 年代，韦伯计算出美国 15 个城市的平均人口密度是每英亩 22 人，而德国 13 个城市的平均人口密度是每英亩 157.6 人。对这种现象他做了如下思考：①

> 有时，有人说这主要是因为美国电车的发展，但这种偶然的联系并不明显……毋宁说美国酷嗜于单门独户而非商业街区——步欧洲潮流之后——是其原因，而电车是其结果。

对美国大城市日益分层和分散的社会地理现象，以及它们相对于欧洲的低人口密度背后的原因，我们应不只看到工业革命所释放出来的交通技术和强有力的机械力量，还应看到新的文化价值观的发展。 44

① 阿德纳·韦伯（Adna Webber）：《19 世纪城市的增长：基于统计学的研究》（*The Growth of Cities in the Nineteenth Century: A Study in Statistics*），纽约，1899 年，第 468—469 页。

45

第三章　家，甜蜜的家

——住房与庭院

或许，除了某些郊区，没有哪里能如此全面生动地展现文明的优越；在那里，住宅并没有紧靠公路，相互之间足有50英尺甚至100英尺的距离。

——弗雷德里克·奥姆斯特德

独门独户、堂阔宇深，此乃家之典范。

——玛丽·马修斯(Mary Matthews)：《家政学基础》(*Elementary Home Economics*)(1931)

到1840年，郊区还没有明显的独特性，人们还难以把郊区与城市和乡村区分开来。位于城市边缘地带的城镇只不过是小城市的缩小版，住在城市之外的人将市中心视作社会进步与文化发展的象征。最先进的发明创造无一不是在城市中，如1799年费城铺设了供水系统，波士顿在1818年开始实施义务教育，而纽约在1829年建成了公共交通系统。东部城市率先创办公共卫生系统，得风气之先的煤气灯也很快出现在街头；住房建设也不甘落后，纷纷效仿乔治王时期伦敦城中精美的别墅；无论怎么比，东部城市的服务都比郊区更完善。[①]

内战后，执美国文学之牛耳的威廉·豪威尔斯(William Dean Howells,1837—1920)亲身体验了城市、小城镇和郊区生活，深知个中滋味。从他的经历中可以看出早期郊区与城市的差距。豪氏生于俄亥俄州的马丁斯费里市，在该州的汉密尔顿市长大，年轻时来到波士顿，很快便成为《大西洋月刊》(*Atlantic Monthly*)的编辑。他先是从波士顿郊区坎布里奇搬到靠近市中心的贝克湾区，继而又迁往郊区贝尔蒙特，之后重返坎布里奇，在一家宾馆中安家，不久又辞别那里，来到历史悠久的培根山庄，最终于1890年代在纽约市安下身来。凭着这番经历，豪威尔斯比谁 46
都明白缺乏市政服务给郊区生活带来的难处。他在1871年时曾写道，“此前我们并未意识到没有街灯简直是场灾难。街上没有下水沟渠也没有斜坡来排水；更没有市政马车拉走路旁的垃圾；救火的水桶要到半英里之外才能找到，一旦发生火灾，后果不堪设想；街头难觅警察的身影，真不知道遇上歹人向谁喊救命！”[②]此时的豪威尔斯正客居波士顿近郊，距离市中心不过片刻之遥，他居然有此番言论，不禁令人诧异。

而近郊城镇也往往循着城市的老路前进，寄希望于一次持续快速的增长，试图利用好运、不屈的意志和领导层的英明决断使自

① 关于内战前郊区经济的详细研究当属亨利·克拉克斯顿·宾福德(Henry Claxton Binford):《郊区事业——杰克逊时代的城镇和波士顿通勤者，1815—1860》(The Suburban Enterprise: Jacksonian Towns and Boston Commuters, 1815－1860)，哈佛大学博士学位论文，1973年。

② 威廉·豪威尔斯(William Dean Howells):《郊区随笔》(*Suburban Sketches*)，纽约，1871年，第11—12页。

已跻身大城市之列。布鲁克林就是很好的例子。尽管美国人称这个北部小镇为“教堂之城”,但它绝不甘心只当个“过大的乡村”或纽约的“卧室”,早已厉兵秣马,跃跃欲试,与硕大的纽约度长絜大。布鲁克林很早就建立了学院、艺术博物馆、剧团、音乐学校和图书馆,还完善了消防、警务和卫生系统,试图让这座“教堂之城”靠自己的力量发展成为重要的大都会。

甚至郊区城镇的命名,也寄寓了与大都市的关系,或是展现出当地对大城市生活的渴望。19 世纪,仅在芝加哥一地就出现了许多以它命名的城镇,如南芝加哥、北芝加哥、南芝加哥高地,还有芝加哥高地 。与之类似,在底特律,一个近郊城镇用浓烟密布的英国工业城市伯明翰为其命名,殊不知在 20 世纪这里非但没有成为马达轰鸣的工业重镇,反而成为莺飞草长的休闲胜地,引得达官贵人纷纷来此赏花弄月。同样的事情在俄克拉荷马城、卡森城和堪萨斯城一再上演,这些地区的城市倡导者拿自己对大城市的嗜好来为城市命名,希望有朝一日梦想成真。

然而,不过 50 年间,到 1890 年,郊区的形象便完全不同于大城市,城市边缘的社区不再是迷你的大都市,而走上了完全不同的道路,就像波士顿郊外的布鲁克莱恩那样。不但如此,那时的中产阶级已开始追求自己的居住空间,他们的梦想一直延续到 20 世纪,对于今日大部分美国人而言,这一梦想早已成为现实。尽管郊区的转变表现在多个层面,其诱因也多种多样,但在人们心中,理想的郊区却是一幅共同的图景,即带有田园风情余韵的独栋住房。之所以如此,乃因为礼俗社会(Gemeinschaft)与法理社会(Gesellschaft)的差异正以冷峻的面孔走近美国社会,前者是“时复虚

里人、披草共来往”的田园牧歌，而后者则是“老死不相往来、自扫
门前雪”的工业社会。1840 年，只有纽约和费城的人口达到 12.5
万。那时，工厂体系尚在襁褓之中，典型的工人在厂店劳作，同厂
的工友不过十人左右。50 年后，美国人口统计总署宣布已不再有
西部边疆，此时的美国已跻身世界工业强国之首。就在这一年，美
国人口中的三分之一搬入城市，这一比例在东北部更是高达二分
之一（此时人口统计署将城市定义为不少于 2 500 人的社区）。此 47
时的纽约即将赶上世界最大城市伦敦，而芝加哥和费城的人口都
已突破百万。明尼阿波利斯、丹佛、西雅图、旧金山和亚特兰大等
城市在 1840 年时甚至还未出现，这时已是各地区首屈一指的大都
会。或许更重要的是，当时政府已经层层分工、科层明确，而工厂
动辄便雇用数百甚至上千员工。随着越来越多的人走入城市的公
共空间，家庭便成为保护个人生活的私人领域。尽管 19 世纪末见
证了许多兄弟会的成长，但抛下家小的寻欢作乐和社交嬉戏却渐渐
失去其吸引力，对家和住宅的款款眷恋正缓缓走进人们心中。最
终，美国人开始重新反思该如何建造一座属于自己的城市。

家庭和住房

在无论是基督教还是犹太教文化中，家庭都享有尊贵的地位。上帝把家庭作为物种繁衍的胜地，作为抚育孩童的场所，用家庭来宣谕道德教化。但是，法国社会史家菲利普·埃利斯（Philippe Aries）却告诉我们，家庭成为父母与子女紧密相连的共同体的历史，不过区区两百年。上溯到 18 世纪，社区在决定一个人的命运时比家庭更重要。在拿破仑时代以前，欧洲有 75%的人口住在肮

脏破败的茅屋中，一家老小与陌生人和牲畜混在一起。另外还有15%的人在高门显宦的庄园城堡中生活劳作，在那里从来没有核心家庭的概念（一对夫妇和自己的子女）。城市居民按照行业而非血缘生活在一起。每个家庭都是一个店铺，或是面包房、旅店，或是马厩、账房；学徒、熟练工、仆人、雇员同在一个屋檐下，全家老小都在一起。生活几乎完全是公开的，毫无隐私可言。无论哪个城市、不管何种行当，住房都不是理想的家庭环境。甚至“住房”一词指的也是城镇或地域，而非某个住宅。[①]

然而正是在18世纪，私人生活的空间开始不断扩大，人们在
48 家中躲避社会的纷扰，撕下伪装、尽享自我。埃利斯注意到，个人房间的出现和发展以及如何安排住房空间反映了人们让家成为自己小天地的希望，他也注意到人们至少在理论上想将进餐、起居和休闲安排在不同的房间。社会学和心理学关于隐私的新观念说明了为何每个家庭和每个人都需要更多的私人空间。在美国，尤其在郊区，多样化的楼层设计为不同的活动开辟了不同的空间，并配备了正式的社交场所和专门的卧室。[②]

① 菲利普·埃利斯(Philippe Aries)：《数百年儿童生活史》(*Centuries of Childhood*)，纽约，1965年，第8—12页；菲利普·埃利斯：《家庭与城市》(“The Family and the City”)，载于艾里斯·罗西(Alice S. Rossi)编：《家庭》(*The Family*)，纽约，1978年，第227—235页；以及伊丽莎白·詹韦(Elizabeth Janeway)：《男人的世界，女人的心田》(*Men's World, Women's Place*)，纽约，1971年，第9—26页。

② 近来，法国社会学家和文化史家倾向于否认家庭是社会交往和家庭汇聚的场所，恰恰相反，他们将家庭视作充满压力和灾难的地方。雅克·多兹洛特(Jacques Donzelot)：《家庭生活中的秩序》(*The Policing of Families*)，罗伯特·哈利(Robert Harley)译，纽约，1979年，第3—87页。正如科林·多林(Colin Duly)所言，“隐私”和“过度拥挤”的概念在不同文化中是相对的，不能简单地靠计算家中人口数量的方法来判断。见科林·多林：《人类的住房》(*The Houses of Mankind*)，伦敦，1979年，第5—27页。

如上所言，尽管人们对家庭的认识在态度和行动上都有所变化，并且这种变化贯穿欧洲和东方，但只在美国，这种对于家庭生活、隐私和独立的推崇达到了登峰造极的地步，尤其是在 19 世纪中叶的 30 年间。从某方面来说，这是美国人财富积累的产物。在日本，家庭从 15 世纪起一直是社会经济的核心单位，那些雇有佣工的家庭作坊尤其如此，这体现了佛教的观念，即为了家庭的最大利益，可以压制个人需求。然而，日本的社会经济状况制约了住房的发展，长期以来，与西方相比，日本的住房面积都小得多，直到今天仍然如此。日本人相信，住房只要能遮风挡雨就行，不需要很大，重要的是家庭生活的质量。[①]

要解释美国住房的这种变化，除了财富，文化也是不容忽视的原因。翻遍浩如烟海的布道文章，不难发现，牧师们在赞扬家庭生活的重要性时比先辈更加饱含激情，将其奉为阻止全社会道德沦丧、坠入罪恶和贪婪渊薮的坚固城墙。他们不吝笔墨地盛赞家庭生活的美德，坚信在家的屋檐之外，人们再也找不到完满、真诚和满足感。[②] 1853 年，小威廉・埃利奥特（William G. Eliot, Jr.）

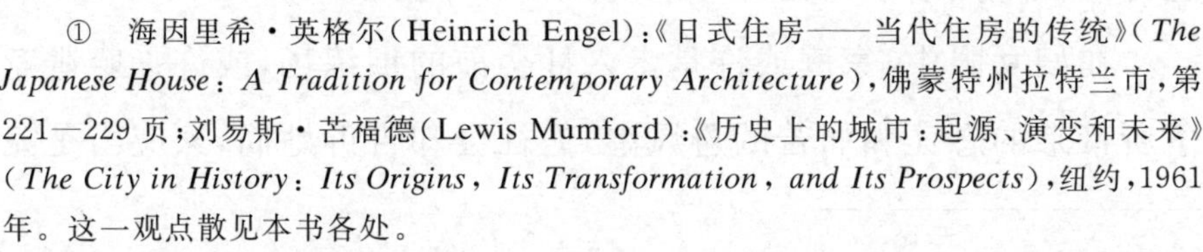

① 海因里希・英格尔（Heinrich Engel）：《日式住房——当代住房的传统》（*The Japanese House: A Tradition for Contemporary Architecture*），佛蒙特州拉特兰市，第 221—229 页；刘易斯・芒福德（Lewis Mumford）：《历史上的城市：起源、演变和未来》（*The City in History: Its Origins, Its Transformation, and Its Prospects*），纽约，1961 年。这一观点散见本书各处。

② 若要专门了解这种变化，请参见柯克・杰弗里（Kirk Jeffrey）：《家是躲避城市的乌托邦：19 世纪家庭的贡献》（"The Family as Utopian Retreat From the City: The Nineteenth Century Contribution"），《探查》（*Soundings*）1972 年春季刊第 55 卷，第 21—42 号；菲利普・埃利斯（Philippe Aries）：《家庭与城市》（"The Family and the City"），《代达罗斯》（*Daedalus*）1977 年春季刊第 106 卷，第 227—235 页；戴维・汉德林（David P. Handlin）：《美国家庭——1815—1915 年的建筑与社会》（*The American Home: Architecture and Society*, 1815-1915），波士顿，1979 年。这一观点散见全书各处。

神父告诉一名女性教徒:“我国自由制度的基础在于我们作为一个民族的那种对家庭的挚爱。美国的力量并不在于宣布人人自由平等,而在于壁炉边家庭生活的潜移默化,这正是将家庭连接在一起的纽带。凝聚着天伦之乐的壁炉是支撑合众国的不朽基石。”①诚哉斯言!

当埃利奥特谆谆教导之时,教堂外面的美国正经历着工业和商业狂澜,资本主义的狂涛巨浪彻底改变了美国人的日常生活。1820—1850年,家庭不再是工作的场所,人们纷纷走出家门,外出工作。与以往相比,制造业的发展意味着夫妇双方在工作时相互分别,丈夫外出工作,妻子留守家中,承担起全部家务的重担。家庭与世隔绝开来,变成了主妇打理的天地。在人们眼中,家庭变成了“女性空间”,没有哪里比这里更好。社会鼓励年轻妇女承担改
49 善个人环境和相夫教子的巨大责任。比如霍里斯·布什奈尔(Horace Bushnell)的《基督之抚育》(*Christian Nurture*),该书于1847年首次出版,告诉人们家庭生活是如何“明德”的,因此,人们也可以在天国永享“如家”一般的祝福和宁静。②

在妇女眼中,家庭或许是走入社会前的训练场,或许是躲避竞争所带来的忍让和痛苦的避风港,但社会却告诉她们,家应当是完

① 小威廉·埃利奥特(William G. Eliot, Jr.):《致年轻女子的信》(*Letters to Young Women*),波士顿,1880年,第一版出版于1853年,第55—56页。转引自柯克·杰弗里(Kirk Jeffrey):《家是躲避城市的乌托邦:19世纪家庭的贡献》(“The Family as Utopian Retreat From the City: The Nineteenth Century Contribution”),《探查》(*Soundings*)1972年春季刊第55卷,第21页。

② 格温德林·赖特(Gwendolyn Wright):《筑梦——美国住房的社会史》(*Building the Dream: A Social History of Housing in America*),纽约,1981年,第5、6章。

美的，也能够是完美的。即使简陋如茅舍，通过仔细设计其构造，通过对住户进行宗教熏陶和道德教化，也能够成为人间天堂。1823年，霍华德·佩恩（Howard Payne）谱写了一首当时最为流行的歌曲，命名为《家，甜蜜的家》（*Home, Sweet Home*）。在这首歌中，美国人是永不止步的流浪汉，正循着脚下的路，追寻童年的家。

尽管大多数推崇私家住宅的文字出自男人的手笔，但论起这种新的“家居崇拜”的领袖，倘若只有一人，则非萨拉·黑尔（Sarah Josepha Hale）这位女士莫属。她是费城一家杂志的编辑，供职于《戈迪氏女性杂志》（*Godey's Lady's Book*）这一面向中产阶级的刊物。她赞美住房的诗文发表在多家报刊上，在彼时那种将妇女塑造成家庭主妇和住宅女王的语境中发出了自己的声音。时人大多与黑尔的观点一致，认为男性性格粗糙，而妇女则温柔细腻、精思慎行。成年妇女只适合为人妻母（除非她们是女家庭教师），而依附家庭是妇女应有的美德，也是英美法律的题中之义。已婚妇女没有完整的法律地位，必须依附于丈夫，后者几乎可以完全控制妻子的身体、财产和孩子。

同诗歌散文一样，以家居生活为主题的画作和印刷品不仅大量出版，而且种类丰富。到19世纪中叶，工艺匠人柯里尔和艾夫斯（Currier and Ives，19世纪美国著名画家，后来他们的名字被用来反映19世纪美国风土人情的版画——译者注）利用复制图片的技术成立了一家公司，用平版印刷术为书报杂志印制图片。早期柯里尔和艾夫斯作品中最为流行的是版画《生活的季节》（*Seasons of Life*），由四幅影印图片组成，它们将幸福和成就与居住环境和

家庭生活紧密联系起来。

尽管大多文人墨客不愿谈论或羞于提及购房贷款和住宅建筑之类的事情，但占据他们思想中心的新观念却离不开住房作为容身之所的实用价值和象征意义。在这一问题上，耶鲁大学神学家蒂莫西·德怀特（Timothy Dwight）尤为直言不讳：

> 住房对生活方式有很大影响，而后者直接影响人的品位、
> 50 习惯甚至道德理念。如果穷人建起一座破房子，既没有任何装饰又没有改善的希望，那么他的奋斗目标和人生期望也像他的房子一样低劣。举凡他的衣食住行、情感甚至他对儿孙的教育，无一不会受到住房条件的影响，连同他自己和后代的秉性也不例外。①

在这样的背景下，独户住宅无疑成为中产阶级家庭理想的典范。要显示自己的社会地位，这样一栋住房是再明显不过的标志，也是每个正人君子奋斗的目标。许多人将拥有独户住宅视作一张门票，有了它才能跻身更高的社会阶层，才能拥有更多的财富。沃尔特·怀特曼（Walter Whitman）写道："一个人只有拥有一栋住房和房下的土地，他的生命才完整，他的人生才完满。"若是这样还不能说明住房的重要性，则读者请看 1869 年《美国建筑商》（*The*

---

① 转引自格温德林·赖特（Gwendolyn Wright）：《筑梦——美国住房的社会史》（*Building the Dream: A Social History of Housing in America*），第 5 章。关于这一问题的另一面，请参见贝蒂·弗里丹（Betty Friedan）：《女性的神话》（*The Feminine Mystique*），纽约，1963 年，第 307 页。贝蒂在书中将住房称作"舒适的集中营"。

American Builder）的社论："真难理解，他们像阿拉伯人一样过着游牧生活，付着高额房租，一年一年地改换门庭，丝毫没有拥有一套自己的房子的想法，他们怎么会满足这样的生活？"购买一套属于自己的住房不仅是成功人士的标志，而且是道德高尚的象征。拉塞尔·康韦尔（Russell Conwell）后来在全国各地向成千上万的听众发表过他的著名演讲"耕种你的钻石田"（Acres of Diamonds），其中的观点恰当地总结了美国人对住房的看法：

> 朋友，若是你驾驶着整洁舒适的汽车来接我去费城郊区，把我介绍给那些在这座伟大城市的郊区拥有住房的人，让我欣赏这些花园中花团锦簇的美丽住宅，让我陶醉于这些风景如画的宏伟建筑，请相信我，我会带你认识费城品行优良、事业有成的谦谦君子们。人无住房非好汉，拥有住房的人，因为他们有了自己的住房，自当节俭而勤勉。[①]

从最简单和最基本的常识出发也会知道，私人住房预示着家庭生活的稳定，在如海一般浩瀚无垠的城市生活中，这才是安身立命的港湾。然而事实却是，美国人的流动性很强。美国不仅仅是外来移民组成的国家，美国本地人也在不断迁徙。1835 年，亚历

① 《美国建筑商》（*American Builder*），1869 年 9 月，第 180 页。尽管美国人传统上一直希望提高住房的价值，但住房价格的上升与 20 世纪的通货膨胀并不同步。马修·埃德尔（Matthew Edel）、埃利奥特·斯科拉（Elliot D. Sclar）和丹尼尔·卢里亚（Daniel Luria）：《摇摇欲坠之地——1870—1970 年波士顿的房屋产权和社会流动》（*Shaky Places: Homeownership and Social Mobility in Boston, 1870 - 1970*），纽约：哥伦比亚大学出版社，1984 年。

克西·托克维尔(Alexis de Tocqueville)观察到,"美国人建了自己的房子,可是屋顶还没封好就卖出去了",而且城市史学家晚近的研究也表明,19 世纪,在一个地方连续居住 10 年以上的居民少之又少。在经典著作《中镇》(*Middle Town*)中,作者研究了印第安纳州的曼西市(Muncie),为我们提供了长时段内迁徙状况的最佳数据。1893—1898 年的五年间,35%的曼西市的家庭迁走了;1920—1924 年的四年间,57%的曼西市的家庭迁走了;在 1970 年代的五年中,这一比例下降到 27%。比起其他发达国家,这些数字算是相当高的了。[①]

51 尽管流动性如此之强,但永久定居还是令人心动的,那时就如同现在一样,对于正在城市化的人而言,拥有自己的住房可以消除心中的漂泊感。虽然自己的住房只不过是城市万家灯火中的一丝一缕,但却像先人的老屋一样唤醒了浓浓的乡愁,即便不能永久,却也能暂时构筑起理想中的家庭生活。尽管一家人买下一座宅邸可能只住上短短几年,住房却丝毫不会有生命短暂的哀伤,无论科德角风格、殖民地复兴风格还是其他富有沧桑感的传统式样,依然毫无保留地倾诉着家庭生活的稳定和久远。

政商领袖对市民拥有住房尤其热心,希望住房贷款能够"用住

① 史蒂芬·瑟恩斯特罗姆(Stephan A. Thernstrom)、彼得·奈茨(Peter R. Knights):《流动中的人:关于 19 世纪美国城市人口流动性的某些数据和思考》("Men in Motion: Some Data and Speculation about Urban Population Mobility in Nineteenth Century America"),《跨学科历史杂志》(*Journal of Interdisciplinary History*)1970 年秋季第 1 卷,第 7—35 页。西奥多·卡普洛(Theodore Caplow)等:《中等城镇家庭——50 年来的延续与变迁》(*Middletown Families: 50 Years of Change and Continuity*),明尼阿波利斯,1982 年,第 104 页。

房把工人束缚在工厂里”，而这正是恩格斯所担心的。据传，像宾夕法尼亚铁路公司这样的大企业丝毫不担心工人会罢工停业，因为公司员工“住在费城，有自己的房子，无法承担罢工的后果”。或者就像波士顿储蓄银行首任总裁所言，“给他改善生活的希望，给他挣钱养家的机会，让他老有所依，让他有机会享受生活、从心所欲；这样他就会心甘情愿地忍受工作的贫困和艰辛”。[①]

马克思主义者和女权主义者并不认为在孤立的家庭中会出现这种平静祥和的、有性别分工的生活，因而他们看到了其中的危险。在欧洲，傅立叶（Charles Fourier）赞同恩格斯的观点，认为家庭能够存在，是以妇女沦为家务奴隶为基础的；而在美国，夏洛特·珀金斯·吉尔曼（Charlotte Perkins Gilman）、梅伦辛纳·费伊·派尔斯（Melusina Pay Peirce）、维多利亚·伍德霍尔（Victoria Woodhull）等“唯物主义女权分子”建议对住房和城市进行一番彻底的改造，以终结性别差异和歧视。她们提出的“伟大的家居革命”包括在住房中取消厨房和建造多户住房等措施，主张由某些妇女承担所有饮食和洗衣服务，通过这些工作挣取固定工资。在大西洋两岸，共产主义者在成百上千次尝试中试验了多种多样的生活方式，许多最为活跃的积极分子专门谴责了女性是全职家庭主妇、丈夫则在外挣钱养家的传统生活。正如 1844 年一份支持傅立叶的杂志所说的那样，带有田园牧歌遗风的住宅“在经济上是

---

① 转引自马修·埃德尔（Matthew Edel）、埃利奥特·斯科拉（Elliot D. Sclar）和丹尼尔·卢里亚（Daniel Luria）：《摇摇欲坠之地——1870—1970 年波士顿的房屋产权和社会流动》（*Shaky Places: Homeownership and Social Mobility in Boston, 1870 - 1970*），第 8 章。

一种浪费，在人性上是一种背叛，更背离了上帝的设计，因而注定会消失”。傅立叶所期望的那种模式在世界的许多地方，同时在美国的工人阶级和少数族裔中实现了；在这些地方，超越家庭的集体组织比核心家庭更重要，在再生产、抚育儿童和实现个人经济功能中发挥着更大作用。①

52 然而，独立的住房却是美国中产阶级的梦想，甚至一栋这样的住房也足以成为一个人的代表性特征。恰如克莱尔·库珀（Clare Cooper）所言，身体是个体最明显的外在特征和躯壳，而住房则是个体存在的象征。尽管住宅不过是四面墙围起来的一个大盒子，尽管住宅不过是现代化设计和大生产的产物，完全没有个性，但恰恰就是这个大盒子展现了天地间的个体存在，让这种存在感触手可及，须臾便知。无论男女，都可以在自己的房子中随心所欲地表达自己的品位。加斯顿·巴士拉（Gaston Bachelard）对家的理解甚至更深远，住房是基本的地理分界，房屋和房屋之外是两个不同的地理概念；与之相应地，自我意识是基本的心理分界，有自我意识和没有自我意识是两个不同的心理概念。毋庸置疑，英美法律和习俗将每个人的家庭视为自己的避难所，主人有权抵抗甚至杀

① 多洛雷斯·海登（Dolores Hayden）：《家庭大革命——一部女权主义者设计的美国家庭、邻里和城市的历史》（*The Grand Domestic Revolution: A History of Feminist Designs for American Homes, Neighborhoods, and Cities*），马萨诸塞州坎布里奇，1981年，第34—38页。弗雷德里希·恩格斯（Friedrich Engels）：《家庭、私有制和国家的起源》（*The Origins of the Family, Private Property, and the State*），莫斯科：前进出版社，1977年，第73—75页。乔纳森·比彻尔（Jonathan Beecher）、理查德·比安弗尼（Richard Bienvenu）编：《查尔斯·傅立叶的乌托邦观》（*The Utopian Vision of Charles Fourier*），波士顿，1971年。

害任何破门而入的人。破坏住房就相当于破坏个体的存在。[①]

不　动　产

土地被叫做不动产绝不是偶然的。几个世纪以来，拥有土地是权力的唯一来源，而不仅仅是其主要来源。在大多数原始社会中，人口依附于土地而非土地依附于人口，并没有私有财产的概念。例如，在近代早期欧洲的农业社区中，村落每年都在各家各户中重新分配土地，以便于耕种，但土地所有权只是暂时的。土地永远属于村落所有。这种土地公有的形式在俄国一直持续到十月革命，在印度一直持续到今天。在依靠渔猎畜牧为生的地区，土地同样是公有的。

在西欧的大部分地区，私有财产观念与文明相伴而来，同时，逐渐形成的贫富差距也主要表现在土地分配不均上。大约从公元前 200 年到公元 200 年，在意大利和西欧，钱财只有投入土地才显示其价值，几个世纪前的古希腊也是如此。征之于史，在古罗马，接近总人口三分之一的无地人口甚至没有资格在军中服役。[②]

当欧洲贵族的头衔和等级完全与先辈遗留土地的规模和位置

① 克莱尔·库珀（Clare Cooper）：《住房是自我存在的象征》（“The House as Symbol of the Self”），载于朗仁（Lan Jen）等编：《规训人类行为——建筑学与行为科学》（*Designing Human Behavior: Architecture and Behavioral Sciences*），宾夕法尼亚州斯托斯伯利，1974 年，第 130—146 页。

② 罗马曾发布禁令制止在同一个地区囤积过多土地。罗马人相信，富者不应当田连阡陌，因为这样会使贫者无立锥之地。信息来自宾夕法尼亚州立大学保罗·哈维（Paul B. Harvey）教授在哈佛大学的演讲，1980 年 4 月 28 日。

挂钩时,地产更是变得价值连城。比起其他任何古代国家,18世纪的法国对土地的渴求已到达无以复加的地步,渗透到社会的每一等级,巴黎的店铺老板和工匠都想要一块自己的菜地,身份显赫的公爵觊觎着另一片森林以秋狝围猎。当然这并不是说没有别的
53 途径追求财富,实际上,贸易、战争或是讨好国王都可以获得财富,但保卫财富需要权力,而权力的根茎只有长在土地上才能开花结果。马克·吉罗德(Mark Giouard)一语中的,"从中世纪到19世纪,无论以何种方式积累财富,无论他想出人头地还是光宗耀祖,都会心甘情愿地把钱投到乡下的土地上"。①

这一趋势在英国尤其显著,特别是威斯敏斯特公爵家族。1677年,托马斯·格罗夫纳爵士(Sir Thomas Grosvenor,威斯敏斯特公爵家族的祖先——译者注)迎娶了玛丽·戴维斯,后者继承了位于伦敦近郊的艾伯利庄园,面积达500公顷。随着伦敦向西扩展,这片沼泽和草地渐渐住进了达官显贵。在这不毛之地上兴起了梅费尔、贝尔格莱维亚(二者都是伦敦上流社区——译者注)和繁华的皮姆利科区。威斯敏斯特公爵领地诞生于1874年,像英国的其他贵族家族一样,威斯敏斯特公爵也投资地产,将柴郡的艾斯克林顿和北爱尔兰的恩尼斯基伦收入囊中。随着伦敦中心的大片土地成为公爵名下的地产,格罗夫纳家族成为联合王国最富有的家族之一。1985年,据说其地产价值高达10亿美元,甚至位于

① 马克·吉罗德(Mark Giouard):《英国乡村的家庭生活——以社会和建筑史考察》(*Life in the English Country House: A Social and Architectural History*),纽黑文,1978年,第2页;以及奥里斯特·拉纳姆(Orest Ranum):《专制主义时代的巴黎》(*Paris in the Age of Absolutism: An Essay*),纽约,1969年,第197页。

格罗夫纳广场的美国大使馆和两家著名酒店——克拉里奇酒店和格罗夫纳宾馆——也在公爵的土地上。

纽约市和奥尔巴尼市分别反映了英国人对乡村的迷恋和对城市的厌恶。两地都出自荷兰人之手，他们渴望"生活在密集紧凑的地方，无论在本土还是占领的土地上，死后亦然"。这是荷兰人在故土的居住模式的真实写照。反映在这两座城市中，便是以城市为中心的生活方式，而且荷兰人把这里的土地进一步分成小块使用。1664 年英国人占领这里后，奥尔巴尼变成军事基地，多样化的生活几乎销声匿迹。由于英国人不喜欢城市生活，他们在郊外建立起许多庄园，像自己的先辈一样，土地成了他们日常生活的中心。纽约之所以逃过这一劫数，端的赖其人口在北美各殖民地中最为多样化，而不仅仅是英国人。①

将拥有土地视作身份的象征和防止财富缩水的保障是欧洲的观念，这是移民们带到新世界的一部分文化传统。在他们建立的各种社会中，只以土地私有为基础的社会留存了下来，其他均以失败而告终。地主对土地拥有绝对所有权是土地私有的基本原则，这使得他可以轻易买卖、出租和遗赠土地，而且最大程度地避免了政府的干涉。在萨姆·巴斯· 沃纳（Sam Bass Warner）看来，这

① 唐娜·梅维克（Donna Merwick）：《荷兰市民和土地利用：从空间视角观察 17 世纪纽约州的奥尔巴尼市》（"Dutch Townsmen and Land Use: A Spatial Perspective on Seventeenth Century Albany, New York"），《威廉和玛丽季刊》（*William and Mary Quarterly*）1980 年第 37 卷，第 53—78 页；罗伯特·奥斯特格伦（Robert Ostergren）：《历经变迁的社区：中西部北部瑞典移民社区的形成期》（"A Community Transplanted: The Formative Years of a Swedish Immigrant Community in the Upper Middle West"），《历史地理杂志》（*Journal of Historical Geography*）1979 年第 5 卷，第 190—212 页。

种土地制度是“世界上最自由的土地制度”。

无论公子王孙还是契约奴仆，莫不争相圈占土地，力求为自己
54 谋取一块地产。拥有土地是美国梦的一大部分。范·科特兰（Van Cortlandt）、莫里斯（Morris）、斯凯勒（Schuyler）和利文斯顿（Livingston）等大家族都从国王手里获得了大片土地；在美国独立前，这些家族中年龄大、地位高的成员都被称为“大庄园主”。在独立两百年后，这些大庄园有不少残存下来，尤其是在哈得孙河东岸，今日我们仍可以从建有立柱的门廊、哥特式山墙和城堡式塔楼中一窥当年权贵们兼容并蓄的品位。美国的其他地方也是一样，拥有大地产成为跻身社会上层的前提；而受人尊敬尽管是社会对权贵们信仰上帝的回馈，但也与拥有大片土地密不可分。1940年，威廉·亚历山大·珀西（William Alexander Percy）在回忆自己在密西西比州种植园中的童年时写道：“学会装修之类的手艺不足以成为绅士，你必须要有土地。”[1]

欧洲人将土著美洲人叫做印第安人，后者却没有汲汲于拥有土地。印第安人并没有永久占有土地的概念，他们认为土地同风、雨、阳光一样可以使用，但却不能占有。野兽是人生的过客，而人则是土地的过客，因而每个人并没有超越其他人或其他生物的权利永久占有某块土地，这是典型的印第安观念。但这种土地属于全社会的观念消失了，一方面是因为白人不欣赏印第安人的生活方式，另一方面是因为北美殖民地和后来的美国控制了大片土地，

① 威廉·亚历山大·珀西（William Alexander Percy）：《堤岸上的灯笼——一个种植园主之子的回忆》（*Lanterns on the Levee：Recollections of a Planter's Son*），纽约，1941年，第272页。

同时也因为私人拥有土地的劣势在几代人中并没有显现出来，因而传承下去。

尽管欧洲移民侵吞印第安人的土地既不道德又没有给予合适的补偿，但殖民者同意印第安人的观点，即草原和土地应当发挥实际功用，而不能仅仅起装饰作用。在农村，这意味着土地的价值体现在出产玉米或土豆的数量上，或是体现在放养家畜的数量和大小上；在城市，这种价值就体现在店铺和住房的数量有多少、重要性有多大上。无论在哪里，土地都被视作一种在经济上有较高产出的资源。[1]

住宅中的庭院

在 1825—1875 年，美国中产阶级对居住空间的要求不再那么功利了。这时的中产阶级已不再需要在花园里放养牲畜或种植蔬菜，而且得益于割草机的帮助，平整的草坪取代了粗糙的草地，主人再也不需要用大镰刀或靠放养山羊来清理杂草了。郊区梦摇身 55
一变，转而要求更加广阔的户外空间。理想的住房最好坐落在一片人工修建的草坪中间，或是栖身于一个风景如画的花园中。乡村墓园和公园先后受人追捧，继而郊区别墅也被认为具有“美感和美德”，而且有益于身体健康。19 世纪 50 年代时，画家阿舍·杜兰德（Asher B. Durand）（1796—1886）在纽约《蜡笔》（*The*

① 苏珊娜·莱萨德（Suzannah Lessard）对这种观念进行了有深度的研究，见苏珊娜·莱萨德：《郊区景观：长岛奥伊斯特贝》（“The Suburban Landscape: Oyster Bay, Long Island”），《纽约客》（*The New Yorker*）1976 年 10 月 11 日第 52 卷，第 44—79 页。

Crayon)杂志上发表了一系列社论,呼吁将“修身养性与日常生活融为一体”。[①]

回想一下城市发展史上的第一个 4 000 年就会明白,居住的集中对人类而言意味着安全,因为环绕的城墙可以阻挡游牧部落的进攻,也可以避免强盗的骚扰。将其与上述郊区态度进行对比,是理解这种革命性转变意义之所在的不二法门。保卫新世界无须用欧洲的防御工事,在殖民地时代的清教徒眼中,紧密相连、荣辱与共的社区才是实现永恒救赎的最佳途径,他们将一望无际的荒野视作撒旦爪牙的巢穴,那里一片黑暗、令人恐惧。最早的定居者几乎是被逼冒险深入西部的深山老林中,稍有风吹草动,他们立刻躲进最近的定居地,绝不贸然前行半步。

富有的北美居民之所以会选择住在附联式房屋或联排别墅,既是因为在他们眼中自然充满危险,也是因为公共交通工具在当时要么尚未出现,要么虽然出现但乘坐不便,而且速度很慢。这种情况并非美国的特例,在世界各地都经历了一段漫长的历史。沿着阿姆斯特丹纵横交错的运河网和荷兰其他城市的街道两侧,可以发现这种居住方式经历了最为剧烈的发展;其历史甚至可以追溯到罗马时代,在中世纪的城镇中风靡一时。从白人移民登陆时起,联排别墅便在美洲殖民地生根发芽;早在 1610 年,詹姆斯敦就建起了最早的一排“精美的框架住宅”,采用的是露明木架结构。1691 年,著名的费城联排别墅登台亮相,很快这种建筑风格就被其他城市效仿,并融入了各地的地方特色,其中尤以查尔斯·布尔

① 《蜡笔》(*The Crayon*) 1857 年第 4 卷,第 304 页。

芬奇(Charles Bulfinch)于1794年在波士顿仿造的宏大联排别墅群最为有名。到1800年,举凡纽约、波士顿、费城、巴尔的摩、普罗维登斯等东部海岸的大城市,联排别墅成为基本的住宅式样。19世纪中叶,蒙特利尔的联排别墅稍有不同,在外面加了一个观景平台,或是在多个相同类型的附联式房屋外面修造一个巨大的外墙。在美国每个大城市的边缘地带,狭窄的街道两旁挤满了一座座一两层的小户住房,一个又一个街区里都是这样的住房,构成了城市边缘的建筑景观,尽管身后有大片空地向四处延伸,它们也不改狭小局促的风貌。1875年以前,人们心目中上流人士的住宅同样密集地聚在一起,虽然自身雄伟高大,但庭院却局促狭小。[①]

在美国和世界其他地区,城市的住宅很少在前庭和侧边留下空间,房屋后面的小院落也常常笼罩在后街建筑的阴影中,这种名 56
声不济的建筑不仅盛行于大城市,即使是沃特敦、布里奇波特和帕特森这样的小型制造业中心也每每见到。房屋后面的空场往往纵深不超过25英尺,这块巴掌大小的地方虽然没有建筑,但却常常肮脏破败,老鼠横行。在内战前,城市尚没有定期的垃圾收集服务,大多数家庭处理废弃物的方式就是把它们丢到街上,任凭猪狗

① 玛丽·米克斯·福利(Mary Mix Foley):《美国住房》(*The American House*),纽约,1980年;威廉·约翰·默塔(William John Murtagh):《费城联排别墅》("The Philadelphia Row House"),《建筑史学家协会杂志》(*Journal of the Society of Architectural Historians*)1957年12月第16卷,第9页;小萨姆·巴斯·沃纳(Sam Bass Warner, Jr.):《有轨电车的郊区——1870—1900年波士顿的成长》(*Streetcar Suburbs: The Process of Growth in Boston, 1870－1900*),1962年,第136—141页;以及戴维·汉纳(David B. Hannah):《蒙特利尔早期维多利亚时代郊区的建立》("Creation of an Early Victorian Suburb in Montreal"),《城市史评论》(*Urban History Review*)1980年10月第9卷,第38—64页。

撕咬。除了去厕所或是后面的私密房间，大多数人几乎从不去后院；指望在这种地方有社交活动，那是不可思议的。①

1860年前，住房选址如同其他建筑选址一样，并没有清晰明确的模式可循。那时，没有一套现成的方案来指导人们从某块宅基地上选定房址；即便房屋之间有空地，也没有明确的法则规定这片土地该如何划分以及有多少户外土地应当开放，时人尚不清楚屋前空地相对后院的重要性及其规模大小。那时不流行在住宅前面留出庭院。读者只需看看今天罗得岛的纽波特和南卡罗来纳州的查尔斯顿就能明白住房是多么靠近街道，就能看到没有前庭的住宅是怎样用正门迎接客人的，这在普罗维登斯的贝尼菲特街(1756—1758)、塞勒姆的切斯特纳特街(1790—1800)、埃德加敦的北沃特街(1810—1840)、费城的瑟塞特山庄(1780—1830)，以及纽约市的华盛顿广场(1825—1845)和格兰梅西公园(1831—1855)等老住宅区也能看到。②

许多小城镇自觉地模仿大城市紧密的布局模式。在纽约州的贝德福德、康涅狄格州的埃塞克斯、弗吉尼亚州的新马克特、马里兰州的艾莫斯堡以及众多小城镇，年代久远的住房往往紧紧挨在街道两侧。贝亚德·泰勒(Bayard Taylor)的一部19世纪小说的

① 近年来在布鲁克林高地的挖掘工作证明了当时住房后院的肮脏破败，见《纽约时报》(*New York Times*)1978年7月11日。

② 即使在住房相互独立的社区中也没有明显的郊区住宅模式，例如，1857年，著名的唐宁和沃克斯(Downing and Vaux)公司曾专为中产阶级设计了一组小户型的郊区住宅，有的住宅包括不足10英尺的缩进式平台，有的住宅外有草坪，四周环绕车道。见卡尔弗特·沃克斯(Calvert Vaux)：《乡间别墅与村舍》(*Villas and Cottage*)，纽约，1857年。此观点见全书各处。

背景就设定在19世纪50年代一个虚构的小镇提比略。小镇依靠纽约中央铁路一条新建的支线与外界相连，深为自己的商业区的繁荣而自豪，“这里的房屋挤在一起，紧得不能再紧了；巨大的砖砌房屋飞檐耸立，窗户上镶嵌着铸铁锻造的窗沿，鹤立鸡群般站在只有一层的木质房屋中间，似乎在对卷入市场的乡下人说，‘站好了别趴下，我们要冲进城市了！’”①

1840年后，“密集”型住房模式的魅力随着时间的淘洗而逐年淡去，到1870年，独栋住宅已经成为典型的郊区住房，与庄园和农场不同的是，独栋住宅在经济上并不依靠土地；与城市联排别墅不同的是，独栋住宅占有的土地要大得多。郊区独栋住宅在选址上更倾向于保留田园风光的地带，而为人们提供建筑指导的书籍则毫不隐讳地鼓吹私人空间的重要性。宣传画中的独栋建筑往往环绕在一片大花园中。这类书中偶尔也会有双拼别墅，但往往有两个入口，而且两家有厚墙相隔；设计者用各种方式表明，这只是一种过渡性住房，旨在为力争上游的家庭提供暂时的栖身之所。独栋住房的出现并不意味着联排别墅的消失，迟至1920年，华盛顿哥伦比亚特区仍有约71%的人口住在这类建筑中，而同期住在独栋住宅中的人口只有14%，蜗居公寓的有15%。而在纽约和费城，在二战结束前，设计师们对设计建造附联式房屋仍乐此不疲。不过，绿油油的草坪已成为郊区梦不可或缺的一部分，这是毋庸置

① 贝亚德·泰勒(Bayard Taylor)：《汉纳·瑟斯顿》(*Hannah Thurston*)，纽约，1891年，第129页。转引自爱德华·斯潘(Edward Spann)：《新型大都市——1840—1857年的纽约》(*The New Metropolis: New York, 1840 - 1857*)，纽约，1981年，第418页。

疑的。[①]

郊区住宅必须包括大块无杂草的草坪，这样的观念并不是在任何年代都受人推崇。让我们稍稍修正一下理查德·霍夫斯塔特（Richard Hofstadter，美国历史学家——译者注）的说法，从严格意义上来说，历史上并没有他所标榜的绝对连续性。在欧洲，卢梭之类的异端常常将乡村罗曼蒂克化，坚称文明过于精致，变成了枯燥无味的繁文缛节，这是人生痛苦的来源。但大多数不甘寂寞和才智非凡的人还是选择了城市，那里有自由、独立和多姿多彩的生活。1802 年，当威廉·华兹华斯（William Wordsworth）站在威斯敏斯特大桥上俯瞰伦敦时，他不禁提笔写道："绝代胜景，旷世罕见；放眼寰宇，能有几处。"在美国，尤其是 1830 年前，块石路面还很少见，很多地方草莽未辟，在这种情况下，城市的街道代表着进步，代表着人类对自然的控制。

到 1840 年时，人类已不再被大自然所困扰，美化自然的观念也应运而生。历史学家已经注意到，拿破仑时代的欧洲，在浪漫主义运动和内战前美国人文主义者的共同推动下，人们开始欣赏自然的宏伟和壮丽。19 世纪上半叶，哈得孙河学派（Hudson River School，19 世纪美国受浪漫主义影响的一个艺术流派——译者注）眼中的纽约卡兹基尔（Catskills），就如同提香（Titian，文艺复

① 在曼哈顿、布鲁克林、巴尔的摩、费城，甚至在温尼伯（Winnipeg）和卡尔加里（Calgary），常常有整个社区的住宅宽度不足 25 英尺，有时住房模式会从独栋住宅向联排别墅转变。例如，布鲁克林的弗兰特兰兹（Flatlands）是一个有 250 年历史的农业社区，1910 年前后这里的住宅式样转型就是从独栋住宅向砖砌联排别墅转变。在帕克思路普社区（Park Slope）以及曼哈顿的上东区和西区，20 世纪初主流的建筑式样仍是大型的附联式褐砂石建筑。

兴时期意大利画家——译者注）所欣赏的卡多莱蓝色的山脉一般。无论是托马斯·科尔（Thomas Cole），还是稍后的约翰·弗雷德里克·肯西特（John Frederick Kensett），都为那令人叹为观止的自然风光和怡然自得的铁杉木如痴如醉，都对那高耸入云的洋槐树和湍急奔腾的河水赞颂有加，将自然赋予更多的诗意，远超过前人对荒野的情感。通俗作家也不甘人后，华盛顿·欧文、詹姆斯·库珀（James Fenimore Cooper）（《最后的莫西干人》[*The Last of the Mohicans*]就是很好的例子）和威廉·卡伦·布莱恩特（William Cullen Bryant）纷纷撰文赞颂高山流水、峡谷湍流，赞颂这个尚未洗尽荒蛮的大陆。

另一个促使人们离开拥挤的城市的原因是传染病。在欧洲，自13世纪起，每当瘟疫的谣言来临，对这种致命传染病的恐惧足以使城市居民四散逃离。在美国，周期性爆发的天花、黄热病和霍乱夺走了全国各地许多人的生命，若是在溽热的夏天，损失更为惨 58
重。有时疾病恶魔甚至将整个城市逼入绝境。1793年费城一个市民组织请愿道："如果黄热病年年暴发，费城只有死路一条，港口商业萧条，我们这些城市居民将饱受折磨，许多人可能会遭受灭顶之灾。"不难想见，19世纪中叶关于郊区住宅的广告无一例外地宣传，住在开阔的空间里比住在拥挤的城市更健康。①

对传染病的恐惧无疑更加凸显了大自然的诗情画意，而乡间别墅和平顶屋的出现则让郊区居民亲身体验了自然的恩惠。前者

① 查尔斯·罗森博格（Charles Rosenberg）：《霍乱肆虐的岁月》（*The Cholera Years*），芝加哥，1962年。

代表了一种全新的住房概念，即附带庭院的住房。根据约翰·劳登(John Claudius Loudon)1839年版的《建筑百科全书》(*Encyclopaedia of Architecture*)，乡间别墅是“一种坐落在乡村的住宅，房屋四周附有庭院供家人娱乐，这里不是用来赚钱的地方，而是为了放松和休闲”。1833年，亚历山大·戴维斯(Alexander Jackson Davis)出版了《乡间住宅》(*Rural Residences*)，这一单卷本著作介绍了各种乡间别墅的式样，而从此以后，铺设装饰性草坪也流行开来。“平顶屋”(bungalow，源自孟加拉语，或者来自孟加拉)最初指的是印度帝国的孟加拉人的房屋，后来指安坐于花园中的一座住宅。由于加尔各答实际上位于一片湿地中，欧洲殖民者采用了新的居住模式以便生存下去。他们在选定的房址四周挖土，把房子建在堆起的土堆上。在美国，“平顶屋”指的是一种独具特色的一层平房，屋顶低矮宽阔，在1900年到1930年间尤为流行。①

到1870年，相互独立已经成为郊区住房的典型特征。人们希望郊区住宅有个不小的庭院作为自家的私人空间，既能活动又能休闲，希望自己在郊区的家与刚刚逃离的那个拥挤密集的城市住房有所区别。理想中的郊区住宅早已换了一副面孔，不再是拥挤的社区，而是各家拥有自己独立的住宅，关上大门便与外界相隔，恍若世外桃源。尽管看上去依旧是临街建筑，但草坪却是一道屏

① 小威廉·皮尔森(William H. Pierson, Jr.)：《美国建筑及其建筑师——技术和独特性：商务社区和早期哥特式风格》(*American Buildings and Their Architects: Technology and the Picturesque; The Corporate and Early Gothic Styles*)，花园城，1978年，第296—298页；安东尼·金(Anthony D. King)：《平顶屋——全球文化的产物》(*The Bungalow: The Production of a Global Culture*)，伦敦，1984年。

障，如同一条翠绿丝带，把家与城市的危险和诱惑隔开。草坪没有明确的功能，却意味着从公共街道到私人住宅的过渡带，是户外活动与家庭生活的转换；齐整的草坪给野气未脱的乡间打上了文明的烙印，让槌球（1860 年代从英国传入的草地游戏）、网球、社交舞会之类的户外活动有了合适的场所。更重要的是，草坪几乎是抚 59
育儿童的理想场所。1865 年，爱默生在“札记”中写道：“在乡间的山野草地，孩子们可以尽情玩耍，大自然是最好的警察。”因此，不管你是想独自在户外享受一支雪茄，还是想和家人一起尽情嬉闹，这些在自家花园就可以实现。[①]

在纽约等大城市，大多数住宅仍占地 25 英尺宽，但即便如此，面积不大的前庭也有了巨大改进，不再像城中老式联排别墅那般挤在街道两侧。1880 年代以后，这些城市在关于近郊住宅的法律中写入了新的条款，规定了新建住宅与街道的最短间距。房地产广告突出了这一新规定，同时也毫不隐讳地指出，住宅造价至少要达到某一标准，以便使周边的房产不失其吸引力。刘易斯·芒福德在他的书中写道：“一排排住房不再如同连续的墙一样把邻近的街道围成一道封闭的走廊：建筑物斩断了与街道的紧密联系，坐落在周边景色的怀抱中，与之融为一体。”[②]这句话很好地表现了社区在视觉上的变化。

与欧洲人不同，美国人害怕失去自己的财产和隐私，但他们并

---

① 刘易斯·芒福德：《历史上的城市：起源、演变和未来》（*The City in History: Its Origins, Its Transformation, and Its Prospects*），第 495 页。

② 刘易斯·芒福德：《历史上的城市：起源、演变和未来》（*The City in History: Its Origins, Its Transformation, and Its Prospects*），第 497 页。

没有在住宅周围修起围墙。在美国，新式郊区庭院是自然主义或曰浪漫主义的产物。这种风格起源于东方，在英国有了很大发展，似乎更适合新世界广阔的郊区天地。这种风格的建筑试图利用郊外的天然台地，辅以略有曲折的阶梯，配合错落有致的林荫灌木和木制凉亭，营造出一派田园风光。

这种开放的郊区建筑体现的是美国文化，与之相比，法国、意大利、亚洲甚至英国文化都更显正式。这些地方的草坪通常很小，零散地栽种着植物，布满了雕塑、花瓶和喷泉等装饰品；住房往往被院墙环绕，人们从外面很难欣赏庭院的景色。而在美国则截然不同，只有西南部，尤其是加州，才不受浪漫主义的影响，那里的住宅环绕密集的篱笆、白色的围墙或高高的栅栏，外人很难知晓草坪的模样。这么做的基本动因很简单——用住宅防止家庭隐私被侵犯。

让家成为伊甸园，成为不受外界干扰的休憩之所的观念，自然会让居民重视自家花园和草坪。和草坪亲密接触并不是现在才有的，人类几千年前就在草地上打猎、喂养牲畜和种植作物。考古学家在石器时代人类生活遗址的周围发现了玉米、小麦、大麦、燕麦
60 和大米等谷类作物的化石。成吉思汗率领能征善战的骑兵横扫亚洲、杀入欧洲不仅仅是为了统治那里，也是为了给游牧的蒙古人夺取放牧的土地。牧场主和农场主在美国西部不断上演牧区战争，就是为了明确边疆草场是公有土地还是私有财产。

然而，相比上面各种有专门用途的草地，没有独特功能的房前草坪的历史却并不长。在英国，这样的草坪出身高贵，起源于中世纪的城堡。在那里，人们用脚踏的方法防止草地长得过长。那里

是王侯将相和贵妇小姐们跳舞消闲的地方，而且那时也没人在意草坪上长出野花来。最终，平整的英式花园取代了有明确边界的小块草坪。在英国，人们仍然把一户住宅的院落称作花园（garden），而不是庭院（yard）。英式花园中处处是小巧的灌木和蜿蜒的溪水，不乏曲径通幽之美，而最大的特点莫过于平整的草坪。作为最著名的花园布景师之一，巴蒂·兰利（Batty Lanley）在1728年出版的《布置花园的新规则》（*New Principles of Gardening*）中宣称，汉普顿宫庄重的花园、泰晤士河上亨利八世最心仪的行宫如果没有“那些不起眼的紫杉、冬青，而是铺上整齐的草坪”，将会更美丽。

在英国，只有富家子弟才能享受精心布置的草坪，但在美国，草坪却没有这般高贵，自家住宅带有一块平整的草地是郊区居民身份的象征。弗兰克·斯科特（Frank J. Scott）1870年出版的《住宅庭院美化技艺》（*The Art of Beautifying the Home Grounds*）和雅各布·魏登曼（Jacob Weidnmann）的《美化乡村的家——花园布景手册》（*Beautifying Country Homes：A Handbook of Landscape Gardening*）同年付梓，在美国，它们是最先用一整部书的篇幅来“谈论主人如何用不多的钱有效改进和美化郊区住宅”的论著。这类书籍毫不讳言自己的观点，即住在城里的唯一原因是挣足够的钱以便搬到乡间安享晚年。精心打扮的庭院是主人引以为豪的资本，足以提醒过往行人赞叹主人的财富和地位，这就是后来索尔斯坦·凡勃伦（Thorstein Veblen）所说的“炫耀性消费”。钟鸣鼎食般的奢侈生活才需要如此广阔的土地，布衣子弟养家糊口完全不须如此。就像魏登曼写在书中的第一句话，“住房要远离公

路，这样才能拥有一块平整的草地装饰院落”。①

若是有实用又廉价的割草机，理论上，修理草坪会成为周末的闲暇活动。1830 年，格罗斯特郡的埃德温·巴丁（Edwin Budding）在向英国专利办公室申请世界上第一台割草机专利时说，“乡绅们会发现，用我的机器割草是一项愉快的活动，既能平整草
61 地，又能锻炼身体”。早期的割草机又笨又重，要两个壮劳力一起操作，或者用马来驾驶；但到了 19 世纪 60 年代，新型割草机轻便了许多，妇女或男孩就可以独立使用。闻知此事，斯科特不禁额手称庆，欣然写道：“在盛夏的晨曦，花瓣上露水闪亮，在天鹅绒般的草地上修剪草坪之人，禁不住停下身来，深深吸一口这清新的空气，让浓浓的草香沁入心脾。这在城市中是无论如何也见不到的。”其诗情画意跃然纸上。尽管一代代青少年对这番景象不屑一顾，但在 19 世纪的最后 25 年中，草坪的确发挥了公园的作用。②

单靠某个人或某个公民组织很难在全国推广住宅和庭院的新观念，美国人对郊区社区的全新态度，得益于公园规划师弗雷

---

① J. 魏登曼（J. Weidenmann）：《美化乡村的家——花园布景手册》（*Beautifying Country Homes: A Handbook of Landscape Gardening*），纽约，1870 年，最近本书重印本问世，载于戴维·斯凯勒（David Schuyler）编：《维多利亚时代的花园布景》（*Victorian Landscape Gardening*），纽约州沃特金斯格林，1978 年。詹姆斯·安德伍德·克罗克特（James Underwood Crockett）为我们提供了非常有价值的研究，见詹姆斯·安德伍德·克罗克特：《草坪和地衣》（*Lawns and Ground Covers*），纽约，1971 年，第 7—13 页。热衷于这个时代的园艺家或许会喜欢弗兰克·斯科特（Frank J. Scott）的《维多利亚时代的花园》（*Victorian Gardens*），此书出版于 1870 年，最近，纽约州沃特金斯格林的维多利亚时代美国生活文化图书馆（Library of Victorian Culture of the American Life）重印了该书。

② 戴维·汉德林（David P. Handlin）：《美国家庭——1815—1915 年的建筑与社会》（*The American Home: Architecture and Society, 1815 - 1915*），第 180—182 页。

德里克·劳·奥姆斯特德、社会改革家查尔斯·洛林·布鲁斯(Charles Loring Brace)和超验主义哲学家拉尔夫·沃尔多·爱默生等人的共同努力。但最重要的也许当属凯瑟琳·比彻尔(Catherine Beecher)、安德鲁·杰克逊·唐宁(Andrew Jackson Downing)和卡尔弗特·沃克斯(Calvert Vaux)，其如椽巨笔在1840年至1875年间深深影响了美国人，对改变人们对住房和居住空间的态度居功至伟。[①]

凯瑟琳·比彻尔

1800年，凯瑟琳(Catharine Beecher)在一个传教精神浓烈的家庭中降生了，她是比彻尔家的长女，父亲莱曼·比彻尔(Lyman Beecher)是清教世界中著名的加尔文派牧师。不仅仅是父亲，她的七个弟弟也都是牧师，其中，亨利·比彻尔(Henry Ward Beecher)是1850—1887年美国首屈一指的清教牧师。从登上布鲁克林影响巨大的普利茅斯教堂(公理会)开始，亨利每个礼拜日的听众都多达千人。他巨大的声望和杰出的演讲天赋甚至遮蔽了某些丑闻，他与一位女信徒通奸的事情引发了一场轰动一时的诉讼，但这却丝毫无损于他的名声。凯瑟琳的妹妹哈丽雅特·比彻尔·斯托(Harriet Beecher Stowe)是《汤姆叔叔的小屋》(*Uncle Tom's Cabin*)的作者，这部极富感染力和煽动性的小说是内战的导火索之一。

① 后面的章节将会讨论弗雷德里克·奥姆斯特德和亚历山大·杰克逊·戴维斯，他们的影响大同小异。

另一个妹妹伊莎贝拉是同时代女权运动的领袖之一。尽管凯瑟琳与亲人关系不睦,甚至也没有自己的家庭,但在 19 世纪研究家庭生活美德和必需条件这一领域中,她却是毋庸置疑的执牛耳者。①

母亲去世的时候,哈丽雅特只有五岁,亨利尚在襁褓中,年方
62 二八的凯瑟琳只得撑起家庭主妇的责任,照顾庞大的比彻尔一家老小。1823 年时,她在耶鲁执教的未婚夫死于船难,一年后凯瑟琳靠一己之力接管了哈特福德的一所女子学校。九年后,她与自己名动天下的父亲一同来到"西部荒野"中的辛辛那提,席不暇暖便创办了西部女子学院。尽管这所学校支撑不过四年便草草收场,但凯瑟琳却留在了这座皇后城(即辛辛那提——译者注),直到 1878 年撒手人寰。

在并不算短的一生中,凯瑟琳·比彻尔坚信女性的品德优于男性,在她一生所撰写的 20 部著作中,第一部便以此为基本思路,即她自费印刷的《经验、理智和(圣经)所见之智识和道德哲学纲要》。不过凯瑟琳本人并非女权主义者。当全国性的女权运动初露端倪时,她立刻起身反对,坚称女性必须依附和顺从男性,并满怀深情地赞颂"上帝让一种性别高于另一种性别"。与安吉丽娜·格里姆克(Angelina Grimke)等激进分子不同,凯瑟琳反对立刻

① 关于比彻尔家族的情况,见米尔顿·卢戈夫(Milton Rugoff):《比彻尔一家——19 世纪的一个美国家族》(*The Beechers: An American Family in the 19th Century*),纽约,1981 年。琳达·柴尔德(Lydia Maria Child)和卡罗琳娜·霍华德·吉尔曼(Caroline Howard Gilman)也是研究女性在家庭中角色的专家。关于凯瑟琳·比彻尔的传记,最好的当属凯瑟琳·基什·斯科拉(Kathryn Kish Sklar):《凯瑟琳·比彻尔——一项对美国家庭生活的研究》(*Catherine Beecher: A Study in American Domesticity*),纽黑文,1973 年。亦可见拉塞尔·莱恩斯(Russell Lynes):《爱家的美国人》(*The Domesticated Americans*),纽约,1957 年,第 59—63 页。

寻求女性的自我解放，而是认为女性应当谦和隐忍、温柔端庄以便让男性给予她们权力，然后实现自己的解放。

凯瑟琳的观念影响全国始自1841年首次出版的《论家政——献给上学或居家的年轻女子》(*Treatise on Domestic Economy, For the Use of Young Ladies at Home and at School*)。该书一经问世便立刻走红，在随后的30年中多次被选为教科书，并重印了数十次之多。由于对"真正女性气质的崇拜"将家庭与虔诚和纯洁相联系，因而凯瑟琳试图把她的家居理念与建筑和景观设计融合起来。《论家政》是美国第一部规划现实生活的论著，内容涉及婴儿护理的科学方法和家居活动的合理方式，横向上包括各个房间的不同功用，纵向上列出了每天的日程安排；本书尤其适合配备了客厅、餐厅、卧室和室内卫生间的大面积单层或双层乡间别墅。尽管凯瑟琳设计的住房仍是以壁炉为核心的四方形，但这种传统设计并不能阻挡本书为人们提供一种健康幸福、衣食无忧和虔诚高尚的生活，也不会妨碍人们在建造精良、装潢精致和打理得当的住宅中尽享天伦之乐。虽然设计保守，但凯瑟琳却毫不落伍，晚年仍建议在住房中使用最先进的烹饪、取暖和灯光设备。[①]

① 《论家政》大部分谈论的是房间安排及其在住房中的功能。例如，凯瑟琳建议把育婴室、厨房和起居室安排在同一楼层。凯瑟琳·比彻尔：《论家政——献给上学或居家的年轻女子》(*Treatise on Domestic Economy, For the Use of Young Ladies at Home and at School*)，纽约，1847年，第256—262页。亦可见多洛雷斯·海登(Dolores Hayden)：《家庭大革命——一部女权主义者设计的美国家庭、邻里和城市的历史》(*The Grand Domestic Revolution: A History of Feminist Designs for American Homes, Neighborhoods, and Cities*)，第55—58页；以及凯西·亚历山大(Cathy Alexander)："凯瑟琳·比彻尔《论家政》中的建筑学和哲学精神"(Architecture and Philosophy in Catherine Beecher's *Treatise on Domestic Economy*)，哥伦比亚大学研讨班论文，1976年。

凯瑟琳虽然没有明确赞赏郊区生活，但她的确认为田园风情的余波所及之处是最理想的家庭生活场所。她坚信，“每个人在心底都渴望拥有一套属于自己的房子。”凯瑟琳赞同将人口按照自然
63 属性和社会属性相互分离：在郊区，由妇女主导追求家庭生活；在城市，由男子主导追求事业。为此，她在《论家政》一书中用了五章的篇幅来论述庭院和花园。①

随后，1869—1873 年，凯瑟琳在《哈珀斯新闻月刊》（*Harper's New Monthly Magzine*）上发表了一系列文章，并出版了多部关于家务劳动和家庭生活的著作，坦言她的观点“尤其适合住在乡村或近郊的家庭，他们可以享受健康的户外生活”，这在她与妹妹哈丽雅特·比彻尔·斯托合著的《美国妇女的家，或家政学的原则》（*The American Woman's Home, or the Principles of Domestic Sciena*）这部单卷本的简明著作中尤为明显。通过自己的著述，凯瑟琳为我们展示了她对乡间住宅那美丽景色的向往；通过自己巨大的影响力，她向人们推广了田园牧歌式的宁静生活。尽管凯瑟琳·比彻尔独身终老，膝下无子，甚至也没有一所属于自己的大房子，但在美国这片广阔高远而又五彩斑斓的大陆上，她却倾其一生之力向所有女性传播生活常识和家庭知识。②

---

① 凯瑟琳·比彻尔、哈丽雅特·比彻尔·斯托：《美国妇女的家庭》（*American Woman's Home*），纽约，1869 年，第 13—19 页。

② 凯瑟琳的观点通过许多关于家政的书籍表达出来，这是毋庸置疑的。本章开头处的引文出自玛丽·洛克伍德·马修斯（Mary Lockwood Matthews）1931 年出版的畅销高中教材《家政学基础》（*Elementary Home Economics*），波士顿，第二版，1931 年，第 1 卷。凯瑟琳·比彻尔：《论家政——献给上学或居家的年轻女子》（*Treatise on Domestic Economy, For the Use of Young Ladies at Home and at School*），第 24 页。

安德鲁·唐宁

1841年，也就是凯瑟琳的《论家政》问世的那一年，安德鲁·唐宁(Andrew Jackson Downing)出版了美国第一部从科学和哲学两方面探讨花园布景艺术的著作。对于出版该书的原因，唐宁解释道："想要美化住宅的千百大众从一开始就缺乏装修的某些主要原则。"唐宁从英国作者约翰·克劳迪乌斯·劳登1839年出版的《村舍、农场住宅和乡间别墅之建筑百科全书》(*Encyclopaedia of Cottage, Farm, and Villa Architecture*)中借鉴了不少观点，这也使他成为当时最富修养、最善文辞的建筑批评家，成为将乡村理想转变为郊区梦想最有影响力的人。[①]

唐宁1815年生于纽约州的纽堡，从父亲手中继承了一个养殖场，但没过多久便投身到更有创造力且利润可观的景观设计行业中。当《论花园布景的理论与实践》(*Treatise*)问世时，唐宁不过26岁，但已是享誉哈得孙河谷的园艺师。该书凭借让大众在建筑和花园布景中得到快乐而享有盛名，在1879年前推出了八个版本，重印达16次之多。

与凯瑟琳·比彻尔一样，唐宁也高调赞成私人拥有住房。

① 关于唐宁，最完备的研究莫过于乔治·塔特姆(George Tatum)：《安德鲁·杰克逊·唐宁：评判美国人建筑品味的人，1815—1852》(Andrew Jackson Downing: Arbiter of American Taste, 1815－1852)，普林斯顿大学博士学位论文，1950年。同样精彩的还有汉德林的研究，见戴维·汉德林(David P. Handlin)：《美国家庭——1815—1915年间的建筑与社会》(*The American Home: Architecture and Society, 1815－1915*)，第29—40页。

64 1850年时，他写道，“我们相信，在世俗人间，个人住房体现的是无比的力量和高尚的美德”。对在哈得孙河谷出生长大的唐宁而言，住房更多的是品行而非身份地位的象征。一套设计精美、构思巧妙的住房非但不会助长奢侈之风，反而会培养共和精神。他认为，“仅满足人的动物性需求的住房只能表达奸邪，不能传递友善……艳俗的住房只能显示骄傲和空虚”。唐宁热情拥护英式村舍，此类住宅的理念诞生于1820年代，19世纪30年代传入美国，尤其适合正在发展的中产阶级，并且在美国各地广为流行。①

尽管唐宁出身卑微，但1847年养殖场的破产仅靠亲旧周济才熬过艰难时日的磨难并未让他宽容仁厚。唐宁颇为自命不凡，惯用一双冷傲的眼光评定美丑。在他眼中，住房分为三等：最差的是村舍（cottage），没有家仆的人住在这种小房里；中等的是农场住房（farmhouse），虽比前者略大，但只有实用价值，毫无审美意义；最好的是乡间别墅（villa），这种住宅占地广大，“至少需要三四个仆人里外打理”。这也是唐宁自己的理想。乡间别墅面积大，有开放的空间，能够让人们与自然和谐相处，非有钱有闲者概莫能入。他为英国乡绅量身打造了这种头等住房，鼓吹占地几百公顷的大型别墅，甚至宣称占地不足5公顷的住房将重蹈城市的覆辙，破坏乡间的宁静悠远。②

① 拉塞尔·莱恩斯（Russell Lynes）：《爱家的美国人》（*The Domesticated Americans*），第13—14页；戴维·汉德林（David P. Handlin）：《美国家庭——1815—1915年的建筑与社会》（*The American Home: Architecture and Society, 1815 - 1915*），第37—47页。

② 玛丽·米克斯·福利（Mary Mix Foley）：《美国住房》（*The American House*），第155页。

尽管唐宁低估了自己规划的乡间住房的价格和精美程度，尽管唐宁从未向人们推介廉价的框架结构建筑，[1]但他的文章和论著却促进了简单实用的住房的普及，即使贫穷如工人者，也从中看到了实现郊区梦的曙光。1845 年，唐宁成为《园艺师》(*The Horticulturist*)杂志的编辑，此后，这份主打乡村艺术和田园审美的杂志将他对公园、住房和风景的观点带给了自己的主流读者，即规模庞大、数量众多的中产阶级。唐宁建议他们一年到头住在郊区，1848 年时，他写道，"在美国，自然和家庭生活比社会交往和城市生活方式对人更有好处。因此，明智之士将高兴地逃离混乱肮脏的城市，只不过时间有早有迟，有人全身而退，有人却脚踩城市和郊区两只船。"[2]

唐宁很少直接提到郊区，但这并不代表他不赞同城市住宅比郊区住宅低劣的浪漫主义观念，他也时常哀叹城市中人们总是密集地建造住房，"仿佛城市已没有多余的土地"。对城市那些不得不在"波诡云谲的商海浪涛"中讨生活的人，唐宁欣喜地赞赏新式蒸汽机车"既有实用价值，又有美观作用"，为郊区发展开辟了广阔 65
天地。火车让那些在城市工作的人可以把家安在郊区，"部分地缩短了"传统的时间和空间观念。因此，通勤可以让他们"长舒一口气"，尽情放纵对自然的热爱。唐宁鼓励美国人到郊区买房置地，

---

① 框架建筑非同一般的重要意义将在第七章中加以讨论。

② 唐宁关于建筑式样的著作虽然附有木刻插图，但比起某些作者附有彩色石版插图的著作来说价格低廉许多。唐宁去世后一年，乔治·柯蒂斯(George W. Curtis)将他在《园艺师》上的文章编辑为《田园论集》(*Rural Essays*)(纽约，1853 年)。玛丽·米克斯·福利：《美国住房》(*The American House*)，第 153—157 页；以及《园艺师》(*The Horticulturist*)1848 年第 3 卷，第 10 页。

他写道：

> 热爱乡村就是爱自己的家。人们把舒适和雅致的生活放在家中，这会增加他们对那里的热爱，会让家庭生活更幸福；因此，这不仅会让他的生活更美好，而且会增加他的爱国情感，让他成为更合格的公民。①

要做到如此这般，仅仅规划土地还不够。正如戴维·斯凯勒所言，唐宁尤其反感郊区地产建筑商的所作所为，指责他们“在乡间建造小户型住宅，把它们当作精美的乡间住宅来宣传，或是出售，或是出租”。他特别抨击了邻近塔里敦、位于曼哈顿以北哈得孙河上的郊区城镇迪尔曼。这个景色优美的乡间小镇树林阴翳、群山环抱，有渡船、公共马车和铁路与纽约市紧密相连。这里的规划借鉴了花园布景的理念，铺设了曲径通幽的小道，错落有致的宅基地块依着山势慢慢展开，完全有可能成为郊区城镇的模范。然而，建筑商们却只“修建了临街的联排别墅，它们各自以直角相互交错，极为呆板，四周种满了遮阳树。”②

---

① 安德鲁·唐宁：《论花园布景的理论与实践》（*A Treatise on the Theory and Practice of Landscape Gardening*），纽约，1859 年，第 ix 页。

② 安德鲁·唐宁：《我们的村舍》（“Our Country Cottages”），《园艺师》（*The Horticulturist*）1850 年 6 月第 4 卷，第 539 页。亦可见戴维·斯凯勒（David Schuyler）：《1800—1870 年的公共景观与美国城市文化：乡村公墓、城市公园和郊区》（Public Landscapes and American Urban Culture, 1800 - 1870: Rural Cemeteries, City Parks, and Suburbs），哥伦比亚大学博士学位论文，1979 年，第 6 节；以及约翰·威廉·沃德（John William Ward）：《设计背后的政治》（“The Politics of Design”），载于 L. B. 霍兰（L. B. Holland）编：《谁设计了美国》（*Who Designs America*），花园城，1965 年，第 54—79 页。

唐宁亲自设计了郊区规划方案，以最合理地利用人工技术和自然之美，为的是防止建筑商为了最大程度地赚钱而肆意规划分销地块。唐宁设计的郊区布满了独户住宅，每栋住宅距离街道至少 100 英尺，比起附近纽约市的中等地块要宽四倍。这个郊区的中心是一个公共的大型公园，宽阔的道路从公园向四处延伸，保证通达性可以满足居民需要；而家家户户都有自己的花园，足以享有一定程度的独立。因此，满足社区公众需要的公园和满足个人隐私需要的住房相结合，可以将人类文化与大自然和谐地融合在一起。①

1850 年，在自己短暂的一生行将结束之时，唐宁推出了《乡间住宅的建筑学》（*The Architecture of Country Houses*）。该书在
1886 年前重印了九次，是最早谈论住房与公民地位之关系的著作
之一。唐宁认为，核心家庭是“最好的社会形式”，“对一个民族而 66
言，一个独立的住房有巨大的社会价值”。他写道，“把家安在乡
间，这样，在家庭这个小世界中，信任、美和秩序”便会占据主导。②

唐宁没能见到自己的大部分理念变为现实。1852 年 7 月 28 日，唐宁与妻子一同前往纽波特监督一栋乡间别墅的建设。在纽堡渡口与朋友们告别后，他们登上了亨利·克莱号汽船前往纽约。汽笛长鸣后，船长像往常一样与另一艘更先进的汽船一竞高下。

---

① 安德鲁·唐宁：《田园论集》（*Rural Essays*），第 241—243 页；以及安德鲁·唐宁：《村舍住宅、乡村建筑和花园布景》（*Cottage Residence, Rural Architecture, and Landscape Gardening*），纽约，1847 年，第 3—28 页。

② 安德鲁·唐宁：《乡间住房的建筑学》（*The Architecture of Country Houses*），纽约，1850 年，第 38—41 页、276—278 页。

就在距离曼哈顿只有几公里时(第254大道),过热的汽船燃起了大火。唐宁泳技不俗,本不应溺水身亡,但这位举止中规中矩的绅士在试图救助其他乘客时身亡,此时的他还只是个青年。这次事故中至少有18人遇难。[①]

慰问信纷至沓来,其中不少来自海外,甚至连美国总统也发来唁电。《纽约每日论坛》(*The New York Daily Tribune*)称他"极具天赋,教养不凡",而《新英格兰农场主》(*The New England Farmer*)写道,"在美国,唐宁的死造成了巨大损失,无人能及"。对他最好的盖棺定论莫过于他的朋友兼同事卡尔弗特·沃克斯之言:

> 安德鲁·唐宁并非美国唯一极具活力而且没有争议的艺术家,但他的艺术观念和审美追求却是纯洁的自由意志,他将自己的艺术感作为自己对生活和美的更高、更神圣观念的侍女……
>
> 唐宁不仅有才华,而且将这种才华全面展现给我们,此乃我辈之福;尽管这个初露头角的生命在精神饱满、热情洋溢之时黯然逝去,但他已经做出了诸多贡献,断不能说他带着未完成的遗稿抱憾而去……[②]

① 戴维·汉德林(David P. Handlin):《美国家庭——1815—1915年的建筑与社会》(*The American Home: Architecture and Society, 1815 - 1915*),第46页。

② 卡尔弗特·沃克斯(Calvert Vaux):《乡间别墅与村舍》(*Villas and Cottage*),纽约,1853年,第xi—xii页。

卡尔弗特·沃克斯

唐宁去世后，卡尔弗特·沃克斯（Calvert Vaux）接过唐氏衣钵，成为影响美国郊区建筑的重要人物。沃克斯1824年生于英格兰，在伦敦接受建筑学的专业训练。1850年，沃克斯与唐宁在巴黎相遇后深受其影响，与后者一同来到纽堡，在这里合作经营。短短20年内，他成为全美最著名的景观建筑师，终其一生捍卫和宣扬唐宁的理论。尽管作为设计师才能平平，但沃克斯风度翩翩、能言善辩，一旦认定绝佳目标便不会轻易放弃。1856年，沃克斯说 67
服弗雷德里克·劳·奥姆斯特德一起参与中央公园的设计规划，后来他又与人合作，参与了布鲁克林希望公园、芝加哥南区公园以及纽约大都会博物馆和国家历史博物馆等美国文化遗产的设计规划。[①]

沃克斯批评当时传统的美国住房将地下室用作餐厅，批评这类住房的卧室密不透风。1857年出版的《乡间别墅与村舍》（*Villas and Cottage*）介绍了19世纪50年代早期哈得孙河谷地带的39座建筑，其中大部分是相对廉价的乡村住宅或郊区村舍。书中的每栋住房都配有详细的楼层规划以及强调景观、建材和室内空间布局的评论。该书长长的导言占了几乎三分之一的篇幅，反映了一个对美国特色有深刻见地的观察者不俗的眼光。在比较了欧

① 据我所知，目前尚没有卡尔弗特·沃克斯的传记，因此人们或多或少忽略了他在中央公园设计规划中的作用。

洲与美国后，沃克斯写道：

倘若真心追求美感，会立刻发现一个重要的证据。几乎所有美国人都对“乡村”有着同样真诚的爱，当然，他们对乡村之美的欣赏层次并不一定相同。这种爱是发自内心的，对安适生活的憧憬和一栋在乡间的住房让千万美国劳动者充满热忱。这一事实虽然显而易见，但却意义非凡；它告诉我们，相比人工雕饰，美国人对清水芙蓉更有与生俱来的好感——换句话说，比起人类的雕琢，美国人更喜欢上帝的造化和恩赐……①

尽管沃克斯的顾客大多腰缠万贯，但他绝不同意在风格上炫富和造作。他反感意大利风格和哥特式建筑，认为它们的客厅、通道、走廊、门厅和楼梯过于宽大，不适宜居住，建议读者根据自己的需要选择最舒适和最有美感的风格，切忌盲目追求外国式样。正是出于对自然景观的迷恋，沃克斯很快开始批评棋盘式方格街道的陈腐：

在美国，乡村艺术风格一个明显的缺陷在于，郊区城镇和乡村的规划太过正式，也缺乏美感。大多数规划都包括方格状的住房街区，按照传统式样呆板地相对而立；但这样的风格

① 卡尔弗特·沃克斯(Calvert Vaux)：《乡间别墅与村舍》(*Villas and Cottage*)，第27页。

与美国蜿蜒曲折的地平线格格不入，自然之母从一开始就与它们不相往来，后来双方也没有丝毫改进关系的善举。或许，除一个大城市以外，这种极为呆板的布局没有任何好处，尤为遗憾的是，很多正在建设中的新社区仍在采用这种枯燥乏味的设计风格。①

美国思想中的反城市传统 68

比彻尔、唐宁和沃克斯代表了盎格鲁—美国文化中贬低城市生活的侧面。甚至在工业革命将许多英国城市变为阴暗破败的贫民窟集聚地之前，伦敦就已经让丹尼尔·笛福（Daniel Defoe）、亨利·菲尔丁（Henry Fielding）、亚历山大·蒲柏（Alexander Pope）和威廉·华兹华斯等大作家担忧不已。正是那些可能让美国重蹈旧世界覆辙的迹象震惊了托马斯·杰斐逊（Thomas Jefferson）。而18世纪的一场黄热病风潮却给了他些许安慰，因为他看到这种传染病将阻止未来出现许多人口稠密的城市中心。在一段流传甚广的文字中，杰斐逊写道，“大城市就是吞噬人类道德、健康和自由的瘟疫。城市的确哺育了某些高雅技艺，但实用的技艺到处都有，我宁愿要那些不够高雅的技艺，也要保留美德、健康和自由”。在对城市的态度上，亨利·梭罗也像杰斐逊一样直言不讳，他在1862年写道，“他的农场需要多少肥料，他的健康就需要多少草坪

① 卡尔弗特·沃克斯（Calvert Vaux）：《乡间别墅与村舍》（*Villas and Cottage*），第51页。

来承载。”

没有哪个国家的知识界或平民大众对城市会有完全一致的看法。长期以来，巴黎被认为是最有魅力的首都，但19世纪末，波德莱尔（Baudelaire）却抨击巴黎满是“旅店、妓院，是炼狱、冥府和监狱，人类一切的丑陋邪恶在那里如花一般绽放”；在英格兰，拉纳克郡郡长阿奇博尔德·埃利森（Archibald Alison）从道德和人口角度抨击1840年代的英国城市“罪恶横行，那里的声色犬马之娱使人误入歧途，荒唐错谬之事展示罪恶的人性：逃避惩罚的侥幸让人们不惮于违法犯罪，好逸恶劳的寄生虫成为社会崇拜的偶像”。在一片愤世嫉俗的吵嚷中，约翰·拉斯金（John Ruskin）的声音最为刺耳，他斥责“伦敦是世界的罪恶之都，像是一堆砖砌烟囱，肆意地从每一个气孔中挥散浓烟恶臭，宣泄着纷繁杂乱”。①

在美国，许多才华横溢的作家赞叹大都市的魅力，纷纷称赞城市化促进经济发展和物质进步。像霍雷肖·阿尔杰（Horatio Alger）的《迪克的梦想》（*Ragged Dick*）（1868年）这样的低俗小说中，城市遍地是机会；而更为杰出的作家中也不乏城市的支持者，像沃尔特·怀特曼（Walt Whitman），他不吝言辞地称赞纽约不

---

① 关于这一主题的经典著作首推莫顿（Morton）、露西亚·怀特（Lucia White）：《知识分子与城市——从托马斯·杰斐逊到弗兰克·劳埃德·赖特》（*The Intellectual Versus the City: From Thomas Jefferson to Frank Lloyd Wright*），马萨诸塞州坎布里奇，1962年，虽然该书有些夸大其词。安德鲁·里斯（Andrew Lees）：《人们眼中的城市——1820—1940年欧洲和美国观念中的城市社会》（*Cities Perceived: Urban Society in European and American Thought, 1820－1940*），纽约，1985年。亦可见亨利·大卫·梭罗：《瓦尔登湖及其他作品》（*Walden and Other Writings*），纽约，1950年，第615—618页。

断激励人们奋发图强。富家子弟尤其沉迷于城市的灯红酒绿。从费城的西德尼·乔治·费舍尔（Sidney George Fisher）留下来的日记中可以看到他的抱怨之词："与我有类似教育经历的人绝不能到乡下和农民住在一起。美国除了少数几个地方以外，只要你离开城市，就等于住进了野蛮的包围中。"①

然而，平心而论，美国大都市虽充满希望、温情和高雅，但也有 69
弊病和罪恶，甚至更多的是后者。从威廉·迪恩·豪威尔斯、亨利·乔治到爱德华·贝拉米（Edward Bellamy）和雅各布·里斯（Jacob Riis），他们的如椽巨笔令时人错愕，在他们的口中笔下，城市满是"被困难剥夺了希望的妇女"和"对人类痛苦冷漠的幽怨"；而美国政客们则纷纷称赞边疆传统的伟大，告诉人们土地的耕种者代表了美国未来最美好的希望。1896 年在芝加哥举行的民主党全国代表大会把对城市的贬抑推向高潮，年轻气盛的人民党众议员威廉·布莱恩（William Jennings Bryan）的声音回荡在会场内外："烧尽你们的城市吧，让我们挽救农场，这样你们的城市像着了魔法一般再度兴起；但农场一旦消亡，注定让你们的城市遍布荒草。"

在 19 世纪，我们看到美国人对人口积聚根深蒂固的反感扶摇直上，而此时每 10 年一次的人口普查数据显示，大部分美国公民

① 尼古拉斯·温赖特（Nicholas B. Wainwright）编：《一个费城人眼中的世界——1834—1871 年西德尼·乔治·费舍尔日记》（*A Philadelphia Perspective*：*The Dairy of Sidney George Fisher Covering the Years 1834 – 1871*），费城，1967 年，第 202 页。

正告别乡村，来到拥挤的城市找寻更好的机会。人们相信，应对城市周期性爆发的紧急情况的临时措施会因为巨大的城市规模而失效，与越来越多的人口涌进城市相比，这种观念尤其令人费解。随着城市在公共卫生、火灾预防、供水和卫生设施等方面取得了明显进步，更加严重的突发事件开始向人们敲起警钟。

例如，噪音和空气污染让游客震惊。与欧洲、南美洲和亚洲的大城市不同，美国的大城市往往是制造业中心。在蒸汽机时代，铁路为工业提供了绝佳的运输方案，使后者尽可能地靠近集散中心。无论哪个城市，烟囱肆无忌惮地向着天空吞云吐雾，而工厂四周很快就会成为贫民窟。若是有办法，没人会住在靠近繁忙的铁路线或重工业区之类的地方。亨利・詹姆斯（Henry James）的《波士顿人》（*The Bostonians*）为读者展示了一幅这样的场景：那里耸立着“一排排的烟囱，厂房的尖顶直指苍穹，工厂和机车制造厂的运输车肮脏破败，用的都是直排汽缸……放眼望去，到处是东倒西歪的栅栏、荒废的空地和废料堆成的小丘，杂草丛生的院落摆满了铁管，建筑物后面散落着凌乱的电线杆和废木料”。

随着城市变得更大、更吵闹也更阴森恐怖，那里不再是人们心中的避难所，而变成了令人毛骨悚然的危情险境。19 世纪每一个发达国家的卫生官员都注意到，乡村居民的平均寿命比城市居民长得多；他们认为，若是不再有移民工人涌入，城市很快就会空无一人。房地产开发商们信誓旦旦地保证，病弱者可以在郊区重获健康，1871 年路易斯维尔的一则广告证明了这一点：“（南区公园
70 小区）是许多城市家庭购买住房的首选，这片松林会让居民延年益

寿。”另一个投资商在鼓吹自己的楼盘时说：“沃里克豪庭小区令人陶醉，清爽宜人，这里没有疟疾，没有煤烟，没有灰尘，也没有工厂，呼吸一口新鲜空气，让你活力迸发。”①

比传染病更甚的是不道德行为，起初是边疆和西部荒野，后来城市沦为其重灾区。意志薄弱、缺乏监管和酗酒成性的男男女女往往成为罪恶的俘虏。乔赛亚·斯特朗（Josiah Strong）宣称，“城市是罪恶的产物，第一座城市是第一个杀人犯所建，从此之后犯罪与邪恶便永驻城市”，而执法机关对此几乎无能为力。

郊区却让人们安心居住，那里沐浴着阳光，生活淳朴、自由随意，既远离混乱，也没有卖淫和暴力，这些问题都留在了千疮百孔的城市。例如，罗伯特·坎贝尔（Robert Campbell）和爱德华·威利斯（Edward Willis）于1860年在现在的南布朗克斯（South Bronx，当时称作South Morrisania）购买了80公顷土地，共计20.4万美元。随后，他们将山丘推倒，将洼地填平，把这片土地划分为1 000块20英尺宽、100英尺长的地块。1862年，这些地产挂牌出售，得益于1863年臭名昭著的纽约征兵暴乱，坎贝尔的地产升值不少。他的广告抓住了人们求安全求便捷的心理，宣称“想要远离城市混乱、享受宁静生活的人注意了，在北纽约外的郊区能够找到这样的家，而且距离城市并不远”。②

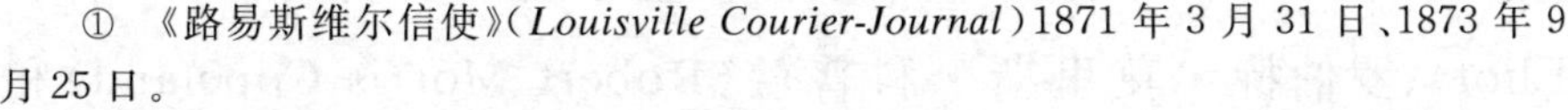

① 《路易斯维尔信使》（*Louisville Courier-Journal*）1871年3月31日、1873年9月25日。

② 这一资料来自目前埃弗里·冈萨雷斯（Evelyn Gonzalez）尚未完成的博士学位论文，冈萨雷斯正在研究布朗克斯的人口和土地发展，以此作为她在哥伦比亚大学的博士学位论文。

1880年后，波兰人、意大利人、俄国人以及各色东欧人和南欧人大量涌入美国的工业地带，其中绝大部分是天主教徒和犹太人，城市人口的种族构成发生了明显变化，这也是中产阶级对年老的城市社区日益不满的原因之一。尽管在1890年只有三分之一的美国人口居住在城市，但移民的城市人口比例却高达三分之二。到1910年，所有经埃利斯岛入境的移民中，有80%居住在城市，而所有“在国外出生”的人中间，有72%选择留在城市。到19世纪末，纽约、芝加哥和波士顿这三个大城市聚集了相当数量的移民，要想成为市长，离不开移民的选票。而政府官员在动用警察镇压激进的工运分子时也越来越谨慎，因为工运分子大都来自欧洲。正出于这样的担心，市政府开设了专门项目，征收房产税以便改进公共设施，并为工人选民开辟更多就业机会。在布赖斯勋爵(Lord Bryce，英国历史学家、法学家和自由派政治家，曾任英国驻美国大使——译者注)看来，美国的市政府是“美国揭开的伤疤”，这也是常常被人引用的名言。政府的上述作为也惠及了中产阶级，他们纷纷利用廉价而良好的公共交通设施搬到城市之外居住。

71 凯瑟琳·比彻尔、安德鲁·杰克逊·唐宁和卡尔弗特·沃克斯等人共同把私人空间的好处浪漫化，并融合了新英格兰的田园牧歌和托马斯·杰斐逊笔下的乡绅庄园，通过这样的方式塑造了城乡一体的城市形象，并影响了诸如查尔斯·埃利奥特(Charles Eliot)、罗伯特·莫里斯·科普兰(Robert Morris Copeland)和H. W. S. 克利夫兰(H. W. S. Cleveland)等一代杰出的景观建筑师，他们彻底改变了大都市的外观和形式。到1870年，“郊区”

一词不再使人想到低劣，也不再受人嘲笑。像马克斯韦尔（Maxwell）就将辛辛那提的郊区称为"皇冠上的明珠"，而弗兰克·斯科特在《郊区的家》（*Suburban Home Grounds*）上发表了一篇文章，大力赞美郊区的美好。几千年来，城市一直是地球上人类的聚居之地，而郊区则恰恰相反。此前，像威尼斯圣马可广场也是在建筑之间硬挤出来的开放空间。而美国郊区则恰恰相反，在一望无尽的乡间零星地矗立着几栋房屋。[①]

郊区化的进程同样影响深远，1855 年，《蜡笔》杂志抱怨美国城市与乡村的屏障消失时写道："在城市和乡村之间曾有一堵墙，既把人们围在城市里，又利用人们心里的反感让他们到乡村去。这样，城市来到了乡村中，我们不知道什么时候离开这一个，走进那一个。"自称这一领域专家的刘易斯·芒福德描述了这一理想：

> 成为独一无二的自己；在独一无二的风景中建立独一无二的住宅；在这个自由王国中过着以自己为中心的生活，自在地表达不为人知的幻想和欲望。总之，像僧侣那样告别尘世，在属于你自己的王国中翩翩起舞——这就是郊区创造者的梦想。实际上，他们创造的是一个避难所，在那里，每个人都可

① 尽管比彻尔、唐宁和沃克斯在美国颇有影响力，但最为美国人熟知的建筑理论家或者说建筑类作家却是约翰·罗斯金。当《窥探建筑的七盏明灯》（*The Seven Lamps of Architecture*）和《威尼斯石头》（*The Stones of Venice*）在伦敦问世后，美国出版商第一时间在美国出版，在 1895 年前重印了 25 次。即便如此，罗斯金的书对美国建筑的影响却极为有限。伍兹（Woods）：《美国建筑和工程新闻》（The American Architiect and Building News），哥伦比亚大学博士学位论文，1980 年，第 27 页。亦可见刘易斯·芒福德：《历史上的城市：起源、演变和未来》（*The City in History: Its Origins, Its Transformation, and Its Prospects*），第 496—497 页。

以克服文明久治不愈的病痛，享受城市社会的特权和利益。[①]

尽管对于独栋住房的批评之声不绝于耳，但内战后，未与其他建筑相连的住房和面积广大的庭院成为一种独特社区的标志，意味着郊区梦想的实现。在许多郊区都有这种宽敞体面的住宅，它们沿着林荫道缓缓散开，门前是弯曲的小路；它们显示着成功和安全，似乎告诉人们，这里的主人没有被工业社会的动荡所吞噬，也没有被居住着移民的越来越大的贫民窟所困扰。这里斜面的屋顶、精心照料的草坪，也有装着护板的窗子和相互隔开的房间，这
72 一切看起来还是那个重视家庭生活价值的社区，倾诉着主人的自豪和对乡村生活的热爱。1890 年代，乡村生活类杂志早已绝口不提农事，而是把笔墨毫无保留地用在“简约生活”上，夸赞那花繁叶茂间矗立在一大片土地上的独立大房子。

只有中产阶级和上流人士才能买得起这样的房子。对大部分美国人而言，生活是一杯苦酒，要么在农场终日操劳，要么在工厂不停劳作，为数不多的休闲时间也只能待在破败老旧的租屋里。而此时，贫民窟、疾病蔓延、犯罪猖獗和道德沦丧等城市化的阴暗面正肆虐美国各地，郊区的美景怎能不具有强大的诱惑力？郊区理想是美国人心中的应许之地，对于奋斗的人们，郊区是看得见的回馈；那里融合了城市和乡村生活的优势，那里是漂泊在工业社会的人永远的家。在郊区躲避商业和工业无疑是一种讽刺，因为，在

---

① 《蜡笔》(*The Crayon*)1855 年 1 月 3 日第 1 卷，第 2 页；刘易斯·芒福德：《历史上的城市：起源、演变和未来》(*The City in History*: *Its Origins*, *Its Transformation*, *and Its Prospects*)，第 485—486 页。

浓浓的树荫下，是工业时代独有的现代化管道和电线，它们可能就埋藏在街道的下面，为每个体面的家庭提供最先进的便利设施。恰如格温德林·赖特所言，是蒸汽火车、有轨电车和供水系统等新技术使郊区化成为可能。[①]

① 格温德林·赖特(Gwendolyn Wright)：《筑梦——美国住房的社会史》(*Building the Dream: A Social History of Housing in America*)，第73—113页；多洛雷斯·海登(Dolores Hayden)：《家庭大革命——一部女权主义者设计的美国家庭、邻里和城市的历史》(*The Grand Domestic Revolution: A History of Feminist Designs for American Homes, Neighborhoods, and Cities*)，这一观点散见全书各处。

73 第四章　罗曼蒂克式的郊区

家，就是那个敞开臂膀随时迎接你归来的地方。

——罗伯特·弗里斯特(Robert Frost)

19世纪中期，尽管唐宁、比彻尔和沃克斯大声疾呼田园生活方式的优越性，但要规划完整、遗世独立的郊区，此时还没有先例可循。在伦敦，约翰·纳什(John Nash)设计的摄政公园堪称美轮美奂，但其住宅却紧密地挤在一起，逼近路牙，而且整个社区并未与伦敦城隔离开来。而在大洋彼岸，唐宁、比彻尔和沃克斯所谈所写的更多是住房而非社区；赫泽齐克·皮尔庞特、埃德温·林奇菲尔德和塞缪尔·拉各斯等土地开发商不过是投机者，而非规划师。到1850年代，情形却为之一变，城市人口呈爆炸式增长，新的交通方式让通勤成为可能；于是，大幕缓缓拉开，一个个出自设计师之手、与自然和谐共生的浪漫郊区登台亮相。

棋盘式布局和蜿蜒道路

19世纪，城市规划最为杰出的进展与街道的形貌规划密不可分。纵观历史，所有人类聚落莫不留出路基用地为公共所用。若不如此，城市区域将会变成由建筑和私人房产拼成的硬块，并因缺乏流动而丧失活力。对孩子而言，街头是嬉闹的场所；对商人来说，街头则是赚钱的地方；此外还有猪狗之畜在那里觅食。尽管功能多种多样，但街道的主要功能是为城镇提供公共流通空间，因而其宽度往往得以容纳两辆并行的马车通过。①

大多数古代城市的街道简直不能称其为街道。这些道路不但 74
狭窄逼仄，而且扭曲环绕、随意弯折，如果从天空俯视或在地图上查看，这些弯曲的街道就像人体内的动脉。古希腊最负盛名的城邦规划师希波达摩斯（Hippodamus）在公元前450年将平行的街道布局引入比雷埃夫斯（Peiraeus，公元前5世纪兴起的希腊港口城市，位于今雅典附近——译者注），从此之后，这一后人熟知的"棋盘式布局"便成为各城邦共有的街道模式。随着希腊世界的衰败，这一矩形街道布局也随之蒙上历史的尘埃达1 500年之久，直到16世纪才重新绽放昔日光彩。费城、萨凡纳和纽约市都借鉴了克里斯多夫·雷恩爵士（Sir Christopher Wren）的伦敦方案，分别在1682年、1733年和1811年建起了棋盘状的街道。1791年，皮埃尔·查尔斯·朗方（Pierre Charles L'Enfant）为华盛顿特区规

① 中东城市是个例外。在1850年前的一千年中，那里用骆驼代替车轮。在19世纪初的埃及，只有穆罕默德·阿里（Muhammed Ali，埃及统治者——译者注）拥有某种马车。绝大部分关于街道的研究都关注道路的修建和维护，最近一份有别于此的研究则是弗朗西斯·巴达里达（Francois Bedarida）、安东尼·苏克里夫（Anthony Sutcliffe）合著：《现代城市生活中的街道：对19世纪伦敦与巴黎的研究》（"The Street in the Life of the Modern City: Reflections on Nineteenth Century London and Paris"），载于布鲁斯·斯蒂夫（Bruce Stave）编：《现代工业城市——历史、政策及其残存文化特征》（*Modern Industrial Cities: History, Policy and Survival*），比弗利山庄，1981年，第21—38页。

划了类似的布局，并在其中加入了放射状的街道。因此，阿纳科斯蒂亚（Anacostia，华盛顿特区的一个郊区——译者注）弯曲的街道仿佛是一个标志，告诉人们这里已经在美国首都的主体规划之外，在时人眼中，则在富裕地区之外。[①]

棋盘式布局的街道笔直延伸，弯折之处皆为直角，这样的设计使丈量清查土地更为简单，既能尽可能小地减少围绕地块边界的法律纠纷，又能尽可能多地安置临街住宅；这样规划出来的地块常常有25英尺宽，进深达100英尺，这些"标准"地块给美国城市打上了清晰的印记。时人的言论也证明了这一点，对于1811年的曼哈顿棋盘型规划，约翰·兰德尔（John Randel）坦率地称赞其"无论买卖还是改进房产，都不能不说是一种便利"，此言不虚。[②]

若论起这种整洁、高效而统一的棋盘式布局，其在美国人心中的重要性就更深刻了。此类无处不在的直角方格地块象征着风靡19世纪城市布局的反自然主义，一方面使对地块的投资有利可图，另一方面则限制了城市的美观和土地的实用性。矩形街道代表着人类征服土地和驯化一个大陆的能力。丹尼尔·德雷克（Daniel Drake）指出，"曲线意味着乡村而直线意味着城市，这是无人不知的常识"。早期规划者们拒不做出修改，他们坚信棋盘式

---

① R. E. 威彻利（R. E. Wycherly）：《希腊人如何建造城市》（*How the Greeks Built Cities*），纽约，1962年，第二版，第17—37页。

② D. 斯坦尼斯拉夫斯基（D. Stanislawski）：《棋盘式布局城镇之起源》（"The Origin of the Grid-Pattern Town"），《地理评论》（*Geographical Review*）1946年第36期，第105—120页；戴维·斯凯勒（David Schuyler）：《1800—1870年的公共景观和美国城市文化：乡村公墓、城市公园和郊区》（Public Landscapes and American Urban Culture, 1800 - 1870: Rural Cemeteries, City Parks, and Suburbs），哥伦比亚大学博士学位论文，1979年，第221—222页。

布局寄予了成功，即便地势需要做出改变时也仍然固执己见。结果，詹姆斯·布赖斯爵士在走访了许多美国城市后抱怨说，棋盘式的街道布局“如同梦魇般挥之不去”。几乎一个世纪之后，刘易斯·芒福德对此仍耿耿于怀，他说“方格状布局有利于地块销售，使得不动产易于买卖；然而，城市之所以为城市，其目的纵有万千，却绝无一者与此设计有关”。①

美利坚合众国宪法通过后的50年，也是棋盘式布局广泛传播的50年，甚至未开发地区也应用了这一设计。托马斯·杰斐逊及其启蒙的理性主义同道将普世统一的哲学观念融入美国的扩张
中，通过《1787年西北法令》（Northwest Ordinance）导引了向阿 75
巴拉契亚山以西的扩张。尽管西部城市的建立各有先后，其人口规模也多种多样，但规划布局却与之类似，笔直的街道垂直交叉，意味着西部同样欣赏都市生活，意味着棋盘式布局在那里有其实际价值，而西部人眼中的城市同样是越大越好。这样的设计至少让定居者看到有序和繁华，这正是他们心中东部大城市的模样。穿过俄亥俄河谷直到数百英里之外的大平原，一路上都可以看到

① 新近重印的H. W. S. 克里夫兰（H. W. S. Cleveland）《景观建筑》（*Landscape Architecture*）中由罗伊·卢波夫（Roy Lubove）撰写的导读对理解棋盘式布局颇有助益。H. W. S. 克利夫兰：《解西部所需之景观建筑》（*Landscape Architecture as Applied to the Wants of the West*），匹兹堡，1873年，1965年重印，第ix—xi页。亦可见戴维·斯凯勒（David Schuyler）：《1800—1870年的公共景观和美国城市文化：乡村公墓、城市公园和郊区》（Public Landscapes and American Urban Culture, 1800－1870: Rural Cemeteries, City Parks, and Suburbs），哥伦比亚大学博士学位论文，1979年，第198—244页；以及理查德·韦德（Richard C. Wade）：《城市边疆——1790—1830年西部城市的兴起》（*The Urban Frontier: The Rise of Western Cities, 1790－1830*），马萨诸塞州坎布里奇，1959年，第27—28页。

棋盘式布局，尽管大同小异。在这样的设计中，不仅街道的设计规划完全对称，而且在俄克拉荷马城（1890 年）、盐湖城（1870 年）和道奇城（1872 年），街道的数序排列也都经过了仔细考虑，试图通过这样的方法为成为大都会奠定繁荣的基础。在《1862 年宅地法》（Homestead Act of 1862）的号角声中，将美国土地化曲为直的努力走向顶峰，该法案将每平方英里土地分为四块，每个地块 160 英亩，相互之间以直线区隔。

在时人看来，城市中的矩形街区必然导致居住条件拥挤恶化，这也是抨击棋盘式布局者的主要矛头。这些街道灯光昏暗、交通不便，既缺乏吸引力，又易于疾病扩散，对不幸住在其中的居民来说，简直是一道道挥之不去的伤疤。在弗雷德里克·劳·奥姆斯特德眼中，哪怕是最雅致的住房也不免受棋盘式布局的殃及，而纽约高档的褐砂石建筑"恰恰说明在纽约，要想建造既方便美观又满足文明社会中一家人需求的住房几乎是不可能的，除非不惜血本，花连富人都望而却步的高价"。1873 年，景观设计师克利夫兰同样斩钉截铁地指出，不分青红皂白地把城市塞进棋盘式格局中"简直荒唐透顶，有人说，什么样的房屋最为便捷舒适？正方形的住宅，里面都是正方形的屋子，连大小都一样。这种观点同样匪夷所思"。[①]

① H. W. S.克利夫兰：《解西部所需之景观建筑》（*Landscape Architecture as Applied to the Wants of the West*），第 18 页；戴维·斯凯勒（David Schuyler）：《1800—1870 年的公共景观和美国城市文化：乡村公墓、城市公园和郊区》（Public Landscapes and American Urban Culture, 1800 – 1870: Rural Cemeteries, City Parks, and Suburbs），哥伦比亚大学博士学位论文，1979 年，第 261—262 页。

到19世纪末，在开发城市边缘地带时常见的解决上述问题的途径，是仿效乔治斯·霍斯曼男爵（Baron Georges Haussman）在巴黎的做法，铺设两旁是行道树的林荫大道。在美国，早期林荫大道的两侧都是独栋住宅，并附带面积广大、精心料理的草坪，无论是克利夫兰的艾克里德大道、纽黑文的艾尔姆大街、布鲁克莱茵的灯塔街，还是芝加哥的德赛克雷尔林荫大道、圣保罗的萨米特大道以及布鲁克林的林荫东道，莫不如此。林荫大道精心装点，道宽路阔，人们将之视为蓬勃发展中的公园系统的延伸，意图用其将一个个公共空间连接起来。有些设计得如同植物园一般，在道路中央种植了多种多样的林木花草。由于林荫大道的重点在于其宽度和 76
展示绿色，因而其两侧的街区往往面积巨大。内战前标准的美国街区常常有800×200平方英尺，而上述街区的面积是其两倍有余。

与此同时，住房渐渐有了统一的退缩线，而且人们倾向于将住宅安置在地块中央，两边留出大小接近的空地。如此一来，郊区住宅有了统一风格，城市中的差异性与城市一起被郊区居民抛在身后。兹举一例。1843年，在马萨诸塞州布鲁克莱茵市，一块名为林登广场的分销地块在其地产契约中规定，住房与街道之间至少要保持30英尺的距离，而“各地块上只能建立居住用房，不得有其他建筑”。此后，地产契约又进一步规定，不得向“黑人及爱尔兰裔居民”出售土地。[1] 甚至1870年代才开始逐渐被富贵人家接受的

① 罗纳德·卡尔（Ronald Dale Karr）：《精英郊区的演进：1770—1900年马萨诸塞州布鲁克莱茵社区的建筑及其控制》（The Evolution of an Elite Suburb: Community Structure and Control in Brookline, Massachusetts, 1770 - 1900），波士顿大学博士学位论文，1981年，第264—266页。

多层公寓也受到限制，必须装饰有宏伟的拱形入口和精心雕琢的喷泉，而且要铺设环形马车道，奢华铺张的草坪也必不可少。[①]

对地位较高的郊区居民来说，要创造一种崭新的形象，蜿蜒小路比宏伟的林荫大道更重要。棋盘式布局和联排别墅堪称绝配，而比彻尔、唐宁和沃克斯宣扬的郊区乡舍，其完美搭档无疑是起伏的街道。作为一种设计模式，这类布局于 1850 年代首次引入郊区，其平缓的转弯处象征着家庭生活如田园牧歌一般的节奏缓慢，与繁忙高效的工厂劳作和商务活动别若霄壤。任何一个郊区开发商最终都会发现这一模式的实用性，郊区梦想中的街道不是化曲为直的短径，不是气势宏伟的大道，不是竞比豪奢的商业街，也不是城市按数字排列的街衢，在人们的郊区梦中，少不了一条蜿蜒小道，以收曲径通幽之美；正出于此，郊区的道路九曲回环，景色优美，与大自然浑然天成。那里没有棋盘式布局的刻板，旨在凸显大自然和谐统一的审美情趣。1873 年，克利夫兰相信，“在起伏不平的地块上，任何理智的人也不会赞同棱角分明的棋盘式布局”；“只有自私贪婪的地产商”才拼命抓住这种规划，生怕被废弃不用。[②]

---

① 这类带有庭院的公寓大楼的最佳例证莫过于建于 1879 年的纽约市达科特大楼(Dakota)，位于 72 大道中央公园西侧。历史悠久的此类建筑还包括纽约的阿普索普(Apthorp)、贝尔诺德(Belnord)、阿斯特庭院(Astor Court)和尼克博克村(Knickerbocker Village)。

② H. W. S. 克利夫兰：《解西部所需之景观建筑》(*Landscape Architecture as Applied to the Wants of the West*)，第 31 页。关于波士顿棋盘式街道的争论，见小萨姆·巴斯·沃纳(Sam Bass Warner, Jr.)：《有轨电车的郊区——1870—1900 年波士顿的成长》(*Streetcar Suburbs: The Process of Growth in Boston, 1870 - 1900*)，第 157—159 页。稍后讨论的 19 世纪卢埃林公园、滨河社区、雷克弗里斯特和罗兰公园等独特社区都采用了弯曲形街道，但 1900 年前，大部分郊区仍然建造了棋盘式街道。

亚历山大·戴维斯与卢埃林公园

内战前，全世界第一个凸显自然之美的郊区位于新泽西州奥兰治山脉东麓。那里有流觞曲水、茂林修竹，蜿蜒的群山伸向天际，曼哈顿胜景尽收眼底，而从纽约市搭乘新建的特拉华—拉克万 77
纳—西部铁路到此只须行驶 13 英里。1852 年，财运亨通的药材商人卢埃林·哈斯克尔在西奥兰治买下第一块土地，从此之后，哈氏每年都从这里买下数量不等的土地，到 1856 年时，他与八个合伙人已购得 400 英亩地产，其中绝大部分位于奥兰治山脉南侧。哈斯克尔信仰至善论，相信只要采用恰当的生活方式，最终可以到达完美境界。年轻的哈氏深爱大自然的美丽，那时他还住在缅因州的新格罗斯特；成年后，哈斯克尔跻身曼哈顿商场，热衷于景观规划的他为中央公园的设计建造奔走呼号、贡献良多。卢埃林公园寄托了他的目标，即建造一个景色优美的社区，"人们在那里可以尽享人生，荣耀备至"。①

在设计师的选择上，哈斯克尔选中亚历山大·杰克逊·戴维斯（Alexander Jackson Davis，1803—1892）负责场地规划，此乃

① 《景观花园布景、卢埃林公园、奥兰治山、新泽西州》（"Landscape Gardening, Llewellyn Park, Orange Mountain, New Jersey"），《蜡笔》（*The Crayon*）1857 年 8 月第 4 卷，第 247—248 页。近来最好的研究是理查德·威尔森（Richard Wilson）：《理想主义与美国首个郊区的起源：新泽西州卢埃林公园》（"Idealism and the Origin of the First American Suburb: Llewellyn Park, New Jersey"），《美国艺术杂志》（*American Art Journal*）1979 年秋第 6 卷，第 79—93 页。克里斯托弗·唐纳德（Christopher Tunnard）的《美国的浪漫主义郊区》（"The Romantic Suburb in America"）（《艺术杂志》（*Magazine of Art*）1947 年 5 月第 40 卷，第 184—187 页）也颇见功力。

明智之举。作为纽约一份新教报刊编辑的儿子，戴维斯就读于画家约翰·特朗布尔(John Trumbull)在纽约开办的一所艺术学校，深知想象力在艺术创作中的巨大力量。雄浑的哈得孙河和蜿蜒起伏的伯克夏山脉赐予他灵感；托马斯·科尔(Thomas Cole)和威廉·库伦·布莱恩特(William Cullen Bryant)与他引为至交。他也是彼时最为多产的建筑师。

1837年，戴维斯的《乡村民居》(*Rural Residences*)一书问世。该书旨在"促进美国乡村建筑的发展"，尽管由作者自行印刷，但其影响却不容小觑，开创了"住宅模版类图书"这一全新类型。书中有各类住房的图画，均配有说明文字以及该住房的建筑方法和预期价格。截至1852年，戴维斯已为富商显宦们设计规划了数十栋高堂广厦，其中就包括埃德温·林奇菲尔德(Edwin Clark Litchfield)在布鲁克林的意大利式别墅以及哈得孙河畔哥特复兴式风格的"林德赫斯特"(Lyndhurst)。他还曾为房地产工人建造了几幢瑞士牧人小屋式的住宅，但这些尽显瑞士风貌的另类建筑却极少能保存下来。[①]

戴维斯同意设计建造卢埃林公园之时，恰逢好友安德鲁·杰克逊·唐宁的死讯传来之日。这座公园的进展从戴维斯与哈斯克尔两人的密切合作中获益颇多，甚至很难明确区分各自的工作。相比戴维斯，哈斯克尔无疑更为活跃，是他敲定了该社区规划方案

① 关于戴维斯作品的例证，见亚历山大·戴维斯(Alexander Jackson Davis)等著：《田园民居及其他——乡舍、农场主住宅、别墅和乡间教堂的设计、起源及选择》(*Rural Residences, etc., Consisting of Designs, Original and Selected, for Cottages, Farm Houses, Villas, and Village Churches*)，纽约，1837年。

的基本规范，并且坚决要求在每一个方案中都要首先突出自然之美。但这并没有妨碍他的伯乐之识，在1854年时他写道："戴维斯先生堪称当代米开朗琪罗，我们深深感谢他为我们做出的一切。夫能融自然于艺术者，除却此君，能有几人！？"[①]

卢埃林公园专为"在纽约市工作却想在附近乡村拥有幽静且干净住宅的人"设计，该公园引入了两个全新特征，即蜿蜒的道路和在社区中心位置保留开放空间，二者均最大限度地配合了自然 78
景观，而这在现代居民的生活经验中是没有先例的。[②] 卢埃林公园中曲折的通道有7英里长，它们沿着自然地势优雅地伸向四方，并且根据自然景观而命名为郁金香路、山岳路和阳光路，个个恰如其分，与那时大多数城市地区的棋盘式布局大相径庭。要想营造一个优美浪漫的环境，这类波浪起伏的道路是必不可少的。尽管托马斯·杰斐逊在蒙蒂塞洛的花园中首先采用了通幽曲径，堪称将此类通道引入美国的第一人，但有意识地将蜿蜒道路融入整个社区的先驱则非卢埃林公园莫属。其所以如此，目的在于保持这片土地的田园风貌，以免于沦为棋盘式布局，就像彼时的一则评论所言，不使其"变为小规模的城市地块，不使其变为一个有着矩形

---

① 关于戴维斯的最佳著作要属小威廉·皮尔森(William H. Pierson, Jr.)：《美国建筑及其建筑师——技术和独特性；商业社区和早期哥特式风格》(*American Buildings and Their Architects: Technology and the Picturesque; The Corporate and the Early Gothic Styles*)，第270—348页。

② 波士顿以及布朗克斯的西莫里萨尼亚(West Morrisania)等许多社区在卢埃林公园之前就铺设了蜿蜒的道路，但它们并未有意根据地势的起伏而规划，许多道路可以追溯到城市扩张到此之前的印第安人的道路和农场道路。

街道的村庄”。①

“畅游园”是卢埃林公园第二个独具匠心之处，占地50英亩，沿着弯曲的溪水缓缓展开，其设计正是以浑然天成为鹄的。园中的健行道蜿蜒穿过树丛，连接起山脊两侧的陡崖；除此之外，园中再无人工雕饰，只有开阔的大自然，树丛灌木的原貌也被哈斯克尔保存下来。畅游园的打理交给了由业主选举成立的管理委员会，其所有权则永远掌握在三位终身委员手中。

此外，哈斯克尔和戴维斯也试图采用其他一系列方法使卢埃林公园的环境更为怡人。在原始契约中，公园的创建者们严禁工厂、商铺和屠宰场等生产部门涉足这片宁静的归隐地。他们规定地块的平均面积略大于3英亩，篱笆也因有碍观瞻而禁止竖立。业主可以凭个人爱好任意装点自己的房产，但必须与地势的起伏和土地的状貌和谐共生。甚至木桥也经过设计，以便进一步美化自然原貌，而不是去破坏它。

人们对卢埃林公园报以极大热情，很快就对其设计规划表示赞许，并称其为“美国历史上最有魅力的地产开发项目”。但非腰缠万贯者很难搬入这个公园般的社区。亚历山大·杰克逊·戴维斯退休后搬到那里颐养天年，发明家爱迪生在其事业生涯的绝大多数时间里都住在那里。卢埃林公园的居民中，大部分是事业有成的商人和学有所长的专业人士，他们既有闲又有钱，足以承担得

① 小威廉·皮尔森(William H. Pierson, Jr.)：《美国建筑及其建筑师——技术和独特性；商业社区和早期哥特式风格》(*American Buildings and Their Architects: Technology and the Picturesque; The Corporate and the Early Gothic Styles*)，第426页。

起搭乘铁路前往曼哈顿的时间和费用;他们也钟情于安静祥和、与世无争的居住环境。哈斯克尔和戴维斯建造卢埃林公园的目标正 79
在于此,他们重建了百年前的城门楼,煞有介事地提醒路人:“私人领地入口,非请莫入。”昔日的卢埃林公园与今天一样,将城市必然伴随的拥挤、工业和贫穷等烦恼统统拒之门外。相比之下,该社区最重要的意义在于为景观建筑师提供了一种新的观念,即可以为一组居民而非单个家庭做出符合自然美景的规划;正因为此,对于20世纪后成为美英建筑师最重要问题的郊区规划,卢埃林公园无疑是一个先行者。[①]

弗雷德里克·奥姆斯特德与滨河社区

如同亚历山大·杰克逊·戴维斯和卢埃林·哈斯克尔,弗雷德里克·劳·奥姆斯特德同样是唐宁的门徒。与19世纪许多成就斐然的巨擘一样,在其漫长的一生中,奥姆斯特德活跃在多个不同的领域。奥氏年轻时经受训成为一名土木工程师;1840年代在斯塔滕岛经营试验农场;19世纪中期撰写了一部研究南部奴隶制的著作,影响颇为深远;内战期间则受命主管美国卫生部(the United States Sanitary Service)。但令奥氏名垂青史的则是他身兼纽约中央公园设计师、总建筑师和督察的经历,由他亲手缔造的这一开放空间不仅蜚声海外,而且每一个美国大城市中类似的绿洲

① 直到1985年,门楼和私人警卫仍是卢埃林公园的特征,那时那里的住房很少售价低于20万美元。关于早期对卢埃林公园的赞美,见卡尔弗特·沃克斯(Calvert Vaux):《乡间别墅和村舍》(*Villas and Cottages*),纽约,1864年第二版,第339页。

无不受其影响。[①]

中央公园的成功令他声名鹊起，奥氏也成为内战后那一代美国人中最负盛名的景观建筑师。他将郊区视作城镇与乡野的完美融合，而非逃离城市的避风港，希望城市边缘地带发展成为“一场力量巨大、永不止息的运动”，并且能够缓解城市的集聚，这种观点与唐宁的看法有别。实际上，在奥姆斯特德看来，“狭义的郊区”社区指的是“掩映在田园风光中的独栋住房，并且在许多方面可以享受城市服务的便捷”。“没有宏伟郊区的城市就不是宏伟的城市”，奥氏的这一断言意境深远。[②]

奥姆斯特德与合伙人卡尔弗特·沃克斯一共规划建设了16个郊区，其中包括马萨诸塞州的布鲁克莱茵、切斯特纳特山庄和马里兰州的桑德布鲁克、罗兰公园，以及纽约的扬克斯和塔里敦海茨，但奥氏首个颇富新意的居住区当属滨河社区，这也是他最有影响力的作品。滨河社区位于国家大街以西9英里处，紧靠芝加哥—伯灵顿—昆西铁路的第一个郊区车站。内战之后，得益于通勤铁路系统的不断扩展，芝加哥城外涌现了数十个郊区，尽管占地
80 1 600英亩的滨河社区最初只不过是众多郊区社区之一，但极富魅

---

① 近年来有众多关于奥姆斯特德的研究著作，包括劳拉·鲁珀(Laura Wood Roper)：《弗雷德里克·奥姆斯特德传》(*FLO: A Biography of Frederick Law Olmsted*)，巴尔的摩，1973年；以及伊丽莎白·斯蒂文森(Elizabeth Stevenson)：《建造公园的人——弗雷德里克·奥姆斯特德的一生》(*Park Maker: A Life of Frederick Law Olmsted*)，纽约，1977年。后者的价值稍逊一筹。

② S. B. 萨顿(S. B. Sutton)编：《让文明融入美国城市——弗雷德里克·奥姆斯特德论城市景观文选》(*Civilizing American Cities: A Selection of Frederick Law Olmsted's Writings on City Landscape*)，马萨诸塞州坎布里奇，1971年，第293—296页。

力，被奥姆斯特德和沃克斯称为“唯一邻近芝加哥又令人不无希望的郊区”。①

除了卢埃林公园，大多数郊区地产投机商都在土地上铺设棋盘式街道，留给公园、教堂等公共设施的土地很少。而滨河社区却是个例外。1868 年，埃默里 · 柴尔斯（Emery E. Childs）和一伙东部投资商成立了滨河社区促进公司，这样一来，这片德斯普兰斯河上的处女地的开发便不仅仅是一笔生意了，反而有了某种哲学意义。②

柴尔斯放手让奥姆斯特德和沃克斯全权负责设计建造，两人一起精心规划了供排水系统、照明、学校和娱乐设施，还划出 700 英亩土地作为公共用地。在总体规划中，公园是必不可少的，其中最宏伟的公园有 160 英亩之大，沿 3 英里长的河道分布；但一系列小型公园发挥了“类似田野绿地、公用土地和运动场地”的作用，为全家人一起娱乐提供了另一种形式的开放空间。他们在河上建起一座专用水坝，造建了可以乘船游玩的水上乐园。

但“乡村魅力”需要的可不仅仅是公共空间。25 年前，唐宁首

① 戴维 · 斯凯勒（David Schuyler）：《1800—1870 年的公共景观和美国城市文化：乡村公墓、城市公园和郊区》（Public Landscapes and American Urban Culture, 1800 - 1870: Rural Cemeteries, City Parks, and Suburbs），哥伦比亚大学博士学位论文，1979 年，第 6 章。

② 奥姆斯特德与沃克斯合伙公司（Olmsted，Vaux and Co.）：《关于在滨河地区建造郊区村庄的报告》（Report upon the Proposed Suburban Village at Riverside），载于西奥多拉 · 金博尔 · 哈伯德（Theodora Kimball Hubbard）编：《伊利诺伊州滨河社区：60 多年前设计的居住区》（“Riverside, Illinois: A Residential Neighborhood Over Sixty Years Ago”），《景观建筑》（*Landscape Architecture*）1931 年 7 月第 21 卷，第 257—291 页。

先提出了景观规划理论，此时，滨河社区的规划严格遵循这一理论，因而地块面积非常之大（通常有 100×225 英尺），其环境也将“最完善的现代化城市的便利设施与乡村最有魅力的优势”融合起来。社区铺设了弯曲的道路，“显示出悠闲安逸和怡人的宁静，平和的环境不免惹人沉思”；而棋盘式布局在奥姆斯特德看来“太过僵硬和正式，不适合融入这样一个样板郊区中，更与其环境和田园气息格格不入”。为了传递清水出芙蓉之感，奥姆斯特德和沃克斯有意打乱了树木的间距；为了给人以开放感，他们坚持要求住房与街道之间保留 30 英尺的间距；而为了显示生机与高雅，他们要求房主保持花园整洁。①

滨河社区的建筑与其规划相得益彰。威廉·詹尼（William LeBaron Jenney）否决了所有建筑方案，这位后来成为摩天大楼先驱之一的著名人物独自设计了独具风格的水塔和三层楼的滨河酒店。他在那里修建了自己的家，这间住宅在瑞士风格基础上稍事修改，在詹尼看来，完全符合整个社区的风格，即规划良好、颇具休闲风格而又不乏乡野田园之情。

滨河社区最为与众不同之处在于，该地建有一条出口有限的快速通道，直通芝加哥。奥姆斯特德认为，就业与居住的分离是现代社会的必然产物，通勤将是一种不乏愉悦的生活体验，故而提议
81 建造一条足以媲美铁路的高级公路，两旁不能有商店、工厂，以免干扰通行、破坏自然景观。通道的中间部分专供客车和骑马者，外围则由货车使用，并连接其两侧的住房。天气晴朗时，这样一趟通

① 与卢埃林公园不同，滨河社区有一个中心，建有酒店、商业机构和火车站。

勤足以使商务人士在工作途中“呼吸新鲜空气，饱览自然胜景”。但不幸的是，奥姆斯特德和沃克斯对滨河社区公共土地的严格管理只能局限在社区之内，因而奥氏规划的这条现代化快速通道也只能停留在规划层面。[①]

滨河社区并没有立刻成为房地产市场中的一匹黑马。由于芝加哥在1871年横遭祝融之灾，大量资金投入城市重建，投入该社区的资金极为有限。在建成后的前五年中，滨河社区这个模范郊区的土地价值不升反降，当1873年经济恐慌风雨来袭之时，滨河社区促进公司也未能幸免于难，落得破产的下场。但奥姆斯特德和沃克斯的大部分目标却实现了。人们普遍认为，这里完全实现了奥氏宜居社区的理念，而其美若画卷的自然风光也不负奥氏期待，一如其所预计，最终吸引了那些比凡夫俗子“更有才和更有财”的人。尽管芝加哥也采纳了这里树林阴翳的通幽曲径，滨河小区仍不失为规划史上的一座里程碑，戴维·斯凯勒(David Schuyler)称之为“19世纪兼顾城市与乡村之努力”，为后人依据自然地貌进行设计规划提供了借鉴。奥姆斯特德本人深信，郊区经过良好的规划，将会成为“最有魅力、最高雅也最有益身心健康的家居方式，也注定是人类文明的最佳表现形式”。[②]

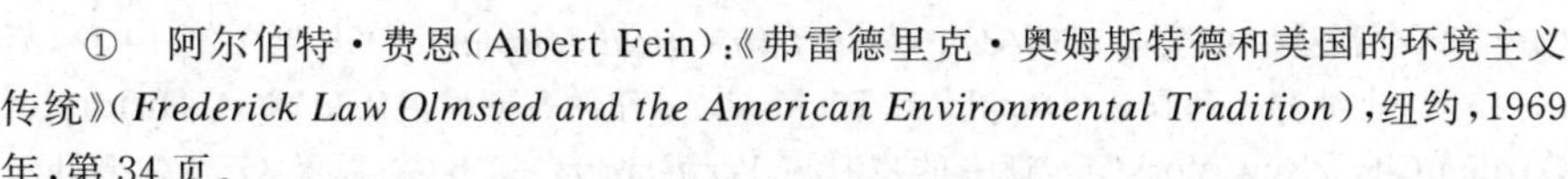

① 阿尔伯特·费恩(Albert Fein)：《弗雷德里克·奥姆斯特德和美国的环境主义传统》(*Frederick Law Olmsted and the American Environmental Tradition*)，纽约，1969年，第34页。

② 奥姆斯特德与沃克斯合伙公司(Olmsted, Vaux and Company)：《关于在芝加哥附近滨河地区建立郊区村庄的最初报告》(*Preliminary Report on the Proposed Suburban Village at Riverside, Near Chicago*)，纽约，1868年，第7页。

亚历山大·斯图尔特与花园城

亚历山大·托尼·斯图尔特(Alexander Tunney Steward,1803—1876)是来自苏格兰的移民,此人在纽约百老汇大街与钱伯斯大街交会处拥有一家干货商铺,如今,这家建于1846年的卖场已被视作全世界百货商店的鼻祖。1869年时,与他合作经年的建筑师约翰·凯勒姆(John Kellum)获悉,长岛的亨普斯特德镇一片公用土地急于出售,面积达7 170英亩(稍后增加到8 670英亩),位于纽约市东面20英里处。此时的斯图尔特身家不菲,年收入近乎200万美元,除了这个商铺,他还拥有一处位于第五大道的豪宅和一家名震全美的画廊,唯一缺少的就是新的挑战。[1] 这个挑战就是一个经过仔细规划的郊区,谁知造化弄人,这个19世纪最雄心勃勃的社区却变成了19世纪最彻头彻尾的失败案例。

82 这片土地为公共所有,而亨普斯特德镇的居民又着意避免工人阶级进入小镇,因此这片地产的竞争极为激烈,鹿死谁手将由全

---

[1] 关于花园城的最佳著作当属黛博拉·嘉德纳(Deborah S. Gardner):《19世纪城市中的建筑与社会:约翰·凯勒姆的事业及其为A. T. 斯图尔特所做的工作》(Architecture and Society in the Nineteenth Century City: John Kellum's Career and His Work for A. T. Stewart),哥伦比亚大学博士学位论文,1978年。亦可见罗杰·韦恩斯(Roger A. Wines):《A. T. 斯图尔特和花园城》("A. T. Stewart and Garden City"),《拿骚县历史杂志》(*Nassau County Historical Journal*)1958年冬第19卷,第1—15页;唐纳德·理查兹(Donald S. Richards):《纽约花园城的历史》("A History of Garden City, New York"),《逝去的岁月》(*Yersteryears*)第8卷;以及G. L. 哈贝尔(G. L. Hubbell):《花园城的形成》("The Making of Garden City"),《纽约史》(*New York History*)1940年1月第21卷;米尔德里德·史密斯(Mildred H. Smith):《花园城史》(*History of Garden City*),花园城,1963年,但本书不能令人满意。

民投票决定。斯图尔特决定按照每英亩55美元的价格收购这片土地，共出资38.5万美元，并致信《亨普斯特德卫报》(*Hempstead Sentinel*)，声称其目的是建造“吸引人的建筑和住宅”，保证专为“那些合格的邻居、纳税人和公民打造”，绝不是建造“租屋、公共福利机构以及类似设施”。小镇最终选择了这个苏格兰移民，部分地是因为他的目标定位较高，部分地是因为他的主要竞争对手可能要在这里建造墓地或监狱。但斯图尔特的这一意图却鲜为人知，《哈珀斯周刊》(*Harper's Weakly*)宣称，他的目的是为“纽约市和布鲁克林的工人建造住宅”，这篇1869年8月7日的文章更让他有口难辩。正如花园城二期工程(1897—1918)负责人乔治·哈贝尔(George L. Hubbell)所言，“斯图尔特就是想把这片地当作一个不错的投资，像其他地产商那样盖好房子便转手卖掉”。[①]

花园城坐落在一片天然草原之上，长宽各有13英里和2.5英里，地势起伏和缓，水源充足。长岛铁路从旁经过，为了使通勤更为便捷，斯图尔特自掏腰包修建了一条支线，将花园城与铁路干线相连。他打好了如意算盘，深知土地将会因为通向工作地点更为方便而升值，而价格不菲的铁路通勤费用(1870年代，乘火车通往纽约市的费用大约每天1美元)定会将工人阶级挡在门外。

花园城规划的主体部分出自约翰·凯勒姆之手，与卢埃林公园和滨河社区不同的是，凯氏将阴魂不散的棋盘式布局引入其中。与1811年曼哈顿规划和西部数不清的城市棋盘式街道不同，花园

① G. L. 哈贝尔(G. L. Hubbell)：《花园城的形成》(“The Making of Garden City”)，《纽约史》(*New York History*) 1940年1月第21卷，第31—38页。

城中的这一布局并不是特别突兀，而是被凯勒姆磨去了些许棱角。首先，他加入了对角线形的街道，以便与自然形成的排水路径相互协调。其次，街区的布局因地制宜，根据不同的地形条件而有所不同。最后，凯勒姆在城中加入了多个50—100英亩的公园，这就打破了街道的单调乏味。

花园城规划中最为重要的一项独到之处，或许是其街道和每个地块的面积都比一般城镇大得多。平均算来，街区的长度可达1 000—1 500英尺，将它们分离开来的住宅区的宽度则平均有500
83 英尺。这些街区几乎是纽约市或布鲁克林市一块普通街区面积的五倍。即便是花园城中冷冷清清的街道，也至少有80英尺之宽（路面足有50英尺，人行道和行道树则有30英尺），而曼哈顿熙熙攘攘的主干道宽也不过60英尺。花园城一块普普通通的建筑地块也足有1.5英亩，远超过郊区的需要，甚至是纽约此类地块的25倍。如此之大的面积是专为富家子弟打造的，一如卢埃林公园和滨河小区。住宅要距离街道75英尺，再除去马厩和花房，在这么大的一块土地上恐怕还得修上花园和草坪才不会显得突兀。

1871年大火前，芝加哥有个昵称叫做“花园城”，这可能是上述这片地产名称的来源，但更有可能的是，之所以命名为“花园城”，是为了凸显那里芳草萋萋的美景，为了吸引更多的人在这里安家落户。“亨普斯特德平原，从沙漠变成了玫瑰盛开的地方”；“不过几年间，亨普斯特德平原就会乌鸦变凤凰”；类似这样的报刊文章比比皆是，将花园城比作废墟变花园的奇迹。为了实现这样的目的，1871年，规划者们在新近勘察过的街道两旁栽种了数千

棵树木，城中的公园，尤其在最大的公园里种上了灌木，修建了湖泊和蜿蜒的步行小路，力争成为纽约中央公园在郊区的继承人。

出乎所有人意料，斯图尔特决定花园城的地产只租不售，住宅的年租金少则250美元，多则1 000美元，这一举措可谓前无古人，甚乎有违常理。而这么做的目的则是为了避免花园城“未来沦为一大片农舍”。为了实现这一目标，一位地产监察员专门负责审核租客的财产、家庭成员、宗教和社会地位，各方面都“无可挑剔”是入住此地的“唯一要求”。

花园城的招租方案体现了欧洲的社会控制系统，只不过彼时尚未融入美国传统中。在诸如洛厄尔这样的小型工业城镇中存在类似程序，那里的工人从无所不管的企业手里承租小户型租屋。但斯图尔特试图控制的却不是无依无靠的小型工厂城工人，而是有钱有势的商务人士，诚如《纽约世界报》（*New York World*）所言：

> 斯图尔特先生正不顾一切地大胆试验，他把一块有各种市政设施的地产视作禁脔，任何人除了他自己，绝不能染指半分。他想兼任地产主、市长和议员，甚至想自己就是那块地产。要住在那里，就得给他租金，就得从他开的商店里买东 84
> 西。让我们拭目以待吧，若能成功，必是奇迹。[①]

① 转引自基恩·格里森（Gene Gleason）：《花园城：梦想成真之地》（“Garden City: A Dream Come True”），《纽约先驱导报》（*New York Herald-Tribune*）1963年5月26日。

但奇迹却没有发生。尽管斯图尔特最初只打算开发这片地产西部的500英亩土地，但没曾想到，凯勒姆1871年驾鹤西去，斯图尔特本人也在五年后撒手人寰，如此一来，最有能力为花园城带来繁荣的两个人先后离开人世。而斯氏的计划并没有为学校和教堂预留土地，这对有几百家住宅的社区而言不啻于一场灾难。更有甚者，住房之间遥远的间距让住宅区与公共设施的隔绝更加难以忍受。有报道称："哪怕是渴望大空间的城市居民，看见这片炎热干燥土地上分布遥远的住房，也不禁皱起眉头来。"早在1873年，花园城近旁社区的《法拉盛杂志》(*Flushing Journal*)便不无悲观地写道：

> 那里有很多精美的住宅，就像在法拉盛一样，读者诸君看了一定会好奇，那些房子为何建好了却没有人住？足有40栋小户型住房已经建好，其中有些彼此隔开，另外还有一栋精美的砖砌仓库和一家空无一人的旅馆，甚至都没有人会在旅馆前驻足；所有的房子都空着，分开级别的条条大路上冷冷清清，当然也就不会有受损之处了。①

20年弹指一挥间，到1890年代，花园城的60栋住宅中只有一半顺利出租。这时，罗切斯特的一家报纸声称："在郊区开发史上，花园城真令人匪夷所思。如果失败也是一种开发的话，那里倒

---

① 黛博拉·嘉德纳(Deborah S. Gardner)：《长岛花园城的资源与影响》(The Sources and Influences of Garden City, Long Island)，哥伦比亚大学研讨班论文，1973年。

是可以称得上开发。"直到土地开始出售，花园城才吸引到众多买家。如此看来，斯图尔特规划郊区的长期经验可说是负面的；这告诉我们，富家子弟断不会欣赏租住昂贵的独栋住宅。[①]

1875 年前，美国只有少数郊区经过规划，卢埃林公园、滨河社区和花园城就是为数不多的几个。其他的几个，有的以半乌托邦冒险开始，有的则以不完全成功告终。或许，美国郊区规划史上首位吃螃蟹者当属 1849 年的第一工业房主协会。该组织的组成人员主要是纽约市不满高额房租和居住拥挤的人，他们以约翰·斯蒂文斯(John Stevens)为首，共同寻找合适的工人阶级住宅区，使得中等收入水平的家庭也可以拥有私人住房，不但邻里和睦，而且通勤方便。1850 年，斯蒂文斯从韦斯特切斯特县五个农场主手里购得 367 英亩土地，规划了棋盘式街道，并将地产划分为 0.25 英亩的小块，用抽签的方法分配给千余名会员。到 1854 年时，这里已建成逾 300 栋住宅，新铺的街道两侧栽满大树，枝繁叶茂；火车 85
站旁建立了商业区；随后该社区正式建制命名为芒特维农。该村商业繁荣，生生不息，知名报人霍里斯·格里利(Horace Greeley)也不禁称赞芒特维农这一试验为那些不愿"到西部去"的人提供了另一处目的地。[②] 但 19 世纪中期的艰难时世最终让协会的许多会员出售了自己的房产。当初在契约中并未规定这里的房产只能在协会会员间流转，而搬来的新居民往往比搬走的老房客更富有。

① 斯图尔特个人对花园城的进展非常失望，在 1876 年其生命的最后一年，他正计划着建设铁路维修站，并改变花园城部分用地的功能。

② 霍里斯·格里利实践了他的话，在纽约查巴克(Chappaqua)买下了一小片土地，在 1850 年代和 1860 年代用作周末和夏日度假的地方。

到了1860年，芒特维农与纽约市周边数十个不断发展的村镇已鲜有差别，又过了20年，这里已成为一座小城市。[①]

1851年，威廉·辛恩(William M. Shinn)在宾夕法尼亚州密尔韦尔建造了沃格林村，这是早期规划郊区中的第二个失败案例。该地横跨阿勒格尼河，距离匹兹堡的通勤距离过于遥远。辛恩原打算建造16座住宅，最终只建起1座；不过15年间，到1865年时，该社区便悄然解体了。[②]

相比之下，查尔斯·兰迪斯(Charles K. Landis)1861年在新泽西州建起的温兰德无疑更为成功。小镇居民合作开发土地，一起努力使自己的生活更为便利。与卢埃林公园、滨河社区和花园城相似，兰迪斯买下了很大一片土地以便完全控制，有权监管温兰德的设计规划，可以插手私人地块的用途，到1865年，这里已欣欣向荣、居民数百。兰迪斯并没有将小镇居民局限在某个阶层，以免其好恶破坏社区建设，而是向不同经济水平的居民出售房产。兰迪斯也没有将修建学校、教堂留给居民自己，而是预先作好了教育、宗教和商业设施的规划。温兰德与花园城一胜一败，前者胜在迎合彼时居民需要土地和房产的潮流，后者败在想要改变居者有

① 关于芒特维农的历史尚不明确，目前那里正陷于少数族裔不断增加、税收基础不断减弱和住房老化的问题。

② 黛博拉·嘉德纳(Deborah S. Gardner)：《长岛花园城的资源与影响》(The Sources and Influences of Garden City, Long Island)，哥伦比亚大学研讨班论文，1973年，第7—12页；查尔斯·兰迪斯(Charles K. Landis)：《纪念计划——1861年纪念温兰德建成的庆典》(*Souvenir Program: Pageant of Progress Commemorating the Founding of Vineland*, 1861)，温兰德，1935年。

其屋的传统生活方式。[1]

但比起其他郊区，卢埃林公园、滨河社区和花园城占据了更多宣传版面，而美国人往大都市边缘的迁移也深受这些先例的影响，即便花园城和滨河社区的失败阴影挥之不去。到19世纪末，以巴尔的摩罗兰公园、费城附近的红叶公园和北卡罗来纳州的松林为代表的其他规划社区同样影响了设计师和建筑师的思维，总体上，它们比早期的社区取得了更大的经济成功。但卢埃林公园、滨河社区和花园城并非一无是处，它们的功绩在于为20世纪的众多社区奠定了社会和建筑模式；在它们出现之前，能够选择的建筑模式 86
不是密集社区就是乡村社区。哈斯克尔、戴维斯、奥姆斯特德、沃克斯、斯图尔特以及凯勒姆避开了棋盘式布局，放弃了强行改变地形和化曲为直，转而与自然合作，创造出了新的城市居住模式。他们建造的社区接续了唐宁、比彻尔和沃克斯大力宣扬以及梭罗、托马斯·科尔为之奔走呼号的浪漫主义传统。在唐宁和比彻尔推崇的乡舍社区中，是公民个人搬入乡村并亲自规划地产，而周边环境则以其原貌展示浪漫主义风格；相比之下，卢埃林公园、滨河社区和花园城却与之不同，无论是整体规划还是个体设计，这三个社区的历史告诉人们，商业化的土地规划可以通过人为创造环境的方式来满足人们对宁静生活的向往、对自然的亲近和对城市便捷生活的需求，这样才能吸引居民，若像花园城那样只能把居民拒之门外。在盎格鲁—美利坚人眼中，英式花园惬意而不呆板、多变而有

① 黛博拉·嘉德纳（Deborah S. Gardner）：《长岛花园城的资源与影响》（The Sources and Influences of Garden City, Long Island），哥伦比亚大学研讨班论文，1973年，此观点散见文内各处。

创意，上述三个社区正是追寻着英式花园的这些特点，抛弃了苛刻而程式化的法式花园，抛弃了那种严格到对称的几何布局，也抛弃了一天多次在路上铺撒碎石的做法；篱笆不再拘泥于圆锥和圆柱，不再拘泥于方尖碑状，也不再看起来像炮弹。

无论是卢埃林公园、滨河社区，还是花园城，都毫不掩饰自己的精英立场，都有巨大的地块、广阔的开放空间和价格不菲的住房。实际上，它们展示给我们两个重要事实：其一，在规划的社区中，质量上乘的独户住宅不是面向工人阶级的；其二，大块土地上的大面积住房只能出售，不能出租。

第五章　铁路干线 87

——为精英人士打造的郊区通勤线路

1861 年,随着南卡罗来纳州的埃德蒙·拉芬(Edmund Ruffin)狂傲地炮轰查尔斯顿港口的萨姆特要塞,美国内战爆发了,而此时的美国仍是农业国,人口尚不足 3 400 万。在所有城市中,人口达到 50 万的区区有二,绝大多数美国人不知铁路为何物,不曾想到这世上会有三层以上的建筑,更未曾见过千人以上的集会。

到 1913 年,当亨利·福特引入流水线生产 T 型车时,美国已变身为首屈一指的工业强国,工厂的滚滚浓烟和铁水将美国装备成全球经济巨人,其钢铁年产量甚至超过了德意志帝国。此时的纽约正在追赶伦敦,距离全世界最大城市的宝座只有一步之遥;此时美国人口几乎半数已搬入城市。

伴随着工业革命的快速推进,经济发展更上一层楼,催生了更大规模的商业组织,这是内战前的美国人想都不敢想的。工业巨头比比皆是,铁路业有杰伊·古尔德、科尼利厄斯·范德比尔特、利兰·斯坦福、克里斯·亨廷顿和马克·霍普金斯;约翰·洛克菲勒控制着石油业;安德鲁·卡内基(Andrew Carnegie)、J. P. 摩根(J. P. Morgan)、亨利·哈维梅尔(Henry O. Havemeyer)和所罗门·古根海姆(Solomon Guggenheim)分别垄断了钢铁、银行、制糖和矿业;古斯塔夫·斯威夫特、菲利普·阿莫尔和迈克尔·卡德希联手将肉类加工业置于掌中;詹姆斯·杜克则独揽烟草业。他们控制了大片土地,役使着自然资源和人力,管理着诸如新泽西美孚石油公司和美国钢铁公司康拜恩之类的大型企业,被时人冠以“强盗爵爷”的称号。

产业巨子们坐在商业金字塔的顶端,凭借自己的努力获利不赀。他们享受着奢华的舞会和宴饮,并不时畅游欧陆;他们居住在
88 宫殿般的别墅中,数十个仆人身着统一制服,前呼后拥,这就是那个“奢靡的时代”。他们清楚,自己的辛苦所得随时可能灰飞烟灭,而思想观念、种族结构以及社会和政治的快速变动正无情地销蚀先前的道德信念和价值观念。他们同样明白,自己正受到波士顿众多老牌扬基(指美国东北部——译者注)家族、纽约的荷兰商业团体和费城上流社会的抨击,因而必须有所依靠。强盗爵爷们选择了乡间别墅,其宏伟的外观比各种城市住宅更有安全感,在那里他们可以心安理得地继续商业冒险,可以长时间工作在办公室,可以无视为家庭和子孙所做的牺牲,也可以赢取大众的认可。1835—1889年,在英国有大约500栋乡间住宅得以新建或翻修。在美国,酿造业、造船业、铁路业、冶金业以及银行业巨头们纷纷效仿英国乡绅或卢瓦尔河谷法国贵族的做法,他们装潢豪宅时不惜一掷千金,把购买奢华宏大的乡间别墅视作炫耀财富的最好方法。1885—1905年,不过20年的时间,这些美利坚新贵便建起了新哥特式、新文艺复兴式以及乔治王朝时代的种种建筑,其规模之宏大、造价之高昂绝不逊色于简·奥斯丁(Jane Austin)笔下的英

国豪宅，目光所及，豪宅林立，竞比奢华。[①] 巴·费雷 1904 年的记载的确恰如其分：

> 我们这里也有乡间别墅，而且规模宏大；按照如今的理解，乡间别墅是一种新式建筑，一种造价高昂的奢华住宅，远远望去如宫殿一般，装饰富丽堂皇；乡间别墅往往坐落在一块大地产上，土地面积之大几可与农场一较高下；乡间别墅常附有大花园，这是其建筑不可分割的一部分。[②]

其中有些乡间别墅的功能只是用来消夏，它们往往建在较远的地方，罗德岛的纽波特、缅因州的巴港、弗吉尼亚州的劳登县和纽约州的萨拉托加斯普林斯便是如此。有些别墅几乎与世隔绝，位于北卡罗来纳州阿什维尔的范德比尔特的大庄园"巴尔的摩"也是如此。随着杜邦家族成员及其家族企业的高管们纷纷来此圈地，"城堡之国"(Chateau Country，原指法国卢瓦尔河谷地区——译者注)在特拉华州有了新的意义。但富豪们建设乡间别墅最常选择的地点是在与某个大都市保持适当距离的通勤范围内。

尽管每个重要城市都有几个面积硕大的房产，但从大内克到劳埃德港的长岛北岸却最为典型，突出展示给世人美国富豪们搬入乡间住宅的渴望。长岛的港湾和起伏的山丘极富魅力，靠近美 89

① 马克·吉拉德(Mark Girouard)：《维多利亚时代的乡间别墅》(*The Victorian Country House*)，纽黑文，1979 年修订版，该观点遍布全书各处。

② 巴·费雷(Barr Ferree)：《美国的房产与花园》(*American Estates and Gardens*)，纽约，1904 年，第 1 页。

国工业和金融中枢的地理位置更是为其增色不少，从1870年代开始，名声显赫的美国家庭便开始在长岛的农地上建立家园。美国钢铁集团创始人的公子约翰·菲普斯(John S. Phipps)、芝加哥商业巨擘马歇尔·菲尔德(Marshall Field)纷纷在这里修建豪华庄园，并建造了带扶手的拱廊，修造了数以百亩的草坪、池塘、花园和马球球场，亭台楼阁恢宏大气；与他们比邻而居的不是高门便是显宦。宏大的别墅内放置了精美的欧洲艺术品和旧式锦缎，镀金的镜子和水晶闪闪发光。美国富豪约翰·海·惠特尼(John Hay Whitney)占地500英亩的绿树庄园堪称其中代表，其传记作者E. J.卡恩(E. J. Kahn)称，惠特尼的养女，也就是富兰克林·罗斯福总统的孙女，有一次带着自己的孩子们游览白宫，“一番饱览后，他们说白宫真是不错，但还是比不了绿树庄园”。到1985年时，绝大部分庄园都已开放为公用，有些用作市政厅，但此时仍不免令人想起那奢华的成人礼舞会、富丽堂皇的游艇和年老华贵的未亡人。[①]

上层中产阶级的居住选择

尽管从未有超过1%的美国人能够在长岛等地拥有一栋乔治王朝风格的别墅，但这些为数不多的幸运儿却树立起一个广为人知的良好形象，告诉人们现代化的郊区住宅是唯一舒适的选择。

---

① 例如，从1959年起，菲普斯位于老希伯里的庄园变成了非营利性的博物馆和植物园。见莫妮卡·兰德尔(Monica Randall)：《长岛黄金海滩的庄园》(*The Mansions of Long Island's Gold Coast*)，纽约，1979年，第3—27页。

内战后的半个世纪中，越来越多的家庭有能力购买属于自己的住房并雇用不止一个仆人，大公司高管、搭乘经济发展东风的小企业主，以及律师、医生等为快速增长的城市人口提供专业服务的职业人员都加入到这一行列中。无论采用何种方法，这类家庭的数量都变动不居，但总体看来，到 1880 年代，美国大城市中约有 10% 的人口达到此标准。

在 19 世纪最后 30 年，城市精英阶层在住宅方面有三个选择——或是住城市中的私人住宅，或是住精美的公寓住宅，或是搬到快速增长的城市边缘地带。随着大城市空间形态和人口的剧烈变化，选择仍然留在城市越发困难起来。老住宅区往往靠近中心商务区，而且其地产价格由于土地用途改变的预期而不断升高。90
投机商买下这类地产，希望有朝一日这些居住用地转为商业开发，或是建造厂房和仓库。在此期间，他们将独户住宅划分成不超过 8 个的隔间，然后再将其出租给需要住在工作场所附近的穷人。因此，市中心房产的价值逐渐下降，居民们越发希望将房产卖掉，还能有笔不错的收入。除了旧金山的诺布山庄、曼哈顿的格莱美西公园和波士顿的培根山庄等少数几个例外，大多数曾经的精英社区早已失去了昔日的光辉，而城市新移民接替老街坊成了这里的居民。①

① 论起城市土地从精英地块向工人阶级居住区的转化，最好的作品当属戴维·沃德(David Ward)：《1840—1920 年美国城市中心区移民贫民窟的形成》(“The Emergence of Central Immigrant Ghettoes in American Cities, 1840 - 1920”)，《美国地理学家协会年刊》(*Annals of the Association of American Geographers*)1968 年 6 月第 108 卷，第 343—359 页；以及戴维·沃德：《19 世纪末移民聚居区的内部空间结构》(“The Internal Spatial Structure of Immigrant Residential Districts in the Late Nineteenth Century”)，《地理分析》(*Geographical Analysis*)1969 年 10 月第 1 卷，第 337—351 页。

第二个选择是搬进公寓,但除了1870年代这几乎是南柯一梦。尽管高雅的巴黎人从古代就有住在"格架"建筑(指公寓建筑——译者注)中的习俗,但内战前,公寓生活在上流社会的美国人眼中总是免不了混乱的男女关系,之所以如此并非他们强词夺理,而是认为如果入口不是正冲街道,看门人无法留意进进出出的人群。不仅仅是他们,移民和劳工也深知该传统看法。就因为许多人挤在同一栋建筑里,于是美国人只要有条件就会买下属于自己的住房,无论大小,只要是私有的就好。实际上,"租屋"(Tenement)一词指的是三户及以上家庭合住的住宅,与其面积和规模无关。①

1870年,建筑师理查德·莫里斯(Richard Morris)为纽约头面人士拉瑟福德·施泰因文森特建造了针对高收入人群的公寓,开美国之先河。人们对公寓态度的变化随之而来。位于第18大道的施泰因文森特公寓一扫法式平顶屋(French Flat)给人的低俗印象,门房24小时为住户提供服务,安全而便捷,正直的美国人都喜欢居住在这里。而就在此之前,人们还认为几户互不相识的人家住在同一楼层会鼓励男女间的不正当行为。②

① 直到内战后,"租屋"一词并非特指贫民窟的建筑。

② 波士顿的佩勒姆旅店(Hotel Pelham)为过往旅客提供服务,但并非真正的公寓。安德鲁·阿尔珀恩(Andrew Alpern):《富家公寓——纽约建筑的历史调查》(*Apartments for the Affluent: A Historical Survey of Buildings in New York*),纽约,1975年,第1页。亦可见圣詹姆斯·理查德森(St. James Richardson):《纽约建成的新家园》("The New Homes of New York"),《斯克里布纳尔月刊》(*Scribner's Monthly*)1874年5月第8卷,第68页。

施泰因文森特公寓的成功鼓舞了其他建筑商，到 1880 年代，纽约市出现了成百上千的多单元建筑，费城、波士顿、芝加哥和巴尔的摩，此类建筑也有 20 多座，这一热潮使得精美的公寓建筑成为市民自豪感的来源，也鼓舞了促进城市发展的种种做法。1879 年，美国最奢华的住宅楼出现在西 79 大道和中央公园西路的交叉路口，这就是“达科他大厦”(Dakota)。之所以有如此名称，是因为该大厦与众不同，有人插科打诨称之“远在达科他州”(意指远离中心——译者注)。该建筑富丽堂皇，设有专为仆人使用的入口以及专有的服务楼梯和电梯。与此同时，纽约市独户住宅的建设数量从 1886 年时的 1 300 栋暴跌至 1904 年的 40 栋。当街道支线 91
引电用于电梯成为可能后，从 1890 年代末起这一变化加速了。

但公寓风潮并未一统天下，即便在“平顶屋热”最为盛行的纽约市，许多有能力的人仍然钟情第三种住房选择，即搬进郊区。将住房视作中产阶级梦想的实现尽管被一系列充满花言巧语和视觉冲击的销售技巧推向极致，但我们都知道，这并非镀金时代的产物。从 1840 年代以来，安德鲁·杰克逊·唐宁、凯瑟琳·比彻尔及其志同道合者共同促进了这一观念。而到了 1880 年代，该主张从观念演变成一场运动。在 19 世纪最后 25 年中，繁华的城镇迅速发展；到 1900 年时，许多 25 年前还不为人知的小地方已经变成了现代生活方式的代名词，仅仅在费城地区就有芬伍德、达比、欧文布鲁克、阿德摩尔、哈沃福德和布莱恩玛尔。时人评论一个杰出的马萨诸塞州郊区时说道：“1845 年时，布鲁克莱茵还是波士顿附近一个农村小镇，既有郊区特征，又有城市风貌；40 年后，尽管还有大片未开发土地，布鲁克莱茵却成为一个急剧扩大的城市中必

不可少的一部分。”[①]诚哉斯言！

1865—1900年，美国铁路经历了空前发展，这是此一轮郊区增长的重要原因。到1900年，美国铁路里程已超过世界其他国家铁路总里程之和。由于城市商人操纵铁路建设，因而铁路线从每个大城市向外辐射。对边缘城市来说，马车理所当然地提供了更频繁也更廉价的服务，但铁路运输速度足有前者的两倍，乘坐环境也更为舒适。铁路运营商在内战前的通勤线基础上向外延展路线，很快建立起连接商务区车站与附近城镇和乡村的轨道。许多铁路站点就是那些几个世纪以来与邻近地区相对隔绝的村落，但蒸汽机车却打破了时间与空间的藩篱，将其带入大都市的轨道中。

“干线”(Main Line)一词来自费城的经历。在19世纪六七十年代，宾夕法尼亚铁路公司打算将其通往匹兹堡的主要线路化曲为直，为了避免沿线农民的抗议，公司干脆将他们的土地全部买下。改变线路的工作完成后，公司顺势进入房地产业，将手中的土地出售给大开发商和个体业主。此外，公司还向斯沃斯莫尔、维拉诺瓦、拉德诺和斯特拉特福德等西部郊区提供通勤服务。毗邻费尔蒙特公园和日耳曼敦的切斯特纳特希尔等地区的列车时刻表做
92 了调整，其在城市边界之内，但与城市外的社区一样自视甚高。但大多数社区位于城市外部，最时尚的社区往往紧靠“干线”两侧。

① 转引自罗纳德·卡尔(Ronald Dale Karr)：《一个精英郊区的演进：1770—1900年马萨诸塞州布鲁克莱茵社区的建筑及其控制》(The Evolution of an Elite Suburb: Community Structure and Control in Brookline, Massachusetts, 1770－1900)，波士顿大学博士学位论文，1981年，第144页。

1930 年代菲利普·巴里(Philip Barry)的戏剧《费城故事》(The Philadelphia Story)便围绕干线地带的上流人士展开(1940 年该剧改编为电影，由凯瑟琳·赫伯恩、加里·格兰特和詹姆斯·斯图尔特主演)，而 60 年代，纳撒尼尔·伯特(Nathaniel Burt)宣称，上流人士十之八九住在郊区，绝不会搬回城市了。[①]

通勤铁路贯穿全国。在 1870 年代的辛辛那提，玛丽埃塔铁路公司(Marietta Railroad)开始向买得起公园式社区大面积舒适住房的商人们、向决定抛弃渐渐被移民占据的辛辛那提市富人做起广告，宣传学校、教堂和有约束性的住宅区。在 1880 年代的南部，孟菲斯塞尔玛铁路公司(后来并入弗里斯科铁路公司)、孟菲斯和查尔斯顿铁路公司(后来改名为南部铁路公司)都享受着繁荣的阳光，两家公司通往峭壁城(Bluff City)的通勤铁路收入不菲。在旧金山，蒸汽机推动缆车将乘客送到海豹岩和克里夫豪斯等邻近地点。无论何方，早期的通勤铁路像磁铁一般，将事业成功的商人从快节奏的城市引入铁路沿线的小镇上。

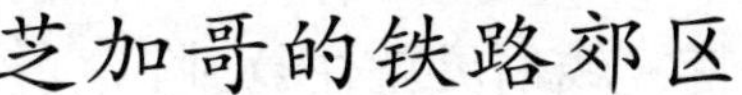

芝加哥的铁路郊区

论起城市规模的变化，1850—1900 年，芝加哥比世界其他城市都要快。这个伊利诺伊州的大都市常常迎来送往，吸引了各种

① 纳撒尼尔·伯特(Nathaniel Burt)：《费城圈子——一个美国贵族阶层的结构》(*The Perennial Philadelphians*: *The Anatomy of an American Aristocracy*)，波士顿，1963 年，第 1—21 页。

报刊的目光，凭借其巨大的工业规模和不断增多的货场而被称为“宽肩膀的城市”，在1870年时成为整个美国的铁路枢纽。铁路线伸向四方，随口说来，就有圣菲—芝加哥—西北部铁路、芝加哥—密尔沃基—罗克艾兰铁路、伯灵顿铁路以及伊利诺伊中央铁路。德鲁亚德·吉普林（Rudyard Kipling）曾于1890年代到访芝加哥，在他眼中，这才是“真正的城市”，与美国西部的其他地区大相径庭。但这里也充满腐败，屠宰场和工厂区操纵着众多贫穷移民的命运。吉普林谈到这座风城时说，“看过一眼后就再也不想见它了”。

毋庸置疑，芝加哥有许多通勤村落分布各处，如同排列在铁路干线两侧的一串串水珠。早在1855年时，《芝加哥民主论坛报》（*Chicago Daily Democratic Press*）就曾指出：“纽约和费城郊区如今遭遇了新的敌手，哈得孙河、连同田园一般的婆娑树影和郊区豪宅，已不再是美国最引人注目的胜地了。”伊凡斯顿、威尔米特、温
93 内卡和高地公园都分布在芝加哥—西北部铁路沿线；奥罗拉和辛斯代勒位于伯灵顿铁路上；肯伍德和海德公园则邻近伊利诺伊中央铁路；而罗克艾兰铁路则穿过摩根公园、英格尔伍德和蓝岛。早在1873年，艾弗里特·钱伯灵就注意到：

> 由于其巨大的规模，芝加哥比世界其他城市更适于扩展郊区。实际上，任何一个同样规模的城市能否建有相同数量的郊区，恐怕都是个问号。分布在芝加哥附近的大小不一的郊区总共有100个左右，共容纳了5万上下的人口，其中有5 000或6 000名户主，他们无一不在芝加哥工作，是每天进出

芝加哥达 100 多个班次火车的主要乘客。[①]

15 年后,芝加哥铁路通勤人数增长了 10 倍,达 7 万多人,而郊区人口也突破了 30 万。

芝加哥郊区最负盛名的地方,是其居民社会地位高和社区规划精美,其中尤以雷克弗里斯特(Lake Forest)为代表。该郊区毗邻密歇根湖,在芝加哥鲁普区以北 28 英里处,其规划于 1857 年出自杰出的圣路易斯测量师阿尔米恩·霍奇基斯(Almerain Hotchkiss)之手。霍氏在规划中将矩形的建筑用地与蜿蜒的街道有机结合,其效果正如一位游客在 1869 年所言:

> 纵观此地可知,设计的目的是用人工艺术来弥补自然之不足,而不是像西部许多城市那样用人工压抑自然……这里有蜿蜒的道路和绿油油的草坪,古朴的木桥横跨溪谷;这里像巨大的花瓶,随鲜花盛开而绽放容姿;度假屋、木制的座椅和

① 艾弗里特·钱伯灵(Everett Chamberlin):《芝加哥及其郊区》(*Chicago and Its Suburbs*),芝加哥,1874 年,第 1—11 页。最近关于芝加哥郊区的研究中,首推迈克尔·艾伯纳(Michael H. Ebner):《在芝加哥的郊区:截至 1871 年的芝加哥北滩》("In the Suburbs of the Town: Chicago's North Shore to 1871"),《芝加哥史》(*Chicago History*)1982 年夏第 6 卷,第 66—77 页。亦可见保罗·弗雷德里克·克雷西(Paul Frederick Cressey):《1898—1930 年芝加哥人口的变迁》("The Population Succession in Chicago, 1898 - 1930"),《美国社会学杂志》(*American Journal of Sociology*) 1938 年 7 月第 44 期,第 59—69 页;以及威廉·米德尔顿(William D. Middleton):《北滩——美国发展最快的市际地带》(*North Shore: America's Fastest Interurban*),加利福尼亚州圣玛丽诺,1964 年。

长凳以及沧桑的老树让你的眼睛目不暇接。①

这片占地 1 400 英亩的社区,其最初的所有者是长老会,其中部分土地是留给一所教会大学的(如今是雷克弗里斯特学院)。1890 年代,随着麦考密克、卡德希、帕尔默、派瑞和斯威夫特几家商业巨头发现了北滩的魅力,雷克弗里斯特郊区迎来了发展的黄金时期。住在那里的几大家族间相互通婚,诞生了芝加哥权势榜上的许多人物。肉类加工业的奥格登·阿莫尔从芝加哥搬到这里后,瑞尔森钢铁公司的爱德华·瑞尔森(Edward Ryerson)、R. H. 康纳利父子印刷机公司的鲁本·康纳利和制造商普兰蒂斯·卢米斯(Prentiss Loomis)相继于 1906 年、1907 年和 1908 年来到这里,构造起上流社会的生活圈子。F. 斯科特·菲茨杰拉德(F. Scott Fitzgerald)的初恋情人就是雷克弗里斯特社交名媛吉内加·金
94 (Gineva King,也就是后来的约翰·派瑞夫人),菲氏小说中盖茨比的情妇黛西·布坎南(Daisy Buchanan)就是以她为原型的。②

① 转引自迈克尔·艾伯纳(Michael H. Ebner):《在芝加哥的郊区:截至 1871 年的芝加哥北滩》(“In the Suburbs of the Town: Chicago's North Shore to 1871”),《芝加哥史》(*Chicago History*)1982 年夏第 6 卷,第 66—77 页。肯纳尔沃思(Kenilworth)也像雷克弗里斯特一样得天独厚,但规模稍逊一筹。肯纳尔沃思位于密歇根湖畔一块排干的沼泽地上,占地 0.6 英亩,由土地规划师约瑟夫·希尔斯(Joseph Sears)设计,是专为精英阶层打造的模范郊区。

② 莱奥纳德·伊顿(Leonard K. Eaton):《两个芝加哥建筑师及其追捧者——弗兰克·劳埃德·赖特和霍华德·范多伦·肖》(*Two Chicago Architects and Their Clients: Frank Lloyd Wright and Howard Van Doren Shaw*),马萨诸塞州坎布里奇,1969 年。该书将雷克弗里斯特视为富人聚居区,对两种建筑风格做了精彩对比。亦可见卡尔·艾伯特(Carl Abbott):《发展的必备之物:芝加哥的铁路郊区》(“Necessary Adjuncts to its Growth: The Railroad Suburbs of Chicago”),《伊利诺伊州历史协会杂志》(*Journal of the Illinois State Historical Society*)1980 年夏第 118 卷,第 117—131 页。

韦斯特切斯特县

在 19 世纪与 20 世纪之交,包括芝加哥在内,没有一个城市像纽约市那样,有着完善的铁路通勤线。尽管宾夕法尼亚车站直到 1910 年才投入运营,但在此之前,每天早晨已有成百上千次火车从新泽西州东部和北部涌入霍布肯,乘客涌入车站再搭乘十分钟的轮渡前往曼哈顿。同时,从布鲁克林东部和南部以及长岛拿骚县,蒸汽火车将乘客送到亚特兰蒂大街,很快就能抵达纽约市的金融中心。但在 1910 年前,位于第 42 大街和公园大道交叉处的中央火车总站可谓独孤求败,正是通往韦斯特切斯特县的铁路线,方促成美国第一个大型郊区社区发展起来。[①]

19 世纪初,韦斯特切斯特是周末和盛夏度假的地方。那里最负盛名的爵士大厦“林德赫斯特”建于 1838 年,为商人威廉·鲍尔丁(William Paulding)所有,位于哈得孙河畔,在纽约市北部 25 英

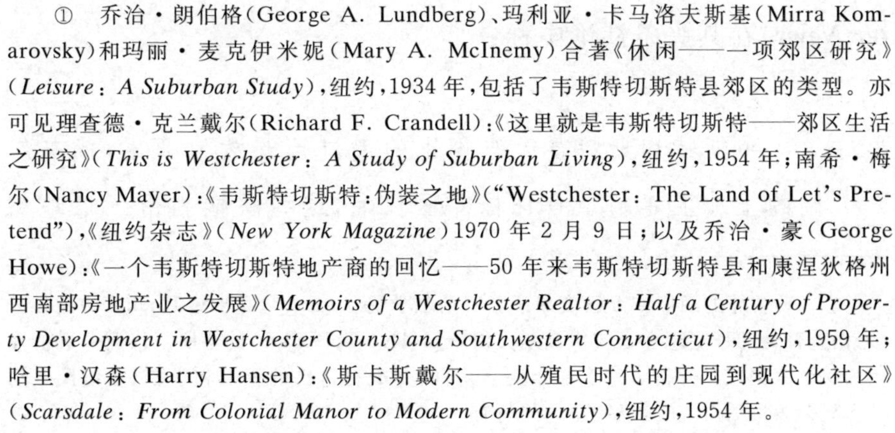

① 乔治·朗伯格(George A. Lundberg)、玛利亚·卡马洛夫斯基(Mirra Komarovsky)和玛丽·麦克伊米妮(Mary A. McInemy)合著《休闲——一项郊区研究》(*Leisure: A Suburban Study*),纽约,1934 年,包括了韦斯特切斯特县郊区的类型。亦可见理查德·克兰戴尔(Richard F. Crandell):《这里就是韦斯特切斯特——郊区生活之研究》(*This is Westchester: A Study of Suburban Living*),纽约,1954 年;南希·梅尔(Nancy Mayer):《韦斯特切斯特:伪装之地》(“Westchester: The Land of Let's Pretend”),《纽约杂志》(*New York Magazine*)1970 年 2 月 9 日;以及乔治·豪(George Howe):《一个韦斯特切斯特地产商的回忆——50 年来韦斯特切斯特县和康涅狄格州西南部房地产业之发展》(*Memoirs of a Westchester Realtor: Half a Century of Property Development in Westchester County and Southwestern Connecticut*),纽约,1959 年;哈里·汉森(Harry Hansen):《斯卡斯戴尔——从殖民时代的庄园到现代化社区》(*Scarsdale: From Colonial Manor to Modern Community*),纽约,1954 年。

里处。25 年后，金融家杰伊·古尔德买下这座房产，并将其装修得如城堡般恢弘大气。每逢古尔德离开曼哈顿的家到这里过夜时，他或是乘坐自己的帆船沿哈得孙河而下，或是搭乘纽约中央铁路专列来此处。韦斯特切斯特县的另一侧分布着大片乡间别墅，这是 19 世纪时富豪们的住宅，当 1850 年代纽黑文铁路贯通后，更是吸引了不少富家子弟来此安家。1848 年，旅店老板西蒙·勒兰德(Simeon Leland)在新罗彻尔建造了足有 60 个房间的酒店，设有山墙和角楼，如城堡一般；1852 年，另一个超哥特式城堡落成，是百万富翁威廉·查普曼(William Chapman)的新家。但这些城堡比起后来约翰·洛克菲勒全家在塔里敦东部帕卡蒂克山(Pocantico Hills)的庄园就逊色许多了，洛氏的这个豪宅占地达 4 500英亩。①

但韦斯特切斯特在美国郊区化过程中的重要性来自于散布其境内山川湖泊间的上层中产阶级郊区的发展，如斯卡斯戴尔、新罗彻尔、拉伊、芒特维农和数以十计的村落田庄。1871 年 10 月中央火车总站正式运营后，当地周报《韦斯特切斯特新闻》(*Westchester News*)在其头条社论中称：

95 韦斯特切斯特县无与伦比的港口已开放为商用，优美广阔的土地上建起了一栋栋郊区住宅，这些举措利用了该地杰

---

① 勒兰德的酒店如今已变成了新罗彻尔学院(College of New Rochelle)的办公楼；而查普曼的豪宅现在是拉伊高尔夫俱乐部(Rye Golf Club)的会所。洛克菲勒的庄园为每个家庭成员都留了一个甚至更多房间，并配有自己的警卫和学校，在洛氏最后一个兄弟去世后，该庄园已归纽约州所有。

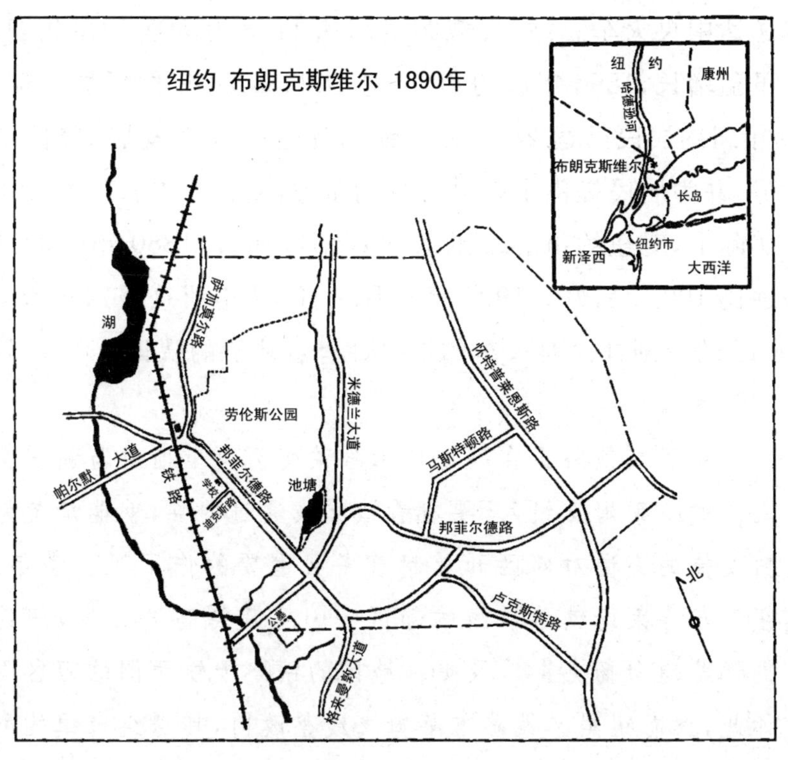

图 5—1

出的自然条件和商业优势，促进了韦斯特切斯特县的巨大发展。之所以如此，是因为纽约市的曼哈顿岛注定过不了多久就无法为其不断膨胀的人口提供足够的住房了。

很快，成千上万商务人士放弃了一天到晚操不同语言的人摩肩接踵的曼哈顿，来到了韦斯特切斯特县这个草坪齐整的丰裕乐园中，上述社论中的预言成真了。到 1898 年时，三条主要的客运铁路贯穿哈得孙河和哈莱姆河谷，直达长岛海湾，与数条支线铁路一起将

旅客送达中央火车总站，日载客量高达11.8万人次。在此期间，纽约迅猛增长，1850年后的60年间，人口每20年便增加一倍，到1910年纽约居民已达28.3万。铁路促进了社区发展，宣传了郊区优势，并为居民提供了频繁可靠的服务，是这一增长的主要推动者。实际上，对纽约市北部的大多数郊区而言，1880年时的通勤服务远比100年后好。1904年9月2日《铁路消息报》(*Railroad Gazette*)的一则社论对火车的重要性有着清醒的认识：

> 纽黑文铁路正在铺设位于哈莱姆河莫里斯港与新罗彻尔之间的哈莱姆支线，只要看看该支线通过的县，就能清楚地明白便捷的交通对郊区开放起着多么重要的作用了。多年来，纽约与哈莱姆铁路沿线的郊区……已获得高度开发，纽约中央铁路通向扬克斯以及更远地区的铁路干线两侧的郊区同样如此，然而纽黑文铁路哈莱姆支线整改前，其沿线市镇的发展却是另外一副模样，尽管它们距离纽约市不足10英里，但其开发程度却很低。此前的交通极为不便，乘客需要在哈莱姆河换乘高架铁路前往纽约，结果就是在一大片人口密集区的中间留下了一个未开发的地带。[①]

在19世纪韦斯特切斯特县的郊区中，布朗克斯维尔是上流人士社区的代表。此地崎岖陡峭，占地1平方英里，从中央大火车站

---

① 《铁路消息报》(*Railroad Gazette*) 1904年9月2日第37卷，第290页。亦可见卡尔·康迪特(Carl W. Condit)：《纽约的港口——从中央大火车站电气化至今的铁路运输系统史》(*The Port of New York: A History of the Rail and Terminal System from the Grand Electrification to the Present*)，芝加哥，1981年。

乘车需 28 分钟；该郊区出自威廉·范·杜泽·劳伦斯（William
Van Duzer Lawrence）之手，建有意大利风格、罗马复兴风格和都
铎风格等多种式样的豪宅庄园。这个镀金时代的百万富翁，富可
敌国、出手阔绰，敏锐地意识到韦斯特切斯特注定是纽约郊区增长
的先驱。1889 年，他决定为颇具人文精神的富豪们打造一个独享 96
的乐园，地点则选中了亲家住宅附近的一片崎岖地段，占地 86 英
亩。他放弃了为人熟知的棋盘式布局，而要求道路承建商循着奶
牛踩出的路修建蜿蜒的通道。他保留了这里原有的岩石、果树和
野花；不许居民竖起篱笆；并且执意要求建筑体现多样性，只要不失
高雅。建筑师威廉·贝茨（William A. Bates）亲手设计了许多住房
和格兰曼顿酒店，劳伦斯大道也出自此人之手，那里靠近火车站，两
旁布满商铺，是该社区的中心。劳伦斯公园立刻成为一匹黑马，其
所费不赀才达到的标准扩展到整个布朗克斯维尔，那里在 1898 年
建制成为独立的村落。许多纽约人先是到格兰曼顿酒店打发周末
闲暇，很快就被这里迷住，在劳伦斯公园买房置业。不到一代人的
时间，布朗克斯维尔便赢得了“不断效仿、从未超越”的美誉。①

① 唯一研究布朗克斯维尔的专著篇幅很短、不够严谨，很难令人满意。维克多·梅斯（Victor Mays）：《通向村庄之路——布朗克斯维尔史》（*Pathway to a Village: A History of Bronxville*），纽约，1961 年。阿尔瓦·弗伦希（Alvah P. French）的著作更加宏观但也更有帮助，见《韦斯特切斯特县史》（*History of Westchester County*），第 2 卷，纽约，1925 年，第 677—681 页；具有同样特点的还有哈里·汉森：《曼哈顿北部》（*North of Manhattan*），纽约，1950 年，第 4—7 页；厄内斯特·格里芬（Ernest F. Griffin）：《韦斯特切斯特县及其居民》（*Westchester County and Its People*），纽约，1946 年，第 12 页；《纽约市布朗克斯维尔：75 年的美好生活》（“Bronxville, New York: 75 Years of the Good Life”），《布朗克斯维尔评论报道者》（*Bronxville Review Press Reporter*）1973 年 10 月 18 日；以及工程促进署（Works Progress Administration）：《韦斯特切斯特县历史发展编年》（*Historical Development of Westchester County: A Chronology*），华盛顿，1939 年，第 11—15 页。

97 时至今日，这里仍像刚刚建成时一样，未来可能仍然如此，尽管 40 年间一切都已建好，但这里仍如同 1930 年代那般模样。1980 年人口普查显示，在这个以共和党人和新教徒为主的社区中，按照收入分层，收入在“7.5 万美元以上”的占了最大一部分。

布朗克斯维尔模式在韦斯特切斯特县和其他地区被大量复制。该县拥有迷人的森林和海岸景观，缺少和曼哈顿间的轮渡，因而尤其适合发展面向高收入人群的住宅区。在美国其他地区鲜有新式社区时那里一下子出现了不少新建社区，为全国铁路通勤郊区树立了榜样，而且其中有 18 个在 1865—1898 年正式建制（表 A—6）。

乡村俱乐部与郊区休闲活动的组织

在 1899 年出版的《有闲阶级论》（*Theory of the Leisure Class*）中，索尔斯坦·维布伦（Thorstein Veblen）写到，在美国，娱乐活动是精英阶层的专利，他们从事这些无涉生产的游戏和运动只是为了证明自己比工人阶级地位高。但维布伦的观点并非完全正确。直到 1780 年，知识分子和文化人士仍然认为，打猎只是粗鄙之人的野蛮活动；内战前，体育运动还没有披上贵族的外衣，还没有成为上流社会一种高度组织化的社交活动。无论何种运动，英国人都在美国人之前将其组织化，两者相距十年有余。但即便是英国上流人士，直到 1850 年代才建立了板球、草地网球、游艇比赛以及高尔夫球等项目的俱乐部。而美国人很快拿来先进的东西，建立起乡村俱乐部这一新玩意儿，并把社会等级差异推广到户外运动中。①

19 世纪末，随着面向上流社会的铁路通勤郊区不断增加，休闲活动和体育运动得到了越来越多人的认可。绅士俱乐部至少可以追溯到 1792 年，那一年纽约的贝尔维迪俱乐部为其 33 名会员提供了用于一起享乐的房间，并设有精美的花园和打保龄球的草场。纽约的尼克布克俱乐部（1871 年）、联邦俱乐部（1836 年）和世纪俱乐部（1847 年），波士顿的萨默赛特俱乐部（1851 年）都位于城市商业区，是美国俱乐部的先驱。但这些俱乐部会员起初并不以这些社交活动来炫耀身份地位。1880 年代，多年来坚持付费的纽约体育俱乐部的老会员们怒气冲冲地抗议"向社会开放"的决定，此举为的是不违背其创立者的初衷。但该俱乐部的活动不再以体育运动为主，弗雷德里克·詹森（Frederick W. Janssen）解释道，"社会因素就像是植物所患的枯萎病，很快就改变了俱乐部赖以生存的信条。"主张社会化的人认为，建立宏伟的俱乐部大厦不如美化运动场、改善运动设施以及增进公众对运动的兴趣。② 98

乡村俱乐部代表了一种新的休闲方法，只需为郊区生活配上几种社交设施，乡村俱乐部就将广阔的空间和休闲的林荫地给了城市居民。起初，俱乐部会员大多居住在城市，只是把这里当作周末娱乐的场所。但乡村俱乐部越来越多地注重郊区社会生活，很

① 戴维·伊兹科维奇（David C. Itzkowitz）：《历史的侧面——1753—1885 年英国猎狐的社会史》（*Peculiar History: A Social History of English Fox Hunting, 1753–1885*），英格兰苏塞克斯，1977 年，第 1—18 页。

② 转引自本杰明·雷德尔（Benjamin Rader）：《美国体育》（*American Sports*），新泽西州英格尔伍德克利福斯，1982 年，第 3 章。

快便成为一种促使人们搬到郊区居住的推力。

尽管马萨诸塞州南汉密尔顿的麦欧皮尔狩猎俱乐部声称，其前身为成立于1875年的一家棒球俱乐部，尽管拉奇蒙特帆船俱乐部初创于1880年，但第一个现代化的乡村俱乐部当属布鲁克莱茵的乡村俱乐部，距波士顿州议会大厦6英里之遥，占地100英亩，景色优美。那里被尊称为“乡村俱乐部”，是因为其保持了波士顿的社会凝聚力以及使郊区居住区与老城区平起平坐的主要机构之一。当地一位历史学家这样评论其会员：“他们相互往来，但不欢迎外来客；他们之间有比赛，但没有外来人；最重要的是，他们之间相互通婚。”①

到1895年时，韦斯特切斯特县乡村俱乐部、长岛草溪乡村俱乐部、诺瓦克郊外的艾克塞斯乡村俱乐部以及费城乡村俱乐部等声誉颇高的俱乐部相继成立，其中大部分以鼓励户外运动、促进社会平等为宗旨。这里有马厩和狗屋，有碧草茵茵的高尔夫球场，波光粼粼的潺潺溪水上有优美的石桥，凭借这些，乡村俱乐部毫不隐讳地宣扬种族和阶级排外主义。这里的娱乐活动所费不赀，需要高昂的设备、大面积土地和一系列助手，非腰缠万贯者无力负担。实际上，在新泽西州莫里斯顿和纽约塔克西多公园等社区，拥有当地乡村俱乐部的会员身份是在郊区安家的前提条件。正如英国人乔治·伯明翰(George Birmingham)评论塔克西多俱乐部时所

① 本杰明·雷德尔(Benjamin Rader)：《美国体育》(*American Sports*)，第75—101页。亦可见本杰明·雷德尔(Benjamin Rader)：《对亚社区的追求和美国体育的崛起》(“The Quest for subcommunities and the Rise of America Sport”)，《美国季刊》(*America Quarterly*)1977年秋第29卷，第355—369页。

言:“该俱乐部的主要功能是塔克西多社区的社交中心。从某种意义上说,乡村俱乐部是理想而完美的,它不仅促进了社交生活,也管理和掌控社交生活。”①

尽管大多数乡村俱乐部都有专为妇女开设的活动,或是马球、
网球和帆船等全家一起参与的运动;但高尔夫球一定是俱乐部最 99
主要的项目,也是不俗的贵族消遣。该运动第一次出现在美国,是在韦斯特切斯特县(扬克斯市)的圣安德鲁斯高尔夫球俱乐部,几乎就是维布伦批评的炫耀性消费,也为打球人提供了炫耀身份地位的机会。打高尔夫球极为消耗时间,而且服装和球具也所费不赀。1898 年,一位记者写到,除了极少例外,“高尔夫球只适合美国的富裕阶层”。雷克弗里斯特的欧文西亚俱乐部以及长岛南安普顿的辛尼克山高尔夫球俱乐部等排外性俱乐部还为达官显贵开设了高尔夫球课,并以此闻名遐迩。20 世纪头 20 年间,那些财富略逊于朱门富豪的人也开始在高尔夫球场上追求社会地位、休闲娱乐和发泄压力。到 1917 年时,美国共有 472 种高尔夫球课,到 1930 年时这一数目达到 5 856,其中私家俱乐部超过 90%。②

乡村俱乐部代表了郊区在 20 世纪的发展方向,但那时体育活

① 资助美洲杯帆船赛的纽约帆船俱乐部(New York Yacht Club)成立于 1844 年,但该俱乐部会所长期在曼哈顿。到 1900 年时,该俱乐部拥有 47 艘大型蒸汽帆船,长度超过 100 英尺;此时其会员名单上不乏奥古斯特·贝尔蒙特(August Belmont)、安德鲁·卡内基、J. P.摩根和范德比尔特家族的大部分成员。

② 乔治·朗伯格(George A. Lundberg)、玛利亚·卡马洛夫斯基(Mirra Komarovsky)和玛丽·麦克伊米妮(Mary A. McInemy)合著《休闲——一项郊区研究》(*Leisure: A Suburban Study*),第 24—57 页;以及本杰明·雷德尔(Benjamin Rader):《美国体育》(*American Sports*),散见各处。到 1982 年时,超过半数美国人参加户外娱乐活动。

动本身已穷途末路。安德鲁·杰克逊·唐宁和凯瑟琳·比彻尔推崇的郊区美景强调多样化和生活本身的重要性，但随着休闲时间的增多，不得不活动总比不得不工作好得多。在人工修整的草坪和全天候的网球场的包围下，真实的自然环境受到冷落。

铁路通勤郊区的社会经济结构

尽管铁路通勤郊区各有不同，但世纪之交时还是存在某些共性，如此一来，建造一所模范铁路通勤郊区就行得通了。当然，乡村俱乐部只适合少部分居民。二战后的郊区在社会经济上有很大的同质性，但与其不同的是，世纪之交时的郊区居民并不局限于某个经济水平，在奢华的干线郊区这种单一模式的背后还有多样性。即便是最富足的郊区中也分布着小户型住宅，住户多半是为豪宅大邑提供配套性服务的人。19 世纪末，在大多数铁路通勤郊区中，30%—50%的户主是富裕的商务人士，他们至少需要乘车 5 英里才能到达工作地点，家人乐于在追求社会平等的口号中投身文化和娱乐活动。相应地，大多数此类城镇还有更多更穷的人来为富人家庭修剪花园、打理家务和提供其他多种服务。[①]

100 波士顿地区为我们提供了了解绝大多数铁路通勤郊区内部社

① 例如在雷克弗里斯特，1840 年代的第一批定居者中包括许多爱尔兰移民，他们中有许多人在伊利诺伊州和密歇根州开挖运河，此后一直从事体力劳动或充当小贩。1920 年，在高度排外的格罗斯伯特公园村（Grosse Point Park Village），抽样调查的 164 名户主中有 22 人在与庄园主楼分离的房间中从事园艺、充当厨师，或担任司机。见如祖兹（Zunz），第 355 页。

会经济鸿沟的绝佳案例。在 1850 年代,牛顿市的切斯特纳特山一带越来越吸引“精英居民”,逐渐变成“波士顿上流家族的首选”。[①] 19 世纪最后几十年间,那里如同封建领地一般,而各种游记观察只报道切斯特纳特山地区居民生活光鲜的一面。然而,一项对 1850—1890 年牛顿市纳税表和城市人名录的研究显示,切斯特纳特山三分之一的谋生者(最高值在 1875 年,为 39%;最低值在 1891 年,为 23%)是劳工、园艺工和家政工。随着该地逐渐成为精英社区,这里在经济上两极分化严重。尽管应税所得和房产估值的平均值很高且不断增高,但几乎半数人口只支付人头税或根本无需纳税。之所以如此,是因为该社区极为排外,住在这里的高门显宦觉得一个贫穷的奴役阶层住在近处是一项优势。[②]

波士顿附近另一个极富虚荣的铁路郊区是布鲁克莱茵,它自诩为“全世界最富有的城镇”。作为波士顿地区最令人瞩目的独立郊区,布鲁克莱茵在 19 世纪后半期吸引了众多达人显贵,其中不乏建筑师亨利·理查德森(Henry H. Richardson)、景观规划师弗雷德里克·劳·奥姆斯特德、财经发行人亨利·珀尔(Henry V. Poor)以及诗人艾米·洛厄尔(Amy Lowell)。除了这些社会

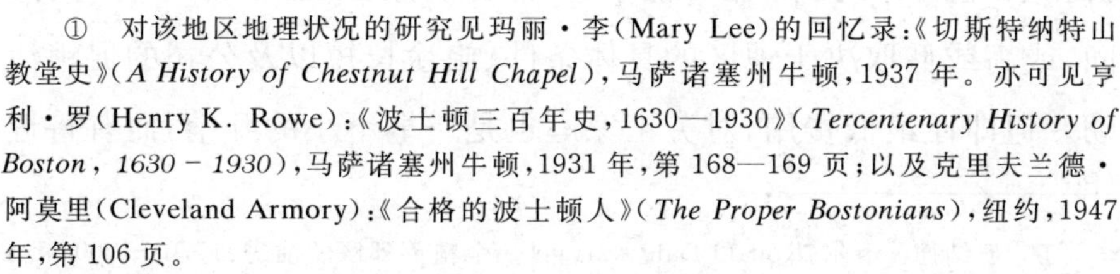

① 对该地区地理状况的研究见玛丽·李(Mary Lee)的回忆录:《切斯特纳特山教堂史》(*A History of Chestnut Hill Chapel*),马萨诸塞州牛顿,1937 年。亦可见亨利·罗(Henry K. Rowe):《波士顿三百年史,1630—1930》(*Tercentenary History of Boston, 1630 - 1930*),马萨诸塞州牛顿,1931 年,第 168—169 页;以及克里夫兰德·阿莫里(Cleveland Armory):《合格的波士顿人》(*The Proper Bostonians*),纽约,1947 年,第 106 页。

② 纳税表上显示的不仅仅是实际税额,也包括课税房产的多少以及每个独立成年人或户主的收入。数据汇编和表格都已删除,是我的学生茱莉亚·温斯坦·托塞尔(Julia Weinstein Tossell)替我整理的。

名流，那里居住着第一代爱尔兰裔天主教移民，他们生活贫困，靠体力工作为生。1870 年，布鲁克莱茵 10%的纳税人控制着 70%的课税房产，而只有不足 25%的人是职业人士，从事管理工作、专业性工作或担任高管。没有技能的爱尔兰人从事运输木材、打理花园、清整草坪和挖掘沟渠的体力工作。此外，1850 年后，这里出现了几家小型工厂，这种现象在 1980 年代的精英郊区中就看不到了。1879 年，《布鲁克莱茵编年史》(*Brookline Chronicle*)略带夸张地指出，“布鲁克莱茵与其他美国城镇不同，这里没有中产阶级。在光谱的一端，是坐拥乡间别墅的富豪，另一端则是挣血汗钱的劳工阶级和报刊编辑。”实际上，社会经济鸿沟绝非布鲁克莱茵独有，在许多干线铁路通勤郊区中同样存在。①

铁路干线居住区的模式

铁路通勤郊区的贫富差距既反映在居民的通勤上，也反映在
101 社区住房的差异上。居住在此类郊区，通勤费用很高，往往超过一般劳工阶层的承受力。尽管铁路公司有多种类型的年票且时而有折扣票，但一年下来，搭乘蒸汽火车的费用也要在 35—150 美元间，或高或低取决于地区的具体条件、旅途长短以及公司的促销活动。但即便最低费用，对劳工家庭也是一笔不小的开销，而有将近

① 罗纳德·卡尔(Ronald Dale Karr)：《一个精英郊区的演进：1770—1900 年马萨诸塞州布鲁克莱茵社区的建筑及其控制》(The Evolution of an Elite Suburb: Community Structure and Control in Brookline, Massachusetts, 1770 - 1900)，波士顿大学博士学位论文，1981 年，第 169—187 页。

半数通勤者到达车站后还需转乘其他交通工具，这就更增加了费用。

相对于19世纪末的其他交通方式，铁路通勤不仅费用高而且耗时长。这是因为蒸汽机车启动和停止都需要很长时间，运行速度也很慢，与马车和后来的电车不同。因此，铁路通勤郊区往往并不相连，而是相隔1英里以上，中间由空地或草场分离开。常见的分布模式就如同一条线上的串珠一般。铁路通勤郊区由铁路线连接起来，但最初它们或是彼此分离，或是与中心城市相距较远。在郊区内，居民要靠步行到达车站，这自然而然地决定了其边界，只有能负担起马车的富人们才把家安在空旷的田野中。因此，郊区的面积不大，而且距离中心城市也有一段距离。斯卡斯戴尔就是如此，那里在1920年时占地2平方英里，距离城市商业区有20英里的距离。[①] 正如刘易斯·芒福德在《城市发展史》(*The City in History*)中所言："当铁路站点和步行距离左右郊区增长之时，也就是决定郊区形态之日。"

与老板们不同，居住在铁路通勤郊区中为大户人家服务的低收入工人无力负担日常通勤的高费用。通常，他们不是住在大宅邸内专供仆人居住的房间，就是住在靠近车站的简陋住房中。以

① 对于交通运输与城市增长之关系，最好的分析当属乔尔·塔尔(Joel A. Tarr)：《交通运输模式的创新与变动的空间模式：1850—1910年的匹兹堡》(Transportation Innovation and Changing Spatial Patterns: Pittsburg, 1850－1910)(CMUTRI－TP－72－06)，匹兹堡，卡内基—梅隆大学交通研究院，1972年。卡尔·康迪特(Carl W. Condit)：《铁路与城市——辛辛那提的技术与城市发展史》(*The Railroad and the City: A Technological and Urbanistic History of Cincinnati*)，哥伦布，1977年。该书细节丰富，但稍有瑕疵。

布鲁克莱茵为例，占人口总数近40%的爱尔兰移民工人只能住在靠近社区中心和车站的低洼地区，除了住在廉价的小户型住宅里他们别无选择。因此从外在形式看，铁路通勤郊区几乎是中心城市的翻版：最贫困的居民集聚在狭小的商务区，富有的居民则坐拥豪宅，在景色优美的地段，占地0.25英亩以上。[①]

工作地点与居住区的日渐分离反映出内战后铁路通勤郊区的快速增长及其与大城市的遥远距离。正如笔者在第二章中分析的那样，在美国大城市中，占城市人口少数的上流人士远离商业区的
102 趋势始自1825年，到1860年时，通勤1英里乃至更远距离已是城市精英生活的常态。例如，在曼哈顿办公的律师中间，1888年时，居住在岛外的人口中有40%的通勤距离达8.5英里；到20世纪，在小城市中一些不那么富有的人中也出现了这一趋势（参见附录）。

19世纪是蒸汽的世纪，通勤铁路创造了新型北美郊区，它们远离中心城市，明显由精英阶层控制，在形态上保留了乡村风貌，而且居民的社会经济地位并非整齐划一。火车运输在城市中的铁路交汇处创造了工业，用厂房和调度场破坏了其近邻社区，并毁灭了宁静的生活，但同时，它们也创造了美丽、安详而繁荣的郊区。雷克弗里斯特、布朗克斯维尔以及布鲁克莱茵等地使得上流人士及其依附者得以在享受美国产业和资源的同时免受有害气体和震

① 罗纳德·卡尔（Ronald Dale Karr）：《一个精英郊区的演进：1770—1900年马萨诸塞州布鲁克莱茵社区的建筑及其控制》（The Evolution of an Elite Suburb: Community Structure and Control in Brookline, Massachusetts, 1770 - 1900），波士顿大学博士学位论文，1981年，第169—187页。

耳噪音的骚扰，也远离了最先为美国创造财富的那些穷人。但这些为精英人士打造的铁路通勤郊区并不是一剂万能灵药。住在那里的成本很高，而且此类郊区逐渐侵蚀了周边的田园风光。但这些著名的郊区村落并没有随着城市的扩张而消亡，相反，更多的白领人士来到这里，享受通勤社区带来的优越感。最重要的是，铁路通勤郊区尽管数量少、面积小，但却象征着成功。19世纪，郊区在人们心中已然成为富有者的乐园，这一形象一直持续到1960年代州际间郊区的出现。铁路通勤郊区在1920年代盛极一时，那时仅中央火车总站每周就要迎送\接待超过680列通勤列车，而宾夕法尼亚火车站的载客量更大，每个大城市都以拥有富足而优雅的铁路通勤郊区而骄傲。

在其他国家也有此类现象，但形式有所不同。在瑞典，1876年后，于什霍尔姆、桑迪堡和索茨霍巴根等上流社会的居住型郊区在新建的斯德哥尔摩—斯特罗斯铁路两旁出现了。那里像美国一样，地势开阔、景致优美。但与美国的境遇不同，瑞典郊区更常见的是破败的房子，像是垃圾堆积场。从1904年起，斯德哥尔摩市政府开始在市郊购买数千英亩土地，作为劳工阶层的住宅区。德国、荷兰和法国也有类似的做法。[①]

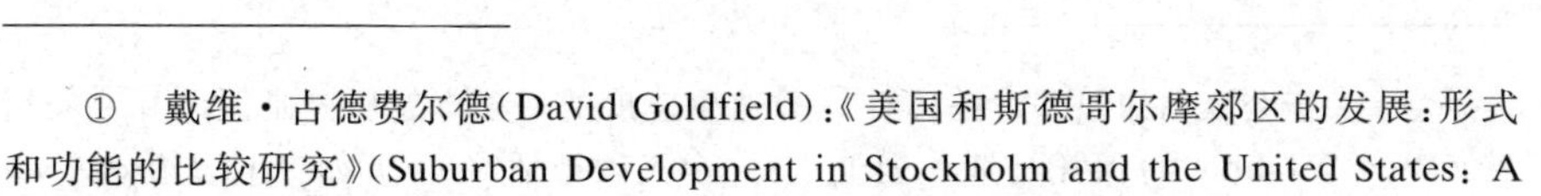

① 戴维·古德费尔德(David Goldfield):《美国和斯德哥尔摩郊区的发展:形式和功能的比较研究》(Suburban Development in Stockholm and the United States: A Comparisons of Form and Function)，未刊论文，1979年，第12—14页。

103 第六章　有轨电车时代

如果说内战后的年代以其巨大的财富和炫耀性消费为人所瞩目的话，那同样吸引人眼球的是席卷全美并改变了中产阶级工作、娱乐的发明浪潮。择其要者，这些发明有气刹（威斯汀豪斯，1868）、电话（贝尔，1876）、留声机（爱迪生，1877）、电灯（爱迪生，1879）、钢笔（沃特曼，1884）、收款机（巴勒斯，1885）、莱诺铸排机（默根特勒，1885）、小型照相机（伊斯门，1888）、充气轮胎（邓禄普，1888）以及拉链（贾德森，1891）。通过对比蒸汽时代和电气时代的不同，可以对这一重要变化的本质一窥堂奥：烧煤引起的高温、汗水和煤灰被大都市夜晚熠熠生辉的灯光所取代，大规模生产的、亮闪闪的、在数学上有着完美外形的合金让位于轻轻一按即可补充新能源的按钮。然而，内战和一战期间的诸项发明中，对美国城市影响最大者，要数街上嗡嗡作响的有轨电车和将坦途延伸至未开发地区的路轨。[①]

---

① 关于公众和知识界对托马斯·爱迪生态度的一项卓越研究是温·瓦克霍斯特（Wyn Wachhorst）:《托马斯·爱迪生:一个美国神话》（*Thomas Alva Edison: an American Myth*），坎布里奇，1981年。

缆　车

机械力量用于解决市内交通的第一个成功案例,并不是有轨电车。纽约市的独立发明家查尔斯·哈维(Charles T. Harvey)于1867年开发了一种平式缝接的交通工具,这种交通工具由一个
可释放闸瓦(releasable grip)与一条不断运行的缆绳相连,其雏形 104
最初应用于格林威治村的三个街区,虽然最终没有成功,但这种尝试并未停止。旧金山的苏格兰移民安德鲁·哈利迪(Andrew Smith Hallidie),通过生产钢丝绳发家致富。安德鲁试图将英国煤矿中用大缆绳运送煤车的技术用于城市交通。在其设想中,这种载客交通工具沿着与有轨马车相似的轨道运行,依靠巨大的蒸汽机为其提供动力,带动缆车前进。缆车很适合于美国城市宽阔、平直的大道——与之相反的是欧洲城市中心街道的狭窄、逼仄——特别适于诺布山和其他海湾城市危险的倾斜路面。虽然如此,世界上最发达的缆车交通系统却很快在芝加哥发展了起来,特别是芝加哥的南区。到1894年,这个中西部的大都市已有超过1 500辆缆车,运营里程超过了86英里。费城在1883年开辟了第一条缆车线路,纽约和奥克兰在1887年也继而仿效。缆车用于公共交通在1890年达到了顶峰,是年23个城市的缆车轨道长达283英里,客运量3.73亿。

缆车的操作至少在理论上并不复杂。要前进,列车员就拉下杠杆,使闸瓦咬住运动的缆绳,要减速或停车,他就松开杠杆以释放闸瓦,然后缆车就停了。缆绳及其绝大部分辅助部件都在地下,

以恒定的速度运行。其原理与20世纪末的自动扶梯或大众运输工具颇为相似。

相对于当时唯一的替换选择——有轨马车，缆车有诸多优势。它更干净（没有马粪或煤渣，也没有马厩的恶臭）、更安静（大部分传动装置/齿轮都在地下）、动力也更强劲。它还不会虐待人类的忠实朋友——马，这是它额外的好处。它比依靠畜力更加灵活，就像一位对缆车心满意足的乘客所说的那样：

> 有了缆车，上班的人们早上可以从容在餐桌前多徘徊15—30分钟，而仍能准点到达办公室。源源不断的动力和永不疲倦的能源使得缆车的空间足够大，这样它就能提供更多的座位、更好的采光和通风。在夏季炎热的傍晚，缆车上就会挤满仅仅为了享受凉爽清风的乘客。[①]

因为有这些优点，缆车促进了地产开发。以芝加哥为例，1885年沿克拉克和丰尔斯街建设的缆车线路，就与1885—1894年林肯公园的建设热潮在时间上相重合。[②] 然而，从长期来看，缆车的劣
105 势是大于优势的。其最甚者，莫过于前期资金的投入：1880年每英里缆车线路的最少投入是10万美元，而每英里20万美元乃是稀松平常之事。建设成本是有轨马车及稍后的有轨电车的若干

① 转引自约翰·安迪生·米勒（John Anderson Miller）：《请买票！从马车到流线型火车》（*Fares Please! From Horse Carts to Streamliners*），纽约，1941年，第51页。

② 詹姆斯·戴维斯（James Leslie Davis）：《高架铁路系统和北芝加哥的增长》（*The Elevated System and the Growth of Northern Chicago*），西北大学地理研究所丛书第10卷（Northwest University Studies in Geography No.10），埃维斯顿，1965年，第25页。

倍，这一事实意味着缆车的应用不得不局限于客流量巨大的线路，只有在这些区域，车费收入才足以弥补巨额投资。

缆车的第二个主要问题是其运行的低效和有时操作上的困难，95%以上的动力被浪费在除车厢和乘客之外的缆绳本身的运行上。虽然这能使缆车在爬陡峭的山坡时如履平地，但在相对平坦的线路上则是能源的极大浪费。另外，缆车的速度不能随忙闲进行调整。无法释放闸瓦的情况频频发生，让操作员大为光火。每当此时，操作员就无法停车，只能绝望地当当敲铃，警告路轨上的行人、车辆和其他障碍物避让来为缆车清道。只有当有人通知发电站关掉整条导缆系统之后，才能把车停下来。

高昂的费用和低效意味着缆车的流行只是昙花一现。大部分城市事实上仍保留了有轨马车，特别是在交通不太繁忙的街道和穿城而过的线路上更是如此。迄至 1887 年，300 个城镇中的 400 家有轨马车公司每年运送旅客 1.75 亿人次。在小一点的城市，缆车更是从未出现过。

只有旧金山保留了哈利迪的发明，这主要是出于怀旧和观光的需要。1955 年，旧金山城市宪章加入了一个条款，规定缆车“可以永久存在”。1964 年，仅存的 10.5 英里长的缆车线路被宣布为国家历史遗迹。尽管如此，市政轨道交通公司在规模和利润方面双双骤降。1900 年，旧金山有 600 辆缆车，营运缆车线路超过了 110 英里。到 1980 年，该系统流失的乘客数量达 150 万，只有 40 辆缆车在所剩无几的线路上运营。[①]

① 1979 年进行的估算表明，旧金山每年 1 200 万的缆车乘客中有 90%是游客，《纽约时报》(*New York Times*)1979 年 9 月 27 日。

惜别有轨马车

有轨马车从未像后来传说中的那样舒适。1870年,威廉·豪厄尔斯(William Dean Howells)在其位于波士顿郊区的家中注意到:

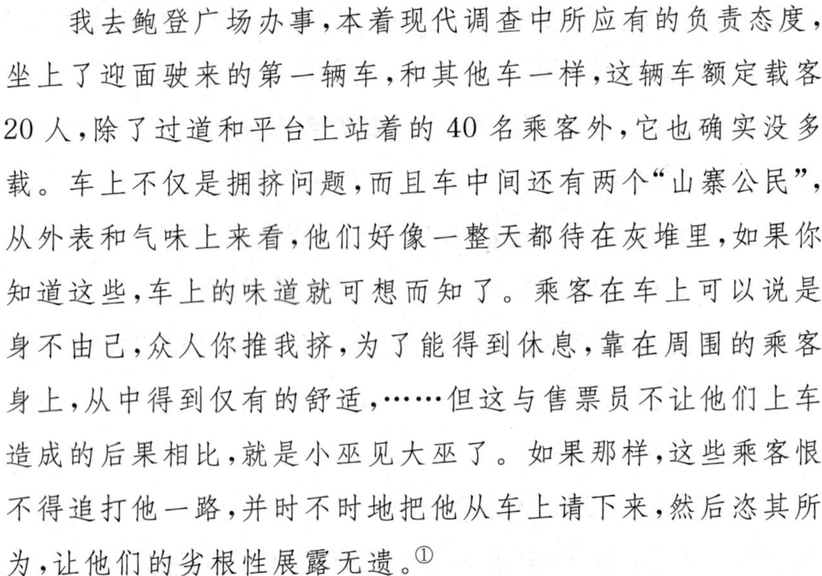

> 106 我去鲍登广场办事,本着现代调查中所应有的负责态度,坐上了迎面驶来的第一辆车,和其他车一样,这辆车额定载客20人,除了过道和平台上站着的40名乘客外,它也确实没多载。车上不仅是拥挤问题,而且车中间还有两个“山寨公民”,从外表和气味上来看,他们好像一整天都待在灰堆里,如果你知道这些,车上的味道就可想而知了。乘客在车上可以说是身不由己,众人你推我挤,为了能得到休息,靠在周围的乘客身上,从中得到仅有的舒适,……但这与售票员不让他们上车造成的后果相比,就是小巫见大巫了。如果那样,这些乘客恨不得追打他一路,并时不时地把他从车上请下来,然后恣其所为,让他们的劣根性展露无遗。①

哪怕是最尽责的管理,醉酒和不守规矩的行为也不会轻易消除,但有轨马车的主要问题尚不在此。其主要问题在于马车公司无力履行其章程所写的标准:保持车厢干净和提供可靠服务。《纽约世界报》(*New York World*)1886年发表社论称:

---

① 威廉·豪厄尔斯:《郊区素描》(*Suburban Sketches*),波士顿,1871年,第110—111页。

> 纽约有轨马车线路的污秽、破损和总体外观之肮脏邋遢，在文明世界中独领风骚。绅士淑女们被迫坐在肮脏黏糊的座位上，呼吸着污浊不堪的空气，还要小心破碎的窗户，泥点溅得车上到处都是。有些马车只在下雨时才能得到冲洗。①

有轨马车最大的弱点可能是其运行模式。1885 年全美有轨马车的运营靠的是 10 万匹马的畜力。走山路是一个问题，在陡坡处得为另外的马队设置马站，套车和卸车常常要用足足十分钟之久。每天最强健的马匹也要在马厩里待上至少 12 个小时，这意味着每辆车都会被分到至少两匹马，多则四匹。尽管有这样的轮换，行人和乘客每天还是惊骇于如下景象：超负荷工作的马匹在马车满载的情况下竭尽全力，赶车人为赶时间还不断用皮鞭抽打它们。在这样的工作环境下，马匹死亡之事司空见惯。通常的情况是，正在拉车的马在绊了一跤倒地之后就再也没有起来。1880 年代，每年光在纽约街上丧命的估计就有 1.5 万匹马。迟至 1912 年，芝加哥每年死于此类事故的马高达 1 万匹。死马直接被丢到下水沟里，在那里招惹蚊蝇，任其腐败，散发恶臭。这种恶臭简直要把人类生活赶出城镇，除非我们的嗅觉系统专门为此做出调整。②

马匹的其他疾病也不能避免。由死尸引起的动物疾病的传染，说明了有轨马车系统面对变幻莫测的传染病时的脆弱。19 世 107

① 仅在数年前，有轨马车还被认为是“时代的进步”。

② 关于废物处理既有学术价值又有可读性的最佳研究是乔尔·塔尔(Joel A. Tarr)的著作。乔尔·塔尔(Joel A. Tarr)：《城市污染：多年以前》(“Urban Pollution: Many Long Years Ago”)，《美国遗产》(*American Hertitage*) 1971 年 10 月第 22 期，第 65—69 页、106 页。

纪七八十年代暴发的几次瘟疫尤为严重,多次导致整个有轨马车系统的暂时瘫痪,尽管公司很快采取措施,用大批人力来代替或病或死的马匹。更大的障碍来自马粪。每匹拉车的马平均每天的粪便重达 10 磅,其大部分都堆在街上。乔尔· 塔尔教授曾在 1907 年估计:一座像密尔沃基这样的城市会有 1.25 万匹马,这意味着它们每天排出的粪便重达 133 吨。罗彻斯特的卫生官员曾在 1900 年做过测算,如果该市 1.5 万匹马的所有粪便集中到一块一英亩大的地方,将使该地升高 175 英尺,滋生苍蝇 16 亿只。[①]

有轨马车的缓慢、低效、污染、易传播疾病,使得有轨马车公司对新的交通方式翘首以盼。在这样的情况下,有轨电车及稍后的汽车就被视为解决城市交通问题的救星了。

有轨电车问世

面对城市的交通危机,尽管欧洲的发明家一直在寻求电力化解决方案,有轨电车还是诞生于美国的新泽西州。1880 年,托马斯·爱迪生在门洛帕克半英里长的电气化铁路上进行了简短的试验,但没有成功。三年后,生活在新泽西的英国移民利奥·达夫特(Leo Daft)制造出了有轨电车的前身,即一台名为安培(Ampere)的自我驱动的交通工具。1885 年 8 月 5 日,达夫特在巴尔的摩一段 3 英里长的有轨马车线路上对其电力机车进行了试验。尽管这是世界上第一条定期运行的电气铁路,但这种第三种轨道系统的

---

① 乔尔·塔尔(Joel A. Tarr):《城市污染:多年以前》(“Urban Pollution: Many Long Years Ago”),《美国遗产》(*American Hertitage*)1971 年 10 月第 22 期,第 66—67 页。

前景并不乐观，因为它电死了一些不知其危险的小动物。巴尔的摩公共交通随后又回到了四条腿的畜力时代。

1884 年，爱德华·本特利(Edward Bentley)和沃尔特·奈特(Walter Knight)也在克利夫兰进行着实验。他们使用一种地下木制管道，其间裹着两条铜线作为导体，车辆通过其附带的小犁头与轨道槽连接来获得电流。但是，难以尽数的机械故障和技术困难使得东克利夫兰铁路公司在 1885 年放弃了该系统。

其后的一条线路于 1886 年在阿拉巴马州的蒙哥马利市开通。该线路由查尔斯·范·德堡利(Charles J. Van Depoele)设计，他是底特律的家具制造商，生于比利时。查尔斯在 1884 年多伦多的博览会上展示了电力牵引系统，该系统在空中架线而不是在地下埋线。每辆电车上载一个重重的电机，由它将电能从电线上传输 108
到车轮上。起初，上了年纪的市民害怕推动此庞然大物前进的是“闪电”，《蒙哥马利广告人》(*Montgomery Advertiser*)为使其读者宽心不得不这样写道：“与电机系统相比，得克萨斯骡子蹄子的危险来得更为真实……”尽管他们的疑虑减少了，而且因为此次试验的关系，蒙哥马利还出现了一次地产繁荣，但范·德堡利无法获得足够的金融支持来推广其电机，这种情形直到另外一名发明者在技术上取得突破性进展，开启了有轨电车时代之后，才得到改变。

早期电车系统最为成功的冒险，并且开启了城市交通革命的当属弗兰克·J. 斯普拉格(Frank Julian Sprague)。斯普拉格毕业于安纳波利斯，曾试验用电能代替煤气为军舰提供照明，最后无功而返。他于 1883 年从海军复员后，做过托马斯·爱迪生的助手，为时不长，之后在 1884 年创办了斯普拉格电气铁路和电力机

车公司，在纽约市一条小巷中200英尺长的轨道上进行了一次实验后，在1887年与里士满联合铁路客运公司达成了一项协议，双方联合为弗吉尼亚州这座最大的城市设计一套服务于全市的系统。为了使电车的操作切实可行，斯普拉格克服了一个又一个技术难关，“电力牵引之父”可谓实至名归。他设计的路轨长12英里，有40辆电车，这些车的动力——及其名字——来自一个小小的移动托架，这个托架由一个在上方的可滑动的电缆与电车相连。因其沿着电线前后移动，这个托架取名为“troller”(来源于troll，意为拖饵钓鱼——译者注)，该词的变异体为“trolley”，这就是有轨电车最广为人知的名称。①

① 在人口密集的地区，像曼哈顿和芝加哥的大部分地区，公众成功地抵制了将电线悬浮在头顶的做法。关于有轨电车的历史，可以参见约翰·麦凯(John P. McKay)：《电车轨道和电车：欧洲城市公共交通的兴起》(*Tramways and Trolleys: The Rise of Urban Mass Transport in Europe*)，普林斯顿，1976年；哈里·卡曼(Harry J. Carman)：《纽约市路面铁路的特许经营权》(*The Street Surface Railway Franchises of New York City*)；亨利·亚当斯(Henry C. Adams, comp.)：《关于美国交通运输业的报告，第一部分，由第十一次土地普查看交通》(*Report on the Transportation Business in the United States, Part I, Transportation by Land Eleventh Census*)，华盛顿，1895年；爱德华·梅森(Edward S. Mason)：《马萨诸塞的电车铁路公司：一个产业的兴衰》(*The Street Railway in Massachusetts: The Rise and Decline of an Industry*)，坎布里奇，1932年；詹姆斯·约翰逊(James D. Johnson)：《芝加哥有轨电车一百年》(*A Century of Chicago Streetcars, 1858－1958*)，惠顿III.，1964年；弗雷德里克·斯皮尔斯(Frederic W. Speirs)：《费城街道的铁路系统：历史与现状》(“The Street Railway System of Philadelphia.: Its History and Present Condition”)，《约翰·霍普金斯历史和政治学研究》(*Johns Hopkins Studies in History and Political Science*)1897年第15期，第3、4、5号；岂神原(Yasuo Sakakibara)：《1855—1875年有轨电车对马萨诸塞东部城市和工业增长的影响》(The Influence of the Introduction of Street Railways Upon Urban and Industrial Growth in Eastern Massachusett, 1855－1875)，硕士学位论文，阿默斯特学院，1956年；以及乔尔·塔尔(Joel A. Tarr)：《交通运输模式的创新与变动的空间模式：1850—1910年的匹兹堡》(*Transportation Innovation and Changing Spatial Patterns: Pittsburgh, 1850－1910*)，匹兹堡，卡内基—梅隆大学交通研究院，1972年4月。

尽管斯普拉格在里士满的试验入不敷出，但利用上浮的线路同时推动许多电车前进，这种方式已深入人心，在很大程度上证明交通电力化是可行的。此后，里士满一时成为铁路发明者和经营者心目中的圣地。19 世纪末 20 世纪初，全美一半的有轨电车系统都由斯普拉格装配，其中 90%都使用了他的专利。[①]

典型的有轨电车有点像 19 世纪的火车车厢。下面是铁轮子，前后是开放式平台，四周是大大的窗户，大小为现代公共汽车的一半，在为其专门设计的小型铁轨上摇摆前进、铿锵作响。因为不能在终点掉头，有轨电车一般无所谓前后，其嗡嗡作响的电动机由在四周用玻璃围住的小隔间里的司机控制。

零污染的电力牵引拥有诸多优势。有轨电车的速度比缆车和 109
有轨马车的速度都快，将城市出行的速度提高到每小时 20 英里（平均时速是 10—15 英里），且在人口密度较低和未开发地区速度还可以更快。同样，它既不需要缆车那样庞大的地下设备，也不像有轨马车那样在马匹、草料和马厩上花费大量投资。因为有轨电车比有轨马车要大，使得单个乘客每英里的运输成本降低了至少 50%，平均单程票价从 1 毛钱骤降至 5 美分。[②]

---

① 在斯普拉格其后的发明中有一个多元系统，该系统只需一个总开关，即可控制任何数量的电车车厢的运行，另外还有一个终止按钮，当水平方向上的压力减少时，即会关闭全部电源。哈罗德·帕瑟（Harold C. Passer）：《弗兰克·朱利安·斯普拉格》（"Frank Julian Sprague"），载于威廉·米勒（William Miller）编：《商界人士》（*Men in Business*），纽约，1952 年；以及约翰·米勒（John Anderson Miller）：《请买票！从马车到流线型火车》（*Fares Please! From Horse Carts to Streamliners*），第 62 页。

② 单程票价的降低主要是因为用以产生前进动力的电能的价格比马的价格要低。

有轨电车大亨

随着票价的下降,有轨电车线路为物质财富的增长提供了坚实基础。以纽约市为例,彼得·怀德纳(Peter Widener)和威廉·惠特尼(William Whitney)等人创办了大都市电车公司,并在1893—1902年盈利达一亿美元。[①] 和公共马车、有轨马车一样,在城市某条街道的独占经营权一般由市政府授予私人公司,私人公司则要保证提供某些基本服务。贿赂和政治偏袒是申请成功经营权最常见的两大前提。与政府控制无孔不入的欧洲不同,美国城市授予的特许经营权的使用时间很长,且对费率和费用措辞模糊,其潜在价值在数千万美元,而实质上对于公司分配其财产的价值(股权)没有任何限制。任何线路的建立主要都基于利润的考虑。

最初,有轨电车业群雄四起,每家小公司运营的线路不过两三条。然而,及至19世纪和20世纪之交,美国大部分城市的小公司已合并为为数不多的大公司。1854—1895年,费城有66家电车公司被合并。到1896年,费城大部分的电车公司联合组成了庞大的联合牵引公司。1890—1915年,马萨诸塞的合并共有142起,其规模最大者,要数波士顿的轮船大亨亨利·惠特尼(Henry M. Whitney)创办的辛迪加,它兼并了六家有轨电车公司。买断竞争线路,在短途线路上用巨额资金安装、维护新设备,采取这种策略

① 彼得·怀德纳(Peter Widener)1912年在泰坦尼克号上与船同沉,他将其财富留给了哈佛大学,哈佛大学为纪念他而建了怀德纳图书馆。

会让公司背上沉重的债务。尽管如此，在稍后，特别是在工资和设备价格双双下降的1890年代，电力化和集中化带来了滚滚财源。110
公众对这些合并也乐见其成，因为公司合并之后，乘客在换乘不同线路时不用额外花钱，这样乘客付一次车费可以比以前坐得更远。[①]

最大的电车巨头是查尔斯·耶基斯（Charles Tyson Yerkes），他创办的交通企业遍布中西部。耶基斯于1837年生于费城，通过买卖市政债券成为了富有的经纪人和经销商，但在芝加哥大火引起的1871年挤兑潮中赔得倾家荡产。翌年又因挪用公款锒铛入狱，不过他只服了七个月的刑。两年之内，他的资产恢复了大部分的元气。

耶基斯在1881年来到芝加哥，随即创办了谷物和经纪事务处。他用借来的钱取得了北芝加哥电车公司的认购权，并逐渐获得了几条线路的控制权。到1880年代末，在芝加哥北部和西部营运的大部分公司，包括在郊区的那些公司，都被合并进了耶氏集团。

从纯技术的角度说，耶基斯为芝加哥提供了一个绝佳的交通系统。他用缆索牵引、电力牵引取代了有轨马车，增加了500英里的地面线路，建起了著名的下城卢普区，该区包括几条环绕中心商业区的高架线路。到1895年芝加哥的轨道里程、线路数量、人均乘车距离在所有城市中独领风骚。

① 爱德华·梅森（Edward S. Mason）：《马萨诸塞的电车铁路公司：一个产业的兴衰》（*The Street Railway in Massachusetts: The Rise and Decline of an Industry*），第51—52页。

然而，耶基斯对公众及忠实代表公众意见的政治家的蔑视使其恶名远扬。他洋洋自得地宣称："我所做的一切，绝非出于责任，而是为了满足自我的欲望。"报纸上对于高峰时段车厢里过于拥挤的批评，他丝毫不放在心上。正如他对其股东所说的那样："给你们分得大红包的，正是那些没有座位的人。"[1]凡事走向极端便会惹人厌，耶基斯成了西奥多·德莱赛(Theodore Dreiser)小说三部曲《金融家》(*The Financier*)、《太阳神》(*The Titan*)、《斯多葛派》(*The Stoic*)的活靶子。

耶基斯的事业被人们揶揄为"芝加哥牵引一团糟"，这种现象最终在 1897 年终结了，那一年他试图为其特许经营权争取 50 年的延期。凭借着暗中向有影响力的党魁行贿，耶基斯使州议会听命于己，通过了《艾伦法》(Allen Law)，该法授予芝加哥给予耶基斯延期经营的权力。然而，天有不测风云，公众本来就已对耶基斯厌恶有加，现在又涉及公共设施的市政所有权问题，公众更难释怀。当腐败成性的市议员要给予耶基斯延期经营权时，民众荷枪实弹包围了市政厅，对他们的代表，也就是正在开会的市议员以人身安全相威胁，议员们招架不住，最终经营权延期流产。失望但无
111 所畏惧的耶基斯迅速卖掉了他在芝加哥的产业，之后去了伦敦，及至 1905 年他在那里去世时已经控制了伦敦地铁公司。

---

① 也有人说这段话出自安东尼·布雷迪(Anthony N. Brady)之口，此公是建设布鲁克林快速公交(Brooklyn Rapid Transit)的主要人物，也是纽约爱迪生公司(New York Edison Company)的主席。

有轨电车的广泛应用

尽管有惠特尼、怀德纳和耶基斯这样贪婪,有时甚至冷酷无情的人,美国人还是以极大的热情欣然接受了有轨电车。当 1890 年联邦政府为全国的轨道系统扬帆鼓劲时,全美已有5 700英里的有轨马车轨道、500 英里的缆车轨道和1 260英里的电车轨道。弗兰克·斯普拉格里士满试验成功仅六年后的 1893 年,全美就有超过 250 家的电力轨道交通公司成立,而且全国 1.2 万英里的轨道中超过 60%已经电气化。到 1903 年末,美国 3 万英里的街道路轨电力化程度已达 98%。同时,缆车里程所占比重从 6%降到 1%,有轨马车从 69%降至 1%。一位著名的交通史家写道:"在技术上得到最快应用的诸项发明中,此为其一。"相比之下,差不多同一时期出现的汽车,其繁荣要来得晚一些。①

重型轨道交通也扩展到了小一点的城市。仅 1910 年的马萨诸塞就有 211 个城镇采用了有轨电车。有轨电车代表着进步和技术成就,没有哪个关注其未来福祉的城市自甘落后、前途黯淡。有轨电车是荣耀的来源,是城市的烫金名片。在佐治亚州,有轨电车被称为县域联合系统,它把控制州议会的规则延伸到了州长选举,

① 乔治·希尔顿(George W. Hilton):《交通技术和城市模式》("Transport Technology and the Urban Pattern"),《当代史杂志》(*Journal of Contemporary History*)1969 年第 4 期,第 126 页。美国的一些有轨马车线路确实直到一战时还在运行。甚至在纽约市,布勒克尔街—百老汇这条有轨马车线路直到 1917 年 7 月 26 日才停止运行。斯坦·菲施勒(Stan Fischler):《上城、下城:乘纽约地铁穿越时空》(*Uptown, Downtown: A Trip Through Time on New York's Subways*),纽约,1976 年,第 7 页。

州长尤金·塔尔梅奇(Eugene Talmadge)最广为人知的政治豪言是:只要县城大到有有轨电车的程度,他就乐于去竞选。

美国对有轨电车的迅速接纳与英国和欧洲形成强烈对比。以1890年为例,美国的市内轨道交通系统(包括缆车和高架铁路系统)的载客量超过了20亿人次,该数目为世界其余地方总和的两倍还多。在10万人口以上的大城市,每年人均乘车172次,该数目尚包括儿童和其他很少出门的人在内。拥有欧洲最好的城市交通系统的柏林,在美国只能排到22名开外。19世纪和20世纪之交,有轨马车几乎从美国的大街上销声匿迹,而在彼时的英国,它
112 仍是主要的城市交通工具。东京的有轨电车直到1903年才出现,其在1911年190公里的轨道里程还不到纽约市的十分之一。①

将城市联为一体

除了作为郊区化的主要刺激因素之外(关于这一主题的更多细节,将在第七章中进行讨论),有轨电车是普通城市居民借以打

① 戴维·沃德:《1850—1920年马萨诸塞州波士顿和英国利兹市有轨电车郊区之历史地理的比较分析》("A Comparative Historical Geography of Streetcar Suburbs in Boston, Massachusetts, and Leeds, England, 1850 - 1920"),《美国地理学家协会年鉴》(*Annals of the Association of American Geographers*)1964年第54卷,第477—489页;约翰·麦凯(John P. McKay):《电车轨道和电车:欧洲城市公共交通的兴起》(*Tramways and Trolleys: The Rise of Urban Mass Transport in Europe*);以及渡边春一(Shunichi J. Watanabe):《作为一种生活方式的大都市主义:以1868—1930年的东京为例》("Metropolitanism as a Way of Life: The Case of Tokyo, 1868 - 1930"),载于安东尼·萨克利夫(Anthony Sutcliffe)编:《1890—1940年的大都市》(*Metropolis, 1890 - 1940*),伦敦,1984年,第403—429页。

破所在街区束缚、探索城市其他地域的工具。几乎从 1880 年代末有轨电车服务引入以来，周末和假日的乘客就超出了平时工作日一大截。因为电车相对便宜，公众利用其提供的机动性就可以到其他社区逛逛，这些地方在没有有轨电车之前对他们来说仿佛是另一个国度或地域。在炎热的夏天，电车公司换上露天车厢，全家利用这个机会出游或仅仅流连于变换迷离的城市景观。[①] 更有口袋书指导爱冒险的人们如何换乘线路来使旅途更丰富充实。

电车公司在一些线路终点建造了赛马场、露天啤酒店、海滩以及度假酒店，以此来鼓励休闲乘车。电车公司对休闲旅游最大的刺激是建设了游乐场。这些游乐场一般坐落于城市边缘或某条电车线路的终点，是城市家庭充分利用闲暇时光的具体表现；它们同时也提供了一个通向梦幻世界的通道，俾使人们远离日常生活的单调乏味。康尼岛到 1900 年发展成为一个灯光表演和杂耍表演的大众乐园，它在布鲁克林的最南边，是新游乐场中荦荦大者，但每个城市都有类似的游乐场地。1902 马萨诸塞的有轨电车系统拥有 31 个游乐场，其大部分都位于远离市中心的边缘地带，芝加哥人可在多条通向里弗赛德惊悚之旅的线路中从容选择；孟菲斯人可以坐越城电车去露天市场和东端公园。奥克兰的“硼砂王”史密斯及其地产辛迪加建了艾多拉公园来吸引乘客，这对于外出游玩路过其待售地产的潜在顾客当然也是一个诱惑。1903 年由加

① 随着 1920 年代使用汽车兜风的增加，夏天乘坐电车的人数下降了，电车公司开始依靠冬天的收入来弥补夏天的损失。爱德华·梅森(Edward S. Mason)：《马萨诸塞的电车铁路公司：一个产业的兴衰》(*The Street Railway in Massachusetts: The Rise and Decline of an Industry*)，第 116 页。

州出版协会为艾多拉公园所作的宣传小册子这样形容它:“奥克兰
113 最佳的剧院之一是艾多拉诸多主要胜景中的一个……美不胜收的茶园总是人头攒动。还有旋转木马、过山车、笑迎八方客的门廊以及十几处其他景点。”①这样的场景在其他公园也司空见惯。

有轨电车和经济活动的空间分布

在19世纪的大都市区,工业选址在很大程度上取决于汽船和铁路。只有在汽船和铁路交汇处,工厂才能够集中大量的煤——这是工厂的能源——和现代工业所必需的基本原材料。也只有通过铁路、水路接力,工厂才能够将其产品运到远方的市场。有轨电车并未影响这种平衡,但它使工人能够住到离工厂更远的居住区,上下班更加方便。这也为更多工厂创造了更为有利的条件,爱德华·普拉特(Edward Ewing Pratt)在其1911年的研究《纽约市人口集中的工业原因》(*Industrial Cause of Concentration of Population in New York City*)中,对这一点进行了探讨。②

① 加利福尼亚州出版协会:《今日加州》(*California Today*),伯克利,1903年,第3页。

② 关于这一主题最好的概述是K.H.谢弗(K. H. Schaeffer)、埃利奥特·斯克拉尔(Elliot Sclar):《所有人的通道:交通和城市增长》(*Access for All: Transportation and Urban Growth*),巴尔的摩,1975年。一项仔细而富有洞察力的个案研究是奥利维尔·祖兹(Olivier Zunz):《不平等面相的变化:1880—1920年底特律的城市化、工业发展和移民》(*The Changing Face of Inequality: Urbanization, Industrial Development, and Immigrants in Detroit, 1880 - 1920*),芝加哥,1982年,第94—101页。

随着19世纪末更多铁路线路的建成，货运线路的交汇点也越来越多。在这些节点上，新工厂的建设成为可能，越来越多的地区工业活动也离开了市中心。奥利维尔·祖兹(Oliver Zunz)对底特律的这种进程做了仔细记录，展现了1880—1920年这座汽车城的制造业是如何转移到了铁路交汇点的。有些公司继续沿袭过去的产业布局，仍在市中心，但那些需要大量空间和从事仓储活动的企业纷纷搬离了市中心，因为市中心已没有空间供其扩展业务。

大城市的中心商业区在电车时代长盛不衰。除了公共交通的电力化之外，还有其他促进集中的因素。在19世纪最后20年发展起来的钢架结构的摩天大楼，是高度集中城市最好的物质体现。如同电灯一样，电话、电梯的出现也使得生活于其中成为可能且不会无法忍受。但是，如果不提有轨电车系统，就无法理解1890—1950年大多数市中心的高度繁荣和活力四射。与铁路不同，有轨电车要穿越城市的心脏地带。其路轨像轮子上的辐条一样从市中心向外辐射，将边远的居住区与市中心连接起来。虽然偶有穿城
而过的线路或支线，但线路差不多总要通到下城，其造成的实际影 114
响是使大多数使用公共交通的人依赖于中心商务区。

百货商店的发展最能说明有轨电车与经济活动空间分布之间的关系。这种包罗万象的大型购物中心出现于内战前，其最著名者是亚历山大·斯图尔特(Alexander T. Stewart)在纽约建立的庞大的干货中心。到1870年，亚历山大已经积累了数百万美元的财富，在第五大道和第34街(横跨帝国大厦现址)建造了大别墅，其富丽堂皇程度堪称全美一流，他还发起了纽约加登城的郊区发

展规划。[①]

但是,若论最早与大百货商店崛起有关的人物,还要数费城的约翰·沃纳梅克(John Wanamaker)。1874 年,沃纳梅克在精心计算后,冒险在第 13 街和市场街购买了一个老旧的铁路货仓。尽管这座仓库比沃纳梅克的商业需要大得多,距离当时全市零售中心略远,但沃纳梅克决定还是赌一把。为了给其巨大的空间吸引顾客,沃纳梅克精辟地总结出四个由他倡导并在近年由其他人所完善的商业理念,即:低价而有竞争力的商品;管理有方的商场组织;不满意就全额退款政策;以及大规模的广告宣传。到 1900 年,沃纳梅克的商场已成为费城下城的商业中心。

如果没有一个有效率的交通系统,约翰·沃纳梅克及继踵而来的其他商业巨头——金贝尔(Gimbel)、里奇(Rich)、马库斯(Marcus)、哈得孙(Husdon)、戈德史密斯(Goldsmith)、伍德沃德(Woodward)、洛斯罗普(Lothrop)——是不可能成功的。把一批批购物者带到巨大售卖中心的是有轨电车,把他们载回家的还是有轨电车。百货商店的所有者知道,要将他们的商场开在最繁忙的交通线路的交叉处。在这些步行最方便到达的地点,其地价也最高。以 1910 年为例,仅芝加哥下城区区 0.5 平方英里的卢普区一地的地价,就相当于这个面积为 211 平方英里的大城市所有土地估价的 40%。公共交通使人们前往这些地点成为可能,这促成

① 加登城的规划已在第五章进行了论述。关于百货商店的起源,可以参见冈瑟·巴思(Gunther Barth):《城市居民:美国 19 世纪现代城市文化的兴起》(*City People: The Rise of Modern City Culture in Nineteenth-Century America*),芝加哥,1982 年,第 110—147 页。

了地价的上涨。①

世纪之交的郊区化

在 1888—1918 年的 30 年，汽车还是一个新鲜事物和有钱人的玩具，有轨电车则代表了交通技术中革命性的进步。从中心商务区向外辐射的轨道，打开了巨大的郊区环，使电车的时速快至 115
14 英里，这一速度比其所取代的有轨马车的速度快四倍。到 19 和 20 世纪之交，“新城市”作为美国城市社会的中心已经明显浮出水面，“新城市”的地域面积三倍于先前的步行城市，空间布局基于阶层和经济功能的分野。这种变化之所以能发生，有轨电车是关键因素。有轨电车到 1904 年是如此重要，其影响是如此无处不在，以至于发明者弗兰克·斯普拉格毫无愧言地宣布：“有轨电车已成为现代生活中最强有力的影响因素。”

① 关于这一主题最好的著作是霍默·霍伊特(Homer Hoyt)：《芝加哥百年地价：1830—1933 年芝加哥增长与其地价升值的关系》(*One Hundred Years of Land Values in Chicago*：*The Relationship of the Growth of Chicago to the Rise in Its Land Values*, *1830 - 1933*)，见于全书各处。

116 第七章　普通人买得起的住房

> 家庭是退隐安居之地……远离日常生活的纷扰、不快……在家里你可以将世界及其带来的创伤都关在门外。家是避风港，孩童尽可依赖它，而不是从中逃离……在家里，忧烦归于平静，疲惫的心灵得以重获力量与勇气。
>
> ——伊桑·艾伦(Ethan Allen)公司广告，1982 年

美国人对于电车欣然接受，不仅仅是对于速度和新奇的尊重，也不仅仅是扬基有喜爱最新、最复杂的新发明的传统，而是如乔尔·塔尔所说的那样，这种接受在很大程度上是对有轨电车之“道德影响”的期盼。在 1890 年，尽管一些社区的人口分散进程已持续了半个世纪之久，但许多地方的人口集中程度仍然高得吓人。在某些街区，比如曼哈顿移民集中的下东区，其人口集中程度当时正攀上升到有记录以来的最高水平。随着地价的抬升，将每一寸土地充分利用的诱惑是无法抗拒的。因为穷人直到 1890 年代还集中在市中心，那里对空间的需求最为强烈，在这寸土寸金之地勉强糊口的人实际上是生活在斗室之中的。占纽约地皮面积 90% 的“哑铃式”公寓声名狼藉，它局促狭小的房间挤进了 24 户家庭(不包括借宿者)，这些居民只能透过狭窄的天井看见巴掌大的一

块天，这仅是方便到达工作地点的市区地价飞涨的结果之一。[①]

解决这种问题显而易见的办法是把人口向位于郊区的开阔地 117
带和相对便宜的住房分散，有轨电车理所当然被视为解决过度拥挤的安全阀门。然而，不能指望工人阶级会欣然抓住这个机会，因为有些人似乎对他们租屋邻里拥挤的环境尚可忍受。正如《哈珀斯新月刊》(*Harper's New Monthly Magazine*)在1882年所写的那样：

> 对于无数租户而言，除非免费把他们搬迁到郊区并为他们付往还车费，否则他们是不会为了郊区整洁有序、有益健康的住宅而放弃肮脏破败、令人压抑的租屋的，尽管这些租屋让人望而却步，更难以企望道德和幸福。他们对自身悲催处境欲罢不能。[②]

不管怎样，大多数观察家还是视郊区为包治百病的良药，期望有那么一天价格低到哪怕最贫困的阶级都能在郊区拥有一套带有户外空间的住房。19世纪研究城市化的学界先驱阿德纳·韦伯(Adna Ferrin Weber)认为，电气化使"解决人口集中问题"成为可能，因为快速的公交系统"为这样一种希望提供了坚实的基础，

---

① 乔尔·塔尔(Joel A. Tarr)：《交通运输模式的创新与变动的空间模式：1850—1910年的匹兹堡》(Transportation Innovation and Changing Spatial Patterns: Pittsburg, 1850－1910)CMUTRI－TOP－72－06，匹兹堡，卡内基—梅隆大学交通研究院，1972年4月，该观点见于全书各处。正如第二章中所指出的，1860年之前，最大城市中的一般格局是分散，但以现在的标准来看，集中程度仍然高得惊人，在某些社区人口密度的增长一直持续到世纪之交。

② 《在纽约生活的问题》("The Problem of Living in New York")，《哈珀斯新月刊》(*Harper's New Monthly Magazine*)1882年11月第65期，第924页。

即因过度拥挤而产生的城市生活之不幸，可以在很大程度上被消除。"辛辛那提市长亨利·亨特(Henry T. Hunt)在1912年提议，通向郊区的更好的有轨电车线路通过分流内城人口将会减少疾病，降低死亡率，以及消除所有社会弊病。一位洛杉矶改革先驱在1907年注意到：

> 远在市区之外的分销地块的规划，使得大批工人可以买到便宜又满意的宅基地，他们可以建造自己的孟加拉式平房或加利福尼亚式住房……通过快速公交系统，工人阶级只需花5—7美分，30分钟的车程，就可以把家安在喧嚣的内城之外。这样，家庭的完整，社会学家的期望就都能得到满足。没有其他改善民生的工作可以比得上它。[①]

此言不谬。这自然也是安德鲁·唐宁的梦想，他在1840年代依靠快速的现代交通帮助"诚实工人"在郊区重新安居。在那里他们建造的小屋可以促进家庭稳定、心灵安宁，提高爱国主义情怀及道德品行。他，以及许多其他深谋远虑者的理念，并非是要复制欧洲那套房东少而租户多的经验。[②]

与欧陆旧世界相比，在美国取得住房所有权是很容易的。1838年在英国布里斯托尔(Bristol)的一项调查发现，平均每300

---

① 赞恩·米勒(Zane L. Miller)：《城市老板考克斯的辛辛那提：进步主义时代的城市政治》(*Boss Cox's Cincinnati: Urban Politics in the Progressive Era*)，第220—221页；达纳·巴特利特(Dana W. Bartlett)：《更好的城市：有关现代城市的一项社会学研究》(*The Better City: A Sociological Study of a Modern City*)，洛杉矶，1907年，第74页。

② 关于这一点的更多论述请参见第四章。

名手工工人中，只有一人拥有自己的住房。相反，在美国，即使最 118
底层的劳工也在住房拥有者之列。斯蒂芬·西恩斯特罗姆在其对社会流动性的开创性研究中，写道："对于工人阶级来说，不管他们在纽伯里波特待了多长时间，不动产都是显著存在的。"其报告指出，居留超过 20 年以上的，其住房自有率在 63%—78%。清偿这些并不昂贵的住房债务，是一项缓慢而又费钱的任务，且常常挤占子女的教育开支，但人们还是情愿购房而非租房。同样，奥利维尔·祖兹的研究显示 1900 年底特律有 55%的德裔移民、46%的爱尔兰人移民和 44%的波兰移民拥有自己的住房，这些住房统计数字的一个显著特点是移民的住房自有率甚至比中产阶级的美国本土白人还高。这一结论也可以从卡罗林和戈登·柯克(Cardyn and Gordon Krik)广泛而大量的研究中得到证实，他们对于 19 世纪与 20 世纪之交所有人口在 10 万以上的美国城市中拥有住房的一般模式的研究表明，移民的住房自有率在纽约的 11%和托莱多(Toledo)的 58%之间波动。美洲印第安人的住房自有率要低一些：在纽约的 15%和洛杉矶的 40%之间。的确，在不同城市和不同的种族群体之间，住房自有率的差异是巨大的，但从国际视角来看待这些数据，其最重要之处在于这不是一个美洲印第安人现象，也不是中产阶级现象，还不是城市现象，而是一个美国现象。[①] 而

① 斯蒂芬·西恩斯特罗姆(Stephan Thernstrom)：《贫穷与进步：一座 19 世纪城市的社会流动性》(*Poverty and Progress: Social Mobility in a Nineteenth Century City*)，坎布里奇，1964 年，第 115—122 页；奥利维尔·祖兹(Olivier Zunz)：《不平等面相的变化：1880—1920 年底特律的城市化、工业发展和移民》(*The Changing Face of Inequality: Urbanization, Industrial Development, and Immigrants in Detroit, 1880-1920*)，第 142—171 页。

且，除了其严格的宗教教规鼓励群居的正统犹太人和所遭遇的歧视远甚于其他少数族裔的黑人之外，所有的种族都向城市的边缘地带迁移，从而参与到了郊区化的进程中。[①]

有轨电车和郊区化

有轨电车在为普通人打开郊区大门方面居功至伟。萨姆·B.沃纳在其对波士顿的一项开创性研究中发现，从1870年代开始，由于电车线路的改进每10年就使城市向外扩张0.5—1.5英里。这也就是说，通勤方便的外围最远边界（通过公共交通系统而非蒸汽铁路）到市政厅的距离在1850年是2英里，到1900年已延长到6英里。所谓通勤方便，是指在一小时内可以往返一次的距离。[②]

马萨诸塞的梅德福可以说明这一趋势，它在1850年代是富有
119 的波士顿人建造消夏别墅的热门地点。随着到斯科拉广场的双轨电车线路的开通，这个安静的小镇逐渐引起了那些希望在郊区拥有永久住宅的“中产之家”的注意。梅德福的大块地产被分成了宅基地和街道，其人口从1900年的1.1万人增加到1905年的2.3

---

① 参见 托马斯·卡斯纳（Thomas Kessner）：《金门：1880—1915年纽约市的意大利移民和犹太移民的流动性》（*The Golden Door: Italian and Jewish Immigrant Mobility in New York City, 1880 - 1915*），纽约，1977年；以及德博拉·达什·穆尔（Deborah Dash Moore）：《以美国为家：纽约第二代犹太人》（*At Home in America: Second Generation New York Jews*），纽约，1981年。

② 小萨姆·巴斯·沃纳（Sam Bass Warner, Jr.）：《有轨电车的郊区——1870—1900年间波士顿的成长》（*Streetcar Suburbs: The Process of Growth in Boston, 1870 - 1900*），见于全书各处。

万人。[1]

推动人口外迁运动的诸因素中，有关有轨电车事业的两项政策尤为重要。其一是将有轨电车线路扩展到建成区之外的乡间。就像稍后会讨论到的那样，该项政策的实际效果在于它使外迁的家庭看到在他们住宅附近就有有轨电车这一方便的交通工具。

有轨电车公司的第二个重要政策是五美分票价制。欧洲的有轨电车系统立足于高票价而非大量的客流，坚持按区域收费——或根据距离远近来收费。与之不同，美国公司通常采用的是固定费用免费转车制，这鼓励家庭往郊区更便宜的地带迁移。因此廉价票制有助于这一社会目标的实现：即阻止人口集中、降低居住于公寓的必要性。

有轨电车促进人口外迁的通常模式是这样的。最初，有轨电车线路修到了城市之外早已存在的村庄，像华盛顿特区的德纳雷镇、芝加哥的海德公园、孟菲斯的艾都维尔德以及纽瓦克的维夸希克。随后，这些地区发展成为大的社区。其后，电车轨道实际上创造了居住社区，这些地方之前从未有人烟存在。1886 年，时任美国总统的格罗弗・克利夫兰在华盛顿特区威斯康星和康涅狄格大街之间的乔治敦东部买了一套房子，当时，那一带还是未开发的乡间，10 年后，有轨电车已使这里变成了欣欣向荣的克利夫兰公园。

公共交通和城市发展之间的关系，最能从小萨姆・沃纳的研究中得到证实。在考察了波士顿之后，沃纳发现亨利・惠特尼及

---

① 辛西娅・霍华德（Cynthia Howard）：《有轨电车通达的郊区之家：马萨诸塞梅德福房屋的历史和维护》（*Your House in the Streetcar Suburb: The History and Care of Houses in Medford, Massachusetts*），梅德福，1979 年。

其助手将乘客人数的无限增加视为利润的关键。最终，他们在波士顿的林恩和坎布里奇铺设了238英里的轨道。理论上来说，城市的地域越大，就有越多的人有确凿的理由需要乘车。[①]

这并不是说一条有轨电车线路本身就可以决定变化的速度；事实上，交通从来都只是影响发展的众多变量之一。然而，正如马克斯·福伦(Max Foran)在卡尔加里的例子中所证明的那样，电车轨道的存在是预测某地发展的风向标。他所考察的每个个案都表明，最受有预见性的建筑商欢迎的是那些靠近有轨电车线路的地段。地产和交通的这种关系，长期以来早已为学者们所注意。
120 1903年经济学家理查德·赫德(Richard Hurd)首次为这种相应关系建立了等式。他假设有轨电车更快的速度可以为所有乘客每人平均节省15分钟，这样在同样的时间里乘客就可以多走3英里。按照他的估算，像芝加哥这样的半圆形城市中，方圆3英里的范围内地产的增值为4.56亿美元。赫德的准确计算并不重要，但他将交通企业家熟稔于心而公众尚一知半解的情况提到了科学的高度。马萨诸塞的有轨电车委员会在1918年注意到："广为人知的事实是，那些周围有充足电车轨道设施的地产，比没有的更抢手，要价也更高。"[②]

---

① 小萨姆·巴斯·沃纳(Sam Bass Warner, Jr.)：《有轨电车的郊区——1870—1900年波士顿的成长》(*Streetcar Suburbs: The Process of Growth in Boston, 1870 - 1900*)，见于全书各处。

② 马克斯·弗兰(Max Foran)：《1884—1945年卡尔加里的土地开发模式》("Land Development Patterns in Calgary, 1884 - 1945")，载于艾伦·阿特伯斯(Alan F. J. Artibise)、吉尔伯特·斯泰尔特(Gilbert A. Stelter)编：《借鉴的城市经历：加拿大现代城市的规划和政治》(*The Usable Urban Past: Planning and Politics in the Modern Canadian City*)，第293—315页；理查德·赫德(Richard Hurd)：《城市地价原

有轨电车建设和郊区开发

美国地产投机和有轨电车线路的建设及线路选择之间的密切关系从以下这项考察中可窥其一斑。该项考察所针对的三个城市，它们的运输大亨对于其个人地产开发计划的兴趣要高过电车收费箱中的镍币。大亨们老早就知道，公共交通的通达可以为未开发的农田吸引潜在的通勤者，藉此可提升其价值。通过在公司办公室规划交通线路的方向和延伸长度，他们目标很明确，就是取得地产投机的利润。①

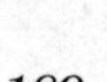

奥克兰

“硼砂王”史密斯（F. M.“Borax” Smith）就是这样一个著名

理》(*Principles of City Land Values*)，纽约，1903 年；以及爱德华·梅森(Edward S. Mason)：《马萨诸塞的电车铁路公司：一个产业的兴衰》(*The Street Railway in Massachusetts: The Rise and Decline of an Industry*)，第 194 页。赫德是律师按揭公司的主席和按揭债券公司的副主席。

① 埃德温·斯彭格勒(Edwin H. Spengler)：《纽约地价与交通设施之关系》(*Land Values in New York in Relation to Transit Facilities*)，纽约，1930 年；霍默·霍伊特(Homer Hoyt)：《芝加哥百年地价：1830—1933 年芝加哥增长与其地价升值的关系》(*One Hundred Years of Land Values in Chicago: The Relationship of the Growth of Chicago to the Rise in Its Land Values, 1830 - 1933*)；以及萨金特(C. S. Sargent)：《地产投机与城市形态学》(“Land Speculation and Urban Morphology”)，载于 J. 亚当斯(J. S. Adams)编：《城市政策制定与大都市区的演进：一项比较地理学研究》(*Urban Polic Making and Metropolitan Dynamics: A Comparative Geographical Analysis*)，坎布里奇，1976 年，第 21—56 页。

的投资商。早年他在靠经销硼砂积累了数百万美元的财富之后，于1893年买下了湾区东部好几家电车公司的控股权。在接下来的10年中，他陆续把另外一些公司也收入囊中，到1903年，他旗下的奥克兰公交公司的运营线路达到75英里，每年的载客量为3 000万人次。①

121 史密斯大力削减了电车公司的经营成本。起先，那些公司使用的路轨尺寸互不相同、彼此不能共享，光是一条街上，就有六种不同尺寸的路轨，更遑论会有一样的发电机了。史密斯取消了不赚钱的线路和经营权，特别是与已有线路相重合的部分，他还合并了八个先前在管理和财务上互相独立的公司，由此获得了规模效益。

史密斯的地产开发计划与其有轨电车的运营相伴相生。他在1895年与当地几位商人成立了地产辛迪加。该公司迅速投入了一项购地活动，他们的目标是从米尔斯学院到伯克利的一块1.3万英亩的未开发土地，以及距现有城镇较远的农场土地。这些地块可以待价而沽，等到城镇发展需要新的分销地块时，就可以出售了。史密斯的地产辛迪加将较大的地块分成小块的住房建筑用

---

① 达拉斯·斯麦思：《东湾城市本地和都市间交通经济史：特别关注史密斯开发的地产》（An Economic History of Local and Interurban Transportation in the East Bay Cities with Particular Reference to the Properties Developed by F. M. Smith），加州大学伯克利分校博士学位论文，1937年；托马斯·弗林（Thomas J. Flynn）：《1850—1930年奥克兰街道铁路公司和城市土地分销的关系》（The Relationship between Street Railways and Urban Land Subdivision：Oakland，1850－1930），研讨会论文，哥伦比亚大学，1972年；以及约翰·戴克斯特拉（John B. Dykstra）：《1850—1930年奥克兰城市发展史》（A History of the Physical Development of Oakland，1850－1930），州大学伯克利分校博士学位论文加，1967年。

1.在步行城市时代，哪怕富人之家的房子也没有院子，这一点可以从纽约东11街的联排住宅群看出。这些住房由同一位开发商在1845年建造，它们紧挨着街道，没有地界线，这在当时美国和欧洲的大城市是一个普遍的做法。

2.安德鲁·杰克逊·唐宁,在其短暂的一生中,发表过许多乡间小屋的设计方案。这张特别的照片虽然在某种程度上属于比较精美的住宅,但它表明了唐宁的坚定信念:对健康而幸福的家庭而言,最好的环境是一栋洒满阳光的惬意住房,周围有花园和绿树环绕。

3.19 世纪的印刷品、石版画和绘画在塑造广泛支持郊区生活的全国舆论方面是重要的元素。这张石版画由纳撒尼尔・柯里尔(Nathaniel Currier)制作于 1855 年，他在两年前开始了与詹姆斯・艾夫斯(James M. Ives)的长期合作。这张极受欢迎的石版画名为《美国乡村生活》，展现了美国乡村温情而理想的画面，很久以来，这种画面在美国随处可见。图片由国会图书馆提供。

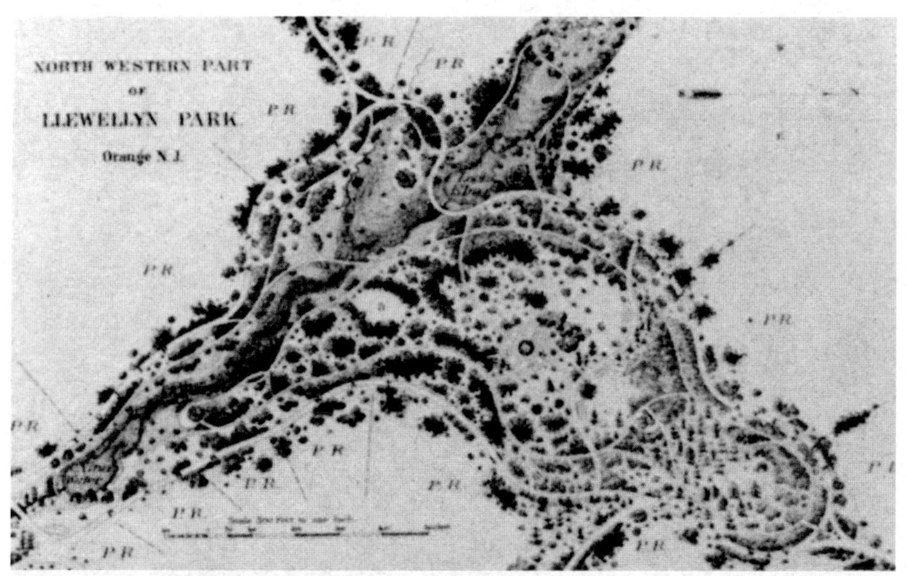

4.新泽西州洛维林公园城（Llewellyn Park）西北部的原始规划图。开发商采用曲线道路，以尽可能保持这里的自然之美。图片由卡罗尔·威利斯（Carol Willis）先生提供。

5. 自 1850 年代以来，新泽西州洛维林公园城的隐私和独立，是由这个门房来保护的，1985 年一家私人警察局保留了这个建筑，并将之用于 24 小时值守的执勤点。限制进入社区的理念只在为数不多的社区得到了采纳，其中在 1970 年之前的有纽约州的特克西多公园(Tuxedo Park)和布鲁克林的海门(Sea Gate)。然而，在最近几年，许多退休和休闲社区，包括在南部和西部一些非常富有的城镇，开始求助于洛维林公园城先前的门房，对受邀的客人进入社区进行限制。图片由卡罗尔·威利斯(Carol Willis)先生提供。

6.昂温茨亚俱乐部于1896年成立于伊利诺伊州的弗雷斯特湖,是在世纪之交使郊区生活时髦起来并为社会所接受的“乡村机构”的典型代表。确实,芝加哥的许多商界领袖都是该俱乐部的成员。图片来自哥伦比亚大学艾弗里建筑图书馆古茨藏品。

7.这张图片展示了 1920 年代纽约布朗克斯维尔的劳伦斯公园高尔夫俱乐部为其成员提供有同等社会地位人士陪伴的户外运动。高尔夫运动需要昂贵的运动装备和服装,广阔又善加保养的草地,以及有能力在白天完全脱离工作数个小时。因此它满足了索尔斯坦·维布伦(Thorstein Veblen)对“炫耀性消费”的所有要求。图片由劳伦斯投资公司提供。

8.郊区身份的首要特征是独立的邮局和村公所。在纽约布朗克斯维尔，这两个机构被设在图片正中间的这一栋建筑物中，该图片拍摄于1935年。尽管这个村子离布朗克斯和纽约只有几英里远，但它郑重其事地维护其独立地位，并努力争取而且也成功地保持了排他性地位。图片由劳伦斯投资公司提供。

9.这两张图片表现了美国和欧洲建筑技术的巨大差异。第一张图片于1976年摄于加州帕洛斯弗迪斯，从新近完成住房的背景中可以明显看出轻巧住房的建筑方法，它们都有2×4英寸的木墙骨柱作为核心。第二张图片摄于1981年西德科隆(Cologne)的一个郊区，也是建筑工地的场景，但完全没有木头。相反，和大多数欧洲其他民族一样，德国大量使用砖石建筑。

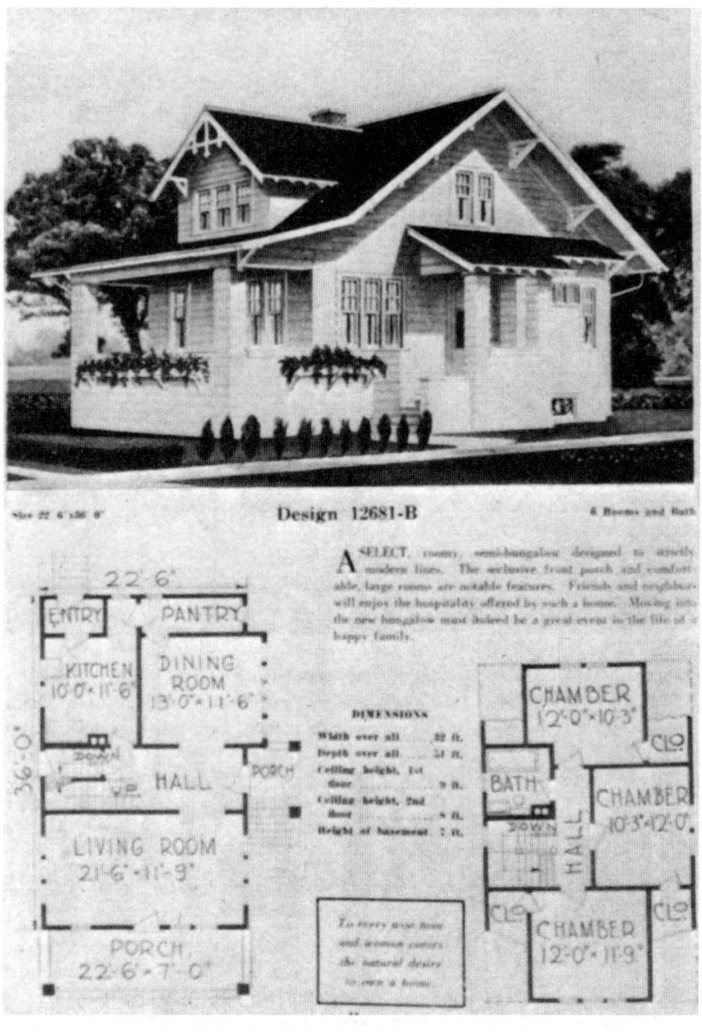

10. 这是一本 20 世纪早期的美国建筑模式手册，其读者可以从中选择不同价格的住房。每个范式都有一张按此模版建好的建筑图片，并配有内外尺寸的各个房间的示图。感兴趣的家庭可以以低至 5 美元的价格从出版商或建筑商那里为其家购买一个已完成的建筑规划。图片由卡罗尔·威利斯先生提供。

11.建筑模式手册为美国家庭提供了一种建造由建筑师设计的住房的廉价方式，而不用承担昂贵的设计费用和不确定性。这张选自罗得岛木材公司，题为“经济适用房”的图片是这些书的典型代表。图片由卡罗尔·威利斯先生提供。

12. 没有供水、电气设施、道路和下水道，美国的分销地块是不会发展到今天这种水平的。这是1924年布鲁克林建设下水道的场景，在欧洲大多数城市的郊区，同样的场面直到1950年代才出现。图片由纽约市档案和信息服务部市政档案馆提供。

地，并建造了一条只通到该地块的电车线路，绕过了其他地产商开发的地块。该地产辛迪加不光铺设街道、人行道、下水道，也为住房建筑商提供资金支持，当然这只针对资金雄厚的公司，不是常态性的做法。这样一来，电车能到的地方，就是该地产辛迪加所拥有的地块，通常成为中产阶级家庭的首选，如此一来，家里的“顶梁柱”就可以乘公共交通去奥克兰上班。[①]

房地产投资在史密斯的整个赚钱计划中占据最重要的位置，甚至他在1903年建造了一条名为金钥匙系统的通勤线路时，都没有想过要从中赚钱，只是有助于推升沿途地块价格。因为金钥匙系统恰好与南太平洋铁路在湾区的路段短兵相接，利益之争凸显，史密斯索性以他在其他事业上惯有的方式来推动地产的销售。他希望其地产辛迪加在地产上的盈利能够抵消经营金钥匙系统的损失。用史密斯手下一位高级经理的话说就是：“这两个公司（金钥匙和地产辛迪加）之间的关系就好比一条裤子左右口袋之间的关系。”

南太平洋铁路公司对史密斯来说不啻于庞然大物，他一厢情愿地希望这个主营长途运输业务的对手把通勤线路拱手让给他的公司。10年之内，金钥匙蒙受巨额亏损，其赤字在1913年最终超过了地产辛迪加的收入，史密斯也失去了对他一手缔造的这个帝国的控制。但史密斯这种经营方式的烙印会伴随奥克兰走完20

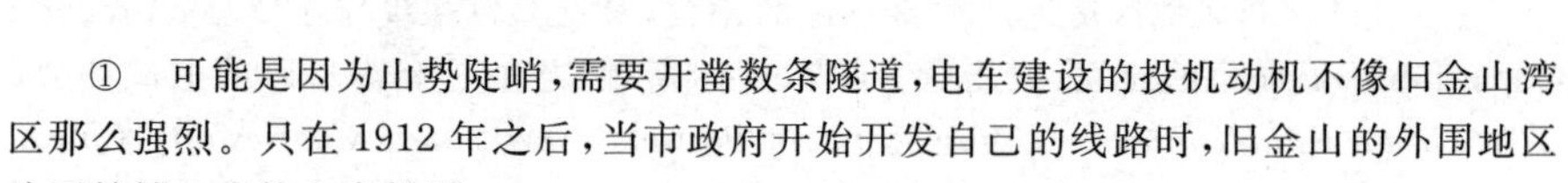

① 可能是因为山势陡峭，需要开凿数条隧道，电车建设的投机动机不像旧金山湾区那么强烈。只在1912年之后，当市政府开始开发自己的线路时，旧金山的外围地区才开始铺上有轨电车轨道。

世纪。[1]

洛杉矶

在有轨电车事业和地产开发的合流方面，洛杉矶是一个最好的例子。自1847年加利福尼亚北部被美国征服以来，地产投机就成了洛杉矶这个“天使之城”之传统的一部分。房产价格从1865
122 年到1866年翻了一番，到1868年又涨了五倍。同样的涨价过程在1880年代的铁路建设热潮中又再次上演，这部分得力于罗伯特·威蒂尼（Robert Maclay Widney）、弗朗西斯·坦普尔（Francis P. F. Temple）及其助手的作为：他们在1874年率先建造了一条有轨电车线路。洛杉矶的其他地产大亨很快跟进，建造了其他一些线路。尽管地价曾在1888—1889年暴跌，尽管洛杉矶县的房产缩水超过了1 400万美元，但公共交通大亨特别是摩西·谢尔曼（Moses H. Sherman）和伊莱·P. 克拉克（Eli P. Clark）在1890年代还是购进了更多的地产。[2]

洛杉矶最大的公共交通巨头是亨利·亨廷顿（Henry E. Huntington）。在19世纪和20世纪世纪之交，正当南太平洋铁路公司与奥克兰的硼砂王史密斯激烈角逐之时，亨廷顿作为该公司

---

① 南太平洋铁路公司最终将此案上诉至加州最高法院，史密斯的公交业和地产业之间的关系由此大白于世。

② 关于洛杉矶地区房地产财富起源的比较，参见弗雷德里克·贾赫（Frederic Cople Jaher）：《城市的建立：波士顿、纽约、查尔斯顿、芝加哥和洛杉矶的上流社会》（*The Urban Establishment: Upper Strata in Boston, New York, Charleston, Chicago, and Los Angeles*），厄巴纳，1982年。

的所有人之一、在南太平洋铁路以南600英里的地方，经营了一家地产兼营公交的企业，与硼砂王史密斯如出一辙。1890—1910年，亨廷顿将几条零星公交线路合并到他强大的太平洋电力轨道交通公司，并沿着洛杉矶盆地铺设了轨道，其范围从圣莫妮卡到圣贝纳迪诺，从帕萨迪纳到巴尔邦。这些线路在技术上被称为“城际铁路”，因为运行在这些线路上的电车比仅在一城之内行驶的电车更大，速度也更快。亨廷顿的“大红车”很快与它们摇摇摆摆、咔哒咔哒穿过的橘园一道为人所熟悉。①

与“硼砂王”一样，亨廷顿致力于短途客运；而他看重卖地甚于电车车票，这与史密斯如出一辙。不管怎么看，太平洋电力轨道交通公司的支线太多，赚不了大钱。认准了操纵房价是最好的生财之道，亨廷顿在1901年成立了一家地产公司（除了亨廷顿，这家公司还有摩西·谢尔曼、奥蒂斯以及稍后加入的亨利·钱德勒），来进行居民点的选址及筹建工作。他对周末公交的乘客群体进行了研究，以确定乘客喜欢的区域，然后就在那进行地产开发活动。先规划出长方形的街区，再在其上建造鳞次栉比的挂有风铃的住房，为了促进半沙漠地区的开发，亨廷顿甚至常常亏本经营水务公司。最重要的是，亨廷顿用堪称全国最好的公交系统将洛杉矶地区零零散散的城镇连接了起来，这是个人能力所能做到的极致，他开启

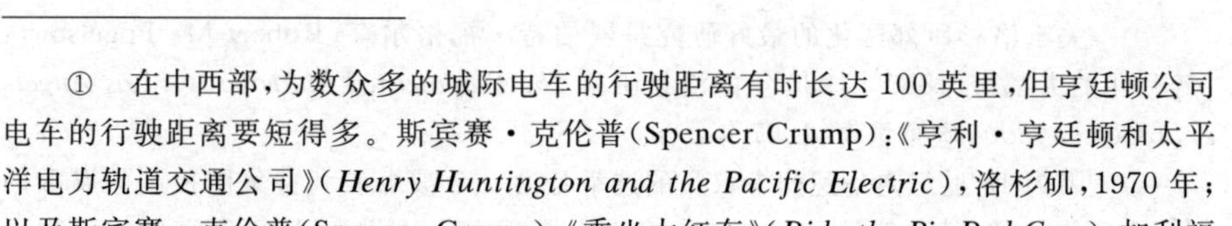

① 在中西部，为数众多的城际电车的行驶距离有时长达100英里，但亨廷顿公司电车的行驶距离要短得多。斯宾赛·克伦普(Spencer Crump)：《亨利·亨廷顿和太平洋电力轨道交通公司》(*Henry Huntington and the Pacific Electric*)，洛杉矶，1970年；以及斯宾赛·克伦普(Spencer Crump)：《乘坐大红车》(*Ride the Big Red Cars*)，加利福尼亚州，科斯塔梅萨，1962年。

了至今仍使游客如入云里雾中的南加利福尼亚城市蔓延的序幕。①

哥伦比亚特区

在北美大陆的另一端，一种更加千篇一律的郊区在首都华盛顿哥伦比亚特区附近逐渐形成，这是内华达州参议员弗朗西斯·
123 纽兰兹(Francis G. Newlands)智慧的结晶。纽兰兹是土生土长的华盛顿人氏，娶了富有的参议员威廉·沙伦(William Sharon，内华达州，1875—1881年)之女，他是发现有轨电车投机潜力的首批投资者之一。② 纽兰兹的梦想是将华盛顿的康涅狄格大道延长到马里兰州，以之作为高档郊区扩展的走廊。1888年他的切维蔡斯土地公司取得了特许状，他得以在该大道上经营有轨电车线路，该线路与华盛顿特区公交系统相连。参议员威廉·斯图尔特(William Morris Stewart)购买了纽兰兹公司首批发行的价值30万美元的股票，有他在国会的协助，纽兰兹不光拿到了一个运营有轨电车的条件优惠的章程，而且还为岩溪公园的修建做了准备工作。罗德里克·弗伦奇(Roderick S. French)注意到："该公园的存在提高了周围大量为切维蔡斯土地公司所有的地产的价值，但

① 关于洛杉矶郊区化的最好研究是罗伯特·福格尔森(Robert M. Fogelson)：《碎片化的大都市：1850—1930年的洛杉矶》(*The Fragmented Metropolis: Los Angeles, 1850－1930*)，坎布里奇，1967年。

② 因为19世纪内华达州参议员的选举是由一个被煤矿利益集团控制的腐败的州议会所支持的，其参议员只需在法律意义上属于内华达州公民，而不需要实际生活在内华达。

是，就像斯图尔特所直率表达的那样，此举同时也使市场上少了2 000英亩的土地。”[①]

同时，参议员纽兰兹及其助手们，其中最著名者是陆军上校乔治·阿姆斯(George Augustus Armes)和地产商爱德华·施特尔瓦格(Edward J. Stellwag)，一直在系统地，起初还是秘密地在铺设路轨的线路沿途购买尽可能多的农田。到 1890 年，他们已将1 712英亩的土地连为一体；有些土地所有者的要价太高，在纽兰兹看来不啻于牟取暴利，因而通过改变道路和电车运行的方向将这些土地绕开。这就是康涅狄格大道如今在切维蔡斯圈些许改变了方向的原因。

购地完成之后，参议员纽兰兹控制了康涅狄格大道这条线路；修筑了一条 150 英尺宽的路基，并尽量减少其坡度；然后将这条通衢大道转让给马里兰州和哥伦比亚特区。纽兰兹这么做很难说是出于博爱，而是因为他十分清楚这条魅力之路对于切维蔡斯的吸引力和通达性所具有的影响。

纽兰兹的目标是建造一片经过充分规划的居住区域，以作为首都华盛顿特区的“居住郊区”。切维蔡斯在典雅和规划方面是全国的楷模。在规划中，小路被摒弃，取而代之的宽阔的新街道也选取了得体的英格兰和苏格兰名字，甚至树木和灌木都经过精心挑

① 关于这一主题的最好史料是罗德里克·S.弗伦奇(Roderick S. French)：《1870—1900 年全国郊区运动背景下的切维蔡斯村》(“Chevy Chase Village in the Context of the National Suburban Movement, 1870 - 1900”)，《哥伦比亚历史学会档案》(*Records of the Columbia Historical Society*)1973—1974 年第 49 期，第 300—329 页。

选以展现时代最佳的风格和品位。第一块分销地块位于华盛顿特区边界线另一边的一块250英亩的土地之上，在1893年——这是萧条的一年——开放。纽兰兹说他想要的“就是这样一种社区，在那里每一栋住宅都能够展现所有者的一些个人特征”，但这种个性必须在非常明确的范围内，不能进行商业投资，不能办成出租公寓，以免破坏这里宁静的氛围。地块是在这样一种共识下出售的：康涅狄格大道上的房子没有低于5 000美元之下的，而小街巷里的
124 房子也都在3 000美元之上。个人房产必须至少有60英尺宽，距街道至少25英尺。为了让潜在的土地购买商了解这一设想中的非凡理念，该土地公司自己建了首批四套住房，以为示范。

虽然大部分有轨电车郊区要么是无产阶级的形象，要么是中产阶级的面貌，但参议员纽兰兹还是为切维蔡斯营造了一种与二者不同的氛围。相比于快速增长，纽兰兹更注重品质，因而他没有创建速成式郊区；切维蔡斯在1900年只有50户人家，那一年电车线路的开通使人们可在35分钟内从切维蔡斯赶到白宫。虽然切维蔡斯在20世纪上半叶获得了巨大增长，但很长一段时间内，它仍然是受到严格控制的、有高收入的美国人的一方领地。

因为对公共交通之于土地价值的影响有共同的认知，“硼砂王”史密斯和亨利·亨廷顿以及弗朗西斯·纽兰兹产生了联系。这三位都用有轨电车为其开发的地产吸引顾客，都自称是在民主社会最好的传统下以独立企业家的身份在经营。但实际上，为了达到使用公共街道，获得特许经营权的私人目的，他们无不千方百计操纵政府部门，并设法获得政治上的偏袒。

尽管少有人对美国郊区发展过程中这种政治和商业上你中有

我我中有你的现象提出质疑，但这样的现象是美国特有的。在英国和欧洲大陆，交通线路的运营者是不能参与其线路沿线的地产投资的，而且议会也不会对地产投资者授予电车线路的特许经营权。相反，在美国就没有这样的限制，为此，不少企业家发现可以随着公共交通的发展在其沿线的地产上快速获利。哪怕是在小开发商主导郊区住宅开发的波士顿，其地产开发的进程也受到了交通开发自我利益驱动的促进，在规模巨大的波士顿有轨电车系统的合并中，布鲁克兰的地产投机大亨亨利·惠特尼（Henry Whitney），凭借其提前得知毕肯街电车线路规划和布局的信息，他的西端土地公司以土地真正价格的一小部分买下了电车线路右侧的农田。所有权转移完成后，这些地块就可以出售，西端铁路公司将愿意入住的顾客带到了郊区。[①]

轻捷骨架结构住房

史密斯、亨廷顿和纽兰兹的方案之所以能够成功，是因为一种革命性的住房建设新方法的出现。确实，在使中等收入家庭，甚至 125
经济地位更边缘的家庭能买得起私人住房方面，轻巧住房的作用与公共交通一样重要。早先，殖民地最早的欧洲殖民者，没有多少复杂的工具或机器，哪怕与他们抛在身后的欧洲大陆的住房相比，他们当时的住房结构标准也是低档的。及至 1650 年，殖民地引进

① 小萨姆·巴斯·沃纳（Sam Bass Warner, Jr.）：《有轨电车的郊区——1870—1900 年间波士顿的成长》（*Streetcar Suburbs: The Process of Growth in Boston, 1870－1900*），见于全书各处。

了双人大锯和其他精密工具，此时，重型木结构住房是环大西洋沿岸城镇主要的建筑形式。这种家居建筑几乎与中世纪时期的一模一样，从殖民地时期直到1840年都还很常见。相反，17世纪的英国人对于手工劈凿原木、转角处以卯榫形式连接的实心木墙还是闻所未闻的。原木小屋，形成于北欧青铜时代的森林文化，是斯堪的纳维亚、芬兰和德国殖民者民族文化的一部分，最初仅流行于特拉华和新泽西州。它以鲜明的外观，在早期美国的荒野上，最终成为典型的樵夫之家，并扩展到北美大陆的大部分地方。[①]

更传统的新英格兰住房结构，也是殖民地最为常见的，一般是由栎木（栎木是一种有极大强度的硬木材，很重）筑成，附之以立柱和横梁的建筑方法。这意味着建筑物的重量都落在厚实的横梁上，而横梁则靠粗壮的立柱来支撑。被称作“斜拉条”的横木被用于各个结合部来增强住房的稳固性，木材或用斧劈，或用锯锯，制成长方形，用一个直接对接节点相互连接，之后也有采用橡木销或手工锻造的钉子的卯榫节点的连接方式。换言之，8×8英寸截面的重木梁在两端要进行相应加工以便与相邻的梁连接。一般情况下，先将各个组成部分堆在地上，再将相应的部分抬高到一定的位置进行组合，以形成稳定的结构，该结构可以支撑建筑物的其他部分。整个过程完成后，一座坚固耐久的房子就建成了。

① 原木小屋不能算是框架结构，因为这种房屋本身是靠墙来支撑的。卡尔·康迪特（Carl W. Condit）：《19世纪美国建筑艺术》（*American Building Art*：*The Nineteenth Century*），纽约，1960年，第10—13页；以及埃托雷·凯买斯卡斯卡（Ettore Camescasca）：《住房史》（*History of the House*），伊莎贝尔·奎格利（Isabel Quigley）译，纽约，1971年。

这种建造住房的方法简便且牢靠，殖民者十分受用，但沉重的木结构也有很多缺点。它的名字就暗示了其最大的缺点：沉重的立柱和横梁十分笨重，在建造时需要大量劳力。另外，专业的卯榫和木工技术虽然在原理上并不复杂，但实际操作起来却不容易，需要专门的知识，这样，住房的建造就受制于是否有熟练的工匠。[①]

在 1883 年新兴的芝加哥，出现了一种从根本上改变美国建筑面貌的建筑方式，芝加哥后来成为重大的美式建筑创新——摩天 126
大楼和草原式住房——的诞生地。尽管最初被揶揄为“轻巧住房”，但正是这种建筑方式使得郊区社区的发展成为可能，在接下来的 150 年里，美国人口增长的绝大多数将会进入这样的郊区。哪怕在今天，欧洲仍然主要用外部的石墙来支撑墙和屋顶，而美国的各类房屋——砖房、灰泥房、木房或石头房——无不使用内部的木架构来作为房屋的主要支撑物。[②]

始终不渝地支持西部移民的索伦·鲁滨逊（Solon Robinson），将发明轻巧房屋的殊荣给予了乔治·斯诺（George W. Snow, 1797—1870），此人是早期芝加哥的一个万事通，拥有一家木材工场。新近，克里斯托弗·滕纳德（Christopher Tunnard）和亨利·里德（Henry Hope Reed）则认为此项荣耀应属于木工建筑师奥古斯丁·泰勒（Augustine Deodat Taylor）。然而，两种说法

① 关于这一主题的出色研究是玛丽·弗利（Mary Mix Foley）：《美国住房》（*The American House*），纽约，1980 年，第 10—13 页；还可参见艾博特·卡明（Abbott Lowell Cummings）：《1625—1725 年马萨诸塞湾的结构住房》（*The Framed Houses of Massachusetts Bay*, 1625 - 1725），坎布里奇，1979 年。

② 美国在 1976 年时，有超过 92% 的独户住宅和超过 85% 的现有住宅都是轻巧房屋。轻巧房屋在加拿大不太常见，在墨西哥则基本不为人所知。

都认为，采用新建筑方法建造的第一栋建筑物是圣玛丽天主教堂，这是该教派在风城的第一座教堂。[①]

轻巧房屋先在芝加哥得到广泛应用，然后是俄亥俄河谷，最后传到了人口稠密的东部，它在东部被称为芝加哥建筑。其特征是采用了 2×4(相当于国际单位的 38×140[单位名称]——译者注)小尺寸截面的墙骨柱，然后用钉子进行连接。这样对于用卯榫连接的重木梁和柱子来说，每个部位的应力都是顺着木材传递的(即顺着木纹方向)。这种建造耐用住宅的简易方法像搭盒子，完全摒弃了新英格兰斜撑框架体积庞大的零部件。不像重型木结构住房，轻巧房屋不需要沉重的角柱来保持稳固，它横向和纵向都保持了整体性，足以抵挡强风。房屋的重量由彼此间隔 16 英尺、矗立于地板上的 2×4 英寸的立柱承载，起到类似于平台的作用。通过将压力分散到大量尺寸不一的木板上，轻巧房屋的韧度远远超过了木墙骨柱的承载力。不需要太多的木工技能就可以将墙体在地面上搭建成型，然后提升至所需高度。

轻巧住房使建造住房只需一些基本的人工和技术，只要两个人足以完成，而且完成得更快，相比之下，重型木结构需要 20 人来完成。对于美国的城市工人来说，建造自己的住房确实相当普遍，

---

① 纽约《论坛》(*Forume*)1985 年 1 月 18 日，转引自西格弗里德·吉迪恩(Sigfried Giedion)：《空间、时间和建筑：一种新传统的成长》(*Space, Time and Architecture, The Growth of a New Tradition*)，坎布里奇，1967 年，第 348 页；克里斯托弗·滕纳德(Christopher Tunnard)、亨利·里德(Henry Hope Reed)：《美国天际线：美国城镇的增长和结构》(*American Skyline: The Growth and Form of Our Cities and Towns*)，波士顿，1953 年。卡尔·康迪特也将此项发明归功于奥古斯丁·泰勒。

这在欧洲城市基本上是不可能的。这部分说明了柯克斯(Kirks)和奥利维尔· 祖兹的发现:许多低收入移民群体的住房自有率和比其更富有的美国白人一样高,在底特律甚至高于美国白人。移民亲手建造自己的房子,而本地精英则雇用专业的施工人员和木匠来为其建造更精美的住宅。[①]

轻巧住房的成功在于其广泛使用工业钉,彻底摒弃了复杂的卯榫结构。1817 年以前,钉子都是手工制成且价格不菲(1825 年时每磅 25 美分),即便引入了改良后的制钉机,钉子的使用也受到传统(观念)的制约:人们认为钉子不能将横梁固定到位。但轻巧住房在风雨中屹立不倒,证明了工业钉的强韧性和耐久性。工业钉并不昂贵,其价格只有老式锻铁钉的 15%。[②] 127

住房建造在一代人的时间就由一门专业技艺转变为一个产业。随着新式交通的发展使得通勤更加方便,土地投机商在城市边缘地带购买了大片农田,并将它们分成小块。然后单个家庭和小承包商按照普遍样式建造住房。企业家开发了可以运到全国任何一个铁路站点的成套工具,建房工人不必再将其墙骨柱加工到适合的尺寸,直接用现成的就可以。他唯一的任务就是按照建房指南来组建住房。到 1872 年,住房预制件商铺面世,全套住房组

① 奥利维尔·祖兹(Olivier Zunz):《不平等面相的变化:1880—1920 年底特律的城市化、工业发展和移民》(*The Changing Face of Inequality: Urbanization, Industrial Development, and Immigrants in Detroit, 1880 - 1920*),第 153—177 页。

② 西格弗里德·吉迪恩(Sigfried Giedion):《空间、时间和建筑:一种新传统的成长》(*Space, Time and Architecture, The Growth of a New Tradition*),第 347—349 页。

件一应俱全，包括门窗。[①]

差不多与此同时，由安德鲁·唐宁的《乡村别墅建筑》（*The Architecture of Country Houses*）（1850）、杰维斯·惠勒的（Gervase Wheeler）《普通人的住房》（*Houses for the People*）（1855）、卡尔弗特·沃克斯的《别墅与农舍》（*Villas and Collages*）（1857），以及亨利·休斯顿·霍利（Henry Hudson Holly）的《乡村宅邸》（*Country Seats*）（1866）倡导下，杂志和模式手册开始刊载住房建筑的内容供人们参照。以《古迪女性指南》（*Godey' s Lady' s Book*）杂志为例，它在1846—1898年出版了450套左右住房设计示范。1876年前其他成功的住房建设示范类图书作者和编辑有威廉·兰莱特（William Ranlet，1806—1865）、塞缪尔·斯隆（Samuel Sloan，1815—1884）、乔治·伍德沃德（George Woodward，1829—1905），以及阿莫斯·比克内尔（Amos Bicknell）。大部分人视其著作为一种赢得专业建筑师口碑的渠道。有一段时间，建筑师和建筑工人之间少有严格的区分，至少在公众眼里如此，文学作品可以将建筑师富有教养和有学识的从业者形象凸显出来，一本兼具历史风格和原创设计的建筑模式手册会赋予其作者某种权威性。建筑工指南的主要内容为用刻度精确标出的装饰和结构细节，与之不同，模时手册几乎全是郊区和乡村住房的设计样式。因为首要考虑的是住房整体及其与周围自然环境的协调，模式手册提供的设计样式采用透视画法。这类书籍主要面向非专

① 詹姆斯·桑德斯（James Sanders）：《我们曾经住在框架结构中：美国的木构架住房》（We've Been Framed: The History of the Wood Frame House in the United States），哥伦比亚大学研讨会论文，1976年。

业读者，他们难以用建筑工指南手册上常见的细节、规划和立视图来描摹出一座房子的形象。[①]

不管其作者的意图如何，模式手册强化了公众的一种想法：在 128
家庭预算中留出给建筑师的费用既多余又奢侈。详尽的劳工、原料明细单和精确的成本估计也反映出如是观点。潜在的建房者可以按照标准样式来建造，再加上任何他们想要的变化即可。随着《住宅与花园》(*House and Garden*)之类的出版物创刊，新式样以更快的速度席卷全美。其结果是独一无二的郊区建筑风格形成，它把人们对无佣人家庭生活的要求与独立、隐私的理想融为一体。郊区住宅在经济上并不与土地绑在一起，这与农场住房、庄园宅第不同。不管采用东部的木瓦或殖民地风格还是西部的传教风格，郊区住宅都提供了一种努力将城市规则带往乡村的视觉范例。如此一来，就开启了美国的一项传统：大部分住房由建筑工人按照图纸的规划建造而成。

① 杰维斯·惠勒(Gervase Wheeler)：《郊区和乡村的普通人住房：适应了美国气候和需求的乡间别墅、宅邸和村舍，附有如何改变和重塑老建筑的实例》(*Homes for the People, in Suburb and Country: The Villa, the Mansion and the Cottage, Adapted to American Climate and Wants. With Examples Showing How to Alter and Remodel Old Buildings*)，纽约，1855 年。也遵循了同一传统，但重点不在轻巧住宅的研究有爱德华·肖(Edward Shaw)《乡村建筑》(*Rural Architecture*)(1843)、安德鲁·唐宁(Andrew Jackson Downing)《乡舍住宅》(*Cottage Residence*)(1842)以及亚历山大·杰克逊·戴维斯(Alexander Jackson Davis)《乡村住宅》(*Rural Residences*)(1842)。早期的指南书像阿谢尔·本杰明(Asher Benjamin)《美国建筑工人门》(*The American Builder's Companion*)(1827)、米纳德·利菲弗(Minard Lefever)《现代建筑工指南》(*The Modern Builder's Guide*)(1833)，突出了希腊复兴风格的细节。关于此类著作的最佳概览式研究是玛丽·伍兹(Mary Norman Woods)：《1876—1907 年美国建筑和工程新闻》(The American Architect and Building News, 1876 - 1907)，哥伦比亚大学博士学位论文，1982 年，第 22—28 页。

在欧洲，建筑方法一成不变，住房自有率徘徊不前，恩格斯一再告诫人们，这样最符合工人阶级的利益。在他写于 1872 年的《论住房问题》中，他以工作尚不足以填饱肚皮、只能拥有德国乡村小屋的农民为例这样评论说："对于大城市工人说来，迁徙自由是首要的生活条件，而房地产对于他们只能是一种枷锁。如果让他们拥有自己的住房，等于把他们重新束缚在土地上，那就是破坏他们反抗工厂主压低工资的力量。"①

然而，在美国，随着全国各地的城镇都采用了轻巧住房，随着许多以前买不起独立住房的人现在也买得起，乡村的面貌发生了改变。正如索伦·鲁滨逊（Solon Robinson）在 1855 年对一群纽约人所说的那样："如果不是因为轻巧住房，芝加哥和旧金山永远不可能像它们现在这样在一年之内从小村庄崛起为大城市。"对美国而言，这一新的建造方法和低密度郊区本身一样，都是独一无二的。②

廉价土地/高工资

美国快速的郊区化不能孤立地从人民的物质富足和土地的充裕来看。到 19 世纪中叶，美国俨然是一个"富裕民族"。不管工人
129 工资水平如何低，都比世界上其他任何地方工人的工资要高；从地

① 弗里德里希·恩格斯（Friedrich Engels）：《论住房问题》（*The Housing Question*），纽约，1872 年，第 18 页。

② 《路易斯维尔信使报》（*Louisville Courier Journal*）1871 年 4 月 18 日；以及克里斯托弗·滕纳德（Christopher Tunnard）、亨利·里德（Henry Hope Reed）：《美国天际线：美国城镇的增长和结构》（*American Skyline: The Growth and Form of Our Cities and Towns*），第 69 页。

理上来看，人均未开发的土地量也是惊人的。加拿大、澳大利亚、俄罗斯与美国的面积差不多大，但其国土有很大部分要么是寸草不生的沙漠，要么是寒冷的冰冻地带。相反，美国国土由大量茂密的森林或草原组成，其大部分是宜居之地。与世界上其他国家相比，北美的地产业几乎是不受自然限制的。

在城市地区，特别是正开发的郊区，以国际标准来看，把这些土地转化成房地产土地是很便宜的。适宜建房地块的平均价格在各城市间变化很大，但1900年前，超过500美元就算高的了，150美元是比较常见的。销售对象通常是“小人物”，属于工人阶级的职员、技工、希望为其家庭争取更多安全和空间的勤勉商人，以及对土地价格轻微波动很敏感的人。1871年4月18日，《路易斯维尔信使报》（*Louisville Courier Journal*）为莫里斯和索斯威克公司做的一份广告这样写道：

50 美元，一个地块

> 每个地块50美元，现款首付，剩余款项可在一年到五年内付清。欢迎各界人士，特别是能将自己的一半收入用于租房的职员、技工、劳工等购买。

机会就在眼前，不宜错过

> 几年后，你就可以摆脱房租和敲骨吸髓的房东。

经济适用房既是美国幅员广阔的结果，也是快速公共交通发展的结果。之所以如此，是因为有轨电车将几何学原理发挥到了如此程度：城区面积的增长是以市中心为圆点的半径距离的平方。因此，只要将半径延长一倍，可开发的土地面积就扩大至原来的四倍。从经济学角度来看，随着到市中心距离的增加，交通边际成本的上升不如地价降得快。换言之，对于可承受通勤费用的中产阶级家庭来说，最实惠的住房选择就是向外搬迁。

地价的相对便宜，从持续的农业萧条中获益甚巨，特别是阿波马托克斯(Appommatox，弗吉尼亚州城镇，美国内战的受降仪式在这里举行——译者注)在农业萧条之后的30年更是如此。1865—1896年，大部分商品的实际价格下降了，而农民的花费越来越多、收入越来越少。这意味着，用于农业生产的土地，其价值
130 当时正在下降，而同时，在城市通勤范围内的居住用地正变得炙手可热。因此，在大社区的边缘地带，只有对其土地用于房地产开发的潜在价值视而不见，将其用于农业经济才是说得通的。大部分农民作出了理性的回应，最后卖掉了土地：或卖给投机商，或卖给个人。不管卖给了谁，郊区地产总量的增加满足了市场的需求。

内战前住房贷款协会的出现也加速了土地转换的进程。早在1860年之前，地产商就推出了“长信贷低利率”，长信贷是指票据可在6年内付清，低利率是指半年期利率为6%。住房贷款协会方便了贷款活动的进行。该协会最初于1831年组建于费城，拥有中等收入的个人可将其资金以入股的形式存到该协会，最终以低利率从该协会借得同样份额的资金。此类贷款合同的关键部分是协会为个人提供一种还款方案。

大部分住房贷款协会——到1874年仅费城就有400家——极其偏爱位于郊区的小型轻巧住房，那里的住房价格一般在1 000美元到4 500美元。尽管这类协会在中西部不那么普遍，但路易斯

维尔到 1875 年有 13 家,至 1892 年已有 18 家以上。住房贷款协会滋养了这样一种观念:体面人家可以而且应当购买自己的住房,中产阶级可以从这类私人房产机构中受益。[①]

1916 年以前,国会禁止商业银行为购买房产者提供长期贷款,因此储蓄贷款协会的作用在 19 世纪尤其重要。从 1890 年代开始,储蓄贷款协会开始谨慎地给非营利性住宅房产提供少量的短期按揭,到 1915 年,大部分重要银行都已成立了地产部。尽管他们行动保守,很少为建筑商提供大额贷款,但一战期间这种政策上的转变刺激了郊区化的进程,帮助许多家庭成为房产所有者。[②]

郊区服务的供应

新式的轻巧住房社区通常与关键服务设施的建立相伴相生。

① 《勤勉之人的住房》("Homes for the Industrious"),《路易斯维尔信使报》(*Louisville Courier Journal*)1861 年 9 月 3 日;以及约翰·F. 萨瑟兰(John F. Sutherland):《城市住宅中为穷人建造的住房:世纪之交的费城》("Housing the Poor in the City of Homes: Philadelphia at the Turn of the Century"),载于艾伦·戴维斯(Allen F. Davis)、马克·哈勒(Mark H. Haller)编:《费城人民:1790—1940 年的种族群体和下层社会生活史》(*The Peoples of Philadelphia: A History of Ethnic Groups and Lower-Class Life, 1790 - 1940*),费城,1973 年,第 176—179 页。在纽约市和布鲁克林,高地价阻止了用于私人建筑的储蓄、贷款的有效利用,在 1888 年只有 48 个住房贷款协会。奥利维尔·祖兹也写过底特律在 1896 年也只有 4 家这样的协会,这些协会并不直接由工人阶级控制。奥利维尔·祖兹(Olivier Zunz):《不平等面相的变化:1880—1920 年底特律的城市化、工业发展和移民》(*The Changing Face of Inequality: Urbanization, Industrial Development, and Immigrants in Detroit, 1880 - 1920*),第 162—163 页。关于这一主题最佳的综合研究是霍勒斯·拉塞尔(Horace Russell):《储蓄和贷款协会》(*Saving and Loan Associations*),纽约,第二版,1960 年。

② 新政以前对于住房的资助会在第十二章中进行论述。

131 在移民社区，为了降低税收，设施的改进常常受到抑制；在其他社区，大量用于道路、下水道、路灯、围栏和排水沟、操场、学校的公共投资都是增长所必需的，地产广告也常常强调其所拥有的城市设施的先进。举例来说，下水道对于大部分美国本土白人社区来说是绝对重要的，它们通常由公共工程部而非开发商来修建，特别是在1890年代之后。不光这样的设施改善由纳税人负担，而且带来诸多不便的郊区低密度蔓延也由纳税人买单。[①]

这一点从街道的铺设中可见一斑。在内战之前，只有当一定比例(通常是3/4)的业主就公用道路向城市提出申请时，市政府才着手进行街道的铺设和加宽工作。“毗邻和受到直接影响的业主”支付特定的款项来支持这样的改进工作。市政府作用有限：何时以及如何铺设这类基本的决定都是由私人作出的。因为街道修成后，最可能从其地产的增值中获益的就是这些业主，所以该体系有一定的逻辑合理性。对于工人阶级业主来说，铺设街道往往面临资金难题，他们只好将之推迟。

然而，另一种融资方法在19世纪的最后十年变得更为普遍，即：将改善郊区街道的工作完全纳入市政工作。就像有轨马车线路使得中上等收入家庭从下城迁出一样，郊区居民也向城市施加

① 乔恩·彼得森(Jon A. Peterson)：《1840—1890年公共卫生改革对美国城市规划的影响》(“The Impact of Sanitary Reform upon American Urban Planning, 1840-1890”)，《社会史期刊》(*Journal of Social History*)1979年秋第8期，第83—103页；以及哈罗德·普拉特(Harold L. Platt)：《新南部的城市建筑：1830—1915年得克萨斯州休斯敦公共服务的增长》(*City Building in the New South: The Growth of Public Services in Houston, Texas, 1830-1915*)，费城，1983年。

着越来越大的压力，他们要求以公共支出建造方便舒适的道路。到 1890 年代，设计类出版物预测，那些由城市出资修建、铺设良好的道路，会降低货运费用，因而会鼓励新企业的创办并降低税率。改革者坚信郊区化及其带来的住房改善会缓解租屋区的社会问题，因此，也加入到了改善道路的大合唱之中。到 1900 年，这一转变产生了效果。街道管理的集中化意味着全体市民补贴了那些迁往郊区的人。[1]

租屋法令是另一个例子。1867 年、1879 年和 1901 年的纽约城市法令带动全国出台了类似的措施，它们在改善移民社区状况方面并未达到预期效果，当然布鲁克林和布朗克斯的新开发地区并未重蹈覆辙。重要的《1901 年法令》中涉及灯光、通风、防火和卫生间的要求不容易在下东区和哈莱姆拥挤的建筑中实施，但在新建筑中，则可以得到贯彻。

建造学校和下水道的方法展示了与在郊区创建最佳环境相同 132
的模式，如果必要，可以向全体市民征税为其筹资。比如霍华德·普雷斯顿（Howard L. Preston）用一个例子证明了这种方式，在该事例中，亚特兰大的所有市民，其中黑人占了三分之一，补贴了未建制的富尔顿县所必需的市政服务，而该县居民大部分是白人，整体上更有能力支付学校、治安和街道维护的费用。普雷斯顿发现，1937 年征收的地方税收中用于郊区公立学校费用的 50%以上是由亚特兰大的纳税人支付的。在富尔顿县未建制的其他地区，

① 例如，纽约州议会在 1869 年通过法律，允许纽约市为街道的铺设支付一半费用。

高速公路养护、医保费用,以及警察支出也是同样的情况。[①]

20世纪,电器和中央供热系统成为美国中产阶级家庭的必需品,拥有电灯、供热和能源成为郊区生活的先决条件。在正式破土动工之前,私人公用事业公司的扩张主义政策已经将能源和下水道线路铺到了新开发的分销地块,说明郊区化进程不会因为基本服务的缺失而受到阻碍。正相反,照明和能源的供应促成了城市岛的形成:首先是产业的;其次是使用煤、木材、石油和冰块生活的工人阶级;最后是住在郊区的富有居民,他们享有天然气和电气化的厨房。这种模式和德国、法国以及英国形成鲜明对比,在这几个国家,郊区的公共事业线路直到1950年代才出现,即使那时也只是星星点点地出现。[②]

个人努力与拥有住房

廉价的土地、省钱的建筑方法、有利的郊区税收政策以及公用事业公司的快速扩张尚不能完全解释美国城市的高住房自有率现象。19世纪的最后25年,在准备拍卖的待售土地上,即使是劳工

---

① 霍华德·普雷斯顿(Howard L. Preston):《汽车时代的亚特兰大:1900—1935年一个南部大都市的形成》(*Automobile Age Atlanta: The Making of a Southern Metropolis, 1900 - 1935*),佐治亚州,阿森斯市,1979年。

② 马克·罗斯(Mark H. Rose)、约翰·克拉克(John G. Clark):《光、热、动力》("Light, Heat, and Power"),《城市史杂志》(*Journal of Urban History*)1979年第5期,第340—364页;以及马克·罗斯(Mark H. Rose):《城市环境和技术创新:1900—1940年丹佛和堪萨斯城的能源选择》("Urban Environments and Technological Innovation: Energy Choices in Denver and Kansas City, 1900 - 1940"),《技术和文化》(*Technology and Culture*)1984年7月第20期,第503—539页。

阶层，也可以免费乘坐有轨马车、享受免费午餐和娱乐。来自意大利皮德蒙特、伦巴第，荷兰，德国和爱尔兰的移民在“拥有一块土地”和“拥有自己的住房”的口号下，在有轨电车线路两侧建起了朴实的住房。他们渴望拥有带花园的独栋住房，也确确实实得到了，而这在欧洲大陆的旧世界是遥不可及的。

正如奥利维尔·祖兹（Olivier Zunz）、罗杰·西蒙（Roger Simon）和斯蒂芬·西恩斯特罗姆（Stephan Thernstrom）指出的那样，移民群体的住房自有率与本土美国人持平或更高，是因为他们 133
付出了异乎寻常的个人和家庭的牺牲。正如西蒙在密尔沃基市第14区所证明的那样，新来的波兰移民有意推迟铺设街道和修建下水道的支出，急急忙忙把一楼或地下室出租，不求闲暇和物质享受，以便能够购买普通的孟加拉平房。在西蒙看来，他们根据自身需要打造物质环境，他这样说道：“新的住房贷款和公共政策给定了一个轻重缓急的顺序，在其中，财务安全超过方便性和公共健康，成为首要的考虑。”①

就像国家生活的其他方面一样，美国黑人也与住房自有率水

① 罗杰·西蒙（Roger Simon）：《城市建设进程：1880—1910年新密尔沃基邻里的住房和服务》（*The City-building Process: Housing and Services in New Milwaukee Neighborhoods, 1880 - 1910*），费城，1978年；卡罗林·柯克（Carolyn Tyirin Kirk）、戈登·柯克（Gordon W. Kirk）：《城市对住房自有率的影响：世纪之交对移民和美国本土白人的比较》（“The Impact of the City on Home Ownership: A Comparison of Immigrants and Native Whites at the Turn of the Century”），《城市史杂志》（*Journal of Urban History*）1981年8月第7期，第471—487页；唐纳德·德斯金斯（Donald R. Deskins）：《1880—1965年间底特律的种族、住宅和工作场所》（“Race, Residence, and Workplace in Detroit, 1880 - 1965”），《经济地理》（*Economic Geography*）1972年1月第48期，第79—94页。

平的提高无缘。他们从南部种植园向北部城市的迁移为自己争取到了民权，但隔都（ghetto）模式——居住区隔离，就业不足，低标准住房，分裂的家庭生活，低水平的受教育程度，以及疾病——使黑人的经历与白人迥然不同。因为种族歧视，黑人无法像其他族裔那样以同等条件进入摆在他们面前的住房市场。因之黑人生活最突出的特点不是贫民窟的悲惨状况，而是黑人中产阶级试图逃离隔都时所遇到的障碍。

郊区土地转变的进程

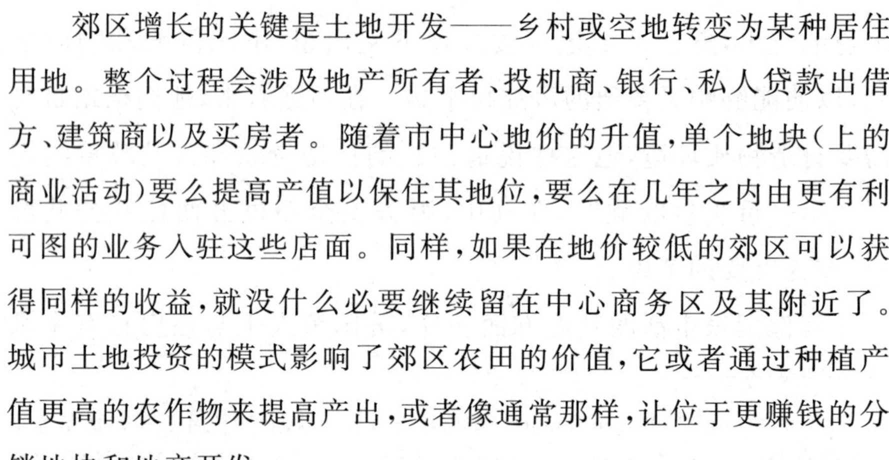

郊区增长的关键是土地开发——乡村或空地转变为某种居住用地。整个过程会涉及地产所有者、投机商、银行、私人贷款出借方、建筑商以及买房者。随着市中心地价的升值，单个地块（上的商业活动）要么提高产值以保住其地位，要么在几年之内由更有利可图的业务入驻这些店面。同样，如果在地价较低的郊区可以获得同样的收益，就没什么必要继续留在中心商务区及其附近了。城市土地投资的模式影响了郊区农田的价值，它或者通过种植产值更高的农作物来提高产出，或者像通常那样，让位于更赚钱的分销地块和地产开发。

某个个案可能无法绘出郊区经验的全景图。但在一战前，很少有个人或公司购买土地、设计街道、建造住房，为最终的入住者购买其住房提供融资。相反，土地所有者一般的做法是，自己雇一个土木工程师来安排街道和地块，然后根据当地的情况，要么向市
134 政府施压，以公共开支来铺设街道，要么延聘私人公司来筑路。接

下来，就是地块的出售，这在19世纪通常是通过拍卖完成的，买主五花八门，他们或建房自住、待售，抑或将买来的地待价而沽。分销地块开发者通常会留一块土地用以建房自住。有些地产辛迪加可能在更大的市场上运作，但小开发商才是地产市场的主力军。[①]

在欧洲，政府对土地的使用介入很深，与之相反，美国的住宅开发在很大程度上是私人利益集团的事情。确实，城市地产业是19世纪奢侈性财富中最重要的，也是唯一的。纽约的古利特(Goulet)王朝、莱茵兰德(Rhinelander)、舍默霍恩(Schermerhorn)家族和芝加哥的帕尔默(Palmer)王朝，其缔造者无不大量投资于城市不动产。在詹姆斯·库珀(James Fenimore Cooper)出版于1838年的小说《故乡风貌》(*Home as Found*)里，主角重返曼哈顿时发现那里的优雅和体面已为熙熙攘攘的地产投机活动所取代。大部分的郊区开发，投机商都活跃其中，宣传广告不厌其烦地向投资者强调其投资的好处，《路易斯维尔信使报》1871年5月20日的一则广告写道："风险投资的绝佳机会，利润之厚，冠绝本地。"一个月后，另一家公司更加直白："如果你想发财致富，那就抓住这

① 罗纳德·卡尔(Ronald Dale Karr)：《精英郊区的演进：1770—1900年马萨诸塞州布鲁克兰的社区建筑及其控制》(The Evolution of an Elite Suburb: Community Structure and Control in Brookline, Massachusetts, 1770 - 1900)，波士顿大学博士学位论文，1981年，第254—263页。关于当代进程的最佳研究是马里恩·克劳森(Marion Clawson)：《美国郊区土地转化：一项经济和政治进程》(*Suburban Land Conversion in the United States: An Economic and Governmental Process*)，巴尔的摩，1971年；迈克尔·杜塞(Michael J. Doucet)：《19世纪北美城市土地开发：文献中的主题》("Urban Land Development in Nineteenth Century North America: Themes in the Literature")，《城市史杂志》1982年5月第8期，第299—342页；以及斯坦利·麦克米切尔(Stanley L. McMichael)：《地产分销》(*Real Estate Subdivisions*)，纽约，1949年。

个前所未有的机会买地吧，只要投资一小笔钱，即可获得稳定而丰厚的回报……投资1万美元，5年内即可将5万美元收入囊中。”

内战之前美国最富有的人可以说是约翰·阿斯特(John Jacob Astor，1763—1848)，在他20岁时，这位“自我发明赚钱机器”之人怀揣5美元来到了美国。尽管阿斯特最初的成功来自于中国和皮毛贸易，但他在1810年后还是大胆地买下了运河街以北那便宜的曼哈顿农田。预感到一座大城市正在成形，他在1837年大恐慌中以降低后的价格购买了更多的土地，并断然取消了成百上千的暂时无法支付按揭的地产所有者的抵押赎回权。到1840年，他价值2 000万美元的不动产中最大的部分来自纽约土地的升值。在去世前不久，他这样说道：“如果我能再活一次，就我现在所知的，假使有钱去投资的话，我会买下曼哈顿岛上的每一寸土地。”他的这一判断直到1980年仍然是极具慧眼的，是年一家公司出价1.25亿美元购买了位于曼哈顿中城的巴塞洛缪新教圣公会教堂，这是到当时为止美国一英亩土地的最高价值。[①]

135 分销地块和地产专家

19世纪郊区发展的基本单位是分销地块。例如，1834年波士

① 约翰·阿斯特(John Jacob Astor)在死后，因为只将很少一部分财产用于慈善而为人诟病。但是，他的后代，特别是无与伦比的布鲁克·阿斯特(Brooke Astor)，对纽约市的福利机关进行了慷慨资助。肯尼思·波特(Kenneth Higgins Porter)：《商人约翰·雅各布·阿斯特》(*John Jacob Astor: Businessman*)，坎布里奇，1931年；以及布鲁克·阿斯特：《约翰·雅各布·阿斯特：从创办人到基金会》(“John Jacob Astor: From the Founder to the Foundation”)，《港口》(*Seaport*)1983年秋第17期，第10—17页。

顿布鲁克林20英亩大的林登场地分销地块，通过拍卖来出售地块，数年之后300英亩的朗伍德对外开放，这次却没有采用拍卖的方式，以便居民更方便地选择中意的邻居。在布朗克斯（当时还是韦斯切斯特县的一部分），分销地块可以追溯到1850年，那一年莫里山尼亚经历了第一次郊区繁荣。10年之内，也对附近的福德姆和特里蒙特进行了规划，到内战快结束之时，两地的人口数加起来已接近2万。它们是早期分销地块的典型，缘于靠近铁路，这些铁路在分销地块中心地带建立了通勤站点。[①]

正如拍卖并不常见一样，分销地块的开发也不存在某种单一模式。在那些单个投资者就单个乡村地产所开发的大型居住区，开发商对街道系统的铺设负有全责。在承包商缺少资金一次性建造超过一定数量房子的情况下，他们是没有权力质疑城市工程师强制进行的网格街道规划的。因此，在1875—1945年的许多郊区，住房在建造之前就受到了千篇一律、狭小、长条的地块的限制。

无论其开发的分销地块是大是小，地产专家都是城市建设进程中最为活跃的。有一种理论认为，早期郊区是自然发展的，其所有者"将牛径和因交通所形成的天然道路转化成街道"，这是错误的。分销地块开发者向市政府游说，以将市政服务扩展到郊区；向电车公司施压，为开发中的地区铺设电车轨道；为个人住房设置财产限制。反映市场变化和本地特性的小型地产开发造就了每一座

① 罗纳德·卡尔（Ronald Dale Karr）：《精英郊区的演进：1770—1900年马萨诸塞州布鲁克兰的社区建筑及其控制》（The Evolution of an Elite Suburb: Community Structure and Control in Brookline, Massachusetts, 1770 - 1900），波士顿大学博士学位论文，1981年，第256—263页。

城市和大部分郊区。哪怕是由大地产开发商所开发的地区，其土地最终也是要过滤到私人买家手中的。[①]

以美国19世纪最大的开发商、芝加哥的塞缪尔·格罗斯(Samuel Eberly Gross)为例，1880—1882年，他规划了4 000个地块，开发了16个城镇和150个分销地块，建造、出售的住房超过了7 000栋，售价都在5 000美元之下，有些甚至不到1 000美元。无论如何，格罗斯并不打算像经手两代人之后的莱维特公司那样富有效率地将建筑过程控制得如此彻底。而且，格罗斯的大规模开发是个例外。美国更典型的居住开发模式在波士顿地区，萨姆·
136 巴斯·沃纳的记述表明，那里是小承包商和个人住房所有者的天下。在他所考察的三个居住区——罗克斯伯利、西罗克斯伯利和多尔切斯特——于1870—1900年建了差不多2.25万套住房，而任何一家公司或个人开发的住宅都在这一数目的3%以下。[②]

19世纪末的美国中产阶级家庭可以有充分理由购得一栋出入方便、环境舒适、安全的独立式住房，这在世界历史上是开创性的。因为有轨电车的快速和廉价，因为郊区地价比市区便宜，还因为使用了轻巧住房建筑方法，美国住房的实际价格比旧世界要低。住房自有率的提高可以从新创办的杂志上得到证实。在1890年代，《好管家》(*Good Housekeeping*)、《精心施工者》(*Careful Builders*)、《美国房产》(*The American Home*)以及《卫生新闻》

---

① 奥利维尔·祖兹(Olivier Zunz)：《不平等面相的变化：1880—1920年底特律的城市化、工业发展和移民》(*The Changing Face of Inequality: Urbanization, Industrial Development, and Immigrants in Detroit, 1880 - 1920*)，第161—163页。

② 格温德林·赖特(Gwendolyn Wright)：《筑梦——美国住房的社会史》(*Building the Dream: A Social History of Housing in America*)，第100页。

(*Sanitary News*)都刊登介绍家居装饰流行式样的文章。正如纽约知名艺术批评家克拉伦斯·库克(Clarence Cook)写的那样:“我们这个时代面向大众的建筑方面的书籍和杂志——内容涉及其历史、理论和实践——其数量之多,前所未有。”[①]

“面向中产阶级的经济适用房”的大量存在,并不能让所有人都满意。内战后的几十年里,夏洛特·吉尔曼(Charlotte Perkins Gilman)和一些志同道合之士将广泛分布的私人住房视为“充斥着大量过剩物品的臃肿建筑物”而加以谴责。他们并不将逐渐得到改善的郊区视为解放妇女和家庭的工具,而是视其为有着蕾丝窗帘的监狱。[②]

对于迅速发展的郊区住房的一个更为普遍的批评是其广泛存在损害了新搬来的家庭所期望达到的结果。随着人群涌往郊区,隐私和静谧消失了,最初吸引他们的乡下风光不再迷人。他们发现周围的环境从来未像理论家所希望的那样开阔或远离喧嚣。典型的有轨电车郊区的特征是坐落于 3 000—6 000 平方英尺(约1/10英亩)地块上的单户或双户住房。以步行城市的标准来看,这样的空间已足够宽敞,但与安德鲁·唐宁所设想的相比,还是狭窄局促得多。之所以会有这种结果,是因为有轨电车这种面向大众的交通工具,要保证其运营有利可图,这就需要一定的客流量,也

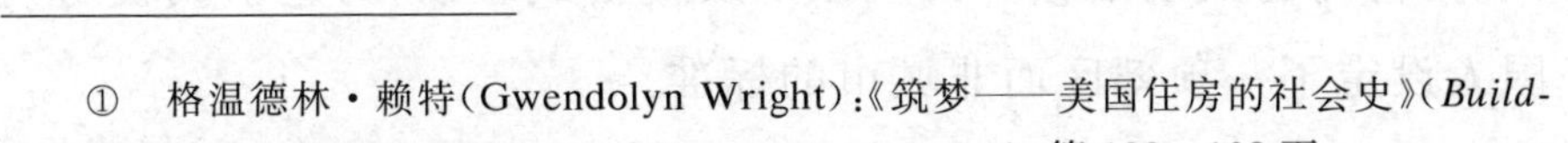

① 格温德林·赖特(Gwendolyn Wright):《筑梦——美国住房的社会史》(*Building the Dream: A Social History of Housing in America*),第 102—103 页。

② 多洛雷斯·海登(Dolores Hayden):《家庭大革命——一部女权主义者设计的美国家庭、邻里和城市的历史》(*The Grand Domestic Revolution: A History of Feminist Designs for American Homes, Neighborhoods, and Cities*),第 7—9 页、193—195 页。

因为公交线路的存在会抬高地价。因此，如果居住社区不紧凑一点，有轨电车就无法运营，具有反讽意味的是，有轨电车本来是为中产阶级提供空间的。

137 无论如何，有轨电车和迅速利用其潜力的地产开发商一起，在1900年之前创造了一种新的大都市，这与一个世纪之前的步行城市迥然不同。到1900年，市中心已经成为一个办公和商务活动区域，几乎没有住宅，其附近是肮脏破败的工厂，再往外是穷人住的第一层租屋住宅区。那里住的是新来的移民、非熟练工人、连电车票也付不起的人，以及被迫在不动产最为昂贵而住房最没有吸引力的地方竞争住房空间的人。同样的街区仅仅两代人之前，住的都是富人。

在紧凑的步行城市的界限之外，是新的有轨电车郊区，这是美国人在世纪之交所取得成就的精华所在。郊区的住房结构谈不上美轮美奂，但它们内部宽敞，价格以欧洲标准来看人们足可负担，并且它们代表一种可达成的目标。

再往外是铁路通勤者，它们的房子在宽敞的院落中自由伸展，掩映于茂盛的树林和灌木丛中，并用铁制或木制的篱笆与外界隔开。这些住宅代表着一种新的美国理想，不像旧世界富人们在城内的住宅，也不像英国绅士的乡间别墅，这样的郊区建筑为美国所仅有，仿哥特式的塔楼和圆屋顶以及复折式屋顶，为追求成就的美国人设定了一项郊区而非城市的标准。①

人们开发了诸多模型来从两个最重要的方面解释居住模式：

---

① 上述描述来自亨利·赛德尔·坎比(Henry Seidel Canby)：《信心时代》(*The Age of Confidence*)，纽约，1934年，第8—10页。

住房的质量和价格，交通的快捷和费用。伯吉斯(Burgess)提出的城市增长模式广为人知，该模式假设住宅区围绕着中心商务区发展，形成一片同心圆的环形区域，且越靠近市中心的地方越高档。威廉·阿朗索(William Alonso)在伯吉斯的基础上，进一步认为地价一般随着到市中心距离的增加而降低。为了获得与其他土地利用方式相当的回报，市中心附近的住宅开发必定是密集而紧凑的。美国的低收入群体住在市中心附近，因为对他们而言，中心位置和费用比住房质量更加重要。对于中上层阶级来说，中心位置的重要性随着交通费用的降低而降低。因而，经济适用房意味着中产阶级可以将住房质量放在首位，选择住在远离城市、人口密度又低的郊区。①

① 参见E. W. 伯吉斯(E. W. Burgess):《城市的发展》("The Growth of the City")，载于罗伯特·帕克(Robert E. Park)、欧内斯特·伯吉斯(Ernest W. Burgess)、罗德里克·麦肯齐(Roderick D. McKenzie):《城市》(*The City*)，芝加哥，1925年；理查德·马思(Richard F. Muth):《城市和住房：城市居住用地的空间模式》(*Cities and Housing : The Spatial Pattern of Urban Residential Land Use*)，芝加哥，1969年；威廉·阿朗索(William Alonso):《区位和土地使用》(*Location and Land Use*)，坎布里奇，1964年。

138 第八章　从郊野到邻里

——市政土地兼并的兴起和衰落

把你的孩子带到乡下吧！城市会害了他们。炙热的马路、烟尘、噪音，不光有害，甚至致命。成功人士的童年几乎都是在乡村中度过的。

——特拉华州威尔明顿市1905年地产广告

住房建设和城市交通的新发展，鼓励美国家庭从他们所居住的老社区搬到郊区的新家，在此过程中，需要解决的最基本的问题是向他们提供学校、下水道、公共设施、警察和消防部门等。有四种不同的做法可供选择：(1)城市可以将新地区兼并过来，扩大自己的地域；(2)在郊区创建新的自治市；(3)建立税收专区来提供一种或更多种的服务；(4)县政府变得更像市政府，以此来扩大其权力。

第一种方式在整个19世纪占据主导地位，彼时美国城市大量兼并毗邻土地，地域和人口稳步增长。自然，时不时会有一些小的社区出现人口流失的情况，但大部分——在大点的社区则是全部——在每十年一次的人口普查期间人口都增加了。历史地来看，市政府的先贤们倾向于关注城市的增长率及其之于竞争对手的相对地位。[①]

在 20 世纪后半叶,美国人认识到城市人口的增长并非不可避免,城市的边界也不能无限制地扩大。以波士顿为例,其人口在1956 年达到峰值,在随后的 30 年里人口净流失达 23.8 万。而 139
且,波士顿并非特例。同期纽约市人口减少了 80 万,芝加哥减少了 60 万,费城 40 万,圣路易斯 40 万。正如我们所将要看到的那样,兼并进程的终结更在此之前。

表 8—1　1870—1980 年人口增长最大的 12 个城市的地域面积增长情况

(单位:平方英里)

城市	1870	1890	1910	1930	1950	1970	1980
洛杉矶	29	29	85	440	451	455	465
休斯敦	25	9	16	72	160	453	556
达拉斯	NA	9	16	42	112	280	378
圣迭戈	74	74	74	94	99	307	323
圣安东尼奥	36	36	36	36	70	183	267
菲尼克斯	NA	NA	NA	10	17	247	325
印第安纳波利斯	11	11	33	54	55	379	379
孟菲斯	4	4	19	46	104	217	290
圣何塞	NA	NA	NA	8	17	117	157

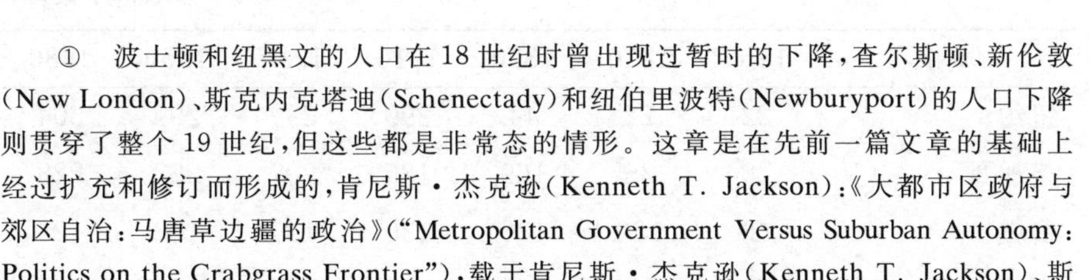

① 波士顿和纽黑文的人口在 18 世纪时曾出现过暂时的下降,查尔斯顿、新伦敦(New London)、斯克内克塔迪(Schenectady)和纽伯里波特(Newburyport)的人口下降则贯穿了整个 19 世纪,但这些都是非常态的情形。这章是在先前一篇文章的基础上经过扩充和修订而形成的,肯尼斯·杰克逊(Kenneth T. Jackson):《大都市区政府与郊区自治:马唐草边疆的政治》("Metropolitan Government Versus Suburban Autonomy: Politics on the Crabgrass Frontier"),载于肯尼斯·杰克逊(Kenneth T. Jackson)、斯坦利·舒尔茨(Stanley K. Schultz)编:《美国史中的城市》(*Cities in American History*),第 442—462 页。

续表

哥伦布	12	14	23	39	39	114	184
杰克逊维尔	1	10	10	26	30	827	841
西雅图	11	13	56	69	71	92	92
总计	203	209	368	936	2161	3671	4257

资料来源:《1981 年市政年鉴》(*Municipal Year Book*,1981),各城市及县数据手册,美国历次人口普查报告,以及罗德里克·麦肯齐(Roderick D. McKenzie)的《大都市区的社区》(*The Metropolitan Community*,纽约,1933 年)。

除了巴尔的摩、旧金山、新奥尔良和亚特兰大之外,衰落的城市一般都是位于东部和中西部既老迈又拥挤的城市。人们常常断言:这些城市有一个共同点,即它们自身是其衰落的原因。在一个逐渐趋向南部和西部的,年轻、流动又富足的社会里,可以预见,人们对老迈又拥挤的环境是不会感兴趣的。但人口减少的城市还有另外一个更显著的特点:它们的边界在过去 50 年里没有扩大。1950—1980 年经历永久性居民净流失的全美 12 个最大的城市中,其城市面积自 1930 年以来增长不到 1%。单个城市的增长甚至更少(表 8—2),费城、旧金山和布法罗,从内战前至今都没有获得额外的土地。

140 表 8—2 1850—1980 年人口减少最大的 12 个城市的地域面积增长情况

(单位:平方英里)

城市	1850	1870	1890	1910	1930	1950	1980
纽约	22	22	44	299	299	299	304
芝加哥	10	36	169	185	207	223	228
费城	2	130	130	130	130	128	128
底特律	6	13	22	41	138	138	138
巴尔的摩	13	13	30	30	79	79	79

续表

旧金山	5	42	42	42	42	45	46
华盛顿	60	60	60	60	62	61	61
密尔沃基	NA	13	17	23	41	54	97
克利夫兰	5	12	28	46	71	81	81
波士顿	5	13	39	39	44	46	50
圣路易斯	14	61	61	61	61	61	61
匹兹堡	2	23	27	40	51	52	55
总计	144	438	669	996	1 225	1 267	1 328

资料来源:《1981 年市政年鉴》(*Municipal Year Book*,1981),各城市及县数据手册,美国历次人口普查报告,以及罗德里克·麦肯齐(Roderick D. McKenzie):《大都市区的社区》(*The Metropolitan Community*),还有《美国城市排名》(*The Book of American City Ranking*)。

在那些郊区或中心城市获得发展的东部或中西部城市中,所有这些方面并无大的不同。例如,布鲁克兰和波士顿、埃文斯顿和芝加哥、新罗歇尔和纽约都试图分庭抗礼,在共享单一市政府这一点上,没有哪一方能成功说服另一方。但两市并列这一事实,与先前城市传统分道扬镳已明确无异。城市在 19 世纪经历了爆炸式增长,它们既提高了密度,也向外扩展。如果照这样的模式继续发展下去,波士顿可能会覆盖为 128 号公路所环绕的整个地区,纽约会扩展到韦斯切斯特县的怀特普莱恩斯,至少到长岛的萨福克县一带,芝加哥会蔓延到去密尔沃基半途的位置。认为这些论断是天方夜谭的人应当明了,数十个美国城市,包括那些在二战后以其高人口增长率为荣的城市,无不以这样的方式扩大它们的边界。

19 世纪

自身边界的调整无一例外成为美国各重要城市中人口增长的主要方式。如果没有发生兼并（未建制地区被并入城市）或合并
141 （一个市政府被另一个通常是毗邻的市政府所吸收），如今的美国就不会有政治意义上的大城市。① 只有纽约会达到 100 万人口，

① 有关城市地域增长的唯一通史著作是一本小册子，乔恩·蒂福德（Jon C. Teaford）：《城市和郊区：1850—1970 年美国大都市区的政治碎片化》（*Cities and Suburb: The Political Fragmentation of Metropolitan America*, 1850 - 1970），巴尔的摩，1979 年。最佳的专题研究有理查德·比格（Richard Bigger）、詹姆斯·D.基钦（James D. Kitchen）：《城市发展之路：洛杉矶大都市区的百年独立和扩张》（*How the Cities Grew: A Century of Municipal Independence and Expansion in Metropolitan Los Angeles*），洛杉矶，1952 年；保罗·斯杜邓斯基（Paul Studenski）编：《美国的大都市区政府》（*The Government of Metropolitan Area in the United States*），纽约，1930 年；威廉·科尔曼（William G. Coleman）：《城市、郊区和州：美国城市的治理和融资》（*Cites, Suburbs, and States: Governing and Financing Urban America*），纽约，1975 年；小罗伯特·G.狄克逊（Robert G. Dixon）、约翰·克斯特尔（John R. Kerstetter）、查尔斯·霍利斯特（Charles A. Hollister）：《调整城市边界：法律和实践》（*Adjusting Municipal Boundaries: Law and Practice*），华盛顿，1966 年重订版；托马斯·戴伊（Thomas R. Dye）《城市政治整合：美国城市中涉及兼并的情况》（“Urban Political Integration: Conditions Associated with Annexation in American Cities”），《中西部政治学期刊》（*Midwest Journal of Political Science*）1964 年 11 月第 7 期，第 430—446 页；迈克尔·麦卡锡（Michael P. McCarthy）：《新大都市：芝加哥、兼并和进步主义改革》（“The New Metropolis: Chicago, the Annexation, and Progressive Reform”），载于迈克尔·埃布内（Michael H. Ebner）、尤金·托宾（Eugene M. Tobin）编：《城市改革的时代：以新视角看进步主义时代》（*The Age of Urban Reform: New Perspectives on the Progressive Era*），纽约州华盛顿港，1977 年，第 43—54 页；戴维斯· 坦普尔（Davis G. Temple）：《合并政治：弗吉尼亚州沿海低洼地带当地政府的合并》（*Merger Politics: Local Government Consolidation in Tidewater Virginia*），夏洛茨维尔，1972 年；以及约瑟夫· 巴恩斯（Joseph W. Barnes）：《夏洛特市的兼并》（“The Annexation of Charlotte”），《罗彻斯特历史》（*Rochester History*）1975 年 1 月第 37 期，第 1—28 页。

而它也会被限制在曼哈顿岛上。[①] 另外，如果19世纪的兼并[②]没有成功，很多大城市甚至在内战前就会被郊区所包围。[③] 举例来说，纽约和费城这两个城市在1980年的人口还不到其大都市区总人口的一半；在圣路易斯、匹兹堡和克利夫兰，该比例还远不到三分之一（附录A—12）。它们的边界在过去的一个世纪的四分之三时间里没有发生变化，如今，这些城市也成为中心城市被它所合并的郊区羁绊的极端案例。10年前，圣路易斯一所学校的负责人抱怨郊区人"竖起了一座越出城市界限的无形的分离之墙，其所形成的屏障如同古代的耶利哥（Jericho，巴勒斯坦古城——译者注）或柏林的波茨坦广场一样有效"。[④] 如果这些城市在内战前无法扩大其城市地域，1850年它们的中心城市在大都市区人口中所占的比例与1980年将没什么不同。

表8—3　1980年地域最大的20个城市的面积　（单位：平方英里）

城市	平方英里
1.安克雷奇	1 955
2.杰克逊维尔	841
3.俄克拉荷马城	650

① 根据1686年《东甘章程》条款和殖民地立法，纽约市与曼哈顿岛分享共同边界，尽管像哈莱姆、华盛顿海茨以及因伍德这样的上曼哈顿岛地区，在其后的两百年里一直也没有开发为住宅区。

② 尽管兼并和合并在技术上指的是两种不同的法律程序，但其结果是一样的，在后面的章节里这两个词会替换使用。

③ 正如第二章所表明的那样，如果没有兼并的发生，纽约到1810年、波士顿到1840年、圣路易斯和克利夫兰到1850年，其郊区的发展速度都会超过城市。

④ 根据法院裁决执行的圣路易市和临近郊区的公立学校一体化，在1983年夏开始实施校车和税收制以后，城市与县的界限几乎不存在了。

续表

4. 火奴鲁鲁	604
5. 休斯敦	556
6. 纳什维尔	533
7. 洛杉矶	464
8. 达拉斯	378
9. 印第安纳波利斯	375
10. 菲尼克斯	325
11. 圣迭戈	323
12. 堪萨斯城	316
13. 纽约	304
14. 孟菲斯	290
15. 来克星顿	283
16. 圣安东尼奥	267
17. 弗吉尼亚海滩	259
18. 沃思堡	250
19. 埃尔帕索	240
20. 芝加哥	228

资料来源:《1981 年市政年鉴》(*Municipal Year Book*,1981)。

考察 1950—1980 年全美流失人口最大的 12 座城市,我们会发现它们在 19 世纪的经历迥然不同。[①] 从整体来看(表 8—2 和表 8—4),它们在 1850—1910 年,地域面积扩大了 5 倍多,增加的土地超过了 800 平方英里。从百分比来看,增加最快的是 1850 年
142 代;从绝对值来看,1880 年代和 1890 年代增加最多。不仅如此,

① 一些城市,比如巴尔的摩,在 1800 年前兼并频繁,但大部分城市的地域范围保持稳定甚至还变小了。

在1850—1930年，这12座城市总的兼并面积，没有哪十年是在100平方英里之下的。

自然地，19世纪最大的兼并发生在美国最大的三座城市：纽约、芝加哥和费城。费城1854年与费尔德拉维亚县的大合并，在比例上仍是美国历史上最大的单次兼并。通过这一举措，费城的人口四倍于前，其面积从两平方英里扩展到130平方英里，且在巴黎于1859年兼并其外围地区之前，费城在面积上是全世界最大的城市。[①] 斯普林花园、北利伯蒂斯、肯辛顿、索思沃克和莫亚门星在并入新费城前都是独立的郊区，它们于1850年在美国最大城市的排名中分列第9、11、12、20、28位。[②] 从人口和地域的相对增长来看，即使费城兼并了与今天洛杉矶、底特律和波士顿的地域面积和人口相当的区域，其影响也不会大于当年。

芝加哥最大的兼并发生于1889年，是年133平方英里的土地和如今南区的大部分被并入芝加哥。并入部分包括第35街和第71街之间的诸如海德公园、肯伍德和伍德朗这样的宜居村落，也

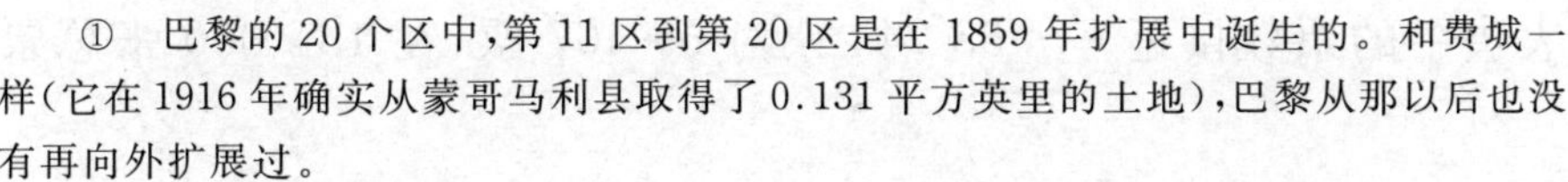

① 巴黎的20个区中，第11区到第20区是在1859年扩展中诞生的。和费城一样（它在1916年确实从蒙哥马利县取得了0.131平方英里的土地），巴黎从那以后也没有再向外扩展过。

② 索思沃克是荷兰人在1638年开拓的殖民地，比费城的历史还要悠久，它和斯普林花园、肯辛顿一样，是以伦敦郊区命名的。索思沃克在1762年建市，1794年被兼并。如今的费城在合并之前有28个其他地区政府。威廉·坎贝尔（William Bucke Campbell）：《费城的旧城镇和老行政区》（"Old Towns and Districts of Philadelphia"），《费城史》（*Philadelphia History*）1942年第4期，第94—149页；安东尼娅·林奇（M. Antonia Lynch）：《费城县的索思沃克老行政区》（"The Old District of Southwark in the County of Philadelphia"），《费城史》（*Philadelphia History*）1909年第1期，第83—126页；伊莱·普莱斯（Eli K. Price）：《费城兼并史》（The *History of the Consolidation of the City of Philadelphia*），费城，1873年。

有位于卡卢迈特区域的大克罗斯茵和南芝加哥这样的郊区工业城镇，以及乔治· 普尔曼这样的知名标杆城镇。兼并时，该地只有约 22.5 万人，大片的土地要么用于农业，要么稀稀落落地住着人。兼并后的 30 年里，该地的人口比 1889 年增加了 100 万。[①]

美国历史上最重要的城市边界调整发生于 1898 年，是年安德鲁·格林(Andrew Haswell Green)关于创建大纽约的终生理想
143 变成了现实。当时美国的第四大城市布鲁克林，与昆斯(其一部分被保留下来，随后建成拿骚县)、斯塔滕岛以及韦斯切斯特县的额外部分(即后来人们所知的布朗克斯)一道并入了曼哈顿。纽约的面积从 44 平方英里增加到 300 平方英里左右，人口增加了近 200 万，这在绝大程度上是此次合并的结果。令人啧啧称奇的是，此次合并的推动力来自一名共和党州长和共和党控制的州议会，其本意可能是想通过在纽约全体选民中增加位于郊区城镇的中产阶级选民来削弱占统治地位的纽约坦慕尼厅的影响。考虑到如今大多数城市对于哪怕很小的区域调整都会争执不休，当时公众在此问题上的争论可以说是非常之少。只有布鲁克林在 1894 年的咨询表决中的票数接近——65 744 票对 65 467 票，在 131 000 张总票

① 在海德公园镇区有 23 个独立的社区，它们一起构成了不到一半的被兼并区域。斯坦利·布德尔(Stanley Buder)：《普尔曼：1880—1930 年工业秩序和社区规划的实验》(*Pullman: An Experiment in Industrial Order and Community Planning, 1880 - 1930*)，纽约，1967 年，第 109 页；以及迈克尔·麦卡锡(Michael P. McCarthy)：《新大都市：芝加哥、兼并和进步主义改革》("The New Metropolis: Chicago, the Annexation, and Progressive Reform")，载于迈克尔·埃布内(Michael H. Ebner)、尤金·托宾(Eugene M. Tobin)编：《城市改革的时代：以新视角看进步主义时代》(*The Age of Urban Reform: New Perspectives on the Progressive Era*)，第 46—51 页。

数中,支持合并的多数仅有 277 票的微弱优势。① 州议会在此次规模巨大的合并中冲在前头,合并于 1898 年 1 月 1 日正式生效。一个新的纽约诞生了,在其人口外溢到很远的距离,进入新泽西州、韦斯切斯特县和康涅狄格州之前,这个全国最大的城市的市政府是唯一的大都市区政府组织。

在地域扩大方面,尽管稍小的城市无法和费城、芝加哥、纽约等大城市在大扩张中增加的土地面积相匹敌,但圣路易斯在 1856 年也从 4.5 平方英里增加到 14 平方英里,1870 年再增加到 17 平方英里。最大的地域变化出现在 1876 年,当年城市选民以压倒性优势否决了位于乡下的圣路易斯县的反对,将城市面积增加到 61 平方英里,并使之与所在的县脱离,圣路易斯因之成为全国少有的几座完全独立的城市。② 波士顿在 1868 年和 1870 年分别兼并了

① 早在 1833 年,纽约市市长和议员就反对布鲁克林组成一个独立的城市,因为它最终是要并到曼哈顿的,独立城市身份只会使得兼并更加困难。在 19 世纪七八十年代,市政联合协会(Municipal Union Society)鼓动成立大纽约,并向议会提交了请愿书和提案。有关哥谭镇合并的最好的两项研究是:戴维・哈马克(David C. Hammack):《权力和社会:世纪之交的大纽约》(*Power and Society: Greater New York at the Turn of the Century*),纽约,1982 年,第 185—229 页;以及巴利・卡普兰(Barry J. Kaplan):《安德鲁・格林和规划原理的产生:1865—1890 年大纽约的形成》("Andrew H. Green and the Creation of a Planning Rationale: The Formation of Greater New York City,1865 - 1890"),《城市化的过去及现状》(*Urbanism Past and Present*)1979 年第 8 期,第 32—41 页。另见理查德・斯通(Richard Stone):《1874 年布朗克斯的兼并》("The Annexation of the Bronx,1874"),《布朗克斯县历史协会期刊》(*The Bronx County Historical Society Journal*)1969 年 1 月第 6 期,第 1—24 页。

② 位于圣路易斯县偏远地区的居民,不想失去城市的税收,以 4∶1 的票数反对分离,但总票数以 12 181 支持票对 10 928 反对票而赞成分离。这是美国第一起这种类型的地方自治章程,但不幸的是,它没有对未来的兼并设定任何条款——这个政策性忽略在 1914 年章程中仍未得到修正。霍华德・麦克贝恩(Howard Lee McBain):《城市地方自治的法律和实践》(*The Law and the Practice of Municipal Home Rule*),纽约,1916 年,第 146 页。

罗克斯伯利和多切斯特,面积增加了15平方英里,而新奥尔良在1876年兼并了加罗顿,如今新月城(the Crescent City,新奥尔良别称——译者注)所拥有的大部分土地,即来自这次兼并。巴尔的摩的面积在1888年扩大了一倍。[①]

诸如明尼阿波利斯、克利夫兰、辛辛那提、匹兹堡这样的大城市,是通过一系列的小兼并来扩大其城市版图的,而非像费城、纽约、芝加哥那样以单次大规模的兼并为其特征。底特律是这种小规模兼并模式的代表。随着人们到外围地区定居,这些外围地区源源不断地并入了底特律,这样,外围富有活力的独立社区,没有发展到与大城市争夺不断膨胀的人口份额的地步。1880—1918年,底特律的兼并活动未曾停歇,将格林菲尔德、斯普林维尔斯、海姆特拉姆克、格拉希厄特、格罗斯波因特等镇区的很大一部分和费尔维尤、戴尔赖、伍德米尔等村镇收入囊中。[②]

144

兼并的动机

一直以来,美国城市都相当容易受“越大越好”这一观念的影响。在进行1890年人口普查时,明尼阿波利斯和圣保罗各自的支持者互相指责对方为了争雄抢大篡改了普查结果,调查者发现计票状况之混乱让人吃惊,于是便进行了重新计票。结果发现明尼阿波利斯把死人也列入了统计人口之列,而圣保罗则将数百名生

---

① 议会曾分别在1836年、1838年和1859年对波士顿的边界做过轻微调整。

② 在大部分社区,兼并计划都会征求城市规划者、城市设计者以及城市估税员的意见。

活在码头、理发店、硬币博物馆的人也统计在内以自抬身价。[①]

如果将死人算作城市人口让人反感的话，那兼并人口稠密的郊区则是一个提振城市倡导者士气的无可挑剔的做法。布鲁克林1855年兼并了布希维克和威廉斯堡后成为全国第三大城市，芝加哥在1889年大兼并之后成为全国第二大城市，它们无不以此为傲。事实上，纽约各界之所以同意1898年的大合并，部分原因就在于担心芝加哥在1900年或1910年超过纽约成为全国最大的城市。[②] 扩展边界不光可以使城市获得更多的居民，而且城市增长本身还会激发市民对城市未来的信心，激励市民在城市发展中取得更大的成就。费城的合并于1854年完成后，当地一家主流媒体这样评论："今天，我们可能都有这样一种感觉：我们所有人都是新费城的居民，我们所知道的费城经历了一场转变，该转变使费城不光在地理空间上极大地扩大了，而且还被注入了一种其经历中前所未有的社会精神。"[③]

兼并的愿望不光受倡导者精神的驱动，也受如下商业理念的驱动，即：大型组织比小型组织更有效率；实体经济会从市政府的

① 明尼阿波利斯要求圣保罗撤回其在本城的资金，而圣保罗则说明尼阿波利斯是一座"在全国人民眼中丢脸和蒙羞"的城市，并对与它有联系公开表示遗憾。明尼苏达州工程振兴局作者项目(Minnesota Works Progress Administration Writer's Project)：《明尼阿波利斯：城市故事》(*Minneapolis: The Story of a City*)，明尼阿波利斯，1940年，第66—67页。

② 1883年布鲁克林大桥的开通是一个强有力的刺激因素。玛格丽特·拉蒂莫(Margaret Latimer)：《两座城市：大桥开通那一年的纽约和布鲁克林》(*Two Cities: New York and Brooklyn the Year the Great Bridge Opened*)，布鲁克林，1983年。

③ 《费城的北美人》(*Philadelphia North American*)1954年2月4日。

合并中受益。[1] 这种理念认为：哪怕郊区再治理有方，其管理也是低效的；大城市则不同，它可以由支取高薪的专家来治理。[2] 费城警察局的人数在合并后由 850 人降到了 650 人，而工作效率并未降低，这被商界人士视为值得赞美的合并典范。在其他情况下，兼并论者还指出，原本互相竞争的社区在合并后，有时可以提供一加一大于二的好处。因此新港口可以既从洛杉矶得到财力物力支持，又可得圣佩德罗的地利之便；自来水厂既可从克利夫兰取得融资，又可从俄亥俄得到所需土地。[3]

145 在许多情况下，所谓追求效率，只是剥削和控制的障眼法；可以称之为本地或下城的城市帝国主义。[4] 中心商务区的商界大佬

① 关于这种观念的代表性表述，参见保罗·凯洛格(Paul U. Kellogg)：《工业区中民主的公民责任》("The Civic Responsibilities of Democracy in an Industrial District")，载于保罗·凯洛格(Paul U. Kellogg)编：《匹兹堡调查》(*The Pittsburgh Survey*)，第 6 卷，纽约，1910 年。

② 正如塞缪尔·海斯令人信服地坚持的那样，集中的热望也在消除区代表以支持"大"选举的呼声中表达了出来。如果某一社区尚未在城市中，那就兼并它。塞缪尔·海斯(Samuel P. Hays)：《进步主义时代市政府的政治改革》("The Politics of Reform of Municipal Government in the Progressive Era")，《西北太平洋季刊》(*Pacific Northwest Quarterly*)1964 年 10 月，第 157—169 页。

③ 克利夫兰支持合并的人士认为租金会下降，疾病会减少，多余的部门会被裁撤。《福里斯特城民主党人》(*Forest City Democrat*)1854 年 2 月 1 日；《克利夫兰领路人》(*Cleveland Leader*)1844 年 4 月 3 日；罗伯特·福格尔森(Robert M. Fogelson)：《碎片化的大都市：1850—1930 年的洛杉矶》(*The Fragmented Metropolis: Los Angeles, 1850 - 1930*)，第 115 页；保罗·斯杜邓斯基(Paul Studenski)编：《美国的大都市区政府》(*The Government of Metropolitan Area in the United States*)，第 127 页。

④ 在一本题名为《邻里政府：政治生活的当地基础》(*Neighborhood Government: The Local Foundations of Political Life*)的尖刻小册子中(印第安纳波利斯，1969 年)，米尔顿·科特勒(Milton Kotler)认为，兼并完全是剥削的一种说辞。这本小册子较少受益于热情，更多受益于实在的研究。

常常会设法取缔他们视为阻碍进步的社区一级的政府。费城中上层收入的居民在支持合并的人士中占压倒性优势，在费城和其郊区所争竞的诸多问题中，码头税、铁路权利、自来水价格等位列其中。郊区居民与中心商务区通勤方便的人倾向于支持合并。上述支持合并的这两个群体无一是被合并的郊区劳工和农民群体的代表。①

工商业界也试图调整隔凯霍加河相望的克利夫兰和俄亥俄城的关系。在1854年合并完成之前，两城的党派分子拆掉了数座被认为于对方有利的桥梁，中断了彼此间的贸易。② 布鲁克林和纽约，竞相控制东河上有利可图的轮渡业务，孟菲斯和南孟菲斯为密西西比河上的商业贸易彼此斗争。通过兼并，最强有力的政治组织可以从其利益出发，组织覆盖大片地域的政府。③

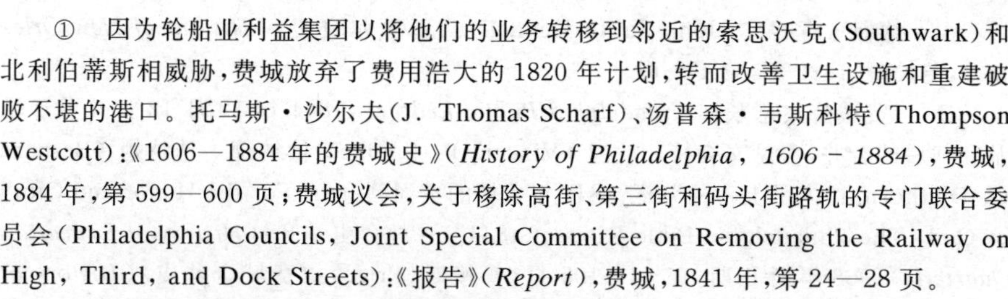

① 因为轮船业利益集团以将他们的业务转移到邻近的索思沃克(Southwark)和北利伯蒂斯相威胁，费城放弃了费用浩大的1820年计划，转而改善卫生设施和重建破败不堪的港口。托马斯·沙尔夫(J. Thomas Scharf)、汤普森·韦斯科特(Thompson Westcott)：《1606—1884年的费城史》(*History of Philadelphia, 1606 - 1884*)，费城，1884年，第599—600页；费城议会，关于移除高街、第三街和码头街路轨的专门联合委员会(Philadelphia Councils, Joint Special Committee on Removing the Railway on High, Third, and Dock Streets)：《报告》(*Report*)，费城，1841年，第24—28页。

② 他们的目的在于将农业交通转向他们自身。

③ 雅各布·贾德(Jacob Judd)：《双城记：1834—1855年的布鲁克林和纽约》("A Tale of Two Cities: Brooklyn and New York, 1834 - 1855")，《长岛历史杂志》(*Journal of Long Island History*)1963年春第3期，第19—23页；爱德华·威廉姆斯(Edward F. Williams)：《孟菲斯对其沿河竞争对手的早期胜利》("Memphis' Early Triumph Over Its River Rivals")，《田纳西西部历史社会论文集》(*West Tennessee Historical Society Papers*)1968年第22期，第5—27页；洛伊丝·拜亚茨(Lois D. Bejach)：《被孟菲斯兼并的七座城市》("The Seven Cities Absorbed by Memphis")，《田纳西西部历史社会论文集》(*West Tennessee Historical Society Papers*)1954年第8期，第95—104页。

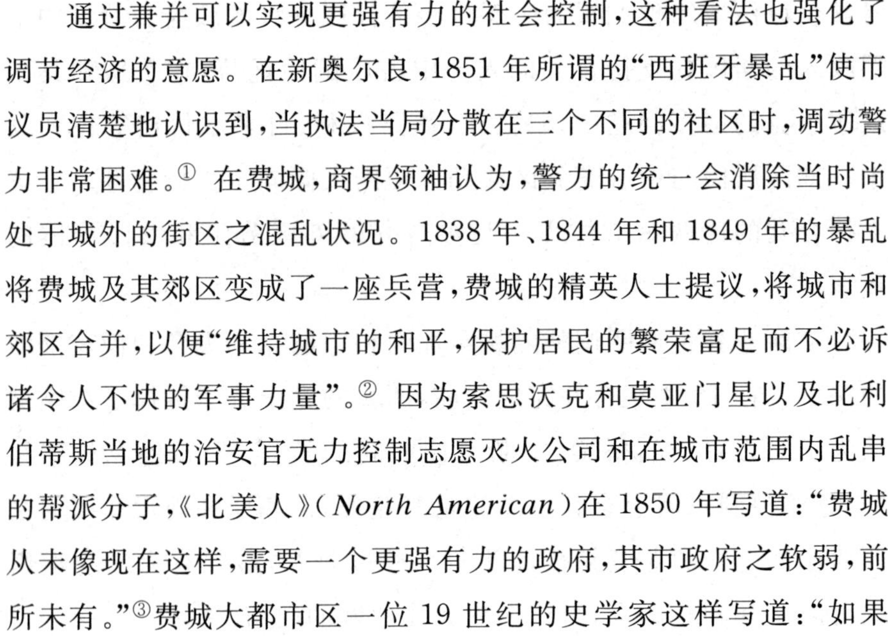

通过兼并可以实现更强有力的社会控制，这种看法也强化了调节经济的意愿。在新奥尔良，1851 年所谓的“西班牙暴乱”使市议员清楚地认识到，当执法当局分散在三个不同的社区时，调动警力非常困难。[①] 在费城，商界领袖认为，警力的统一会消除当时尚处于城外的街区之混乱状况。1838 年、1844 年和 1849 年的暴乱将费城及其郊区变成了一座兵营，费城的精英人士提议，将城市和郊区合并，以便“维持城市的和平，保护居民的繁荣富足而不必诉诸令人不快的军事力量”。[②] 因为索思沃克和莫亚门星以及北利伯蒂斯当地的治安官无力控制志愿灭火公司和在城市范围内乱串的帮派分子，《北美人》(*North American*)在 1850 年写道：“费城从未像现在这样，需要一个更强有力的政府，其市政府之软弱，前所未有。”[③]费城大都市区一位 19 世纪的史学家这样写道：“如果

① 约翰·肯德尔(John Smith Kendall)：《新奥尔良史》(*History of New Orleans*)，芝加哥，1922 年，第 172 页。

② 《费城公共总账》(*Philadelphia Public Ledger*)，1844 年 12 月 12 日。关于暴乱和其后的合并，参见文森特·兰涅 (Vincent P. Lannie)、伯纳德·迭特姆 (Bernard C. Diethorn)：《为了上帝的荣耀：1844 年费城的圣经骚乱》(“For the Honor and Glory of God: The Philadelphia Bible Riots of 1844”)，《教育史季刊》(*History of Education Quarterly*)1968 年第 8 期，第 44—106 页；普赖斯(Price)：《费城合并史》(*History of Consolidation of Philadelphia*)；哈利·莱弗曼(Harry Leffmann)：《费城的合并》(“The Consolidation of Philadelphia”)，《费城史》(*Philadelphia History*)1908 年第 1 期，第 26—40 页；以及小萨姆·巴斯·沃纳(Sam Bass Warner, Jr.)：《私人之城——费城发展过程中的三个阶段》(*The Private City: Philadelphia in Three Periods of Its Growth*)，第 125—157 页。

③ 早期反对兼并的一些人士，像《北美人》杂志的主编，在第二次骚乱后他改变了态度。该杂志随后称合并“对未来的进步和城市的福利至关重要”。志愿灭火公司一般是反对合并的，然而由商界要人组成的称为“收费消防之友”的组织却支持合并。《费城公共账册》(*Philadelphia Public Ledger*)，1853 年 8 月 10 日、29 日；《费城北美人》(*Philadelphia North American*)1844 年 4 月 19 日。

一个城市周围有诸多郊区，且这些郊区彼此独立，那这个城市体系的悲惨之处在于，它是对混乱无序的一种保护，是对这些郊区出于蔑视法律的目的而联合起来的鼓励。"①

土地投机商也是兼并的支持者，但他们的工作常常位于幕后，146
很难精确判别他们的实际作用。在过去的一个世纪里，最相似的开发模式是，在有轨马车、蒸汽铁路和有轨电车等先进交通工具可能使乡间的某一块地对城市家庭有吸引力时，地产开发商就会在此买下大片土地，待价而沽。在没有像样的给排水和教育系统的郊区，地产开发商视兼并为对郊区房屋潜在购买者的一种保证，即郊区最终会拥有城市的那种安逸和舒适。对于快速赚钱的渴望毫无疑问是 19 世纪城市边界何以远远越出实际定居范围的一个重要原因。在孟菲斯、巴尔的摩、克利夫兰、芝加哥和其他城市，市政当局所拥有的一些土地甚至尚未来得及进行勘测，更不用说街道规划了。② 在 1854 年费城大合并中被合并的农业区域，在合并之

① 托马斯·沙尔夫(J. Thomas Scharf)、汤普森·韦斯科特(Thompson Westcott)：《1606—1884 年的费城史》(*History of Philadelphia, 1606 - 1884*)，第 691 页。

② 定居线路的确定通常取决于两个因素，一是行政区范围和人口变化的比较，一是对霍默·霍伊特的动态因素图或不同人口普查时的区域枚举图的考察，这两者都可在华盛顿国家档案馆的制图科查到。以孟菲斯为例，郊区的土地所有者是城市扩张性兼并政策的主要推动者。纽约市长哈夫迈耶(Havemeyor)反对兼并布朗克斯(之后是韦斯切斯特)的一部分是因为兼并主要服务于"哈莱姆河两岸的投机者"的利益。西摩·曼德尔鲍姆(Seymour Mandelbaum)：《城市老板特威德的纽约》(*Boss Tweed's New York*)，纽约，1968 年，第 109—110 页。小萨姆·沃纳也发现，在 1873 年西罗克斯伯利(West Roxbury)并入波士顿的过程中，投机者十分活跃。小萨姆·巴斯·沃纳(Sam Bass Warner, Jr.)：《有轨电车的郊区：1870—1900 年波士顿的成长》(*Streetcar Suburbs: The Process of Growth in Boston, 1870 - 1900*)，第 41—42 页。

后两代人的时间里，仍然是稻黍遍地的农耕景象。①

19世纪的成功

19世纪的兼并，其最重要的方面不在于动机，而在于地域扩大这唯一并压倒一切的事实。除了波士顿之外，城市政府的主旨是帝国主义的，其发展趋势明确无误地指向大都市区政府。

历史学家对城市兼并史的迷惑已经到了这种程度：他们倾向于将城市兼并早期的成功归结于那种理应存在于中心城市和郊区居民之间的社区感或道德感。② 毫无疑问，不能否认许多郊区人确实视城市为其成就之所在，希望甚至渴望被城市兼并。然而，可能比这种空悬的观念更重要的，是对给排水、学校、警察等市政服务实际的、世俗的考量。③

正如我们所看到的那样，19世纪早期的郊区居民普遍比较贫穷而非富有，他们所生活的郊区通常提供不了堪与中心城市相媲

① 迟至1900年，百伯利和莫兰还是由30—100英亩的农场组成。约瑟夫·马丁代尔(Joseph C. Martindale)：《费城百伯利和莫兰镇的历史》(*A History of the Townships of Byberry and Moreland in Philadelphia*)，费城，约1900年，第148页。

② 比如，持这种观点的有小萨姆·巴斯·沃纳(Sam Bass Warner, Jr.)：《有轨电车的郊区——1870—1900年间波士顿的成长》(*Streetcar Suburbs: The Process of Growth in Boston, 1870 - 1900*)，第163—164页。

③ 在世纪之交，新到郊区的人比郊区的常住居民更倾向于支持兼并。比如，1914年签署将摩根公园(Morgan Park)并入芝加哥的请愿书的449人当中，有202人在1910年还不是摩根公园的居民。休伯特·莫尔肯(Hubert Morken)：《摩根公园并入芝加哥：一个村庄对城市增长的回应》(The Annexation of Morgan Park to Chicago: One Village's Response to Urban Growth)，芝加哥大学硕士学位论文，1968年。

美的那种层次的公共服务。[①] 对公共服务的考量，其重要性是在情理之中的，特别是对于初到郊区的人来说更是如此，他们买的房子可能没有给排水系统，房屋所在之地蛇兔横行，街道既未硬化，也没有暴雨排水沟，更无警察巡逻。[②] 底特律在1907年之所以突然兼并费尔维尤村，就是因为费尔维尤迫切需要一套下水道系统，而它自身无力承担。[③] 同样，罗克斯伯利加入波士顿，部分原因在于它想摆脱其不堪忍受的排水方面的劣势。[④] 海德公园为了获得 147
更好的消防服务、更便宜的燃气费而寻求加入芝加哥；肯辛顿、斯普林加登和日耳曼敦在加入费城后，其居民就能以更优惠的价格更充分地分享费城那跻身世界一流的给水系统。[⑤]

① 比如，可以参见菲尔普斯·斯托克斯（I. N. Phelps Stokes）编：《曼哈顿岛图解》（*Iconography of Manhattan Island*），纽约，1928年，第一卷，第162页、197页，以及该卷第一章。

② 公共服务之于郊区发展的重要性将在第八章进行讨论。关于在某一地区的重要性，参见布拉德利·赖斯（Bradley Rice）：《巴克赫德之战：改进计划与亚特兰大最后一次大兼并》（"The Battle of Buckhead: The Plan of Improvement and Atlanta's Last Big Annexation"），《亚特兰大历史期刊》（*The Atlanta Historical Journal*）1981年冬第25期，第5—22页。

③ 奥利维尔·奥利维尔·祖兹（Olivier Zunz）：《不平等面相的变化：1880－1920年底特律的城市化、工业发展和移民》（*The Changing Face of Inequality: Urbanization, Industrial Development, and Immigrants in Detroit, 1880－1920*），第143页。

④ 罗克斯伯利（Roxbury）受到海洋风暴和斯托尼河高水位的双重威胁。

⑤ 在1899年新并入芝加哥的那些地方，有16家新消防公司成立于1890年，南部的火灾报警箱已经扩展到了普尔曼。芝加哥的大部分郊区在兼并之前都靠煤油灯照明。保罗·斯杜邓斯基（Paul Studenski）编：《美国的大都市区政府》（*The Government of Metropolitan Area in the United States*），第177页、129—133页。郊区的供水问题经由下列研究而凸显其重要，纳尔逊·曼弗雷德·布莱克（Nelson Manfred Blake）：《向城市供水：美国城市供水问题史》（*Water for the Cities: A History of the Urban Water Supply Problem in the United States*），锡拉丘兹，1956年，第87—89页。

1865年后,随着中产阶级离心运动力量的增强,郊区逐渐摆脱了肮脏、破败的名声。许多郊区居民开始逐渐相信,本地自治会带来更好的公共服务。在郊区首先得到提升的诸项服务中,教育位列其中。早在19世纪中叶,拉尔夫·爱默生(Ralph Waldo Emerson)就这样赞美康科德:“我们会使我们的学校达到这样的程度:所有选择新住房的人,无不被吸引到此,就好像被吸引到那些可以提供最优良教育的城镇一样。”在接下来的几代人里,诸如牛顿、新特里尔、斯卡斯代尔、大耐克、贝斯达、查帕夸和拉杜这样的郊区学校系统,成为了卓越教育的同义词。随着郊区公共服务的改善和自我意识的提高,合并到大都市区的愿望变小了,有关兼并的提议也越来越少;有些提议则遭到了90%的利益相关者的反对。[①] 但在19世纪,兼并的成功更多依靠的是议会的批准而非公众的投票。自然,城市在法理上是一个法人组织,该法人组织从州政府取得特殊权力,对一个地理范围明确划定的地区内的居民进行管理。因此,一般来说,州政府拥有改变其治下政府单位之边界的权力。[②] 在

① 这一估计是约翰·沙尔夫(John T. Scharf)对1816年巴尔的摩一次兼并的估计。约翰·沙尔夫(John T. Scharf):《巴尔的摩编年史》(*The Chronicles of Baltimore*),巴尔的摩,1874年,第61页。如果某些区域尚未建制,兼并如今在西部和南部也偶尔会发生。在1960年代末期,孟菲斯南部一片地域颇大的未建制地区怀特黑文(Whitehaven,地如其名)进行了一次民意测验投票,结果显示其居民以19:1的比例反对并入孟菲斯。因为怀特黑文并不是一个法定的建制城市,然而,这个拥有5.5万居民的社区最终还是被并入孟菲斯这座田纳西州的大都市之中。

② 关于立法的、公众的、市政的、司法的和类似立法的等各种不同的兼并方式,参见弗兰克·森斯托克(Frank Sengstock):《兼并:一种解决大都市区问题的途径》(*Annexation: A Solution to the Metropolitan Area Problem*),安阿伯,1960年,第6—12页。了解各州最近的兼并法律,参见美国城市联盟、城市研究部(National League of Cities, Department of Urban Studies):《调整城市边界:法律和实践》(*Adjusting Municipal Boundaries: Law and Practice*),华盛顿,1966年。

19 世纪，州政府倾向于行使这项权力，而不考虑可能受到影响的人的建议；其结果是，在兼并问题上，很少举行全民投票。即使进行了这样的投票，如果结果对兼并不利，它也不会被认真对待。19 世纪占支配地位的观点是，强行兼并乃必需之原则。任何小的地域都不能妨碍大都市的发展；最重要的考量只是让尽可能多的人的利益最大化。此种观点的阐述最迟出现于 1917 年，当年马里兰州的法官哈伦驳回了巴尔的摩郊区居民的反对，批准了一项会使该城面积三倍于前的兼并，他宣布：

> 位于城市边缘的人必然知道，迟早有一天议会将扩大城市边界，将他们纳入城市。没有什么权利、正义或公平的原则赋予他们阻止城市进步和发展的权利。况且，他们大部分定居于城市边缘，要么是为了从商务往来中获利，要么是保证就 148
> 业或从事城里的专业工作，从这一点看，就更是如此了。[①]

19 世纪强行兼并的例子数不胜数。1854 年的费城兼并是由哈里斯堡（Harrisburg，宾夕法尼亚州首府——译者注）的立法者批准的，没有经过郊区居民的同意，事实上，郊区曾一再派代表对兼并表示反对。1856 年的《旧金山合并法案》（San Francisco Consolidation Act）或 1880 年代之前芝加哥和巴尔的摩的频

① 《戴利与摩根》（*Daly vs. Morgan*），69 份马里兰报告，第 461 页，转引自保罗·斯杜邓斯基（Paul Studenski）编：《美国的大都市区政府》（*The Government of Metropolitan Area in the United States*），第 75—76 页。

繁兼并中的任何一次都没有举行全民投票。[1] 1860年之前，圣路易斯和波士顿的立法者批准了三次兼并，但这两个城市的选民在1853年就提交了反对兼并措施的声明。在1850年的一次投票中，公众反对重新合并新奥尔良三个自治市，到了1852年，该合并在通过了一条特殊法令后强行完成。1876年，路易斯安那州在未征得加罗顿情绪激昂的居民同意的情况下，就将该城并入了这个新月城。[2] 俄亥俄州议会下院在1829年和1834年两次扩大克利夫兰的面积，但在1851年与俄亥俄城的合并首次提交全民投票时，较大的一方克利夫兰以1098反对票对850赞成票反对合并。[3] 一些兼并确实得到公众的同意，但兼并论者正是在议会大厅赢得了他们在19世纪最重要的胜利。[4]

① 反对兼并的一个重要来源是郊区那些希望将税收最小化的工业。因此，乔治·普尔曼(George Pullman)奋斗数年以使普尔曼免于被芝加哥兼并，而1910年的伯明翰(Birmingham)大兼并也小心翼翼地避开了那些最大的工厂，以“使这些大企业免于承受城市税收的重担”，引文出自一本不太令人满意的著作，约翰·霍纳迪(John R. Hornady)：《伯明翰之书》(*The Book of Birmingham*)，纽约，1921年，第268页。

② 约翰·肯德尔(John Smith Kendall)：《新奥尔良史》(*History of New Orleans*)，芝加哥，1922年，第一卷，第742—759页。

③ 克利夫兰反对合并最激烈的是第四区，该区与被并入地区最为不同。零售业和仓储业所在的第三区，是唯一支持合并的一个区。詹姆斯·哈里森·肯尼迪(James Harrison Kennedy)：《克利夫兰史》(*A History of the City of Cleveland*)，克利夫兰，1896年；以及理查德·比格(Richard Bigger)、詹姆斯·D. 基钦(James D. Kitchen)：《城市发展之路：洛杉矶大都市区的百年独立和扩张》(*How the Cities Grew: A Century of Municipal Independence and Expansion in Metropolitan Los Angeles*)，第145—146页。

④ 比如，罗克斯伯利在1857年全民投票赞成并入波士顿(虽然没有实施)；克利夫兰在1854年批准了与俄亥俄城的合并；圣路易斯藉由1856年的公众投票而扩大了其面积。

20 世纪兼并之路失败

由于诸多原因，郊区土地并入城市是 19 世纪城市增长的正常过程。城市为了不断增加和扩散的人口数量而扩大其边界，这在大多数人看来是完全合乎逻辑甚至是不可避免的，即使受到影响的那些家庭会抵制这种观点。1899 年芝加哥郊区的一份报纸预言："芝加哥毫无疑问是会吞并橡园（Oak Park）的。"①此预言最终并未应验。有人甚至轻率断言，明尼阿波利斯和圣保罗最终会合并成一个"巨型城市"。②

但在 20 世纪发生了一些事情——更准确地说是没能发生。许多城市，特别是东部和中西部的老城市如今人口正在流失，大都市区政府成了明日黄花。原因很简单，这些城市再也不能为了与人口越过建制区外流保持同步而进行兼并或合并活动了（表 8—2 和表 8—4）。

人们对城市通过兼并或合并进行扩张的抵制日渐增强，这可 149
从以下几个方面看出一二。在全美人口流失的 12 座最大城市中，新并入土地占比在 1870 年后显著下降，新并入土地的绝对面积在

① 《橡园纪实》（*Oak Park Reporter*），1899 年 11 月 16 日；转引自亚瑟·莱加希（Arthur LeGacy）：《改进者与保护者：伊利诺伊州橡园史》（Improvers and Preservers: A History of Oak Park, Illinois），芝加哥大学博士学位论文，1967 年，第 83 页。

② 艾萨克·阿特沃特（Isaac Atwater）编：《明尼阿波利斯史》（*History of the City of Minneapolis*），纽约，1893 年，第 87 页；以及露西尔·凯恩（Lucille M. Kane）：《建造了一座城市的瀑布：明尼阿波利斯的圣安东尼瀑布》（*The Waterfall That Built a City: The Falls of St. Anthony in Minneapolis*），圣保罗，1966 年，第 96 页。

表 8—4 1850—1980 年 12 个人口增长城市和 12 个人口减少城市兼并面积的比较 （单位：平方英里）

时期	人口减少城市	人口增长城市
1850—1870	294	NA
1870—1890	231	6
1890—1910	327	159
1910—1930	229	568
1930—1950	42	1 510
1950—1980	61	2 096
1980 年总面积	1 328	4 257

资料来源：表 8—1 和表 8—2。

1930 年后也显著下降。尽管这最大的 12 个城市的面积在 19 世纪后半叶增加了 400%，在 1870—1930 年增加了 200%，但它们在 1930 年后仅增加了不到 10%。[①]

1874 年布鲁克兰拒绝并入波士顿，是合并运动遭遇的第一个显著的失败。从 1868 年开始，波士顿这个工商业中心相继兼并了罗克斯伯利、多尔切斯特、查尔斯敦、西罗克斯伯利和布莱顿等城镇，将其面积扩大了一倍。但自诩为“世界上最富有的城镇”的布

① 纽瓦克是个例外，它自 1800 年以后失去的土地比得到的还要多。约瑟夫·福尔索姆（Joseph Fulford Folsom）编：《1666—1924 年新泽西州埃塞克斯县的城市》（*The Municipalities of Essex County, New Jersey, 1666 - 1924*），纽约，1925 年，第一卷，第 232 页；以及约翰·斯奈德（John P. Snyder）：《纽瓦克边界：土地、镇区和城市》（“The Bounds of Newark: Tract, Township, and City”），《新泽西历史》（*New Jersey History*）1968 年夏第 86 期，第 144—145 页。

鲁克兰，以 706 票对 299 票反对合并，他们并不是在拒绝增长或发展，而是在表达一种控制自己所赖以生活其中的自然和社会环境的决心。[①]

布鲁克兰拒绝并入波士顿之后，东部和中西部其他城市的合并要求基本上都被富有而独立的郊区回绝了——芝加哥被橡园和埃文斯顿回绝；罗彻斯特被布莱顿和艾伦德奎特回绝；奥克兰被阿拉梅达县的其余地区回绝。[②] 某些合并动议，诸如圣保罗 1924 年的动议，克利夫兰 1925 年的动议，波士顿 1931 年的动议，都不符合宪法的要求或未得到议会的批准。其他的合并提议则在全州的公民投票中被否决，伯明翰和路易斯维尔属于这种情况。[③] 随着郊区的日益得势，州议员对郊区选民在其所关注问题上的意愿越来越不敢怠慢。

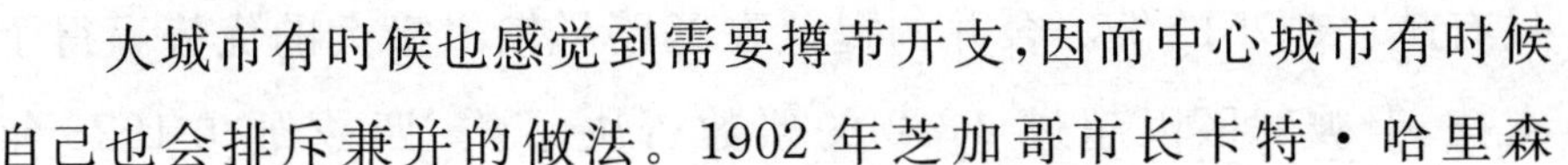

大城市有时候也感觉到需要撙节开支，因而中心城市有时候自己也会排斥兼并的做法。1902 年芝加哥市长卡特·哈里森 150

① 理查德·比格(Richard Bigger)、詹姆斯·D. 基钦(James D. Kitchen)：《城市发展之路：洛杉矶大都市区的百年独立和扩张》(*How the Cities Grew: A Century of Municipal Independence and Expansion in Metropolitan Los Angeles*)，第 144—145 页。

② 阿拉梅达县的决定，是美国城市合并的提议首次被付诸公民直接投票，在 10 个城市中有 9 个城市投反对票，提议最终以约 1 万张选票的差额被击败。州政府议会(Council of State Government)：《州与大都市区之间的问题：提交州长会议的报告》(*The States and the Metropolitan Problem: A Report to the Governor's Conference*)，芝加哥，1956 年，第 87 页。还可参见布莱克·麦凯尔维(Black McKelvey)：《罗彻斯特：对品质的追求(1890—1925)》(*Rochester: The Quest for Quality, 1890 - 1925*)，坎布里奇，1956 年，第 110 页。

③ 州政府议会(Council of State Government)：《州与大都市区之间的问题：提交州长会议的报告》(*The States and the Metropolitan Problem: A Report to the Governor's Conference*)，第 72—73 页。

(Carter H. Harrison)在其年度报告中指出,芝加哥已经大到不能进行有效管理的地步了。他说:"扩大城市地域的念头,应该立即打消。理想的城市是紧凑的,其地域应该得到充分利用,管理机构的所有分支能够迅速而圆满地满足所在地区的需要。"[①]特别是在1930年代的萧条岁月里,城市筹集不到兼并所需要花费的巨额资金。[②]

但还有一些老城市在20世纪没能扩大面积并不是出于中心城市缺少兼并的意愿。事实上,1920年代圣路易斯和匹兹堡的合并有很好的公众基础,当地的商界精英代表中心城市发起了声势浩大的宣传活动,但还是以失败告终。大圣路易斯联合会议试图扩大1876年以后就已被冻结的城市边界,结果没有成功,这也是其预料之中的。在与美国乃至世界的其他城市相比时,圣路易斯只有越比越小的份。合并的提议在圣路易斯以极大的优势赢得了支持,但被郊区以超过2∶2的票数否决了。[③] 匹兹堡在1928年

---

① 转引自保罗·斯杜邓斯基(Paul Studenski)编:《美国的大都市区政府》(*The Government of Metropolitan Area in the United States*),第154—155页。紧缩之后一般都是大扩张。因此,费城在经过12年的缩减之后紧接着就是1854年的大合并,因为大部分郊区政府给费城带来了庞大的债务和珍贵的少到几乎没有的现金。《费城公共总账》(*Philadelphia Public Ledger*),1853年8月11日;以及《费城市长年度咨文》(*Annual Message of the Mayor of Philadelphia*),1857年1月8日。

② 1907年洛杉矶选民拒绝与海德公园、格林梅多斯(Green Meadows)、加迪纳(Gardena)、艾文霍(Ivanhoe)以及十余个其他郊区社区合并。1926年底特律全民投票反对兼并沃伦(Warren)和罗亚尔奥克(Royal Oak)镇区的一些地区。

③ 此次投票,是经过密苏里1924年通过的宪法修正案批准的,如果投票通过,将会允许圣路易斯将整个县兼并使之在地域上成为全世界最大的城市。许多州的法律不允许跨县兼并。美国市政协会(American Municipal Association):《美国城市辖区因兼并、合并和解体而导致的变化》(*Changes in Municipal Boundaries Through Annexation, Consolidation, and Detachment*),美国市政协会报告,第127卷,芝加哥,1939年。

进行了投票，通过了一项宾夕法尼亚州的宪法修正案，授权成立一个匹兹堡联盟城市。这在全州范围内的投票中得到了批准，但在大部分社区投票中，未能赢得所需的三分之二多数。匹兹堡和圣路易斯一样，在 1920 年没有，而且从那之后也再未扩大面积；在全国城市排名中，它从 1950 年的第 12 位（67.7 万居民）降到了 1980 年的第 31 位（42.4 万居民）。[①]

为什么如今环绕美国老城市的郊区如此不合作，总是强调它们与大都市的区别而非联系呢？基本原因有三：第一，更加鲜明的种族和阶级分野；第二，新法律使合并容易而使兼并难以实施；第三，郊区服务的改善。最重要的是郊区和中心城市现实和面貌的改变，特别是人口特征的变化。随着 19 世纪末移民的大量涌入，中心城市日益成为来自南欧和东欧身无分文的移民的聚居地，当然还有黑人。20 世纪早期，越来越多的南部黑人逃离了简陋的租佃农场，找到了他们希望“人之为人”的地方。在大部分中产阶级白人郊区居民看来，这些初来乍到者是与酗酒、恶习、城市老板、犯罪和各种类型的激进主义联系在一起的，他们也是造成这些麻烦的原因。随着中心城市日益为下层社会所占据，白人通勤者的数量开始猛增。这些新近从中心城市逃离的人忧心忡忡，希望将他 151
们的社区邻里与“酒精权力”和其他来自城市的有害影响相隔绝。一个独立社区能为这种道德控制提供激动人心的承诺。芝加哥郊区的一份周报——《摩根公园邮报》（*Morgan Park Post*）在 1907

① 关于匹兹堡的简明报告，参见罗伊·卢博夫（Roy Lubove）：《20 世纪的匹兹堡：政府、商业以及环境变化》（*Twentieth Century Pittsburgh: Government, Business, and Environmental Change*），纽约，1969 年，第 27 页、97—101 页。

年3月9日一则反兼并论者的社论中这样评论:"真正的问题不是税收,不是供水,也不是有轨电车——真正的问题比这些都重要,即我们社区的道德控制……在地方政府管理之下,我们可以完全控制所有试图进入我们领地的令人反感的东西——但一旦被兼并,我们就只能仰市政厅之鼻息了。"①

一些人认为,如果中心城市兼并郊区,然后依靠郊区中产阶级的选票来打击酒精和犯罪利益集团,这样,郊区作为一种道德力量可以最好地服务于整个城市。正如赞恩·米勒所注意到的,19世纪的辛辛那提,其城市边界的连续扩大使得郊区城镇希尔塔博那些富有的、受过良好教育又人情练达的居民坚定地置身于城市事务中。波士顿的兼并论者预计,如果在之前的改革中发挥领导作用的中产阶级不再积极参与城市事务,那波士顿就要重蹈古罗马城的覆辙了。②

但即使兼并真的完成了,他们所希望弱化的政治机器(指上文提到的酒精、犯罪等利益集团——译者注)被证明还是有相当耐久力的。总之,反兼并论者认为,小小的郊区如何可能以螳螂之臂拦挡城市的滚滚车轮呢?"(郊区城镇)橡园所具有的影响,有第35

① 转引自休伯特·莫尔肯(Hubert Morken):《摩根公园并入芝加哥:一个村庄对城市增长的回应》(The Annexation of Morgan Park to Chicago: One Village's Response to Urban Growth),芝加哥大学硕士学位论文,1968年。

② 赞恩·米勒(Zane L. Miller):《城市老板考克斯的辛辛那提:进步主义时代的城市政治》(*Boss Cox's Cincinnati: Urban Politics in the Progressive Era*),第57页;以及小萨姆·巴斯·沃纳(Sam Bass Warner, Jr.):《有轨电车的郊区——1870—1900年波士顿的成长》(*Streetcar Suburbs: The Process of Growth in Boston, 1870－1900*),第164页。

区的尾巴那么大吗?”有人在芝加哥郊区会议上这样问,“大概和狗尾巴上的毛差不多吧。”听众中有人这样回答。[1]

因为合并或兼并法律的变化,像橡园这样的中上层收入人士所居住的郊区在保存自身独立方面,比19世纪地位不那么高的郊区有更好的选择。尽管各州采取的模式稍有不同,但内战前村庄建制的申请与城市申请建制是一样的:到1820年左右,村庄成为申请建制为市的一个必经阶段。希望在未来建制成市的镇区(新英格兰地区的基层政治单位,相当于其他地区的县——译者注)之一部分地区,会结合为一个村庄,以确保本地区独有的服务优势和条件改善不被其他地区所享有。这些优势、改善未必在整体上符合整个镇区的利益,但会提高该社区发展为城市的可能性。由州议会颁发许可证逐渐成为一个更加容易的过程。

然而,内战之后,村庄作为城市形成先导的传统角色开始发生变化。发展成为大城市的希望不大且对此也无甚兴趣的小地方,
开始在容易达到要求的州合并法之下建制成村。这一建制成村的 152
新浪潮,并非作为形成城市的第一步,而是一种防护性的措施,是一种使特定社区免于被大城市所兼并的努力。纽约州的韦斯切斯特县可以很好地说明这一模式。该县位于纽约的正北面,在纽约19世纪最后25年的扩张中,它是增长的主要目标。纽约市先在1870年代、复于1890年代两次扩展到韦斯切斯特县,曾经宁静的村庄被吞并了,被转化成一个熙熙攘攘的城市中的行政区。因此,

① 亚瑟·莱加希(Arthur LeGacy):《改进者与保护者:伊利诺伊州橡园史》(“Improvers and Preservers: A History of Oak Park, Illinois”),见于全书各处。

在面临纽约威胁的那些年，村庄在韦斯切斯特县大量出现就不足为奇了。1874 年纽约兼并莫里杉尼亚、西法莫斯和金斯布里奇前后，该县一下子冒出了一批村庄。第二次村庄建制潮出现在 1895 年，是年纽约兼并了韦克菲尔德、威廉斯布里金、韦斯切斯特、伊斯切斯特和佩拉姆的部分地区。比如，布朗克斯维尔建于 1898 年，当时它的居民还不到 500 人，斯卡斯代尔建于 1915 年，正值怀特普莱恩斯往这个方向蔓延之时（附录 A—6）。在韦斯切斯特县，正如全国其他地方的郊区一样，村庄不是城市的开路先锋，而是替代城市扩张的另一种选择，是郊区用来保护其声誉、地位和独立的方法。

除了进行较容易的合并，或曰“村庄化”之外，相当多的郊区与乡村地区进行了合作，能够迫使州议会放弃对其进行强制合并的惯例。布鲁克兰、牛顿、埃文斯顿、贝弗利希尔斯以及谢克海茨等郊区就是这样。关于合并，现在普遍的看法是：它是一件自愿的事情，必须征得被合并地区居民的同意，只在南部和西部有一些显著的例外，那里的城市有时可以不经过公民投票而直接兼并。哪怕赢得居民同意之后，兼并依然要经历苛刻程序和各种要求的关卡，而兼并所需要的专门法律又被反城市的州议会所否决。在兼并为州宪法所允许的州里，相关的条款更像是阻挠而非促进兼并的进程，旧金山就属于这种情况。[①] 相反，某些州甚至要求中心城市必

① 卡罗尔·康纳（Carol A. O'Connor）：《乌托邦：1891—1981 年的斯卡斯代尔》（*A Sort of Utopia：Scarsdale，1891 – 1981*），奥尔巴尼，1983 年，第 13—16 页。

须为新并入地区提供与自身水平相当的城市服务。[①]

导致兼并活动终止的第三个因素是郊区服务的改善。特别是在二战之后，县政府摆脱了之前的乡村导向，开始提供市政服务。纳什维尔、印第安纳波利斯和迈阿密公开采用这种方法，但此一趋势在各地都是显而易见的。在提升郊区生活方式方面更重要的是专门服务区的增加。这种政府组织最初是为了免于被费城兼并而 153
建立的，1790 年之后，费城建立了诸多专区以管理监狱、学校、公共卫生和港口等事务。[②] 19 世纪建立的专区有纽约大都市区警察署（1857 年），纽约大都市区公共卫生署（1866 年），马萨诸塞特区委员会（下水委员会，1889 年；公园委员会，1893 年；供水委员会，1895 年）和芝加哥卫生特区（1889 年）。对于像安德鲁·格林（Andrew Haswell Green）这样的人来说，这些地方性组织强调了完全合并的合理性。[③] 但是对大部分郊区人来说，专门服务区是用来替代大都市区政府的，而非通向大都市区政府的过渡组织。郊区如果各自为政，则会缺少提供高质量的给排水、教育或执法服务的资源，专区通过把这些郊区整合在一起，使得郊区居民可以享

① 在洛杉矶县，城市合并运动或者乡村化进程现在仍然盛行不衰，在 1960 年代，该县每年发生的合并活动有 10 起。关于亚特兰大地区出色的研究是布拉德利·赖斯(Bradley R. Rice)：《佐治亚芒廷维尤：粗鲁且尚未准备好的郊区》（"Mountain View, Georgia: The Rough and Not So Ready Suburb"），《亚特兰大历史期刊》（*The Atlanta Historical Journal*）1980 年冬第 24 期，第 26—40 页。

② 贝蒂·滕伯曼（Betty Tableman）：《大都市区的政府组织》（*Governmental Organization in Metropolitan Areas*），安阿伯，1952 年，第 61 页。

③ 关于这位纽约合并的最大赢家的唯一传记是约翰·富德(John Foord)：《安德鲁·格林的生平和公共服务》（*The Life and Public Services of Andrew Haswell Green*），加登城，1913 年。

受城市的方便而不用面对城市问题。比如,1915 年芝加哥库克县郊区只有 45%的居民能够享受公共自来水供应,到 1934 年卢普区周围 50 英里地域范围内的所有自治市中,已有 85%可以享受此类服务。

乔恩·蒂福德教授最近关于城市、郊区关系的研究表明,给予大都市区政府最强有力支持的群体是商界精英。他们住在郊区,但其公司和营生与中心城市紧密相连。相反,最反对大都市区政府的是住在郊区的蓝领阶层,他们担心大都市区政府会引起种族成分的变化和税率的提高。①

对于美国东部和中西部地区的大部分老城而言,兼并活动不再切实可行了。城市曾经步伐一致向外扩展其边界,而如今被一群不友好的郊区所包围。大都市区人口继续增长,但因不能扩大边界,其中心城市的人口开始下降,财富也开始缩水。

集中和规模不再被视为值得追求的目标。“我们已经几十年没有过合并或兼并”,亚特兰大城市规划主管潘克·布拉德利(Panke Bradley)在 1984 年说道。亚特兰大这个佐治亚州的州府,其人口在 1970 年代下降了 14%,而且这一趋势似乎还要继续下去。照亚特兰大经济学家贝瑟尔·明特(Bethel Minter)的说法:“在中心城市占据支配地位的黑人不想放弃其政治控制力,郊区居民对分担中心城市的问题浑不在意,出于各自不同的原因,每

---

① 乔恩·蒂福德(Jon C. Teaford):《城市和郊区:1850—1970 年美国大都市区的政治碎片化》(*Cities and Suburb: The Political Fragmentation of Metropolitan America, 1850 - 1970*),见于全书各处。

个人都安于现状，兼并已经是一个相当不重要的问题了。"①

事实上，所有层面上的权力分散问题，在整个1960年代的美国开始流行起来。特别是在大的大都市地区，"还权于民"成为黑 154
人、中产阶级白人以及专家、知识分子的共同目标.黑人希望在其内城社区拥有更大的控制权；中产阶级白人希望保护其郊区生活方式；专家和知识分子担心公众对学术机构和权威的敬重被粗鄙的官僚腐蚀掉。1967年，纽约市斯塔滕岛的区长建立了一个委员会来研究脱离纽约的可能性；1985年，斯塔滕岛在纽约市权力超然的评估委员会中失去了平等地位，使得脱离纽约的提议又多了一个动力。一个以黑人为主的社区——罗克斯伯利黑人联合阵线1968年要求脱离波士顿。1969年，格伦帕克的小中产阶级房产所有者，为了保护其在住房上的投资，寻求从加里分离出来的途径。1970年，纽约市酒吧协会建议在纽约大都市区建立新的地方政府，其数目多达45个。

当邻里自治运动在一些社区赢得支持者之时，另一些地方则趋向追求相反的进程——即在单一的自治政府之下，合并为更大的地理区域，拥有更多的人口。得克萨斯州的房屋管理法律允许大城市不用经过公民投票就可以兼并未建制地区，因此城市空间的扩大就成了惯例而非例外。比如，达拉斯在1940年还是一个面积约45平方英里的紧凑型城市，跟旧金山大小差不多。在坚定的商业社区的引导下，达拉斯在二战后奉行激进的兼并政策，在快速郊区化产生离心力之前，就将县里未建制的土地大量收入囊中。

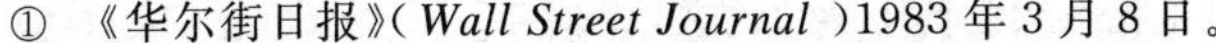

① 《华尔街日报》(*Wall Street Journal*)1983年3月8日。

1940—1960年,其人口增长了131%,增至68万,地域面积则增加了507%。在其后的20年里,达拉斯的人口继续攀升,超过了90万,其土地面积增至350平方英里。达拉斯并非特例,得克萨斯州的每个主要城市,1960年的面积至少都比1900年大10倍,而1960年的休斯敦则是1900年的20倍大。[①]

得克萨斯并非变化最激烈的地区。印第安纳波利斯和俄克拉荷马城在其市域内增加了大片的土地。然而,要数杰克逊维尔获得的土地面积最大。1968年,杰克逊维尔市几乎与整个杜瓦尔县合并,这样,它在地域面积上成为北美这片大陆上最大的城市,并跻身于人口最多的25个城市之列。

这两个大体上相反的趋势,仅仅是美国城市两百年来所面临的困境在最近的表现。一方面,民主需要政府保持小规模并贴近
155 人民;另一方面,许多当代问题的解决效率和地区性特点又突出了大都市区政府在权威和规划方面的必要性。

南加州大学的金斯利·戴维斯(Kingsley Davis)教授认为,在城市人口学和生态学研究中,郊区并不是一个多么重要的因素。因为市政上的兼并引起的城市边界的扩大,与城市实体的扩展趋向一致。因此,当一个社区的人口更加稠密时,它就会进行兼并。这在某种程度上是不证自明的命题,这里提供的数据说明城市人口也会因为兼并而变得更加稠密,如果不进行兼并,城市就无从发展。确实不能说新罕布什尔的霍米尼波特通过兼并新英格兰500

① 威廉·布莱克(William Black):《和谐的帝国:1900—1960年达拉斯的城市规划、区划和兼并》(Empire of Consensus: City Planning, Zoning, and Annexation in Dallas,1900-1960),哥伦比亚大学博士学位论文,1982年。

英里的林地就可以成为一个大都市。但孟菲斯、休斯敦、印第安纳波利斯、菲尼克斯和许多其他城市，其总体人口的增长确实就来自兼并。如果以 1940 年的城市边界计算，这些城市的人口在 1940—1980 年都下降了。

如果仅仅是城市荣誉的问题，那么一个城市在大城市排名中列第 8 位或第 48 位就差别不大。但城市边界止步的地方则关系重大。比如，在新泽西州，纽瓦克和坎登的地域都不大，它们在当代所有的城市问题中苦苦挣扎、严重衰退，而其大部分郊区都欣欣向荣，且对此事实不闻不问。富人在很久以前就离开了，中产阶级也几乎走光了。斯科特·格里尔(Scott Greer)说美国城市的衰退确实只是一种视觉上的错觉，他是对的；面临衰退的只是城市的一小部分，而其大部分是相对繁荣的，特别是城市边缘部分。但纽瓦克整个城市都陷入衰退是因为兼并的范围太小，整座城市没有一个实质性的中产阶级区域。黑人的同化比其他少数族裔更难是因为搬离隔都不仅仅是搬到另一个社区那么简单，而是进入另外的政府管辖范围。

抵制兼并体现的是这样一种观点：大都市区的问题是无法解决的，唯一明智的选择就是保持独立。精英郊区是那些远离城市资本主义的社区，因而能够从中获益，享受独立于中心城市的好处。这种结果使得刘易斯·芒福德做出如下评论：

> 在郊区，一个人能在世界是清白的这一印象中终其一生，
> 除非郊区罪恶的阴暗面被报纸的专栏文章披露。因此，郊区 156
> 是保存幻想的庇护所，在这里，家庭生活有滋有味，而对于在

很大程度上立基其上的世界的剥削很容易忘却。个性在此张扬，无处不在的管辖被置诸脑后。这不光是一个以儿童为中心的世界，它根本就立足于对世界的孩子般的看法之上，这种看法认为人们为了趋乐避苦可以牺牲现实世界。①

① 刘易斯·芒福德(Lewis Mumford):《历史上的城市:起源、演变和未来》(*The City in History*: *Its Origins*, *Its Transformation*, *and Its Prospects*),第494页。

第九章　汽车交通的新时代 157

现今的“无马拉的车”是富人们的奢侈品；而且，即使它的价格未来可能会下降，它也绝对不会变得像自行车一样平常。

——《作家文摘》(*Literary*)1899 年 10 月 14 日

《作家文摘》曾预测 1936 年的总统大选兰登(Landon)会击败罗斯福，它对汽车的看法也同样不太高明。不过，在 19 世纪和 20 世纪的百年之交，它的看法还是反映了大众的观点。汽车从一开始就被看作一个稀奇事物或玩意儿，更像是自行车的同类而不属于马车家族。1898 年，每 1.8 万美国人拥有一辆能上路的汽车，每一辆都是一种混合体：在自行车后部横架着一辆轻便马车，并安装了一个发出噼里啪啦噪音的小引擎。两年后，美国只有8 000辆汽车，其中半数是欧洲制造。因此，市内交通的主要工具仍是有轨电车，在世纪之交，美国人日常生活中司空见惯的仍是有轨电车。[①]

尽管 1900 年时这种没马拉的车仍然是罕见之物，实际上它的

---

① 我从俄亥俄州立大学的约翰·伯纳姆(John C. Burnham)教授那里借用了“汽车交通”(automobility)一词。当链条驱动的安全自行车一经出现，就受到普遍欢迎，掀起了一阵自行车狂热，数年内几十万辆自行车投入使用。

历史比有轨电车更悠久。早在1860年，艾蒂安·勒努瓦(Etienne Lenoir)就生产了一种粗糙的汽车原型，1876年，尼古拉斯·奥托(Nicholas Otto)公布了他发明的四冲程内燃机。到1884年，机械发明的步伐走得更快，是年卡尔·本茨(Karl Benz)在德国制造了一辆三轮的机动车。第二年，另一位德国工程师戈特利布·戴姆勒(Gottlieb Daimler)独立发明了一种改良的内燃机。10年后的1894年，在戴姆勒公司的资助下，法国生产了潘哈德牌汽车，这是世界上首次在市场上获得成功的汽车。其后，类似车库(garage)、底盘(chassis)、汽车(automobile)和司机(chauffeur)这样的法语
158 词汇成为国际通用的汽车术语。《纽约时报》(*New York Times*)在1899年1月3日的一则报道中表达了一种含糊的态度：

> 这些新奇的车辆令人感觉诧异。它们有着难以言喻的丑陋外形，而且没有一个好听的或者至少可以接受的名字。法国人——他们一向在语源学上是保守的——构造了"汽车"(automobile)一词，该词一半源自希腊语，一半源自拉丁语，如此没有品位以至于我们在印刷它时踌躇不决。①

在美国，大部分的技师都没有注意到这些发明，甚至没有注意

① 在各种形式的自力推进的车辆中，法国炮兵上尉尼古拉斯·约瑟夫·屈尼奥(Nicolas Joseph Cugnot)于1769年在巴黎组装的一辆笨重的、蒸汽动力的三轮轿车是首创。19世纪，很多英国发明家进行了蒸汽驱动车辆的试验，但它们移动得非常缓慢且笨重、低效、易坏，而且高额的过桥费和严格的立法限制了其发展。还有的人主张第一辆汽车的制造者是意大利人恩里科·贝尔纳迪(Enrico Bernardi)以及法国人爱德华·德拉马尔-德布泰维尔(Edouard Delamarre-Debouteville)。

到这样一个事实:法国科学院已经采用了"automobile"一词来描述1875年环绕巴黎隆隆驶过的蒸汽公共汽车。北美在汽车发展上比欧洲落后很多,在1890年代,只有不多的几个美国人制造了"无马拉的车",他们中有查尔斯·杜里埃和弗兰克·杜里埃兄弟俩(Charles and Frank Duryea)、兰塞姆·奥尔茨(Ransom Olds)、埃尔伍德·海恩斯(Elwood Haynes)和亚历山大·温顿(Alexander Winton)。杜里埃兄弟俩是这一行业的老大,他们在1894年、1895年和1896年赢得了大部分的公路竞赛,但他们的年产量直到1896年才达到10辆。①

有轨电车发明之后十年内就在美国城市中得到广泛使用,相比之下,汽车的应用进展得非常缓慢。这还牵涉到一个立法层面的问题:隆隆驶过的汽车会惊吓马匹,扬起灰尘,因此,以这种事实为依据,美国许多州效仿英国的先例,通过法案限制自力推动车辆的速度,要求每小时速度不超过4英里,并每一辆车前得有一个步行的人挥舞红旗为它开路。

另一个问题是确实没有适合汽车行驶的公路。在1920年之前,轨道交通比任何一种陆上运输方式更顺畅、更快捷、更经济(甚至在1920年,大多数美国人出门旅行依靠轨道交通),美国的城市之间几乎没有铺设了路面的道路。许多道路不过是清除了障碍物的泥土小道。当回忆居住在密歇根州的少年时代时,埃德蒙·洛

① 1879年,一位罗切斯特专利代理人乔治·塞尔登(George Selden),申请了汽车的美国专利。詹姆斯·弗林克(James J. Flink)所写的关于西半球这一新的交通形式早期发展的通史著作是最好的。参见詹姆斯·弗林克(James J. Flink):《汽车在美国的应用》(*American Adopts the Automobile*),剑桥,1970年;詹姆斯·弗林克(James J. Flink):《汽车文化》(*The Car Culture*),剑桥,1975年。

夫(Edmund G. Love)讲到,他在拉皮尔和伊姆莱城之间一段仅10英里的路上就陷进污泥中八次,他还在离家仅20英里的地方,通往奥沃索的一条弯路上彻底迷路了。[1]

迷路是很常见的,因为无论是道路还是城镇都难以识别。那时没有道路编号系统,因此兰德—麦克纳利以及其他公司出版了自驾旅行的指南小册子,为驾车者详细指明调头、转弯以及顺利通过路上每一处岔道和桥梁所必需的地标。道路沿线的小镇和乡村
159 不欢迎那些姓名和族群特征明显的旅行者,毕竟,城乡之间的差别仍然明显,而当地人是不会迷路的。加油站和服务设施的不足也增加了驾车出行的难度。[2]

由于早期的汽车没有公路系统可靠,驾驶汽车是一场冒险,它要求司机胆大心细。1910年,《布鲁克林雄鹰报》(*Brooklyn Eagle*)把驾驶汽车称为“野性的最后呼唤”和“世界上最刺激的运动”,而且迟至1918年,战时工业局还把汽车列为“最不必需的制造业之一”,认为整个行业的停产也无碍大局。[3]

---

① 杰拉尔德·卡森(Gerald Carson):《护目镜与侧帘》(“Goggles and Side Curtains”),《美国遗产》(*American Heritage*)1967年4月第18期,第32—38页、108—112页;小查尔顿·奥格本(Charlton Ogburn, Jr.):《汽车与美国》(“The Motorcar vs. American”),《美国遗产》(*American Heritage*)1970年6月第21期,第104—110页。

② 弗雷德里克·帕克森(Frederic L. Paxson):《1916—1935年美国铺设公路运动》(“The American Highway Movement, 1916 - 1935”),《美国历史评论》(*American Historical Review*)1946年1月第101期,第236—253页。

③ 汽车公司的经理利用他们战时在政府中的职位推动道路改良和卡车运输。《有轨电车探索》(*Trolley Exploring*),布鲁克林之鹰图书馆,第25期,总第65期,第17—21页。参见唐纳德·戴维斯(Donald F. Davis),《汽车进步主义的兴衰:1910—1929年底特律的改革》(The Rise and Fall of Automotive Progressivism: Reform in Detroit, 1910 - 1929),渥太华大学,未出版论文,1978年,第9页。

更敏锐的观察家们认识到一场交通运输革命正在悄然发生，而美国在汽车技术上将引领世界潮流。与欧洲的制造商致力于富人所需的昂贵的汽车不同，美国的企业家很早就转向能够大量生产的经济型汽车。查尔斯·杜里埃在1896年1月31日写给《无马时代》(*Horseless Age*)的一封信中阐明了这一观点："我们要求没马拉的车有一个简单的机械系统，避免容易失控或者给非熟练的驾驶者带来麻烦，而且车辆在使用上应感觉舒适，即它必须干净，没有异味、颤动或不安全。如果它在结构上是简单的，那么很可能，它的成本也将是低廉的。"

1900年，坚信简单、廉价和实用的汽车是有市场需求的这一理念，兰塞姆·奥尔茨开始从其他制造商那里大量采购零件组装成一个单一的车型。他给其没马拉的车的定价低于500美元，到1905年超过6 500辆装有"弧形挡泥板"的轻便汽车行驶在路上。这一年，格斯·爱德华兹(Gus Edwards)谱写了歌曲《在我快活的奥尔茨汽车里》(*In My Merry Oldsmobile*)，这是有关汽车的歌曲中最广为人知的一首：

> 跟我离开，露西尔，
> 在我快活的奥尔茨汽车里，
> 跨越生命之旅，我们飞翔，
> 你和我在飞驰的汽车里，
> 我们要偷偷地快去教堂，
> 我们婚礼的钟声将洪亮敲响，
> 和我一起，你能走到想象的尽头，

在我快活的奥尔茨汽车里。

1908年,24家美国公司以较低的价格生产装配简易的汽车。他们使普通人拥有汽车的渴望成为可能,从而反驳了伍德罗·威尔逊(Woodrow Wilson)1906年的预言:汽车将激发仇富心理从
160 而导致社会主义。到1913年,每八人拥有一辆汽车,而且以10年前的标准来看,这些车在消减噪音和性能改善方面已发生了奇迹般变化。[①]

T型车

亨利·福特没有发明汽油驱动的发动机,他在早期的汽车技术方面也没有做出重要的技术贡献,甚至也不是为普通大众生产经济型汽车这一观点的原创者,但是,亨利·福特是唯一以顽强的、坚持不懈的精神去追求这一观点的人,而且他也成为这一行业的先行者中最重要,也是最成功的一位。1879年,福特前往底特律时是一个密歇根农场的16岁男孩,他干过各种工作:技师、修表匠和工程师,一直喜欢在他家后院的修理铺和位于巴格利大街的小砖房里摆弄修理内燃机和汽车。1896年,福特制造了他的第一辆曲轴型汽车,随后六年里,他尝试将改良型号的汽车推向市场以获取利润,但都未成功。1902年,他的事业有了一个大突破,他的

---

① 福尔克·希尔斯泰德(Folke T. Kihlsted):《1910—1935年汽车与美国住宅的变迁》("The Automobile and the Transformation of the American House, 1910–1935"),《密歇根历史季刊》(*Michigan Historical Quarterly*)1980年第19期,第555页。

赛车在全国多个公开赛中获胜，这使得福特汽车赢得了结实可靠的声誉。1903 年他投资 2.8 万美元组建了福特汽车公司，随后五年内，他以 1 600 美元的均价出售他的汽车，比包括卡迪拉克在内的 12 个主要竞争对手的售价要高得多。[①]

在随后一代人的时间内，亨利·福特成为一个传奇——现代工业技术的典型象征。1908 年，他生产了一种厢式汽车，其特色是操作简便，修理简单，在恶劣的环境下使用也很可靠。福特 T 型车——更流行的称呼为"老爷车"(Tin Lizzie)——在 20 年里外观保持不变。在阐述他早期的设计思路时，福特展现出将大众的需求和商业的可行性相结合的敏锐天性：

> 我将为普通大众设计一种汽车。
>
> 它将大小适中，既能适合家庭的需要，又能适合个人驾驶和维护。它将按照现代工程师所能设计的最简单的方案，由最好的工人采用最好的原材料进行制造。然而，它的价格必须低廉，以便有份不错薪水的人们能够拥有一辆——和他的家庭一起享受在上帝所给与的美妙户外空间中度过几个小时愉快时光的幸福。[②]

① 戴维·刘易斯(David L. Lewis)对这位著名的工业家进行了杰出研究，戴维·刘易斯(David L. Lewis)：《亨利·福特的公共形象：美国人民的英雄和他的企业》(*The Public Image of Henry Ford: An American Folk Hero and His Company*)，底特律，1976 年。

② 雷诺·威克(Reynold M. Wik)：《亨利·福特和草根美国》(*Henry Ford and Grassroots America*)，安阿伯，1972 年，第 233 页。福特的讲话是在 1909 年。

福特的天赋就是他能够在降低其最畅销T型车的成本的同时增加工人的工资。1914年，在密歇根州底特律市郊区开设的海兰帕克新工厂里，这位“廉价小汽车之王”首创了生产流水线——这大概是自18世纪采用可互换零件原则以来对制造业技术最为
161 重要的贡献。1919年，随着其庞大的里弗鲁日(River Rouge)工厂联合体的开张，汽车制造业步入了巨型企业阶段。通过更高的产业效率和尽可能简化工作程序的不断努力，福特将T型车的价格从1910年的950美元降低到1924年的290美元。这一点的实现伴随着同期工资和物价的上涨。在1909年，一个普通工人需工作22个月才能购买一辆T型车，而到1925年，只需不到三个月就能购买一辆T型车。[①]

1914年1月5日，福特做出壮举，在经济萧条期间出人意料地单方面宣布将其员工的最低日工资从2.3美元增加到5美元，此举也对美国工业产生了革命性影响。了解到厌倦和单调是困扰其员工的主要原因后，福特的解决之道很简单，给工人支付更多的薪水。这样，他稳定了员工队伍，加快了生产线的速度，也为其产品创造了更多的潜在消费者。

福特也削弱了美国的劳工运动。一方面，他在工厂制定了专制式的纪律，雇用间谍和打手来抵制工人组建工会的企图。另一

---

① 艾伦·内文斯(Allan Nevins)、弗兰克·希尔(Frank Ernest Hill)：《福特公司：扩张与挑战(1915—1933)》(*Ford: Expansion and Challenge, 1915 - 1933*)，第二卷，纽约，1957年；R. 梅尔德尔(R. Eugene Melder)：《福特老爷车的50周年》(“The Tin Lizzie's Golden Anniversar”)，《美国季刊》(*American Quarterly*)1961年冬季号第12期，第469—471页。

方面，他的廉价汽车削弱了马克思主义的主张：劳动者“失去的只有锁链”。正如印第安纳州曼西的一位老人对罗伯特·林德(Robert S. Lynd)所说的，“在这里和别的任何地方，福特汽车已对工会造成了极大的伤害……只要人们有足够的钱去买一辆二手福特汽车、轮胎以及汽油，他就会跑到外面的公路上而对工会会议毫不关心。”①

到1925年，福特公司日产9 000辆汽车，相当于每10秒钟制造一辆。这种空前的产量为“廉价小汽车之王”带来每天2.5万美元的收入，使亨利·福特成为亿万富翁而且形象良好。《名利场》(*Vanity Fair*)杂志将他形容为“商业巨子，卓越领袖”。细究起来，福特是个矛盾的人物，他是名推销员，其产品破坏了广大地区的传统小镇生活，同时，他将其财产和精力相当大的一部分致力于重建旧式村庄的生活方式，提倡老式的方块舞。1920年代末期，一项调查要求大学生给历史上最伟大的人物排名，亨利·福特排第三，仅在耶稣基督和拿破仑·波拿巴之后。②

当1927年T型车最终停产时，拥有一辆汽车已经成为一般中产阶级生活方式的基本组成部分(表9—1)。近1 600万辆“老

① 罗伯特·林德(Robert S. Lynd)、海伦·林德(Helen M. Lynd)：《中镇：美国文化研究》(*Middletown: A Study of American Culture*)，纽约，1929年，第254页。

② 尽管大众的“甲壳虫”最终打破了福特T型车15 458 781辆的销售纪录，但是，在任何一年里，大众汽车从来没有达到世界汽车产量的10%以上这一水平，而T型车在其巅峰时占世界汽车产量的近50%。我对福特的评论基于约翰·卢卡奇(John Lukacs)富有洞见的著作，即约翰·卢卡奇(John Lukacs)：《过度成长的民主：20世纪的美国史》(*Outgrowing Democracy: A History of the United States in the Twentieth Century*)，花园城，1984年，第24—27页。

162 爷车”从生产线上制造出来，全世界每一秒钟就有一辆挂着福特车标的汽车上路。尽管比大多数欧洲汽车便宜得多，美国汽车却更耐用，更易修理，马力更强。这是一种多用途的家庭汽车，为普通驾驶者而不是专业司机所设计。

表 9—1　1905—1975 年美国汽车和卡车注册数量

年份	汽车	卡车	卡车与汽车之比
1905	8 000	1 400	1/55
1915	2 332 426	158 506	1/15
1925	17 481 001	2 569 734	1/7
1935	22 567 827	3 919 305	1/6
1945	25 793 493	5 079 802	1/5
1955	52 135 583	10 302 987	1/5
1975	106 713 000	25 755 700	1/4

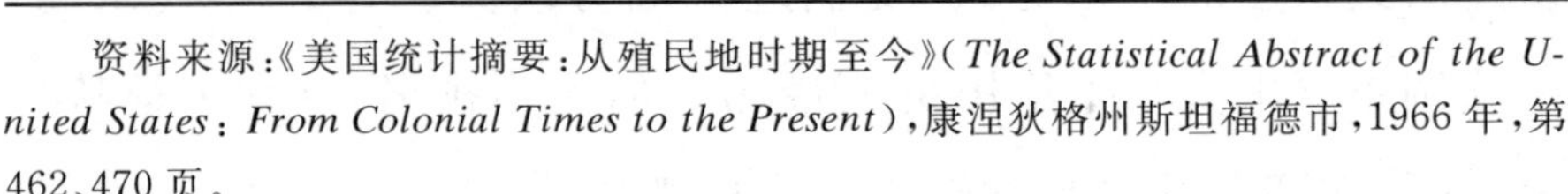
资料来源：《美国统计摘要：从殖民地时期至今》（*The Statistical Abstract of the United States: From Colonial Times to the Present*），康涅狄格州斯坦福德市，1966 年，第 462、470 页。

拜福特所赐，美国汽车的注册数量从 1913 年的 100 万辆攀升到 1923 年 1 000 万辆，仅堪萨斯一个州的汽车数量就比法国或德国还多，密歇根州的汽车数量比英国和爱尔兰的总和还多。到 1927 年，美国的汽车数量增加至2 600万辆，全世界的汽车约 85%是美国制造，每五个美国人就拥有一辆。在随后 30 的年里，只有加拿大在这一点上能与美国比肩。大多数美国蓝领工人直到二战后才能负担得起私人交通工具，但是横向比较来看，1930 年代，全世界也只有美国普及了汽车（表 9—2）。在那 10 年里，米基· 鲁尼(Mickey Rooney)在《安迪·哈迪》(*Andy Hardy*)系列电影中出演主角,演的是一个有车的高中生。在世界上别的地方,16岁的学生甚至做梦都想不到能拥有汽车。

表9—2　1905—1970年主要西方国家居民与注册汽车之比 163

年份	美国	英国	德国	法国	瑞士	意大利
1905	1 078	2 312	983	1 850	无	无
1920	13	228	1 017	247	277	1 206
1930	5	42	135	37	59	225
1940	5	32	54	22	无	163
1950	4	22	116	24	28	139
1960	3	9	15	8	6	25
1970	2	5	4	4	4	5

资料来源:根据B.米切尔(B. Mitchell)的《欧洲历史统计,1750—1970》(*European Historical Statistics*,1750—1970,伦敦,1975年)第350—354页数据计算。

汽车数量的急剧增长带来了一种高涨的乐观主义,一种对技术进步的全国性信仰。兰塞姆·奥尔茨说,"比起人类制造过的其他任何物品,汽车带来了更多的进步",1923年,查尔斯·莫特(Charles Mott)也断言,"在服务于人类方面,由于汽车的出现,很难说哪种已有的人类活动……比它更顺畅、更有效率"。汽车工业发言人对进步这一主题喋喋不休。1926年,罗伊·蔡平(Roy Chapin)回忆说,"每当我出售一辆汽车时,我都真诚地相信是为顾客做了件好事,帮助他们在巨大的进步潮流中谋取了一席之地"。正如辛克莱·刘易斯1922年的流行小说《巴比特》(*Babbitt*)中所表现的那样,私人汽车已经不再是奢侈品,而是美国中

产阶级的必需品。①

道路建设革命

尽管汽车是典型的私人用品，但它必须行驶于公共空间。政府如何应对？一种解决方案是向使用者征收重税以偿还地方财政为改善街道、维护交通和交警服务的支出；另一种方案是用一般税收支持私人交通。最终后一种方案被采用，这表明公众知晓汽车作为主要交通工具的好处，也反映了特殊利益集团的介入。

道路建设需要大量的投资，因为在 19 世纪与 20 世纪百年之交时，城市的街道通常破破烂烂、坑坑洼洼。一般的做法是：市政府规划出新的路线，移走树桩和石块使车辆能够行驶就算完工，根本没有充足的资金铺设路面或维修路面。导致的结果就是，很多道路不是泥泞不堪，就是尘土飞扬，还到处是坑洞，街道更像一个跨越障碍的训练场而不是通衢大路。在这样的道路上，马车可以机敏地躲开这些坑坑洼洼，汽车却不能绕过所有的坑洞。

在城市中取消马匹被普遍认为是出于公共财政开支考虑的一
164 项合理举措。事实上，私人汽车最初被看作是城市的救星，清洁高效，有望取代过时的、产生粪便污染的、臭气熏天而又占用大量空间的马匹。基于公共利益的考虑，许多市政府使用一般税收来修

① 唐纳德·戴维斯(Donald F. Davis)，《汽车进步主义的兴衰：1910—1929 年底特律的改革》(The Rise and Fall of Automotive Progressivism: Reform in Detroit, 1910 - 1929)，渥太华大学，未出版论文，1978 年，第 3 页；又见 G. 阿特伯里(G. W. Atterbury)：《作为必需品的商业性汽车》("The Commercial Car as a Necessity")，《哈珀周刊》(*Harper's Weekly*)1907 年 12 月 28 日第 51 期，第 19—25 页。

建适宜汽车行驶的道路。[①]

然而，道路改进的根本动力更多来自特殊利益集团的鼓动，而非出于理想主义。到1920年代，由轮胎制造商和经销商、零配件供应商、石油公司、加油站老板、道路营造商和土地开发商等组成的私营团体利益联盟，游说政府修建新道路。他们抱怨交通阻塞增加了商业区做生意的成本而导致不动产贬值，提出把公路建设作为一种社会和经济改良的方式，而且他们从理论上证明公共财政资助此类项目是正确的，道路改进的费用能够自我补偿，因为道路沿线的不动产税收会增加。城市规划师出于责任心，也应声附和商界和市民组织。[②]

经由公民投票选出的官员们向私人压力集团卑躬屈膝，公众的钱袋子为改进街道质量而敞开。最初的努力集中于现有道路的路面铺设。在19世纪晚期时，交通繁忙地区最常见的铺筑材料是镶嵌在沙质路基上的鹅卵石。由于方便易得，经久耐用，城市自中世纪以后就采用鹅卵石铺设路面。有罅隙的路面使得车轮和路面

---

① 霍默·霍伊特(Homer Hoyt)：《汽车对城市增长模式的影响》("The Effects of the Automobile on Patterns of Urban Growth")，《交通季刊》(*Traffic Quarterly*)1963年4月第17期，第293—301页。

② 布莱恩·布劳内尔(Blaine A. Brownell)：《1920年代商界—市民精英与亚特兰大市、孟菲斯市和新奥尔良市的城市规划》("The Commercial-Civic Elite and City Planning in Atlanta, Memphis and New Orleans in the 1920s")，《南部历史》(*The Journal of Southern History*)1975年8月第41期，第353—356页；马克·罗斯(Mark H. Rose)：《州际公路：公路政治的表达(1941—1956)》(*Interstate: Express Highway Politics, 1941 - 1956*)，堪萨斯州劳伦斯，1979年，第5—7页；《纽约时报》(*New York Times*)1926年11月12日；马克·福斯特(Mark S. Foster)：《从有轨电车到超级高速公路：1900—1940年美国城市规划者和城市交通》(*From Streetcar to Superhighway: American City Planners and Urban Transportation, 1900 - 1940*)，费城，1981年。

之间的摩擦力大，还可以防止马匹打滑。但是，鹅卵石路面多半坑坑洼洼，不太平坦。到19世纪晚期，美国城市开始采用三种新型的路面材料。第一种是用粉碎的石头——被称作碎石路——盛行于交通量较少的住宅区和郊区道路。然而，碎石路面不耐用，承受不了汽车轮胎的压力，时间长了会被压得碎粉，随风飞扬。第二种是沥青，源于欧洲。这种沥青路面要求路基坚固且排水良好，铺路的承包商必须效仿古罗马道路系统的做法，用碎岩打底。最后一种是质量可靠的混凝土，19世纪晚期开始采用。[①]

修建和资助公共道路的变革不仅反映了新技术的出现，而且折射了对街道功能的新态度。在19世纪中期，住房大都是联排的，街道是主要的开放空间，履行着某种重要的娱乐功能。[②] 然而，到了1920年，绝大部分城市居民以及几乎全部的道路工程师都将街道视为行驶汽车的交通要道。法国规划师勒·柯布西耶(Le Corbusier)1924年在巴黎的演讲时对这一变化大不以为然：

① 1657年，新阿姆斯特丹的一条街道用石头铺设了路面，这使得纽约成为北美第一个铺设街道路面的城市。1870年，纽瓦克铺设了第一条沥青路，1894年，俄亥俄州贝尔方丹市铺设了第一条混凝土路。关于道路铺设历史最好的著作是克莱·麦克沙恩(Clay McShane)：《城市空间利用方式的转变：街道铺设革命一瞥(1880—1924)》("Transforming the Use of Urban Space: A Look at the Revolution in Street Pavements, 1880 - 1924")，《城市史杂志》(*Journal of Urban History*)1979年5月第5期，第279—307页。参见约翰·雷(John B. Rae)：《美国生活中的道路和汽车》(*The Road and the Car in American Life*)，坎布里奇，1971年；以及哈维·坎特(Harvey A. Kantor)：《进步的囚徒：1850—1920年的美国工业城市》(*Prisoners of Progress: American Industrial Cities, 1850 - 1920*)，纽约，1976年，第164—165页。

② 有关街道功能方面的内容，参考第5章。参见克莱·麦克沙恩(Clay McShane)：《城市空间利用方式的转变：街道铺设革命一瞥(1880 - 1924)》("Transforming the Use of Urban Space: A Look at the Revolution in Street Pavements, 1880 - 1924")，《城市史杂志》(*Journal of Urban History*)1979年5月第5期，第279—307页。

> 黄昏，香榭丽舍大道暮色初上，世界突然变得疯狂。夏季 165
> 空虚之后，交通变得比从前更狂暴。日复一日，交通状况每况愈下。离开住房意味着你一旦跨出门槛，就可能成为一个牺牲品，死于数不清的汽车轮下。回想20年前我当学生时，道路是属于我们的。①

汽车对于郊区发展的重要意义，底特律那些用沥青和混凝土铺设的平滑道路就是最好的明证。有六条干道呈放射状从这座汽车城通向庞蒂亚克、托莱多、兰辛、温莎、安阿伯和休伦港。通向庞蒂亚克的伍德沃德林荫大道是底特律的主街，起点在底特律河，顺着印第安人最初的萨吉诺小径延伸。底特律和庞蒂亚克之间这短短25英里长的路上就有好几个因交通便利——即公路——而发展起来的通勤郊区。②

出了底特律，伍德沃德大道经过一连串的郊区社区：先是庞大的福特汽车工厂所在地海兰帕克；之后是已有一段独立历史的通勤郊区伯明翰；再之后是芬代尔，只有4平方英里大小，在底特律北部，1920年代兴建了大量新住房，兴盛一时；最后是20世纪开发的村庄，如罗亚尔欧克和亨廷顿伍兹等。伍德沃德大道“家族”还包括一个贫困社区伯克利，那里搭建住房的材料五花八门，可谓能找到什么就用什么；也包括全美最富裕的社区之一的布卢姆菲

① 勒·科布西耶(Le Corbusier)：《明日之城》(*The City of Tomorrow*)，弗雷德里克·埃切尔斯(Frederick Etchells)译，由1924年法文版译出，1929年版本重印，剑桥，1971年，第3页。

② 伍德沃德大道也是密歇根州的1号公路。

尔德·希尔斯。这些社区都在这条大道两侧，证明了它是交通动脉而不是公共空间。早在1892年，房地产经纪人就以“重铺伍德沃德大道”来做广告，刺激消费者购买，到1923年，伍德沃德大道拓宽项目动工，修建从底特律到庞蒂亚克全程八车道的混凝土公路，沿路的每一个小镇都热情地给予支持。当1920年代末这一项目完工时，地方倡导人们宣传这是全国最好的公路，房地产开发商开始以地块与伍德沃德大道的距离作为卖点。这条便利的大道使得经理能够在不到40分钟的时间里，驱车15英里到达位于底特律商业区的办公室。①

即使像伍德沃德大道这般宽阔的道路交通也会堵塞，因此，大多数城市化地区很快就提出没有红绿灯和十字路口的“高速路”的构想。第一条这种新型道路被称为公园路，因为道路两边的地带都有公园，并且随着自然地形变化，主要沿着溪谷铺设。道路距离
166 用英里而不是街区来计算，这些道路通常是蜿蜒的，而不是笔直的。②

---

① 罗伯特·胡佛(Robert Hoover)：《底特律大都市区的发展政策与交通规划》(“Policy Growth and Transportation Planning in the Detroit Metropolitan Area”)，《地区科学协会的论文与会议记录》(Papers and Proceedings of the Regional Science Association)1961年第7期，第223—239页。

② S.R.德博尔(S.R. DeBoer)：《公园设计中的汽车道路》(“Automobile Roads in Park Design”)，《公园和休闲》(*Parks and Recreation*)1923年5月至6月第4期，第421—422页；彼得·沃尔夫(Peter M. Wolf)：《尤金·亨纳德和巴黎城市主义的兴起》(*Eugene Henard and the Beginning of Urbanism in Paris*)，海牙，1968年，第49—53页；杰伊·唐纳(Jay Downer)：《纽约州韦斯特切斯特县如何建立它的公园系统？》(“How Westchester County, New York, Made Its Park System?”)，《1928年城市规划第20届全国会议论文与讨论集》(Papers and Discussions at the Twentieth National Conference on City Planning)，费城，1938年，第184—186页。

道路立体交通系统的发明归功于法国工程师尤金·亨纳德(Eugene Henard),他在1906年巴黎规划中首先发明了这种方法。第一次世界大战之前的岁月里,意大利未来派建筑师安东尼奥·圣埃利亚(Antonio Sant'Elia)在他的"新城"设计中提出一个革命性计划。他的米兰城市中央车站计划把铁路交通和汽车交通汇集到一起,多达七层,互不干扰。

不过,高速公路构想的首次系统实施是在美国。威廉·范德比尔特(William K. Vanderbilt)在1906—1911年修建的长岛汽车公园路是世界上第一条专为汽车所需设计并仅限汽车行驶的大道。它采用新型混凝土建造,特点是不限速、使用桥梁和隧道与当地交通进行立体交叉,通过自己的收费站来限制进入。更具重要意义的是韦斯特切斯特县富有田园风味、蜿蜒曲折的布朗克斯河公园路,该公路动工于1906年,完工于1923年。在这里,道路的立体交叉工程造价低廉,因为公园路顺着河谷铺设,无须大量的土木工程就能架设桥梁,实施立交。工程竣工后,在美学上也堪称是一次巨大的成功。这条路始于布朗克斯的布鲁克纳大道,与纽约中央铁路并行,一直到怀特普莱恩斯,总路程长16英里,这条风景优美的道路促进了来自斯卡斯代尔、芒特弗农、布朗克斯维尔和新罗谢尔等郊区城镇到布朗克斯的汽车通勤。[①]

10年间,纽约地区1928年修建了哈钦森河公园路,1929年索

① 卡尔·康迪特(Carl W. Condit)认为新罕布什尔州曼彻斯特市的埃尔姆大街是第一条公园路,然而道格拉斯·哈斯克尔(Douglas Haskell)认为纽约市的公园大道应享此殊荣。享有第一条公园路名誉的其他竞争者还有波士顿的纪念大道以及布朗克斯区的格兰德大街。然而,这其中没有比布朗克斯河公园道更长更精美的。卡尔·

米尔河公园路，以及 1931 年克罗斯县公园路。1934 年始于曼哈顿西区的亨利哈得孙公园路是第一条内城高速公路（不过，在布朗克斯大桥上设有收费站），它限制进入、没有十字路口，有自己的服务站。到 1929 年，新泽西州开始修建一条从泽西城到伊丽莎白的 13 英里长的高速公路；芝加哥完成了卢普区北部的一条高架快车道，每天能通行 6 万辆汽车；波士顿在北部和南部建成了两条主要的交通要道；费城规划协会建议修建七条高速路线使驾车者能避开城市的交通拥堵。桥梁也促进了郊区的增长，增加了对高速公路支线的需求，例如，1926 年横跨特拉华河连接费城和卡姆登的大桥，以及 1933 年连接纽约市和北新泽西的乔治·华盛顿大桥。尽管大多数新干道呈放射状将城市核心区与当时建成区的边缘地带连接起来，但是很多道路都经过精心美化，以适应享受驾驶乐趣

167 的潮流。确实，大多数高速公路更多是为娱乐而不是为高峰期上下班通勤设计。在形式和功能上，它们都与德国高速公路截然相反，1930 年代德国大量的道路建设主要是为了军事运输。①

在北美大陆的西端，加利福尼亚州规划了全州范围内的高速交通干道系统。阿罗约西科公园路最初构想于 1911 年，直到洛杉

康迪特（Carl W. Condit）：《纽约港》（*The Port of New York*）第二卷，芝加哥，1982 年；道格拉斯·哈斯克尔（Douglas Haskell）：《未来主义及其范畴》（"Futurism With Its Covers On"），《建筑评论》（*Architectural Review*）1975 年 5 月第 157 期，第 301 页；罗杰·瓦恩斯（Roger Wines）：《范德比尔特的汽车公园路：美国第一条汽车专用路》（"Vanderbilt's Motor Parkway: America's First Auto Road"），《长岛历史》（*Journal of Long Island History*）1962 年秋季第 2 期，第 14—28 页。

① 《纽约时报》（*New York Times*）1926 年 11 月 21 日；1929 年 1 月 6 日。

矶商业区的百货公司支持了这一项目，造价130万美元的高速公路才得以开工。8.2英里长的阿罗约西科公园路，后来改名为帕萨迪纳高速公路，于1940年12月9日通车（但通车之日即发生一场3部满载社会名流的汽车追尾连环事故），成为后来世界上高速公路系统的雏形。这条公路原本打算吸引购物者前往洛杉矶市中心，相反，却使得城市居民能够迁移到郊区。到1960年它每天通行7万辆汽车，比其设计的运载力多出2.5万辆。最重要的是，它使得帕萨迪纳房地产价格高涨，所以开发商和营造商忙不迭地鼓动该地区其他地方铺设高速公路。

在全国范围内，农业利益集团，例如全国格兰其协会，积极游说国会，希望铺设更好的公路以连接农场与市场。早在1902年，国会就考虑过出台一项公路法案以禁止城市接受任何资助，但没有通过。渐渐地，城市发言人与农业集团并肩奋斗，锲而不舍地坚持推动一项全国的公路计划。《1916年联邦道路法》（The Federal Road Act of 1916）向组建公路局的州提供资金；《1921年联邦道路法》（The Federal Road Act of 1921）将全国20万英里的道路划为“干道”，能够享受一对一配套的联邦基础资金。更重要的是，1921年法案还创建了公共道路局，规划了一个连接所有5万及以上人口城市的公路网。①

汽油税的征收，始于1919年俄勒冈州每加仑汽油征收1美分

① 直到1930年代，城市道路建设才获得联邦资金。肯尼思·彼得斯（Kenneth E. Peters）：《积极的道路运动和密歇根州公路局（1905—1917）》（The Good Roads Movement and the Michigan Highway Department, 1905-1917），密歇根州大学博士学位论文，1973年。

(到1929年每个州都征收类似的机动车燃油税),为大规模的道路修建项目提供了必要的州财政收入。到1925年,公路修建项目的费用第一次超过了10亿美元;从此以后,公路项目的资金仅仅在大萧条和二战时期低于这一数字。[1] 然而,即使在困难重重的30年代,道路建设仍能得到州和联邦提供的资金,因为它们雇用了更多的工人且能迅速发挥作用。这一时期,纽约人罗伯特·摩西(Robert Moses)成为全国最大的营造商,因为他把善于做事的天
168 赋与热情结合起来投入到大型工程中去。他的公园路交叉穿过巨大的都市并开创了一个联邦道路补贴的新时代。摩西很难说是有代表性的人物,但是他非同一般的成功部分来自于这一事实:他对街道的看法与数量日增的市民的看法是一致的。街道不再是集市或非正式社会交往的所在地,它正成为这样一个地方:交通第一,汽车为王。克莱·麦克沙恩(Clay McShane)简洁地总结了这一变化:

> 这样,在他们轻率地通过流动性来寻求现代性的过程中,美国城市人作出的一个决定,破坏了19世纪邻里的居住环境——把他们的聚会地点转变为交通拥挤之地,游乐场转变为汽车高速公路,集市转变成狭长的停车场。这些铺设道路

① 约翰·伯纳姆(John C. Burnham):《汽油税与汽车革命》("The Gasoline Tax and the Automobile Revolution"),《密西西比河谷历史评论》(*The Mississippi Valley Historical Review*)1961年12月第98期,第435—456页;约翰·朗(John C. Long):《汽车交通和我们辐射状的道路边界》("Motor Transport and Our Radial Frontier"),《土地与公用事业经济学》(*The Journal of Land and Public Utility Economics*)1926年1月第2期,第109—118页。

的决定有效地使美国许多古老社区变得过时。[①]

公共政策和公共交通

道路被认定为一种公共福祉，私人交通受益于纳税人津贴而繁荣起来时，公共交通却因为政府认为有轨电车是私人投资，从而作出应该“自负盈亏”的决定而陷入困境。早在1910年，一度领先于世界的美国城市交通被欧洲国家迎头赶上。丑陋的空中电缆是美国公交系统常见的特征，但在德国、荷兰和法国已经升级换代。1890年美国有轨电车乘客数量以人均计算是欧洲的近四倍，然而到1910年两者却相差无几了。[②]

主要问题在于经费。从一开始，有轨电车经营者就以一种不计后果、自私自利的方式发行掺水股票。自1890年代起，典型的特许经营权协议要求保证5美分的车费。例如，波士顿高架铁路公司1897年同意维持包括免费转乘的5美分车费至少25年。在1900年前，这样的车费通常足以产生丰厚的利润。然而，随着1898年在阿拉斯加州发现了金矿，以及19世纪至20世纪百年之交时持续的通货膨胀，经营成本迅速增加以至于5美分的车费不

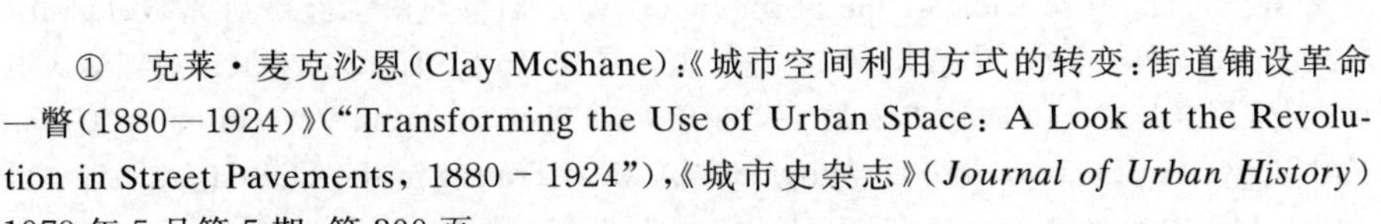

① 克莱·麦克沙恩(Clay McShane)：《城市空间利用方式的转变：街道铺设革命一瞥(1880—1924)》(“Transforming the Use of Urban Space: A Look at the Revolution in Street Pavements, 1880 - 1924”)，《城市史杂志》(*Journal of Urban History*)1979年5月第5期，第300页。

② 美国和欧洲公交系统比较研究分析非常透彻的最佳著作是约翰·麦凯(John P. Mckay)：《电车轨道和电车：欧洲城市公共交通的兴起》(*Tramways and Trolleys: The Rise of Urban Mass Transit in Europe*)。

足以维持现有的系统,能用于设备更新的资金就更少了。第一次世界大战期间,严重的物资短缺又使得生活成本几乎翻倍,但是城市官员不愿开罪于选民,回绝了有轨电车公司车费涨价的要求。市内电车基本上是以半价提供服务。例如,波士顿高架铁路公司
169 从来没能赚钱,于1918年宣告破产。由于公司一个接一个地失去了赢利能力,整个行业的股票下跌,以至于不能筹集到升级换代的必需资金。结果有轨电车公司就陷入设备老化、服务下降伴随乘客数量锐减的恶性循环中。到1925年,在郊区,公共汽车取代了有轨电车,因为至少在廉价汽油时代,运行线路越长使用电车越不划算。①

对于这些受到管制的私人公司,存在着三个可能的解决办法。大多数公司的第一反应是进一步增加交通总量,特别是和土地开发商合作。确实,甚至在福特T型车时代,一些最大规模的住宅区开发明显与有轨电车线路的票箱子紧密相关。1922年和1923年曾引领全国住房建设高潮的布鲁克林区,在其希普斯黑德海湾区,大规模开发是在1920年布鲁克林—曼哈顿交通公司的布莱顿

① 关于美国公共交通的衰落问题,特别推荐爱德华·梅森(Edward Mason):《马萨诸塞州有轨电车的衰落:一个产业的兴衰》("The Decline of Street Railways in Massachusetts: The Rise and Decline of an Industry"),剑桥,《哈佛经济研究》(*Harvard Economic Studies*)1932年第37期;格伦·霍尔特(Glen E. Holt):《对城市病理学认识的变化:关于美国公共交通发展的一篇论文》("The Changing Perception of Urban Pathology: An Essay on the Development of Mass Transit in the United States"),引自肯尼思·杰克逊(Kenneth T. Jackson)、斯坦利·舒尔茨(Stanley K. Schultz)合编:《美国史上的城市》(*Cities in American History*),第324—343页;唐纳德·德威斯(Donald Dewees):《美国有轨电车的衰落》("The Decline of American Street Railways"),《交通季刊》(*Traffic Quarterly*)1970年10月第24期,第563—581页。

海滩线路开通到这一地区之后才出现的。在硕大的布鲁克林区，土地投机者积极呼吁公交线路靠近他们投资的住宅开发小区。例如，沿诺斯特兰大道从 Q 大街到 U 大街的有轨电车延长线的修建，完全是房地产经纪人积极活动的结果，他们给造价 3 万美元的线路提供了 1 万美元的资助。①

在克利夫兰南部的谢克海茨地区，范·斯威林根（Van Sweringen）兄弟采用了 19 世纪晚期的模式，同时拥有公交系统及其通勤范围内的土地。在震颤派教徒聚居区的旧址上，数千英亩的地块被开发成中上层阶级的社区，以其自然风貌的公园、富有想象力的街道规划和严格的建筑设计及营造标准而闻名。一个英国的访问者将它称为“世界上最好的住宅区”。1920 年，范·斯威林根有轨电车快车线铺到谢克海茨。因为这条线路有四英里长的一段与另一条线路的已有部分相重合，范氏兄弟为实现其梦想，将那条 513 英里长的铁路全部买了下来。此后，小镇非常繁荣。在接下来的 10 年里，人口增长了 1 000%，房地产增值超过五倍。②

然而，成功的有轨电车郊区，即使像谢克海茨经过整体规划具有吸引力的郊区，到一战后则成了个别现象。更典型的，公司扩大服务的决策是在错误的时机做出的。在增加了营运里程、引进了更大的车辆以及增开车次之后，更多的乘客并没有出现，公司为此

① 艾莉诺拉·舍内鲍姆（Eleanora Schonenebaum）：《新兴社区：1850—1930 年布鲁克林边缘地区的发展》（Emerging Neighborhoods: The Development of Brooklyn's Fringe Areas, 1850 - 1930），哥伦比亚大学博士论文，1976 年。

② 罗伯特·斯特恩（Robert A. M. Stern）：《盎格鲁—美利坚人的郊区》（*The Anglo-American Suburb*），伦敦，1981 年，第 44—45 页。

债台高筑。而经常不在本地的业主对于电车公司培养乘客的种种措施很少关注。

应对公共交通危机的第二个可能的办法是公共补贴。政府对
170 公共交通投资的先例来自波士顿和纽约，它们的地铁系统很大程度上由市财政资助。但是，不像公路被认为是公共利益因而值得公共资助，公共交通被认为是私人的事因而不值得资助。而当公司把他们的问题提交给公众时，例如底特律、西雅图和洛杉矶，投票者拒绝了用纳税人的钱资助轨道交通改进的申请。因此，美国人对公共运输征税，也为之烦恼，同时像溺爱儿童般资助汽车行业。①

第三个办法是提高车费。但是，这种转变要求通过政治上的行动来取消管理条例，然而，备受关注而不受欢迎的电车公司不是引起同情的对象。城市通常拒绝放宽那些阻碍革新的规定和限制。等人们想对五分制作出改变时，已为时晚矣，彼时涨价已经很难跟上需要了。

只要电车和市内交通的任何替代形式一样有效，电车系统就可以在市场客观力量下生存，但是汽车行业没有给予这一竞争的交通形式存在的机会。从 1926 年开始持续 30 年里，通用汽车公司开设了一个分公司来收购濒临破产的电车企业，用公共汽车取

---

① 参见保罗·巴雷特(Paul Barrett)富有争议的论文和最近的著作:《公共政策和私人选择:两次大战期间芝加哥的公共交通和汽车》("Public Policy and Private Choice: Mass Transit and the Automobile in Chicago between the Wars"),《商业历史评论》(*Business History Review*)1975 年冬季号第 49 期,第 473—497 页;以及《汽车和城市交通:芝加哥公共政策的形成(1900—1930)》(*The Automobile and Urban Transit: The Formation of Public Policy in Chicago, 1900 - 1930*),费城,1983 年。

代电车继续运营。例如，在纽约市，通用公司合并了有轨电车公司，把大量的有轨电车更换为公共汽车。1919 年，在有轨电车运行的巅峰时期，纽约市五个区有 1 344 英里长的有轨电车轨道，这些路面电车线路比著名的地铁和高架火车运送更多的乘客。然而到 1939 年时，纽约市只剩下了 337 英里的有轨电车轨道，甚至这些也计划被拆除了。曼哈顿先行一步，1930 年代时，大部分有轨电车轨道短短 18 个月的时间就被一拆而光，尽管有大量的乘客抱怨此举，并请求保留。[①]

其他城市的情况也极为相似，到 1950 年，在通用汽车公司的参与下，一百多家电车公司使用通用制造的汽车取代有轨电车——包括洛杉矶、圣路易斯、费城、巴尔的摩和盐湖城等城市。一个联邦大陪审团最终认定这个汽车业巨头在此次事件中有同谋的罪责，但是，总共 5 000 美元的罚金比一辆有轨电车更换为汽车后所得利润还少。[②]

全国有轨电车交通系统的消失没有引起多少抗议，因为大多

① 关于通用公司对城市公共交通的瓦解负有一定责任的问题，参见布拉德福德·斯内尔(Bradford C. Snell)：《美国地面交通》(American Ground Transport)，向美国参议院司法委员会反托拉斯和垄断小组提交的报告，1974 年 2 月 26 日，第 27—34 页。斯内尔是参议员菲利普·哈茨(Philip A. Harts)领导的反托拉斯小组负责调查汽车与地面交通产业重组的助理律师。参见马克·福斯特(Mark Foster)：《城市规划者和城市交通：美国的回应(1900—1940)》("City Planners and Urban Transportation: The American Response, 1900 - 1940")，《城市史杂志》(*Journal of Urban History*)1979 年 5 月第 5 期，第 365—396 页；斯坦利·马拉克(Stanley Mallach)：《美国城市公共交通衰落的根源(1890—1930)》("The Origins of the Decline of Urban Mass Transportation in the United States, 1890 - 1930")，《城市主义今昔》(*Urbanism Past and Present*)1979 年夏季号第 8 期，第 1—17 页。

② 1949 年，通用卖掉全国城市交通公司的股份。

数人同意纽约市长菲奥雷诺·拉瓜迪亚的看法:汽车是现代文明
171 的最好代表,而电车只是阻碍进步的过时的东西。1940年丹佛规划委员会建议从主干道上移除电车,“因为它们阻碍了速度更快的车辆通行”。在底特律,快速交通委员会主席把汽车说成是“所有人旅行的魔毯”。在这一点上,他们只是简单地拾起了领先一代人的未来主义者的牙慧。马里内蒂(Marinetti)在1909年写道,“我们宣布,一种新的美已经为世界增添光彩——速度之美。一辆赛车……像机关枪的子弹般呼啸飞驰,比萨莫色雷斯的胜利女神(winged victory at Samathrace,1836年在爱琴海东北部萨莫色雷斯岛上发现的女神像——译者注)更优美。”①

这种想法误导的结果,也是不幸的结果是:美国人将不再有交通方式上的选择权,汽车将变成生存的一个先决条件,随之而来的是能源消耗和交通死亡的灾难性后果。汽车成为唯一的交通方式,但远没有填补有轨电车留下的空白,郊区可悲地依赖汽车,而这种交通工具需要越来越多资源,例如街道空间、停车场所和交通巡逻。早在1940年的时候,大约有1 300万人居住在没有公共交通的社区。

无法吸引新的乘客、难以得到公共补贴或者提高车费,还要面对通用汽车公司始终不渝的消灭有轨电车的努力,美国的有轨电

① 马克·福斯特(Mark Foster):《城市规划者和城市交通:美国的回应(1900—1940)》(“City Planners and Urban Transportation: The American Response, 1900 – 1940”),《城市史杂志》(*Journal of Urban History*)1979年5月第5期,第388页;雷纳·班纳姆(Reyner Banham):《第一次机动车时代的理论和设计》(*Theory and Design in the First Machine Age*),纽约,第二版,1967年,第103页、282页。

车系统自然难以维系。有轨电车的数量在高峰时期的 1917 年有 72 911辆，全国总乘客数在 1923 年达到 157 亿的顶峰。有轨电车乘客在 1920 年代缓慢减少（1929 年为 144 亿），1930 年代急剧下降（1940 年只有 83 亿）。到 1948 年，还在营运的有轨电车数量已经下降到了17 911辆，而到 1985 年，有轨电车的叮当声只能在波士顿、新奥尔良、匹兹堡、费城和纽瓦克的几条线路上听到。

在与汽车竞争中，蒸汽铁路通勤方式得以延续，略胜有轨电车一筹。实际上，铁路通勤的“黄金时代”是 1920 年代，那时东部和中西部的每一个主要城市都从廉价和密集的客运铁路服务中受益。在大萧条时期乘客的数量有急剧的下降，但是美国曾经辉煌的客运铁路系统直到 1950 年代才开始衰退，那时美国联邦政府的交通政策为航空和汽车旅行提高资助而对铁路收税，所以铁路客运的破产和服务恶化是一个不可避免的结果。到 1980 年代中期，仅有少数几个城市，包括纽约、波士顿、芝加哥和费城，依然拥有令人印象深刻的铁路通勤交通。①

① 乔治·希尔顿（George W. Hilton）：《铁路通勤的衰落》（“The Decline of Railroad Commutation”），《商业历史评论》（*Business History Review*）1962 年夏季号第 36 期，第 171—187 页；H. 菲利普斯（H. I. Phillips）：《7 点 58 分班车漏掉一个乘客》（“The 7：58 Loses a Passenger”），《科利尔斯杂志》（*Collier's*）1925 年 4 月 2 日第 75 期，第 44 页。

172 # 第十章　两次世界大战期间的郊区发展

拥有自己的住房是我国几乎每一个公民的希望和抱负，无论他住在旅馆、公寓，或是租屋……那些传唱的民谣：“家，甜蜜的家”，“我的肯塔基老家”，以及“小小的西部老家”，并不是写给租屋或公寓的……他们从来不会对着一大沓租金收据唱歌。

——赫伯特·胡佛（Herbert Hoover）总统

1931 年 12 月 2 日在宪法厅的讲话

如果说汽车代表着未来，那么，在 20 世纪早期人们还不太清楚未来是什么样子。尽管汽油的价格从大都市区的每加仑 20 美分到沙漠地区的每加仑 50 美分不等，而且大多数汽车的售价也超过了1 000美元，但从 1900 年到二战期间，与开车有关的费用还是在下降。良好道路状况，加之有充足的汽油供应（1906 年在得克萨斯州斯平德托普（Spindletop）地方发现石油储藏），汽车降低了交通的边际成本。① 这意味着，家庭一旦购买汽车，短途旅行会便

① 边际成本是一次特定旅行直接的实际支出。它不包括车辆、定期维修、保险和折旧的原始成本。假定一个人作出开车穿过城镇的经济决策时，只考虑汽油开支，而忽略了拥有和驾驶汽车的其他花销也是成本的一部分。

宜，而且儿童和配偶出行都不必支付额外的车费，如果乘坐有轨电
车的话就必须全部购票。有汽车的家庭既不必候车也无须步行至
车站。在购物、居住和工作方面的新的可能性将出现。1925 年，
哥伦比亚大学社会学家罗伯特·林德和海伦·林德夫妇完成了
“中镇”研究的田野调查工作，如今被奉为经典。《中镇》对印第安
纳州曼西的研究表明，在其全部六个地区的社会生活中，在谋生、
成家、抚育孩子、休闲娱乐、从事宗教活动、参与社区活动等诸方
面，私人汽车都发挥了很大的甚至是主要的作用。当赫伯特·胡 173
佛总统召集一个委员会来调查当代美国人的生活模式时，报告中
关于汽车是这么说的：

> 在相当大的程度上，新兴的汽车迅速被大众接受主要是因为它能够使车主掌控自己的行动，而这是老式交通工具所不能给予的。汽车近在咫尺、随时可用，车主按着自己的时刻表，通过自己选择路线开车从家门口直达目的地，携带行李也方便得多。最重要的一点可能是汽车能够以相对较低的成本实现整个家庭的出行。这些便利增强了汽车的实用性，也促进了汽车被接纳的程度。①

---

① 美国近年来社会趋向总统委员会(The President's Committee on Recent Social Trends)：《美国近年来社会趋向》(*Recent Social Trends in the United States*)，华盛顿，1933 年，散见于全书各处；罗伯特·林德(Robert S. Lynd)、海伦·林德(Helen M. Lynd)：《中镇：美国文化研究》(*Middletown：A Study in American Culture*)，散见于全书各处。

然而，就其所有便利之处，还得看看最能从这一梦幻机器中受益的是农村、城市，还是郊区。最初观察的结论是汽车最有利于农村地区。当美国成为一个车轮上的国家时，农村家庭拥有的汽车数量超过了其人口的相应比例，而且农业利益发言人预期自耕农的生活将重获失去的光彩。1907 年，一位时事评论员预测，汽车将“去除农民成功的最后障碍。它将便利农产品的买卖，恢复农村土地价值，极大地增加了农村生活的机动性和乐趣。”[①]汽车提供了广阔地区内更易到达的方式，因此降低了乡村生活传统的孤立性，经久耐用的汽车和良好的道路被期待能刺激一场回归土地的运动。最低程度上，汽车也能缓解年轻人借口因城市的明亮灯光而抛弃农场。1920 年代，一位联邦政府官员问一位孤独的妇女，为什么她在安装室内卫生设备之前就购买了一辆汽车，她的回答十分实际：“为什么？浴缸又不能带你进城。”[②]

毫无疑问，汽车提升了农村生活的质量，但是它带来的彻底转变是极大地减少了生产某种农作物所需的劳动力，就像广受欢迎的福特森牌拖拉机一样。回归土地运动从来没有实现过，因为农

① G. W. 阿特伯里（G. W. Atterbury）：《作为必需品的商业性汽车》（“The Commercial Car as a Necessity”），《哈珀周刊》（*Harper's Weekly*）1907 年 12 月 28 日第 51 期，第 19—25 页。

② 关于汽车对美国小城镇和农村地区影响的最佳分析是诺曼·莫林（Norman T. Moline）：《流动性和小城镇：1900—1930 年俄勒冈州和伊利诺伊州的交通变迁》（Mobility and the Small Town：Transportation Change in Oregon，Illinois，1900－1930），芝加哥大学地理系研究报告第 132 号，1971 年。参见约翰·朗（John C. Long）：《汽车交通和我们辐射状的道路边界》（“Motor Transport and Our Radial Frontier”），《土地和公用事业经济学》（*The Journal of Land and Public Utility Economics*）1926 年 1 月第 2 期，第 109—118 页。

业机械化使得农场人口占全国人口的比例从1900年的32%，下降到1940年的23%，1980年的3%。

城市利益的发言人也受到迷惑，从而认为内燃机将给选民带来实惠。市政官员坦率地拥护道路建设和改进，正如艾伦·内文斯(Allan Nevins)这样的权威所指出的，汽车是有史以来对城市化最有影响力的发明。它能解决马匹死亡的问题，彻底使粪便从大街上消失。最初，汽车旅行的增加意味着乘客能够更便捷地来商业区进行大采购，而且一些市政官员高兴地指出，汽车实际上将 174
减少交通拥堵。例如，1925年，纽瓦克的商人宣传其商业吸引力时说道："布罗德大街现在是游客们的麦加，在其悠久的历史中它一贯如此。以前游客是成百成百地来，现在则是成千上万地来。"①

从短期看来，商人们的预测是准确的。中心城市的就业迅速增加，1920—1930年，10个最大城市的商业区办公空间增至三倍。在城市风景里，钢结构的摩天大厦像野草一样生长起来；很少有人能理解刘易斯·芒福德(Lewis Mumford)的先见之明，他遗憾地指出汽车是城市内涵真正的对立物。②

然而，城市商业区很快就变得不可救药的拥挤，汽车带来的出

① 布莱恩·布劳内尔(Blaine A. Brownell)：《现代性的象征：1920年代南部城市对于汽车的态度》("A Symbol of Modernity: Attitudes Toward the Automobile in Southern Cities in the 1920's")，《美国季刊》(*American Quarterly*)1972年3月第24期，散见于全书各处。

② 20世纪早期，刘易斯·芒福德一直对汽车的使用耿耿于怀，尤其反感汽车对文明社会的影响。约瑟夫·英特兰特(Joseph Interrante)：《通向汽车专用区之路：汽车和美国文化的空间变化》("The Road to Autopia: The Automobile and the Spatial Transformation of American Culture")，《密歇根历史季刊》(*Michigan Historical Quarterly*)1980年秋季号第19期，第505—508页。

行便利因不可能找到停车位而抵消。早在1930年代,中等城市,例如密尔沃基、华盛顿和堪萨斯城,有超过一半的日常通勤者使用汽车。慢慢地,停车场出现了,但收费很高,交通拥堵愈加严重。为了使交通通畅,1923年纽约开始采用行止信号和红绿灯系统,翌年,通用电气公司开始生产可时控的电子红绿灯。但是到1920年代晚期,拥堵的街道已经成为城市生活节奏的常态。1926年,在曼哈顿第五大道上,下午的平均车速低于每小时3英里。在洛杉矶,1923—1931年,进入商业区的人数下降了24%,尽管整个大都市区人口激增。①

较小城市的情况几乎同样糟糕。1926年,亚特兰大一个被迫关门的杂货店老板预言:"汽车能去的地方肯定是有事可做的地方……就我这行当来说,中心区位已不再是好位置。"确实,在远离核心区的地方,汽车在速度上比公交车有优势。1930年,一项有关堪萨斯城的研究表明:即使在高峰期,距离商业区7.5英里的地方,汽车比有轨电车干线有15分钟的时间优势,比有轨电车支线有35分钟的时间优势。②

---

① 《纽约时报》(*New York Times*)1926年11月21日。自19世纪晚期以后,难以约束的马匹、许多电车和大量的人口竞争有限的空间,商业区的拥堵无疑已成为一个城市问题。约瑟夫·英特兰特(Joseph Interrante):《通向汽车专用区之路:汽车和美国文化的空间变化》("The Road to Autopia: The Automobile and the Spatial Transformation of American Culture"),《密歇根历史季刊》(*Michigan Historical Quarterly*)1980年秋季号第19期,第507—508页。

② 约瑟夫·英特兰特(Joseph Interrante):《通向汽车专用区之路:汽车和美国文化的空间变化》("The Road to Autopia: The Automobile and the Spatial Transformation of American Culture"),《密歇根历史季刊》(*Michigan Historical Quarterly*)1980年秋季号第19期,第506—508页。

1920 年代的郊区繁荣

从汽车中获益最大的是那些居住在较新郊区的人。大都市区边缘地带未开发的土地成为主要的住宅区。住房改革者，例如劳伦斯·韦耶、简·亚当斯和雅各布·里斯对这一结果表示欢迎，因 175
为他们认为贫困和犯罪主要源自中心城市的过度拥挤。正如马克·福斯特(Mark Foster)指出的那样，深思熟虑的城市决策者支持任何保证使贫民窟居民接近开放空间的项目。弗兰克·赖特(Frank Lloyd Wright)和勒·柯布西耶将汽车看作是一种革命性的自由力量，[1]而亨利·福特却预言："城市将死亡"，"我们将通过离开城市的方法来解决城市问题"。[2] 这位廉价小汽车之王自恃己见，搬到被人工湖围绕的占地 2 000 英亩的郊区住宅——"理想居巷"，离底特律 10 英里的路程。即使其他市民无法分享福特的生活方式，他们也能体验到廉价汽车和良好道路状况使得低密度居住成为可能。美国汽车注册的统计数据持续反映出，车主集中

① 马克·福斯特(Mark S. Foster)：《汽车和城市》("The Automobile and the City")，《密歇根历史季刊》(*Michigan Historical Quarterly*)第 1980 年秋季号 19 期，第 460—462 页。

② 第一个引用来自沃尔夫·艾卡特(Wolf von Eckardt)：《居住之地》(*A Place to Live*)，纽约，1974 年，第 337 页。第二个引用来自米切尔·戈登(Mitchell Gordon)：《城市之病：美国城市生活的心理学和病理学分析》(*Sick Cities*：*Psychology and Pathology of American Urban Life*)，巴尔的摩，1965 年，第 13 页。参见詹姆斯·弗林克(James J. Flink)：《美国人汽车意识的三个阶段(1895—1971)》(Three Stages of American Automobile Consciousness，1895 - 1971)，美国历史会议论文，纽约，1971 年 12 月 29 日。

居住在紧邻且环绕城市的地区而非城市。[1]

一战结束后的10年是道路和汽车发挥充分影响的第一个时期。1920年的人口普查表明，只有46%的美国家庭拥有自己的住房。在中心城市，这一比例甚至更低：新奥尔良是27%，波士顿是18%，纽约是12%。然而，在1922—1929年这七年内，新住房开始以每年883 000幢的数量出现，是此前任何一个七年期内数量的两倍多。在一个接一个的街区，美国梦变成了带着铁网栅栏的一层小木屋，带有白色褶饰的窗帘，小小的前门廊竖着铸铁的邮箱。工资提高而房价下跌的事实有助于建筑业的发展。[2] 同样发挥作用的还有房地产的免税政策，1920年纽约市通过这一政策。但是，汽车可达性是关键性的。在美国司空见惯的是，新道路并不是由受益人而是由全体纳税人出钱修建的。正如洛杉矶规划师戈登·惠特纳尔(Gordon Whitnall)于1924年所解释的：

当我们面对洛杉矶县分销地块的事实时……我们得到的

① 例如，1911年，特拉华州的威尔明顿的汽车注册数量不成比例地分布在郊区。卡罗尔·霍菲克(Carol E. Hoffecker)：《威尔明顿：从工业城市到化工之都》(*Wilmington: From Industrial City to Chemical Capital*)，费城，1982年。1970年纽约大都市区的郊区居民更可能拥有汽车，比起那些居住在更高密度地区的人们通勤距离更远。《汽车的使用》("The Use of Automobiles")，《区域规划新闻》(*Regional Plan News*)1981年8月第108期，第1—17页。福特的豪宅位于底特律西边密歇根大道外边，与绍斯菲尔德公路交汇处的后面一点。艾伦·内文斯(Allan Nevins)、弗兰克·希尔(Frank Ernest Hill)：《福特公司：扩张与挑战(1915—1933)》(*Ford: Expansion and Challenge, 1915－1933*)，第479—480页。

② 保罗·布里森登(Paul F. Brissenden)：《工厂工人的收入(1899—1927)》(*Earnings of Factory Workers, 1899－1927*)，华盛顿，1929年，第392、413页。

> 结论是绝对有必要走出去，比分销地块的人领先一步来规划适当的至少包括干线和支线的公路系统，这样才可以获得修建公路和林荫大道所需的空地。①

在每一个主要城市的边缘地区，新郊区都成长起来。1920 年代，在伊利诺伊州和密歇根州 71 个新成立的市政机构中，三分之二是芝加哥、圣路易斯或底特律的郊区。在 1920—1930 年，汽车注册数量的增长超过了 150%，全国 96 个大城市郊区人口的增长速度是核心区的两倍。② 个别社区的统计数据更为惊人，底特律 176
近郊的格罗斯波因特 10 年间人口增长了 725%，芝加哥近郊的埃尔姆伍德帕克增长了 717%。长岛拿骚县人口增加近三倍，同时，康涅狄格州 10 年间 19 个人口增长最快的镇都位于郊区。到 1922 年，60 个城市大约 13.5 万户郊区家庭的交通已经完全依赖汽车，1923 年《国家地理杂志》（*National Geogrophic*）对汽车产业做了一期特辑，发现"城市正在蔓延"：

> 长岛已经开发了其一半地区来容纳那些使纽约成为美国大都会的人们，新泽西州同样如此，从莫里斯敦到郎布兰奇，

① 引自马克·福斯特（Mark S. Foster）：《汽车和城市》（"The Automobile and the City"），《密歇根历史季刊》（*Michigan Historical Quarterly*）1980 年秋季号第 19 期，第 470 页。

② 阿莫斯·霍利（Amos H. Hawley）：《美国大都市区形态的变迁：自 1920 年以来的分散化》（*The Changing Shape of Metropolitan America: Deconcentration since 1920*），格伦科，1956 年，散见于全书各处。正如有关兼并的第八章引用的材料，这些反映边界变化的统计数据同样也反映了人口流动的变化。

以及泽西城到帝国州边界处的萨芬。甚至在康涅狄格州，远至斯坦福、格林威治和新迦南的地方也住上了白天在哥谭镇上班，晚上回来休息的人。[①]

很自然地，1925 年的巨著《了不起的盖茨比》(*The Great Gatsby*)，着重描写了各式各样的汽车，特别是一辆黄色的劳斯莱斯汽车，男主人公希望利用它来追求黛西·布坎南。

汽车的影响实际上比郊区的统计数据以及上文所提到的还要大，因为城市增长的很大一部分位于由于汽车新近才得以开发的地区。洛杉矶市 1915 年对广阔的圣费尔南多山谷的兼并给这个南加州的大都会提供了一块发展居住区的活跃场地，这一地区直到 1950 年代才开发完毕。1889 年芝加哥大合并为其带来了像贝弗利和摩根帕克这样的地区，除了法律地位之外在其他方面仍是郊区。纽约市的布鲁克林区在 10 年间居民增长了 54 万，但是其增长集中于弗拉特兰兹、卡纳西、希普斯黑德贝以及本森赫斯特。除了本森赫斯特之外，其他的都位于该区的远郊，那里的公共交通与城市别的地方相比几乎可以忽略不计。[②]

郊区繁荣带来的好处并不是均衡一致的。受益最大的赢家通

---

① 威廉·肖瓦尔特(William Joseph Showalter)：《汽车产业》("The Automobile Industry")，《国家地理杂志》(*The National Geographic Magazine*)1923 年 10 月第 64 期，第 343 页。

② 纽约市出租公寓部(New York City Tenement House Department)：《报告(1918—1929)》(*Report, 1918 - 1929*)，纽约出租公寓委员会，1929 年，第 10 卷，第 44—46 页。

常是那些城市附近的农场主。有时，长期居住在这里的农村居民发了大财，但更常见的是，那些消息灵通、了解街道规划的房地产投机商和律师廉价购买了这样的地产。每一条多车道的混凝土公路就像迈达斯点石成金的神奇手指，将古老的牧场转变成价值连城的地产。甚至一条即将铺设的公路有时足以刺激房地产开发。在布鲁克林区东南部，开发商强调铺设的街道将很快延伸到他们“位置便利的地块”，即使在没有公共交通的情况下也能与曼哈顿通勤。他们宣称纽约市将对横贯该市 17 英里长的国王大道进 177
行升级改造，弗拉特布什大道将成为连接罗卡韦比奇和布鲁克林市商业区的干道，还有诺斯特兰和贝德福德大道将到达规划中的杰梅卡贝的马林帕克。这些规划直到 1930 年才得以实现，但这时开发商早已售完他们的地产和房子，又赶往其他地方大捞一笔。①

不是所有的投机者都发了财，有些人甚至亏了本。就在大萧条前夕，过于心急的分销商囤积了大量的土地，市场供过于求，许多人就此破产。经济大危机将伊利诺伊州的斯科基，还有加利福尼亚州的伯班克变成鬼城，它们惨淡的景象暗示着土地投机并不是一直有钱赚。那些更早实施土地开发计划的人一般都有更好的运气，其中一些公园式社区至今仍保持着良好声誉，例如佛罗里达州的科勒尔盖布尔斯、巴尔的摩的罗兰帕克。从质量上看，美国最

---

① 艾莉诺拉·舍内鲍姆(Eleanora Schoenebaum):《新兴社区:1850—1930 年布鲁克林区边缘地区的发展》(Emerging Neighborhoods: The Development of Brooklyn's Fringe Areas, 1850 - 1930)，哥伦比亚大学博士学位论文，1976 年，第 244—246 页。

成功的开发商是杰西·C.尼科尔斯(Jesse Clyde Nichols),他于1922年开始堪萨斯城乡村俱乐部小区的建设。至于从数量上看,最重要的个体开发商是洛杉矶的哈里·钱德勒(Harry Chandler)。[①]

堪萨斯城

安德烈·莫鲁瓦(Andre Maurois)写道:"世界上,抑或在美国,很少有人意识到这样一件事,堪萨斯城是地球上最美丽的城市之一……为什么?因为有一个人希望它是这样,并一直坚持这个希望。"这个人就是杰西·尼科尔斯,1906—1953年,在近半个世纪的商业和住房开发生涯中,他修建了堪萨斯城约10%的住房。他最杰出的作品是在堪萨斯城的西南边延伸出10多平方英里的一个规划郊区。受欧洲花园社区自行车漫游和美国城市美化运动理想的影响,尼科尔斯在1908年购买了一个垃圾场、一个废弃的跑马场和一座砖窑。他在动工修建6 000套住宅和160座公寓楼之前等待了14年,这期间他一直在有计划地增加其地产,这些建筑最终能容纳3.5万居民。乡村俱乐部小区保证"永久性受到保

① 有关土地开发的最佳研究是玛丽昂·克劳森(Marion Clawson):《美国郊区土地的转化:经济的和政府的作用》(*Suburban Land Conversion in the United States: An Economic and Governmental Process*),巴尔的摩,1971年;雪莉·韦斯等(Shirley Weiss, et al.):《住宅开发商的决策:聚焦城市增长过程》(*Residential Developers' Decisions: A Focused View of the Urban Growth Process*),查珀尔希尔,1966年;以及H.艾伦·施密德(H. Allan Schmid):《从农村到城市的土地利用方式转化》(*Converting Land from Rural to Urban Uses*),华盛顿,1968年。

护的住宅享有广阔的土地，环绕充足的空地以获得新鲜空气和阳光"，它很快以其公共绿地、住房远离街道距离线和永久性的契约约束而声名鹊起。尼科尔斯的住宅还提供全套现代化设施，例如，管道煤气、电力服务、家用小工具，还有附近的有轨电车，这些使堪萨斯人能够创造一个同质性的环境以实现自足的家庭生活。①

作为创建了城市土地研究所的哈佛大学毕业生，尼科尔斯遵 178
循三个原则：不要直角或棋盘格街道，不要反复无常地毁坏树木，不要忽视土地自然的轮廓。他建造的房子是昂贵的。最开始每英亩修建六座住宅，尼科尔斯逐渐提高了地块的最小面积以及建筑的最低成本。社区的排外性也源自严格的限制性条款。土地出售需要服从下列要求：房屋与街道之间留有充足的余地，提供大量的基本绿化，接受种族限制契约，修建车道和车库。此外，每一位购买者必须加入业主协会，目的是对私人草坪养护、街道清洁、垃圾清理进行监督。以其得风气之先的购物中心(第十四章)和优美的环境，乡村俱乐部社区吸引了来自全世界的规划者和建筑商。到1930 年，它成为堪萨斯城最正宗的居住地，新建的高中也跻身美

① 马丁·迈耶(Martin Mayer)：《营造商：住房、人口、社区、政府及金钱》(*The Builders*: *House*, *People*, *Neighborhoods*, *Government*, *Money*)，纽约，1978 年，第 57 页；J.C.尼科尔斯(J.C. Nichols)：《郊区购物中心的规划与管理》("The Planning and Control of Outlying Shopping Centers")，《土地和公用事业经济学》(*The Journal of Land and Public Utility Economics*)1926 年 1 月第 2 期，第 17—22 页；格温德林·赖特(Gwendolyn Wright)：《筑梦：美国住房的社会史》(*Building the Dream*: *A Social History of Housing in America*)，第 202—203 页；威廉·威尔逊(William H. Wilson)，《堪萨斯城市美化运动》(*The City Beautiful Movement in Kansas City*)，哥伦比亚，1964 年；罗伯特·斯特恩(Robert A. M. Stern)：《盎格鲁—美利坚人的郊区》(*The Anglo-American Suburb*)，第 76—77 页。

国声誉最好的大学预科学校之列。

洛杉矶

正如芝加哥是19世纪的繁荣之城一样，洛杉矶是20世纪的繁荣之城。1880年它才拥有11 200居民，1900年就达到102 000人，这个天使之城的人口数量在20世纪最初十年增至三倍，随后的10年又翻了一番，1920年代再翻一番。自有人定居以来，土地投机就是洛杉矶传统的一部分。1865—1866年，其房地产价值增长了200%，1868年又增长了500%。1880年代狂热的铁路繁荣时期，洛杉矶的房地产价格如野马脱缰般狂飙，直到投资者意识到开发的土地已经多得卖不出去时才崩盘。当1890年代重新恢复增长时，有轨电车巨头亨利·亨廷顿、投资者H.怀特利(H.J. Whitely)还有企业家罗伯特·吉利斯(Robert C. Gillis)通过把荒凉的乡村转变成住宅区而大发其财。

洛杉矶郊区化的一个主要因素是1890年代中期这一地区发现了大量石油储藏。在工业郊区，例如，惠蒂尔和富勒顿的石油钻井基地、石油精炼厂、油库提供的工作机会将产业工人阶级吸引到大都市区的边缘地带，特别是洛杉矶县的南部和奥兰治县的北部。到第一次世界大战时，这些工业郊区需要自己的住宅郊区，于是就形成了一种非常分散的聚居模式。1920年代，随着更多油田的发现，新的郊区在已有的聚居区之间不断涌现，使得不同社区之间的
179 分界线难以用肉眼分辨。这就是南加州大都市区著名的政治碎片

化的缘起。[①]

当洛杉矶超过西雅图和旧金山成为密西西比河以西最大的大都市区之时，它仍以极度分散化和独立式住宅占主导地位而独具特色。1930 年，洛杉矶全部住宅中约 94% 是单一家庭住宅，在这一方面，其他任何城市都望尘莫及。仅仅在 1920 年代，这里就规划了 3 200 个分销地块，包括约 25 万栋住房开始兴建，来自爱荷华州、伊利诺伊州和明尼苏达州的美国人在南加州温和的气候里追寻彩虹与地面相交的幸运之地（传说彩虹与地面相交的地方，会发现大量的财宝——译者注）。

两次世界大战之间洛杉矶的郊区化还有另外两个特点。其一，1915 年对圣费尔南多山谷规模巨大的兼并意味着专业人士和中产阶级家庭在寻找新住房时，主要迁往具有郊区风格实际却位于城市法定界限之内的社区。其二，许多石油工业郊区意味着工人阶级家庭经常居住在城市法定界限之外。[②]

---

① 弗雷德·维赫（Fred W. Viehe）：《黑人的黄金郊区：采掘业对洛杉矶郊区化的影响》（“Black Golden Suburbs: The Influence of the Extractive Industry on the Suburbanization of Los Angeles”），《城市历史杂志》（*Journal of Urban History*）1981 年 11 月第 8 期，第 3—26 页。

② 关于洛杉矶研究的最佳著作是罗伯特·福格尔森（Robert M. Fogelson）：《碎片化的大都市：1850—1930 年的洛杉矶》（*The Fragment Metropolis: Los Angeles, 1850 - 1930*）。参见阿什莉·布里连特（Ashleigh E. Brilliant）：《1920 年代汽车对南加州的社会影响》（Social Effects of the Automobile in Southern California during the 1920's），加利福尼亚州立大学伯克利分校博士学位论文，1964 年；约瑟夫·英特兰特（Joseph Interrante）：《通向汽车专用区之路：汽车和美国文化的空间变化》（“The Road to Autopia: The Automobile and the Spatial Transformation of American Culture”），《密歇根历史季刊》（*Michigan Historical Quarterly*）1980 年秋季号第 19 期，第 505—508 页；奥斯卡·温特（Oscar O. Winther）：《洛杉矶大都市区的兴起》（“The Rise of Metropolitan Los Angeles, 1870 - 1910”），《亨廷顿图书馆季刊》（*Huntington Library*

南加州地区上层中产阶级郊区的原型是贝弗利希尔斯和帕洛斯弗迪斯。在19世纪和20世纪交替时，亨廷顿“帝国”的一个子公司联合石油公司购买了洛杉矶西边的牧场土地用于石油钻探。由于没有发现石油，开发商转向了西部地区另一种快速致富的途径——房地产投机。1906年，伯顿·格林(Burton E. Green)成立了罗德奥土地与供水公司，并在圣莫尼卡林荫大道以北规划了3 200英亩的土地。1914年，这一开发奠定了贝弗利希尔斯市的基础。这个社区的特色是用弯曲的街道代替了通常的棋盘格规划——到那时后者已经成为洛杉矶土地规划的公认模式。地块的横长比纵深要多，这是贝弗利·希尔斯一直保留的特点。当玛丽·璧克馥(Mary Pickford)和道格拉斯·范朋克(Douglas Fairbanks)在这里修建了“皮克费尔”豪宅之后，这个小村子变得时髦起来，到1920年代发展迅速，人口增加了2 485%。

帕洛斯弗迪斯同样是豪华社区，不过其位于洛杉矶南边。在对帕洛斯弗迪斯半岛进行了大量规划建议之后——其中包括一位纽约银行家建议开发一个“百万富翁”的聚居地，这片面积达1.6万英亩、俯瞰太平洋的起伏山冈土地于1923年动工开发，部分受到小弗雷德里克·奥姆斯特德的资助。西班牙式建筑是唯一允许的住宅类型，保护性的限制条款确保一半土地必须为公园和道路

Quarterly)1947年第5期，第391—405页；马克·福斯特(Mark S. Foster)：《T型车、强行推销和洛杉矶城市增长：1920年代洛杉矶的分散化》(“The Model T, The Hard Sell, and Los Angeles Urban Growth: The Decentralization of Los Angeles during the 1920's”)，《太平洋历史评论》(*Pacific Historical Review*)1975年第64期，第459—484页；埃什列夫·舍夫斯基(Eshref Shevsky)、玛丽莲·威廉斯(Marilyn Williams)：《洛杉矶的社会层面》(*The Social Areas of Los Angeles*)，伯克利，1949年，第36—43页。

而保留，剩余土地中的90%将留给私人住宅。奥姆斯特德指导种 180
植了成千上万株树木，并在俯瞰大海的一座小山上修建了自己的住房。[①]

就出生于新罕布什尔州的哈里·钱德勒，在促进洛杉矶郊区化发展方面，没有人比他更重要，也没有人比他从中获利更多。因为大学时的一次恶作剧弄伤了他的肺，迫使他去寻找气候更干燥的地方，他提前离开了达特茅斯学院。1883年，他来到了南加州，由于身上没太多钱，干起了送报纸的活儿。他的工作极富效率以至于洛杉矶市很大一片区域的报纸发行都被他掌控。1894年，他与哈里森·奥蒂斯的女儿结婚，随后很快成为《洛杉矶时报》(*Los Angeles Times*)的主人。

钱德勒作为一名进步主义的改革者为期很短，随后他将精力投入到了房地产开发。钱德勒领导了一个由富有的投资者组成的辛迪加，在1903—1909年，购买了圣费尔南多山谷4.75万英亩的牧场土地。由于这一地产没有任何水资源，基本上是一片沙漠，售价仅250万美元。不过，钱德勒及其合伙人，包括运输业巨头亨利·亨廷顿和好莱坞的开发者摩西·舍曼(Moses Sherman)，秘密计划使洛杉矶市购买资源丰饶的欧文斯山谷的用水权，通过水渠用管道将珍贵的水输送到圣费尔南多山谷干旱的土地上。钱德勒在政治上很保守，经常反对政府企业，但是在欧文斯山谷水渠这件事上，公共设施改善位于他的私人利益之前。在商会和《洛杉矶

① 罗伯特·斯特恩(Robert A. M. Stern)：《盎格鲁—美利坚人的郊区》(*The Anglo-American Suburb*)，第78—80页。

时报》的双重压力下，洛杉矶市发行了2 500万美元的债券，南加州大都市区水务专区就此成立。

同时，太平洋电气铁路公司将其服务延伸到第1 000区，这是该房地产辛迪加的第一个大型分销地块。当这些大型公共工程企业的影响变得广为人知时，钱德勒的圣费尔南多——公司用不到300万美元购买的地产——已经价值约1.2亿美元。无暇清点利润，他们冲向更偏远的田野，组织了另一个辛迪加并获得了洛杉矶和克恩县蒂洪牧场30万英亩的土地。在这一过程中，钱德勒成为加州最大和最有影响的土地开发商，而且是美国西部最有权势的人。尽管他的声望威信在于《洛杉矶时报》，但是他财富（在他去世时估计有2亿—5亿美元）的基础在于1915年大兼并时被并入市区的郊区房地产。[①]

① 关于钱德勒和洛杉矶供水问题的最佳研究是威廉·卡尔（William L. Kahrl）：《水与权力：洛杉矶供水系统在欧文斯山谷的冲突》（*Water and Power: The Conflict of Los Angeles' Water Supply in the Owens Valley*），伯克利，1982年，尤其是第184—191页。参见戴维·哈伯斯塔姆（David Halberstam）：《加利福尼亚王朝：奥蒂斯·钱德勒及其出版帝国》（"The California Dynasty: Otis Chandler and His Publishing Empire"），《大西洋杂志》（*The Atlantic*）1979年4月第263期，第58—59页；亚伯拉罕·霍夫曼（Abraham Hoffman）：《远见还是罪恶：欧文斯山谷—洛杉矶供水争论的起源》（*Vision or Villainy: Origins of the Owens Valley-Los Angeles Water Controversy*），得克萨斯州科利奇站，1981年；雷米·纳多（Remi Nadeau）：《寻水者》（*The Water Seekers*），加登城，1950年；罗伯特·戈特利布（Robert Gottlieb）、艾琳·沃尔特（Irene Wolt）：《志存高远：〈洛杉矶时报〉及其出版人以及其对南加州影响的故事》（*Thinking Big: The Story of the Los Angeles Times, Its Publishers, and Their Influence of South California*），纽约，1977年；小H.马歇尔·戈德温（H. Marshall Godwin, Jr.,）：《从干谷峡谷到高速公路》（"From Dry Gulch to Freeway"），《南加州季刊》（*Southern California Quarterly*）1965年第67期，第73—102页；戈登·米勒（Gordon Miller）：《洛杉矶和欧文斯河导水渠》（Los Angeles and the Owens River Aqueduct），克莱门特研究生院博士学位论文，1977年。

洛杉矶供水工程说明了美国郊区土地转换过程中的许多基本要素。政治上有影响力的投资者利用公共服务和公共交通来提升 181
其土地价值,吸引定居者。开发商的影响力使其能够获得政府的鼎力支持。结果是大土地持有者的开发活动,使得人口增长、经济发展,促进了郊区化的进程。[①]

两次世界大战期间汽车郊区的特征

无论是纽约、堪萨斯城还是洛杉矶,1920 年代兴起的汽车郊区与之前公共交通时代的郊区有很大不同,表现在四个方面:(1)整体居住模式;(2)工作通勤的长度,尤其是方向不同;(3)就业的分散化;(4)新的低密度住宅建筑模式。

在有轨电车时代的大都市区,人口居住模式主要是指状的。新的住宅只在距离有轨电车线路步行可达的范围建筑和销售。1900 年,远离有轨电车或高架铁路的通常是下等社区;高价房地产区的带状分布是城市景观的特征。距离车站一英里,或者距离有轨电车线路半英里,是一种恒定的距离。正如赫伯特·托尔(Herbert Ladd Towle)1913 年所写的,"天堂的大门不会诱惑我们走得太远。"[②]

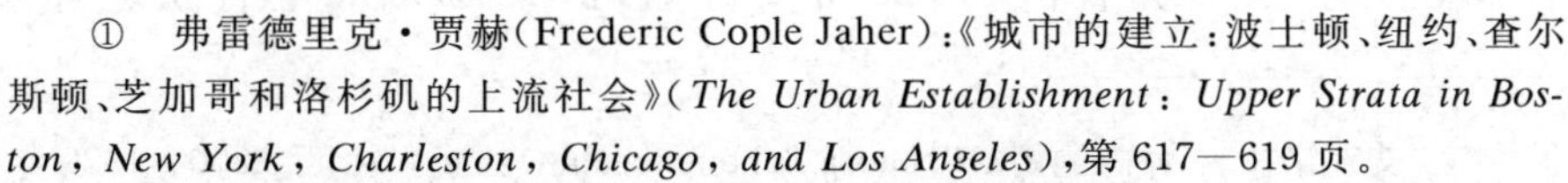

① 弗雷德里克·贾赫(Frederic Cople Jaher):《城市的建立:波士顿、纽约、查尔斯顿、芝加哥和洛杉矶的上流社会》(*The Urban Establishment: Upper Strata in Boston, New York, Charleston, Chicago, and Los Angeles*),第 617—619 页。

② 赫伯特·托尔(Herbert Ladd Towle):《汽车及其使命》("The Automobile and Its Mission"),《斯克里布纳杂志》(*Scribner's*)1913 年第 53 期,第 150—151 页。

相反，购买汽车可以使潜在购房者的居住选择不再局限于有便利的公共汽车和有轨电车线路的范围内。汽车具有真正重要意义的地方在于它能够在固定线路的两侧纵横移动，这样一来，以前被认为太遥远的地方能够得到开发居住。这意味着交通线路之间的空地能够进行区划并作为住宅区出售。布鲁克林区弗拉特兰茨的东南地区就是这样，此地从来没有开通城市高速交通系统，因而保持着未开发状态，直到1920年代汽车使通勤者能够搬到远离地铁或高架铁路线的地方。在其他城市也是如此，现有的指状居住区之间的空地得到开发，建成区呈现出更加匀称的形状。[①]

在美国汽车时代的最初20年里，或大致说直到第一次世界大战爆发前，汽车是一种冒险活动的工具。不过，由于可靠性和舒适度的提高，汽车更多地成为娱乐工具而非运动机器——到1950年
182 代，在周末或假期去“兜风”是一种常见的家庭活动。比起老旧的、不舒适的有轨电车，汽车提供了更多的自由与奢华，它以随意自在的旅行方式取代了有轨电车和公共汽车。作为工作通勤的基本模式，人们对汽车的接受要慢一些。1933年对68个城市的一项详细研究表明，步行或乘坐公共交通对通勤来说更为重要。乔尔·塔尔(Joel A. Tarr)指出，工人阶级家庭没有自己的汽车，也不需要依赖汽车。他写道，“在1934年，匹兹堡市主要的工薪者中45%(不到一半)拥有汽车，28%步行上班，48.8%乘坐有轨电车，

① 艾莉诺拉·舍内鲍姆(Eleanora Schonenebaum)：《新兴社区：1850—1930年布鲁克林边缘地区的发展》(Emerging Neighborhoods: The Development of Brooklyn's Fringe Areas, 1850 - 1930)，哥伦比亚大学博士学位论文，全书各处。

1.7%使用通勤铁路，(只有)20.3%开车上班。”甚至在匹兹堡的郊县，1934年工薪者中步行上班的人数是开车上班的近两倍。对此勿须惊讶，卓越的建筑商罗伯特·摩西将他在纽约地区营造的许多限制进入的公路命名为“公园路”，因为他把汽车更多看作休闲娱乐的工具而不是实用的车辆。①

即使汽车没有对美国工薪者中的大多数产生影响，它仍然改变了那些使用汽车通勤的人的生活。这不仅仅在于汽车提高了通勤效率，更重要的是，汽车使得工薪者能够前往他们居住地之外的边缘地区工作而无需穿越市中心，或者根本无需进入城市。新泽西州的南奥兰治，一个在1920年代经历了戏剧性增长的社区就是明证。因为它坐落于第一瓦昌山，可以俯瞰纽瓦克市景、奥兰治山谷以及纽约市天际线的各种斑斓风景，在1915—1940年，南奥兰

① 1929年，在华盛顿市商业区工作的人口中只有34%使用公共交通，是美国主要城市中比例最低的一个。关于汽车和城市的杰出研究是戴维·怀斯(David Owen Wise)、玛格丽特·迪普里(Marguerite Duprie)：《1920年代巴尔的摩城市客运对汽车的选择》(“The Choice of the Automobile for Urban Passenger Transportation in Baltimore in the 1920's”)，《南大西洋城市研究》(*South Atlantic Urban Studies*)1978年第2期，第153—179页。关于通勤问题，参见爱德华·塔夫(Edward J. Taaffe)、巴里·加纳(Barry J Garner)和莫里斯·耶茨(Maurice H. Yaetes)：《从郊区到工作地的通勤：一种地理学的考虑》(*The Peripheral Journey to Work: A Geographic Consideration*)，埃文斯顿西北大学交通中心，1963年；约翰·卡因(John F. Kain)：《城市空间结构论文集》(*Essays on Urban Spatial Structure*)，剑桥，1975年；路易斯·洛温斯坦(Louis K. Loewenstein)：《城市中工作地和居住地的区位》(*The Location of Residences and Work Places in Urban Areas*)，纽约，1965年；凯特·利普曼(Kate K. Liepmann)：《工作通勤》(*The Journey to work*)，纽约，1944年；理查德·马思(Richard F. Muth)：《城市和住房：城市居住用地的空间模式》(*Cities and Housing: The Spatial Pattern of Urban Residential Land Use*)。

治社区吸引了许多中层和上层阶级家庭。①

对1914年、1934年和1954年南奥兰治社区居民(附录A—10)工作地的分析表明,社区居民通勤方式的转变发生在20世纪前半期。1914年,与许多类似的郊区一样,超过一半的户主在离村子3英里以内的地方工作。大约四分之一的人口乘火车与曼哈顿通勤,几乎没人在其他郊区工作。②

到1934年,因为有很好的铁路和有轨电车服务,前往纽约市和纽瓦克市的通勤者的比例迅速增长,从大约三分之一上升到大约三分之二,而工作和生活都在南奥兰治的人口比例骤降。更重要的是,1934年的数据表明,大约每八户中就有一个前往其他郊区工作。这一倾向持续到1954年,彼时汽车能够很好地适应前往其他郊区横向运动的灵活性要求而成为人们偏爱的交通方
183 式。正如托尔在1913年所解释的那样:“或许你至今没有汽车。但是你有朋友居住在离你5英里路程的地方。乘轨道交通拜访他们,你必须先走半英里前往车站,坐车10英里到中转站等上一个小时,再继续坐车12英里到达离他们家半英里远的车站下车。”③

---

① 1910年南奥兰治市的人口为6 014人,1920年为7 274人,1930年为13 630人,1940年为13 742人,1950年为15 230人,1960年为16 175人,1970年为16 971人。

② 抽样方法是按三个年份在南奥兰治市的姓名地址录中抽取每一个第二十个姓名的人。

③ 赫伯特·托尔(Herbert Ladd Towle):《汽车及其使命》(“The Automobile and Its Mission”),《斯克里布纳杂志》(*Scribner's*)1913年第53期,第149—152页。

汽车使得与电车线路呈垂直方向的通勤变得极其容易。不过，在改变美国人生活和工作方式上具有更重要意义的是卡车。即使一战之前还比较原始的卡车，占用的街道空间与马车一样大，但其工作量是运货马车的四倍，随着引擎功效越来越强大，卡车也变成了效率之神。在1910年之前，每一万个美国人中才有一辆卡车，工厂都聚集在大城市的中心区和铁路枢纽处。从根本上说，通过公共交通使人们进出核心区比使用马车运送货物往来于分散的企业间更容易，也更经济。因此，工人在大城市中分散居住，而工厂簇集在铁路枢纽附近处。①

工业在航海时代与城市并无联系，在蒸气动力时代的顶峰时期就开始从城市核心区迁出。中心区土地不足、地价昂贵，再加上市政管理和税收这些促进分散的因素。例如，1859年新泽西州的帕特森公司、布迪诺特米尔公司从高度拥挤的市中心区搬迁到边缘地区的开阔地带。1873年，辛格缝纫机公司离开了曼哈顿，在田园风光的伊丽莎白寻求更多的发展空间（1982年的伊丽莎白没有太多的田园风光，在连续经营了109年之后，辛格关闭了

① 乔尔·塔尔（Joel A. Tarr）：《交通运输模式的创新与变动的空间模式：1850—1910年的匹兹堡，》（Transportation Innovation and Changing Spatial Patterns: Pittsburgh, 1850 - 1910）（CMUTRI - TP - 72 - 06），匹兹堡，卡内基—梅隆大学交通研究院，1972年4月，散见于全书各处。1840年之前，或者美国制造业中蒸汽动力得到广泛运用之前，工厂更倾向于沿着河流或靠近瀑布分布。19世纪晚些时候，铁路线开始影响工业区位。可参见彼得·古西恩（Peter Goheen）：《维多利亚时代的多伦多（1850—1900）：增长模式和过程》（*Victorian Toronto, 1850 - 1900: Pattern and Process of Growth*），芝加哥，芝加哥大学地理系第127号研究报告，1970年，第10—12页；以及乔治·格鲁普（George W. Grupp）：《汽车交通之经济学》（*Economics of Motor Transportation*），纽约，1924年，散见于全书各处。

当地的工厂,据说因为与外国竞争所致)。①

伴随着20世纪电力革命的到来,主要的动力单位不再是蒸汽机,而是一千马力的涡轮发电机。最重要的是,电力传输和小电动机的发明取代了庞大的蒸汽机,使得建造单层厂房比多层厂房更经济,从而改变了制造业工厂的技术。1914年,美国电灯公司放弃了它在克利夫兰商业区的厂房,搬到了市中心以东12英里的一块占地40英亩、林木繁茂的丘陵土地上。这个地方非常像一座校园,因此有人称其为一所“工业大学”。1915年,格雷厄姆·泰勒(Graham R. Taylor)写了第一本关于工业郊区的书,他论述了“工厂一个接一个迁移到城市边缘地区”的现象。伊利诺伊州的东

① 詹姆斯·凯尼恩(James B. Kenyon):《工业区位和大都市区增长:帕特森-帕萨伊克区》(*Industrial Location and Metropolitan Growth: The Paterson-Passaic District*),芝加哥,芝加哥大学地理系第67号研究报告,1960年;维克托·富克斯(Victor R. Fuchs):《自1929年以来美国制造业区位的变迁》(*Changes in the Location of Manufacturing in the United States since* 1929),纽黑文,1962年,第90—95页;艾伦·普雷德(Allan Pred):《1800—1840年 美国商业城市的制造业》(“Manufacturing in the American Mercantile City, 1800-1840”),《美国地理学家协会年鉴》(*Annals of the Association of American Geographers*)1966年6月第56期,第307—338页。艾伦·普雷德(Allan Pred):《1870—1914年城市工业增长的空间变迁:阐释和理论文集》(*The Spatial Dynamics of Urban Industrial Growth, 1870-1914: Interpretive and Theoretical Essays*),剑桥,1966年;玛丽昂·克劳森(Marion Clawson):《美国郊区土地的转化:经济的和政府的作用》(*Suburban Land Conversion in the United States: An Economic and Governmental Process*),第49页。利昂·摩西(Leon Moses)、小哈罗德·威廉森(Harold F. Williamson, Jr.):《城市中经济活动的区位》(“The Location of Economic Activity in Cities”),《美国经济评论》(*American Economic Review*)1967年5月第57期,第211—222页;以及伊夫琳·北川(Evelyn M. Kitagawa)、唐纳德·博格(Donald J. Bogue):《标准大都市区中制造业的郊区化》(*Suburbanization of Manufacturing within Standard Metropolitan Areas*),牛津,俄亥俄,1955年。

圣路易斯、普尔曼、奥尔顿和格拉尼特市，亚拉巴马州的费尔菲尔德，宾夕法尼亚州的切斯特和诺里斯敦，俄亥俄州的诺伍德，以及 184
纽约州的扬克斯，实际上已经以多样化的制造业产品而著称。12年之后，哥伦比亚大学教授罗伯特·黑格(Robert Murray Haig)不仅论述了纽约地区某些制造业向卫星区的转移，还指出了这一"分散化"趋势对老城区的不利影响。[①]

卡车极大地强化了一种已经初见端倪的趋势。直到1909年，卡车才得以普及，但是其影响力发挥迅速。谢弗(K. H. Schaeffer)和埃利奥特·施科勒(Elliott D. Sclar)的研究表明，1909—1919年波士顿内环(波士顿内环指的是2—6英里范围内的社区)的制造业就业增长比那些更近或更远的社区要快得多。1915—1930年，美国卡车的数量从15.8万辆增长到350万辆，卡车与私人汽车数量之比翻了一番，与此同时，工业的分散化开始改变大都市区的基本空间模式。随着公路的改善以及原材料处理新方法的应用对单层厂房的需求强烈，卡车为城市外围的工业创造了新效率，但是对内城的企业产生的效果并不明显。1920—1930年美国10万人口以上的城市中，中心城市的工厂就

① 作为牧师、作家和社会工作者，格雷厄姆·泰勒(Graham R. Taylor)是芝加哥公民与慈善学校在1903—1920年的校长。这本书最初是为《调查》杂志准备的。格雷厄姆·泰勒(Graham R. Taylor)：《卫星城：工业郊区研究》(*Satellite Cities: A Study of Industrial Suburbs*)，纽约，1915年。参见梅尔·斯科特(Mel Scott)：《1890年以来的美国城市规划》(*American City Planning since 1890*)，伯克利，1969年，第130—131页。

业份额都下降了。①

仓储和物流行业跟随工厂来到城市边缘地区,1925 年之后,几乎所有新的工业建设都是在这里进行的。1921 年,杜邦公司从费城的工厂向威尔明顿的制革厂——它的主要客户——运送化学产品时,以火车运输更换为卡车运输。在纽约市,食品、肉类、奶制品、重型机械、木材、珠宝和贵金属产业开始从曼哈顿迁往新泽西州北部的许多郊区和卫星城。由于卡车能够像运送机器一样便利地运送啤酒和酒类商品,连地下酒吧、赌场和妓院也迁到城市边缘的路边旅馆。所有这些导致了马匹数量的急剧下降,这一下降过程始于有轨电车投入使用的 1887 年。在 1910—1920 年,纽约市马匹的数量从 12.8 万下降到 5.6 万,芝加哥市从 6.8 万下降到 3 万,巴尔的摩市从 1.5 万下降到 7 000,克利夫兰市从 1.6 万下降到 4 000。②

① K.H.谢弗(K.H. Schaeffer)、埃利奥特·斯克拉尔(Elliott D. Sclar):《所有人的通道:交通与城市增长》(*Access for All: Transportation and Urban Growth*),伦敦,1975 年,第 84—86 页;以及《卡车缓解交通拥堵》("Motor Trucks Relieve Traffic Congestion"),《市政工程》(*Municipal Engineering*)1912 年 10 月第 63 期,第 258—260 页;W.哈钦森(W. Hutchinson):《卡车对缓解交通拥堵的影响》("Influence of the Motor Truck in Relieving Traffic Congestion"),《美国城市》(*The American City*)1913 年 5 月第 8 期,第 561—562 页;以及菲尔·雅各布森(Phil Jacobsen):《卡车推动了我们的需求》("Hauling Our Needs by Motor Truck"),《南加州商业杂志》(*Southern California Business*)1922 年 7 月号,第 17 页。

② 生产和办公职能的分离也始于 20 世纪早期,正如丹尼斯·索宾(Dennis P. Sobin)从令人失望的那一方面进行研究而发表的著作《美国郊区的未来:生存或毁灭》(*The Future of the American Suburbs: Survival or Extinction*,纽约华盛顿港,1971 年,第 53 页)中所记载的。参见哈里·史密斯(Harry Allen Smith):《让马唐草生长:H.艾伦·史密斯的郊区年鉴》(*Let the Crabgrass Grow: H. Allen Smith's Suburban Almanac*),纽约,1960 年,第 21 页;丹尼尔·克里默(Daniel B. Creamer):《工业在分散吗?》(*Is Industry Decentralizing*),费城,1935 年;以及威廉·肖瓦尔特(William Joseph

汽车郊区最重要的特征是较低的密度和较大的地块平均面积，这是城市世界中从未有过的。因为汽车比公共交通更能促进土地的开发，只要汽车能到达的社区比有良好有轨电车系统服务的社区，其房地产每平方英尺的价格更低。由于能够以更低廉的 185
价格获得更多可开发的土地，建筑地块的平均面积从有轨电车郊区的约 3 000 平方英尺上升到汽车郊区的约 5 000 平方英尺。居住密度正好相反，从有轨电车郊区的约每平方英里 2 万人下降到汽车郊区的约每平方英里 1 万人。事实上，目前社区的居住密度主要是由伴随其早期发展的交通系统的类型决定的。在其他方面，由于街道扩宽，住房和商铺为停车场和服务站让路，经济地位上升的家庭向更新的郊区迁徙，人口密度下降了。例如，在布鲁克林的威廉斯堡/格林波音特，1920 年人口密度为每英亩 120 人（约每平方英里 7.9 万人），10 年后人口密度下降到每英亩 90 人（每平方英里 5.8 万人）。在曼哈顿，新的地铁线路也促进了离心倾向，人口下降特别显著。例如，在下东区（Lower East Side，位于百老汇大街以东，从贝特里街到休斯敦街）1910 年有 39.8 万人，1920 年有 30.3 万人，1930 年有 18.2 万人，1940 年有 14.7 万人。对于那些长久以来呼吁消灭贫民窟的改革人士来说，社区人口下降是一个受人欢迎且值得庆祝的缓解方式。①

Showalter）：《汽车产业》（"The Automobile Industry"），《国家地理杂志》（*The National Geographic Magazine*）1923 年 10 月第 64 期，第 404 页。

① 爱迪生联合公司（Consolidated Edison）：《1910—1948 年的纽约市人口》（*The Population of New York City, 1910 - 1948*），纽约，1948 年，第 17 页；以及沃尔特·莱德劳（Walter Laidlaw）：《1890—1930 年的纽约市人口》（*Population of the City of New York, 1890 - 1930*），纽约，1932 年，第 236 页。

在郊区居住获得更大空间的同时，住宅本身也发生着巨大变化。在19世纪和20世纪之交，客厅是公共空间与私人空间的缓冲地带，是正式社交和娱乐活动的所在地，也总是位于住宅中的前厅。与此类似，前门廊通常是放松消遣之地。在那里，人们可以呆在自家观看路人的生活百态。①

1890年代的经济大危机，1913年所得税的开征，以及新的建筑风格与时尚元素使得两次大战期间的住宅呈现新的面貌。一些观察家认为住宅本身失去了重要意义，因为汽车给予大量人口随意迁徙的自由。甚至富裕家庭也开始不使用仆人，根据流行的观点，仆人变得越来越昂贵、越来越不可靠、越来越难找，奢侈的欲求受到了抑制。由弗兰克·赖特所倡导，建筑师通过复兴19世纪安德鲁·唐宁的功能性住宅观念来满足更简单生活方式和无仆人家庭生活对住宅的需求。1930年代赖特的“美国风”(Usonian)强调单层住宅，低矮的天花板、车库并采用大量的玻璃。这种“牧场”风格的住宅在二战之后仍然是郊区发展的一个特征。当汽车重塑住
186 宅模式时，客厅和前门廊以及它们支撑的正式的生活方式是首先被去掉的东西之一。②

这种新建筑的原型当然是赖特笔下造价不菲的牧场式住宅。不过爱德华·博克(Edward Bok)30年来作为《女士家庭杂志》

① 前廊的衰落在第十六章涉及。

② 罗伯特·通布利(Robert C. Twombly)：《拯救家庭：1901—1909年中产阶级被赖特的牧场式住宅所吸引》(“Saving the Family: Middle Class Attraction to Wright's Prairie House, 1901 - 1909”)，《美国季刊》(*American Quarterly*)1975年第27期，第66—69页。

(*Ladies's Home Journal*)的编辑,也在理想住宅新形象的形成中发挥了重要作用。博克的社会观点保守,他希望妇女为了家庭生活和母亲身份的乐趣而放弃职业生涯和家庭之外的活动,他还认为"我们的孩子与土地越亲密,他们的身体就越健康"。他特别关注"狭小破旧的房子",力促住宅从"毫无意义的装饰中解脱出来",并安装最新式的浴室和厨房器具。在20世纪的最初25年里,《女士家庭杂志》不仅是美国也是世界上最成功的杂志,它于1895年开始出版造价在1 500—5 000美元之间的系列住宅设计图。它以一套5美元的价格向读者提供建筑住房的详细说明书,还包括来自美国不同地区的四家营造商的估价。此举招致建筑师暴风雨般的指责,他们认为博克"抢走了他们的饭碗",但是该杂志不为所动,整个"女士家庭杂志住宅系列"蓬勃发展。建筑师斯坦福·怀特(Stanford White)于1906年在麦迪逊广场花园被谋杀之前不久——因为他与铁路大亨亨利·托(Henry Kendall Thaw)的妻子有染,写道:"我对此确信无疑,爱德华·博克对美国住宅建筑向更好的方向发展的重大影响在这一时代无人可及。当初,我是如此目光短浅以致抨击他,拒绝与他合作。如果博克现在提出合作,我不仅为他设计图纸,而且会放弃薪酬来补偿以前的错误。"①

① 格温德林·赖特(Gwendolyn Wright):《筑梦:美国住房的社会史》(*Building the Dream: A Social History of Housing in America*),第162—164页;以及爱德华·博克(Edward Bok):《爱德华·博克的美国化:荷兰男孩50年后的自传》(*The Americanization of Edward Bok: The Autobiography of a Dutch Boy Fifty Years After*),纽约,1923年,第238—243页。

到1919年博克退休时，《女士家庭杂志》的发行量超过两百万份，促进了带走廊的平房的流行，这是一种最初由印度引进的住房风格，到1920年代时发展成为朴实的一层半的住房形式，外观呈水平化，这映射出住宅用地平均面积的增加。当时广告称提供这种平房设计图纸的邮购只需1美元；许多建筑的设计面积在800平方英尺左右，这是中产阶级能够承担的。全国各地兴起变革之风，前总统西奥多·罗斯福赞许地说："博克是我曾经耳闻的唯一朝着更好的方向改变整个国家建筑形式的人，他的行动如此迅速高效，以至于我们在变革完成之前都没有意识到它的开始。"①

187 大萧条期间的郊区化

1929年10月股票市场崩溃所带来的漫长而严重的经济萧条导致了此前十年住房开发繁荣的突然中止。在1928—1933年，住宅的修建下降了95%，住宅的维修开支下降了90%。只有一项积极的销售活动，联邦住房管理局的抵押项目（下一章），以及大量的广告在美国人民面前维持着拥有自己住房的美景。"标准住宅"成为一种特别流行的市场营销手段，尤其是在1930年代晚期短暂的住房复苏时期。每一个新的郊区社区的楼盘和住宅展览好像都包括一个实景的标准住宅，配备着最新式的家用器具和设施。1935

---

① 格温德林·赖特（Gwendolyn Wright）：《筑梦：美国住房的社会史》（*Building the Dream: A Social History of Housing in America*），第163—164页。

年，通用电气公司赞助了一场建筑设计大赛，其主题是小型的单一家庭住宅。2 040 名参赛者被要求在设计中列出所使用的通用公司的家电产品；一位建筑师使用了 76 个这样的产品。两年后，随着《女士家庭杂志》主办的“明日住宅”展览会的揭幕，这种形式的大众广告无疑成为建筑行业的一个专门领域。它使得大量的科技产品焕发出魅力，吸引了创纪录的人群。最终，在 1939 年的纽约世界博览会上，21 个独户住宅组成了“明日之城”。

与此同时，汽车从未退缩。除了最萧条的三年，汽车的注册数量一直在增加，1940 年的总数量比 1929 年多出 450 万辆。当一家地方交通公司表示提供前往公共工程局（WPA）一处工地的免费班车时，只有不到一半的失业工人接受这一帮助；大多数工人开车前往。同样地，当林德夫妇 1933 年重返“中镇”时，发现自 1929 年以来零售业的下降幅度在 38%—85%。唯一的例外是汽车加油站，其销售量只下降了不到 5%，这有力地证明了曼西的市民离不开他们的私人交通工具。“我们宁愿没有衣服也不愿意放弃汽车，”一个工人阶级的主妇对林德夫妇说。“在设想我们会放弃汽车之前我会先放弃食物，”另一个人强调说。[1]

早在 1933 年，当胡佛政府为应对大萧条一筹莫展之时，关于美国近年来社会趋向的总统委员会的报告总结道：“在个人生活中汽车已成为支配性的影响因素，在真正意义上，个人已经依赖于汽车。”1940 年，约翰·福特制作了一部电影《愤怒的葡萄》（*The*

① 罗伯特·林德（Robert S. Lynd）、海伦·林德（Helen M. Lynd）：《中镇：美国文化研究》（*Middletown: A Study of American Culture*）。

188 *Grape of Wrath*)，该电影源自约翰·斯坦贝克(John Steinbeck)描写大萧条的小说，小说主要讲述了前往加利福尼亚州寻找工作的贫困迁徙工人的奋斗经历。汽车载着银行家和房地产经纪人来到农场，他们宣布了驱逐令，拖拉机将刚刚失业之人的小屋夷为平地。农场主的拯救者是另一辆机动车——一辆“滚动的破烂”，它是这个家庭唯一的交通工具。苏联政府抓住了这部影片，将它视为对资本主义大灾难的悲惨写照，并在苏联各地放映。不过，六个星期之后这部电影就被撤出了电影院，因为苏联人民较少关注他们在屏幕上看见的贫困，而更关注这样一个事实——就连流浪农民也拥有一辆汽车，并且有鞋子穿。[①]

19 世纪美国城市的高密度集中，连同其工厂、店铺和办公室都向中心簇集，这是一种短期现象，它源于这样的事实——城市间的交通比市内交通要好得多。汽车极大地改变了这一模式，使得城市在经济上和功能上“分散开来”，虽然早些时候由于兼并的停止，城市在法律上已经开始分散。自从轮子发明以来，汽车确实比任何一种技术创新在空间和社会上对城市施加了更重要的影响。早在 1938 年，威廉·奥格本(William F. Ogburn)写道“汽车的发明对人类社会的影响比拿破仑、成吉思汗和尤利乌斯·恺撒的丰功伟绩加起来还要重大”，还有 1975 年詹姆斯·弗林克(James J. Flink)认为亨利·福特的主要贡献——流水生产线、一天 5 美元工资和 T 型汽车——对 20 世纪美国的影响比进步主义时代和新

① 在美国这部电影的反响也并不大。

政加起来还要重大。然而,我们的文明得以从马匹拖曳的交通方式的局限中解放出来,这一现象还没有得到充分研究。沃尔特·韦布(Walter Prescott Webb)揭示了带刺铁蒺藜、连发左轮手枪和风车对大平原的重要意义,威廉·奥格本分析了收音机和飞机带来的影响,林恩·怀特(Lynn White)富有想象力地描写了马镫的重要性。但是,至今还没有一个人能够超越弗林克富有争议的著作《汽车文化》(*The Car Culture*),并且去尝试解决一个持续存在的悖论现象:一方面,美国人对汽车钟爱有加;另一方面,当一个社会总是在路上运行,由此造成的环境影响,也大煞风景。[①]

没有其他的发明比内燃机对城市形态的改变影响更大的了。汽车能够使其主人通过自主选择的路线随意地离开和返回。最近才使居住和就业的紧密空间联系分离开来的公共交通看起来不再奇妙,令人着迷。在 1920 年之前,可开发的房地产不得不局限在 189
距离公共交通步行可达的范围内。1920 年之后,随着住宅开发的加快,城市扩展远远超出其旧边界,城市和乡村原有的区别开始模糊,郊区化开始具有新的特征。到 1941 年,当联邦公共道路局调查通勤模式时,这一巨大的转变已非常明显。调查发现,人口在

① 威廉·奥格本(William Fielding Ogburn):《机器和明日世界》("Machines and Tomorrow's World"),《公共事务手册第五期》(*Public Affairs Pamphlet Number Five*),纽约,公共事务委员会,1938 年,第 3 页;罗伯特·阿克森(Robert C. Ackerson):《汽车文学的里程碑》("Some Milestones of Automotive Literature"),《密歇根历史季刊》(*Michigan Historical Quarterly*)1980 年秋季号第 14 期,第 761—771 页;詹姆斯·弗林克(James J. Flink):《汽车文化》(*The Car Culture*)。

2 500万—5 000万的2 100个社区，没有任何公共交通系统，个人出行完全依靠私人汽车。这种情况在25年之前几乎是不可想象的。[①]

① 关于汽车的影响更为广泛的讨论和总结，参见埃弗里·格斯特(Avery M. Guest)：《城市历史、人口密度和上层阶级的居住区位》("Urban History, Population Densities, and High Status Residential Location")，《经济地理》(*Economic Geography*)1972年10月第68期，第375—387页；以及埃弗里·格斯特(Avery M. Guest)：《美国大都市区的人口郊区化》("Population Suburbanization in American Metropolitan Areas")，《地理分析》(*Geographical Analisis*)1975年7月第7期，第267—283页。

第十一章　联邦补助与郊区梦 190

——华盛顿如何改变美国住房市场

如果一个国家的人民拥有自己的住房，并能够在自己的土地上赢得实实在在的份额，那么这个国家是不可战胜的。

——富兰克林·罗斯福(Franklin D. Roosevelt)总统

至少在过去的两个世纪里，容易获得住房和土地是美国与世界上其他国家的一大不同之处。1920年，美国人口统计总署宣布超过一半的美国人居住在城市地区时，美国真正的独特之处并不在于其城市规模的巨大，而是其城市化区域的广阔；不是其工人的数量，而是其通勤者的数量；不是其摩天大楼的高度，而是其自有住房者的比例。郊区化成为一种人口分布的现象，与东欧和南欧移民从艾利斯岛入境或者美国黑人向北方城市的迁徙一样重要。[①] 低密度居住方式的吸引力经历了时间的考验，不分区域、阶

---

① 这篇文章的早期版本源于1977年在华盛顿哥伦比亚历史协会举办的利蒂希娅·布朗(Letitia Woods Brown)首次纪念演讲，之后出版，文章名为《联邦资助和郊区的梦想：政府介入住房市场的前25年》("Federal Subsidy and the Suburban Dream, The First Quarter-Century of Government Involvement in the Housing Market")，华盛顿特区哥伦比亚历史协会档案(*Records of the Columbia Historical Society of Washington, D.C.*)1980年第50期，第421—451页。参见肯尼思·杰克逊(Kenneth T.

级和种族的界限,是如此的强烈,以至有些观察家认为这是自然和必然的,一种"再多的政府干预也无法逆转"的倾向。[1]正如联邦住房管理局一位资深官员在美国规划师学会1939年大会上所讲的:"分散化正在发生。它不是一个政策,而是一个事实——我们不可能去改变这一倾向,就像不能改变鸟儿向更适宜的地方迁徙这一愿望。"[2]

尽管有上述主张,但政府的慷慨补助仍以多种方式影响到人
191 们的居住选择。例如,联邦税法给予新建筑的税收优惠比改进已有建筑还要多,这样就促使企业在老建筑使用寿命终止之前就弃之不顾。如此一来,联邦补助刺激了经济活动加速向新地区分散。[3]同样地,罗杰·洛特钦(Roger Lotchin)最近开始进行一项重要研究,是关于1920年以后国防开支对阳光带城市发展的重要意义。军事开支也对其他地区带来了不利影响。据估计,在1970

Jackson):《民族、种族和房地产评估:房主贷款公司和联邦住房管理局》("Race, Ethnicity , and Real Estate Appraisal: The Home Owners Loan Corporation and the Federal Housing Administration"),《城市历史杂志》(*Journal of Urban History*)1980年8月第6期,第419—452页;以及肯尼思·杰克逊:《社会控制的空间维度:民族、种族和美国政府的住房政策》("The Spatial Dimensions of Social Control: Race, Ethnicity, and Government Housing Policy in the United States"),载入布鲁斯·斯特夫(Bruce M. Stave)编:《现代工业城市:历史、政策和发展》(*Modern Industrial Cities: History, Policy, and Survival*),贝弗利希尔斯,加州,1981年,第79—128页。

① 这种代表了大众一致性观点的陈述是由政治科学家拉尔夫·罗森(Ralph A. Rossum)提出的,参见《孟斐斯弯刀报》(*Memphis Press-Scimitar*)1977年1月6日。

② 引自苏厄德·莫特(Seward H. Mott):《边缘区位的案例》("The Case for Fringe Location"),《规划师杂志》(*Planners Journal*)1939年3月至6月号第5期,第38页。

③ 税法给老城市的建设带来了阻碍,不管它们的财富如何缩水,这种阻碍对老城市的发展都始终不利。例如,对新机械的投资赋税优惠已经使东北部和中西部的大部分工业设备供过于求。《商业周刊》(*Business Week*)1977年12月19日,第88页。

年代晚期，华盛顿每年在纽约地区征收的税款比返还的开支要多60亿到110亿美元，这一差额在里根时代继续扩大，尤其是国防得到更多的国家预算比例时。[①]

在城市—郊区层面上，联邦的潜在影响也是巨大的。例如，1916年《联邦公路法》(Federal Highway Act)和1956年《州际公路法》(Interstate Highway Act)促使政府的交通政策偏重并有利于公路、卡车和私人汽车。[②] 连同廉价汽油和大量生产的汽车，城市高速公路带来了更低的边际交通成本，也有力地促进了分散化。对大多数家庭来说，同等重要的是贷款利息折扣和从总收入中减除地产税对独立式住房的刺激。甚至上水管道和下水道建设的资助方案也对大都市区空间模式产生了影响。[③]

本章的目的是考察联邦住房政策对美国人居住状况以及居住地点选择的影响。更确切地说，笔者试图判定这些政策的后果是否能被政府所预见，尤其这个政府是为了对少数族裔和民族进行社会控制而急于行使其权力和资源。美国政府是否像其拥戴者所

① 1978年休·凯里州长(Hugh L. Carey)的报告表明，纽约人贡献了12%的联邦税收却仅仅得到8%的资助(460亿美元和350亿美元)。雷吉娜·阿姆斯特朗(Regina Belz Armstrong)：《1970年代区域账目结构和纽约地区经济成就》(*Regional Accounts Structure and Performance of the New York Region's Economy in the Seventies*)，布卢明顿，1980年；以及丹尼尔·莫伊尼汉(Daniel Patrick Moynihan)：《他们会为纽约做什么》("What Will They Do for New York")《纽约时报杂志》(*New York Times Magazine*)1980年1月27日，第30—40页。

② 州际公路已经给人口稀少的州和郊区带来了利益。在1957年到1972年间，蒙大拿州每投1美元给公路信托基金，就能得到价值2.44美元的公路，怀俄明州得到2.71美元，内华达州得到1.97美元，但马萨诸塞州仅仅得到77美分，新泽西州66美分，纽约州80美分。《商业周刊》(*Business Week*)1977年12月19日，第88页。

③ 这是因为联邦对上下水道资助的重点在于新建筑。纽约市具有百年历史的给水干管需要几十亿美元来进行维修，却没有获得大额资助的资格。

声称的那样乐善好施——或至少是中立的?①

1933年之前的政府和住房

虽然住房是人们生活必需品中最大的一笔投资,但在北美城市发展的最初三个世纪中,为市民提供住房并没有被认为是政府应有的职能,姑且不论政府是殖民地的议会还是州立法机关,市镇会议还是城市议会,伦敦的议会还是华盛顿的国会,均是如此。17世纪时,地方政府偶尔会宣布在市中心建木制结构住房和茅草屋非法,②而纽约市早在1867年就通过了限制性住房法律,但是,选择、修建和购买一块居住地在全美都被认为完全是个人的选择问
192 题。在1930年代之前,联邦的介入仅限于1892年对大城市贫民窟状况的调查,1916年联邦土地银行系统的建立,以及一次世界大战期间为军需厂和兵工厂的工人修建住房。③

① 就政府"阴谋论"的观点而言,参见彼得·马尔库塞(Peter Marcuse):《慈善政府的神话:对住宅冲突原理的注解》("The Myth of the Benevolent Sate: Notes Toward a Theory of Housing Conflict"),哥伦比亚大学城市规划系讨论文章,1978年。

② 例如,1766年纽约市的建筑规章要求建立一个防火带,防火带内所有的建筑必须由砖头或石头修建,所有的房顶必须是瓦片或石板。

③ 有关联邦住房项目最好的研究是:马克·盖尔芬德(Martin I. Gelfand):《城市国家:联邦政府和美国都市(1933—1965)》(*A Nation of Cities: The Federal Government and Urban America, 1933 - 1965*),纽约,1975年;亨利·亚伦(Henry Aaron):《遮风挡雨的住所和补助金:谁从联邦住房政策中获利》(*Shelter and Subsidies: Who Benefits from Federal Housing Policies*),华盛顿,1972年;威廉·惠顿(William L. C. Wheaton):《联邦住房项目的演变》(The Evolution of Federal Housing Programs),芝加哥大学博士学位论文,1953年;以及保罗·文特(Paul F. Wendt):《住房政策:寻求解决之道》(*Housing Policy: The Search for Solutions*),伯克利,1962年,第142—273页。关于1970年代对联邦住房项目的研究,参见A.纳帕斯特克(A. Naparstek)、G.

最后的也可能是最重要的一个转变发生于1918年6月，当时美国参加一战整整一年，国会拨款1.1亿美元着手两个为战时工人提供住房的项目——美国航运局应急船队公司和美国住房公司。尽管这两个机构的运作方式不同，但它们的目标是相同的：为搬迁到工业区的家庭提供住处目的是为欧洲冲突生产武器。但是，由于这一战时应急措施仅仅在停战前五个月才开始，因此只开发了为数不多的一些项目——在新泽西州卡姆登的约克希普村、新罕布什尔州朴次茅斯的大西洋高地、特拉华州威尔明顿的联合公园花园社区，以及康涅狄格州布里奇波特(Bridgeport)、宾夕法尼亚州的切斯特(Chester)和威斯康星州的科勒(Kohler)进行了几处小区建设——其中大多数直到战争结束都没有完工。[①]

这些项目迟迟难以动工是缘于认为自由住宅会刺激繁荣的普

钦科塔(G. Cincotta)：《缩减城市投资：社区组织、研究和公共政策新含义》(*Urban Disinvestment: New Implications for Community Organizations, Research, and Public Policy*)，华盛顿，1970年；加尔文·布拉德福德(Calvin Bradford)：《资助房主：联邦在社区衰退中的作用》("Financing Home Ownership: The Federal Role in Neighborhood Decline")，《城市事务季刊》(*Urban Affairs Quarterly*) 1979年3月第14期，第313—335页；以及哈利·布雷德迈尔(Harry C. Bredemeir)：《联邦公共住房运动：社会变迁的案例研究》(The Federal Public Housing Movement: A Case Study of Social Change)，哥伦比亚大学博士学位论文，1955年。

① 美国国家档案局住房公司档案第3组。第一次世界大战时美国政府住房的情况，参见迈尔斯·克莱安(Miles L. Colean)：《国防住房：对与美国国防和相关行动计划有关的住房作用的评论》(*Housing for Defense: A Review of the Role of Housing in Relation to America's Defense and a Program for Action*)，纽约，1940年，第1—30页；罗伊·卢博夫(Roy Lubove)：《住房和栽种得法的果树：有关联邦住房可资借鉴的实例》("Homes and a Few Well Placed Fruit Trees: An Object Lesson in Federal Housing")，《社会研究》(*Social Research*)1960年冬季号第27期，第469—486页；约翰·萨瑟兰(John F. Sutherland)：《城市为家：费城贫民窟与改革者(1880—1918)》(A City of Homes: Philadelphia Slums and Reformers, 1880 - 1918)，坦普尔大学博士学位论文，1973年，第213—250页。

遍信念，以及认为给予房租补贴是社会主义的做法，对这种做法的疑虑始终挥之不去。例如，新墨西哥州的参议员阿尔伯特·法尔(Albert Fall)警告说，“(现在有)一种阴险的联合努力……要使我们这个政府社会主义化，进而颠覆美国的全部政府”。法尔参议员实在无需多虑。这两个项目在全国修建的住房都不到2.5万个单元。尽管最初这些住房仅出租出去，但是战后不久这些住房就出售给私人开发商了。到1920年代早期，华盛顿政府已经从房地产行业中抽身而出了。

因此，美国最早的联邦住房项目既不是帮助穷人的自觉行动的结果，也不是高涨的改革精神的结果。正如夏尔·阿布拉姆斯(Charles Abrams)所写的，它是“实施一项战争权力，而不是有争议的基本福利权力”。不过，它确实证明了华盛顿能够介入私人企业的神圣领域，而不会沦为马克思主义的牺牲品。并且这些住房
320 的质量一般都是相当不错的，例如，约克希普村和联合公园花园社区就是市镇规划的典范。在约克希普村，既有蜿蜒伸展的街道，也有短直的街道，通向八角形的城镇广场。红砖和灰泥住房以简短的形式排列，起伏的屋顶，灵活的轮廓，与单调呆板的费城式建筑立面形成鲜明的对比。在联合公园花园社区，漂亮的联排房屋以陡斜式屋顶、阶梯式缩进和住房风格的多样化而著称。①

193 随着1920年代美国回归“常态”，联邦政府在住房问题上采取了宽松政策。当然，“家，甜蜜的家”仍然是一个珍贵的理想，劳工

① 约翰·萨瑟兰(John F. Sutherland)：《由家庭组成的城市：费城贫民窟与改革者(1880—1918)》(A City of Homes: Philadelphia Slums and Reformers, 1880-1918)，坦普尔大学博士学位论文，1973年，第247—249页；查尔斯·艾布拉姆斯(Charles Abrams)：《城市是边疆》(*The City Is the Frontier*)，纽约，1965年，第241—242页。

部一度资助“拥有自己的住房活动周”来宣传房地产理事会全国协会的住房推介活动。但是，住房的修建和购买等具体事宜都交由市场决定。正如纽约州参议员威廉·考尔德（William Calder）所说：“政府是进行治理的机构，而不是去建造住房或开采矿藏、运行铁路、开办银行。”

直到 1929 年大萧条到来，美国人对政府干预的态度才确实发生了根本性转变。这次持续而巨大的经济大灾难广为人知，无须在此赘述，不过，它对住房产业和房主都带来了沉重的打击。在 1928—1933 年，住房的修建下降了 95%，住房维修上的开支下降了 90%。在富有代表性的 1926 年，美国大约有 6.8 万所住房被取消抵押品赎回权。在 1930 年，大约有 15 万非农场家庭由于丧失了赎回权而失去了他们的房产；1931 年这一数字增加到近 20 万；1932 年达到 25 万。在 1933 年春天，美国全部的住房抵押贷款足足有一半根据规定无法偿付，而对住房赎回权的取消达到了惊人的每天超过 1 000 件，住房信贷系统正滑向彻底崩溃的深渊。住房预期价格下降——1926 年价值 5 000 美元的住房在 1932 年大约价值 3 300 美元——事实上，经过二次和三次抵押，抵押价值远低于首次贷款，大量的房地产化为乌有。而且，受害者大多是中产阶级家庭，他们第一次尝到了贫困的滋味。①

① 在纽约市，1931 年到 1934 年间每四个抵押贷款中就有一个被取消赎回权或者转交给房主贷款公司，住房拥有率从 20.2%下降到 16.1%。塞默（Semer）、齐默曼（Zimmerman）：《联邦住房立法政策的演变：给住房和城市发展部的一份报告》（*Evolution of Federal Legislative Policy in Housing*：*A Report to HUD*），顾问报告，1973 年 6 月 30 日，在住房和城市发展部图书馆可得，从 III－1 页到 III－15 页；约瑟芬·埃瓦尔特（Josephine Hedges Ewalt）：《商业复兴：存款和贷款的故事（1930—1960）》（*A Business Reborn*：*The Savings and Loan Story*，*1930 － 1960*），芝加哥，1962 年，第 21 页。

理论上认为房地产业和建筑业的困境会成为其他经济部门的障碍，并且相信住房拥有率是“一个良好的经济和社会体系的基础，是我们国家在不断变化的环境要求下持续理性发展的一项保证”，赫伯特·胡佛在1931年召开了总统关于住房建设和住房所有权的全国会议。四百多名专家出席了会议，其中包括25个调查委员会和六个附属团体。会议的主旨是支持“有良好品质和勤劳习性”的人拥有自己的住房。[①] 在会议开幕式的演讲中，胡佛总统就私人住房问题在这次全国会议上表态：

> 我确信对自有住房的情感是深深地根植于美国人心中的，以至于数百万居住在贫民窟、公寓楼和出租房的人们……
> 194 都渴望有更多的机会来拥有他们自己的住房。[②]

对于这个来自爱荷华州农场的男孩，其通向财富和白宫之路经由曼哈顿的公司董事会会议室，下面这句话不言而喻：“有助于安全和进步的事物莫过于致力于建设家庭生活。”

这次会议提出了四点建议，指明了联邦住房政策的新方向，为投机的建筑商、家电制造商和汽车公司提供了实惠：第一，设立长

---

① 胡佛并非与众不同。卡尔文·柯立芝(Calvin Coolidge)总统几年前就说过，“对于国家稳定和理想进步而言，没有什么能比成为让每个家庭拥有自有住房的国家贡献更大。”引自格伦·拜尔(Glenn H. Beyer)：《住房和社会》(*Housing and Society*)，纽约，1965年，第249页。

② 莱尔·伍德亚特(Lyle Woodyatt)：《新政住房项目的起源和演变》(The Origins and Evolution of New Deal Housing Programs)，华盛顿大学博士学位论文，1968年，第102页。

期的、分期偿还的抵押贷款;[①]第二,低利率的刺激;第三,设立政府机构来援助私人企业为低收入家庭提供住房;第四,降低住房建筑成本。最后会议提出一个警示:"本委员会坚定地认为,当前实施成功的规划和大规模项目之必需,是由私人资本扶持的私人行为。如果我们不能应对这一挑战,结果可能就是政府不得不自己去建造住房。"[②]

住宅开发商全国协会坚持认为,没有政府的资助以及他们所希望的修建这些住房时的自由权利,承包商无法以较低成本提供经济适用房。在他们的坚持下,胡佛政府试图采用两种方法来鼓励人们拥有自己的住房。1932 年 7 月 22 日,总统签署了联邦住房贷款银行法(公共法第 304 号)来为抵押贷款者创建一个信贷储备机构,以便增加住房市场的资本供应。但是,这一机构创建的目的并不是在爆发严重危机的情况下给予帮助,只能在危机轻微的地方发挥作用。官僚政治的花言巧语暂且先不谈,美国公众并没有立即认识到只有不需要政府援助的家庭才能得到贷款。在这一法案实施的最初两年内有 4.1 万个人房主向银行申请了直接贷款,然而只有三份申请被批准。尽管我们不应否认这四户家庭确实从这一展现联邦政府同情心的行动中受益,但他们自己的好运气不足以去逆转整个住房形势的每况愈下。公共法第 304 号效力

① 分期付款指的是原则性的全额支付直到借贷期满。在 1932 年之前,很多贷款仅要求支付利息,而所有的本金在借贷期满的时候才偿还。

② 《住房修建和住房所有权总统会议委员会就大规模行动的最终报告》(*Final Report of the Committee on Large Scale Operations , The President's Conference on Home Building and Home Ownership*),华盛顿,1932 年,第 24 页。

不显，住房状况日渐糟糕了。[①]

第二个方法是1932年的紧急救济和建筑法，这一法案同样被证明是不合理的。它授权重建资金委员会：

> 向专门为低收入家庭提供住房或重建贫民窟而组建的公司提供贷款，由州或市政府立法就租金、资本结构、回报率、实
> 195 施区域以及运作方式进行管理，资金援助给予那些能够迅速盈利的公司所实施的项目。[②]

不幸的是，这一法律需要州政府来减免这种有限股份公司的全部税收，而在那个时代只有纽约州拥有这样的权力。结果，纽约市的尼克博客村（Knickerbocker Village）是该法所实施的唯一项目。

绿带城镇计划

在住房领域的成功新举措有待于富兰克林·罗斯福和他的民主党多数政府来实施。新政最富新意的举措之一是绿带城镇计划（Greenbelt Town Program）。受到雷克斯福德·特格韦尔（Rex-

① 戴维·布莱德韦尔（David A. Bridewell）：《联邦住房贷款银行局及其机构》（The Federal Home Loan Bank Board and Its Agencies），联邦住房贷款银行局研究图书馆的原稿，1938年5月14日，第164页。

② 《紧急救助与建造法案》（Emergency Relief and Construction Act），1932年，公共法第302号，第72次国会，第II章，第201节。

ford G. Tugwell）的启发，由其安置管理局进行管理，这一项目明确倾向于鼓励分散化。特格韦尔希望修建理想的“绿带”社区，这来源于英国的埃比尼泽·霍华德（Ebenezer Howard）的规划理论，霍华德是世纪之交带有理想色彩的人，传统的郊区带给他深刻的震撼不亚于城市贫民窟。特格韦尔设计的社区不超过 1 万人口，以体面的住房和较高水准的社会和教育服务为特征，并以带状的田野所环绕来防止居住区蔓延。正如特格韦尔所解释的，“我的想法就是将城市中心的人口外迁、获得便宜的土地、构建完整的社区，促使人们到此居住。继而拆除城市所有的贫民窟，在那里建公园”。[①]

然而，绿带城镇计划是在保守主义者的猛烈攻击下实施的。计划中的一个新泽西社区甚至从未从图纸变成现实，而三个建成的花园社区——马里兰州的绿带社区、俄亥俄州的绿山社区和威斯康星州的绿谷社区——也因为超出建筑成本而招致负面影响，从来没有被当作未来大都市区发展的模板。安置管理局自身也在 1938 年被国会中止。

新政的另外两个创新——房主贷款公司（HOLC）和联邦住房管理局（FHA）——对美国的郊区化有着更为持久和重要的影响。

---

① 对这个主题最好的研究是约瑟夫·阿诺德（Joseph L. Arnold）：《郊区新政：绿带城镇项目的历史》（*The New Deal in the Suburbs: A History of the Greenbelt Town Program*），俄亥俄州哥伦布市，1971 年。参见保罗·康金（Paul K. Conkin）：《明天的新世界：新政的社区计划》（*Tomorrow a New World: The New Deal Community Program*），伊萨卡，1959 年。

房主贷款公司

1933 年 4 月 13 日，罗斯福总统敦促众议院和参议院通过了
196 一项法律，旨在保护小房主不会被取消抵押品赎回权，减轻他们因在房价较高和薪水较高时期所导致的过高利息和支付分期贷款的部分负担，[①]并宣称保护私有房主是一项国家政策。这一措施得到两党一致的支持。正如本身就是银行家的共和党众议院议员、宾夕法尼亚州的里奇在国会辩论时所说的那样：

> 我是反对政府进入企业领域，但是现在我要对此表示一点支持，因为如果援助不打算延伸到这些小房主，那么政府可能将不得不进入这个领域来尽可能保全他们的住房。银行家因为害怕贷款人会提取他们的存款而不敢贷款；如果出现这种现象，他须得关闭银行，否则货币监管总署将关闭它的银行。[②]

因此 1933 年 6 月 13 日房主贷款公司因罗斯福签署的法律而得到法律的保护，这项法律计划服务于城市地区的需要；约一个月前通过的紧急农场抵押贷款法，也是旨在减少农村地区的抵押品

---

① 这是指在 1930 年代早期房地产价格下降的事实。

② 引自戴维·布莱德韦尔(David A. Bridewell)：《联邦住房贷款银行局及其机构》(The Federal Home Loan Bank Board and Its Agencies)，联邦住房贷款银行局研究图书馆的原稿，1938 年 5 月 14 日，第 234 页。

赎回权被取消的问题。[①]

房主贷款公司代替胡佛政府的联邦住房贷款银行法实行了直接贷款条款，为数万份处于拖欠或被取消抵押品赎回权危机中的抵押贷款重新提供了资金。它甚至以低利率贷款来使房主重新获得因强制拍卖而失去的住房。仅1933年7月到1935年6月期间，住房贷款公司为一百多万份抵押贷款提供了超过30亿美元的资金，相当于给美国所有自住非农场住宅的十分之一提供了贷款。尽管各州的申请情况大不相同——在密西西比州99%符合条件的私人房主申请了贷款，而在缅因州只有18%——全国范围内大约40%符合条件的美国人寻求房主贷款公司的援助。[②]

房主贷款公司在历史上有重要意义，因为它提出、实行并在实践中证明了长期的自我分期偿还贷款——整个债务期间的分期偿还额是不变的——的可行性。在19世纪，用抵押贷款购房似乎是不大体面的事；有经济实力的家庭买房时应该现款一次性付清。然而，一战之后，物价上涨以及消费债务的增加使得抵押贷款成为购买住房时更常见的资金筹措方式。确实，住房变得特别依赖于贷款，贷款既用于建造过程中也用于最终的购买行为中。在1920年代这个住房建造的繁荣时期，典型的抵押贷款年限是5—10年，当尾款到期时贷款本身并未全部付清。这样，房主周期性地处于

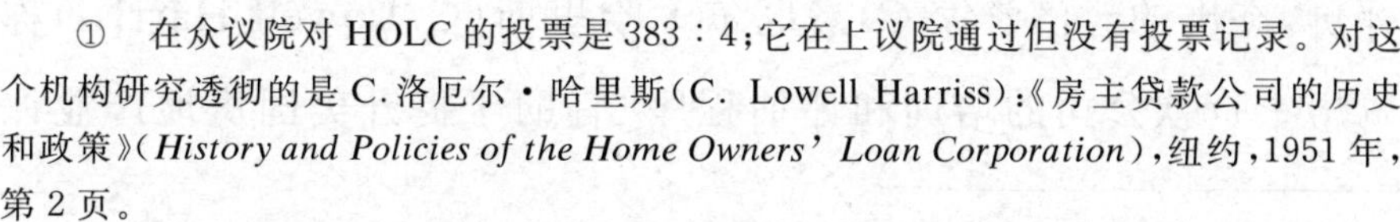

① 在众议院对HOLC的投票是383∶4；它在上议院通过但没有投票记录。对这个机构研究透彻的是C.洛厄尔·哈里斯(C. Lowell Harriss)：《房主贷款公司的历史和政策》(*History and Policies of the Home Owners' Loan Corporation*)，纽约，1951年，第2页。

② HOLC活跃的借贷项目在1936年结束，在1951年被清算。它由联邦住房贷款银行局管理，同时也属于它的一部分。

金融市场各种力量变幻莫测的支配之下。当银根宽松时，每五年
197 或七年续借一次是没有问题的。如果贷款到期时正逢银根紧缩，房主就可能不会获得续借，只能被取消抵押品赎回权。在房主贷款公司项目下，贷款是完全分期等额偿还，而且还款期延长到约20年。①

除了帮助大量的抵押贷款重新获得长期低利率的资金，房主贷款公司还在全国范围内将评估方法系统化。因为它正忙于处理抵押贷款问题——在一些州，房主贷款公司的全部贷款项目中有超过40%在重新获得资金之后甚至仍被取消了赎回权——房主贷款公司不得不就其资助的住房可用性或有使用价值的年限进行预测与评估。住宅与电冰箱或鞋子不同，它经久耐用，其耐用程度是调查评估的目的。

由于关注且特别在意细节，房主贷款公司的评估师将城市划分为社区，并精心设计了调查问卷，涉及居民的职业、收入和种族以及住宅的房龄、建筑类型、价格范围、出售要求和整体维修状况。创新点并不在于评估要求本身——这长久以来就是房地产行业的标准做法，而在于创造了一套正规而统一的评估系统，促使书面记录、组织程序明确，并由强化训练之后的人员来执行。最终达成评估师对价值的判断会对外地的投资者有用的目的。对这一举措的评价，杰出的经济学家C.洛厄尔·哈里斯(C. Lowell Harriss)称赞房主贷款公司的培训和评估程序“有助于提升美国房地产业评

① 长期抵押贷款方案在那个时候不是很普遍，因为1863年国家银行法在1864年的修正案中强调，禁止国家特许成立的银行为房地产交易提供直接的贷款。

估方法的整体水平”。房主贷款公司首创的“红线政策”(red lining)的做法则不太受人称许。[①]

采用这种方法是因为房主贷款公司设计了一套分级系统，该系统对那些稠密的、混合居住的或老旧的社区给以较低的评估。该系统共设置了四级质量标准——大致排序为第一、第二、第三和第四级，相应的代码字母为A、B、C、D，代表颜色为绿色、蓝色、黄色和红色。第一级社区（也就是A级和绿色地区）被描述为新的、居民同质化的且“无论经济景气与否，都有居住需求”的地区。居民同质化意味着“从事实业和专门职业的美国人”。犹太人社区，甚至那些与犹太人有“交融的”的社区，也不被认为是“最好的”，正如他们不能被认为是正宗“美国人”一样。[②]

第二级社区（蓝色地区）是“状况尚可”的地区，已过“巅峰状态”，尚能多年内保持稳定；第三级（黄色地区或C级）社区通常被
认定为“明显衰退的”；而第四级（红色地区）社区被定义为“C级地 198
区中初现端倪的情况在这里已经成为普遍现实”。[③]

房主贷款公司对城市社区的评估既基于一种社会生态学的变

① C.洛厄尔·哈里斯(C. Lowell Harriss)：《房主贷款公司的历史和政策》(*History and Policies of the Home Owners' Loan Corporation*)，第2页。“红线”指的是政府和私人金融机构不向某些社区发放贷款的武断决定，仅仅因为社区而不是被抵押的特定房产的整体特征。

② 这些评论是从住宅安全地图通常附有的问卷调查中取得的。其在国家档案局的HOLC城市调查档案中可以得到（档案组195）。这些引用来自于纽约、纽瓦克和圣路易斯的档案。几个大城市，例如华盛顿，档案中没有收入。居民少于2.5万的社区，除非是在郊区，显然没有得到评估。

③ 甚至变迁的可能性就足以降低一个等级。在纽约郊区芒特弗农，最好的邻里被描述为“保持良好的住房和明显自豪的房主”。但安全等级仅仅是“B”，因为存在“从布朗克斯流入不受欢迎的因素的可能性”。

迁观念,也基于社会经济学的变迁观念。采用动态的观点看待城市并假定变迁是不可避免的,其评估师接受这样的命题:任何地区都势不可免地走向衰退——部分因为物质结构日益老化和陈旧,部分因为住房转手给收入更低的家庭。因此,社区物质结构的恶化与其人口变化互为因果,而房主贷款公司的官员并不试图做出区分,因为它们是同一过程的重要组成部分。于是,黑人社区总是被划为第四等级,而那些被认定为维护糟糕或秩序恶化的社区也是同样等级。类似的,那些被标注为第三等级或黄色的"明显衰退的"社区,被评为较低等级的原因部分在于老化,部分在于它们的"房地产价格或租金很低会吸引不理想的人口"。[①]

房主贷款公司并不是在房地产评估中考虑种族和民族因素的始作俑者。在美国,偏见由来已久,买卖房屋的个人也不比其同胞好多少。房地产经纪人充分意识到伴随着黑人中产阶级家庭逃离隔都的尝试人们会表现出强烈的对抗,其行业的实际情况也印证了他们的看法。确实,种族和民族因素非常重要这一观念已经是老生常谈了,以至于理查德·赫德(Richard M. Hurd)在1920年代写道:一个社区的社会经济特征对住房价值的决定作用比起建筑特征要大得多。著名的评估文本,例如弗雷德里克·巴布科克(Frederick Babcock)的《房地产估价》(*The Valuation of Real Estate*)(1932)以及《麦克麦克尔评估手册》(*McMichael's Appraising Manual*)(1931),也持同样观点。这两本书都建议评估师

① 虽然历史学家面对包含在评估中的种族主义的表述可能会鄙弃,但评估师对每一个社区进行的数据收集和分析为居住变迁提供了一个无与伦比的信息源。

要特别注意"不理想"或"最不理想"的因素，并指出某一种族群体的涌入很可能会使这个地区的房地产价格陡然下降。[①]

这一观点在 1930 年代由芝加哥大学的霍默·霍伊特（Homer Hoyt）和罗伯特·帕克（Robert Park）加以系统化和合理化。霍伊特发展出一种社区变迁的模式，还特别指出价格下降有降低居民地位的作用，黑人迁入某个社区将会先抬高价格（第一个黑人家庭必须付出更高的价格来打破种族障碍），随后价格会急剧下降。1939 年他在一项很有影响力的研究《美国城市居住社区的结构和增长》（*The Structure and Growth of Residential Neighborhoods in American Cities*）中系统论述了他的理论。[②]

房主贷款公司在史无前例的规模上简单应用了这些有关种族 199
和民族因素对房地产评估影响的观点。在地方房地产经纪人和银行的帮助下，它在每个城市对每个街区按四个等级标准进行了划分。评估结果随即转换为相应的颜色并及时记录在地方 HOLC 办公室机密的"住宅安全地图"上。这些地图被放置在精心编纂的"城市调查档案"中，包括有关现在和将来房地产价格的报告、调查问卷以及工作报告。

因为住房贷款公司和联邦住房局在县域范围以外没有任何常

① 这段信息引自加尔文·布拉德福德（Calvin Bradford）：《资助房主：联邦在社区衰退中的作用》（"Financing Home Ownership: The Federal Role in Neighborhood Decline"），《城市事务季刊》（*Urban Affairs Quarterly*）1979 年 3 月第 14 期，第 319—325 页。

② 霍伊特是房地产方面的教授，帕克是社会学教授。他们认为不同群体的人通过竞争过程"渗透"或"侵入"他人居住的地区。

态的报告数据，所以圣路易斯地区被选作案例分析区。在那里，城市和县于1876年在法律上分离开来（第九章），所以政府别无选择，只能对城市和郊区进行报告。另外，一个更老的工业城市——纽瓦克因为一份联邦住房局独一无二的研究报告也被选作案例区。

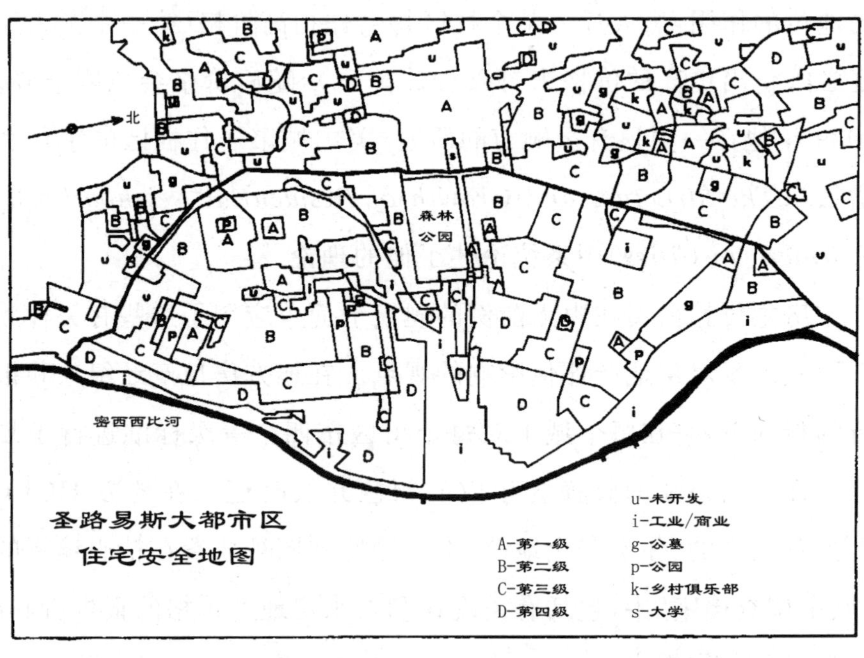

图11-1　1937年圣路易斯大都市区住宅安全地图

资料来源：华盛顿特区国家档案局档案组31。

如图11—1所示，圣路易斯大都市区1937年的住宅安全地图，将最高的等级给予更新的、富裕的郊区，它们通过弯曲的街道
200 连成一串，远离城市的各种问题。三年后，即1940年，外围地区胜过市中心的优势甚至更明显。在两次评估中，拉迪地区都是最高

的等级,这是一个大部分处于未开发状态且地形起伏的高地,有着浓密的林地,几十座住宅的价格在 2 万—5 万美元。40 英里长的骑马专用道上马儿穿过树林和林间空地缓缓而行。1940 年,房主贷款公司的评估师赞许地指出,这一地区 4 535 英亩的土地,溪流纵横,有"严格的限制",由"资本家和其他富裕家庭"居住。据说这里没有"一个外国人或黑人",拉迪地区得到最高级(绿色)的评价。1985 年,这里仍然是私密的、传统保守的,是圣路易斯地区富裕的、有权势的和社会精英居住的地方。[①]

圣路易斯其他富裕的郊区,例如克莱顿、大学城和韦伯斯特格罗夫斯在 1937 年和 1940 年的地图上也被标记为绿色和蓝色,意味着它们精心维护的小区住房富有吸引力,并且评估师对这里的住房抵押贷款的安全性抱有信心,它们可能也确实如此。在大学城,1930 年近 40%的住宅已被估价为超过 1.5 万美元,而在克莱顿相应的数据是令人吃惊的 72%(附录 A—Ⅱ)。这样的数据显而易见反映了一个事实:几十年来圣路易斯的富有家庭已经抛弃了俯视密西西比河的小山和峭壁以及中央西区一度时髦的大厦,迁往有着雅致乡村风格的住宅郊区。

相反,圣路易斯县很少有第四等级的地区。其中,只有少数几个这样的社区由白人劳工居住,例如,柯克伍德的"里奇维尤"小

① 虽然其他学者已经注意到联邦住房政策的歧视性后果,但这项调查研究是第一次系统地利用住宅安全地图及其附带的详细报告。"严格限制"通常是一种简略的表达方式,意指犹太居民被排斥。拉迪(Ladue)最近的一个评估《一个不同的乡镇》参见《圣路易斯邮讯报》(*St. Louis Post Dispatch*)1982 年 1 月 18 日。

区,那里车库式的小屋价格一般低于 1 500 美元,圣路易斯县的"D"级地区大多是黑人社区。1937 年的林肯特雷斯属于这样的小区,它是一小块孤立的聚居区,建于 1927 年的平房有着四至五间。修建这一小区最初的目标针对的是中产阶级白人家庭,但是并不成功,这个地方迅速成为一个黑人社区。然而,即使住房相对新,质量也够好,但住房贷款公司却给予这一社区最低的等级评价(1937 年是 D－12,1940 年是 D－8),因为这些住房"主导的肤色因素已经经历了巨大的衰退,其住房价值已低得不值一提"。[①]

与圣路易斯县舒展起伏的地形和稀疏的居住区形成鲜明对比的是地,圣路易斯市相应有着更多第三或第四等级的社区,其租户
201 数往往是自有房主数量的两倍多。如图 11—1 所示,事实上所有沿着密西西比河或毗邻中心商务区的住宅区基本上是最低的两个等级之一。这一严苛的评价部分地反映了这两个区严重恶化的建筑和居住环境。就在几年前,圣路易斯的城市规划委员会对商业区周围 44 个社区进行了一项调查,在 8 447 个居住单元中只有大约 40%有室内卫生间,肺结核的发病率是该市平均水平的三倍。正如 1936 年圣路易斯区域规划报告所悲观总结的那样:

> 较老居住区的价值和特质正在持续下降和恶化,成为这一地区最严重的问题之一。它们从来不能被改造为商业或工

---

① 林肯特雷斯沿着林肯和斯托卡德街道而建,正好处于布伦特伍德的东边和里士满海茨的南边。

业用途。即使房主想修建新的住宅，因为社区现有的糟糕状况，也是不明智的做法。①

虽然住房贷款公司的评估师因为贫民窟实际状态给这些社区较低的评价，但是他们对城市生活的负面态度通常也会影响他们的判断。对一个靠近圣路易斯市场公园小区的白人工人阶级社区的评估就很典型。它是这样被描述的："每个住房的地块都很小，靠近人行道，整体上感觉很拥挤。"尽管一个喜爱城市的人可能觉得这种密集的小房屋和浓荫的树木相当迷人，可是住房贷款公司却不这么想："房产老化，风格混杂，靠近东北部的工业区，其南部地区是更令人沮丧的地方。只能是第四等级。"②

在每个城市中都有这样的例子，对于住房贷款公司，任何非洲裔美国人存在的迹象都值得慎重考虑。在一份机密的、整体上持悲观态度的1941年圣路易斯大都市区经济和房地产前景的调查报告中，联邦住房贷款银行局（住房贷款公司的上级机构）一再谈及"黑人人口的迅速增加"以及随之而来的"维护房地产价格的问题"。官员对黑人家庭的流动格外关注，并对黑人居住区密度图进行详细分析。毫不奇怪，即使那些有着少量黑人居民的社区也通

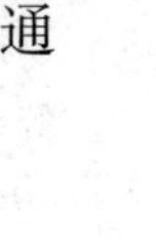

① 国家资源委员会（National Resource Committee）：《区域规划第二部分——圣路易斯地区》（*Regional Planning, Part II -St. Louis Region*），华盛顿，1936年，第53页。

② 有人认为简·雅各布斯与她对多样性和混合利用的热爱，正如某个人能在这些老邻里中发现很多值得羡慕之处。简·雅各布斯（Jane Jacobs）：《美国大城市的死与生》（*The Death and Life of Great American Cities*），纽约，1961年，散见于全书各处。

常被评为第四等级或“危险的”。[①]

类似圣路易斯，新泽西州的纽瓦克长期以来就有城市危机最严重的一些典型特征。在这个困境重重的城市，联邦评估师在1930年代的评估记录过程中注意到它的高税率，沉重的救济负担，人均公共债务过高，以及“收入较高的人口迁居到城市以外的强烈倾向持续多年”。1939年，纽瓦克地区住宅安全地图显示，这
202 个人口超过40万的城市，居然没有标注一个“A”等级的社区。威区希克和克林顿希尔等“高级犹太人”社区，以及韦尔斯伯格和福里斯特希尔等非犹太人社区，都被评为第二等级，或称“B”级。普通的纽瓦克社区等级甚至更低。罗斯威尔、伍德赛德和东韦尔斯伯格等维护良好而富有吸引力的工人阶级社区，被划为第三等级或“C”级；城市的其余部分，包括移民社区艾恩邦德和每一个黑人社区，都被标注为第四等级或“危险”区。[②]

紧邻纽瓦克的是新泽西州的哈得孙县，是全美国六个居住密度最高、种族多元的居住区之一。容易想见的是，住房贷款公司的

① 圣路易斯社区中那几个被评为第一级或者第二级的城市一般坐落在靠近有吸引力的公共空地，如森林公园、弗朗西斯公园或卡龙德莱特公园。到1940年，HOLC对城市的评价已经显著地变得更加负面，几乎所有的第一级和第二级的地区被降低了等级。参见《圣路易斯大都市区：经济、房地产和抵押贷款融资调查概述》(*Metropolitan St. Louis: Summary of an Economic, Real Estate, and Mortgage Finance Survey*)，华盛顿，1942年，特别是第4页、11页、12页。

② 这个例子如其他的案例，联邦评估师是有洞察力的观察者。例如，保罗·斯特尔霍恩(Paul Stellhorn)最近证明大批纽瓦克商业精英在第一次世界大战之前就搬到郊区。保罗·斯特尔霍恩(Paul Stellhorn)：《萧条和衰退：新泽西州纽瓦克(1929—1941)》(Depression and Decline: Newark, N. J., 1929-1941)，罗格斯大学博士学位论文，1983年。对纽瓦克这一阶段的一个很好的描述是菲利浦·罗斯(Philip Roth)的小说《再见，哥伦布》(*Goodbye Columbus*)。

评估师们在1940年认定这个县是一个注定要破败的社区。包括贝永、霍博肯、锡考克斯、卡尼、尤宁城、威霍肯、哈里森和泽西城这些社区全部在内,他们只选定其中两个非常小的社区为第二等级,第一等级的一个都没有。①

表11—1 按社区分类1935—1936年HOLC贷款在新泽西州埃塞克斯县(纽瓦克)和田纳西州谢尔比县(孟菲斯)的分布

分类	埃塞克斯县		谢尔比县	
	数量	比例	数量	比例
A——最佳	685	10.2%	129	4.7%
B——尚可	1 975	29.3	752	27.6
C——明显衰退	2 156	32.0	1 003	36.8
D——危险	1 917	28.5	843	30.9

资料来源:根据国家档案馆195号档案组的HOLC和FHA报告汇编。

房主贷款公司坚持认为"这并不意味着正常的抵押贷款在第三和第四等级不存在或不能得到"。正如表11—1所示,强有力的证据表明,住房贷款公司实际上的确公平发放了贷款援助,而其援助的大部分给予了"明显衰退的"和"危险的"社区。这看来慷慨大方的行为实际上是个好生意,因为与更富裕的同胞相比,更贫穷社区的居民通常保持着更良好的还款记录。正如联邦住房贷款银行局所解释的:"在1939年,每千所非农住宅中取消抵押品赎回权的比例在圣路易斯县比圣路易斯市要高,两者之比大约为2.5∶1。

① 具有讽刺意味的是,1930年代很多被联邦评估师标注为没有希望的邻里社区在半个世纪之后变得很时髦,成为贵族们的理想之地。

203 这一情况的部分解释或原因基于这样的事实：圣路易斯县的房产中有很大比例是高价格住房。”[①]房主贷款公司带来的危害并不在于它本身的行动，而在于它的评估系统对其他机构金融决策的影响。在1930年代晚期，联邦住房贷款银行局向银行发放调查问卷，询问它们的抵押贷款业务。由新泽西州纽瓦克埃塞克斯县储蓄和贷款协会以及银行的反馈来看，在官方机构和私人企业的“红线”措施之间有着明显的联系。一个明确提出的问题是：“哪儿是最值得贷款的地区？”回答通常是“A和B”，或“蓝色地区”，或“仅适用于FHA认定的区域”。同样地，对于“哪里是不宜发放贷款的地区？”答案包括“红色和大部分黄色地区”，“C和D”，“纽瓦克”，“不应给红色地区”，以及“D级地区”。很明显，私人银行机构私下里了解并受到政府住宅安全地图的影响。联邦住房贷款银行局这种带有歧视的做法至少持续到1970年，其审查官员惯常把那些有种族变迁征兆和出现价格下降的地区的邮政编号用“红线”标记。[②]

更为重要的是，住房贷款公司的评估方法，以及其地图本身，可能都被联邦住房管理局采用了。

---

① 《圣路易斯大都市区：经济、房地产和抵押贷款融资调查概述》(*Metropolitan St. Louis: Summary of an Economic, Real Estate, and Mortgage Finance Survey*)，第16页。

② 有关HOLC和FHA之间以及政府评估师和私人房地产经纪人之间观念和信息自由交换的证据是有说服力的。正如之前所提到的，银行家和房地产经纪人首先有助于起草住宅安全地图。

联邦住房管理局

在过去半个世纪中，美国政府中没有哪个机构比联邦住房管理局对美国人民的影响更为普遍、深入和有力。联邦住房管理局源自1934年6月27日通过的《国家住房法》(National Housing Act)由温菲尔德·里夫勒(Winfield Riefler)、迈尔斯·科林(Miles Lanier Colean)、弗朗西斯·珀金斯(Frances Perkins)、马里纳·埃克尔斯(Marrier Eccles)、埃夫里尔·哈里曼(Averell Harriman)和亨利·华莱士(Henry Wallace)起草，以实现罗斯福总统的初衷，即：出台至少一个新举措，无需政府投入，而是依赖私人企业，刺激建筑业，其目的在于“鼓励住房标准和条件的改善，在合理的期限内促进可靠的住房融资，并对抵押贷款市场施加稳定的影响”。然而，在当时的情况下，这一立法的主要目的是减轻建筑业的失业问题，因为在1934年美国失业工人达到了全部劳动力的约四分之一，其中在建筑行业中这一比例特别高。正如1934年5月18日联邦紧急救济署在住房银行和货币委员会前作证时所说的：

> 美国的建筑业毫无疑问是失业人数最多的一个行业。全 204
> 国失业者中可能超过三分之一都直接或间接与建筑业相关……
>
> 现在，此法案的一个目的，一个根本目的，是努力促使人

们能够重新工作。[①]

联邦住房管理局的努力稍后由1944年的《复员军人安置法》(Servicemen's Readjustment Act)(更为人熟悉的名称是GI法案)接替，该法案创建了退役军人管理局(简称VA)项目，以在打败德国和日本之后帮助1 600万参战的士兵和水兵购置房屋。由于退役军人管理局在很大程度上沿袭了联邦住房管理局的程序和准则，而且它自身也不是"住房政策的前线阵地"，所以这两个项目可以被看作是一回事。

在1934—1968年，在较小的程度上一直到现在，联邦住房管理局和退役军人管理局(自1944年)成就斐然。它们基本上确保了私人贷款人为住房建设和销售提供长期抵押贷款。为了这个目的，它们征收保险费，建立坏账储备金，一旦出现贷款不能偿还的情况，就需向贷款人赔偿。它们不修建住房或出借资金，相反，它们运用这些手段确保预防损失来促使有资金的贷款人发放住房贷款，合同背后是美国财政部的全力支持。并且，他们通过以下方法革新了住房金融业：

在联邦住房管理局开始运作之前，第一笔贷款限制在房地产评估价值的一半或三分之二。例如，在1920年代，储蓄和贷款协会握有美国有待偿还的贷款债务的一半。这些贷款平均为房地产评估价值的58%。因此，未来的房主需要支付至少30%的首付来完成交易。相反，在一份FHA担保的贷款中，贷款人能够贷出的

① 罗斯福总统以类似的方式表达了他的要求。他在1934年5月14日要求立法，"首先，让很多失业者重新回到有用和有利的职业中；第二，以一种能带来社会和经济大量需求的方式来生产有形的实用财富"。

担保贷款比例约 93%。这样，预付定金无需超过 10%。[1]

沿着房主贷款公司所开辟的道路，联邦住房管理局将其担保的抵押贷款的还款期限延长到 20 年或 30 年，并坚持所有的贷款完全是分期付款。其主旨是降低平均月供和全国的抵押贷款被取消赎回权的比例。后者从 1932 年的 25 万套非农住房下降到 1951 年 1.8 万套。

联邦住房管理局建立了住房建筑的最低标准，这差不多成为整个行业的标准。这些标准并没打算使任何独特的结构都无瑕疵，甚至也不能保证房主对购买的住房满意。但是，它们被设 205
计用来保证至少在统计数字上的精确性，这样住房将会避免总体结构或技术上的缺陷。尽管在考虑住房质量时与其债务联系起来的做法并没有什么创新，但这一体系还是有两个新特点：第一，标准应该是客观的、统一的和成文的；第二，这些标准应该在现场实地督查实施，实施的时间是在现有住房完成贷款担保之前，也在修建新住房过程的各固定阶段。自从二战以来，最大的

① 加尔文·布拉德福德（Calvin Bradford）：《资助房主：联邦在社区衰退中的作用》（“Financing Home Ownership: The Federal Role in Neighborhood Decline”），《城市事务季刊》（*Urban Affairs Quarterly*）1979 年 3 月第 14 期，第 332 页；亨利·亚伦（Henry Aaron）：《遮风挡雨的住所和补助金：谁从联邦住房政策中获利》（*Shelter and Subsidies: Who Benefits from Federal Housing Policies*），第 76 页；以及马里恩·克劳森（Marion Clawson）：《美国郊区土地转化：一项经济和政治进程》（*Suburban Land Conversion in the United States: An Economic and Governmental Process*），第 80—91 页。对 FHA、VA 经济方面的作用和后来的公共住房项目，参见劳伦斯·布隆伯格（Lawrence N. Bloomberg）：《住房问题：政府住房项目的长期影响》（“The Housing Problem: Long-Run Effects of Government Housing Programs”），《美国经济评论》（*American Economic Review*）1951 年 5 月第 41 期，第 589—590 页。

私人承包商在修建新住房时都符合 FHA 的标准，即使资金来源中没有 FHA 的资助也是如此。这是因为不符合 FHA 标准的住房，许多潜在的购房者将不会考虑。①

在 1920 年代，第一次贷款的利率平均在 6%—8%。如果需要第二次贷款，购房者就需要向贷款方支付一笔折扣费，支付更高的贷款利率，可能还要给中间人一笔佣金。二次贷款对于中等收入的家庭来说是很普遍的。两次的加在一起，等于在购买价格上增加 15%。相比之下，在 FHA（以及稍后的 VA）项目中，如果贷款出现坏账，贷方的银行几乎没有什么风险。导致的结果就是，利率下降二至三个百分点，这反映了政府担保的作用。②

这四个变化确实增加了期望购买住房的美国家庭的数量。建筑商放心大胆地开始建造住房，启动了住房建设市场，1936 年起销售量开始猛增。1937 年增加到 33.2 万，1938 年 39.9 万，1939 年 45.8 万，1940 年 53 万，1941 年 61.9 万。相比始于 1933 年的 9.3 万，这是惊人的飞跃。二战之后，这一数字变得更加巨大，到 1972 年底，联邦住房管理局已经帮助近 1 100 万家庭拥有了住房，另外 2 200 万家庭改善了住房。它还给 180 万家庭提供了多单元住宅中住房的担保。在 1934—1972 年，美国家庭居住在自有住宅

---

① 《1964 年的住房法案》（第 121 节）授权 FHA 向其担保的住房房主支付由于修正建筑结构中存在的“重要缺陷”所产生的费用。玛丽昂·克劳森（Marion Clawson）：《美国郊区土地的转化：经济的和政府的作用》（*Suburban Land Conversion in the United States: An Economic and Governmental Process*），第 41 页。

② 虽然 FHA 授权的背后有美国政府的完全保证和信用，但房主交纳的特别保险费（一般 0.5%左右）总是超过 FHA 的开支。结果，FHA 仅在 1951 年到 1971 年就赚了超过 415 美元的利润。

中的比例从44%上升到63%。[①]

原因很简单,买房一般比租房还便宜。例如,1939年,FHA资助的开发项目埃奇莫尔特雷斯(Edgemoor Terrace),在特拉华州威尔明顿正北修建了400套六居室住房。利用二战后莱维特公司推广的住房基座规划技术,即标准化户型和地块面积、程式化的建筑方式以及家居模式,威尔明顿建筑公司能够以5 150美元的价格提供住房。在联邦住房管理局的贷款担保下,意味着购房者只需要550美元的首付和25年分期付款,每月还付区区29.61美元给银行就可以了。宣传埃奇莫尔台地小区的广告强 206
调,在这里购买一所全新的郊区住房比在城市租住同样结构的住房还要便宜。[②]

美国的许多住房开发项目都能在价格上与埃奇莫尔台地小区相同,对于住房拥有率新的经济刺激本质上在各地都是相同的。长岛建筑商马丁·温特回忆到,在1950年代早期,居住在长岛昆斯区克佑花园的家庭如果租住一套小两室公寓每月需支付租金约90美元。为了少花钱,他们能够且经常这样做,即搬到如雨后春笋般涌现的新的莱维敦式开发小区,这些小区位于曼哈顿高速公路两侧。甚至劳工阶层也能够向往拥有郊区的住房。正如离开纽

① 正如之前的注释,1972年在所有的工业国家中,仅仅冰岛、澳大利亚和新西兰的住房所有率超过了美国。吉米·凯梅尼(Jim Kemeny):《土地的使用和占有形式与社会结构》("Forms of Tenure and Social Structure"),《大不列颠社会学杂志》(*British Journal of Sociology*)1978年3月第29期,第43页。

② 卡罗尔·霍菲克(Carol E. Hoffecker):《企业资本:20世纪的威尔明顿》(*Corporate Capital: Wilmington in the Twentieth Century*),费城,1983年,散见于全书各处。

约市迁到新泽西州杜蒙特郊区的人回忆说:“我们曾经每月付 50 美元租金,但搬到这里后,一个月只需 29 美元,包括所有的花销:税、本金、贷款保险和利息。”毫不奇怪,拥有新住房、长期且固定的利率、FHA 担保的抵押贷款的中产阶级郊区家庭已经成为美国生活方式的一种象征,或可能是一种模式。①

不幸的是,这一成就的悖论是:联邦住房管理局的项目加速了内城社区的衰退,因为很多中产阶级居民流失了。实际上,FHA 的担保大部分流向大都市区边缘地带的新住宅项目,而忽视了城市核心地区。有三个原因导致这种情况发生。第一,尽管这一立法在字面上没有一处反映反城市的偏见,但它偏爱独门独户的住宅修建,通过某些苛刻的条款限制了建造多单元住房。从历史上看,单门独户的住宅项目一直是 FHA 担保贷款活动的中心。在 1941—1950 年,FHA 担保的单门独户项目比多单元住房要多得多,其比例达到近 4∶1。在随后的 10 年内,该差额达到7∶1。即使在 FHA 担保了在其历史上最大数量的多单元住房的 1971 年,单门独户住宅仍然在数量上多出 27%。②

第二,为维修现有住房提供的贷款很少,而且期限短,这意味

① 马丁·温特(Martin Winter)的个人访谈,1977 年 4 月 19 日,纽约市。

② 这种概括有重要的例外。1940 年代后期臭名昭著的 608 计划,马丁·温特称为“空前的、最大的欺骗”,为多数家庭住宅的修建提供的激励比 FHA 和 VA 向单门独户住宅提供的还要优惠。政府会贷给建筑商超过建筑成本达 30%的资金,这意味着他们可以“抵押出去”,或者进行更大规模的开发而不必拿自己的钱冒风险。1956 年参议院的一项研究发现,在 80%的研究事例中,建筑商轻松拿走至少 25%的利润。这个方法在查尔斯·艾布拉姆斯(Charles Abrams)的《城市是边疆》(第 87—92 页)中有详细说明。《1938 年全国住房法修正案》实际上第一次为租房提供抵押贷款担保,但有关研究不多。

着一个家庭能够更容易购买一套新住房，而不是修缮或提升现有住房。这一立法要求联邦住房管理局对房屋租赁实施比房屋销售更严格的控制，这一事实反映了反对非业主使用住房的偏袒倾向。1934 年立法的一部分是对公共机构或有限股息公司受监管项目中的出租房屋提供贷款担保的一种初步授权。直到 1938 年，这种担保几乎没有实施，就算在此之后，1934—1962 年，对出租房屋的年度担保额超过 10 亿美元的仅有一次。①

第三，也是最重要的，对郊区和中产阶级的种种优惠都与“无 207
偏见的专业评估”有关，这是任何担保贷款的一个先决条件。对此做出要求是因为最大贷款金额与“评估价值”有关，这一强制性的评估包括对房产本身的评估、对抵押人或借款人的评估，以及对社区等级的评估，目的是确保在抵押贷款期限内的任一时间内住宅

① 《1934 年全国住房法》的第一款是“住房革新和现代化”。它保证金融机构免于为房地产的改建、修缮和改进提供贷款的损失。1954 年，时任美国住宅和家庭资金管理局（FHA 是其中的一部分）局长阿尔伯特·科尔（Albert M. Cole），承认它没有实效，当时他谈到第一款“是对需要资金以改进住房的中等收入家庭的有限资助”。银行和货币委员会（Committee on Banking and Currency）：《1954 年住房法案听证会》（*Housing Act of 1954*，*Hearings*），第二卷，华盛顿，1954 年，第 52 页。参见政府住房政策和项目总统顾问委员会（President's Advisory Committee on Government Housing Policies and Programs）：《对政府住房政策和计划的建议》（*Recommendations on Government Housing Policies and Programs*），华盛顿，1953 年，第 73 页；联邦住房管理局（Federal Housing Administration）：《FHA 关于改建—维修—补偿》（*Remodel-Repair-Repay with FHA*），华盛顿，1955 年，第 1—6 页；以及马克·盖尔芬德（Mark I. Gelfand）：《城市、郊区和政府政策》（“Cities, Suburbs and Government Policy”），载入罗伯特·布雷姆纳（Robert H. Bremner）、加里·赖卡德（Gary W. Reichard）编：《重塑美国：社会和制度（1945—1960）》（*Reshaping America: Society and Institutions, 1945 - 1960*），哥伦布，1982 年。

的市场价值都将超过其未偿还的债务。[①] 对房产的评估越低，政府承担的风险就越小，对潜在的购买者（和销售者）的助益就越少。社区评估的目的是“在一项贷款担保业务中判断由于特定地点的房产区位引起的贷款风险的程度”。不像运用类似程序的房主贷款公司，联邦住房管理局允许个人和机构对郊区全白人住宅区的偏爱存在，这影响了它担保的各类贷款——或者，同样重要的是，它拒绝提供担保。通过这种方法，联邦住房管理局影响了住房的特征，至少相当于1934年授权法案的影响。[②]

联邦住房管理局指导它的保险商如何衡量住宅区的质量，简单明了，具体包括八项标准（括号里的数字是每一项的权重）：

经济上相对稳定（40%）
免于不利影响的能力（20%）
免于特定危险的侵袭（5%）
足够的市政、社会和商业中心（5%）
足够的交通设施（10%）
充分的公用事业设施和便利设施（5%）

① 因为FHA的评估价格经常成为出售价格，评估价格对卖家有很大的利害关系。在1970年代，当评估师高估翻新住房的价格然后保证低首付的担保贷款时，丑闻经常发生。当粗制滥造的翻修露了馅，住房开始摇摇欲坠的时候，只有FHA来背黑锅了。《纽约时报》(*New York Times*)1972年3月20日，1972年6月28日和1977年1月3日。

② 《FHA保险手册》(*FHA Underwriting Manual*)，华盛顿，1974年，1301节。在1934—1938年间，FHA保险手册只有打印稿。第一个版本出现于1938年，1947年出第二版。

税收和特殊评估的水平（5%）

吸引力（10%）

尽管联邦住房管理局的指示强调，涉及这八项标准中的任何一项风险程度高的项目都不应给予担保，但是“经济稳定性”和“对不利影响的抵制能力”这两项的比重比其余六项加起来还要多。这两项从对异质环境心存偏见的角度被进行了解读。1939 年《保险业指南》提示“拥挤的社区降低了吸引力”，而且“社区中的老房子具有加速向更低阶层居住区转变的倾向”。烟雾和气味被认为是“不利影响”，评估师被告知要仔细寻找任何“小区周边地区较差的和不妥的特征”。这一机构认可限制性的区域规划，并坚持任何 208
其担保的单门独户住宅不能允许被用作商店、办公室或出租屋。[①]

很明显，预期的购买者可以通过落脚郊区来回避许多所谓的不理想特征。1939 年，联邦住房管理局要求其 50 个地区办公室每个都提交六座“典型美国住宅”的规划。这些照片和尺寸那时用于一个国家档案馆的展览。事实上，所有的参展作品都是在宽敞的地块上的有走廊的平房或殖民地风格的住房，它们都带有车道和车库。

在试图把这种理想房屋标准化的尝试过程中，联邦住房管理局确立了对地块面积、临街距离、与相邻建筑的间隔，以及房屋本身的宽度的最低要求。虽然这些要求确实为新建筑提供了采光和

① 这些评论来自 1938 年的保险手册从 1303 节到 1316 节。到 1958 年时，前两类变为“物质和社会的吸引力”和“抵制不协调的土地利用”。

空气，但它们有效地将所有住房类型排除在担保贷款资格之外，比如巴尔的摩传统的16英尺宽的联排住宅就是如此。甚至连公寓住房的房主也被鼓励迁往郊区："在最好的条件下，FHA项目资助的出租房工程是位于一个相当于私人所有和私人管理的公园地区。"①

联邦住房管理局过于关注"不合谐的种族或民族集团"，反映出美国种族主义的传统。它害怕如果不能保证严格维持白人-黑人隔离局面，整个地区会失去投资价值。《保险业指南》直言不讳地警告，"如果一个社区想要维持稳定，其房地产继续由同样的社会阶级和种族居住是必须的"。它还公开建议"分销地块规则和合适的限制性契约应优先于任何抵押贷款"。② 契约作为房地产合同中的合法条款，是一种防范黑人迁入的常用手段，直到1948年美国最高法院做出裁决（谢利诉克雷默案），认为它们"作为法律是不能执行的，并且违背国家政策"才废止。即使这样，直到1949年联邦住房管理局宣布从1950年2月15日起，它将不对有这种契约的房地产贷款提供担保。尽管新闻界视联邦住房管理局的宣告为种族平等领域的一项主要进步，前住房管理局官员内森·斯特劳斯（Nathan Straus）认为，"新政策事实上仅仅是提醒了还没有

① 联邦住房管理局（Federal Housing Administration）：《作为投资的出租房》（*Rental Housing as Investment*），华盛顿，1938年，第30页。

② 在1934—1950年，FHA并不关心住房的均等机会，种族仅仅被考虑为在多大程度上会改变邻里的人口构成导致土地价值的下降。1938年和1947年FHA的保险手册都没有明确支持"种族"协议，但是在其他指示和评论的文本中，几乎不用怀疑，FHA的评估师认为种族协议是适当的。这种协议，是契约本身的一部分，要求所有非洲裔血统的人除了家仆或劳工的身份以外都不许居住在此。

写入契约的投机营造商有权去这样做，它还给他们提供了这样做的一个方便的延期”。[①]

除了推荐契约范本，联邦住房管理局还编辑了详细的报告和
地图来标出现在和未来最有可能有黑人家庭迁入的区位。例如，209
在一份1939年3月的布鲁克林地图中，如果一户非白人家庭在任何一个街区出现，就足以把整个街区标示为黑人街区。同样地，非常详尽的哥伦比亚特区地图描绘了黑人人口的蔓延和非白人人口居住的住房的百分比。[②] 迟至1948年11月19日，联邦住房管理局局长助理洛克伍德（W. J. Lockwood）写道：“联邦住房管理局从来没有担保过混合居住的住宅项目”，因为他们预料到“这样的项目将很可能在短期内变成全黑人或全白人居住区”。[③]

有时候，联邦住房管理局的决定显得特别古怪且反复无常。例如，在1930年代晚期，当底特律向外扩展时，白人家庭开始居住到八英里路旁一块黑人飞地的附近。到1940年这些黑人被包围在白人区之中，但是黑人也好，白人也好，都不能获得FHA的保险，因为这属于一种“不和谐”的种族群体状态。因此，1941年，一位有魄力的白人开发商在白人区和黑人区之间修建了一堵混凝土

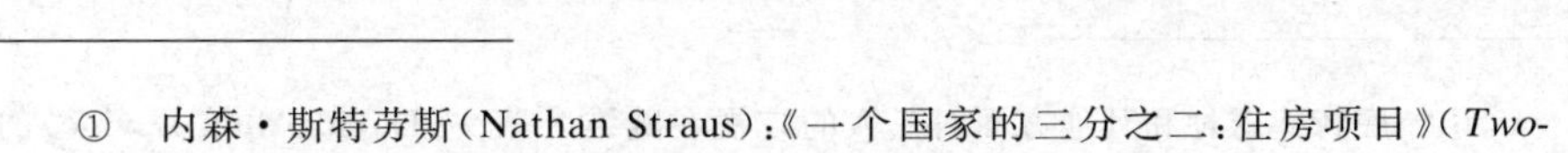

① 内森·斯特劳斯（Nathan Straus）：《一个国家的三分之二：住房项目》（*Two-Thirds of a Nation*：*A Housing Program*），纽约，1952年，第222页。

② 这些地图中的一部分被保存于国家档案局地图部。然而，大多数记录好像已经佚失，而且1970年代晚期的FHA高级官员对我一致否认红线地图的存在，也否认1970年前除了县之外的用来对FHA的贷款保险做空间分析的任何信息的存在。FHA确实设置了一个统计部门来进行对美国住房模式的大量分析，这导致了1940年第一次住房方面的国家统计。

③ 引自内森·斯特劳斯（Nathan Straus）：《一个国家的三分之二：住房项目》（*Two-Thirds of a Nation*：*A Housing Program*），第221页。

墙。联邦住房管理局的评估师立即对白人区进行新的评估,并同意给白人房产提供贷款。[①]

这一机构歧视黑人和其他少数民族的程度难以精确确定。[②]尽管联邦住房管理局一直在收集大量的有关其担保的单门独户住宅的价格、房屋面积、地块面积、浴室数目、屋顶类型和结构特征的数据,但它对于这些贷款的分布位置一直相当保密。例如,在1942—1968年,期联邦住房管理局对美国的郊区化有巨大的影响,最详细的FHA数据在县以下的地区无法收集。[③]

已有的数据表明,在判定"哪里对于担保贷款将是明智安全的"这一问题时,对该社区的如何评估十分重要。的确,初级评估师被明确要求参考住宅安全地图——这些地图名称相同,至于是HOLC的还是FHA的则不能确定——以"将许多位于不适于给予分期抵押贷款地区的申请筛选出来加以拒绝"。结果造成对郊区的偏爱程度甚至比文献分析所能体现的还要大。对1935—1939年整个圣路易斯大都市区由FHA担保的241所新住房的样本分析中,整整220所或91%的住房位于郊区。而且,这些住房购买者中超过一半的人(241人中的135人)在购买新住房之前一

① 底特律这种和其他方面对黑人的歧视在戴维·莱文(David Allan Levine)的著作中有论述,参见戴维·莱文(David Allan Levine)《内耗:1915—1926年底特律的种族》(*Internal Combustion: The Races in Detroit, 1915 - 1926*),康涅狄格州韦斯特波特,1976年,散见于全书各处。

② 实际上,我分析的不是种族歧视,而是城市和郊区资助方面的不均衡。

③ 单一家庭计算机数据库能提供以人口普查区为单位的贷款区位的信息,但是FHA目前在数据库中保留信息五年。琳达·罗伊斯特(Linda L. Royster):《与FHA不动产抵押贷款担保活动相关的HUD运营数据》(*HUD Operating Data Relating to FHA Mortgage Insurance Activities*),华盛顿,1975年。

直居住在城市。联邦住房管理局促进了圣路易斯中产阶级居民的流失可以由 HOLC 住宅安全地图的分析来说明。可以预料，新的 210
郊区居民并不是从城市贫民窟或农村地区被吸引来的，而是来自第二等级或“B”级地区——中心城市中产阶级社区中整体良好但房龄较老的居住区。

对圣路易斯县两个独立小区——诺曼底和阿夫顿——的详细分析也证实了上述观点。诺曼底位于城市边界外的西北方向，现在是一个包括 25 个小型社区的校区。1937 年时，这里的住房是新建的，有五至六个房间，价格在 4 000 美元至 7 500 美元之间。在 1937 年和 1938 年，这里的住房中有 127 套是用 FHA 担保的抵押贷款销售的。这些购买者中有 100 位（78%）是从城市搬出来的，大多数来自西弗洛里森特与伊斯特街之间稳定良好的街区。

阿夫顿位于圣路易斯市边缘地区，在其正对面，也就是西南方向，从来就不是富裕社区。尽管其在二战后因为被退伍老兵选中而作为中等收入居民的理想居住地繁荣起来，但在 1938 年和 1939 年这里仍是进行大量住宅建设的工地。这些年来，在阿夫顿购买了由 FHA 担保的住房的 62 户家庭中，有 55 户来自圣路易斯市。他们中的大多数只不过是从城市南部四车道的格拉沃伊斯公路地区迁至这个郊区的新开发小区。

自 1942 年以后的这个时间段，对 FHA 空间模式的详细分析是困难的。不过对联邦住房管理局的圣路易斯地区 25 年时间段的未公开统计数据的重构，可以揭示出更广泛的城市—郊区活动的模式。如表 11—2 所示，在联邦住房管理局运作的前 27 年（到 1960 年 12 月 31 日）里，城市界限以西修建了好几万套住房，圣路易斯县受益的抵押贷款保险是圣路易斯市的五倍多，无论是以贷款的总数目、总金额，还是以人均贷款金额来衡量，都是如此。

211 表11—2 1934—1960年美国十个县的FHA住房抵押贷款项目的总数目、总金额和人均金额

辖区	1934—1960年住房贷款的总数目	1934—1960年住房贷款的总金额(美元)	1961年1月住房贷款的人均金额(美元)[a]
密苏里州圣路易斯县	62 772	558 913 633	794
弗吉尼亚州费尔法克斯县	14 687	190 718 799	730
纽约州拿骚县	87 183	781 378 559	601
马里兰州蒙哥马利县	14 702	159 246 550	467
马里兰州乔治王子县	15 043	144 481 817	404
圣路易斯市	12 166	94 173 422	126
哥伦比亚特区	8 038	66 144 612	87
纽约州金斯县(布鲁克林区)	15 438	140 330 137	53
新泽西州哈得孙县	1 056	7 263 320	12
纽约州布朗克斯县	1 641	14 279 243	10

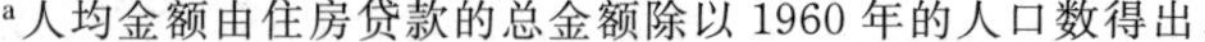

[a]人均金额由住房贷款的总金额除以1960年的人口数得出。

资料来源：这些计算结果基于联邦住房管理局管理信息系统部单一家庭保险处获得的未公开统计数据。

对这些数据中城市和县之间巨大反差的一个可能的解释是，城市没有多少发展的余地，或人们想要搬到郊区去，或边缘地区最方便修建新住房。但是在1930年代，更多的单门独户住房修建在城市而不是县。此外，超过一半的FHA保险单传统上给予了已建住房而不是新住房，并且在1960年之前城市中已建住房的总量比县要多得多。尽管老化的城市明显更为需要住房修缮贷款，但是1960年全年只有4 400万美元给予了城市，而约三倍于此的贷款，或1.12亿美元给予了县。在1960年代晚期和1970年代早

期，随着周期性城市骚乱的出现，联邦政府尝试引导资金转向中心城市，而此前的不平衡没有得到纠正。到 1976 的数据显示，总数超过 11.1 亿美元的资金给予了县，而只有 3.14 亿美元给予了城市。因此，郊区保持着它们的优势地位。①

尽管圣路易斯县在贷款保险的人均金额上比全国其他地区要多很多，但这个密西西比河畔的城市并不是偏爱郊区的孤例。在新泽西州的埃塞克斯县，纽瓦克市郊区在 FHA 项目上得到了压倒性的份额。而在邻近的哈得孙县，直到 1960 年居民仅仅获得 12 美元的人均贷款保险，居于仅次于布朗克斯县的倒数第二位（表 11—2）。②

新泽西州的数据反映出 FHA 贷款保险最偏爱的地区并不是最富裕的城镇。相反，最可能获得大量 FHA 项目的是那些在住宅安全地图上被评为第二等级或“B”类地区。在 1936 年，约 65% 位于利文斯顿郊区的新住宅接受了保险；对于考德威尔和欧文顿这两个稳定的中产阶级社区，这一比例分别为 59% 和 42%。然 212
而，在精英更多的社区，例如，南奥兰治、格伦里奇、米尔本和梅普

① 在全国范围内，从 1934 年到 1972 年，大约 40% 的 FHA 抵押贷款被分配给新住房，60% 给现有住房。《1968 年全国住房法》的第 223(e) 节（《住房和城市发展法案》的一部分）在立法上批准了 FHA 放宽标准以增加中心城市一些衰败街区的住房的贷款保险。

② 埃塞克斯县（纽瓦克）没有包括在表 XII—3 中，因为它既包括富裕的郊区，也包括纽瓦克，没有办法将两者的信息区分开。在圣路易斯的例子中，此表实际上低估了县的优势，因为人均数据基于 1960 年的人口，那时郊区正在迅速增长。在调查研究的这段时间内，县的人口通常比 1960 年少，而城市人口比 1960 年多。在哈得孙县，1960 年至 1976 年间 FHA 担保项目增加了 20 倍，然而即使以较晚的日期来看，县所得到的仍然远少于全国平均水平。

尔伍德，FHA资助的比例大约与其在纽瓦克市的相同，也就是少于25%。至于说原因，在于FHA贷款保险所允许的价格界限最初是2万美元，而且也因为能够居住在这种豪华社区的人不需要政府资金。[①]

即使在首都，联邦资助更愿意考虑的是外围地区而不是老社区。从1937年初开始，哥伦比亚特区的FHA项目高度集中在两
213 个外围地区：位于华盛顿西北部富裕白人区的美国士兵之家和沃尔特·里德医院之间的社区，以及也位于华盛顿西北部的罗克·克里克公园和康涅狄格大道之间的社区。很少的贷款担保发放到主要是黑人的市中心区和东南部地区。更重要的是，在华盛顿大都市区至少三分之二的FHA项目位于郊区——特别是弗吉尼亚州的阿灵顿和亚力山德里亚、马里兰州的银泉、塔科马帕克、切维蔡斯、尤尼弗西蒂·帕克、威斯特摩兰希尔斯和西黑文。联邦住房管理局1939年对首都的未来曾不无担忧地预测："在这种联系中应该注意到这一'渗透'过程以及黑人集中到特区的倾向，这些倾向合起来，逻辑上将出现最终特区由黑人居住，而位于马里兰州和弗吉尼亚州的郊区将由白人家庭居住的结局"，[②]这个预言不幸被言中了。至少其后20年间联邦住房管理局一直奉行一种隔离主义者的政策。到1960年底，如表11—2所示，郊区县得到的贷款

① 1934年立法创建了联邦住房管理局，担保了成本达到2万美元的住房贷款的80%。利文斯顿，位于埃塞克斯县西部边缘乡村地区，森林茂密、地形起伏、富有魅力，1938年那里是一片13平方英里没有工业或铁路线路的分布稀疏的居住区。欧文顿，毗邻纽瓦克，在1938年时约80%的面积已经开发。

② 联邦住房管理局(Federal Housing Administration)：《华盛顿特区住房市场分析》(*Washington, D.C. Housing Market Analysis*)，华盛顿，1939年，第49页。

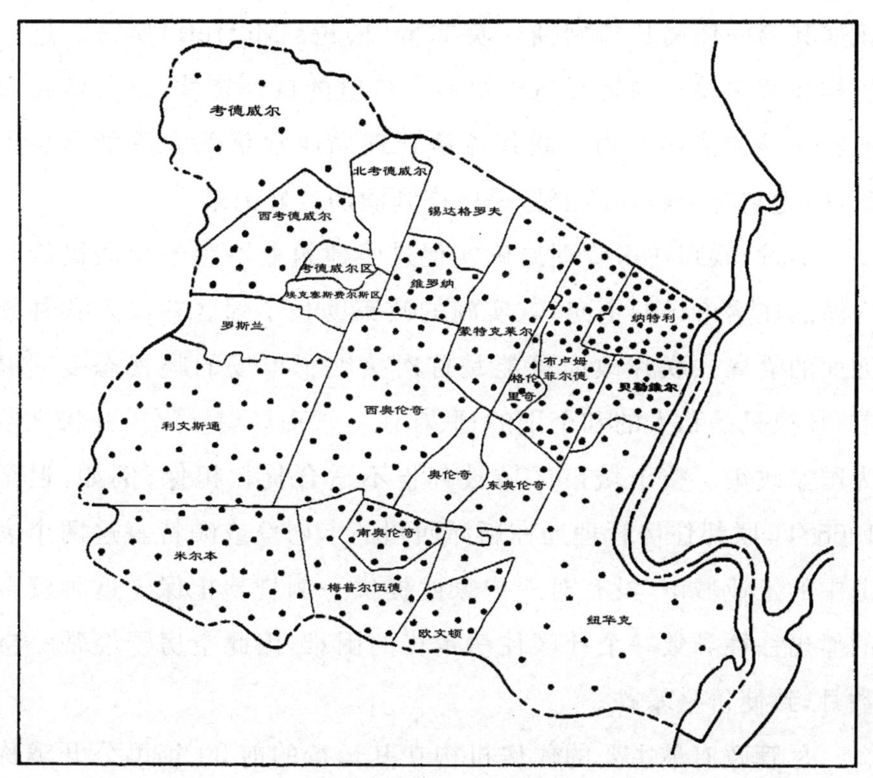

图 11—2 1936 年新泽西州埃塞克斯县联邦住房管理局接受担保的新住房贷款

资料来源:华盛顿特区国家档案局档案组 31。

注:每一个点代表一个接受担保的贷款。

保险是特区的七倍多。

在这一方面,联邦住房管理局通常的回应是,成立 FHA 的初衷并非帮助城市,而是复苏住房建设,鼓励拥有住房和减少失业。并且该机构致力于使国会和公众确信它是一个“保守的商业组织”,①

① 莫菲特是美孚石油公司的前副总裁。

正如其第一任局长詹姆斯·莫非特(James Moffett)所言。这一机构强调它关注的是不高于房地产价值的良好贷款,以及借款人能够承受的偿还能力。联邦住房管理局通常获得大量华盛顿项目,因为它有为联邦政府挣得些许利润的良好记录。[①]

不过,联邦住房管理局确实促进了建筑业不利于少数民族和内城的住房市场的走向,它实施的政策助长了郊区在收入和种族方面的隔离。联邦政府可能是首次接纳了市场的歧视态度。以前,歧视只是私人的和个别的;联邦住房管理局倡导隔离并将之奉为国家政策。整个城市区域被宣告不适合贷款担保;例如,迟至1966年,联邦住房管理局在新泽西州的卡姆登或帕特森这两个衰退中的工业城市,没有对一户家庭提供一例贷款担保。这种资金的撤出往往导致一个社区住房销售的困难,因此空房子经常一空数月,致使价格暴跌。[②]

214 尽管政府最主要的住房机构在其运行的前30年里公开辩称隔离是一个事实,但是几乎没有反对联邦住房管理局红线措施的声音。在1943—1945年,美国最大的城市规划公司哈兰·巴塞洛缪联营公司(Harland Bartholomew and Associates),为达拉斯准

① FHA不但受到欢迎,而且也没有消耗联邦预算,这有助于它与华盛顿其他机构相比具有显著的独立性。

② 乔纳森·兰(Jonathan Lang):《边缘城市中城市更新面临的问题:对新泽西州卡姆登再开发项目的研究》(Problems Facing Urban Renewal in the Fringe City: A Study of Redevelopment Programs in Camden, New Jersey),哥伦比亚大学会议论文,1972年;克里斯托弗·诺伍德(Christopher Norwood):《帕特森:一个美国城市的形成与消失》(*About Paterson: The Making and Unmaking of an American City*),纽约,1974年,第124页;以及内森·斯特劳斯(Nathan Straus):《一个国家的三分之二:住房项目》(*Two-Thirds of a Nation: A Housing Program*),第221页。

备了一份总体规划。该公司抨击联邦住房管理局在郊区修建了"几乎所有的住房"的做法,指出"这一政策极大地加速了城市分散化的进程"。1955年,哥伦比亚大学教授查尔斯·艾布拉姆斯(Charles Abrams)对联邦住房管理局的歧视做法提出了更强烈的指责。在其1955年的著作中,这位著名的城市规划师说道:

> 一个向建筑商和贷款人提供这样慷慨资助的政府,理应要求FHA遵从一项非歧视的政策。或者这一机构至少可以追究在地方自治大幕下隐藏或逃避的行为。相反,联邦住房管理局采取了一项很可能源自纽伦堡法(Nuremberg Laws,纳粹德国颁布的歧视犹太人的法律——译者注)的种族政策。创建伊始,联邦住房管理局就以所有白人社区的保护者自居,它将其代理人派遣到各地以阻止黑人和其他少数民族在白人社区购买住房。①

直到1960年代民权运动时,社区组织才确实意识到红线和投资缩减是社区衰败的一个主要原因,而且住房改善贷款是"住房的活力源泉"。1967年,马丁·诺兰(Martin Nolan)总结了对联邦住房管理局的质疑,认定"对贫困人口的不公平以及对中等收入房主的偏爱是如此令人惊骇,以至于所有对贫民窟病理学的研究都

① 梅尔·斯科特(Mel Scott):《自1890年以来的美国城市规划》(*American City Planning Since 1890*),伯克利,1968年,第401页;以及查尔斯·艾布拉姆斯(Charles Abrams):《邻里禁区:对社区住房实施偏见政策的一项研究》(*Forbidden Neighbors: A Study of Prejudice in Housing*),纽约,1955年,第229—235页。

显得多余。”随后几年，伊利诺伊州的参议员保罗·道格拉斯(Paul Douglas)向全国城市问题委员会就联邦政府在住房金融中的作用进行了报告：

> 穷人和那些处于贫困边缘的人几乎被完全排斥了。这些人和中产阶级下层，共占美国总人口的40%，他们的住房需求是最大的，却仅得到了FHA贷款的11%……甚至对中心城市的中产阶级社区也不无忧虑，因为这里一直有着这样的前景，即当黑人和穷困白人持续涌入城市，同时中等和上中等收入的白人持续迁出城市时，它们就完全变了。①

此外，正如城市分析家简·雅各布斯说过的，“信誉黑名单地图是精确的预言，就因为它们是不言自明的预言。”

1966年联邦住房管理局的政策急剧转变，因为它试图使内城
215 社区能获得更多的贷款担保。具有讽刺意味的是，这一转变的主

① 加尔文·布拉德福德(Calvin Bradford)：《资助房主：联邦在社区衰退中的作用》(“Financing Home Ownership: The Federal Role in Neighborhood Decline”)，《城市事务季刊》(*Urban Affairs Quarterly*) 1979年3月第14期，第314页。马丁·诺兰(Martin Nolan)：《迟来的拯救我们城市的努力》(“A Belated Effort to Save Our Cities”)，《记者》(*The Reporter*)1967年12月28日第37期，第17—20页；约瑟夫·弗里德(Joseph Fried)：《美国住房危机》(*Housing Crisis U. S. A.*)，纽约，1971年；和《住房贷款的本末》(“Ins and outs of Home Loans”)，《变化时代》(*Changing Times*)1959年8月第13期，第26—28页；以及简·雅各布斯(Jane Jacobs)：《美国大城市的死与生》(*The Death and Life of Great American Cities*)，第301页。道格拉斯的引语来自保罗·道格拉斯(Paul Douglas)编：《建设美国城市：向美国总统提交的城市问题全国委员会的报告》(*Building the American City: Report of the National Commission on Urban Problems to the President of the United States*)，华盛顿，1968年，第100—101页。

要后果是白人家庭更容易获得资助，进而逃离正经历种族变迁的地区。同时，对于黑人申请者来说较宽松的信用标准意味着房屋修缮公司能以较低的价格购买房产，进行一些美化修缮，并在联邦住房管理局的许可下以较高的价格出售翻新的住房。许多少数民族购买者无力承担修缮的费用，联邦住房管理局只得收回数千座房屋，最终的结果是加速了这些地区的种族变迁，牺牲了那些它原本打算帮助的人。唯一受益的人是承包商和那些受到资助得以从恶化处境中逃离的白人中产阶级房主。[①]

1930年代，由于政府急于减少失业，为住房购买者在信贷方面提供了一个对抗大公司的方法，联邦住房贷款银行局、房主贷款公司和联邦住房管理局相继迅速成立。储蓄贷款业的授权是通过从小储户那里吸收存款随即将之作为贷款发放出去，以鼓励居民拥有住房。华盛顿转而以通过联邦住房管理局为贷款担保（以及通过联邦储蓄和贷款保险公司的保证金）的方式减轻这一系统的风险。必要时，政府通过联邦住房贷款银行局向贷方提供额外的低成本资金来为这一系统加油。

在完成其使命的过程中，房主贷款公司完善了房地产评估方法，这种方法歧视少数民族和种族，歧视老城市和工业城市。不过，房主贷款公司扩展了资助范围，并不完全依赖它自己的评级系

① 詹姆斯·利特尔等编（James T. Little, et al.）：《当代邻里的演替历程：在圣路易斯城市衰败过程中所经历的教训》（*Contemporary Neighborhood Succession Process: Lessons in the Dynamic of Decay From the St. Louis Experience*），圣路易斯，华盛顿大学城市和区域研究所，1975年，第5页。

统，这样就满足了各类家庭和社区的需要。联邦住房管理局与房主贷款公司合作并采用了其评估方法。但是与房主贷款公司不同，联邦住房管理局以其档案中的信息为行动基础，明显偏爱人口均质的社区，而不是工业社区、老的社区或人口异质的社区。

从郊区的而不是大多数城市的角度看，这一体系从1933年直到1960年代晚期还是很有效力的。当二战回国老兵寻求住房以养育家庭时，政府在城市边缘地区资助了较大面积的住房。这样联邦住房管理局在运行初期40年里所发放的1 190亿美元的担保贷款的主要受益者是郊区，那里在19世纪五六十年代几乎一半

216 的住房都能申请联邦住房管理局或退伍军人管理局的资助。当自有住房的家庭比例从1934年的44%上升到1972年的63%时，美国郊区从富裕者的独占领域转变成中产阶级正常的可期之地。

不仅联邦住房管理局确实有助于贷款资金从城市流向郊区，而且华盛顿创建的另外两个新住房机构——联邦国民抵押贷款协会（Federal National Mortgage Association，俗称房利美，Fannie Mae）和政府国民抵押贷款协会（Government National Mortgage Association，俗称吉利美，Ginnie Mae），使得储蓄资金从东北部和中西部城市流向南部和西部新兴开发地区的这种转移更为便利。房利美主要创建一种为所有的州承认的标准化的贷款方式，在此基础上银行和其他机构进行贷款活动。据其官方声明，“贷款资金现在可以自由在全国范围内流向需要的地方”。一个典型的结果是布朗克斯的储蓄银行1970年代在本区的投资仅占其资金的约10%，在纽约州的投资仅占其资金的约30%。剩余资金向全

国其他地方投资，如果不是房利美，这一结果是不会出现的。[①]

就许多美国城市的悲惨状况，联邦立法者和联邦官员提出的任何严肃的控告都必须注意到两个关键点。其一，也是最为明显的，谴责政府采取与其大多数公民的偏爱相一致的政策是危险的。正如小说家安东尼·特罗洛普(AnthonyTrollope)在1867年写的那样："站在你自己拥有的土地上是一件非常惬意的事情。土地大约是唯一不会飞走的东西。"联邦住房管理局帮助修建住房，而它们被修建在哪里相形之下并不重要。在一个多世纪里，美国人对私人地块上的单门独户住宅有着强烈的偏好。很明显，一些受欢迎的措施，例如枪支管制，因为特殊利益集团的游说没有被采纳。但郊区化并不是一个天真农民的选择。没有公众主流观点的大量支持，官僚将永远不可能尽力推行他们的项目。单门独户住房回应着隐私和安全的精神价值。事实上，郊区化是一个理想的政府政策，因为它同时满足了市民和商业利益的需求，而且为政治家赢得了选票。有一个简单的事实，1933—1978年，拥有自己的住房给超过3 500万的家庭带来了房地产上的平等。他们通常购买的风格千篇一律的住房可能会被不切实际的建筑纯粹主义者彻底一笔勾销，不过比起那些在这里抚育家庭然后再把房子卖给新住户而赚上一笔的人来说，这些房子还不至于那么单调乏味。

① 关于这一主题的文献数量很多。入门最好的是《帝国州的报告》(Empire State Report)关于红线的专刊1978年3—4月第1期，第5—33页，以及哈丽雅特·塔格特(Harriett Tee Taggart)、凯文·史密斯(Kevin W. Smith)：《红线政策：对波士顿大都市区投资缩减迹象的一项评估》("Redlining: An Assessment of the Evidence of Disinvestment in Metropolitan Boston")，《城市事务季刊》(*Urban Affairs Quarterly*)1981年9月第17期，第91—107页。

217 联邦住房政策也不是郊区迅速增长的必要条件。贷款担保明显便利了家庭获得其理想住房，但是至少在新政之前一个世纪，美国城市中主要的居住流动趋势就已经转向边缘地区，没有理由假定缺少直接的联邦资助郊区化趋势就不会持续下去。

其二，联邦政府的行为带来的持续伤害是它对种族和民族歧视盖了批准章，并发展出在实际中导致老城市、工业城市的大部分地区被放弃的政策。更严重的是，华盛顿的措施随后被私人利益集团所效仿，以至于银行以及储蓄和贷款机构将“仅仅因为房地产的地理区位”而拒绝贷款的做法制度化。金融界将衰败社区视为民族大熔炉失效的实物证据。对他们而言城市是危险的，因为城市人口是异质性的，城市试图将各种各样的人和谐地联合起来。他们相信这种混合只带来了两个结果——人种质量和房地产价格都下降了。正如马克·盖尔芬德（Mark Gelfand）观察到的，“一旦有机会，银行家会使业务离开城市，就像他们自己一样。”①

圣路易斯反映了许多城市的两难处境。到1984年，圣路易市成为废弃城市的一个最典型例子，之所以沦落至此，部分原因是促使白人中产阶级迁往郊区的联邦住房政策。圣路易斯市曾经是美国第四大城市，号称“通向西部的门户”，而现在居于第27位，是它昔日自我的一个幽灵。1940年，它有81.6万居民；1980年的人口

① 马克·盖尔芬德（Mark I. Gelfand）：《城市、郊区和政府政策》（“Cities, Suburbs and Government Policy”），载入罗伯特·布雷姆纳（Robert H. Bremner）、加里·赖卡德（Gary W. Reichard）编：《重塑美国：社会和制度（1945—1960）》（*Reshaping America: Society and Institutions, 1945 - 1960*），全书各处；以及内森·斯特劳斯（Nathan Straus）：《一个国家的三分之二：住房项目》（*Two-Thirds of a Nation: A Housing Program*），第218—221页。

普查显示只有45.3万人。它的许多老社区变成了废弃建筑、空壳住房和空地的标本收藏地，显得颓败消沉。尽管附近州际公路上车辆来往的轰鸣声不断，在满目疮痍的大街上听来却有一种怪异的遥远感。空气污浊，人行道污秽，青少年犯罪率惊人，留下的产业也日趋衰弱。肮脏的仓库，老旧的多层厂房，周围是杂草丛生的地块紧挨着使用了一半的铁路车场。就像一对老年夫妇在他们的孩子搬走之后不再有明确的生活目的一样，这些社区面临着一个没有方向的未来。[①]

一项特别能说明问题的统计数据是，圣路易斯成为全国主要的旧砖头出口地，仅次于芝加哥。紧靠密西西比河的铁轨旁堆放
着大量饱经风霜的砖头，它们注定要成为亚特兰大修复工程的一 218
部分或休斯敦的场院，这不啻为奇耻大辱。在1970年代三百多家工厂迁至阳光带后，现在圣路易斯正被装车运走。

密西西比河畔的大都市的情况比大多数其他城市都要严重得多，但是圣路易斯市如此明显的商业区衰退、内城恶化以及城市远郊的发展实际上在美国大型人口中心具有同样的普遍性和典型性。完全没有联邦的干预，可能也会得到同样的结果，然而一个简单的事实是，从洛杉矶到波士顿各种有关住房的联邦政策实际上已经产生了同样的结果。战后房地产的繁荣、大多数主要公路的

① 有迹象表明在1984年圣路易斯成为全国范围内复兴趋势的一部分。数年前空置的内城住宅已有人居住，变得有吸引力。关于联邦公共住房政策对圣路易斯影响的一项极好的研究是尤金·米查(Eugene J. Mechan)：《联邦决策的质量：公共住房规划的失败》(*The Quality of Federal Policymaking: Programmed Failure in Public Housing*)，密苏里州哥伦比亚，1978年。

改进、财产和收入税的降低以及贷款担保项目,美国的穷人未曾分享这些。公共住房项目原本打算纠正这一不平衡,不幸的是,如我们将要看见的,它没有做到。

第十二章　良好意图的代价 219

——美国公共住房的隔都化

如果要养育一个健康的种族，必须要有像样的住宅，舍此无他；如果要降低婴儿的死亡率、根绝肺结核，首当其冲的就是改善住房条件；如果我们要成功地同酗酒和犯罪做斗争，就必须要有像样的、干净整洁的房子。如果“不满”要转变成满意，提供良好住宅被证明为促进这种转变最有效的手段之一。

——金·乔治五世(King George Ⅴ)，1919 年 4 月 11 日

长期的低息贷款当然并不是新政中唯一的联邦住房政策改革。更有争议的是为满足穷人有栖身之所而做的尝试。即使不是有意的，美国公共住房项目所导致的后果是种族隔离、将不利条件集中到内城，同时强化了郊区作为种族、犯罪和贫困问题的避难所。无论从哪个方面来看，1937 年住房法都是对分散化的一个重要推动。

1930 年代以前，美国的住房改革都是从提高贫民窟的居住条件入手——改善通风条件、设定卫生设施和居住密度的最低标准等。纽约市具有开创意义的 1867 年、1879 年和 1901 年住房法

案，都确立了对居住单位更多更高的立法要求，体现了这种改革趋势，与 19 世纪美国卓越的住房改革者劳伦斯·维勒（Lawrence veiller）和古尔德（E. R. L. Gould）的观点相一致，这两人都反
220 对住房津贴和新的公共住房建设。他们认为，政府的作用应该仅限于执行上述立法而已。这在 19 世纪，是一种习以为常的看法，当时私人投资者无止境地追求从租户那里榨取更多利益。然而，到 20 世纪的第二个十年，企业家开始对低收入者住房市场退避三舍，大部分私人投资者也对进入这个领域毫无兴趣可言。①

整个 1920 年代，美国政府在州和国家层面上都没有参与住房领域。同样地，20 世纪早期的美国城市规划运动对贫民住房问题的关注也只是蜻蜓点水，然而，欧洲的立法部门在寻求新的方法。在英格兰，政府对住房建设的援助可以回溯到 1868 年的工匠住房法案，该法案试图帮助无力负担其住宅维修费用者。不过，政府大

① 研究维勒及其支持者的权威著作是罗伊·卢博夫（Roy Lubove）：《进步主义者和贫民窟：1890—1917 年纽约市贫民窟改革，》（*The Progressives and the Slums: Tenement House Reform in New York City, 1890 - 1917*），匹兹堡，1963 年。彼得·马库塞（Peter Marcuse）在《早期城市规划中的住宅》（"Housing in Early City Planning"）一文中分析了美国早期城市进行规划时忽略住宅的情况（《城市历史杂志》（*Journal of Urban History*）1980 年 2 月第 6 期，第 153—176 页）。参见詹姆斯·福特等（James Ford, et al.）：《贫民窟和住宅》（*Slums and Housing*），第 1 卷，剑桥，1936 年；罗伯特·德福雷斯特（Robert W. Deforest）、劳伦斯·维勒（Lawrence Veiller）编：《贫民窟问题》（*The Tenement House Proble*），第 2 卷，纽约，1903 年；劳伦斯·弗里德曼（Lawrence M. Friedman）：《政府和贫民窟住宅：百年挫折》（*Government and Slum Housing: A Century of Frustration*），芝加哥，1968 年；安东尼·杰克逊（Anthony Jackson）：《一个叫家的地方：曼哈顿廉价住宅的历史》（*A Place Called Home: A History of Low-Cost Housing in Manhattan*），剑桥，1976 年。

量资助住房建设是在第一次世界大战之后。1919 年的英国住房法案开始兴建公共住房，随后在 10 年期间，大不列颠和德国都建造了超过一百万套政府资助的“英雄住房”。在荷兰，政府以同样的方式为五分之一的人口提供了新住房，而在苏联，这种向公共职能的转变几乎是最彻底的。对此，美国的住房改革者伊迪丝·伍德(Edith Elmer Wood，1870—1945)颇有感受，她在 1931 年时就注意到：“几乎所有欧洲国家都提供了某种形式的低息住房贷款和某种形式的政府住房或类似的住所。”根据她的估计，英国在住宅方面领先了美国半个世纪。[①] 连同费城的约翰·伊尔德(John Ihlder)和马萨诸塞州的众议员乔治·廷卡姆(George. H. Tinkham)，伊迪丝·伍德是最早拥护“积极”的而不是“消极的”进行住房改革的美国人之一。她是海军军官的女儿，后来成为海军军官的妻子，游历甚广。她认为，社会行为以居住环境为先决条

① 在大不列颠和荷兰，为降低私营建筑商的成本，国家政府有时把土地全部买下来再以较低的价格卖给他们。1904 年斯德哥尔摩开始提供市属土地给工人用来建造他们自己的家。在加拿大，1919 年《联邦—省住房贷款法案》(Federal-Provincial Housing Loan Act)确立了政府补贴住房的原则，但这个计划一开始就很不顺利，随着 1927 年《安大略住房安置法》(Ontario Housing Accommodation Act)的废除，国家对低成本住房再也没有任何支持。L. H. 奥尔巴克(L. H. Ohrbach)：《给英雄的家：英国社会改革中的政治研究》(Homes for Heroes: A Study in the Politics of British Social Reform)，哥伦比亚大学博士学位论文，1971 年；雪莉·斯普拉格(Shirley Spragge)：《利益汇合：1900—1920 年多伦多住宅改革》(“A Confluence of Interests: Housing Reform in Toronto, 1900 - 1920”)，载入艾伦·阿特柏斯(Alan F. J. Artibise)、吉尔伯特·斯特尔特(Gilbert A. Stelter)编：《借鉴城市的历史：加拿大现代城市的规划和政治》(*The Usable Urban Past: Planning and Politics in the Modern Canadian City*)，第 247—267 页；以及《纽约时报》(*New York Times*)，1980 年 3 月 30 日。

件，而政府取代贫民窟的行动将会提高公民的道德、降低福利支出以及减少犯罪和不良行为。她目睹了欧洲国家为本国居民提供住所的种种开创性举措之后，随即投身于实现政府建造住房的运动之中。她的著作《非熟练工人的住房供给》(*The Housing of Unskilled Wage Earner*)(纽约，1919 年)成了一部经典之作，使她在住房改革运动中享有国际声誉。在书中，她指出私人慈善事业不是住房问题的解决方法，限制性的建筑法规仅仅提高了租户的租金而在增加住房供给方面一无是处。1921 年伍德夫人直言不讳地对商务部长赫伯特·胡佛(Herbert Hoover)在建筑行业中消除浪费的计划提出质疑。她说，"提高效率当然没错，但是我们仍然
221 期待该计划能为贫民的住宅做点什么，正如福特为他的汽车所付出的努力那样。"①

随后几年里，伍德与凯瑟琳·鲍尔(Catherine Bauer)、玛丽·西姆柯维奇(Mary Simkhovitch)、克拉伦斯·斯坦(Clarence Stein)、刘易斯·芒福德和弗雷德里克·阿克曼(Frederick

---

① 对伍德事业最好的分析是尤金妮娅·伯奇(Eugenie Lander Birch)：《伊迪丝·伍德和自由住房思想的起源》(Edith Elmer wood and the Genesis of Liberal Housing Thought)，哥伦比亚大学都市规划系博士学位论文，1976 年，特别是第 1—4 章。参见尤金妮娅·伯奇(Eugenie Lander Birch)：《妇女创建美国：以早期公共住房政策为例》("Women Made America: The Case of Early Public Housing Policy")，《美国计划者协会杂志》(*Journal of the American Institute of Planners*)1978 年 4 月第 44 期，第 130—144 页；伊迪丝·伍德(Edith Elmer wood)：《美国住房问题的近代趋势》(*Recent Trends in American Housing*)，纽约，1931 年；约翰·萨瑟兰(John F. Sutherland)：《城市为家：费城贫民窟和改革家(1880—1918)》(A City of Homes: Philadelphia Slums and Reformers, 1880 - 1918)，坦普尔大学博士学位论文，1973 年。

Ackerman)等人一道为住房建设努力，这些人中大多数是美国区域规划协会的创始人。到 1930 年代早期，几个游说集团，包括全国公共住房大会，致力于“给那些难以负担租金的人提供公共住房，为的是让他们居住得体面。”[①]然而在新政之前，只有纽约州和北达科他州接受这样的观点，即提供住房应该是政府的有限责任。[②]

在联邦政府传统政策的重要转变中，富兰克林·罗斯福政府开创了它自己的建筑计划。“山姆大叔”的直接干预开始于 1933 年第一次百日新政中国家工业复兴法案的通过。该法案有四个目的：增加就业机会；改善穷人的住房；向私人企业证明大范围社区规划项目的可行性；根除并重建贫民窟集中地区，以“阻止居民大批外迁到城市远郊，进而带来昂贵的公用事业扩展并导致中心城

① 主张建造公共住房的人提出了太多观点和主张。事实上，除了心理和感情方面的影响外，很少有证据确切地表明改善住房是有用的。从工人旷工和生产力方面来说，住房方面的变化有负面影响。这个结论是基于对美国、韩国、墨西哥、委内瑞拉和肯尼亚等六个地方的考察得到的。利兰·伯恩斯(Leland S. Burns)：《住房：象征和住所》(*Housing: Symbol and Shelter*)，洛杉矶，国际住房生产力研究所，加利福尼亚大学，1970 年 2 月。参见阿尔文·孔斯(Alvin E. Coons)、伯特·格莱兹(Bert T. Glaze)：《住房市场分析和非农房主的增长》(*Housing Market Analysis and the Growth of Nonfarm Home Ownership*)，哥伦布，商业局第 115 号研究专著，俄亥俄州立大学，1963 年，第 84—86 页。

② 1926 年，在州长阿尔弗雷德·史密斯(Alfred E. Smith)的领导下，纽约州在住房领域得风气之先，允许为建造合作住房的公司减免税收。在这个计划中大约建造了 6 000 个住房单元。实施于 1919 年至 1923 年间的北达科他州计划，规模较小，该计划给城市和农村居民都提供了住房。劳伦斯·弗里德曼(Lawrence M. Friedman)：《政府和贫民窟住宅：百年挫折》(*Government and Slum Housing: A Century of Frustration*)，第 97—98 页。

区无法维持下去。"第一个目的最重要:国会想要增加的是就业机会,而不是住房。[①]

1933 年住房法案批准了公共工程局(PWA)通过三种方法来实现这些目的。第一,PWA 住房处可以借钱给对清除贫民窟感兴趣的私营有限股份公司。第二,有志于此的公共机构可以获得拨款和贷款。第三,也是最重要的,住房处被授权购买、征收、出售或者出租房地产,以开发自己的新住房项目。[②]

尽管 PWA 局长哈罗德·伊克斯(Harold Ickes)坦率地抱怨,"美国城市中连一个这样的例子都找不到,即:通过以营利为基础的私人企业使贫民窟得到清理,而新住房是为了重新安置被搬迁的原居民而建造",PWA 仍然试图把该项目的重点放在由联邦贷款资助的私人开发上。然而,五百家有限股份公司的申请中,只有七家被批准,这部分缘于只有很少的公司有足够的资产符合项目要求,部分缘于那些有足够资产的公司好像更急于把土地以暴涨的价格卖给政府。费城的卡尔·麦克利(Carl Mackley)住房小区项目,有 284 个单元,就是这一努力的少数几个成果中的第一个也

① 《国家工业复兴法》(National Industrial Recovery Act),美国法令 48 号法规,第 195 号(1933 年),第 2 章,第 202 节。参见联邦公共工程局紧急事务署(Federal Emergency Administration of Public Works):《城市住房:PWA 住房处的故事,1933-1936》(Urban Housing: The Story of the PWA Housing Division, 1933-1936),第 2 号公报,华盛顿,1937 年,第 14—16 页。

② 关于联邦住房政策中的政治交易,一个极好的讨论可见哈罗德·乌尔曼(Harold Wolman):《联邦住房政治》(*Politics of Federal Housing*),纽约,1971 年。参见蒂莫西·麦克道尔(Timothy L. McDonnell):《瓦格纳住房法案》(*The Wagner Housing Act*),芝加哥,1957 年。

是最重要的一个。①

因为无法通过产业复兴法有关私营企业条款来重建贫民窟，222
住房处在 1934 年中期停止了它有限股份公司项目，转向第二种选择。但是，实践证明 PWA 和地方政府的合作能力有限。1933 年，没有一个州或地方有官方机构参与贫民窟清理工程；直到 1937 年末，仅有纽约州、俄亥俄州、密歇根州和南卡罗来纳州通过了必需的授权法，也只有纽约市用地方资金建造了公共住房（在下东区的天下第一小区，共 120 个住房单元）。②

最后，住房处诉诸另一个选择——在政府通过征用或购买获得的土地上建造低收入住房项目。在 1934—1937 年，PWA 住房处被美国住房局（United States Housing Authority，USHA）取代，政府开始实施 49 个独立住房建设项目，建造了 2.1 万个单元住房，耗资达 1.29 亿美元。这些项目中最重要的是在曼哈顿区哈莱姆河大道上一个包括七座大楼的综合建筑群。哈莱姆河住宅区

① 实际上，19 世纪美国城市可以提供很多这样的例子。例如，在纽约市拆除那些已经被分割成多达 6 套独立单元的老房子，来建造更高、更狭长的廉价公寓是很常见的做法。哑铃式廉价公寓，得名于建筑两侧狭窄的通风管道，也代表了拥挤不堪的下曼哈顿社区的新型私人建筑。然而，这种住房明显不是伊克斯所想要的。一个很好的地方专题研究是约翰·鲍曼(John F. Bauman)：《无需华而不实的安全和卫生：费城公共住房的演变》("Safe and Sanitary Without the Costly Frills: The Evolution of Public Housing in Philadelphia")，《宾夕法尼亚历史生物杂志》(*The Pennsylvania Magazine of History and Biography*)1977 年 1 月第 101 期，第 114—128 页。

② 无论在联邦、州或者地方哪一层面上，"天下第一"小区都可视为美国的第一个公共住房项目，该小区坐落于曼哈顿下东城 A 大街和第三街，由一群 4—5 层的无电梯大楼共 120 套公寓组成。1935 年这个项目没有获得当时刚刚可以申请的联邦资金。《美国公共住房》("Public Housing in the United States")，《社区：城市保护杂志》(*Neighborhood: The Journal for City Preservation*)1983 年夏第 6 期，第 2—6 页。

于1936年开工，该项目于1937年6月16由菲奥雷诺·拉瓜迪亚(Fiorello LaGuardia)市长举行落成典礼。这个矮小结实、精力充沛的市长因此希望“在贫民窟的旧址上，给我市市民一个体面、现代、令人愉快的住房，而房中的每个房间都有一扇窗户，每扇窗户都有阳光撒入”。

然而，新政在资助住宅建设方面所做的一些早期努力不久就被阻止了。在1935年1月一个里程碑式的判决中，肯塔基州的联邦法官查尔斯·道森(Charles I. Dawson)做出裁决，在路易斯维尔征用(征用权)土地建造公共住宅不符合宪法，因此公共工程局不能行使这个权力。道森法官在其判决词中说道：

> 如果联邦政府使用房地产来履行其自身的法定功能，那么这种意义上的[低成本住宅]肯定不是一种公共事业。原因很明显，在某州建造住房，以出售或出租的方式给市民用作住宅，肯定不是一项政府职能。[①]

道森法官的裁决得到了联邦上诉法院第六巡回法庭的支持，公共工程局的律师在最后一刻决定从美国最高法院撤回他们的诉状。这样PWA被迫以私人市场的价格来购买地皮，导致成本增

---

① 这里被视为违宪的，是为住房行使土地征用权，而不是住房建造本身。《美国诉路易斯维尔市的某些地产》(*United States v. Certain Lands in the City of Louisville*)，附录9F，第137页(肯塔基西区美国联邦地区法院，1935年)。参见威廉·爱本斯坦(William Ebenstein)：《公共住房法》(*The Law of Public Housing*)，麦迪逊，1940年，第39页。

加而削减了上马工程的数量。同时，由于新政这一最初的住宅项目旨在解决就业问题，住房设计草率，也增加了建造住宅的成本。
结果，当 PWA 建好公寓或住宅的时候，不得不收取最低限度的租 223
金，这就把城市贫民排除在外。罗斯福政府中的某些人士建议这一项目收取低租金并以亏损的状态运行，但是总审计长裁定认为，没有法律授权这种津贴，自此这个提议被搁置了。[①]

由于非常清楚不利的司法判决和逐渐增加的成本会大大削弱 PWA 的住房项目，因此纽约州参议员罗伯特・瓦格纳（Robert F. Wagner）和宾夕法尼亚州众议员亨利・埃伦博根（Henry Ellenbogen）在 1934 年提出了一项新的立法，以创建一个永久性的公共住房机构。最初，罗斯福总统对瓦格纳—埃伦博根的提案态度暧昧，该提案被众议院的银行和货币委员会否决。[②]

翌年，改变这种局面的前景依旧黯淡。1936 年民主党的竞选

① 《联邦在住房领域的行动》（"Federal Activities in Housing Field"），国会文摘（*Congressional Digest*），1936 年 4 月，第 104 页。参见罗伯特・布朗（Robert K. Brown）：《美国公共住房计划的发展》（*The Development of the Public Housing Program in the United States*），亚特兰大，商务局和经济研究所，1960 年；莱纳德・弗雷德曼（Leonard Freedman）：《公共住房：贫穷的政治》（*Public Housing: The Politics of Poverty*），纽约，1969 年。

② 该法案的失败是因为罗斯福总统没有向保守的委员会主席亚拉巴马州众议员亨利・斯蒂高尔（Henry Steagall）施压，如果总统坚持，亨利・斯蒂高尔还是会支持该法案的。最有可能的原因是罗斯福总统希望避免在 1936 这个选举年签署这项法案的政治冒险。他相当确定部分支持新政的选民不会仅仅因为这个问题就投他的反对票，他也不希望以牺牲私营企业的利益来公开支持公共住房部门的发展而疏远了强大的商业利益集团。蒂莫西・麦克道尔（Timothy L. McDonnell）：《瓦格纳住房法案》（The Wagner Housing Act），第 210 页。参见约瑟夫・胡特马赫尔（Joseph Huthmacher）：《罗伯特・瓦格纳议员和城市自由主义的兴起》（*Senator Robert Wagner and the Rise of Urban Liberalism*），纽约，1958 年，第 204—210 页。

政纲中只包含了少量的支持联邦参与住房问题的条款，这个问题在选举中不太重要。然而在10月份，改变的迹象出现了，当时罗斯福对大量的纽约听众作出承诺：

> 我们忽视低收入群体的住房问题已经太久了……我们还没有开始花足够的钱来帮助城市中居住在过分拥挤区域中的家庭，让他们生活得像美国公民应该生活的那样。直到城市、州以及联邦政府和私人资本联合起来帮助每一个美国人过上那样的生活，你们和我才会满意……我很有信心，下一次国会将会通过合理的住房政策引领我们前进。①

连任的空前胜利使总统认为，可以放心大胆地在住房问题上实施更强硬的立场。并且凯瑟琳·鲍尔已经系统地组织了劳工的支持，取得了525个地方工会和几乎每一个州的劳工联盟的签名文件。在罗斯福总统的第二次就职演说中，他出人意料地公开表态：

> 但是，此事是对我们民主政治的挑战。在这个国家，我看到数千万公民——美国全部人口中很大的一部分——在这个特殊时刻不能拥有目前最低标准的生活必需品中的大部

① 尤金妮娅·伯奇(Eugenie Lander Birch)：《妇女创建美国：以早期公共住房政策为例》("Women Made America: The Case of Early Public Housing Policy")，《美国计划者协会杂志》(*Journal of the American Institute of Planners*)1978年4月第44期，第139页。

分……我看到这个国家三分之一的人口住房恶劣，衣着褴褛，营养不良。①

虽然总统个人对回到土地上的运动比公共住房政策更感兴趣，虽然在1930年代期间像很多人一样，他将清理贫民窟和为穷人改善住房条件混为一谈，但罗斯福确实在1937年春对公共住房提供了个人的、强有力的支持。不过几个月，美国住房法，又称瓦格纳—斯蒂高尔（Wagner-Steagall）法案，分别在参议院和众议院以64∶16票和275∶86票通过。1937年9月1日这一法案由总 224
统签字批准成为法律，它标志着联邦政府第一次把建造体面的、廉价的住房作为永久性的责任。资深改革者凯瑟琳·鲍尔将之称为“一条激进的立法”，《纽约时报》进一步肯定：“随着总统的签署，瓦格纳—斯蒂高尔法案变成了法律，最终美国对城市贫民窟的清理有了一个真正的开端。”②

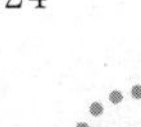

该法授权美国住房局（United States Housing Authority，简称USHA）通过资助正式组建的地方住房机构来发展公共住房项目。USHA通过两种机制把这些钱分拨给市政当局：第一，给予地方官员贷款，幅度高达项目成本的90%（贷款长达60年，这意味着更低的租金）；第二，资助项目建造和维护的开支。罗斯福总统对此事抱有极大热情，1938年3月17日，按照新程序在第一批

① 富兰克林·罗斯福（Franklin D. Roosevelt）：《美国道德风尚的一种变化》（“A Changing Moral Climate in America”），《著名演说》（*Vital Speeches*）1937年2月1日第3期。

② 《纽约时报》（*New York Times*）1937年9月3日。

五个项目动工时，他写信给内森·施特劳斯（Nathan Straus）、他属下负责住房问题的主要官员："今天标志着美国经济和社会生活一个新时代的开始。今天，我们正对这个国家的贫民窟发起进攻，而且必须不断前进直到每一个美国家庭都拥有体面的家。"①

在某种标准上，公共住房获得极大的成功。到1938年底，有33个州通过了授权法案，221个地方机构建立起来。到1941年，USHA资助了全国各地300个项目共13万个新住房单元。到1962年底的时候，超过200万人住进了各种公共住房项目所建造的50万个住房单元中。尽管其工程质量和设计仍不尽如人意，但它们比原有的破败建筑物好得多。②

然而，用另一个标准衡量，公共住房远没有实现其支持者的期望。公共住房数量远远不够，部分是因为保守派经常找机会削减它的资金。例如，在1949年，国会授权在六年里建造81万个住房单元，但是，在随后的11年里仅有32.2万个新建住房单元得到了实际资助。因而，到1980年，公共所有住房仅占美国住房市场约1%的份额，此时这个数字在英格兰和威尔士是46%，在法国是37%。问题在于资金短缺，而不是需求短缺。1937年立法的真正目的是减轻"目前和持续的失业"；它偏重对经济的刺激而非社会和建筑方面的目的。在美国进入战时和战后的住房繁荣后，公共

---

① 《住房文件》（Housing Files），富兰克林·罗斯福图书馆，海德公园，纽约。

② 《美国住房局1938财年年报》（*Annual Report of the United States Housing Authority for the Fiscal Year 1938*），华盛顿，1939年，第7号，第38页。

住房问题就退居次要地位了。[①]

营建数量有限的公共住房在空间分布上特别重要的一点是项
目的分散性。从道森法官的裁决和普遍看法来看，联邦政府为住 225
房问题行使土地征用权是违宪的，瓦格纳参议员的议案创建USHA作为一个"低租金住房和贫民窟清理的措施……力量来源于地方部门的主动性和责任感[原文为斜体]"。它要求所有想要公共住房的城市为住房工程免税，还必须建立市住房机构。1937年住房法对地方参与的要求在1949年住房法中得到了加强和扩展。因此，每一个社区都不得不对是否存在对公共住房的需求作出自己的决定，因而对联邦资助的公共住房的申请必须是一个自愿的行动。[②]

这个区别很关键。因为市政当局有权决定在哪里、何时候建造公共住房，所以这些工程无一例外强化了种族隔离。对于不希望在自己辖区建造公共住房而失去排他性特色的郊区来说，它只需拒绝成立一个住房机构，就轻而易举地排除了公共住房建设。而其他级别的地方住房部门和国家机关都不能强迫它。与此形成对比的是，在英国，市政当局本身就是"住房机构"；而在日本，政府

① 1933年住房法在就业方面来说是重要的，因为当时建筑工人的平均失业率大概是55%。建造住房是经济复苏的一个重要因素，因为它需要大量的资金、劳力和物资。罗伯特·费希尔(Robert M. Fisher)：《公共住房20年：联邦项目的经济视角》(*Twenty Years of Public Housing: Economic Aspects of the Federal Program*)，纽约，1959年，第229页。

② 在很多时候，联邦政府官员试图对拒绝接受公共住房的社区扣留某项联邦资助，但这些努力没有取得多大成功。例如，在1977年到1979年间，住房和城市发展部的部长帕特丽夏·哈里斯(Patricia Roberts Harris)，试图用财政刺激来鼓励郊区接受适当比例的公共住房。

把从偏远地方购买便宜的土地作为公共住房项目获得发展空间的唯一可行的方法。①

毋庸多言,遍布美国的几百个郊区都没有建立住房机构,也没有申请联邦资助。结果是,低收入住房没有兴建在郊区更便宜、空旷的土地上,而是兴建在市中心。例如,俄亥俄州的帕马(Parma),是离克利夫兰东南方向数英里距离的一个 10 万人口的郊区,1981 年时那里没有低收入住房项目,很大程度上是因为其地方法律规定任何接受资助的住房项目提案都需要全民公投,其他社区采用类似的策略得到了相同的结果。与之相反,有一些社区竭尽全力地申请公共住房资金。例如,新泽西州的纽瓦克,按人口平均计算比美国其他城市建造了更多的公共住房单位。然而,因为它的邻近郊区更注重保护自己的形象,更大比例的赤贫者滞留纽瓦克。到 1970 年,以城市病理学的六个标准中的任何一个来衡量,它都是美国最受困扰的大城市。②

这种倾向于在市中心集中建造公共住房而不是郊区的立法的第二个特点是:公共住房机构主要由市民中的精英分子组成,这些人更急于对贫民窟进行清理并维护房地产的价值,而不是打算重
226 新给穷人提供住房。正如约翰·鲍曼(John F. Bauman)在对费

① 某些老郊区,例如格林威治和康涅狄格,尽管存在公共住房,却仍维持一种排外的印象,而新郊区倾向于强烈抵制这种可能。

② 联邦法官弗兰克·巴蒂斯蒂(Frank J. Battisti)发现帕马(Parma)违背了 1968 年的公平住房法(Fair Housing Act),因为它颁布了一条"有种族歧视和排斥动机并带有可预见性的隔离后果"的法律。《纽约时报》(*New York Times*)1981 年 1 月 13 日。1971 年美国最高法院认为,要求在社区建造受资助的公共住房前在公开的公民投票中通过的州法律应符合宪法。

城的一项研究中所清楚揭示的那样，公共住房部门特别渴望改善下跌的税收结构，阻止萧条的蔓延以及提高地产的价值。[①]

最后，该法有一个要求，即每建造一个单位的公共住房就必须清理一个单位的贫民窟，因此，只有那些住房严重短缺的地区可以接受援助。下面是一位爱刨根问底的国会议员和一位美国住房局委员的谈话，他们的交谈恰好反映了这一点：

> 宾夕法尼亚州国会议员孔克尔（Kunkel）："根据这个计划，任何没有不合格住房的地区都不符合建造公共住房的条件，对吧？"
>
> 委员伊根（Egan）："对。如果当地没有贫民窟，无论住房短缺有多严峻，而且如果我们不能满足法案消除同等贫民窟的规定，我们就不能在那里实施项目。"[②]

即使最进步的国会领袖都接受了这样一种限制，而放任此举从另一方面会对法案通过不利。1949 年，当一份重要的新公共住房法案正在讨论之时，来自共和党的反对者提出了一个修正法案，来禁止公共住房工程中的任何种族或宗教歧视。这让很多法案的

---

① 约翰·鲍曼（John F. Bauman）：《勿需华而不实的安全和卫生：费城公共住房的演变》（"Safe and Sanitary Without the Costly Frills: The Evolution of Public Housing in Philadelphia"），《宾夕法尼亚历史生物杂志》（*The Pennsylvania Magazine of History and Biography*）1977 年 1 月第 101 期，第 116—125 页。

② 引自罗伯特·费希尔（Robert M. Fisher）：《公共住房 20 年：联邦项目的经济视角》（*Twenty Years of Public Housing: Economic Aspects of the Federal Program*），第 96 页。

支持者陷入了两难。如果修正案成功了，南方的参议员肯定会对整个法案投反对票，这足以让它流产。但是，北方的自由派也不想对一个保证种族平等的修正案投反对票。[①]

保罗·道格拉斯参议员（Paul Douglas）可谓美国国会任职中的最正派人物，他为了法案的通过，力劝他的自由主义同僚暂时把他们的原则放到一边。他告诉议院这一修正案“会在我们所有人的心中引起剧烈的斗争，一方面我们想清理贫民窟并为居住者提供住房，另一方面我们又敏锐地认为不应该把任何种族作为二等公民。”他继续说：

> 我准备请历史和时间来裁决我们按计划实施的住房项目是对黑人最有利的事情，而不是在法案里加上一条修正案使它不可避免地失败，打破重新安置四百万人的希望。[②]

道格拉斯参议员的努力获得了成功。修正案以49∶31投票数被否决，而第二天对法案投票时，以57∶13获得通过。公共住房继续得到了联邦政府的认可，但根本问题仍然存在。新住宅不
227 是建在城市中心以外低密度、低成本的土地上，如大不列颠那样，在那里从1920—1980年所建的公共住房单元有三分之二是单门独户的住房，仅仅三分之一是公寓。相反，因为需求的判定和位置

---

① 就1949年住房法的立法背景问题，参见马克·盖尔芬德（Mark I. Gelfand）：《城市国家：联邦政府和美国都市（1933—1965）》（*A Nation of Cities: The Federal Government and Urban America, 1933－1965*），第105—156页。

② 《国会档案》（*Congressional Record*），1949年4月21日，第4840—4852页。

的选择都留给了当地，公共住房被限制在现存的贫民窟。这进一步把穷人集中在中心城市，强化了郊区作为远离城市贫困衰败及其社会问题的避难所的形象。[①]

1949 年住房法案的第一条款不仅没有采取任何办法来修正这个问题，而且迄今为止仍然继续鼓励已经存在的不公。法案有一节要求“对从公共住房项目地区转移，搬到‘体面的、安全的和卫生的住所’的家庭的临时安置要有一个可行的办法”。大多数时候，这样的临时安置住房是不可能得到的。甚至当有这样的住房时，公共住房机构的官员经常渎职。例如，罗伯特·卡罗（Robert A. Caro）已经证明，纽约市有权势的建筑大王罗伯特·摩西千方百计地让穷人搬出去，却根本不去管如何重新安置他们。

拆除衰败建筑为公共住房腾空间经常会在附近邻里间引起矛盾。布鲁克林区就是一个很好的例子。当布朗斯维尔的贫民窟街区在 1950 年代被清除用以建设公共住房时，几千个转移家庭搬到了纽约东区邻近的街区，彼时这是一个活跃的、白人为主的、经济稳定的中产阶级街区。大量来自布朗斯维尔的低收入黑人和西班牙人家庭突然涌入，使得社区的医疗和社会服务变得紧张起来，大批白人开始离去。在六年的时间里，一个健康的社区变成了美国最衰败和危险的区域。如果政府把资金投入内城老居住区的维修，穷人就可能保持稳定的邻里环境，城市也可能避免出现遗弃小

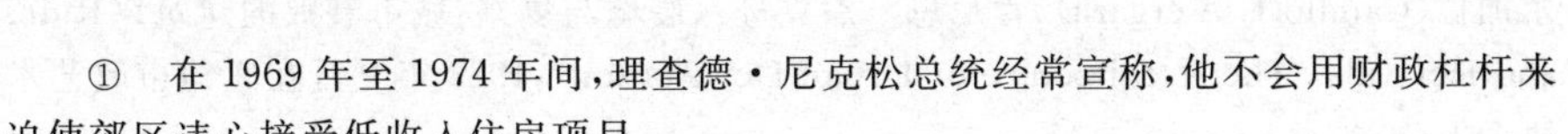

① 在 1969 年至 1974 年间，理查德·尼克松总统经常宣称，他不会用财政杠杆来迫使郊区违心接受低收入住房项目。

区的遗憾景象。[①]

公共住房的初衷是为有工作的穷人、值得帮助的穷人和一时背运的诚实人士提供住房，长期依赖社会福利的家庭、流浪者和未婚妈妈是不受欢迎的。然而到1960年时，这种观点被抛弃了，准入政策变为可以接受那些享受社会福利的人。因而，公共住房开始被看作最后求助的庇护所，变为底层阶级一个永久性的家而不是“值得尊敬的”家庭的临时庇护所。到1980年时，公共住房不仅
228 被隔离和隔绝，而且黑人青年把隔都称为“公共住房工程”。他们看到穷人集中在公共住房，知道公共住房也集中在城市部分特定地区。[②] 例如，1978年在芝加哥有15万人住在低收入的公共住房里。几个分散的项目位于白人社区的边缘地带，比如理查德·戴利（Richard Daley）市长所钟爱的布里奇波特。其居民主要是白人和老人。然而，芝加哥其他95%的公共住房位于城市中最贫困的黑人隔都区。

到1960年代晚期，公共住房在社会学、经济学和建筑学方面都受到批评。从社会学角度最著名的批评是李·雷恩沃特（Lee

① 当纽约富有民权思想的市长约翰·林赛（John V. Lindsay）企图在昆士区的中产阶级社区“森林小丘”强加一个公共住房项目时，却与社区住户发生强烈争执。即使双方最后达成了妥协，这个项目实际上导致了白人加速逃往郊区。托马斯·格雷（Thomas M. Gray）：《戴利的新闻：芝加哥公共住房的败绩》（Daley News：Chicago's Public Housing Fiasco），《新共和国》（*The New Republic*）1971年4月3日第164期，第17页。参见《纽约时报》（*New York Times*）1973年10月1日和1976年4月16日。

② 与认为贫民窟是用来展现政府政绩项目的黑人青年的访谈，参见卡米洛·贝尔加拉（Camilo J. Vergara）、肯尼思·杰克逊：《废墟与复兴：城市衰败的建筑》（Ruins and Revivals：The Architecture of Urban Devastation），1983年9月在纽约市政艺术协会上公布。

Rainwater)关于圣路易斯的普鲁伊特－艾戈(Pruitt-Igoe)住房项目的研究。这个巨型高层住房项目象征了遍及全国的公共住房错在何处,充斥着犯罪和恶意侵犯,当它们投入使用时不能住满居民,并在 1976 年被拆除。

从经济学角度对公共住房项目的抨击由马丁·安德森(Martin Anderson)牵头,随后是哥伦比亚商业学校的一个教授以及后来尼克松政府部门的一个重要官员。安德森的著作《联邦推土机》(*The Federal Bulldozer*)坚称华盛顿政府事实上摧毁的低收入住所比它所建造的还要多,通过放弃城市更新运动和公共住房计划,政府方可更好地满足贫民的住房需求。

奥斯卡·纽曼(Oscar Newman)率先对多层的、超级封闭的住房模式展开建筑学上的批评,他的著作《防御空间》(*Defensible Space*)赢得了国际上的声誉。该书提倡建筑物要有更多的入口、更低层的结构而不是塔楼一样的公寓,以及给居民提供更多开敞和可用的聚会空间,主张对于任何住房项目都有四个属性来决定其是否安全:一个地区创造可感知的社区影响力的能力;一个建筑物提供监督邻近地区机会的能力;通过设计降低居住者孤独感和耻辱感的能力;获得邻近商业活动的能力。①

令人遗憾的是,大部分公共住房都缺乏奥斯卡·纽曼认为该有的品质,在全国范围内,到 1980 年代公共住房一直呈现颓势。糟糕的养护、居住隔离、廉价建筑以及经常有人身危害,公共住房

① 这些集中的巨大公共住房所产生的负面结果在奥斯卡·纽曼的著作中得到分析,可参见奥斯卡·纽曼(Oscar Newman):《防御空间:通过城市规划来预防犯罪》(*Defensible Space: Crime Prevention through Urban Design*),纽约,1973 年。

已经变成“贫民堆积场”。质疑的声浪不断，很多人抨击说真正从公共住房中获利的唯一群体，是那些购买了由大部分当地住房机构发行的免税、联邦担保债券的投资者。各届联邦政府都没有把公共住房放在重要位置给予关注，而房地产商却对政府在住房市场中的任何举动都极为敏感，有意抵触。正如一个“重量级的纳税
229 人也是执政党的支持者”在1933年11月9日写道：“我们现在有太多的便宜住房，其出租的价值非常低，而且地块分得太细，以致所有投资这类项目的人实际上损失了他们的全部投资。”半个世纪后，这些弊端依旧。①

在普通市民眼中，公共住房的失败源自贫民自身的文化特征，他们被认为不求上进。如果政府资助的栖身之所——在很多市民眼中是一种“搭便车”的行为——不能缓解贫困状态，那么只能责备穷人自己。在这个意义上，公共住房类似于其他的“贫困项目”，这类项目开发者认为，通过改变贫民生活的某一方面就可以简单地消除贫穷。

事实上，不是公共住房或者租客的错，而是人们对某种可以极大地消除贫穷和社会病态的解决方法的期望。不过，公共住房的理念还是对的，在一些城市中获得成功的“住房项目”意味着错误在于管理和资金而不是这一理念。例如，在纽约市，1984年等待申请公共住房的名单上有17.5万多人，然而每年能申请到的人还不到4%。尽管公共住房仍然被认为是“联邦建造和支持的贫民

---

① 申请书H-163，亨利·伊梅尔(Henry B. Immel)的信，公共工程局邮件和档案部，196号档案组，国家档案馆。

窟”，但是贫民对充足、干净和廉价住房的需求仍不容忽视。

公共住房的扩展是一种20世纪的现象，在世界范围内改变了城市的面貌和特征。在不同的国家，如苏联和南非，国家建造的公共住房已经成为国家意识形态（在苏联是社会主义，在南非是种族隔离）不可分割的一部分；在很多工业化国家，如英国和西德，公共住房是福利国家的一个基本内容；在贫穷的第三世界国家，公共住房是解决大量社会问题的一种重要工具。不管是意识形态的作用还是住房需求的刺激，公共住房已经变成大部分国家的一种重要制度。

唯有美国是例外，其政府资助促成了城市和郊区生活之间招人诟病的不平等。从1930年代开始，美国政府开始着手在住房问题的广泛领域中推进两个主要措施：一个是用长期、低息的抵押贷款来鼓励购买住房，这些项目的受益人主要是白人中产阶级，他们的目的地通常是郊区。

联邦政府第二个主要的住房措施是用公共税收所得修建住房，使那些不能以市场价格购买住房的人受益。这个项目慢慢从 230
给有工作的穷人提供一种临时救济演变成给社会上最贫困的群体提供一种永久而被动的保护，这些建筑的位置几乎总是在中心城市最贫穷的那一部分。

联邦政府的政策经常自相矛盾，或者如人们有时候说的那样：右手不知道左手正在做什么。可能在一个像美国政府这样庞大的机构里是不可能有一个单一、连贯、和谐的住房政策。但是，不管事情显得如何令人困惑，很多政府官员如何辩解华盛顿的计划的初衷始终是出于想为所有的收入群体谋求社会利益，联邦政策在公共住房方面的基本倾向是使得穷人集中在城市中心而富人分散在郊区。美国住房政策不仅缺乏社会目标，而且还强化了社会不公平的基础。“山姆大叔”并非不公正，而是促成城市的普遍失利和郊区的普遍繁荣。[①]

① 切斯特·哈特曼(Chester Hartman)：《公共住房的局限》(“The Limitation of Public House”)，《美国规划师协会杂志》(*Journal of the American Institute of Planners*)1963年11月第24期，第283—285页。

第十三章　婴儿潮与郊区化时代 231

布兰丁斯家的愿望……其实很简单——一幢双层的小楼，宁静、优雅，拥有现代气息……一个敞亮的带有壁炉的客厅、餐厅、储藏室、厨房、不大的洗手间、四间带有浴室的卧室……一个宽敞的地下室……还有一些壁橱。

——埃里克·霍金斯(Eric Hodgins)

《布兰丁斯先生建造的梦之屋》(*Mr. Blandings Builds His Dream House*, 1939)

任何一个拥有自己住房和宅地的人都不会成为一个共产主义者，他有太多的事情要做。

——威廉·莱维特(William J. Levitt, 1948)

1945年8月14日下午7点钟(美国东部时间)，全国各地的广播电台中断了日常节目，播报了哈里·杜鲁门总统宣布日本投降的消息。那是一个亲历者永远难以忘怀的时刻——第二次世界大战结束了。全国各地的人们欢聚一堂，庆贺胜利。纽约时代广场竟然聚集了200万之众，有如新年前夜一般。在一些小城镇，人们同样欢欣鼓舞，人声鼎沸，欢呼声、号角声、警笛声和教堂的钟声将这一喜讯传遍千家万户、大街小巷，就连懵懂的顽童也感到这是一个非同寻常的日子。对于一般人来说，与胜利相伴而来的首先不是物资匮乏的结束，不是国界的变更，不是赔款的偿付，也不是大国之间的政治角逐，而是丈夫和孩子可以免于一死了。虽然有些妇女心存芥蒂，担心她们生平第一次得到的报酬优厚而重要的工作要由退伍大兵来接替，但大多数妇女还是感到松了一口气。毕竟正常的日常生活可以恢复了，漫长而孤苦的日子终于结束了，她们的男人就要归来了。[①]

232 事实上，美国还没有做好迎接和平的准备，就像 1939 年 9 月 1 日拂晓时分，当纳粹军队越过波兰边界时她没有做好战争准备一样。五年多来，战争的需要优先于消费需求，直到 1945 年几乎每个人都有很多物质需求未能得到满足。

住宅是最紧迫的需求。经过 16 年的萧条和战争，住宅建筑业几乎处于停滞状态，每年破土动工的住宅不足 10 万套。1940 年代初期，有将近 100 万人迁徙到国防工业基地，但他们的新住宅却被设计为“临时住宅”，这一方面由于经济动员，另一方面也由于房地产游说集团不愿将战时住宅在战后转变为永久性住宅。同时，结婚率经历 10 年的下降之后于 1940 年又陡然上升，这是因为战争的阴云日益迫近，预期的分别促使人们作出抉择。此外，参军服役的士兵如果结婚，还可以每月额外得到 50 美元的津贴，这些津贴可以直接发到他们妻子手中。随后不久，出生率开始上升，1943 年达到 22‰，这是 20 年以来的最高纪录。许多新生儿是“告别宝

---

① 我使用“男人”一词，是因为在第二次世界大战中，武装部队的绝大部分是男子。

贝儿”，妻子是在丈夫出征前怀孕的，部分原因是没有采取节育手段，部分原因是每出生一个婴儿，津贴就会有所提高，而且孩子还能令家人想起从军的爸爸，天知道他何时或能否归来。战争期间，政府和企业对服役家庭大肆渲染郊区住宅，在 1941—1946 年，美国一些最负盛名的建筑师将他们的“梦之屋”发表在《妇女之家杂志》的系列刊号上。①

战后，结婚率和出生率都居高不下。从个体角度看，新组建家庭数量的增加与新开工住宅的减少意味着战争结束时，几乎没有房子出售，也没有公寓出租。始于大萧条时期的趋势仍在继续，到 1947 年，有 600 万个家庭与亲友合住一套住宅，另有 50 万个家庭居住在活动房屋或临时居所。这两个数字还不包括那些住在未达标或空间异常狭小的住宅里的家庭。在芝加哥，有 250 辆旧电车车厢被当作房屋卖掉。在纽约，有一对新婚夫妇在一家百货商店的橱窗里安家两天，希望藉此得到媒体的报道，进而帮助他们找到一套公寓。在奥马哈，一份报纸的广告写道：“大型冰柜，七英尺高 17 英尺宽，可以安装起来居住。”在亚特兰大，该市为退伍军人购买了 100 个拖车房屋。在北达科他州，多余的谷仓被改造为套间。简而言之，人们对住宅的需求是前所未有的。②

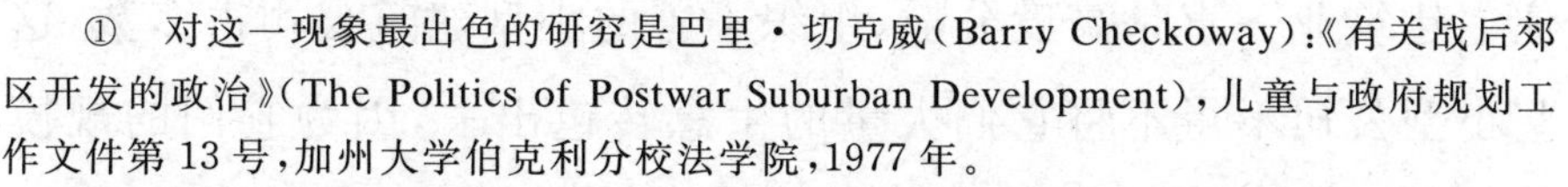

① 对这一现象最出色的研究是巴里·切克威（Barry Checkoway）：《有关战后郊区开发的政治》（The Politics of Postwar Suburban Development），儿童与政府规划工作文件第 13 号，加州大学伯克利分校法学院，1977 年。

② 马克·盖尔芬德（Mark I. Gelfand）：《城市、郊区与政府政策》（“Cities, Suburbs and Government Policy”），载入罗伯特·布雷姆纳（Robert H. Bremner）、加里·赖卡德（Gary W. Reichard）编：《重塑美国——社会与制度（1945—1960）》（*Reshaping America: Society and Institutions, 1945 - 1960*），第 112—138 页。

233 美国急需500万套新住宅，对此联邦政府制定了一项规模巨大的新住宅建筑计划。在战后的10年里，国会分期拨款几十亿美元，用于联邦住宅管理局新的抵押贷款担保。更重要的是1944年通过的《复员军人再安置法》，该法为退伍军人管理局设立了一个住宅抵押担保计划，该计划与联邦住宅管理局的担保计划十分相似。该法赞同并支持了这样一种观点，即1 600万二战退伍军人应该恢复公民生活，应该拥有他们自己的住宅。此外，该法还认可了建筑行业的观点，他们需要结束政府管制，但仍保留政府对他们在住宅建筑投资方面的担保。按照小说家约翰·基茨(John Keats)的说法就是："干房地产的那帮家伙得知这一消息后个个情不自禁，喜笑颜开，撸起袖子准备大干一场，摩拳擦掌之声甚至远在菲律宾的塔威塔威也听得一清二楚。"①

这种嘈杂之声究竟传播了多远无从知晓，但住宅建筑业人士有充足的理由拍手叫好。联邦政府的住宅抵押担保接受了建筑商确定的价格，刺激了前所未有的建筑业的繁荣。新开工的独户住宅从1944年区区11.4万套，骤增到1946年的93.7万套，1948年的118.3万套、1950年的169.2万套，达到了历史顶峰。然而，正如巴里·切克威所指出的，这一时期最引人注目的是大型建筑公司在数量、重要性和规模方面的增长。与其他产业相比，美国的住宅建筑业一直是高度分散、组织不善的小型建筑公司占多数，这些小型公司不得不将它们大量的生意转包出去，因为它们的规模

① 约翰·基茨(John Keats)：《落地窗的裂痕》(*The Crack in the Picture Window*)，波士顿，1956年。亦可参见爱德华·艾克勒(Edward P. Eichler)、马歇尔·卡普兰(Marshall Kaplan)：《社区建筑商》(*The Community Builders*)，伯克利，1967年。

太小，不足以在建造住宅时聘用所需要的所有技术工匠。住宅建筑业，如同国民经济的其他部门，第二次世界大战有利于大型企业的发展。在1945年以前，典型的承包商每年建造的房屋一般不超过五套，而在1959年，一般的独户住宅建筑商却能够建造22套。早在1949年，足有70%的新建住宅是由为数只有10%的建筑公司建造的（这一比例将在随后的30年里大致保持稳定），到1955年，郊区住宅小区占大都市区中所有新建住宅的四分之三以上。①

然而，从国际角度来看，美国的住宅建筑企业仍然是小规模的。比如1969年，在美国所有的新建住宅中，由年建筑量达500套以上的建筑公司所建造的比例只占8.1%，相比之下，英国的这一比例是24%，法国是33%。因此，二战对美国住宅建筑业的改造并不像对欧洲的改造那样强烈。②

① 1942年成立了全国住宅总署，以集中政府力量来建造战时住宅。在900万就业于兵工厂的工人中，大约有一半受惠于政府的“共建住宅”（Share Your Home）计划。在战争期间，美国只增加了120.6万套永久性住宅。参见全国住宅总署（National Housing Agency）：《第四个年度报告》（*Fourth Annual Report*），华盛顿1946年，第2—3页、26—27页。亦可参见巴里·切克威：《大型建筑商、联邦住宅计划与战后郊区化》（“Large Builders, Federal Housing Programs, and Postwar Suburbanization”），《国际城市与地区研究杂志》（*International Journal of Urban and Regional Research*），1980年第4期，第21—44页。

② 对这一问题最出色的分析是马克·威利斯（Mark Alan Willis）：《对工业结构周期性需求和科技进步速度的影响——美国、英国和法国住宅建筑业的国际比较研究》（The Effect of Cyclical Demand on Industry Structure and on the Rate of Technological Change: An International Comparison of the Housebuilding Sectors in the United States, Great Britain, France），耶鲁大学博士学位论文，1979年。亦可参见《财富》杂志（*Fortune*），1980年11月3日，第15页。

234

莱维敦

对战后美国住宅建筑业影响最大的莫过于亚伯拉罕·莱维特(Abraham Levitt)及其儿子威廉及艾尔弗雷德,这家人最终建造了14万多套住宅,并将住房建设这一手工行当改造成一种重要的流水作业。他们于1929年在长岛以一个小企业起家,随后的几年里在罗克维尔·森特专门建造大型住宅。1934在曼哈西特开工建造了一个叫“斯特拉斯莫尔”的小区,该小区拥有200套住宅,自此莱维特公司加快了步伐,继续为上层中产阶级建造住宅,他们的都铎式房子售价在9 100—18 500美元。私人客户和小型分销地块一直是该公司在临近战争结束前一段时期的主要业务。①

① 没有关于威廉·莱维特及其公司的传记。最出色的研究是约翰·利尔(John T. Liell):《莱维敦:社区开发与规划研究》(Levittown: A Study in Community Development and Planning),耶鲁大学博士学位论文,1952年。该博士论文是基于每6人一组的问卷调查,并辅以面对面采访。对莱维敦在这一转变中社会现象的客观考察可参见威廉·多布林纳(William M. Dobriner):《郊区居民阶级》(*Class in Suburbia*),新泽西州恩格尔伍德克里夫斯,1963年。亦可参见约瑟夫·吉尔福伊尔(Joseph M. Guilfoyl)、J.霍华德·拉特利奇(J. Howard Rutledge):《莱维特克服了住宅短缺》(“Levitt Licks the Housing Shortage”),《桂冠》(*Coronet*),1948年9月,第112—116页;以及《莱维特提供6 990美元一套的住宅》(“Levitts Deliver $6,990 House”),《美国建筑商》(*American Builder*)1947年6月,第96—97页。哈罗德·沃特尔(Harold L. Wattel):《莱维敦:郊区社区》(“Levittown: A Suburban Community”),载入威廉·多布林纳:《郊区社区》(*The Suburban Community*),纽约,1958年,第287—313页。还可参见一部小说,即查尔斯·默根达尔(Charles Mergendahl):《临时之举》(*It's Only Temporary*),纽约州加登城,1950年。自传性报道有威廉·莱维特(William J. Levitt):《更多的住宅与更高的价值》(“More House and Better Values”),《美国规划师协会杂志》

1941 年，莱维特父子公司获得了一份政府订单，为弗吉尼亚州诺福克的战时工人建造 1 600 套住宅（后增加到 2 350 套）。这项任务是艰巨的，但莱维特兄弟从中学会了如何一天内浇筑几十个混凝土地基，以及如何组装统一制式的墙体和屋顶。随后来自联邦政府的订单需要他们在弗吉尼亚州的朴次茅斯建造更多住宅，在珍珠港为船坞工人建造营房，这些都为其提供了更丰富的经验，同时，威廉于 1943—1945 年在海军修造营服役期间也获得了不少经验。因此，即使在建造第一个莱维敦之前，莱维特公司已经位居全国最大的住宅建筑商之列。①

战后，莱维特父子返回长岛，1946 年在罗斯林建造了 2 250 套住宅，售价在 1.75 万—2.35 万美元之间，远远超乎普通退役军人的偿付能力。然而就在同一年，他们开始在亨普斯特德乡购买了 4 000 英亩的马铃薯农田，规划了美国历史上最大的私人住宅项目。②

这一项目就是艾兰特里斯（Island Trees），但很快更名为莱维

（*Journal of the American Institute of Planners*）1948 年 6 月第 9 期，第 253—56 页；艾尔弗雷德·莱维特（Alfred S. Levitte）：《一位社区建筑商眼中的社区规划》（"A Community Builder Looks at Community Planning"），《美国规划师协会杂志》（*Journal of the American Institute of Planners*）1951 年春第 17 期，第 80—88 页；威廉·莱维特（William J. Levitt）：《看呐！莱维敦的生活》（"What! Live in Levittown"），《良好家政》（*Good Housekeeping*），1958 年 7 月，第 47 页、175—176 页。

① 我所发现的最早关于莱维特家族的出版物是博伊登·斯帕克斯（Boyden Sparks）：《他们建造的是邻里社区，而非住宅》（"They'll Build Neighborhoods, Not Houses"），《星期六晚邮报》（*Saturday Evening Post*），1944 年 10 月 28 日，第 11 页、43—46 页。

② 据我所知，尚未有单独的建筑商建造的社区超过纽约的莱维敦。一些新镇虽然比莱维敦规模更大，比如雷斯顿（Reston）、哥伦比亚（Columbia）和欧文（Irvine）等，但它们是由许多分散的住宅建筑商合作建造的。

敦。其施工方法十分简单：在用推土机夷平地表、拔除树木以后，卡车以每隔 60 英尺的间隔就小心翼翼地卸下一些建筑材料。每座房子都建在一片水泥地上（没有地下室），地板是沥青制成的，墙体是石板做成的。胶合板取代了四分之三英寸厚的板条，四分之三英寸厚的双层板条被劈为八分之三英寸厚的板条作屋顶，马匹和挖掘机被推土机所取代。新型的电动工具，比如电锯、刨槽机和自动敲钉机等帮助提高工人的工作效率。满载木料的货车直接开进木材加工厂，在这里一个工人能在一天内加工 10 座房子的木料。

建筑程序分为 27 道工序——从铺设地基开始到为新房子进行打扫结束。工作人员经过专职训练后专司一项工作——某一天是白漆工人的工作，随后第二天是红漆工人的工作，最后是铺瓦工

235 的工作。每一项可能的部件，尤其是那些最难施工的部件，都在中心车间预制完成，而其他多数建筑商是在建筑工地现场做。这样，

莱维特公司就将技术工作压缩到原来的 20%—40%。工时是标准的每周五天，但这五天却是建筑工作顺利进行的五天，只有下雨天才视为周六和周日用来休假。在这一过程中，莱维特公司对工会和工会的工作规章（比如反对喷漆的规定）毫不理会，坚持要求分包商只为他们工作。纵向联合也意味着莱维特父子公司生产它自己的水泥，种植它自己的树木，加工它自己的木材。它还从完全属于自己的分公司那里购买所有的器械。在产量最高的时期，该公司每天可以建造三十多套住宅。①

① 比如，有些木料来自莱维特公司所属的位于加州布卢莱克（Blue Lake）的格里兹利帕克木材公司（Grizzly Park Lumber Community）；某些构件是通过莱维特公司所有的位于长岛北岸的供货公司（North Shore Supply Company）购买的；一些部件是在

第一座"莱维敦"位于曼哈顿以东25英里，起初仅面向退伍军人销售，对那些在战争期间和战后初期新组成的家庭尤其具有吸引力。这些退伍军人当初与其亲友挤在一起，或栖身于微型公寓之中，不得不忍受房东对他们孩子的冷言冷语，莱维敦的出现不啻一场及时雨。他们将目光转向莱维敦，将其视为解决他们迫切需求的钥匙。在1947年10月入住莱维敦首批300套房屋之前的数月里，一些客户就已经排起长队认租该社区四居室的科德角(Cape Cod)箱式房屋，租金每月60美元。第一批1 800套房子起初仅用于出租，居住一年以后可以选择购买。由于抵押贷款、利息、本金、税收加起来低于租金，几乎每家都选择购买。1949年以后，所有的单元仅仅用于出售。由于许多购房者是青年家庭，因此社区报纸《岛树》(*Island Trees*)发刊号评论说："我们的生活是如此贴近，因为我们大多数年龄相仿，收入相近，居住在几乎完全相同的房子里，面临着共同的问题。"① 由于这些社区家庭有很多孩

位于罗斯林的一家莱维特工厂预制的。关于组装房屋的发展进程，参见阿尔伯特·比米斯(Albert F. Bemis)：《住宅的演变》(*The Evolving House*)，坎布里奇，1936年；伯纳姆·凯利(Burnham Kelly)：《住房的配件预制》(*The Prefabrication of Houses*)，纽约，1951年；亦可参见马克·威利斯(Mark Alan Willis)：《对工业结构周期性需求和科技进步速度的影响——美国、英国和法国住宅建筑业的国际比较研究》(The Effect of Cyclical Demand on Industry Structure and on the Rate of Technological Change: An International Comparison of the Housebuilding Sectors in the United States, Great Britain, France)，耶鲁大学博士学位论文，第2—3页。

① 《千条街巷》(*Thousand Lanes*)1951年11月第1期，第3页。亦可参见埃里克·拉腊比(Eric Larrabee)：《莱维特建造的六千栋房屋》("The Six Thousand Houses That Levitt Built")，《哈珀斯杂志》(*Harper's Magazine*)1948年9月，第79—88页；以及约翰·利尔(John T. Liell)：《一年建造四千套住宅》("4000 Houses a Year")，《建筑学论坛》(*Architectural Forum*)1949年4月，第84—93页。

子出生，因此该郊区社区被称为“肥沃的谷地”和“兔子的笼箱”。

莱维敦最终拥有超过 1.74 万多套独栋房屋和 8.2 万居民，该镇成为有史以来由一家公司建造的最大的住宅开发项目，它还是美国梦之屋市场上接近该行业所能提供的最低价格。典型的科德角箱式风格的房屋朴实无华，庄重大方，其目的不是唤起人们的想象力，而是以最低廉的价格提供最好的栖身之所。每座房子都拥有一间 12 英尺宽 16 英尺长带有壁炉的客厅、一间浴室、两间卧室（大约 750 平方英尺），楼上的阁楼没有密封，可以很容易地进行扩建，房子也可以向后院继续延伸。最重要的是，地板的设计良好实用，厨房挪到了房子的前部，接近门口，便于母亲在洗涮和做饭时从厨房的窗子观察她们的孩子，却无需过多地挪动。同样，客厅安

236 置在房子的后部，并开设了一扇朝向后院的落地窗。这种早期的莱维敦房屋对于二战后的郊区开发是开创性的，正如福特的 T 型汽车之于汽车业。在这两种情况下，设计式样无关宏旨，它们都是批量生产且价格低廉，中产阶级也能买得起，然而后者则是更加重要的。[①]

战后不久，威廉·莱维特成为该公司的主要负责人，他出售房子就如同别人出售汽车一样迅速。他的科德角式房屋售价只有 7 990美元（早期的房型价格低至 6 990 美元），他的牧场式平房售价为 9 500 美元，他还许诺零首付，没有交易手续费，而且“没有暗

---

① 莱维特和他建造的一座房子出现在 1950 年 7 月 3 日《时代杂志》的封面上。对为什么莱维特感觉科德角风格住房特别有效率这一点的解释，参见《科德角式木屋》（“The Cape Cod Cottage”），《建筑学论坛》（*Architectural Forum*）1949 年 3 月，第 98—106 页。

含的附加费”。在联邦住宅管理局和退伍军人管理局“生产贷款”的支持下，莱维特夸口自己在私人住宅建筑商中是最大的信贷客户。他简化了买房的文书手续，将整个贷款和购房交易过程缩短到两个半小时。为了消除购房者的踌躇犹豫，他在整版的广告中又增加了一项优惠——随房价赠送一台本迪克斯洗衣机，其他的优惠条件包括一台18英寸的电视机（为此，购房家庭可以在随后的30年里分期付款）。销售效率如此之高，为此1948年《哈珀斯杂志》报道说，莱维特的价格比他最近的竞争者低1 500美元，但每套房屋仍可盈利1 000美元。正如《纽约时报》的建筑评论家保罗·戈德伯格（Paul Goldberger）所指出的，“莱维敦的房子与其说是建筑设计的产物，不如说是社会的产物——对于数以千计的美国中产阶级家庭而言，它们将独栋独户住宅从一个遥远的梦想瞬间转变为可以触摸的现实。”①

购房者用金钱买到的不仅仅是一处栖身之所。当首批家庭带着他们的童车和游戏围栏初来乍到时，这里还没有树木、学校、教堂或私人电话。设置杂货店还是一项风险投资，而收取邮件则需要在泥泞的道路上跋涉到希克斯维尔。然而，莱维特公司在每家宅地上都种植了苹果树、樱桃树和常绿树木，最终该项开发呈现出一派田园式的景观。为了使该项开发呈现一个花园式的社区，街道是弯弯曲曲的（都叫“道路”或“里巷”），过路交通被安排在社区边缘的大路上。该社区拥有九个游泳池、60个活动场地、10个棒球场和七个供莱维敦“村”使用的绿地，这些都用作开放空间和娱

① 《纽约时报》（*New York Times*）1981年4月2日。

乐场所。莱维特公司禁止设置篱笆(后来忽略了这一点),只允许在专门设计的可折叠的户外晾衣架上晾晒衣服。他们甚至在最初几年里还干涉草坪的修剪——如果必要的话,他们将亲力亲为,然后向那些懒散的家庭收取费用。①

许多建筑评论家对中低收入者的品味和消遣活动不太习惯,通常对他们 60 英尺乘 100 英尺一刀切地块和千篇一律的住宅品头论足,称莱维敦是在“设计理念上的堕落和建筑形式上的贫乏”。
237 莱维敦从万蒂奇林荫大道一直向东延伸,目力所及是一幢又一幢相同的房屋,一直到天际线,只有电话杆打破了这一沉闷的景象。保罗·戈德伯格(Paul Goldberger)崇尚个性化的设计,认为莱维敦就整体而言是“城市规划方面的一种灾难”,而刘易斯·芒福德则抱怨说,莱维敦单调的住宅类型和狭隘的收入阶层导致了单一阶层的社区和落后的设计。他指出,莱维特公司是在用“新式方法重蹈旧式的错误”。②

但是,莱维敦在市场上却是一个巨大的成功。仅 1949 年 3 月一天就签署了 1 400 份销售合同,有些家庭甚至排队等候了四天。

---

① 豪厄尔·沃克(Howell Walker):《长岛增长率领先全国》(“Long Island Outgrows the Country”),《美国国家地理》(*National Geographic*)1951 年 3 月,第 279—326 页。关于备受吹捧的社区精神的分析,参见拉尔夫·马丁(Ralph G. Martin):《新郊区生活》(“Life in the New Suburbia”),《纽约时代杂志》(*New York Times Magazine*)1950 年 1 月 15 日,第 16 页、40—42 页。亦可参见《纽约时报》(*New York Times*)1972 年 4 月 18 日。

② 《纽约时报》(*New York Times*)1981 年 4 月 2 日;亦可参见约翰·基茨(John Keats):《落地窗的裂痕》(*The Crack in the Picture Window*),第 55 页。对 1950 年代郊区住宅的建筑学评论最有影响的是瑟奇·彻马耶夫(Serge Chermayeff)、克里斯托弗·亚历山大(Christopher Alexander):《社区与隐私》(*Community and Privacy*),加登城,1963 年。

“我真的很喜欢它，”一位早期的居民回忆道，“当他们建造绿园小区之时，我们经常步行到那里享用冰激凌，那是我们的快乐时光。”①

1950年代，莱维特公司又将目光从长岛转移到费城附近另一个同样巨大的项目上。新的莱维敦位于宾夕法尼亚州巴克斯县的低地，这里原先是一片花椰菜和菠菜农田，距离美国钢铁公司新建的费尔利斯工厂只有几英里之遥，莱维敦大多数的居民就在这里上班。该镇由八个主要的街区构成，每个街区的面积大约有一平方英里，都以自己的娱乐设施为中心。在1950年代后期竣工之时，该镇总共拥有大约1.6万套房屋，此外还有一些轻工业和一个占地55英亩的大型购物中心。根据莱维特的说法：“我们对每一英尺土地都进行了规划——每一个商店、加油站、学校、住宅、公寓、教堂以及色彩、树木和冬青。”②

1960年代，莱维特公司又一次找到了新猎物，这一次它盯上了新泽西州的威林伯勒，第三个莱维敦建立了起来，位于费城的远程通勤范围内。最后这个莱维敦就是赫伯特·甘斯的名著《莱维敦居民》考察的核心。科德角式样仍然是基本的风格，但莱维特改进了过去的式样，更为接近仿殖民地设计风格，这种风格在东北部十分流行。③

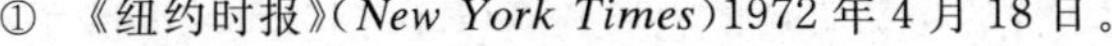

① 《纽约时报》(*New York Times*)1972年4月18日。

② 在过去的30年里，这些莱维敦的地位和声望已经有所降低，尤其是在最初的居民迁出而被工人阶级家庭所取代以后。

③ 赫伯特·甘斯(Herbert J. Gans)：《莱维敦居民：一个新郊区社区的生活方式与政治》(*The Levittowners: Ways of Life and Politics in a New Suburban Community*)，纽约，1982年第二版。

如果说模仿是最诚恳的奉承，那么，在过去的40年里，威廉·莱维特着实备受推崇。[①] 他使用铺设了放射状暖气管道的水泥地面来替代地下室，这种做法早在1950年就已被广为效仿。事实上，莱维特并不是众多批量生产技术的先驱——比如使用胶合板、碎料板、灰泥板以及电力工具如电锯、刨槽机和敲钉机等——但他的开发活动在每一个大都市区都备受媒体的广泛关注，一些大型建筑商也采纳了同样的方法，比如波士顿的约瑟夫·凯利、波特兰的弗兰克·怀特、洛杉矶的路易斯·博雅和弗里茨·伯恩斯、菲尼克斯的德尔·韦布、休斯敦的威廉·法林顿、丹佛的富兰克林·伯恩斯、孟菲斯的华莱士·约翰逊、圣安东尼奥的雷·埃里森、克利夫兰的莫里斯·菲什曼、华盛顿的韦弗利·泰勒、芝加哥的欧文·布里茨和菲利普·克卢茨尼克、巴尔的摩的约翰·莫布雷、旧金山的卡尔·盖勒特和埃利·斯通曼等，这里只不过列举了一些最著名的建筑商而已。[②]

238 联邦住宅管理局和退伍军人管理局的住宅计划使大规模的住宅开发所需的金融贷款成为可能。1934年全国住宅法第六条规

---

① 1968年，威廉·莱维特将其建筑公司“莱维特父子公司”以9 200万美元的价格转让给国际电话电报公司。最终的合同规定，在1977年以前，他不得重返美国住宅建筑行业。1978年，他又获得了佛罗里达州奥兰多(Orlando)附近一片3 100英亩建筑场地的建筑权，开始建造容纳9 000套住宅的有规划的社区，其中大约3 000套计划建成公寓住宅。《纽约时报》(*New York Times*)1981年1月25日。

② 在某个城市居支配地位的建筑商是雷·埃利森(Ray Ellison)，1984年，他在圣安东尼奥开工建筑的住宅占该市住宅市场的45%。《今日美国》(*USA Today*)1984年6月14日。亦可参见《商业建筑的新方法》(“A New Method of Merchant Building”)，《建筑学论坛》(*Architectural Fortum*)1949年9月，第75—77页；以及《帕克福雷斯特迈进1952年》(“Park Forest Moves into 1952”)，《住房与家园》(*House and Home*)1952年3月第1期，第115页。

定，建筑商有望得到高达 90%的抵押贷款，每套住宅的总价不超过9 000美元。最重要的是，一位雄心勃勃的企业家可以获得联邦住宅管理局的“担保”，即对一项抵押贷款进行保险，然后利用这项“担保”签署合同，自己便成为临时抵押借款人。随着建筑工程的展开，抵押贷款的贷方（一个储蓄和贷款机构的银行）就可以对签约人发放“建筑贷款”，这样，建筑商只需投入其有限资本的很少一部分即可。在此之前，即使最大的建筑商也不能筹措上千套住宅开发所需的资金。仅联邦住宅管理局就在加州为亨利·凯泽的帕诺拉马城担保了3 000套住宅；为弗兰克·夏普的奥克福里斯特担保了5 000套住宅；为克卢茨尼克的帕克福雷斯特项目担保了8 000套住宅。[①]

战后郊区的特点

无论通过怎样的方式得到资助，也无论由谁来建造，新郊区分销地块是 1945—1973 年美国城市开发的典型代表，它们一般具有五个共同的特点。第一就是其位于城市的边缘地带。劳工统计局

---

① 埃里克·拉腊比指出，对第六款财政资助最强烈的批评就是，该条款给予了建筑商一份他没有为之进行投资的额外利润，而且该建筑商还确保了在一个建筑项目中没有进行个人投资的利益。参见埃里克·拉腊比（Eric Larrabee）：《莱维特建造的六千栋房屋》（“The Six Thousand Houses That Levitt Built”），《哈珀斯杂志》（*Harper's Magazine*）1948 年 9 月，第 79—88 页。参见迈克尔·萨米克拉斯特（Michael Sumichrast）、萨拉·弗兰克尔（Sara A. Frankel）：《建筑商及其产业的形象》（*Profile of the Builder and His Industry*），华盛顿，1970 年；艾尔弗雷德·斯坦伯格（Alfred Steinberg）：《联邦住宅管理局——利润优先住宅》（“FHA：Profits before Housing”），《国家》（*The Nation*）1949 年 1 月 1 日，第 11—13 页。

对1946—1947年六个大都市区住宅建筑的调查发现，郊区占住宅建筑的比例至少达到了62%。到1950年，全国的郊区增长率是中心城市的十倍。1954年，《财富》(Forture)杂志的编辑估计，在此之前的十年里，有900万人迁移到郊区居住。内城地区虽然也有一些空余的土地——拥有排污管道、电力供应、燃气管道和街道等为之提供服务——用以开发，但这种填入式的开发不适宜进行批量技术生产，因此，它既不能满足经济效益，也与时代的心理节奏不合拍。①

只有为数不多的新社区位于主要城市的边界以内，但它们同样分布于建成区边缘地带的开阔土地上。纽约市是1946—1947年调查中唯一的城市建筑比郊区建筑规模更大的地区，其中具有大幅增长率的地区之一就位于昆士区的外缘地带，而该地在1945
239 年还大致处于未开发状态。在孟菲斯，新的开发向东伸展，到达了萨默、波普勒、沃尔纳特格罗夫以及帕克大道，在这些地区，联邦住宅管理局和退伍军人管理局对住宅小区进行了担保，在巨幅广告牌上发布的广告声称“零首付”，或“一美元首付”。在洛杉矶这一战后初期发展最快的美国城市，建筑业发展最为迅猛的当属圣费尔南多谷地，该谷地自1915年并入洛杉矶市以来，基本保持未开发的空旷状态。在费城，数千套新住宅在农田中拔地而起，这些农业地区自1854年就已经从法律上合并入该市，但事实上，在几代人的时间里一直作为农业地区。

战后郊区的第二个主要特点是其相对较低的密度。在所有郊

① 在1946—1947年，郊区占纽约大都市区新住宅的42.5%。

区中，除了那些最为特殊的例子以外，联排别墅已风光不再。在1946—1956 年，大约 97%的新建独户住宅是完全独立的，四周被自家的地块所环绕。典型宅地地块的尺度是全国统一的，平均为五分之一英亩(80 英尺乘 100 英尺)到十分之一英亩(40 英尺乘 100 英尺)，随着与中心城市距离的变化而变化，这种变化甚至比地区间的变化更明显。此外，新居民小区将更多的土地用于街道和开放空间。比如，长岛莱维敦的规划密度为每平方英里10 500人，这是战后郊区的平均密度，但比半个世纪以前的有轨电车郊区的密度降低了一半以上。新社区的这种低密度设计是基于这样一种设想，即居民将拥有私人汽车，但这也意味着那些没有汽车的居民在找工作和购物时面临着严重的困难。①

这种低密度的开发模式与欧洲形成鲜明对照。在莱茵河以东那些遭受战火摧残的国家，住宅建设集中于公寓建筑，这是因为迫切需要为那些流离失所和无家可归的人尽快提供住所。但在遭受战争破坏较轻的法国、丹麦和西班牙等国，独户住宅同样十分罕见。在瑞典，斯德哥尔摩则致力于地铁沿线的郊区开发，这一决策意味着高密度的居住模式。在欧洲，没有哪个地方拥有足够的土地、资

① 马修·埃德尔(Matthew Edel)、埃利奥特·斯克莱尔(Elliott D. Sclar)和丹尼尔·卢里亚(Daniel Luria)：《摇晃的宫殿——波士顿的住宅所有权与社会流动性(1870—1970)》(*Shaky Palaces: Home Ownership and Social Mobility in Boston, 1870－1970*)，纽约，1984 年；戴维·哈利(David Halle)：《美国工人——蓝领户主的工作、住宅和政治》(*America's Working Man: Work, Home and Politics Among Blue-Collar Property Owners*)，芝加哥，1984 年；约翰·兰辛(John B. Lansing)、加里·亨德里克斯(Gary Hendricks)：《汽车拥有率与居住密度》(*Automobile Ownership and Residential Density*)，安阿伯，密歇根大学社会研究所，1967 年 6 月。

金，来进行独户住宅的开发建设，那里压根儿就没有这个传统。①

战后郊区的第三个主要特点是其建筑式样的雷同性。一些特别设计的住宅是为富人建造的，而在穷人和暂住的房客中则流行移动房屋，但对于大多数寻求新住宅的美国家庭而言，某种形式的批量生产的住宅则是首选。为了简化生产方法、降低设计费用，大多数大型建筑商提供的基本住宅设计式样不超过六种，而有些建
240 筑商提供的式样甚至还要减半。其结果就是单调乏味和简单重复，在战后初期的郊区小区中，在户主根据个人品位对其住宅和院落加以改造之前，这一点异常明显。

但这种雷同的建筑设计超越了地区界限而风行全国。全国各个地区在历史上都形成了本地特色的住宅风格——新英格兰殖民地风格的住宅、大西洋海岸城市的排屋、查尔斯敦著名的一端朝向街道的联立房屋、路易斯安那乡村湖沼湿地中高高架起的种植园住宅，以及西南部地区拥有高墙深院的住宅。这种地域性的设计只在相对较小的地区流行，20 世纪初期南卡罗来纳海岸的房屋与几百英里以外的皮德蒙特的房屋看上去迥然不同。

第一次世界大战以后，这一传统开始发生变化，如同前文所指出的，这时美国人的梦之屋已经变成科德角木屋，一种古雅的一层

---

① 我关于瑞典和美国比较的资料来源于戴维·戈德菲尔德(David R. Goldfield)，他最近关于这一主题的出版物包括：戴维·戈德菲尔德(David R. Goldfield)：《瑞典的国家城市政策》("National Urban Policy in Sweden")，《APA 杂志》(*APA Journal*)，1982 年冬季号，第 24—38 页；以及《大都市视角——瑞典和美国的规划与社会公平》("A Metropolitan Vision: Planning and Society Equity in Sweden and the United States")，《瑞典的人文环境》(*Human Environment in Sweden*)，纽约，瑞典新闻服务处文件第 21 号，1982 年 12 月，第 1—8 页。

半的房子。莱维敦满是这种供应退伍军人的廉价房屋，其设计在二战以后仍然风行一时。在随后的年代里，不断有新的房型流行开来。起初是错层式房屋，随后是牧场式平房，再后来就是改造过的殖民地风格的住房。无论哪种，都曾在全美一度引领潮流。因此，到 1960 年代，偶尔造访郊区的人会一时难以确认，她究竟是置身于波士顿，还是徜徉于达拉斯。

尤其是牧场式风格的住宅，它使人联想到二战后郊区包容四海的气势，以及地区性风格的消失。它在韦斯特切斯特县几乎就像在洛杉矶县一样流行。往远了说，牧场式的房屋起源于西班牙殖民传统的土墙建筑，但它更直接地起源于弗兰克·赖特（Frank Lloyd Wright）著名的大平原式房屋，这种房屋的屋顶坡度平缓，屋檐较深，呈明显的水平式轮廓，1950 年代典型的牧场式房屋和 30 年前一般住宅相比并不宽敞。但这种一层的牧场式住宅预示着宽敞的生活空间和便捷的户外活动。带孩子的母亲无需攀爬楼梯。最重要的是，战后的牧场式平房令人眼前一亮。1945 年《星期六晚邮报》（*Saturday Evening Post*）的出版人报道说，只有 14% 的美国人希望住在公寓或“二手”房。二战以后的房屋，无论何种风格，与本世纪初期的房屋相反，既没有门厅、客厅和楼梯，也没有阳台。就房子的结构而言，最接近街道的就是车库。①

① 大多数住宅的区域模式要么是出于气候的考虑，要么是各种建材竞争价格的结果。比如在加州，灰泥外墙的流行起初是由于这种外层建材价格相对便宜，外观上与早期西班牙砖坯建筑看起来十分相像。在中北部和南部地区，砖瓦结构的住宅占主导地位；在森林广布的东北部，木料则是最流行的外墙建材。参见查尔斯·穆尔（Charles Moore）、杰拉尔德·艾伦（Gerald Allen）和登林·林登（Donlyn Lyndon）：《住宅之选址》（*The Place of Houses*），纽约，1974 年，第 70—74 页。另见《星期六晚邮报城市住宅调查》（*Saturday Evening Post Urban Housing Survey*），费城，1945 年，第 11 页。

二战后住宅的第四个特点就是十分容易获得，因此其作为财产的含义有所降低。毋庸置疑，高端收入的郊区和住宅开发遍及全国，有些住宅开发项目还确立了较高的建筑风格和设计标准。
241 通常情况下，它们提供了宽大的住宅地块、宽敞而个性化的设计和富裕的邻里。但这一时期最重要的开发特点是针对中等收入阶层，从而降低了购房的门槛。在此之前的美国历史上，以及此后的1980年代，要想购买一套住宅就必须进行不断的积蓄和努力，这是一次主要的家庭投资。然而，二战以后，由于批量生产技术的应用、政府财政资助、高工资和低利率等，在郊区购买一套新住宅比在中心城市要便宜得多，也比以市场价格租用住宅便宜得多。[①]

战后郊区的第五个特点，或许也是最重要的一个特点，就是在收入阶层和种族构成方面的同质性。早在内战以前，按照收入和肤色对家庭进行选择的行为就已经出现了，随着工厂制度的发展而得到了强化。这种现象在费城和纽约铁路干线沿途的排他性郊区中是异常明显的，而在每个城市有轨电车沿线那些更具布尔乔亚特征的住宅开发也同样是显而易见的。汽车的应用进一步加强了这种歧视性的“吉姆·克劳”模式。在1920年代，亚特兰大有大批白人络绎不绝地迁移到该市北部那些迅速增长的富裕郊区。霍华德·普雷斯顿报道说：“到1930年，如果种族主义能够用英里和分钟进行量度的话，亚特兰大市黑人和白人的种族隔离比从前更

① 我的这一观点是根据住宅和宅地地块的出售价格得来的，在战后的15年内，这一价格在大多数连片开发的郊区中一般低于1万美元。相比之下，相似类型的住宅的平均价格在1920年代几乎很高，而按照真实价格而言，在1890年代几乎更高。1980年代住宅的真实价格（1983年新住宅的中位价格是7.5万美元）比30年以前则高得多了。

加严重了。"但 1930 年以前的许多郊区——比如康涅狄格州的格林威治、新泽西州的恩格尔伍德、伊利诺伊州的埃文斯顿和马萨诸塞州的切斯纳特希尔等地方——仍然保持着排他性的印象，尽管这些社区的附近或内部出现了一些低收入或少数族裔群体居住的贫民窟。①

1945 年以后的郊区开发出现于工业城市衰退这样一个背景之下。新时期的独特之处不在于歧视的再现——除了黑人以外，犹太人和天主教徒被从某些邻里中排挤出来已达几代人之久——而在于这种歧视所导致的彻底的空间隔离。莱维特公司在战后曾公开且正式地拒绝向黑人出售房产达两代人之久，但该公司的行为并不比其他城市和郊区的开发公司更明显。那些转手出售房产的人同样拒绝与少数族裔进行交易。正如莱维特所解释的那样，"我们可以解决住宅问题，或者我们可以努力解决种族问题，但我们不能将两者结合起来。"因此，对于 1960 年在长岛莱维敦的 8.2 万居民中没有一位是黑人这一事实，应该毫不奇怪。②

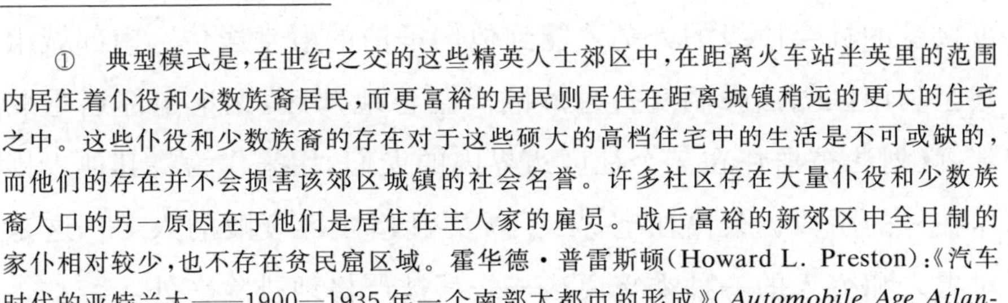

① 典型模式是，在世纪之交的这些精英人士郊区中，在距离火车站半英里的范围内居住着仆役和少数族裔居民，而更富裕的居民则居住在距离城镇稍远的更大的住宅之中。这些仆役和少数族裔的存在对于这些硕大的高档住宅中的生活是不可或缺的，而他们的存在并不会损害该郊区城镇的社会名誉。许多社区存在大量仆役和少数族裔人口的另一原因在于他们是居住在主人家的雇员。战后富裕的新郊区中全日制的家仆相对较少，也不存在贫民窟区域。霍华德·普雷斯顿(Howard L. Preston)：《汽车时代的亚特兰大——1900—1935 年一个南部大都市的形成》(*Automobile Age Atlanta: The Making of a Southern Metropolis, 1900 - 1935*)，第 96—110 页。

② 到 1980 年，这一模式已经发生了很大变化，当时新泽西州莱维敦 38% 的居民是黑人。参见赫伯特·甘斯(Herbert J. Gans)：《莱维敦居民：一个新郊区社区的生活方式与政治》(*The Levittowners: Ways of Life and Politics in a New Suburban Community*)，"引言"。另见罗恩·罗森鲍姆(Ron Rosenbaum)：《莱维特建造的住宅》("The House That Levitt Built")，《绅士》(*Esquire*)，1983 年 12 月，第 378—390 页。

某些大型的居民区，有时甚至是整个郊区，其收入和年龄方面的同质性几乎丝毫不亚于种族方面的区分。虽然这种趋势早在19世纪就已经出现，但区划法（zoning）的采用——以1916年纽约市的区划法令为开端——就是为了达到保持居民区的阶级隔离
242 和财产价值这种一般性目标。从理论上讲，区划法的目标就是通过限制土地投机和拥挤来保护所有公民的利益，而且区划法还十分流行。虽然它代表了市政权力的超常膨胀，但几乎每个人都支持它。到1926年，已有76个城市采用了与纽约市类似的区划法令。而到1936年，采用区划法的城市已多达1 322个（占所有城市的85%），而且区划法令所涉及的财产价值，比有关企业的全国性法律所涉及的财产价值还多。

事实上，区划法是将穷人和污染产业从富人居住区排斥出去的一种手法。有时候，区划法还是郊区用来对抗中心城市的有力武器。绝大多数土地利用管制的倡导者是城市边缘区的居民。他们试图通过最小宅地地块以及采取退缩等需求方式，来确保只有可接受的社会阶级的人员才能到他们圣洁的殿堂居住。南部城市甚至利用区划法强制实行种族隔离。各地郊区，无论南部还是北部，区划法被居住在某个社区边界内的人们，用来作为将其他人排斥在外的手段。公寓住宅、工厂以及引起社区衰败的人——这是对黑人和穷人的一种委婉说法——都被严格地排除在外。

区划法为郊区成为富人安全的世外桃源开辟了道路，同时，它也迫使城市为整个地区提供廉价的服务设施，为郊区所排斥的人提供住宅。简单地说，土地利用规范所力图保护的是郊区居住方面的福利和城市的商业利益，这是因为中心城市的居民一般居住

于缺席地主的土地上，后者更关心经济回报而忽略了邻里偏好。对于那些拥有土地但并不居住于此的人（即缺席地主——译者注）而言，理想的土地利用模式就是将每块土地规划为商业或工业用途。随着地产用途选择性的增加，该地产往往会增值。比如在芝加哥，被区划法规划为商业用途的土地，在这一用途下能够获得土地面积三倍的利益。这种过多地将土地规划为商业用途的做法，使内城居民不能像郊区居民那样，得到免受商业侵扰的保护。区划法无法成为理性地规范大都市区土地利用的有效手段，而仅仅成为郊区从城市夺取其希望的功能和居民的手段。郊区政府变得犹如众多的旅店一般，彼此争夺着高收入的业务，而力图将那些贫困的流浪者驱逐出境。

由于典型的区划法令禁绝了所有的公寓和宅地面积低于某一数值的住房，因此新住宅的买主往往来自收入和社会地位相近的
社会群体。就此而言，战后的郊区与许多 19 世纪的新建邻里区别 243
不大。此外，莱维敦最初是一个年轻专业人士和中产阶级下层蓝领工人的混合居住区。

然而，随着雄心勃勃的专业人士的迁离，莱维敦成为最有可能满足阶级分类的社区。[①] 这种现象成为 1950 年代一部最重要著作的主题，这就是威廉·怀特（William H. Whyte）的《组织人》（*The Organization Man*），该著作集中探讨了由前公共住宅管理局局长菲利普·克卢茨尼克（Phillip Klutznick）负责的一个 2 400

① 长岛莱维敦的许多早期居民在职业生涯中取得了非凡的成就，但起初他们居住在该社区时，与其邻居拥有相同的社会经济特征。

英亩的开发项目，对那些只知埋头于故纸堆中的社会学家产生了振聋发聩的影响。虽然怀特发现，伊利诺伊州的帕克福雷斯特对其居民进行了“领导能力的训练”，提高了他们“对现实问题的理解力”，但其基调是坦率的。怀特的研究表明，帕克福雷斯特的居民具有超强的同质性和顽固的保守性，他们在沿着公司职业阶梯奋力攀登之时，其历程几乎是完全相同的，怀特的“组织人”这一嘲讽不幸成为抨击全国相似社区的标准。

到 1961 年，当约翰·肯尼迪总统宣布其“新边疆”，并向美国人提出了一个挑战，即在十年之内将美国人送上月球之时，他的国人已经在短短的 16 年内改造了本国的大都市区。从波士顿到洛杉矶，崭新的大型居民区乃至新镇有如雨后春笋般涌现出来，而在一代人之前这里还是大自然的殿堂。在一个低膨胀率、充足的能源、联邦补贴和高涨的乐观精神的时代，美国人展示了一条通向更加富足、更加完美生活方式的路途。战后几乎每套承包建造的住宅都有中央空调、室内卫生间、电话、自动烤箱、电冰箱以及洗衣机等。

这种向（城市）外围的迁移运动自有其阴暗的一面。美国人的富足使年轻的夫妇有可能建立他们自己独立的家庭，从而进一步削弱了美国人的大家庭观念，注定大多数儿童在成长的过程中，其亲密接触的将只是其父母和兄弟姐妹。早在 1950 年，这一新的繁荣时代的特点在住房布局中就已经有所表现。该年美国拥有 3 831万个家庭，却拥有4 598.3万套住宅，84%的美国住户报告说，每个居室居住不足一人。

评论家认为，城市外围的这种生活环境对于妇女和儿童尤其有害。郊区世界是一个女性化的世界，尤其在白天。贝蒂·弗里丹（Betty Friedan）的经典著作《女性的奥秘》（*The Feminine Mystique*）就对如下这样一种观念提出了挑战，即美国的梦之屋对于 244 妇女而言在精神上是充实的。正如格温德林·赖特所指出的，她们远离工作机会，与职业人士没有接触，这导致了她们的压抑、沮丧和严重的心理问题。同样，西多尼·格伦伯格也在《纽约时代杂志》上警告说，“批量生产的标准化住宅也会培养标准化的个人——尤其是青少年”。由于郊区既不能提供城市的生活方式和城市的复杂环境，也不能提供农庄的平静与安宁，因此，人们认为郊区对智慧造成的创伤仅次于文化沙漠、经济废墟和情感荒原。然而，没有谁比刘易斯·芒福德更加苛刻。他在其1961年的著作《城市发展史》一书中分析了文明发展的整个历程，这一著名学者重申了他在四十多年以前就已经首次阐释的见解，批判了美国每座城市周围这些新的开发：

> 在向郊区的大规模迁移过程中，产生了一种新型的社区，这种新型社区既是对历史上城市的讽刺，又是对原始郊区避居地的拙劣模仿：千篇一律的形式，没有差别的房屋，僵硬地排成一线，相等的距离，位于模样相同的路旁；在一片没有树木的社区废地上，只有同一阶级的居民，相同的收入，相同的年龄段，观看同样的电视节目，吃着从电冰箱中取出的、淡而无味的同样半成品食物，无论哪个方面都遵循着外表和内在的同一模式，而这些都是在中心大都市区制造的。因此，具有讽刺意味的是，我们这个时代向郊区逃逸的最终影响，就是浑

然不知地在享受品质低劣的同一环境，而要从中逃离出来则是不可能的。①

此外，由于联邦政府所支持的这种住宅建筑的繁荣是如此规模巨大，为此，郊区的新住宅成为中心城市衰落的一个主要原因。由于联邦住宅管理局和退伍军人管理局对新住宅建筑的条件是如此优惠，致使郊区几乎向所有中等收入的白人家庭敞开了门户，因此，中心城市的住宅市场流失了买主，他们原本可能会为那些空置邻里中的住宅提供合适的市场。②

那些兴致勃勃搬进郊区新家的年轻家庭对中心城市的住宅市场问题漠不关心，对于刘易斯·芒福德的辛辣观点以及其他的社会评论也心不在焉。他们关心的只是自己的希望和梦想，寻求的只是良好的学校、私密的空间和个人的安全，而像莱维敦这样的地方则能够大规模地提供这些福祉，况且其价格之低廉是拥挤的城

① 格温德林·赖特(Gwendolyn Wright):《筑梦——美国住房的社会史》(*Building the Dream: A Social History of Housing in America*)，第22—39页；西多尼·格伦伯格(Sidonie M. Gruenberg):《新郊区中没有个性的儿童》("Homogenized Children of New Suburbia")，《纽约时代杂志》(*New York Times Magazine*)1954年9月19日，第14页。刘易斯·芒福德(Lewis Mumford):《城市发展史》(*The City in History*)，纽约，1961年，第486页；另见芒福德(Lewis Mumford)《一哄而起的郊区》("The Wilderness of Suburbia")，《新共和国》(*The New Republic*)1921年9月7日，第44—45页。

② 关于内城邻里衰退的过程及其与郊区住宅市场的关系，最出色的分析是詹姆斯·利特尔(James T. Little)、休·诺斯(Hugh O. Nourse)、R. B. 里德(R. B. Read)和查尔斯·利文(Charles L. Leven):《当代邻里的演替历程——在圣路易斯城市衰败的动态过程中所经历的教训》(*The Contemporary Neighborhood Succession Process: Lessons in the Dynamic of Decay from the St. Louis Experience*)，第79—81页、180页。

市邻里——无论是欧陆旧世界还是北美新世界——所不可比拟的。批量生产的独户住宅——二战后的那种风格——无论其从美学视角看有什么缺点，毕竟在冷漠的世界里为越来越多的家庭提
供了一个属于自己的天堂。如果这个梦不包括少数族裔和老年 245
人，如果这个梦不造成核心家庭的孤独、导致公共交通的衰落和市区邻里的萧条，那么，以空前规模建造的物美价廉的郊区住宅将是一项举世无双的丰功伟业。

246 第十四章　当代美国的免下车文化

人类这种两足动物具有两种内在冲突的愿望：既渴望安全、温暖、舒适、栖居、“自在”，同时又渴望在广阔的天地间信马由缰地徜徉游荡，去探究地平线另一边究竟存在何等新奇之物。汽车是一种车轮上的房屋，能带你到任何你想去的地方。你可以在里面过饮食男女的生活，去看电影，欣赏维瓦尔第或斯通斯乐队的音乐；还可以超越他人，如果你的车有更大的马力，你能熟练地操作挡位的话。它是一个完整的存在，至少在汽油耗尽之前是这样。

——麦克唐纳·哈里斯(McDonald Harris)

《纽约时报》，1979 年 5 月 16 日

美国在战后出现了空前的繁荣，彩电、立体声录音机、无霜电冰箱、电动搅拌机、垃圾自动处理机成为中产阶级家庭的必备设施。但个人成功和身份地位最好的标志还应是一辆造型优美、内置空调、马力强劲的汽车。1950—1980 年，美国人口增加了 50%，而汽车数量却增加了两倍。中学毕业最隆重的仪式就是考取了驾照，那样你就可以使劲脚踏油门任意驰骋。全国许多地方的教育机构不得不为开车的学生提供数百个停车位。汽车已经成为一个

人身份的标志，但一个重要的问题是："他们开的是什么样的车？"不仅青少年如此，而且数以百万计的老年人也要根据汽车的数量、价格、款式以及马力大小来确定他们的身份。在乔伊斯·奥茨(Joyce Carol Oates)的小说中，有位角色这样想，"逃离"，"只要他拥有自己的汽车，他就是一个美国人，就不会死。"

不幸的是，美国人确确实实是会死的，往往死于车轮之下。1899年9月9日，当亨利·布利斯在74街与中央公园西路的交
叉路口走下电车之时，被一辆汽车撞倒身亡，由此成为长期以来肉 247
体与钢铁战争中第一位牺牲者。此后，死难者人数几乎年年上升，直到达到每年约有5万人死亡200万人受伤，这一数字才算稳定下来。对于美国人而言，交通事故被证明远比战争还要血腥，就仿佛在公路上每两周就发生一次珍珠港袭击。汽车相撞司空见惯，因此，一个新的产业应运而生，以便为受难者提供医疗、法律和保险服务。

环境代价几乎与生命代价同样高昂。1984年，全国公路上有1.59亿辆小汽车、卡车和公共汽车在驱驰，每天消耗的燃油达数百万桶，导致了令人神经质般的交通拥堵，堵塞了他们本来希望打开的城市，甚至还用沥青将乡村的泥土覆盖起来。毫不奇怪，当1974年和1979年发生燃油短缺，人们在加油站排起长队之时，一些行为科学家注意到，许多人感到愤懑、压抑、沮丧和局促不安，还有一种可怕的失落感。①

① 观赏公路是一种快乐，而公路或许是一种艺术品，这一观念参见唐纳德·阿普尔亚德(Donald Appleyard)、凯文·林奇(Kevin Lynch)和约翰·迈尔(John R. Myer)：《公路视角》(*The View From the Road*)，坎布里奇，1964年。另见保罗·吉卡斯

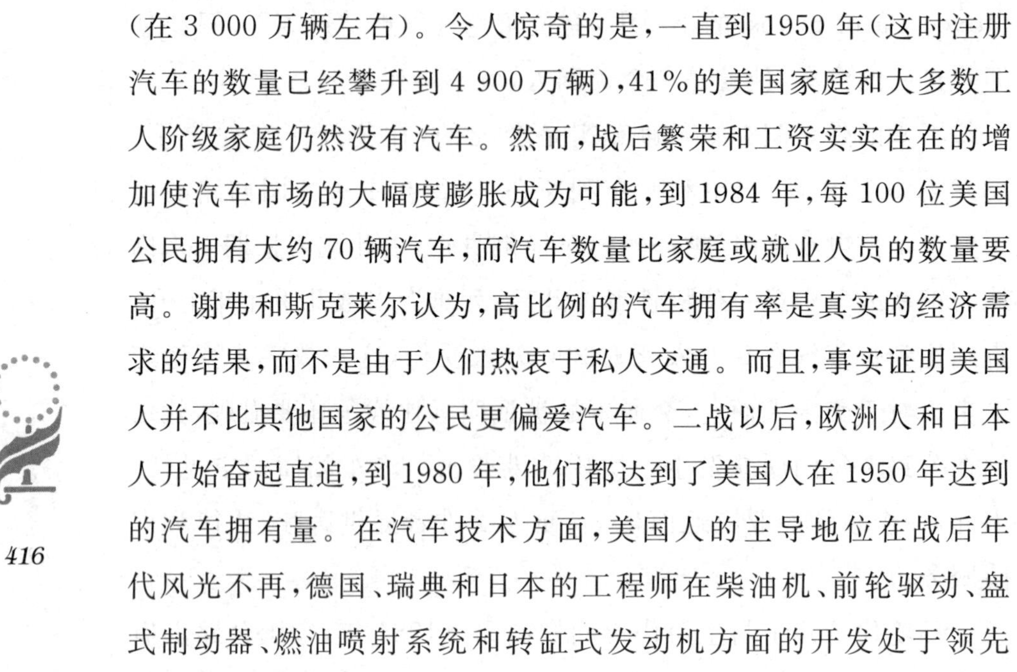

这种反应是十分可能的，因为汽车与郊区的结合已经创造出一种免下车文化，并且成为大多数美国人日常生活的一部分。由于失业与战争，人均汽车拥有量在1930—1948年一直保持稳定（在3 000万辆左右）。令人惊奇的是，一直到1950年（这时注册汽车的数量已经攀升到4 900万辆），41%的美国家庭和大多数工人阶级家庭仍然没有汽车。然而，战后繁荣和工资实实在在的增加使汽车市场的大幅度膨胀成为可能，到1984年，每100位美国公民拥有大约70辆汽车，而汽车数量比家庭或就业人员的数量要高。谢弗和斯克莱尔认为，高比例的汽车拥有率是真实的经济需求的结果，而不是由于人们热衷于私人交通。而且，事实证明美国人并不比其他国家的公民更偏爱汽车。二战以后，欧洲人和日本人开始奋起直追，到1980年，他们都达到了美国人在1950年达到的汽车拥有量。在汽车技术方面，美国人的主导地位在战后年代风光不再，德国、瑞典和日本的工程师在柴油机、前轮驱动、盘式制动器、燃油喷射系统和转缸式发动机方面的开发处于领先地位。[①]

(Paul W. Gikas)：《作为一种文化理想的耐撞性》(“Crashworthiness as a Cultural Ideal”)，《密歇根季刊》(*Michigan Historical Quarterly*)1980年秋季号，第704页。对汽车和公路系统所做的绵软无力的辩护，参见戴维·布罗德斯利(David Brodsly)：《洛杉矶的高速公路——一个赞赏的评论》(*L. A. Freeway: An Appreciative Essay*)，伯克利，1982年。

① K. H. 谢弗(K. H. Schaeffer)、埃利奥特·斯克拉尔(Elliot Sclar)：《所有人的通道——交通和城市增长》(*Access for All: Transportation and Urban Growth*)，第39—41页。另见简-皮埃尔·巴杜(Jean-Pierre Bardou)、简-雅克·钱纳隆(Jean-Jacques Chanaron)、帕特里克·弗里登逊(Patrick Fridenson)和詹姆斯·劳克斯(James M. Laux)：《汽车革命——产业的影响》(*The Automobile Revolution: The Im-*

虽然美国人对汽车情有独钟的说法并不十分准确，虽然约翰·雷(John B. Rae)于1971年夸大其词地写道："现代郊区是汽车的产物，没有汽车，郊区就不能存在"，但汽车全然地改变了美国人的日常生活模式，这一点则是不争的事实。刘易斯·芒福德在 248
年轻时就曾告诫其国人说，"忘掉该死的汽车吧，为情人们和朋友们建设城市。"当然，正如事情所发生的那样，美国人遵循了另一种模式。评论家威拉德·摩根(Willard Morgan)于1929年在《美国建筑商》(*American Builder*)中写到，服务于乘车人的免下车建筑物开创了"一种崭新的建筑形式"。[①]

州际高速公路

1939年纽约世界博览会上最引人瞩目的展品是通用汽车公司的"未来款"概念车。它展望了未来25年，向人们展示了一种"魔幻般的阿拉丁式的穿越时空的飞行"。博览会的参观者排队等候一小时，为的就是等待踏上一条自动滑道，以便俯视由设计师诺

pact of an Industry)，查珀尔希尔，1982年；乔尔·塔尔(Joel A. Tarr)：《交通运输模式的创新与变动的空间模式：1850—1910年的匹兹堡》；《交通运输模式的创新与变动的空间模式——1850—1934年的匹兹堡》(*Transportation Innovation and Changing Spatial Patterns: Pittsburgh, 1850–1934*)；詹姆斯·弗林克(James J. Flink)：《汽车文化》(*The Car Culture*)；小詹姆斯·邓恩(James R. Dunn Jr.)：《公路在前方——欧洲与美国交通政策》(*Miles to Go: European and American Transportation Policies*)，坎布里奇，1981年。詹姆斯·弗林克(James J. Flink)是"汽车文化"方面的首要权威，目前正在着手一项关于汽车时代的国际发展史。

① 威拉德·摩根(Willard Morgan)：《终于有了停车之地》("At Last—A Place to Park")，《美国建筑商》(*American Builder*)1929年7月号，第58—60页；另见《纽约时报》(*New York Times*)1979年5月22日。

曼·格迪斯(Norman Bel Geddes)所设计的巨大模型。微型高速公路上的5万辆汽车穿过农田模型驶入城市模型。最终有500万人观看了这样的新奇事物:高架公路和高速路上车流风驰电掣,车速可达每小时100英里,“现代高效的城市规划——令人叹为观止的建筑设计——使每个城市街区都自成一个单元,都拥有宽阔的、单向车道的通衢大道——空间、阳光、光线和空气。”“未来款”的解说词与其数百万模型部件一样令人印象深刻:“这项建设未来的工作需要我们最旺盛的精力和最丰富的想象力,有了这些,我们每个人都会有更大的机遇。”①

要建设一个全国性的规模巨大的公路系统,这一承诺吸引了各种各样的游说团体,包括汽车制造商协会、各州的公路官员、公共汽车司机、美国卡车协会,甚至包括美国停车场协会,他们的目的就是要让道路上有更多的车辆、行程的终点有更多的汽车停放地。比如卡车制造公司就倡导制定法律,利用州政府的汽油税修建公路,而不是将其用于建立学校、医院、保障福利和公共交通。1943年,这些团体联合成立了美国公路建筑商协会,其中通用汽车公司是最大的捐助者,它们构成了一个院外活动集团,其规模仅仅次于军火工业。到1950年代中期,该院外活动集团已成为所有压力集团中基础最广的一个,其成员包括石油、橡胶、沥青和建筑行业,汽车经销商和出租商,卡车和公共汽车制造公司,以及依赖这些公司的银行和广告公司,甚至还包括工会。在地方上,不动产

① 克雷主编(Cray):《铬钢巨头——通用汽车公司及其时代》(*Chrome Colossus: General Motors and Its Times*),纽约,1980年,第326页。

集团的专业人士和住宅建筑商协会也加入了这一运动，希望公路 249
建设可以推动房产交易的繁荣和地产价格的攀升。他们所期望的不仅仅是拓宽现有公路，而是建立一个全新的高速公路系统，开创历史上规模最大的和平时期的建筑计划。[①]

公路游说集团于1953年制定了一项综合性的公关计划，组织了一次全国性的论文竞赛，来论述建设更好公路的必要性。2.5万美元大奖的获得者是罗伯特·摩西，是目前所知的世界上最伟大的建筑商，也是城市快速车道的积极倡导者。他的论文题目是“为了公路更加完善如何进行规划和筹款”（How to Plan and Pay for Better Highways）。正如他的传记作者罗伯特·卡罗所指出的，摩西是“世界上呼声最响、最有效果和最有声望的汽车辩护士”，他比其他市政官员做出了更多的努力，去鼓励那些还在犹豫的官员在他们各自的城市启动大型公路建设项目。[②]

冷战进一步推动了建设更加完善的公路系统的运动。1951年，《原子科学家通讯》（*Bulletin of the Atomic Scientists*）用整整一期刊载了“通过分散进行防御”一文。其论点简明扼要。为了避免在一场核打击中遭受全国性的毁灭，美国应该将现有的大城市分散成小型的居民区。理想的模式是将城市中心的人口疏散出来，周围环以卫星城市和低密度郊区。

① 克雷主编：《铬钢巨头——通用汽车公司及其时代》（*Chrome Colossus: General Motors and Its Times*），第356—58页。关于州际高速公路系统起源最出色的研究是马克·罗斯（Mark H. Rose）：《州际公路：公路政治的表达（1941—1956）》（*Interstate: Express Highway Politics, 1941 - 1956*）。

② 罗伯特·卡罗（Robert A. Caro）：《政治掮客——罗伯特·摩西与纽约的衰落》（*The Power Broker: Robert Moses and the Fall of New York*），纽约，1974年。

在日益强大的政治压力之下，德怀特·艾森豪威尔总统于1954年任命了一个委员会，来研究美国的公路需求问题。其结论是不言而喻的，部分原因就在于该委员会的主席是卢修斯·克莱(Lucius D. Clay)，他是通用汽车公司的一位董事。该委员会对建造巨大公路系统以外的方案一概不予考虑，建议对全国性的政策做出有利于汽车和卡车的重大调整。1956年，《州际高速公路法》生效，国会规定建造一个4.1万英里（最后扩大到4.25万英里）的公路系统，由联邦政府提供90%的资金。艾森豪威尔总统在签署这一法案时给出了四个理由：当前的公路不够安全；汽车频繁困于交通拥堵之中；劣质的公路使企业在交通运输中付出了高昂的成本；之所以需要现代化的公路，是因为“我们主要城市一旦遭受核打击，这一公路网络便于被攻击的城市区域快速疏散。”对于公路对城市和郊区的影响却未置一词，尽管这些水泥构筑的公路和行驶其上载重35吨的大货车带动了产业不断向外环路和交叉路口迁移。此外，州际高速公路系统还加剧了公共交通持续不断的衰落，几乎注定了未来城市的增长必然走向一种没有中心的
250 蔓延。当参议院通过这项法案不久，刘易斯·芒福德忧虑地写道：“当美国人通过他们的国会于不久前投票通过一项260亿美元的高速公路计划之时，从最善意的角度看，他们根本不知道自己在做什么。”

该计划一旦启动，美国州际公路体系就变成了一头与日俱增的水泥巨兽。其成功的秘诀就在于这样一个原则，即源于燃油税的公路收入不得挪用他途。所谓的“公路信托基金”要与其他一般性税收分开保管。尽管像温斯顿·丘吉尔这样的大人物将公路基

金不能挪用这一想法称之为“胡扯”、“荒唐”、“违背……常识”等，但公路基金在美国却拥有强有力的盟友，能轻而易举地扫除了横在它面前的所有反对者。与欧洲政府不同，华盛顿将税收用来支撑公路设施，却拒绝用来资助铁路。根据威斯康星州的参议员盖洛德・纳尔逊(Gaylord Nelson)的说法，美国在战的30年里，将政府交通开支中的75%的用于公路，相比之下只有1%用于城市公共交通。①

早在州际高速公路计划开始之前，美国交通资金的这种偏向已经存在了一代人的时间，这一偏向的必然结果就是，美国现在拥有世界上最发达的公路系统，而其公共交通则几乎是最糟糕的。洛杉矶尤其如此，它已成为全国城市蔓延最为显著的典范，而这正是由汽车的灵活性所造成的。洛杉矶这一巨大而无形的混合体，由一片片的住宅、购物中心、工业园区、快速车道以及独立的城镇混杂，成为由混凝土和沥青构成的水泄不通的混合物，多年以来，没有任何力量能够将这一汽车主导的文明成功地联合成一个有机体——更不必说将人们的日常生活有机地联系起来了。洛杉矶的

① 詹姆斯・弗林克(James J. Flink)：《世界汽车革命比较研究》(The Automobile Revolution in Worldwide Comparative Perspective)，底特律历史学会于1982年10月1日在底特律韦恩州立大学召开的关于“汽车和美国文化”学术研讨会上提交的论文。肯尼思・杰克逊(Kenneth T. Jackson)：《马唐草边疆——美国郊区发展150年》(“The Crabgrass Frontier: 150 Years of Suburban Growth in America”)，载入雷蒙德・莫尔(Raymond A. Mohl)、詹姆斯・理查德逊(James F. Richardson)编：《城市发展历程——美国历史论文集》(*The Urban Experience: Themes in American History*)，加利福尼亚州贝尔蒙特，1973年，第196—221页。另见马克・罗斯(Mark H. Rose)：《州际公路：公路政治的表达(1941—1956)》(*Interstate: Express Highway Politics, 1941 - 1956*)，第75—79页。

基本形态取决于三种因素，这些因素早在高速公路系统形成之前就已经存在。第一个因素就是廉价的土地（1920 年代如此，而 1970 年代有所不同）和对独户住宅的渴望。比如 1950 年，在洛杉矶地区的所有住宅中，有将近三分之二是完全独栋的，这一比例远远高于芝加哥（28%）、纽约市（20%）和费城（15%），而且在主要大城市中，洛杉矶的居住密度是最低的。第二个因素就是其油田和炼油厂异常分散，这导致了像惠蒂尔和富勒顿这样的工业郊区，以及像拉哈布拉这种住宅郊区的出现，后者居住着石油工人及其家庭。第三个因素就是其曾经十分发达的大众交通系统，在其鼎盛时期拥有 1 100 多英里的轨道，是世界上最大的城际电气化铁路。①

然而，1920 年代太平洋电车公司倒闭，从此，洛杉矶比其他大
 251 城市更加依赖私人汽车。从 1942 年开始，洛杉矶商会、汽车俱乐部和当选官员定期举行会议，对整个区域的高速公路网进行规划设计。他们取得了成功，现在南加州 715 英里著名的快速车道构成了几乎所有交通道路的骨架，成为许多社区的边界。它们已经成为大多数居民出行选择的主要交通形式，人们似乎认为把时间花在自驾车比花在走路、候车和乘坐公交上更加惬意。洛杉矶地区三分之一以上的面积被公路、停车场和交叉路口所吞噬，而在市

① 最近关于洛杉矶郊区化的杰作是弗雷德·维荷（Fred W. Viehe）《黑色金子郊区——1890—1930 年采掘业对洛杉矶郊区化的影响》（“Black Gold Suburbs: The Influence of the Extractive Industry on the Suburbanization of Los Angeles, 1890－1930”），《城市史杂志》（*Journal of Urban History*）1981 年 11 月第 8 期，第 3—26 页。

1.这是 1922 年拍摄于洛杉矶郊外韦斯特伍德(Westwood)的一张照片,它清楚地表明了公路建设与郊区发展之间的密切关系。照片中靠前的牌子告诉人们,这里要建设一条 50 英尺宽的大道,而照片中靠后的牌子则提醒人们,这里有住宅地基出售。(洛杉矶公共图书馆提供)

2.美国城市最显著的特征之一就是其宽阔的街道，尤其是与世界其他地方狭窄的街道相比。这是1925年3月24日拍摄的布鲁克林第24街的一张照片，显示了宽阔笔直的街道，该街道哪怕在美国人口最多的大城市中都是非常典型的。照片中孤零零的两辆汽车表明，如此宽阔的街道并非出于巨大的交通流量之所需，而是出于建造宽阔的街道这种想法本身。（纽约市档案和信息服务部，纽约市档案馆提供）

3.在两次世界大战间隔期间，堪萨斯城的乡村俱乐部是全国最著名的整体规划居民区开发项目。这张照片显示的是富裕社区内米申希尔斯(Mission Hills)区第56街以南彭布罗克路的街景。(尼科尔斯公司提供)

4.美国殖民地风格的房子可以追溯到独立战争之前，在二战以后十分流行，尤其在东部、中西部和南部。它的魅力一方面在于其宽敞，一方面在于其显得富足，还在于它标志着与早期的联系。这张照片于1937年11月26日拍摄，是长岛亨廷顿(Huntington)的坎农山开发项目，它显示了战后时期在许多郊区占主导地位的住宅风格。(哥伦比亚大学埃弗里建筑设计图书馆，塞缪尔·哥特思科收藏品提供)

5. 由于卡车比四轮马车能够运载更多的货物，因此卡车通过推动工业的分散化，从而彻底重构了美国大都市的形态。这张照片拍摄于1920年，它展示了肯塔基州路易斯维尔的奈特搬运公司（D. L. Knight Moving Company）是如何将新的汽车技术运用于商业，从而全天候地进行营业。（路易斯维尔大学图片档案馆，考菲尔德和舒克收藏品提供）

6. 在其 75 年的发展史中，车库曾以多种面貌出现，但仅仅在加利福尼亚车库才主导了一般住宅的前部立面。这是 1984 年位于欧文（Irvine）的一座房子的外表，表明车道主导了前院狭小的空间，而双位车库竟占据了整个房子宽度的三分之二。

7. 第一家“假日旅馆”开设于孟菲斯的夏日大道，向大众展现了整洁、廉价和体面的房间。这张 1952 年的照片展示的是该连锁店的第一个“旅馆院落”，表明该公司的汽车取向。这幅牌子如此巨大，为的是让公路上的人也能看得清清楚楚，而房间本身的设计是为了便于私家车出入。（凯蒙斯・威尔逊提供）

8.美国的加油站起初附属于一般性的商店或马厩，只是通过逐渐演变最终才成为目的单一的加油站，人们可以在这里加油，修理汽车，购买商品。照片中是纽约市东哈莱姆区第一大道和第124大街交汇处的一个加油站，属于第一代独立的加油站，拥有汽车修理空间和路边加油泵。照片摄于1934年7月10日。（纽约市档案和信息服务部，纽约市档案馆提供）

9.堪萨斯城的乡村俱乐部是世界上最早的整体规划购物中心之一。它由尼科尔斯于1920年代设计,提供了零售和办公等功能。这两张照片拍摄于该购物中心的早期,但它直到1985年仍然十分兴旺。(尼科尔斯公司和比尔·莫特提供)

10.田纳西州孟菲斯市的大众广场购物中心(Popular Plaza Shopping Center)于1949年开张营业,是战后时期建立的第一代路边零售业复合体之一。这张摄于1952年的照片,揭示了美国第一代购物中心与建于1950年代中期以后的购物中心的重大差别。比如,照片中的商店从街道后退不足100英尺,虽然从照片的上部看还有足够的扩展空间。这种类型的购物中心在1960年以后就很少见了,至此以后的购物中心的典型模式是将商店置于中心位置,周围环以一个巨大的停车场。事实上,大众广场购物中心后来就朝着照片左上部进行了扩展,车位数量扩大了好几倍。(戴维·古德温提供)

11.大多数美国社区,无论是郊区社区还是其他社区,其主要商业街不再沿着人们所熟知的市中心区人行道分布,而是位于购物城室内的人工环境之中,这些购物城在1980年代点缀于美国景观之中,成为当时青少年一代新的街角。照片中是新泽西州帕拉姆斯购物城(Paramus Mall)的外景,展示了零售商店典型的排列次序。

12. 这是 1950 年代初期拍摄的格兰特公园(Grant Park)的照片,它是芝加哥市一个集地铁、高架铁路、公共汽车和通勤铁路于一体的公交综合体,当时任何城市都难以与之相匹敌。但当中心商业区的就业人员抛弃了公共交通,去寻求汽车的方便和私密性之时,汽车的重要性就显而易见了。(国家档案馆提供)

13.移动房村落的概念出现于20世纪二三十年代，但组合房屋或预制房屋最大规模的试验出现于二战期间。这张1945年的航拍照片是田纳西州橡树岭（Oak Ridge）的一部分，该社区在1940年时尚不存在。在随后的几年里，随着原子工程工作人员的大批到来，这里汇集了5 000多幢移动房屋和9 600幢组合房屋，此外还有1.6万个军营宿舍，它们为这一顶级秘密机构提供了临时住所。（原子能委员会提供）

14. 自拖车房屋在一战后首次得到开发以来，图中这种车轮上房子的出现并被接受经历了一条漫长的道路。也许最重要的一项进步就是被称作“双倍宽度”拖车房的发明，这种拖车房可以将两个——有时甚至三个——移动房屋连在一起，从而创造出新结构的移动房屋，其外表与普通的“板条建造”房十分相似。这张照片拍摄的是1981年印第安纳州的一座双倍宽度的移动房屋，它表明了“组合房屋”行业希望人们接受其产品，从而成为一般性的、不动的和永久性的住所。（卡米洛·维加拉提供）

15.这张照片是 1984 年拍摄的加州加登格罗夫的“水晶大教堂”，描绘了尊敬的罗伯特·舒勒牧师的免下车教堂概念的极大成功。虽然大多数礼拜者能够进入这一玻璃墙体内部结构之中，但仍然有许多人对私家车里的私密性恋恋不舍。在尊敬的舒勒牧师布道之时，一扇巨大的玻璃门豁然洞开，使开车进入的信徒能够直接看到他们的牧师。

16.再也没有比麦当劳汉堡外卖店的金色双拱更普遍更能代表美国的免下车文化了。标准的菜单、低廉的价位、可靠的质量、快捷的服务，以及方便的汽车入口等，这些最终被几十家餐店所效法，但它们没有一家像这一巨型连锁店那样成功，或者被广泛接受。

17.通用食品公司于1954年从曼哈顿迁移到纽约州的怀特普莱恩斯，它是最早从中心城市迁移到郊区办公园区的美国大型公司之一。这一航拍照片拍摄的是通用食品公司总部的办公复合体，它向人们展示了公司逃逸的基本原因——充足的停车场地、宽敞的开放空间，以及便捷的道路交通。（通用食品公司提供）

18.郊区公司的办公园区已经发展到第二代，正如照片上通用食品公司新总部大楼所显示的。这一设计精美、卓尔不群的办公大厦于 1982 年开张营业，距离它 1954 年的办公复合体（至今通用食品公司仍然在使用）只有几英里之遥，该大楼比以前那个办公复合体更加具有田园风貌，沿其主楼的一侧有一个水面平静如鉴的大型湖泊。（通用食品公司提供）

中心部分，这一比例则上升到了三分之二。因此，对于试图恢复和完善该地区公共交通的努力一败涂地就毫不奇怪了。比如1976年，加州为了限制单人驾车出行，在圣莫尼卡去往每个方向的快速车道上为快速公交车和共同乘车开辟了一条专用车道。但随之而来的是人们愤怒情绪的爆发，这种情绪充斥于广播访谈和电视新闻之中，于是洛杉矶这一所谓的“钻石车道”不久便被取消了。①

最近，南加州紧跟全国日益高涨的建立轨道交通的热潮，洛杉矶于1984年开始动工建造一条18英里、斥资330亿美元的地铁。这条地铁将从地下打通建筑密集、交通拥挤的威尔希尔大街这一发展长廊，穿越好莱坞，最后到达圣费尔南多谷地的居民区。该地铁有望成为最终长达160英里的公交网络的骨干，其规模在美国将仅次于纽约市地铁。

① 美国人口普查局（United States Bureau of the Census）:《1950年住宅普查》（*Census of Housing*, 1950），第一册第一章，表32。从1975年，洛杉矶市中心已经开始复兴，尤其是有些大型公司在那里建造了主要的摩天大楼，比如大西洋里奇菲尔德公司、美洲银行和韦尔斯·法戈银行等。更重要的是，最近还有一些居民大楼建立，从而为这里一度萧条的夜景增添了活跃的气氛。百老汇大街的墨西哥人社区生机盎然，也使中央商务区增添了多样化色彩。就居住密度而言，洛杉矶的郊区现在一般来讲比战后诸如费城、纽约、华盛顿和波士顿等东部城市的汽车郊区更加紧凑。这部分是由于极其昂贵的地价，部分是由于雨量的稀少，部分是由于大片的土地无法开发，还有一部分是由于西班牙传统强调封闭的空间，而不喜欢开放的草坪，所以即使在洛杉矶排他性的郊区，比如帕洛斯弗迪斯1980年宅地地块的平均规模也低于五分之一英亩。相反，在上文刚刚提到的东部城市的郊区，地点和价格相同的住宅地块一般至少在半英亩以上。

车库

在美国的免下车构造中，最贴近人心、身体和家用汽车的就是车库，它是家与外部世界的联系纽带。这是一个法语词汇，意思是储藏空间，但只在美国其含义才有所改变，指住宅内部一种多用途的封闭空间。

在有轨电车时代，路牙石是没有间断的，私人车道几乎闻所未闻。拥有马车的富裕家庭会将其停放在公共马厩中，或安置在自家后院的私人建筑中。最早拥有汽车的人通常都是很富有的人，有能力养护私人马厩。因此，这些地方对早期的汽车都是开放的，它们往往停在马厩的一个角落里，与行将取而代之的马车并排停

252 放。这些早期的汽车停放处通常带有储油箱，因为那时加油站还很少，而且彼此相距遥远。由于上述这些情况，再加上汽车常常起火燃烧，所以要让汽车远离居所，其理由是正当而充分的。[①]

一战以后，在高档住宅的规划中开始包含车库，到1920年代中期，私家车道已经司空见惯，而车库则成为重要的卖点。1928年的畅销杂志《住宅建筑商》(*Home Builders*)提供了50种车库的

① 关于车库问题最好的研究成果是福克·吉尔斯德特(Folke T. Kihlstedt):《汽车与美国住宅的变化(1910—1935)》("Automobile and the Transformation of the American Home, 1910－1935"),《密歇根历史季刊》(*Michigan Historical Quarterly*)1980年秋季号第19期，第555—570页。另见查尔斯·莫尔(Charles Moore)、杰拉尔德·艾伦(Gerald Allen)和唐林·林登(Donlyn Lyndon):《房屋的面相》(*The Face of Houses*),纽约，1974年，第183—187页；J. B. 杰克逊(J. B. Jackson):《车库的家庭化》("The Domestication of the Garage"),《景观》(*Landscape*)1976年冬季号第20期，第10—19页。

设计式样，其中包括木结构的、都铎式的、各种砖结构的，等等。在富裕地区，在这种大型和规划高效的车库上，还有为家庭司机提供的住房。在稍逊一点的邻里之中，小型单一用途的车库一般不会比汽车大多少，而且仅仅是预先组装的可移动车库，与今天魁北克的那些车库相似，甚至用棚架和绿色藤蔓装饰。正如1924年某位建筑师所抱怨的那样："大多数户主从内心感觉他们的车库并不雅观，因而竭力使其避开人们的视线"，他恳请其读者建造一间"可以与你的房子比肩而立的"车库。在1925年以前，虽然存在着车库越来越靠近房子这样一种趋势，但它们一般仍然位于住宅的后面，往往还要穿过一条与街道平行的后巷才能到达。汽车仍然被看成是某种与马匹类似的事物——值得依赖且十分重要，不是某种晚间需要的东西，所以不必放在近处。[①]

然而，到1935年，车库就开始成为住房本身的一部分，1937年《建筑实录》(*Architecture Record*)提到"车库已经成为住宅的基本组成部分"。二战以后这一趋势加速，缘于后巷已与马车一道成为历史陈迹，住宅地块的宽度在多数情况下超过了50英尺，汽车也不再仅仅是地位的标志，几乎成为家庭中的一员，需要关爱并为它遮风避雨。只有一个雨棚遮盖但没有围墙的设施叫做"停车棚"，这种设施是解决停车这一问题的廉价措施，尤其在气候温和的地区。但在1950年代，带围墙的车库再度流行，并且成为批量开发住宅中必备的设施。方便取车已经成为住宅设计的一个关键

---

① 第一部专门探讨车库问题的专著是多萝西(Dorothy)、朱利安·奥尔尼(Julian Onlney)：《美国车库家用手册》(*The American Home Book of Garage*)，纽约州加登城，1931年。另见《纽约时报》(*New York Times*)1984年10月11日。

方面，不单单对富人才如此。到 1960 年代，车库往往占地大约 400 平方英尺（约占住宅面积的三分之一），而且其空间往往能够容纳两辆汽车，以及一些剪草和木工之类的用具等。从车库能够直接进入住宅（车库门往往设计在便利的位置，能够直接进入厨房），车库已经成为住宅不可分割的一部分，甚至还成为新住宅前部立面的主体。在加州，车库和车道往往异常显眼，甚至可以将房
253 子说成是车库的附件。然而，即使在英国这样一个极其珍贵汽车、通常将房间改造为车库的国家，也很少有人如此走极端。[①]

汽车旅馆

在美国成为汽车文明的国度之时，一种新型的路边建筑便应运而生了，并向快速行进中的旅客传递出一种能够立即识别的形象。这种开车直入的建筑结构遭到了大多数评论家的抨击，指责其没有品位，价格低廉，印象不佳，粗制滥造，但它却引起了一些很有才华的建筑师的注意，其中最著名的就是洛杉矶的理查德·纽特拉（Richard Neutra）。对他而言，汽车象征着现代性，而其设计则完全符合他对精确性和高效性的理想追求。建筑结构与汽车之间的这种相互关联在 1960 年代后期和 1970 年代开始受到追捧，这时罗伯特·文图里（Robert Venturi）、丹尼斯·布朗（Denis Brown）和史蒂文·艾泽努尔（Steven Izenour）等建筑师提出了这

① 1922 年《纽约时报》刊登了位于昆士长岛城的金德里德－麦卡沃伊（Kindred-McAvoy）住宅的一则广告，“两套七个房间的公寓住宅，每套都有 20 个窗户和一个容纳四车的车库”。

样的理念，即“建筑即是符号”，“建筑就是沟通”。他们的著作《向拉斯维加斯学习》(*Learning From Las Vegas*)大力倡导建筑风格的变化，主张对商业带的发展应该由普遍的批评转变为充分的赞赏，尤其对那些巨大而花哨的招牌更是如此，这些招牌在开车经过时很容易辨认。①

免下车文化一个随处可见的代表是汽车旅馆。在 19 世纪中期，每座城市、每个县城、每座雄心勃勃的矿业城镇、每一个面积广大而又野心勃勃企图发展的路边场地，都拥有一家旅馆。无论是像波士顿的特雷蒙特酒店和纽约第五大道旅馆宫殿般的雄伟建筑，还是偷工减料的简陋木屋，它们一般都位于商业区的中心地带，位于社区活动的核心位置。在很大程度上，旅馆是非正式的社会交往和企业活动的场所，恰如城市的心脏和灵魂。②

然而，1910—1920 年，开车旅行的人越来越多，从而公路沿线就出现了一个旅居市场。起初，旅行者仅仅是在公路沿线随便找个地方搭起帐篷过夜。到 1924 年出现了数千个市政露营地，并且提供冷水和户外厕所。随后出现了“木屋营地”，这是一种由白色板条搭建的小型木屋，这些木屋围成半圆形，往往位于树阴的遮蔽之下。起初，这些建筑被称为“旅客之家”，它们十分便宜、方便，但不太正规，到 1926 年，估计大约有 2 000 个这样的旅馆，大多数在

① 罗伯特·文图里(Robert Venturi)、丹尼斯·布朗(Denise Scott Brown)和斯蒂文·艾泽努尔(Steven Izenour)：《向拉斯维加斯学习》(*Learning from Las Vegas*)，坎布里奇，1972 年。

② 保罗·兰开斯特(Paul Lancaster)：《美国巨型汽车旅馆》(“The Great American Motel”)，《美国遗产》(*American Heritage*)1982 年 6 月和 7 月合刊第 33 期，第 100—108 页。1925 年，仅佛罗里达州就有 178 家客栈注册。

西部和佛罗里达。

随后不久,美国公路沿线的旅馆开始提供干净的被褥和舒适
254 的房间,显然,过夜的旅客并不是唯一的,甚或最大的消费者群体,
方便和隐秘对于那些寻求浪漫港湾的情侣而言尤其具有吸引力。南方循道宗大学于 1935 年进行的一项广为传播的调查研究报道说,达拉斯地区的汽车旅馆 75%的业务来源于一对男女短期的逗留。不管旅客的动机是什么,新型旅馆的成功促使辛克莱·刘易斯在 1920 年预测道:

> 在这些州的某地,某位年轻人将会发迹。他将开办一系列小型、洁净和舒适的旅店,这些旅店都是标准化的,在全国各地都有广告宣传,分布于全国每条重要公路上。他不会将金钱浪费在玛瑙玉器等浮华的奢侈品上,但他会雇用温顺的职员,品尝味美的咖啡,享用柔软耐用的床垫和装饰华美的灯具。①

直到 1952 年,凯蒙斯· 威尔逊(Kemmons Wilson)和华莱士·约翰逊(Wallace E. Johnson)才在孟菲斯的夏日大街开设了他们的第一家"假日酒店"。但在此之前很久的 1926 年,加州圣路

---

① 关于驾车出游的出色研究是沃伦·贝拉斯科(Warren James Belasco):《公路上的美国人——从汽车营地到汽车旅馆(1910—1945)》(*Americans on the Road: From Autocamp to Motel, 1910 - 1945*),坎布里奇,1979 年。另见戴维·刘易斯(David L. Lewis):《性别与汽车——从折叠加座到摇晃的篷车》("Sex and the Automobile: From Rumble Seats to Rockin' Vans"),《密歇根历史季刊》(*Michigan Historical Quarterly*)1980 年秋季号第 19 期,第 518—528 页。戴维·刘易斯(David L. Lewis):《这一传奇般的世纪》(*This Fabulous Century*),第 272—273 页。

易斯—奥比斯波的一位业主就已经发明了“汽车旅馆”这一新名词，用来描述这样一种旅馆，即满足旅客将其爱车停放在紧挨其房间的地方。然而，新技术并没有立即消除路边旅馆的龌龊形象。1940 年，联邦调查局的领导埃德加· 胡佛(J. Edgar Hoover)宣称，大多数汽车旅馆是厮混营地和罪犯窝点。也许在他脑海中浮现的是邦尼(Bonnie)和克莱德(Clyde)，他们曾于 1933 年 7 月的一个夜晚，在密苏里州普拉特城附近的红冠木屋营地与警方进行了短暂对峙。许多胡佛所谓的“贼窝”起初都是体面的地方，但是好景不长，最后堕落成“暗娼”交易的窝点。这位联邦调查局的领导说，得克萨斯一些木屋旅店甚至一夜出租 16 次之多，而其他地方的旅馆则计时收费，“时间一到就有人敲门”。[①]

二战以后汽车旅馆开始兴隆，当时一般的旅馆都比从前的木屋旅店更大更昂贵。一些主要的连锁店规定了标准的价格、服务和信誉，因此赢得了旅客的信赖。早在 1948 年，美国就拥有 2.6 万个风格各异的汽车旅馆。来之不易的声誉吸引了更多的中产阶级家庭，到 1960 年，这种旅馆达到了 6 万家，1972 年又增加了一倍。此时，美国的中心商业区每隔 30 小时就有一家旧旅馆倒闭，与此同时在美国郊区某一地点，会有一家用塑料和玻璃建造的香格里拉酒店取而代之。[②]

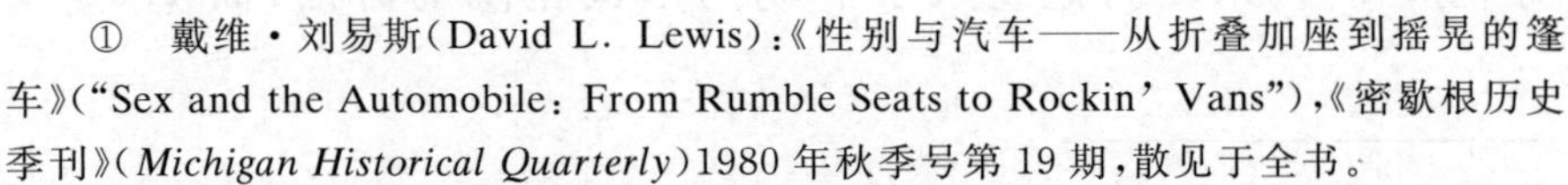

① 戴维 · 刘易斯(David L. Lewis)：《性别与汽车——从折叠加座到摇晃的篷车》(“Sex and the Automobile: From Rumble Seats to Rockin’ Vans”)，《密歇根历史季刊》(*Michigan Historical Quarterly*)1980 年秋季号第 19 期，散见于全书。

② 到 1972 年，美国大约拥有 4.35 万家汽车旅馆，是普通旅馆数量的两倍。参见《纽约时报》(*New York Times*)1972 年 2 月 23 日。

在内城旅馆的遭际中，底特律一家名为“遗产”的旅馆具有一定的典型性。一些著名的乐队曾在该旅馆的顶层举办过音乐会，
255 一些沽名钓誉的社会名流也在这家旅馆享用过薄烤饼盛宴。1975年，当这家著名的旅馆关门大吉之时，一位大失所望的前雇员无可奈何地叹息道，“它已经奄奄一息；整个地方都在做垂死挣扎。”然而，到1984年，大约有50家历史名店在一些中心商业区重新开张营业，它们包括孟菲斯的皮博迪、华盛顿的五月花、休斯敦的加尔维兹、圣安东尼奥的门格，以及普罗维登斯的比尔特莫尔等，它们的房间装潢古雅，拥有用橡木嵌板装饰的酒吧间。但其潮流仍然是标准的二层汽车旅馆。[①]

汽车影院

市中心的影剧院和古老的歌舞剧院也同样面临着汽车的挑战。1933年，理查德·霍林斯黑德(Richard M. Hollinshead)在其新泽西州里弗顿(Riverton)的车库前安装了一个16毫米的放映机，然后坐下来看起了电影。霍林斯黑德认识到，美国是一个对汽车着迷的国家，于是他就与威利斯·史密斯(Willis Smith)于1933年6月6日在卡姆登(Camden)一个可容纳40个车位的停车场开办了世界上第一家汽车影院。然而，霍林斯黑德从他的发明中获利甚微，因为他卷入了一场与洛氏剧院的诉讼，而1938年

① 《纽约时报》(*New York Times*)1975年10月19日；《纽约时报》(*New York Times*)1981年7月19日。

美国最高法院又拒绝接受他的上诉，于是他就接受了汽车影院并非一项专利产品的观念。这一做法在欧洲从未流行起来，但到1958年，已有4 000多家户外影院在美国各地涌现。由于汽车影院收费低廉，而观众却成倍或两倍地增加，因此这些影院一般愿意放映过时的或低品位的影片。恐怖片或有关青少年浪漫故事的影片在夜晚上演，比如《海边毡房宾戈会》(*Beach Blanket Bingo*)或《盗尸人的闯入》(*Invasion of the Body Snatchers*)等是典型的片子。庞迪莢常说，汽车内部的节目要比屏幕上的更精彩。①

20世纪六七十年代汽车影院的流行程度开始下降。油价上涨和只有六个月的适宜气候成为主要问题，但关键原因还在于地价的飞涨。当汽车影院刚刚开张之时，它们一般位于郊外。而当居民区和购物城在附近出现以后，汽车影院的利润与其他投资的潜在利润无法比拟。根据全国电影人协会的资料，到1983年，美国只剩2 935家户外影院还在营业，虽然全国商业影院的屏幕总数达到了35年来的最高峰18 772张。这一增长不是由于市中心和邻里影院数量的增加，而是由于购物中心内新的多屏幕影院增加的结果。人们认识到，购物城的大型停车场在夜晚相对空余，一 256
些购物中心的大老板认为，影院可以成为与零售业混合经营的一项重要内容。②

① 根据1982年5月30日《纽约时报》上的一篇文章，霍林斯黑德于1934年在其位于新泽西州卡姆登的机器部件厂房的后墙，开办了这家汽车影院。1958年汽车影院的数量达到了4 063家的巅峰，1976年下降到3 484家，该年得克萨斯州居全国各州之首，拥有264家，而阿拉斯加州只有一家。

② 《纽约时报》(*New York Times*)1983年11月7日。

加油站

在美国，汽油的购买目前已经历了五个不同的发展阶段。第一阶段对开车人而言显然是最糟糕的，他们必须在代养马房、汽车修理店或杂货店成桶购买汽油。有时候街头小贩推着小型油罐车沿街叫卖。在任何一种情况下，车主都必须使用一根管子，把汽油从桶里灌到他的汽车油箱中。整个过程十分缓慢、气味难闻、浪费严重，有时还很危险。①

第二阶段大约始于1905年，圣路易斯的莱西希(C. H. Laessig)将一个玻璃计量仪和一根花园里用的水管安装到一个热水器上。利用这一简易装置，他就发明了一个简便方法，很容易地将汽油从储油箱灌进汽车油箱，而不必再使用小桶。同年稍后一些时候，西尔韦纳斯·鲍泽(Sylvanus F. Bowser)发明了一个自动计算流量的汽油泵。这一整套装置被称为"加油站"。这一阶段一直持续到大约1920年，在此期间，这一设备就是放置在零售店外面的一个小油泵，它主要用于其他业务，而很少用于汽车加油。出于安全考虑，许多这样的加油设备位于城镇的边缘，或接近大众交通站点；那些位于市中心的少数加油站甚至担负不起昂贵的专用停车位的费用。

1920—1950年，加油站的发展进入了第三阶段，作为一个群

① 关于加油站研究最充分且拥有最好插图的著作是丹尼尔·维伊拉(Daniel I. Vieyra)：《加满汽油——美国加油站建筑发展史》(*Fill' er Up: An Architectural History of America's Gas Stations*)，纽约，1979年，尤其参见第1—14页。

体，成为美国最常见的商业建筑之一。这些加油站建筑提供较为全面的服务，既为汽车加油，也进行一般的汽车维修，其建筑形式往往是小型的殖民地风格的房子，或希腊庙宇式的建筑，或中国的塔式结构，以及艺术装饰的宫殿等。许多加油站成为地方性的地标建筑，乃至成为地方自豪感的一种源泉。1920 年代的一位漫画家在一幅漫画里描绘了这样一幕，一位初来乍到的客人竟把加油站当作州议会大厦。当时这些加油站虽然辉煌一时，但其中许多现今已经衰败——成为荒凉、破败的建筑，在曾经安放汽油泵的地方早已芳草萋萋，满目凄凉，而它们的维修间则更是空空荡荡，了无生气。它们如此衰败萧条，是由于经济形势、建筑式样和消费者的爱好发生变化的结果。

1935 年以后，加油站再次发生变化，变得更加雷同，实现了全国性的标准化，也反映了拥有亿万资产的石油公司的大众化推销
技术。一些更加常见的设计新颖别致，给人印象深刻，比如由纽约 257
建筑师弗雷德里克·弗罗斯特(Frederick Frost)设计的美孚石油公司的鼓状加油站，呈现出一种显著的曲线立面，同时又表现了该公司的地位。另一种流行的加油站设计式样就是沃尔特·蒂格(Walter Dorwin Teague)设计的德士古石油公司加油站——具有平滑流畅、高雅整洁的白色外表，人们所熟悉的红星和激情大胆的红色字母。无论何种建筑和设计式样，这些加油站一般由同一家公司经营，是美国人生活中的一种小生意。

加油站的第五个发展阶段始于 1970 年代，随着传统加油站企业主的相继逝去而出现。新的加油站有两种类型。第一种是超级加油站，往往由石油公司所有和经营。大多数既有自助服务的加油操作台,也有全面服务的加油操作台,此外还有设备齐全的"汽车护理中心"。服务区与加油区彼此分开,以免两种功能互相干扰。在这里,修理工不必放下手中的工作去出售汽油。

第二种类型更加普遍,或许可以称之为"微型市场加油站"。这种加油站的经营者是20世纪初经营者的复归,真可谓兜了一个大圈子又回到原点。一般情况下,他们不懂汽车,要求顾客自己加油。因此,"那些穿着星样标记制服的人"已经让位于出售烟酒、冰袋和三明治的青少年。[①]

购物中心

大规模的零售业长期以来一直与中心商业区关系密切,但在两次世界大战之间也开始迁离城市中心区。抓住日益增长的郊区

① 威廉·史蒂文斯(William K. Stevens)和保罗·戈德伯格(Paul Goldgerger)写的两篇关于加油站的短文十分出色,被刊载于1982年2月7日的《纽约时报》。另见加里·沃尔夫(Gary Herbert Wolf):《加油站与建筑类型的演变——以太阳石油公司加油站的发展史为例》(The Gasoline Station and the Evolution of a Building Type as Illustrated through a History of the Sun Oil Company Gasoline Stations),弗吉尼亚大学硕士学位论文,1974年;K. 隆伯格-霍尔姆(K. Lonberg-Holm):《汽车加油与加油站》("The Gasoline Filling and Service Station"),《建筑实录》(*Architectural Record*)1930年6月第67期,第561—568页;《路易斯维尔信使报》(*Louisville Courier-Journal*)1983年12月11日;亚历山大·古思(Alexander Guth):《汽车加油站》("The Automobile Service Station"),《建筑设计论坛》(*The Architectural Forum*)1926年6月第66期,第33—56页;布鲁斯·洛霍夫(Bruce Lohof):《美国加油站——本土建筑类型的演变》("The Service Station in America: The Evolution of a Vernacular Building Type"),《工业考古学》(*Industrial Archeology*)1974年春季号第6期,第1—13页;以及亨利·奥赞(Henry Ozane):《加油站》("The Service Station"),《建筑实录》(*Architectural Record*)1944年2月第95期,第70—82页。

零售市场的最初尝试，是1920年代由纽约和芝加哥的大型百货商店做出的，而希尔斯公司负责工厂与零售业的副总裁罗伯特·伍德(Robert E. Wood)则是这一迁移运动的先驱。伍德是人口发展趋势方面的专家，他于1925年断定，汽车注册量已经超过了大都市区中心区所能提供的停车空间，因此他主张将希尔斯公司新的A级商店(他们其他级别的零售店要小得多)分布在低密度地区，那里的好处就是租金低廉，而且由于汽车的使用，还处于潜在顾客的活动范围之内。除了希尔斯公司的旗舰店位于芝加哥的斯泰特大街以外(而这一旗舰店也于1983年关门大吉)，伍德关于充足免费停车位的名言很快风行全美。洛杉矶比科大道店和孟菲斯克罗斯唐店就是这一模式的早期典范。随后出现了零售业革命。 258
评论家威拉德·摩根(Willard Morgan)于1929年在《美国建筑商》杂志上撰文指出，市中心的交通拥堵自然会将成千上万的潜在顾客驱逐到郊区的销售中心。①

对中心商业区的首要地位构成挑战的另一因素是“线形街道”或“购物带”的发展，它们出现于1920年代，其服务对象是开车顾

① 威拉德·摩根(Willard Morgen)：《终于有了停车之地》(“At Last—A Place to Park”)，《美国建筑商》(*American Builder*)1929年7月号，第58—60页。关于希尔斯-罗巴克公司(Sears, Roebuck and Company)的分散化政策，参见阿瑟·鲁布洛夫(Arthur Rubloff)：《购物中心的发展与运营》(“Shopping Center Development and Operation”)，《评论杂志》(*The Appraisal Journal*)1962年第30期，第75—77页；鲍里斯·埃米特(Boris Emmet)、约翰·约伊克(John E. Jeuck)：《分类与柜台——希尔斯-罗巴克公司发展史》(*Catalogues and Counters: A History of Sears, Roebuck and Company*)，芝加哥，1950年；伦纳德·布林(Leonard Z. Breen)：《芝加哥地区零售业与人口的分散化研究(1929—1948)》(A Study of the Decentralization of Retail Trade Relative to Population in the Chicago Area, 1929-1948)，芝加哥大学博士学位论文，1956年。

客而非步行顾客。这些环路促使城市居民开车去光顾那些城镇外围的商店。事实上，在电车和快速公交站点附近早已出现商店，但正如前文所指出的，上述新型的购物街在城市街道系统中居于主导地位，一般从市区的商业区向外辐射，通向低密度居民区。它们是1980年代人们所熟知的远远伸入乡村的高速公路带的原型。①

希尔斯的大型商店起初孤立独处，远离其他商店，而公路带上的零售店很少能够联合成一个协调的整体。可是由众多商店组成的购物中心却拥有免费的专用停车场，这代表零售业最终适应了汽车交通的要求。虽然吉尼斯世界纪录将1896年的罗兰帕克购物中心列为世界第一家购物中心，但第一家现代版的购物中心却是堪萨斯城的乡村俱乐部广场。它是企业家杰西·尼克尔斯(Jesse Clyde Nichols)个人努力的杰作，他将零售商店集中在一起，用出租店面的策略来确定各类商店的构成。通过这种办法，尼克尔斯首创了整体规划的区域性购物中心这一设想。

乡村俱乐部广场于1923年破土动工，设计者采用西班牙—摩尔式的建筑风格，其特色为红瓦屋顶和小型塔楼——吉拉尔达塔实际上是对塞维利亚原始风格的模仿——该购物中心还有瀑布、

① 布莱恩·布劳内尔(Blaine A. Brownell)：《汽车与城市建筑》(The Automobile and Urban Structure)，美国研究协会(The American Studies Association)年会上提交的一篇论文，得克萨斯州圣安东尼奥，1975年11月6日；布莱恩·布劳内尔(Blaine A. Brownell)：《现代性的标志——1920年代南部城市对于汽车的态度》("A Symbol of Modernity: Attitudes toward the Automobile in Southern Cities in the 1920's")，《美国季刊》(*American Quarterly*)1972年3月第25期，第20—44页。另见霍华德·普雷斯顿(Howard L. Preston)：《汽车时代的亚特兰大——1900—1935年一个南部大都市的形成》(*Automobile Age Atlanta: The Making of a Southern Metropolis, 1900 - 1935*)。

喷泉、花卉、林间小路，以及造价昂贵的人工景观。作为第一个汽车导向的购物中心，它在装饰华丽的砖墙后面还配备了宽阔的停车场。大多数建筑物为两层，第二层一般用作医生、牙医和律师的诊室和办公室，他们的业务有助于吸引源源而来的开车顾客。乡村俱乐部广场在商业上是一个巨大的成功，它与大平原这一背景有机结合，协调一致，很快就成为堪萨斯城商业和文化活动的中心。[①]

尼克尔斯的乡村俱乐部广场在1925年全部营业以后，获得了媒体的广泛好评。到1930年代中期，这种统一规划的购物中心理念已经广为人知，它将一定数量的商店集中起来统一经营，提供方便的停车设施，从而被看作是服务于开车购物这一日益增长的市场的最好方法。但是大萧条和二战对私人建筑业产生了极为消极 259
的影响，直到1946年整个美国只有八个购物中心，它们是1927年西费城的上达比购物中心、1928年宾夕法尼亚州阿德莫尔的郊区广场、1931年达拉斯郊外的海兰帕克购物村、1937年休斯敦的河畔橡树、1941年圣路易斯的汉普顿村、1944年托利多的“拓殖地”、同年弗吉尼亚州阿灵顿的设灵顿和1946年西雅图的贝尔维尤广场。然而，非常重要的一点是，它们提供了半个世纪以后顾客认为理所当然的许多便利设施。比如1931年，达拉斯郊外的海兰帕克购物村就拥有百货商店、药店和食品店，此外还有银行、影院、美容美发店、办公室、照相馆，以及能够停放700辆汽车的停车场。整个购物中心采用西班牙风格的建筑，租金包括维修费，以确保在租

① 尼科尔斯(J. C. Nichols)：《对边缘地带购物中心的规划与控制》(“The Planning and Control of Outlying Shopping Centers”)，《土地与公共经济学杂志》(*The Journal of Land and Public Utility Economics*)1926年1月第2期，第17—22页。

用期间有关财产能够得到适当的保护。①

世界上第一家以统一规划为主的零售业购物中心于1949年在北卡罗来纳的罗利(Raleigh)建成,由霍默·霍伊特(Homer Hoyt)设计,他是著名的作家和人口学家,以城市发展理论的扇形模型而闻名。此后,购物中心理念很快风行美国,随后才在加拿大流行起来。加拿大的第一家购物中心——多伦多附近的迪克西购物广场——直到1954年才开张营业。在早期最成功的购物中心中,比如孟菲斯的鹅掌楸购物广场至少拥有30家零售商店、一家大型百货商店和可以容纳500辆以上汽车的停车场。到1984年,美国拥有2万家大型购物中心,营业额几占所有零售业的三分之二,即使在相对集中化发展的城市,比如纽约、波士顿和旧金山,其中心商业区的商家也进行了适应性的调整,向郊区转移。方便的停车设施成为这种郊区商业聚合体挑战中心城市同类商业设施的决定性优势。②

全封闭的、能够进行温度控制的购物城的理念首次于1956年出现在明尼阿波利斯附近的南代尔购物中心,从而进一步加强了

---

① 我列举的早期购物中心部分源自约翰·雷(John B. Rae):《美国人生活中的公路与汽车》(*The Road and the Car in American Life*),坎布里奇,1971年,第230页。要对这一商业概念的传播进行定量分析,参见耶霍舒·科恩(Yehoshua S. Cohen):《一种城市体系革新的传播》(*Diffusion of An Innovation in An Urban System*),芝加哥,芝加哥大学地理系研究论文,第140号,1972年。另见詹姆斯·西蒙斯(James Simmons):《零售业区位模式的变迁》(*The Changing Pattern of Retail Location*),芝加哥,芝加哥大学地理系研究论文,第92号,1964年。

② 比如1979年,波士顿郊区的零售业占大都市区的70%,圣路易斯的同比为67%,哈特福德的同比为68%。约翰·凡诺斯特兰(John C. Van Nostrand):《伊丽莎白女王方式——公用事业与公共空间》("The Queen Elizabeth Way: Public Utility Versus Public Space"),《城市史评论》(*Urban History Review*)1983年10月第12期,第1—23页。

郊区的优势。一些室内购物城，比如纽约州罗切斯特巨大的中镇购物城位于市中心，但更典型的是新泽西州的帕拉默斯帕克和伯根购物城、芝加哥郊外肖姆堡的伍德菲尔德购物城、戈瑟姆郊外的金斯购物城和克罗斯县购物城以及孟菲斯的罗利购物城，它们都位于外围公路沿线，从上百平方英里或更大的范围内吸纳顾客。老爱德华·巴托洛(Edward J. Bartolo, Sr.)，一位白手起家的百万富翁和工作狂，以俄亥俄州的扬斯敦为基地，成为美国最著名的购物城开发商，但大型保险公司，尤其是公平人寿保险协会，越来 260
越寻求高额利润的雇主，比如购物中心的老板。

1970 年代，一个新现象——超级区域购物城——进一步使郊区购物中心复杂化。这种新型购物城的原型是弗吉尼亚州费尔法克斯县华盛顿环路上的泰森斯科纳购物城。凭借着在此安家的布鲁明戴尔百货公司，泰森斯科纳购物城于 1983 年的营业额为1.65 亿美元，为 1.4 万人提供了就业。长岛罗斯福菲尔德巨型购物城规模更大，其拥有 180 个商店，营业面积达 220 万平方英尺，每周的顾客人数达 27.5 万，1980 年的营业额为 2.3 亿美元。最大的是休斯敦享誉世界的加勒里亚购物城，拥有 240 家高档时装店、四家影院、26 家饭店、一家奥林匹克规模的滑冰场以及两家豪华旅店。这些大型商业建筑很少有窗户，时钟也很少见——如同卡西诺赌场一般。①

① 在 1979 年石油危机期间，大型区域购物城的顾客来源从半径 30 英里缩小到半径 10 英里的范围，周末到购物城的购物活动和社交活动都有所减少。关于泰森斯科纳(Tyson's Corner)形象和规模的变化，参见梅根·罗森菲尔德(Megan Rosenfeld)：《泰森斯科纳——郊区未来的范例》("Tyson's Corner: An Example of Suburbia's Future")，《华盛顿邮报》(*Washington Post*)1977 年 2 月 20 日。另见《纽约时报》(*New York Times*)1981 年 11 月 10 日。

这种大型购物城的倡导者认为，它们正在取代旧的中心商业区，成为新居民区中无根家庭所认同的聚会地点。作为周末和午后的约会地点，它们对青少年尤其具有吸引力，他们经常在购物日来这里购物或者寻觅异性伙伴。正如一位官员于1971年所指出的："这些购物城现在已经成为他们的街角。新的购物中心已经扫除了小商店，大多数影院也已倒闭，现在正在取代郊区较老的购物中心。"它们对于带小孩的母亲和老年人也同样具有吸引力，他们中很多人定期光顾购物城，而不必担心遇到罪犯或恶劣的天气。①

事实上，即使最大的购物城也几乎与中心商业区存在很大不同，因为它们是自足的，故此将相同的品位和兴趣强加于人。它们只迎合中产阶级口味，没有低品位的酒吧和色情污秽场所，没有令人恐怖的人物，没有垃圾，没有风雨，也没有非同寻常的冷热室温。正如安东尼·朱比－杰克逊（Anthony Zube-Jackson）所指出的那样，它们强调洁净和安全，这表明了人们的城市文化观是十分偏颇的。

尽管购物城貌似平淡无奇，但它们及其所代表的免下车文化显然已经摧毁了传统的中心商业区，在许多中等城市的中心区，最后一批百货商店也已关闭了。这种扫除传统中心商业区的免下车祸患，如同荷兰榆树病在过去几年里横扫东部城镇一样，从一个城镇扫过另一个城镇，摧毁了那些一度似乎坚不可摧的商业机构。

---

① 引自《纽约时报》（*New York Times*）1971年2月5日。虽然欧洲地区的主要购物和商业区一般位于城市中心，但美国模式的购物城也越来越受到欢迎。斯德哥尔摩西南的斯科尔门中心周围拥有斯堪的纳维亚半岛最大的停车场，与美国的购物中心别无二致。

只不过这一祸患的目标不是树木，而是企业，尤其是那些植根于众多干道的曾经硕大无朋的百货商店。

到目前为止，免下车文化在零售业方面最著名的受害者就是 261
底特律巨大的 J. L. 哈得孙公司。一个显而易见的事实是，汽车城的条条大路通向哈得孙公司。该百货大楼的装潢高贵典雅，内有高悬的枝形吊灯、木质板条装饰的走廊，身着铜扣制服的门卫笑容可掬。这座百货大楼高达 25 层，占据了一个街区，其高度堪与纽约的梅西和芝加哥的马歇尔菲尔德相媲美，成为美国三座最大的百货大楼之一。然而，1950 年以后，这座煊赫一时的商厦却被自己的分店所扼杀，这些分店都位于外围的购物中心之中。当哈得孙公司的诺斯兰分店——该公司在美国最大的郊区分店和最早的分店之一——开张以后，市中心主店的销售量便开始下降，其销售额从 1953 年 1.53 亿美元的顶峰下降到 1981 年的 4 500 万美元。最终市中心这一地标性建筑于 1981 年永远地关门大吉了。[①]哈得孙公司恰恰是汽车的牺牲品，而汽车却造就了底特律。

在圣诞节期间，《WWJ》(底特律市 24 小时不间断新闻广播电台。——译者注)的广播评论员发布了底特律这一最著名商厦的"讣告"，指出 1967 年汽车城的种族骚乱加速了白人向郊区的逃

① 安东尼・朱比－杰克逊(Anthony Zube-Jackson)：《一个叫家的地方：曼哈顿廉价住宅的历史》(*A Place Called Home*：*A History of Low-Cost Housing in Manhattan*)，第 104—105 页。另见《纽约时报》(*New York Times*)1981 年 11 月 10 日；罗斯・麦基弗(Ross J. McKeever)：《购物中心——原则与政策》(*Shopping Centers*：*Principles and Policies*)，华盛顿城市土地研究院技术通讯，1953 年第 20 期；霍默・霍伊特：《当前新建购物中心的发展趋势——四种不同的类型》("The Current Trends in New Shopping Centers：Four Different Types")，《城市土地》(*Urban Land*)1953 年第 12 期，第 4 号；《纽约时报》(*New York Times*)1982 年 12 月 31 日。

逸,从而给予了哈得孙百货大楼致命的一击。事实上,这个91岁高龄的商厦是被大型购物城的免费停车、便于接近和可控的环境所扼杀。

到1960年代,作为人们暂时和非正式的交流和接触场所,购物中心的主要竞争对手只有公路商业长廊,那里有熠熠发光的霓虹灯广告牌,有艳俗的汽车展销室。尤其是在中等城市,天黑以后,人气主要集中在购物城或公路沿线,而非城市的主街道。

拖车房和移动住房

车轮上的国家这一现象最好的标志也许是美国所特有的移动住房。1936年作家霍华德·奥布赖恩(Howard O'Brien)预言说,"拖车房将永远留驻在此"。虽然当时还处于其发展的初期阶段,但移动住房产业已经在美国繁荣起来。拖车房在20世纪最初10年出现,这是一种个别设计的由卡车或汽车拖曳的房屋,1920年代开始进行商业化生产。起初,拖车房的设计是为了旅行,主要用来度假。然而,在1930年代大危机期间,许多人,尤其是店员、演员、建筑工人和农场雇工,在他们寻求工作——任何工作——时,不得不过着游牧般的生活。他们发现,这些临时装在轮子上的拖车房为其提供了必要的栖身之所,同时还能满足他们经济和迁移的需求。沃利·拜厄姆(Wally Byam)和其他设计人员将移动住房设计成流线型,即一种古典的泪滴形,这一造型通过清风房车(Airstream,美国一款著名的房车品牌——译者注)而名

噪一时。[①]

在二战期间，美国政府为战时工人购买了几万套拖车房，并禁 262
止将拖车房卖给一般民众。到 1943 年，仅全国住宅署就拥有 3.5 万套这种铝制的盒子房屋，而在全国的 20 万套移动住房中，60%以上分布在国防工业区。政府还在兵工厂附近建造了没有轮子的组装房屋。这些由蹩脚的组装房屋构成的城镇使预制的组装房给人留下了难以磨灭的坏印象，直到战后仍然挥之不去，但在不断迁移的农业工人和军事人员中拖车房却找到了日益扩大的市场，因为他们不得不经常迁移。

直到 1950 年代中期，“移动住房”一词才开始意指体面的人也能够在其中结婚、年老和去世。那时，移动住房与其说是“移动”的房屋，毋宁说是“组装”的房屋。它不再是用拖车拉着走的房子，而已经成为一种现代的工业化生产的住所，一般住宅所拥有的设施它几乎应有尽有。到 1950 年代后期，其宽度增加到 10 英尺，联邦住宅管理局开始认为，移动住房也是一种住宅，可以得到住宅抵押贷款担保，销售合同的期限由三年提高到五年。

1960 年代，出现了 12 英尺宽的移动住房，随后又出现了 14

① 已经发表的关于移动住房发展进程的资料十分有限。有关这一主题社会问题方面的内容，参见唐纳德·奥伦·考埃尔(Donald Olen Cowell)：《移动住房——拖车房生活研究》(*Mobile Homes: A Study of Trailer Life*)，费城，1941 年。最具综合性的著作是卡尔顿·爱德华兹(Carleton M. Edwards)：《用来旅行和居住的房屋——娱乐车辆与移动住房产业的发展史》(*Homes for Travel and Living: The History and Development of the Recreational Vehicle and Mobile Home Industry*)，东拉辛，私人印制，1977 年。关于将卡车改造为住房，参见简·利兹(Jane Lidz)：《滚动的房屋——车轮上的人工建房》(*Rolling Homes: Handmade Houses on Wheels*)，纽约，1979 年。另见《纽约时报》(*New York Times*)1982 年 6 月 27 日。

英尺的，此外，制造商开始在移动住房中添加壁炉、天窗和教堂式的天花板。1967 年，两个移动住房并排连接在一起，成为第一座“双倍宽”的移动住房。这些新的样式使房间的布置更加灵活，尤其赢得收入固定的退休人员的喜爱。制造商也不再让这些房屋过多地移动。到 1979 年，即使单倍宽的“移动住房”也能够达到 17 英尺宽（大约 60 英尺长），而且根据预制房屋协会的资料，只有不足 2%的移动住房曾经离开过其最初的位置。部分由于其越来越具有永久性，一些社区和法院开始将这种结构的移动住房定义为不动产，应该征收地产税，而不是作为汽车仅仅收取驾照费用。[①]

虽然移动住房仍然被普通民众视为“坚挺”住宅（用来描述美国普通框架结构住宅的贬义词）的蹩脚替代品，但这种车轮上的住宅反映了美国人的价值观念和工业生产效力。移动住房由简易加工和标准化的材料建成，比如金属板和塑料，它代表了一种为消费者提供的完整的打包服务，包括室内家具、毛毯和各种用具。更主要的是，它提供了除内城住宅以外的另一种郊区类型的住宅，能够以另一种方式向蓝领工人、新婚夫妇和退休人员提供住宅。1965 年以后，这种工厂制造的住宅（该制造业愿意使用的一个词语）每
263 年的产量很少低于 20 万套，在佛罗里达、怀俄明和蒙大拿三州，它

① 虽然这种做法已经有 10 年之久，开始于 1969 年，但国会还是正式授权联邦住宅管理局为移动住房的停靠场地发放政府担保的抵押贷款。1979 年 4 月，新泽西最高法院判决，移动住房是不动产，因此可以征收地产税。对于 1970 年代后期对拖车房屋和移动住房态度的探讨，参见迈克尔·洛克兰德（Michael Aaron Rockland）：《车轮上的住宅》（*Homes on Wheels*），新泽西州新不伦瑞克，1980 年。

们一般构成所有新住宅单元的四分之一以上。到 1979 年，组装房屋已经成为一项 31 亿美元的产业，全国拥有移动住房超过1 000 万套。这些数字还不包括“汽车房屋”，1970 年代温尼巴格的产品十分流行，这是一种按照楼层系统建造的标准化住宅，如同普通的住宅。这种组装房屋的部件在工厂生产，然后分批运输到工地，在现场进行组装。①

免下车社会

在竭尽内燃机之所用的众多新机构之中，免下车汽车旅馆、汽车影院和免下车购物中心仅仅是为数不多的几种而已。到 1984 年，几乎所有地方的夫妻便利店都被超市所取代，大多数银行开办了免下车窗口，甚至一些殡仪馆也想方设法让送葬者在瞻仰死者、挂号签名和向遗体告别时不必从汽车里出来。得克萨斯州的敖德萨社区学院甚至还开设了一个免下车注册窗口。

特别普遍的是快餐店，它们不仅扫除了家庭式的饭店，而且还深入到零售店。1915 年，一位名叫詹姆斯·汉尼科（James G. Huneker）的故事大王，将其有关 20 世纪初期美国生活的故事编辑成《新世界》（*New Cosmopolis*）一书，该书抱怨廉价的粗制滥造的“地狱食品”，抱怨轻松愉快的正餐正在被“唱片音乐和自助餐

---

① 移动住房不同于标准房屋，它有一个金属底盘，即使房屋已经安置在街区，这一底盘仍会存在。一套标准的住宅可以在几天内在一个宅基地上建造起来，一套预制的住宅也许要用几个星期才能在建筑工地现场组装起来。部分出于种族偏见，部分由于倾向性，美国黑人拥有移动住房的比例异常低，比如 1960 年的比例只有 2%。

馆"所取代。随着汽车出现的是"抓过来"就吃的概念。第一个免下车餐馆是1921年罗伊斯·黑利(Royce Hailey)在达拉斯开张的"小猪餐台",在1920年代后期,第一家快餐店"白塔"的经营者认为,开车旅行的家庭沿途需要方便的餐饮。饭店必须看起来干净整洁,因此他们将饭店漆成白色;饭菜必须看上去熟悉,因此每个外卖店的简易菜单都是标准化的。为了吸引人们的眼球,它们被建成小型城堡风格,装饰了许多城垛和塔楼模型。为了避免租用土地方面的麻烦,这种白色小城堡被建成可移动的。

1954年,芝加哥地区的一位奶昔机器推销员雷·克罗克(Ray A. Kroc)与加州圣贝纳迪诺(San Bernardino)快餐店的老板理查德和莫里斯·麦克唐纳联合,开办了一家最大的快餐店。1955年,克罗克先生的第一家"麦当劳"快餐店在德斯普兰斯开业,这是芝加哥的一个郊区,长期以来以其是循道宗每年的宿营地而闻名。1955年后期,第二家、第三家快餐店开张,它们都位于加
264 州。五年之内,有228家麦当劳免下车外卖店开张营业,15美分一个汉堡,10美分一包炸薯条,20美分一杯奶昔。1961年,克罗克买断了麦克唐纳兄弟的股份,在随后的20年里,他建立了一个拥有7 500个外卖店的大帝国,聚敛了超过5亿美元的亿万家财,可有谁知晓克罗克只是一位失败的房地产经纪人的儿子,其家族来自波希米亚。麦当劳公司的总部位于伊利诺伊州的郊区奥克布鲁克,其营业特色是免费停车,开车进入,其方法已经被数十家餐饮店照搬采用。1984年后半年,在明尼阿波利斯以北的一条州际公路旁,麦当劳开始建造世界上最完备的集多种经营的免下车复合体。这一复合体被命名为"麦氏店"(McStop),它将拥有一个汽

车旅馆、一个加油站、一个便利店，当然还要有一家麦当劳店。①

有时候甚至教堂的座位也被汽车所取代。1955 年初，在加州的郊区加登格罗夫，美国归正宗的信徒罗伯特·舒勒牧师，在其布道生涯之初不得不白手起家。没有教堂，也没有多少资金，他在每个星期六的早晨租下奥兰治汽车影院，然后站在看台上端宣讲布道。教区的信徒通过每个停车位的扩音器听取布道。起初，这还是一项不得不采用的办法，可是当舒勒牧师开始吸引听布道的信徒以后，这项措施竟成为一项善举，因为这些信徒宁愿慵懒地待在汽车里，也不愿意坐在长条凳上听取布道。“当你们在……家庭汽车里时，可以静心祈祷”这句话传播开来后，信徒不断增加，1956 年舒勒建造了一座小型教堂，以便满足室内布道和行政需要。但是这一免下车教堂——就像当时所称呼的那样——继续为那些依赖汽车的信徒提供宗教启迪，而且在随后建立的教堂中，总是包括一些免下车设施，为的是方便那些不想“走进”教堂的人使用。到 1969 年，在舒勒的教堂里已经拥有 6 000 名教徒听取布道，建筑师理查德·纽特拉（Richard Neutra）设计了一个巨大的星状“力量之塔”，占地面积大约 22 英亩，位于圣安娜快车道旁，与迪斯尼乐

① 最近兴起了一场运动，要求将最早出现于加州唐尼（Downey）的麦当劳快餐店作为地标建筑保留下来。路易斯安那州位于新大路的波音特库佩殡仪馆于 1976 年开始提供免下车殡仪服务，引起人们纷纷议论。詹姆斯·汉尼科（James G. Huneker）：《新型国际大都市画册》（*New Cosmopolis: Book of Images*），纽约，1915 年，第 76—77 页、82 页；戴维·刘易斯（David L. Lewis）：《性别与汽车——从折叠加座到摇晃的篷车》（“Sex and the Automobile: From Rumble Seats to Rockin’ Vans”），《密歇根历史季刊》（*Michigan Historical Quarterly*）1980 年秋季号第 19 期，第 524 页；以及保罗·赫斯霍恩（Paul Hirshorn）、史蒂文·艾泽努尔（Steven Izenour）：《白塔》（*White Towers*），坎布里奇，1979 年；《纽约时报》（*New York Times*）1984 年 1 月 15 日。

园为邻。它看起来像，而且也叫做“耶稣基督的购物中心”。[①]

1980年，一座“水晶大教堂”落成，由菲利普·约翰逊（Philip Johnson）设计的，投资2 600万美元，是世界上最壮观最雄伟的宗教建筑之一。它至少高达125英尺，宽415英尺，内部空间巨大，但没有支柱，镶嵌着1万多块透明玻璃。但其保留了免下车特征。在每次布道开始时，需要打开两扇90英尺的玻璃墙，以便牧师能
265 够被那些开车进入的礼拜者所看到。传统的礼拜者要走进有3 000个座位的“水晶大教堂”，而那些留在“来自底特律的包厢”中的信徒则要听从安排：“如果你的汽车有收音机，请调到540赫兹，以便听取布道。如果没有，请停在后排的扩音器旁。”布道取得了巨大的成功。到1984年，舒勒的加登格罗夫社区教堂是世界上最大的既可步行又可免下车的教堂。该教堂的礼拜日电视节目大约有100万加州人观看，并且获得了全国宗教节目的最高评价。

去中心的城市

加利福尼亚比任何其他地方都更能代表战后的郊区文化。它

---

① 关于舒勒（Schuller）免下车教堂最全面的资料，参见《一个梦想的故事》（*The Story of a Dream*），这是一本28页的小册子，仅用1美元就能在该教堂的书店买到。每半小时可以免费在该教堂的场地上散步。另见《抉择》（*Decision*）1974年3月第12期，第6页；托马斯·海恩斯（Thomas Hines）：《汽车时代的设计——理查德·纽特拉与汽车》（“Designing for the Motor Age: Richard Neutra and the Automobile”），《争鸣杂志——建筑设计思想与批评》（*Oppositions: A Journal for Ideas and Criticism in Architecture*）1980年夏季号第21期，第35—51页；朱迪思（Judith）、内尔·摩根（Neil Morgan）：《奥兰治——最具加州风情的县》（“Orange: A Most California County”），《国家地理》（*National Geographic*）1981年12月，第750—779页。

开创了赛车、外国车、面包车和房车的繁荣，到 1984 年，该州 2 600 万居民拥有汽车的数量接近 1 900 万辆，该州还拥有世界上最完备的公路系统。其结果就是一种新型的没有中心的城市的出现，典范就是一度沉寂偏远的奥兰治县，该县位于洛杉矶市的南面和东面。1955 年，沃尔特·迪斯尼（Walt Disney）离开了好莱坞，将这里的牧场全部买下开办了迪斯尼乐园。此后，奥兰治县开始从一片沉闷的乡村地带转变为郊区，随后又变成城乡混合体和小城镇。它从未有过一个真正的城市核心，这在很大程度上缘于这里的每个产油区都孕育了自己独立的郊区中心，但没有一个能够超越其他而居于主导地位。到 20 世纪六七十年代，当这一地区成为社区开发商的理想场所之时，情况依然如此。到 1980 年，奥兰治县拥有 26 个城市，但没有一个城市人口超过 22.5 万。就像《创世纪》描绘的“生儿育女”，它们不断合并与增殖，从而形成了一个人口达 200 万的巨型聚合体，但各自拥有由人口普查局所划定的大都市区——阿纳海姆、圣安娜、加登格罗夫。然而，与美国传统的大都市区不同，奥兰治县缺乏乘车中心，即一个能够明显成为当地生活核心的地方。相反，一位当地居民的经历十分典型：“我居住在加登格罗夫，就业于欧文，在圣安娜购物，去阿纳海姆看牙医，我丈夫在长滩工作，而我时常还要去富勒顿的妇女选民联盟充任会长。”①

圣克拉拉县也是没有中心的城市，该县位于旧金山以南 45 英里，以“硅谷”之乡而闻名于世。圣克拉拉县从北端的帕洛阿尔托一直向南延伸到吉尔罗伊的大蒜和莴苣菜田，是世界上电子产品 266

① 引自《纽约时报》（*New York Times*）1971 年 5 月 30 日。

公司的最大集聚地。然而，在1940年，它最出名的是李子和杏，二战以后，该县最大的城市圣何塞也成为全国最大的郊区。1940年圣何塞的居民人口不足7万人，到1980年猛增到63.6万人，超过旧金山成为该地区最大的城市。随着以汽车为基础的交通体系的成熟，该县宽阔的果园很容易被开发，推土机拔除了果树，用来建造购物中心和街道。圣何塞政府迅速兼并了周围的土地，大举借贷建造新的基础设施，并在城市边缘地带建立了众多学校。在圣何塞政府这些措施的鼓励下，住宅建筑商越来越深入到周围的乡村地区进行开发。数十家半导体和飞机制造公司在这里落户或拓展业务。随后，这种开发导致了每天两次的严重交通拥堵，高速公路上车水马龙。大约六英里的路程开车竟长达45分钟，尾气形成的烟雾使后面的山丘变得模糊不清。随着圣克拉拉县成为全国没有节制无限度增长的代表，该县居民开始担心，高科技公司虽然提供了就业和税收，但就业又吸引了更多的人口，而税收却不能满足新的公路、学校、排污管道和不断膨胀的警察和消防部门的开支所需。①

在加州这一数目就更大了，但每座美国城市边缘地带的发展模式都是相同的，从芝加哥附近的布法罗格罗夫和肖姆堡，到孟菲斯附近的日耳曼敦和科利尔维尔，再到圣路易斯附近的克里夫库尔和拉迪，都是如此。也许比居住在城市边界以外人口数量增长更重要的，是大都市区迅猛的空间蔓延。在1950—1970年，华盛顿哥伦比亚特区的城市化面积从181平方英里增加到523平方英

① 虽然圣克拉拉县是全美城市推进者所称羡的地方，但1979年该县已经开始采取措施限制工业的发展。苏珊·本纳(Susan Benner)：《硅谷上空的阴云》(“Storm Clouds over Silicon Valley”)，《社团》(*Inc.*)1982年9月号，第84—89页。

里，迈阿密从 116 平方英里增加到 429 平方英里，而更大的是大都市连绵带，比如纽约、芝加哥和洛杉矶等，其人口居住的地域则以数千平方英里来计算。

工厂和办公室的分散化

二战后美国城市的分散化不仅仅是错层式住宅和社区学校的事，它几乎涉及国民生活的每个方面，从制造业到购物再到专业服务业。最重要的是，它关系到工作地点所处的位置，以及郊区概念的变化，这一概念的本意是工资收入者到市中心上班的出发地。这一发展趋势非常迅猛，致使 1970 年前 15 个大都市区中有九个郊区
已经成为主要的就业来源，而在某些城市，比如旧金山，几乎四分之 267
三的通勤就业者既不居住也不工作于中心城市。在特拉华州的威尔明顿大都市区，1940 年有 66%的工作位于中心城市，而到 1970 年，这一数字已经下降到不足四分之一。尽管曼哈顿是世界上办公空间和企业活动最集中的地方，但到 1970 年，纽约郊区居民中大约有 78%就业于郊区。许多外围社区因此从旧的中心市区赢得了某种程度的自立。到 1975 年，一个新的“美国词语”——“环路”(beltway)——甚至进入语言之中，用来描述围绕在每座主要城市周围宽阔的快速路，它们吸引了各个行业的企业主。[①]

① 1970 年和 1980 年的联邦普查资料都包含了关于美国人通勤选例的详细资料。另见玛丽昂·克劳森(Marion Clawson)：《美国郊区土地的转化——经济的和政府的作用》(*Suburban Land Conversion in the United States: An Economic and Governmental Process*)，第 232—234 页。

制造业现在是最分散化的非居住活动之一。1970年代，工业就业占美国就业总数的比例从29%下降到23%，那些生存下来的制造业企业往往重新安排生产地点，要么迁移到郊区，要么落脚于成本较低的南部或西部。即使是第三产业，虽然它不使用装配线，所需要的平面空间也少于大型工厂，但同样要适应内燃机而迁移到城市边缘地带。早在1963年，美国工业就业就有一半以上位于郊区，而到1981年，大约三分之二的制造业生产位于“工业园区”和郊区的新型厂房之中。这种转变对于较老的工业城市的挑战异常严峻，后者陈旧的厂房遭到遗弃，企业主受郊区开阔土地、便利的州际高速公路和联邦投资税收优惠政策的吸引，将厂房迁移到郊外。比如，在1970—1980年，费城丧失了14万个就业机会，其中许多是由于这一贵格派教徒之城的主要企业的倒闭或迁离，比如菲尔科－福特公司、库尼奥东方出版社、米德维尔·赫彭斯托尔钢铁公司、贝尤克雪茄公司、伊顿与库珀工业公司的铅垂工具分公司和集装箱公司。①

办公功能一度被认为可以高枕无忧地固定在大城市的街道上，但也同样跟随了郊区化趋势。在19世纪，企业公司都竭力将其所有的经营活动集中在一个屋檐之下。当信件传递缓慢且时间

① 利昂·摩西(Leon Moses)、哈罗德·威廉逊(Harold F. Williamson)：《城市经济活动的区位》(“The Location of Economic Activities in Cities”)，《美国经济评论》(*American Economic Review*)1967年5月第57期，第214—215页；肯尼斯·杰克逊(Kenneth T. Jackson)：《郊区化对城市的影响》(“The Effect of Suburbanization on the Cities”)，载入菲利普·多尔斯(Philip C. Dolce)编：《郊区——美国梦与困境》(*Suburbia: The American Dream and Dilemma*)，加登城，1976年，第89—110页；《纽约时报》(*New York Times*)1981年8月15日。

不确定之时，当雇员之间的交流局限于人类声音能够传递的距离之内之时，这是最有效的经营策略。最近，地产经济学和通信技术革命已经改变了上述情况，许多公司把它们的会计部门、数据处理部门和广告宣传部门分散开。许多保险公司、银行分行、区域性销售机构和医疗门诊已经迁移到了郊区，从而降低了成本并使其更加接近客户。同样，企业的后台管理系统已经与决策部门分离，从 268
中心商业区迁离了出去。

公司总部的重新选址已经得到了非常充分的报道。虽然道布尔迪公司这一出版企业早在 1910 年就迁移到了长岛宁静的加登城，《读者文摘》(*Reader's Digest*)也于 1936 年迁移到纽约州韦斯特切斯特县的普莱森特维尔，但直到大约 1950 年以前，公司总部选址的总趋势是朝向中心商业区。公司外迁的趋势于 1954 年开始加强，这一年通用食品公司将其总部从曼哈顿中部迁移到郊区怀特普莱恩斯一片空旷、低矮的校园般的环境中，周围是面积广阔的树林和免费停车场。在 1955—1980 年，这种外迁行为达到了顶峰，理由是"外迁对所有人来说都是一种更加令人愉悦的生活方式"，在此期间，有五十多家公司抛弃了它们在纽约市的总部，其中包括一些巨型公司，比如国际商用机器公司、海湾石油公司、德士古公司、联合碳化物公司、通用电话公司、美国氨基腈公司、施乐公司、百事可乐公司、美国烟草公司、奇斯波洛庞德公司、雀巢公司、美国罐头食品公司、辛格公司、冠军国际公司和奥林公司。[①]

---

① 关于这一话题最具意义的见解是区域规划协会(Regional Plan Association)的，尤其是该组织负责调查研究的副会长鲍里斯·普士卡利夫(Boris Pushkarev)：《交通运输趋向一体化》("Transportation Crawling towards Consolidation")，《纽约事务》

由于曼哈顿仍然是美国企业和金融活动的主要中心，因此大多数公司仅仅是迁移到本地区更加具有田园特征的环境中，主要分布于三个较小的区域之中：韦斯特切斯特县的中部狭长地带，从哈得孙河穿越怀特普莱恩斯到康涅狄格州的边界；康涅狄格州的费尔菲尔德县境内的斯坦福市中心和附近的格林威治；新泽西州穿越莫里斯县和萨默赛特县中心的狭长地带。这三个地区在1972—1985 年建造了 1 600 多万平方英尺的办公空间，或者说超过了美国许多城市现有的办公空间。

这一趋势在进入康涅狄格州时尤其强烈，在这里，公司的管理人员可以享有哥谭镇（Gotham，纽约市的俗称。——译者注）的商业和文化优势，而不必受纽约州所得税的烦扰。1960 年在为斯坦福市中心制定第一个城市更新计划时，并没有考虑在这里建筑任何商业性办公空间。然而，在随后的 30 年间，最初的计划由于受到社区的抵制而拖延下来，斯坦福的城市更新计划也得到了修改，这反映了企业公司态度的变化，它们希望将总部迁移到哥谭镇外更加舒适的郊区环境中。对于斯坦福而言，这种拖延十分有利。当公司开始从曼哈顿向外迁移之时，斯坦福的市中心拥有现成的办公空间。到 1984 年，费尔菲尔德县已经成为美国第三个最大的公司总部聚集地，仅次于纽约市和芝加哥。

269 有几项研究表明，决定公司总部迁移方向的最重要因素，是某

（*New York Affairs*）1978 年第 5 期，第 75—90 页。两部优秀的学术著作是彼得·马勒（Peter O. Muller）：《公司总部的郊区化》（*The Suburbanization of Corporate Headquarters*），康涅狄格州华盛顿，1978 年；巴里·布卢斯通（Barry Bluestone）等：《公司的逃逸》（*Corporate Flight*），华盛顿，1981 年。

一特定公司行政首脑的家庭住址及其参加乡村俱乐部的所在地。事实上，这些行政首脑往往是向郊区迁移的唯一受惠者。当 A & W 饮料公司于 1984 年初从曼哈顿迁移到怀特普莱恩斯时，该公司在过渡时期丧失了全部雇员，不得不花费一大笔款项用于解雇赔偿金。当时该公司的人事部经理克雷格·霍尼卡特(Craig Honeycutt)说，"这些人之中有许多与我们已经共事多年，因此我们必须扪心自问，当那些忠实而能干的职员丧失工作以后，我们应该做些什么。"这些雇员宁愿选择辞职，也不愿从曼哈顿、布鲁克林或新泽西通勤到怀特普莱恩斯上班。①

由于在郊区建造企业总部的办公机构往往投资巨大，因此，大多数企业搬迁的目的是为了提高雇员的士气和工作效率，从而最大限度地降低成本。为了达到这一目标，某些公司通常聘请一位知名的设计师，来设计一种具有田园风貌的大学校园式的办公复合体或设备齐全的村庄。免费停车且接近州际高速公路或许可以延长工作日，而用石头建造的门廊、美丽的花园、优雅的雕塑和飞溅的喷泉，以及体育馆、淋浴间和桑拿浴室等或许能够营造一种轻松愉快的氛围。公司自备的咖啡厅代替了市中心的餐馆、购物区，乃至城市中心的午间音乐会。对于某些雇员而言，其结果是"近乎完美"的。而另一些雇员则发现，校园式的环境枯燥乏味，他们抱怨说"这里主要的趣事就是发现礼品店的新鲜玩意儿"。

战后时期公司驻地的变更总体而言由城市向郊区迁移，而非

① *Intercorp*，1984 年 2 月 7 日，第 26 页。《纽约时报》(*New York Times*)1984 年 2 月 20 日。1976 年英国的一项研究发现，在 1966—1974 年，有 800 家企业从伦敦迁移到新镇或扩建的城镇中。《纽约时报》(*New York Times*)1977 年 6 月 30 日。

地区间迁移。海湾石油公司和美国航空公司从纽约分别迁移到休斯敦和达拉斯，但这只是一般情况之外的特例。大公司从城市到郊区并且从一个地区到另一个地区的迁移只是个别现象。约翰斯—曼维尔公司于1970年代从曼哈顿的办公大楼迁移到落基山脚下面积1万英亩的牧场，该公司的建筑造型优美，是熠熠生辉的宇宙飞船式样，而这只是一个明显的例外。1982年，只是由于法院的干预约翰斯-曼维尔公司才免于破产，这也许仅仅是巧合。

从二战开始，美国人经历了一个人工生活环境的转变。商业、居住和工业建筑都进行了重新设计，以便适应汽车而非行人的需
270 要。艳丽俗气的招牌、大型停车场、单行线街道、免下车窗口，以及即装即拆的快餐店——都与郊区世界密切相关——已经取代了前代人节奏舒缓、邻里取向的机构。一些汽车革命的观察家认为，汽车已经创造了一个新的、更好的城市环境，这种以快速交通为基础的空间规模的变化，构成了一个新型的组织结构，它加快了人员的流动，使过去的城市环境陈旧过时。刘易斯·芒福德在其纽约小镇阿米尼亚的隐居小屋里写道，他对此论十分反感。他的获奖著作《城市发展史》是对中世纪社区的颂扬，对他所看到的美国城市正在形成的“杂乱无章的城市外溢”的痛斥。他指出，汽车大都市并不是城市发展的最后阶段，而是反城市的表现，“无论何时，只要城市与汽车发生冲突，后者就会将其消灭”。[①]

然而，对私人交通谴责最严厉的是1958年约翰·基茨的批判

① 刘易斯·芒福德(Lewis Mumford)：《历史上的城市——起源、演变与未来》(*The City in History: Its Origins, Its Transformation, and Its Prospects*)，第505页。

性著作《傲慢的四轮车》(*The Insolent Chariots*),如同他那个时代以来的其他人一样,他有力地论证说,公路工程师一再倡导增加水泥车道,以满足更多汽车长龙的需求,这是十分错误的。相反,基茨认为,汽车事实上创造了对更多公路的需求,反过来又增加了对更多汽车的需求,如此往复,永无止境。他哀叹到,更糟糕的是,公共开支被用于汽车文化,而用于大众交通和迫切需求的社会服务方面的基金则被挪用。[①]

然而,汽车游说集团扫除了横在前面的所有障碍和所有人,直到 1973 年第一次石油危机,美国人才认真考虑其免下车文化的全部内涵。尤其是在 1950 年代,高速公路代表的是进步和现代化,各市市长和市政官员竭尽所能去争取联邦拨款,以修建更多、更宽的公路。只有为数不多的人士认识到,高速公路导致了分散化,取代了内城居民,加剧了中心商业区的衰败,加速了现有交通系统的老化。正如圣路易斯市长、美国市政协会的前主席雷蒙德·塔克(Raymond Tucker)所指出的,“一个显而易见的事实是,我们绝不可能建造足够的车道,用私人汽车运送我们所有的居民,也绝不可能修建足够的停车场来停放汽车,除非把我们的城市全部铺砌起来,搬走所有的……经济、社会和文化机构,但这些地方是人们所要到达的地方。”

由于满足汽车需要的建筑似乎是临时性的,因此让城市模仿郊区就是谬误之举。1973 年,兰德公司对圣路易斯的一项研究就 271

① 约翰·基茨(John Keats):《傲慢的四轮车》(*The Insolent Chariots*),纽约,1958 年。

建议，作为另一种策略，应该将该市建成“众多大型郊区型经济和社会生活中心之一”，而不是去竭力复兴传统的中心城市功能。这种建议是为那些研究统计学而非研究城市的人提出来的。温顺地模仿郊区会摧毁充满趣味的城市文脉，然而，等市政官员认识到这一点恐怕为时已晚。孟菲斯的联邦大道曾经是一条富丽堂皇的主要街道，豪门深院比比皆是，而今却已沦为免下车文化的牺牲品。1979年，最后一个残存的地标性建筑——一座优美的石头大厦被夷为平地，仅为一家快餐店腾空间。三年之后，这一塑料和玻璃建成的汉堡包快餐店也未能逃脱倒闭的命运，但其斑斑伤痕却依然残留在联邦大街上。

一些迹象表明，免下车文化和汽车的盛期已经退去。在过去的10年里，有10万多家加油站关闭了，约占美国加油站总数的三分之一。昔日的旅店和板条搭建的汽车旅馆如今已人去楼空，但它们却向人们昭示着，快速的变化可以使商业建筑在落成之后短短25年内变得陈旧过时。即使是郊区化的先锋——购物中心——也难逃此劫，尽管它们在二战以后使商业发生了革命性变化，但随着更新的全封闭购物城吸引了那些时髦的、日用的零售业，它们也变得似乎规模渺小而与时尚格格不入。一些旧的购物中心被改造为保龄球场馆或工厂；还有一些重新进行设计改造，以便吸引更大的客户和更体面的顾客。而其他购物中心则遭到遗弃并用木板封闭起来。同样，快餐店可说是1950年代的特色，那时拥有相同“汽车嗜好的人们”在汽车窗口点餐，而今这些都已成为过去的遗风。幸存者之一就是德洛里斯免下车快餐店，它于1946年在贝弗利希尔斯(Beverly Hills)开业，最近有人建议将其作为

历史地标加以保留，这不容置疑地向人们表明，这类事物已经成为濒危物种。[①]

① 戴维·刘易斯(David L. Lewis):《性别与汽车——从折叠加座到摇晃的篷车》(“Sex and the Automobile: From Rumble Seats to Rockin' Vans”),《密歇根历史季刊》(*Michigan Historical Quarterly*)1980 年秋季号第 19 期，第 518—528 页。一种观点认为，汽车在可预见的将来仍将主导城市交通。这一观点的有力倡导者是马克·福斯特(Mark S. Foster)，参见马克·福斯特(Mark S. Foster):《城市环境中的汽车——对未来能源短缺要未雨绸缪》(“The Automobile in the Urban Environment: Planning for an Energy Short Future”),《太平洋历史学家》(*The Pacific Historian*)1981 年秋季号第 2 期，第 23—31 页。

272 第十五章　大都市社区感的丧失

美国免下车文化的一个主要危害就是那种曾在多数大都市区十分盛行的"社区感"的削弱。我这里指的是社会生活"私密化"的倾向,即每个家庭对街坊邻居,以及郊区居民普遍对内城居民的关怀和责任感的降低。"社区"一词的含义就是合作。比如,如果芝加哥大都市区的"社区感"很强烈的话,那么莱克福里斯特、巴灵顿希尔斯、弗洛斯莫尔、哈维、南荷兰以及其他 200 个郊区应该对"风城"芝加哥有一种明显而又确定的认同感。人们就会确信,通过某种伊利诺伊州其他居民所不具备的方式他们可以结合成一个整体。[①]

而今郊区居民对芝加哥市的认同已远远不能与一个世纪以前相比。毋庸置疑,19 世纪芝加哥的社区困扰于犯罪、阶级冲突、社会动荡、种族偏见、瘟疫、酗酒以及火灾。但是,由于它们是在与其他城市在运河、铁路、工厂和州政府机构等方面的竞争中发展起来的,因此居民都怀有一种崇高的地方自豪感和本地精神。然而,到

---

① 本章基于肯尼思·杰克逊早先的一篇论文,即肯尼斯·杰克逊(Kenneth T. Jackson):《郊区化对城市的影响》("The Effect of Suburbanization on the Cities"),载入菲利普·多塞尔(Philip C. Dolce)编:《郊区:美国梦与困境》(*Suburbia: The American Dream and Dilemma*),第 89—110 页。

了我们现在这个时代，很多人都会发现，城市生活的特征是人们彼此之间的疏远及其行为的失范，而不是一种参与和归属的感觉。[①]

这一点反映在“郊区”这一词汇含义的转变上。本来该词所表达的含义是它与城市的关系，而今却更像是代表了一种与城市相区别的意思。从边缘社区这一术语中我们可以找到这种新情况的线索。19 世纪时，郊区所采用的名称往往表明了它们与中心城市的方位，比如北芝加哥、南芝加哥或西芝加哥。而今情况变了，20 世纪一个明显的趋势就是，郊区所选择的名称更体现了其乡村特征而非城市特征。比如在芝加哥地区，有 24 个单独的社区已经在 273
其名称中采用了“公园”或“森林”（包括一个公园森林和一个森林公园）；其他时髦的名称包括“起伏的草地”、“高地小丘”、“沉睡的山谷”、“河畔园林”和“湖畔别墅”。其名称准确与否其实无关紧要，更重要的是这表达了对田园生活的向往。新泽西州的东帕特森就是一个很好的例子，该镇于 1973 年改名为“榆树林公园”，前一个名称表明了它与一个破败的工业城市在空间上的邻近关系；而第二个名称则更看重一种宁静的居住环境。无独有偶，东底特律于 1984 年改称埃林海茨。

细心的访客可以在街道和小区的名称中发现同样的现象。几乎每个美国城市的老城区——无论大城市还是小城市，也无论东部还是西部——中心区的街道都是编号的。城市的创建者之所以

① 关于城市帝国主义的两部力作是理查德·韦德（Richard C. Wade）：《城市边疆——1790—1830 年西部城市的兴起，》（*The Urban Frontier: The Rise of Western Cities, 1790 - 1830*）；以及罗伯特·戴克斯特拉（Robert R. Dykstra）：《牛镇》（*The Cattle Towns*）。

这样做，是因为他们相信，编号的街道意味着声誉和希望——难道费城、纽约、芝加哥、辛辛那提不是由于其编号的街道网络而闻名于世吗？因此，居住在第14大街传递着几个方面的信息。它意味着你的居住区位于从中央商务区算起的第14个街区，还意味着你居住在城里的某个社区。显然，并不是19世纪的每条街道都标有号码，但特定的名称确实包含着某种逻辑。许多街道采用了它们所最终通向的那个城市的名称，比如贝德福路，或者以该街道的功能命名，或者以位于该街道的某一机构命名，比如校园路、码头街、市场街和铁道街。因此，街道的布局、街道的名称，甚至“街道”这个词的使用本身，都传递着一种城市的意象。

当然，当代郊区试图表明一种宁静祥和的氛围，而不是商业的重要性。从19世纪中期开始，诸如新泽西州的卢埃林公园市这样的地方，其开发商在命名街道时开始强调乡村特色或安宁的气氛，而这一点仅在1920年代以后才流行起来。他们尽可能地摒弃网格状的街道布局，在命名街道时完全无视地形、功用和历史。最终结果尽人皆知——开发商仅仅使用那些可以接受的词汇（比如绵延起伏的、田野、高低、景色、山庄、林地、兴盛的、溪流、绿色、庄园、森林等），然后将它们组合成三或四个单词构成的复合词。新的复合词再也不会使用“街道”一词，而是使用小巷、谷地、小路、小径、幽径和台地等。在加州或西南部的其他地区，西班牙语名称代替了英语名称，但其内涵是相同的。历史、环境和地形地貌都被置之度外，其目的就是有意识地按照郊区理念来推销住宅。

274 职业体育队的命名最终暗示了城市社区的死亡。一个地方或团队的命名——某个能够将粉丝和居民团结起来的特定名称——

尚能预示着社区的存在。大约在 1960 年代以前，职业体育队几乎都是以他们所代表的中心城市来命名，比如纽约扬基队、蒙特利尔加拿大人队、波士顿凯尔特人队，或者匹兹堡钢人队。然而，近些年来却出现了一种趋势，即不再使用城市命名，似乎与中心城市有瓜葛会影响票房收入。于是就出现了新泽西网队、明尼苏达双城队、得克萨斯巡游者队、金州勇士队、加利福尼亚天使队和新英格兰爱国者队。在洛杉矶道奇队的所在地查维兹拉温，每七个座位就提供两个停车位，这是一个十分有力的证据，表明了汽车对生活方式的影响。在该队的老家布鲁克林，其名称叫做“有轨电车道奇队”，取名恰恰来源于电车系统。

城镇、街道和体育队名称的变化，标志着美国大都市区碎片化的程度更深，更具有根本性。正如我们所看到的，私人汽车是这一变化最重要的催化剂。但是，这种情况之所以出现，还有三个相关的原因：城市邻里在功能、收入和种族方面的极化；城市未能通过兼并与合并来扩展它们的疆界；以及现代娱乐活动性质的变化。

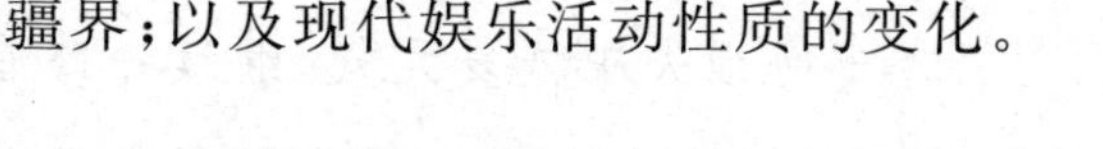

大都市区的极化

正如前文所指出的，在 1815—1875 年，美国大城市的空间布局发生了剧烈变化。到 1920 年代，中产阶级和上层阶级从中心城市向外逃逸已经十分明显，为此，芝加哥大学的社会学家提出了一个同心圆模型，用来描述这样一种情况，即邻里社区距离市中心越远，其地位越高。虽然这个帕克—伯吉斯模型（Park-Burgess model）已受到两代城市学者的批评，但这些批评意见的核心却是一些琐碎的内容，而非总体模式。1920 年以后，谁也不会否认内城贫困而郊区则相对富裕，就连小孩子都知道这一点。1971 年，郊区的一位犹太教拉比坦承，他孩提时代生活在布鲁克林，那时候长岛上豪华的五镇（Five Towns）甚至比以色列更能代表“应许之地”。[1]

随着中心城市的富裕人口被吸引到郊区，中心城市成为社会问题的同义语，纽瓦克就是这种趋势的典型代表。19 世纪，新泽
275 西州的这一大都市是美国主要的工业中心之一，其重工业、高速运转的工厂、繁荣兴旺的建筑业及其著名的公共工程，使其成为一个信心十足且乐观向上的社区。直到 1927 年，一位著名的企业家还对其赞不绝口：

> 纽瓦克是生机勃勃的。它是血管中鲜红的血液——这种强大的力量能够使它跨越面临的任何障碍，使它能够从遭受的任何损失中恢复元气，继续一路奋战，取得更高的工业和金融业绩，最终也许会成为世界上最伟大的工业中心。[2]

然而，郊区的发展使纽瓦克最成功和最富裕的居民悉数外迁。

---

① 梅尔·齐格勒（Mel Ziegler）编：《阿门——拉比马丁·西格尔的日记》（*Amen：The Diary of Rabbi Martin Siegel*），纽约，1970 年，第 20 页；或者梅尔·齐格勒：《一位郊区拉比的日记》（“Diary of a Suburban Rabbi”），《纽约杂志》（*New York Magazine*）1971 年 1 月 18 日第 4 期，第 24—33 页。

② 引自肯尼思·杰克逊（Kenneth T. Jackson）、芭芭拉·杰克逊（Barbala B. Jackson）：《两座城市——怀特普莱恩斯与纽瓦克的比较与分析》（*Two Cities：A Comparison and Analysis of White Plains and Newark*），1974 年，未发表的手稿。

1925年，那些在纽瓦克开业的律师已经有40%迁居郊区；到1947年，这一比例上升到63%；而到1965年则达到78%。该市主要的促进者协会有越来越多的成员抛弃了他们原来的社区。早在1932年，该市就有86%的市政官员和纽瓦克商会的会员迁移到郊区[①]（表A—4、表A—7、表A—8）。

其他老城市也相继效尤，只是程度略轻。在波士顿这一比较稳定的城市，1911年，也就是在第一辆汽车从流水线下线的两年之前，已经有半数以上的律师居住在该市之外。经过汽车60年的发展，这一比例也只上升到四分之三。在纽约市，在亨利·福特发明T型汽车的1908年，那些在曼哈顿开业的律师中有38%居住在曼哈顿之外。到一战前夕，同比上升到47%，但半个世纪以后，仍未能超过三分之二。在20世纪，得到律师的帮助对于普通人来说越来越容易了，因为在曼哈顿的摩天大楼中开业的声望还依然如故。白天，在这一熠熠生辉的全球金融和信息中心以及企业总部所在地开业当然十分重要，然而每到夜晚，律师便要返回该城区的边缘，更经常的情况则是返回郊区的家里过夜。[②]

在纽瓦克、波士顿、纽约或任何其他城市，中产阶级和上层阶级并不一定要迁移到城市的边缘地带。但是，正如我们已经看到的那样，20世纪后期，在美国一系列特殊力量的作用下，郊区按照

① 保罗·斯特尔霍恩（Paul A. Stellhorn）：《萧条与和衰退——年新泽西州纽瓦克（1929—1941）》（Depression and Decline: Newark, N.J., 1929-1941），罗格斯大学博士学位论文。

② 纽约的资料包含在附录表A—4中。其他关于通勤就业的信息可以在表A—7、表A—8、表A—9中找到。

收入、种族和生活方式而隔离开来。在普通民众的心目中，市中心已经等同于穷人、犯罪、少数族裔、破败、老房子，以及被遗弃的建筑。中产阶级和高等收入的郊区则给人以相反的印象。结果对老城市造成了极大的危害，而对新建郊区则十分有利。

二战以后，美国大都市区内种族和经济的极化已经十分显著，
276 中央商务区在商业上失去了对中产阶级的吸引力。城市等同于恐惧和危险，而非魅力与欢乐。1984 年，孟菲斯的杀人案犯罪率虽然高得令人遗憾，但也只有 1915 年同类犯罪率的一半左右，当时这一“恐怖城市”是本地区著名的“凶杀之都”。然而，孟菲斯的中央商务区在 1915 年仍然十分繁荣兴旺，而 1985 年却异常冷落萧条。纽瓦克的街道在晚间也同样恐怖，这里的一位商人最近抱怨说：“自 1967 年骚乱发生以后，许多人——不论黑人还是白人——都不敢在夜间到纽瓦克来，我们失去了许多客户。”

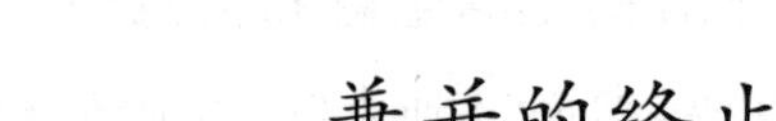

兼并的终止

大都市区碎片化的第二个原因就是城市再也不能通过兼并或合并的办法来扩展其边界。在 19 世纪，正如我们在第九章所看到的，郊区往往丧失了其独立地位，因为各地方政府拥有这样一种信念，即“越大越好”，因而能够通过向外扩展其边界而增加人口和地域面积。

在某些大都市区，尤其是南部和西部的大都市区，中心城市新土地的增加一直未曾中断。1970 年，印第安纳波利斯兼并了马里恩县的大部分地区，从而成为美国的第十大城市。在孟菲斯、杰克

逊维尔、俄克拉何马城、休斯敦、菲尼克斯和达拉斯等城市，类似的兼并活动也在进行。因此，这些城市的人口在1960—1980年出现了惊人的增长。事实上，所谓城市人口的增长，其实只是城市边缘地带的发展和对新居民区的兼并而已。①

但美国大多数大型老城市的经历并非如此。与之为邻的不再是一些没有特征而易被吞并的居民区，一种新的郊区意识发展了起来，外围区域的居民现在对其财产价值、教育质量和人身安全异常关切。从这三个方面来评估，中心城市的得分都很低。这些外围居民能言善辩，殷实富足，对大规模的市政府心怀抵触，他们不愿在政治上合并于大城市。比如在圣路易斯、纽约、匹兹堡、克利夫兰、旧金山和费城，城市的边界至少已经有半个世纪未曾变动，同时，中心城市被一个紧绷绷的郊区环带死死地箍住。1972年，在美国大都市区内拥有22 185个地方政府单位，平均每个标准大都市统计区内拥有86个。纽约大都市区竟有1 400个地方政府， 277
许多地方政府的职能是重叠的。芝加哥紧随其后，拥有1 100个独立的政府单位。②

政府碎片化的不利影响在纽瓦克尤其明显，与华盛顿特区一样，纽瓦克丧失的面积比其获得的面积还要多，这在美国是非同寻

---

① 参见布雷特·霍金斯(Brett W. Haukins)：《纳什维尔大都市——市县合并政治》(*Nashville Metro: The Politics of City-County Consolidation*)，纳什维尔，1966年。

② 有的观点认为，大多数美国城市政府方面的问题是由于大城市不能扩展其边界，最雄辩地阐述了这种观点的是威廉·科尔曼(William G. Colman)：《城市、郊区和州——美国城市的治理与融资》(*Cities, Suburbs, and States: Governing and Financing Urban America*)，纽约，1975年。

常的，该市只有区区 24 平方英里，狭小的规模是其当代众多问题的主要根源。与其他大城市一样，纽瓦克也曾试图兼并郊区。该市官员确信，新泽西州的这一首位城市将会效法众多其他大都市区。1900 年纽瓦克的市长宣称："东奥兰治、韦尔斯堡、哈里森、卡尼和贝尔维尔将是令人艳羡的猎物。通过慎重的行动，我们就能逐步扩大市区，同时又不必向市界以内的地产征税，而正是这些税收支付了公共设施的改进。"①

但是，纽瓦克却被扼杀了。当附近的郊区蒸蒸日上之时，该市却越来越成为贫困的少数族裔的家园。到 1930 年代，目光敏锐的观察家已经认识到该市的前景黯淡。在此期间，普林斯顿大学经济学家詹姆斯·史密斯(James G. Smith)曾认为，纽瓦克存在"与洛杉矶飞速发展相媲美的"可能性。但是他预言，"纽瓦克必须创造一种超越其小型邻居的霸权，否则，其伟大前程将会付之东流"。然而，这种霸权并没有建立起来。其众多的郊区不愿分担这一工业城市的各种问题。1933 年，纽瓦克城市委员会的一位委员对地方"乐观主义俱乐部"说：

> 纽瓦克已不似往昔。昔日那个恬静优雅的居民区已成明日黄花，取而代之的是一个弊病丛生的城市。这一变故产生了不幸的后果——那些曾经居住在该市的杰出居民的数量现在已经骤减，很多人已经迁移到郊区，那里是他们的家园，是

---

① 哥伦比亚特区起初面积为 100 平方英里，但由于 19 世纪失去了弗吉尼亚州那部分面积，所以减少到 60 平方英里。

他们的关切所在。[①]

这些边缘地带的邻里那时就已获得了独立社区的法律地位，而今这种情况更加普遍，这就使它们能够制定区划法令，从而将穷人排斥在外，拒绝建造公共住宅，抵制现代大都市整合力量。因此，中心城市的问题往往比附近郊区的更加严重。由于郊区是独立的，并且拥有自己的传统和历史，因此布鲁克莱恩、布朗克斯维尔、莱克福里斯特、阿卡迪亚、拉迪的居民一般首先效忠于他们自己的郊区社区，而拒绝对那些居住在几英里以外的居民承担义务。在费城大都市区，1968 年寄给编辑部的一封读者来信恼怒地表达了这种观点："认为我们这些郊区居民应当出面帮助解决当前费城 278
的学校危机，简直太荒唐可笑了。那里的问题根本不是我们造成的，我们没有义务帮助他们解决。"

在美国，最明显的城郊分裂线是底特律的奥尔特路(Alter Road)。当地人称这条街道为"柏林墙"，或"隔离栏"，或者"梅森—迪克逊线"(Mason and Dixon Line，美国内战前南北之间的分界线——译者注)。它将郊区格罗斯波因特(Grosse Pointe)的居民社区与底特律的东区分离开来，前者是全国最时髦的小城镇之一，而后者则是穷人的居住区，且大部分人口为黑人。在底特律这一侧是杂乱的被抛弃的汽车、墙壁涂鸦的学校，以及焚毁的建筑物。在两个街区以外，映入眼帘的则是修剪整齐的树篱和新颖别

① 保罗·斯特尔霍恩(Paul A. Stellhorn)：《萧条与和衰退——新泽西州纽瓦克(1929—1941 年)》(Depression and Decline: Newark, N.J., 1929 - 1941)，罗格斯大学博士学位论文，第 2、3 章。

致的房屋——这是一个使用仆役和拥有慈善机构、双位车库和昂贵服装的世界。一位民主党州参议员约翰·凯利(John Kelly)说,他的住区跨越了两个社区,一端是“西贝鲁特”,另一端是“迪斯尼乐园”。[①]

解决美国城市弊病的答案显然不仅仅在于将格罗斯波因特合并到底特律麾下。正如纽约市环卫局所展示的,仅有规模还不足以保证业绩与效率。在高度分散化的,甚至是邻里层次基础上的问题,可能需要有更多的政府职能才能应对。但我们的城市也面临着交通、污染和失业等方面的问题,其空间范围涉及整个大都市区乃至整个地区,这就不能依靠每个社区独自面对,也不能通过增设规模庞大的独立的公共机构,比如“纽约和新泽西州港务局”,来解决问题。某些规划人员已经认识到,既要保持政府的人性尺度,也要发展居民超越地方邻里或村社的责任意识,因此,如果我们希望大城市仍然保有活力的话,创建大都市政府或联邦制的政府就是十分必要的。正如专栏作家汤姆·威克(Tom Wicker)在1969年8月11日的《纽约时报》中所指出的:

> 一般而言,抉择并非在于如下两端,即:或者仰非人性化的、冷漠的、远离市民的官僚机构的鼻息;或者维系新英格兰式的每20个城市街区就设立城镇政府。事实上,抉择存在于这两者之间,一种是危险过时的城市概念,它将导致城市的遗弃和破败;另一种是理性的开发,它将恢复在政府辐射范围和

① 《华尔街日报》(*The Wall Street Journal*)1982年10月15日。

被统治者住地之间的协调一致。

现代娱乐性质的变化

对待休闲娱乐的新态度，尤其是把家庭办成自娱自乐中心的做法，也导致了美国大都市区“社区感”的削弱。在19世纪，休闲 279
是一种珍贵的、稀缺的商品，而退休则是一个人们不太熟知的概念。然而，男人和女人总有一些自己的时间，而如何打发这些时间则表明了他们对待社区生活的态度。

城市，就其性质而言，应该是鼓励人文精神的提升。任何造访过威尼斯的圣马可广场，分享过哥本哈根蒂沃利公园的欢乐气氛，目睹过汉堡红灯区的诱惑，午夜时分在巴塞罗那沿着兰布拉斯大道徜徉，或于星期天在纽约市中央公园骑着自行车闲散游逛过的人，都会对城市生活的魅力和多彩有所领略。它们令人想起了塞缪尔·约翰逊(Samuel Johnson)的精彩话语：“如果一个人厌倦了伦敦，他就厌倦了生活。”①

美国城市有可资夸耀的音乐厅、歌剧院、芭蕾舞剧团、博物馆和商业街，它们与世界任何城市相比都是出色的。但是在美国，正如罗伯特·伍德(Robert C. Wood)所指出的，最引人关注的不是城市文化的影响，而是郊区对其进行的普遍抵制。大多数居民生活中最令人惊异的事情，是他们通常选择避开大都市所提供的多

---

① 关于早期社会的生活和休闲，参见劳伦斯·斯通(Lawrence Stone)：《英格兰的家庭、性与婚姻(1500—1800年)》(*The Family, Sex, and Marriage in England, 1500 - 1800*)，纽约，1977年。

彩经验;是他们心甘情愿把其兴趣和交往限定在有限地理范围内的方式;是他们拒绝与较大的社会进行接触的方式。①

当然,郊区居民并不能完全洁身自好,而是把自己圈起来。他们参与了不胜枚举的慈善和志愿活动和社会运动,其投票率远远超过了城市和乡村居民。更富裕一些的居民还加入了乡村俱乐部,虽然他们几乎不在乡村;或加入了狩猎俱乐部,虽然他们几乎未曾追猎过一只狐狸。然而,一般来说,他们将其精力和闲暇时间倾注在家里。确实,拥有自己的住宅会使人将注意力转移到房屋的修缮和维护上面,倾注于作为户主的更为直接的工作上面,从而疏远了职业同仁。因此,自助安装产业兴盛起来,闲暇时间的分配也发生了转变,这些都是住宅自有率提高的结果。我们对美好生活的理解就是建造一座拥有三间浴室的殖民地风格的房屋,而这在各殖民地时代也是见所未见的;或者建造一座牧场风格的住宅,而这在19世纪的牧场上也同样是闻所未闻的。然后,我们再配备一台钢琴,或者修建一个泳池,用作友好的户外生活。许多家庭的后院装备过度,甚至奢侈豪华,拥有热水浴缸、燃气烤肉架和各式海滩浴装。②

然而,真正的转变是,我们现在的生活以室内为中心,而不是以邻里或社区为中心。随着汽车使用的增加,街道和前院生活大

① 罗伯特·伍德(Robert C. Wood):《郊区——人民及其政治》(*Suburbia: Its People and Their Politics*),波士顿,1958年,第107—108页。

② 关于韦斯特切斯特县居民利用业余时间的变化之出色研究,是乔治·伦德伯格(George A. Lundberg)等:《郊区休闲研究》(*Leisure: A Suburban Study*),纽约,1934年。另见约翰·斯蒂格尔:《郊区》(“The Suburbs”),《美国遗产》(*American Heritage*)1984年2—3月号第35期,第20—36页。

体上消失了，曾经是城市生活主要特征的社会交往消失了。居民 280
区成为一个个小型私密的孤岛，而后院则成为一个健康安全、以家庭为核心的、隐蔽的活动场所。在炎炎夏日的午后，几乎找不到像郊区街道那样冷落孤寂的地方。

一个多世纪以前，尽管像安德鲁·唐宁和凯瑟琳·比彻尔这样的人兴致勃勃地倡导郊区生活的优点，但房子仍然是一个劳作之地、一个生产的场所、进行洗衣做饭和个人卫生的处所。闲暇之时，人们可以走出家门。房子的通风、取暖和照明都十分糟糕，夏天酷热冬季寒冷。纱窗——某位观察家称之为“19 世纪能够使人保持愉快轻松的最人道的贡献”——直到 1880 年代后期才发明出来；在此之前，成群的飞虫、蚊子、金龟子和甲壳虫在屋子里自由地飞来飞去。结果就是，无论旧世界还是新世界，人们都热衷于邻里社区的公共活动，而把自己关闭在房屋的四壁之间就是逃避公共活动，在那里屈指可数的几项乐事中，就是读书和做爱。然而，现代技术的新奇事物在一定程度上改变了这种情形。①

房屋前部门廊的变化就是社区衰落的一个缩影。在二战以前的半个世纪中，建造门廊是住房理所当然的部分，它们是观察世界、会见朋友、走动、编织、剥豆、谈情说爱，以及几十种其他人类活动的场所。门廊就是邻里关系和社区意识的空间表现。有了频繁

① 菲利普·埃里斯：《家庭与城市》（“The Family and the City”），载入艾丽斯·罗西（Alice S. Rossi）编：《家庭》（*The Family*），纽约，1978 年，第 227—235 页。关于 19 世纪和 20 世纪舒适标准的比较，参见艾伦·沙里（Allen J. Share）：《温馨夏日》（“Good Ol' Summer Time”），《路易斯维尔信使杂志》（*Louisville Courier-Journal*）1980 年 7 月 25 日。

使用的门廊，一个人就可以生活在安迪·哈迪街上，那里门不必上锁，那里每个人都像家人一样，那里卖冰人总有生意可做。有了门廊，一个人就可以生活在布里格冬、香格里拉、卡米洛，它们都在同一门廊里。[①]

然而，当汽车出现以后，门廊慢节拍的世界开始转变为一种新的步调。有了路边汽车，年轻人不必再待在家里坐等事情的发生，汽车可以快速地使他们付诸行动。家庭工业已经基本消失，抚育婴儿、宗教训导、子女教育和照顾病人等都已交给了公共机构，但娱乐活动却转向了室内。首先，随着留声机和晶体管收音机的出现，以及更晚些时候广泛使用的立体声音乐、彩色电视和盒式录音机，以及电话服务的扩大，与外界的信息交流更为便捷，私人住宅能够提供各种各样的乐趣和活动。

281 空调的使用尤其推动了这一进程，人们普遍地从公共生活中引退，进入一种自我追求和隐逸主义的境界。它使家庭与社会割裂开来，隐蔽到紧闭的屋门之后和窗户之内，街道变得冷冷清清，它改变了国家面貌和社会习俗。空调是 1906 年由纺织业工程师威利斯·卡里尔（Willis H. Carrier）发明的，他曾预言每一天都是美好的一天。到 1960 年代，空调在公共场所和私人家庭都司空

① 1983 年下半年，在洛杉矶“工艺和民间艺术博物馆”举行了一场“前部门廊”（The Front Porch）展览，该展览引发了人们关于门廊里的感觉如何的争论，并且记录了整个美国有关门廊的传统——门廊、门柱、走廊、游廊、前廊、前台、前凉台、藤架、凉亭等。另见休·史蒂文斯（Hugh Stevens）：《遗失的门廊小憩艺术》（“The Lost Art of Porch-Sitting”），《乡村杂志》（*Country Journal*）1984 年 7 月第 11 期，第 84—85 页。另见查尔斯·穆尔（Charles Moore）、盖尔·卡瓦诺（Gere Kavanaugh）：《家，甜蜜的家——美国本土住宅建筑设计》（*Home Sweet Home: American Domestic Vernacular Architecture*），纽约，1983 年。

见惯了。通用电气公司、威斯丁豪斯电器公司和克里尔公司设计了一个复杂的销售战略来吸引妇女。他们建议，拥有空调的住宅更加令人愉快，更有益于健康和清洁卫生。到1980年，美国人虽然只占世界人口的5%，但拥有空调的数量与世界其他地区加在一起的数量旗鼓相当，空调的使用已经成为中产阶级不可让渡的权利。确实，美国南部和西南部的发展与干燥机和空调机的技术发展有着密切的联系。比如，休斯敦就是一个偶然发展起来的城市，该市由投机商在一个沼泽旁建立起来，他们做梦也没有想到，该市会成为美国第五大城市和全球能源企业的总部所在地。确实，没有空调该市就不会发展到这一步。[①]

郊区居民不必再被室内的闷热和潮湿驱逐到室外，不再受街角杂货店的吸引，不再居住在距离亲友步行距离以内，他们往往选择待在自家客厅。当他们确实需要走出家门时，也往往通过车库，然后钻进有空调的汽车。街道不再是散步和聚会的场所，而是大马力机器的通道。对家庭隐逸主义的狂热崇拜、逃避城市街道乱哄哄人群的渴望，以及朝着家庭的价值转向等，已经获得了充分的发展，而这却是从一个多世纪以前他们的倡导者唐宁、比彻和沃克斯那里发展而来的。事实上，现在越来越多的人认为，走出家门去参加游戏或看一场电影是浪费时间，那么在自己家里欣赏华盛顿·

① 一些医学专家最近建议，由于空调避免了季节的自然变换，也许会降低人们适应压力的能力。参见罗伯特·弗里德曼(Robert Friedman)：《空调世纪》("The Air-Conditioned Century")，《美国遗产》(*American Heritage*)1984年8—9月号第35期，第20—33页；以及《令美国人得意的空调》("The Great American Cooling Machine")，《时报》(*Time*)1979年8月13日，第75页。

雷德斯金斯(Whashington Redskins)的作品或《王朝》(*Dynasty*)是不是浪费时间呢？1976年，每周每人看电视的时间平均达到了令人惊讶的28小时，任何娱乐场所都没有如此众多的人花费如此之多的时间。由于个人独自的活动是被动的、私密的，而不是积极的、公共的活动，因此已故的玛格丽特·米德(Margaret Mead)将这种房子说成是把父母像婴儿一样圈起来的游戏大围栏。[①]

居民行为的转变在美国大众文化的诸多方面得到了反映。《布兰丁斯先生建造了他的梦之屋》(*Mr. Blandings Builds His Dream House*)也许是战后小说中传播最广的一部，该小说探讨了这样一个大千世界：行政官员的崛起和长途迁移、咖啡叙谈会和烤肉地灶、错层式建筑和旅行车等。这部小说是埃里克·霍金斯(Eric Hodgins)1946年的畅销书，它很快被拍成电影，由卡里·格
282 兰特(Cary Grant)和默纳·洛伊(Myrna Loy)主演，描述了成长于城市的平民百姓的痛苦经历，当这些管道工和油漆工面对高涨到5.6万美元的房价时，他们所面临的困难和沮丧。

《布兰丁斯先生建造了他的梦之屋》阐述了纽约市一位上层人士在康涅狄格州远郊建造一座乡村别墅的经历，这一故事在战后很难说具有典型性。但小说和电影显然拨动了那些购房者的心弦，而这时购买新房的人数达到了创纪录的水平。其他一些小说(许多也拍成了电影)在某种程度上表达了相似的主题。斯隆·威尔逊(Sloan Wilson)的《身穿灰色法兰绒西装的人》(*The Man in*

① 1970年代，住宅建筑商发现，经济拮据的家庭宁愿取消起居室，而不愿取消家庭娱乐室。在南部，合同商巧妙地解决了这一问题，即称呼住宅的主要聚会空间为“大房间”。

the Gray Flannel Suit)、简·克尔(Jean Kerr)的《请不要吃这些雏菊》(*Please Don't Eat the Daisies*)、约翰·奇弗(John Cheever)的《布里特公园》(*Bullet Park*)、约翰·马昆德(John Marquand)的《没有回头的起点》(*Point of No Return*)、彼得·德·弗里斯(Peter De Vries)的《麦克勒尔商业街》(*The Mackeral Plaza*)、马科斯·舒尔曼(Max Shulman)的《振作起来,孩子们》(*Rally Round the Flag, Boys*)等,无论是以欢畅的笔调还是以伤痛的笔触,都触及了这样一种梦想,即在距其办公室不远之处有自己的一片欢乐绿洲。如果对郊区的描写是富裕的、共和党的、白人—盎格鲁-撒克逊—新教的,那么也许有点夸张,但他们至少认识到,1945 年以后美国地产抢购热潮是我们历史上最伟大的民众运动之一。①

在 1950 年代,电视取代了电影成为美国主要的娱乐项目,也成为关乎郊区生活的痛苦与欢乐的所有节目中最长和最流行的节目之一。伴随着美国家庭与戴维(David)和里克(Rickie)一起从婴儿成长到青年,奥兹(Ozzie)和哈丽雅特·纳尔逊(Harriet Nelson)主演的家庭情景喜剧成为全美最流行的节目。在随后的几十年内,这一传统继续流行,这期间出现了许多流行的系列剧,比如《我的三个儿子》(*My Three Sons*)、《知子莫如父》(*Father Knows Best*)、《布雷迪·邦奇》(*The Brady Bunch*)、《把它留给河狸》(*Leave It to Beaver*)以及《与赖利一起生活》(*Life with Riley*),这

① 在 1946 年《隔壁的女孩》("The Girl Next Door")的电影中,琼·哈弗(June Haver)"热爱斯卡斯代尔生活的每一分钟"。

些喜剧所要表达的主题是，家庭生活最适合的环境是独户住宅。在美国，取得成功的理想标志就是将郊区的小房子换成大房子。即使获得巨大成功的《我爱露西》（*I Love Lucy*）这一节目，也把节目的场景从城市公寓房转移到郊区的房子里。前院、门廊、街道和街角杂货店在新的私密化氛围中日渐式微。①

① 同样普遍的传媒是广告。美国的生活方式——洗碗机、自行车、烤箱、剪草机和汽车——长期以来被描绘成郊区生活方式。

第十六章　回顾与展望 283

我们面临着能源危机；我们面临着石油短缺；这些资源将来会更加匮乏。这是一个显而易见的事实，可是我们美国人却矢口否认。

——詹姆斯·卡特总统，1979 年 5 月

从我们的能源规划角度来说，城市生活拥有一定的优势，因为城市地区比我们的郊区和乡村地区更加节省能源。

——能源部部长詹姆斯·施莱辛格，1978 年 4 月 27 日

1968 年斯皮罗·阿格纽(Spiro Agnew)成为第一位跻身国家高官之列的郊区政治家。他虽然是作为一名来自迈阿密海滩(Miami Beach)的城市问题专家——在伤亡惨重的骚乱撕裂美国城市之际，这是一个重要因素——而出席共和党全国代表大会的，但他的从政经验实际上主要来自他作为巴尔的摩县郊区行政主管的经历。该县面积 610 平方英里，是一片葱郁苍翠而又绵延起伏的乡村地带，就像一只马蹄环绕在巴尔的摩市周围。该县居民富足，其人口在 1950—1970 年增加了一倍，而其黑人人口却从大约 7%下降到 3%。因此，正如加里·威尔斯(Gary Wills)在《力士尼

克松》(*Nixon Agonistes*)中所指出的，阿格纽的所谓专家身份，其实在于他“提早控制并克服了郊区白人居民给大城市所带去的麻烦，即如何逃离城市”。①

美国人确实在逃离城市。1950年时全国前25名大城市，在随后的30年中竟有18个出现人口流失，许多观察家已经将这一现象视为我们的城市正在消亡的最有力证据。相比之下，在同一时期，美国有建制的郊区却增加了6 000多万人口。在1950—
284 1970年，郊区人口翻了一番，从3 600万增加到7 400万，全国全部新增人口的83%集中在郊区。在世界历史上，1970年美国首次成为一个郊区居民多于城市居民或农场主的国家。在所有的统计数字中，最令人瞩目的是表16—1中的数字，该表表明，1980年在美国15个最大的大都市区中，只有休斯敦中心城市的人口占多数。

住宅建筑和人口增长在不断变动的边缘地带最为迅速——内层的汽车郊区在1950年代呈爆炸式增长(比如长岛的拿骚县)，而那些较远的远郊地带则在1970年代增长最快(比如长岛的萨福克县、芝加哥附近的布法罗格罗夫和肖姆堡、孟菲斯附近的罗利和日耳曼敦、圣路易斯附近的克里夫库尔和切斯特菲尔德)。随着居民小区和购物中心如雨后春笋般地涌现出来，“蔓延”一词成为美国

---

① 能源部长詹姆斯·施莱辛格(James Schlesinger)：《消费者概要第五号》(*Consumer Briefing Summary No. 5*)，美国能源部1978年4月27日。由于在巴尔的摩县没有组成市政机构，是由县行政长官和一个由七人组成的县委员会把它当作一个城市来治理。阿格纽生长于一个叫做福里斯特帕克的中产阶级郊区。小阿瑟·施莱辛格(Arthur Schlesinger, Jr.)：《这个令人惊叹的成功故事主人公是哪一个斯皮罗?》(“The Amazing Success Story of Spiro Who?”)，《纽约时报杂志》(*New York Times Magazine*)，1970年7月26日，第5页。另见《纽约时报》(*New York Times*)1970年4月29日；《纽约时报》(*New York Times*)1971年5月2日。

的新符号。1970 年代后期，尽管高利率和高达两位数字的通货膨胀率使住宅价格飙升，超过了年轻家庭的负担能力，但农业部仍然宣布每年有 300 万英亩的一等农田被郊区开发所吞噬。到 1985 年，理性的人们还能就美国是否是一个种族主义国家、帝国主义国家，或宗教国家各抒己见，但几乎没人能够否认它是一个郊区化的国家。①

表 16—1　1980 年美国前 15 位大都市区的郊区人口比例

大都市区	大都市区人口	郊区人口	郊区所占%
1.波士顿	3 448 122	2 885 128	83.7
2.匹兹堡	2 263 894	1 839 956	81.3
3.圣路易斯	2 355 276	1 902 191	80.8
4.华盛顿	3 060 240	2 422 589	79.2
5.亚特兰大	2 029 618	1 604 596	79.1
6.底特律	4 618 161	3 414 822	73.9
7.克利夫兰/阿克朗	2 834 062	2 023 063	71.4
8.费城	5 547 902	3 859 682	69.6
9.旧金山湾	5 179 784	3 524 972	68.1
10.洛杉矶/阿纳海姆	11 497 568	7 620 560	66.3
11.巴尔的摩	2 174 023	1 387 248	63.8
12.芝加哥	7 869 542	4 864 470	61.8
13.达拉斯/沃斯堡	2 974 878	1 685 659	56.7
14.纽约/新泽西	16 121 297	8 721 019	54.1
15.休斯敦	2 905 350	1 311 264	45.1

资料来源：根据 1980 年美国统计资料计算所得。

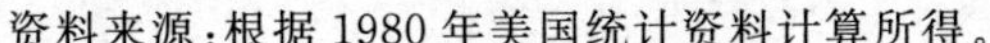

① 在 1950—1960 年，有 580 万人迁移到郊区。在随后的 10 年里，又有 490 万人迁移到郊区。

285 向郊区的迁移不期而至。随着众多富裕居民的向外迁移，就业也随之而去。反过来，这又吸引了更多的家庭、更多的公路和更多的工业。城市却向相反的方向发展，进入恶性循环。随着企业和纳税人的离去，对城内老街区的中等和高等收入的住宅需求也相应减少。与此同时，低收入的少数族裔人口在不断增加，而内城住宅却被大量拆毁，以便为新的快速车道腾空间，从而使低收入者的住宅更加紧缺。这些新市民比老市民向城市政府提出了更多的医疗和社会福利要求，但他们却更缺乏支付此类服务费用的能力。为了应付日益增长的财政开支，市政机构征收了更高的地产税，从而进一步推动中产阶级户主离去，导致恶性循环。相反，郊区通过雇用私人收集垃圾，成立志愿性的消防部门以及提供无偿的救护车服务，往往能够维持较低的税收。更重要的是，在这些郊区中，那些由于贫困而要求政府救济的人口比例很低，从而使居民的生存环境更加有利。良好的市政服务，尤其是公共学校资金充足，种族同一，关系融洽，吸引了更多的上流社会的居民，这反过来又使某些郊区更加富足更具魅力。早在 1950 年代，郊区地产广告就已经在种族、犯罪、毒品、拥挤和污秽等问题上大做文章。因此，富裕居民只需越过城市边界，离开城市贫民，不去援助他们，就可以轻松地避开地方政府的负担。“逃往斯卡伯勒庄园去吧。赶快逃离城市，它们太庞大，太污秽，太拥挤，太喧闹，已经不能再称其为家了。”①

① 关于新的人口和经济状况，参见戴维·戈德菲尔德(David R. Goldfield)：《郊区增长的极限》(“The Limits of Suburban Growth”)，《城市问题季刊》(*Urban Affairs Quarterly*)1976 年 9 月第 12 期，第 83—102 页。

这一过程的自然结果被称为“过滤”(filtering)。郊区新住宅的建筑对于城中旧宅产生了竞争性的压力，从而使其价格日趋下降。在欧洲文化中，年代久远意味着名位声望，所以老建筑往往意味着最高价格。然而，美国人对过去不那么满怀敬意和自豪感，对新鲜事物反而倍加推崇。因此，美国城市典型的增长模式是住宅依次被更低收入的家庭所接手。如果没有郊区地带居住区的开发，贫困阶层的住宅就会更加短缺和昂贵。[①]

这种城市发展周期的消极结果，就是出现了拥挤的汽车长龙、火灾焚毁的建筑、用木板钉死的房屋、损坏的下水道和散落着破碎玻璃的街道，而这在美国的许多内城地区可谓司空见惯。在布鲁克林、布朗克斯、底特律、芝加哥、圣路易斯、洛杉矶、亚特兰大和克利夫兰等城市的部分城区，往往是整个街区的商店和住宅人去楼空，弃置不用。正如某位联邦官员所指出的：“这些城市的某些城区空寂无人，死气沉沉，仿佛被人投掷了催泪瓦斯一般。”[②]

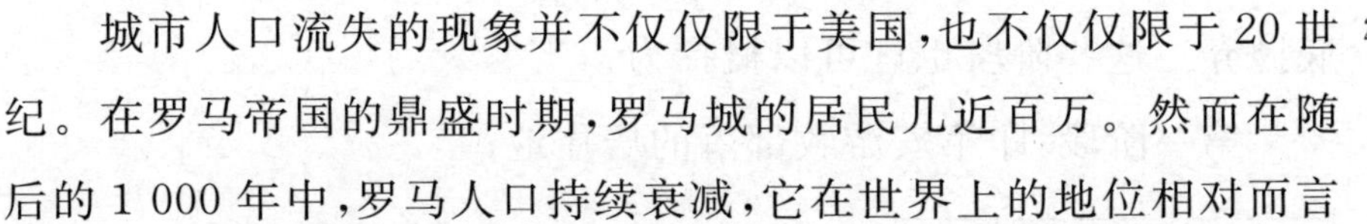

城市人口流失的现象并不仅仅限于美国，也不仅仅限于 20 世 286
纪。在罗马帝国的鼎盛时期，罗马城的居民几近百万。然而在随后的 1 000 年中，罗马人口持续衰减，它在世界上的地位相对而言

① 关于这一进程最出色的分析是詹姆斯·利特尔(James T. Little)、休·诺斯(Hugh O. Nourse)、里德(R. B. Read)和查尔斯·利文(Charles L. Leven)：《当代邻里的演替历程——在圣路易斯城市衰败过程中所经历的教训》(*The Contemporary Neighborhood Succession Process: Lessons in the Dynamic of Decay from the St. Louis Experience*)，第 36—40 页。

② 关于遗弃城市的过程，卡米洛·沃佳拉(Camilo J. Vergara)和肯尼思·杰克逊进行了广泛的拍摄和记录，并在一次名为“废墟与复兴——城市衰败的建筑”(Ruins and Revivals: The Architecture of Urban Devastation)的公共展览中展出，该展览于 1983 年 9 月在纽约市城市中心开展，随后这一展览在东北部的许多城市作了巡回展出。

已无足轻重，到18世纪，罗马人口一路下降到区区四万人。在中世纪，其他城市的命运也相差无几，随着瘟疫的肆虐和战争的频仍，其居民日渐减少。[①]

在美国，人口的流失仅出现在乡村地区，或出现在贵重金属枯竭后的矿业城镇。城市邻里社区时常从一个族裔或种族群体转手到另一个，正如附录中所显示的那样，人口的减少有时是由于中心商务区的扩张所致。但直到1950年代，在美国从未出现人们毅然决然抛弃城市的先例，而这种现象在1980年代却是如此普遍。现在某些街道了无生气，甚至连老鼠和流浪狗都唯恐避之不及。[②]

通过人们弃城而去这种现象，可以将美国的土地利用演替分为10个阶段。根据这一理想化的模型，某一地带起初是印第安人的家园，随后是精耕细作的农田，再随后是郊区，然后，一般通过城市的兼并，成为中产阶级的居住区。由于这些居住区依次转手给更低收入的群体，这一地带最终成为被人们遗忘的角落，被人们彻底抛弃。这些阶段也许可以概括为：

第一阶段，印第安游牧部落的居住地；

---

① 罗宾·贝斯特(Robin H. Best)：《城市增长与农业》(Urban Growth and Agriculture)，1983年8月，向不列颠科学促进协会提交的论文。另见理查德·芒顿(Richard Munton)：《伦敦的绿带——实践中的限制》(*London's Green Belt：Containment in Practice*)，伦敦，1983年。

② 威廉·黑斯廷斯(William S. Hastings)利用税收估价数据已经证明，费城的某些街区早在内战以前人口就已经开始流失，地产价值在下降。然而，一般而言，由于地价的上升会挤占非商业性土地利用模式，从而造成这一城区的人口减少。威廉·黑斯廷斯(William S. Hastings)：《细看费城》("Philadelphia Microcosm")，《宾夕法尼亚历史与传记杂志》(*Pennsylvania Magazine of History and Biography*)1967年4月第91期，第164—180页。

第二阶段，农业定居地；

第三阶段，郊区开发区；

第四阶段，被大城市所兼并，成为城市邻里；

第五阶段，成熟的密度稳定的城市社区；

第六阶段，人口老化，密度降低；

第七阶段，依次被更低收入的群体所接替；

第八阶段，某些住宅被抛弃，出现精神危机；

第九阶段，邻里社区的搬空，被改造为娱乐用地；

第十阶段，城市的再开发，或绅士化进程的展开。

布鲁克林的邻里雷德胡克就经历了这一完整周期的很多阶段。该邻里一度是纽约这一巨型港口东部一片渺无人烟的沼泽地，是爱好和平的卡纳西印第安人居住区的一部分。随着纽约港
在新世界主导地位的确立，随着商业活动扩展到布鲁克林这一边， 287
雷德胡克便布满了码头、库房、房屋，到内战时期，它已经发展成一
个活力四射的社区。然而，随后其住宅依次被收入更低的居民所接替，到 1925 年，只有最贫困的移民蜗居在这一区域。到 1960 年，除了雷德胡克公共住宅项目的居民以外，其他的人都弃之而去，而到 1985 年，该邻里就只剩船坞、工业和住宅见证着它的过去了。现在，这里的大部分被棒球场和足球场所占据，它似乎又恢复了当初的功能。

城市这一衰变和更新的周期并非美国或 20 世纪所独有。在 1837—1901 年，英国一个独立的行政区，即伦敦郊区坎布威尔就经历了居住和经济变化的全过程。欧洲大陆也出现了一些这样的范例，某些邻里社区历经数次的起起落落。然而，在北美，变化的

步伐一般比欧洲和东方更快，族裔构成和社会经济地位的转换也更加明显。欧洲和东方的城市人口增长一般比较缓慢，其发展的稳定性更加受到重视。①

本书试图对美国这种奇特的、持续变化的空间秩序加以探讨。1985 年的一幅英格兰乡村地图与 100 年前同一地区的地图相比变化不大。农田、城堡、村庄和乡村地产大致相同，虽然 20 世纪的地图也许还间或包括一个工业园区或飞机场，但这些在一个并无明显特征的景观中相对而言不那么唐突。正如前文所指出的，英国人将年代看作是财富，而不是负担。相反，在美国，推土机总是在忙忙碌碌，一个推动变化的巨型机器似乎注定要将每一个农场改造成购物中心、居民社区或高速公路。

外国访客对美国的郊区和贫民窟都感到不可思议，认为它们是我国生活中一个根本性的矛盾现象。一个富足、强大且技术发达的国家，怎么能容忍这种低效、这种贫困和这种对立存在呢？我

① 由白人居住区向黑人居住区转变的演替模式已经在美国的许多地方有确认记录。比如可以参见理查德·福特(Richard G. Ford)：《芝加哥的人口更替》("Population Succession in Chicago")，《美国社会学杂志》(*American Journal of Sociology*)1950 年 9 月第 55 期，第 156—160 页。保罗·弗雷德里克·克雷西(Paul Frederick Cressey)：《1898—1930 年间芝加哥的人口变迁》("Population Succession in Chicago, 1898 - 1930")，《美国社会学杂志》(*American Journal of Sociology*)1938 年 7 月第 44 期，第 59—69 页。西班牙裔集团的演替模式也许稍有不同，参见特里·罗森堡(Terry J. Rosenberg)、罗伯特·莱克(Robert W. Lake)：《居住隔离和更替的修订模式——波多黎各人在纽约(1960—1970)》("Toward a Revised Model of Residential Segregation and Succession: Puerto Ricans in New York, 1960 - 1970")，《美国社会学杂志》(*American Journal of Sociology*)1975 年 9 月第 81 期，第 1142—1150 页。关于英国邻里居民变化的实例，参见戴欧斯(H. J. Dyos)：《维多利亚时代的郊区——一项关于坎伯韦尔的发展研究》(*Victorian Suburb: A Study of the Growth of Camberwell*)，莱瑟斯特，1961 年，第 50—51 页。

们为什么摒弃了城市，将我们如此之多的能源、创造力和活力集中于郊区呢？显然，仅仅用一个答案是不能解释这一重要现象的，但是我认为，美国居住区的离心化存在两个必要条件——郊区理想和人口增长，同时还存在两个基本诱因——种族歧视和廉价住宅。

美国人不同寻常的居住分离，其第一个必要条件，是市民厌恶 288
城市生活和聚居生活。这种对乡村和城市适度平衡（即郊区——译者注）的探寻可以追溯到两个多世纪以前，从那时起，这种探寻就已经成为我们知识界思想传统的组成部分。一个家庭可以从内战前安德鲁·唐宁设计的哥特式木屋中实现其夙愿，获得某种满足，而这与当今郊区居民的愿望没有什么两样。在一片安全、宁静、祥和的土地上建造一幢独栋的房屋，这一梦想已经成为盎格鲁—美国人传统文化中的重要内容，也成为推动郊区开发的强大动力。比如，在 1850 年代，拉尔夫·爱默生带着一种非常现代的口吻，用夸张的语调盛赞了郊区生活的美妙，"铁路的美学价值在于它将城镇和乡村生活的优点结合起来，对于我们而言，两者都不可或缺。"比如，与德国、荷兰、日本、意大利和西班牙的文化相比，美国人从来就没有给予城市生活和群体互动以崇高的价值。"梦之屋是独特的美国式的，因为在人类历史上，正是这一文明首次创造了一种基于房屋而非基于城市或民族国家的乌托邦理想。"①

---

① 多洛雷斯·海登（Dolores Hayden）：《重新设计美国梦——未来的住宅、就业与家庭生活》（*Redesigning the American Dream: The Future of Housing, Work, and Family Life*），纽约，1984 年；罗伯特·格罗斯（Robert A. Gross）：《超验主义与城市化——康科、波士顿及其他地方》（Transcendentalism and Urbanism: Concord, Boston, and the Wider World），1982 年 6 月 27 日在丹麦哥本哈根召开的两年一次的北欧美国研究协会学术会议上的论文。

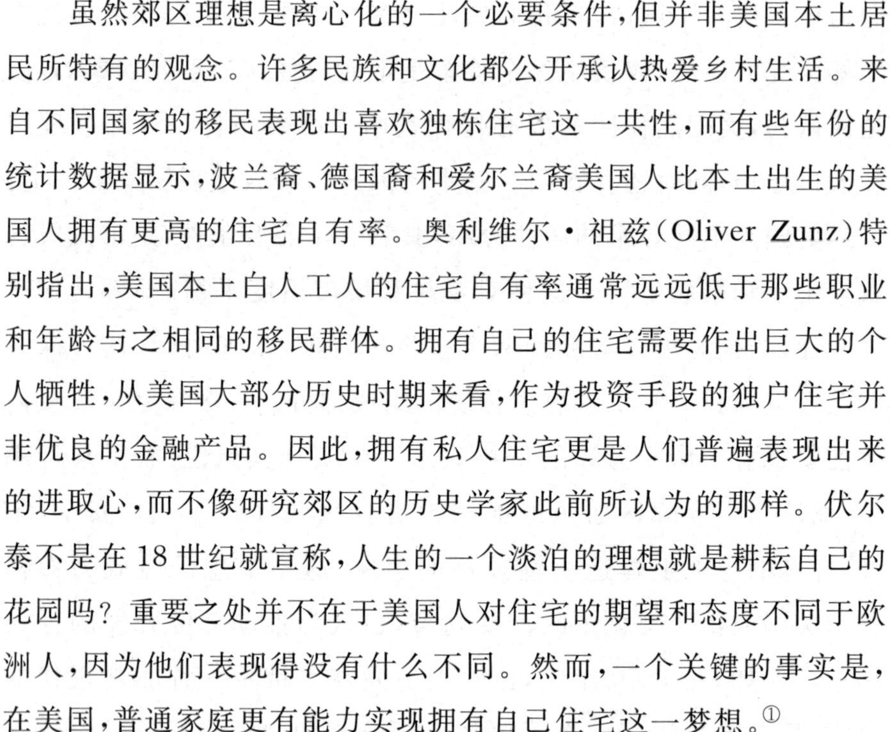

虽然郊区理想是离心化的一个必要条件，但并非美国本土居民所特有的观念。许多民族和文化都公开承认热爱乡村生活。来自不同国家的移民表现出喜欢独栋住宅这一共性，而有些年份的统计数据显示，波兰裔、德国裔和爱尔兰裔美国人比本土出生的美国人拥有更高的住宅自有率。奥利维尔·祖兹(Oliver Zunz)特别指出，美国本土白人工人的住宅自有率通常远远低于那些职业和年龄与之相同的移民群体。拥有自己的住宅需要作出巨大的个人牺牲，从美国大部分历史时期来看，作为投资手段的独户住宅并非优良的金融产品。因此，拥有私人住宅更是人们普遍表现出来的进取心，而不像研究郊区的历史学家此前所认为的那样。伏尔泰不是在18世纪就宣称，人生的一个淡泊的理想就是耕耘自己的花园吗？重要之处并不在于美国人对住宅的期望和态度不同于欧洲人，因为他们表现得没有什么不同。然而，一个关键的事实是，在美国，普通家庭更有能力实现拥有自己住宅这一梦想。①

美国郊区化的第二个必要条件就是规模巨大且城市人口持续增长。在1800年，只有费城和纽约的居民达到了五万人，两者都

---

① 奥利维尔·祖兹(Olivier Zunz)：《不平等面相的变化——1880—1920年底特律的城市化、工业发展与移民》(*The Changing Face of Inequality: Urbanization, Industrial Development, and Immigrants in Detroit*, 1880—1920)，第154—155页。卡罗林·柯克(Carolyn Tyilin Kirk)、小戈登·柯克(Gordon W. Kirk, Jr.)：《城市对住宅自有率的影响——世纪之交对移民与美国本土白人的比较》("The Impact of the City on Home Ownership: A Comparison of Immigrants and Native Whites at the Turn of the Century")，《城市历史杂志》(*Journal of Urban History*)1981年8月第7期，第471—488页；另见丹尼尔·卢里亚(Daniel D. Luria)：《财富、资本和权力——住宅所有权的社会意义》("Wealth, Capital, and Power: The Social Meaning of Home Ownership")，《跨学科研究的历史杂志》(*Journal of Interdisciplinary History*)1976年8月第7期，第277—279页。

集中在不到两平方英里的范围之内。但是,美国城市在 19 世纪呈爆炸式发展,此时只有大不列颠的城市化速度能够与美国相媲美。在 1800—1910 年,欧洲人的城市化率提高了两倍,而美国同比则 289
上升了七倍。1890 年美国人口普查局宣布西部边疆已经消失,尊敬的塞缪尔·卢米斯(Samuel Lane Loomis)牧师则告诉安多弗神学院的毕业生们,美国生活在“一个大城市的时代”。该年美国人口中已经有三分之一是城市人口,而东北部的城市化人口超过了一半。纽约市人口达到了 200 万,成为世界第二大城市,芝加哥和费城也大约拥有 100 万人口。诸如明尼阿波利斯、丹佛、西雅图、旧金山和伯明翰之类的城市,在 1840 年还几乎不存在,而此时已经成为地区性大都市。城市化进程在 20 世纪势头不减,到 1980 年,人口普查局宣布有 38 个大都市区的人口超过百万。美国城市不是呈纵向增长,人口密度也不高,而是呈横向扩展。

然而,人口的快速增长并不能解释美国人口的离心化。拉丁美洲和非洲的几十个大城市也像美国城市一样,经历了引人注目的城市大爆炸,却没有重复芝加哥或洛杉矶分散的发展模式。相反,郊区化的基本诱因源自种族和经济问题。

任何关于美国居住模式的探讨,都不能回避种族这一具有重大意义的问题。与种族构成相对单一的丹麦、德国、英国或日本相比,美国城市,特别是大都市的人口构成长期以来都是极其多样化的。就郊区而言,恐惧为那些从其旧宅中搬离出来的人提供了另一个动力。当第一次世界大战期间,南部黑人的大迁徙达到高潮以后,尤其是在最高法院于 1954 年判决学校的种族隔离违反宪法之后,数百万家庭“为了孩子”迁离城市,特别是流向小型的同质性较强的郊区学校区，因为这里的教育（由标准化的考试分数显示）和社会（由家庭收入显示）状况更加优越。外围城镇的公共学校呈水平方向延伸，由单层校舍构成，周围环以游戏场地和停车泊位，能够配备优越的设施、新的实验室和薪俸优厚的教师，所有这些都已成为郊区批量开发项目中优越的生活和教育标志。城市学校往往关门上锁，封窗闭户，与此不同，郊区却反映了面向大自然的一
290 种开放性。更重要的是，郊区学校在某种程度上避免了普遍的对种族接触的恐惧，以及这种接触所产生的两个臆测后果——种族骚乱和族际性行为。

民权活动家和联邦法官一心只想着提高少数族裔的地位和机遇，这一点是可以理解的，但他们不太关心城市和郊区种族变化所造成的影响。然而，寻常百姓则对此十分关切，因为他们热爱自己的孩子，也为子女而恐惧担忧，所以他们加速了这一进程，即中产阶级白人对内城的遗弃，当然，这种遗弃在几十年后也不可避免。用校车接送学生的法院命令一般只在城市邻里社区之间得到执行，而对郊区各种形式的种族排斥行为却放任自流。

在美国的郊区化进程中，经济因素是比肤色更加重要的推动因素。事实上，每一位成年美国公民对高昂的房价都牢骚满腹。而电视和报刊评论员连篇累牍的报道，更强化了人们的这种印象，他们声称美国梦正在渐行渐远，遥不可及。比如在 1984 年 5 月，美国一套新建独户住宅的平均价格首次超过了六位数这一门槛。

然而，一个简单的事实是，与世界其他地区的住宅价格相比，美国住宅的真实价格相对来说还是较低，大众也负担得起。这一

论点存在六个基本理由。

第一个理由就是人均财富。美国自建国初期以来就具有得天独厚的条件，探险家对前所未有的财富惊叹不已。美国土地辽阔，海岸线漫长，森林茂密，矿产丰富。虽然与19世纪的收入进行比较不可行，即使在我们这个时代，这种比较也是十分粗略的，但是就我们所掌握的最翔实的资料表明，在1790—1970年，美国人至少在物质方面是最富足的。尤其是在1870年以后，美国人的生活水准空前提高，这一过程大约持续了一个世纪。美国是如此繁荣，个人可支配的收入在1897—1911年几乎翻了一番。比如1949年，美国大约只占全球人口的7%，但却占全球财富的42%。瑞典、西德、瑞士，以及产油国科威特和沙特阿拉伯最近超过了美国，但它们的繁荣只是二战后才发生的，而且丰裕这一概念尚未扎根其国民心灵的深处。正如戴维·波特（David Potter）所指出的那样，美国向世界传递的真正信息一直是经济富足，而非自由。美国存在一个巨大的中产阶级，在世界历史上是第一个这样的社会，即
财富的分布不像金字塔形或树形。作为一个“丰裕的民族”，美国 291
人担负得起大都市区边缘地带低密度住宅这种所费不赀的居住模式。相反，日本人几个世纪以来贫穷匮乏，因此他们的国民有厌恶浪费的心理。他们甚至连人的粪便也要加以利用，当作肥料施加到这个岛国贫瘠的农田里。①

① 1914年，美国人均收入是335美元，相比之下，英国为243美元，法国为185美元，德国为146美元。戴维·波特（David M. Potter）：《丰裕的人们——经济富足与美国特征》（*People of Plenty: Economic Abundance and the American Character*），芝加哥，1954年，第79—84页。

第二个因素就是土地廉价。虽然买主中很少有人认为房地产廉价，虽然有些开发商在土地投机中确实赚取了数百万美元的财富（布朗克斯的亨利·摩根索和洛杉矶的奥蒂斯·钱德勒是家喻户晓的例子），但从更广泛的范围来看，美国与其他发展水平相当的工业化国家之间存在着一个最根本的差别，那就是美国的房地产是廉价的、充裕的，而其他国家则是昂贵的、紧缺的。相似大小和位置的建筑地块，在北美的价格一般是欧洲和日本价格的四分之一到二分之一。这在很大程度上是由于人口密度的关系（表16—2）。美国土地辽阔，人口稀少，相比之下，旧世界则国土狭小，人口稠密。虽然美国人口在20世纪增长迅速，然而即使在1980年，其人口总密度仍然远远低于其他发达国家。土地充裕意味着价格低廉，美国从来不缺乏森林和耕地，在建成区两三英里的范围内，或者接近公路和铁路线的地方，可以非常廉价地买到大片土地，从而刺激大规模的土地投机。比如1984年，以达拉斯—沃斯堡为中心半径为100英里的范围内，可以每英亩不足1 000美元的价格，购买到连片的大块土地。与此同时，日本的土地恍若天价，大多数郊区的土地高达每平方英尺100美元（或者每英亩400万美元）。

表16—2　1860—1980年每隔60年主要工业化国家的人口密度

（人/平方英里）

国家	1860年	1920年	1980年
荷兰	263	589	1 003
比利时	385	670	842
日本	NA	402	801
西德	221	343	643

续表

英国	260	469	593
意大利	242	335	491
法国	179	192	256
美国	11	36	63
瑞典	24	38	48
加拿大	1	2	6
澳大利亚	1	2	5

资料来源：这些数据是用各国人口总数除以其总面积（平方英里）而得出。

第三个住宅价格低廉的因素就是廉价的交通，它使居住区能 292
够处在就业区便利的通勤范围内。美国人总是对新的机械发明表现出极大的热情，虽然小公共汽车、蒸汽火车、地铁和汽车都是首先在欧洲发明的，但它们却是在美国得到最热情的应用，对普通市民的生活产生了最直接的影响。尤其是在第一次世界大战以前，美国城市中的地铁、通勤火车、高架铁路和有轨电车比世界其他地区的交通更快，更频繁，效率更高，成本更低。汽车的批量生产更强化了这一模式，因为在 20 世纪前 70 年里，汽车和燃油的实际价格都有所下降。燃油的价格之所以如此低廉，是因为中东地区或墨西哥湾地区的石油矿井产量丰富，其成本通常每桶不足 25 美分，因此，美国的燃油消费在 1950 年代翻了一番，1960 年代再次翻番。甚至在 1985 年，美国一辆汽车的日常消费仍然比其他发达国家的低。正如二战前美国最杰出的地理学家霍默·霍伊特（Homer Hoyt）在 35 年前所指出的："我国城市的选址、规模和形

态都是由交通系统在其主要的增长时期所决定的。”①

第四个住宅价格低廉的因素就是框架结构的住宅。美国独特的住宅建筑方法，也就是使用 2×4 英寸* 的木桩作壁骨的建筑手法，使建筑过程简单易行且价格低廉，从而使私人住宅价格在大多数公民支付能力之内。美国每一个地区的新建独户住宅都有自己特定的外墙用材，东北部和中北部诸州使用木板，南部使用砖块，西部使用灰泥——正如英国喜欢砖块而法国偏爱灰泥一样。然而，在上个世纪，美国 90%以上的独户住宅是属于框架结构的，而忽视其外墙材料。这种结构在其他国家十分罕见，一个原因在于
293 这些国家的居民认为框架结构不很牢固，另一原因在于他们缺少木材资源，而美国却拥有茂密的森林。②

第五个住宅价格低廉的因素源自政府的作用，尤其是联邦政

① 霍默·霍伊特：《公路与交通对城市建筑、城市增长及城市土地价格的影响》(“The Influence of Highway and Transportation in the Structure and Growth of Cities and Urban Land Values”)，载入简·拉巴图特(Jean Labatut)、惠顿·莱恩(Wheaton Lane)编：《美国生活中的公路》(*Highways in Our National Life*)，新泽西普林斯顿，1950 年，第 206 页。以及戴维·哈里森(David Harrison)、约翰·卡因(John F. Kain)：《城市形态的历史模型》(A Historical Model of Urban Form)，1970 年哈佛大学关于区域和措施经济学的研讨论文，第 63 篇。

* 虽然叫做“2×4”，但它们的实际尺寸是 1.5×3.5 英寸。

② 马克·威利斯(Mark Alan Willis)：《对工业结构周期性需求和科技进步速度的影响——美国、英国和法国住宅建筑业的国际比较研究》(The Effects of Cyclical Demand on Industry Structure and on the Rate of Technological Change: An International Comparison of the Housebuilding Sectors in the United States, Great Britain, and France)，耶鲁大学博士学位论文，1979 年，第 75—79 页；另见凯瑟琳·墨菲(Kathyrin Robertson Murphy)：《1940—1956 年的新住宅及其建材》(*New Housing and Its Materials*, 1940—1956)，华盛顿，劳工部公告，第 1231 号，1958 年 8 月，尤其参见第 17 页的前言部分。

府。一个流行的说法是，战后郊区的繁荣是由于消费者的喜好，他们可以在一个开放的环境中进行自由的选择。事实上，正如巴里·切克威（Barry Checkoway）所指出的，战后的大多数家庭并不能在几种住宅模式中进行自由的选择。由于公共政策偏向于郊区，因此只有一种选择是在经济上可行的。即使华盛顿出台的各种项目也并不是有意如此，但其结果却鼓励了分散化。联邦住宅管理局和退伍军人管理局的抵押贷款保险、高速公路系统、对排污管道的财政资助、在城市中心用公共住宅取代聚居区邻里，以及联邦机构和国防部的选址决策等——这里只列举最明显的几例——都推动了住房在开阔的乡村地带的分散化。尽管联邦政府竭力在城市以外资助修建公路和基础设施，但联邦政策并没有帮助城市去维修和改造老化的公交系统、桥梁、街道、供水和排水管线。因此，郊区化并不是由于地理、技术和文化等因素而产生的一种历史必然结果，而是政府政策的产物。事实上，低密度居住模式的社会成本是由普通纳税人来负担，而不仅仅是郊区居民。①

独户住宅的居住模式最重要的诱因存在于《国内税收条例》（Internal Revenue Code）含混不清的条款之中，尤其是美国非同

① 亨利·阿伦（Henry J. Aaron）：《住宅与补贴——谁从联邦住宅政策中获益？》（*Shelter and Subsidies: Who Benefits From Federal Housing Policies?*），华盛顿，布鲁金斯学会，1972 年；卡尔文·布拉德福德（Calvin Bradford）：《对住宅产权的财政支持——联邦政府在邻里衰退中的角色》（“Financing Home Ownership: The Federal Role in Neighborhood Decline”），《城市问题季刊》（*Urban Affairs Quarterly*）1979 年 3 月第 14 期，第 313—335 页；安东尼·唐斯：《联邦住宅补贴》（*Federal Housing Subsidies*），马萨诸塞州，莱克星顿，1973 年；库欣·多比尔（Cushing L. Dolbeare）：《走向更灵活的住宅政策》（“Toward a More Responsive Housing Policy”），《城市极限》（*City Limits*）1982 年 2 月第 7 期，第 18—20 页。

寻常的税收实践,它允许纳税人将分期贷款利息和地产税从其应纳税的总收入中扣除。美国现行的所得税始于《安德伍德—西蒙斯关税法》(Unederwood-Simmons Tariff Act),该法于1913年由伍德罗·威尔逊总统签署生效。该法规定,“债务利息”和“其他税收”从一开始就应该从其所应缴税的收入中扣除。然而,这第一个税收政策却允许已婚者免除4 000美元的税收。因此,百分之一的美国人之中只有一半有义务填写纳税表。

作为提高住宅自有率的一项刺激措施,房产税在1940年代开始变得重要起来,因为此时税率得到了大幅度提高以应付二战的开销。它们的重要作用在郊区化的发展趋势中显现出来,这是因为房租并不从租户的总收入中扣除,而许多自有住宅的税额却可以扣除。因此,假如某人租住了一套公寓(或房子),他必须用他的纯收入或税后收入交纳房租,没有任何种类的折扣。如果某人的
294 边际税率只有25%,那么每月600美元的租金就要从其每月的税前收入中拿出800美元。如果边际税率是50%,那么每月900美元的房租就要从其税前收入中拿出1 800美元。

而住宅所有者的境遇则要好得多。任何有房贷的人都可以从其收入中扣除抵押贷款的利息。但真正能从中获利的只有少数人。根据1981年国会预算办公室的一项研究,大约有60%的房主没有房贷,或者只是享受了常规的利息扣除,因此没有从这种房贷优惠中获得任何好处。由于拥有最大房子的人一般要支付最高数额的房贷利息和房产税,因此他们获得的补贴也就最多。这种制度的作用是这样的,一位年收入2万美元的银行出纳员居住在一套私人公寓中得不到任何住房补贴。而一位年收入25万美元

的银行总裁居住在郊区一座40万美元的豪宅中，却可以获得一系列的折扣。他3.8万美元的房贷利息可以全部从其收入中扣除，此外还可以全部扣除其7 000美元的房产税。这4.5万美元的收入折扣可以为他节省大约2.25万美元的税款，每月几乎节省2 000美元。事实上，对于高收入的职业人士而言，租房居住几乎是贵得令人望而却步，还不能获得任何税收上的优惠。因此就出现了这样的情形，精英阶层的郊区平均住房补贴会超过内城地区福利家庭的平均补贴的几倍。①

这种对自有住宅的补贴数额是令人震惊的，超过了国会对住宅资助直接拨款总额的四五倍。1981年，对房产税和房贷利息的减税优惠使联邦补贴总计达到了350亿美元，而到1984年这一数字上升到530亿美元。经济学家甚至认为，如果按照其他行业投资者所适用的法律来看，购房者同时也是房东，应当为自己获取的租金纳税；从理论上讲，他的租户可以是任何人，只不过在这种情况下，他的租户只有一个，恰恰就是他本人。随着应纳税收入的增加，税收优惠越来越导致这样的结果，即人们更愿意拥有自己的住

① 1862年州和地方政府的所得税有所降低；1864年税收的降低扩大到包括抵押贷款的利息、修缮房屋和出售土地的损失。亨利·阿伦(Henry J. Aaron)：《所得税与住宅》(“Income Taxes and Housing”)，《美国经济评论》(*The American Economic Review*)1970年12月第60期，第789—806页；杰拉尔德·卡森(Gerald Carson)：《金蛋——个人所得税、其来源及如何增长》(*The Golden Egg: The Personal Income Tax; Where It Came From, How it Grew*)，波士顿，1977年；丹·史密斯(Dan Throop Smith)：《联邦税收改革——争议和计划》(*Federal Tax Reform: The Issues and a Program*)，纽约，1961年；理查德·斯利特(Richard E. Slitor)：《联邦所得税与住宅的关系》(*The Federal Income Tax in Relation to Housing*)，华盛顿，国家城市问题委员会研究报告第5号，1968年。

宅而不是租赁房屋。而随着时间的推移，个人所得税成了在住宅资金筹措和选址中一个更加重要的因素。简而言之，《国内税收条例》资助了郊区的持续增长。①

此外，华盛顿的税收政策刺激了美国人在住宅建筑中的过度投资，而在生产性企业中投资不足，尤其是与日本相比。从收入中扣除房贷利息改变了美国人主要的投资方向。在通货膨胀严重之时，企业投资处境不利，因为企业必须为它们账本上虚假的利润缴纳所得税。相形之下，美国的房主则可以从通货膨胀中大获收益。他们可以用贬值的美元偿还房贷，又不必为其房产估值的上涨支
295 付税收。一个顺理成章的结果就是投资由低收益的厂房和机械设备转向高收益的住宅。最明显的实例出现于1975年，该年华盛顿给予新宅的买主2 000美元的税收优惠。一项特别有说服力的统计数字表明，普通的日本家庭将其可支配收入的21%储蓄起来，住房开支只占5%。美国人只将收入的不足6%储蓄起来，而将15%用于住房开支。

美国联邦、州和地方政府也通过有所不为而产生了重要影响。在欧洲，土地被认为是一种稀缺资源，应该根据公共利益加以控制，而不是用来获取私人利益。因此，国家和地方政府传统上对土地开发实行严格的控制。它们的理论依据是，保护农田和开放空间是一个必须要达到的全国性目标，而郊区的蔓延则是有害的。

① 西德、加拿大、英国和瑞典都对住宅所有权进行补贴，但比美国幅度要小得多。比如在加拿大，无论是房贷利息还是财产税都不进行折扣。美国对住宅所有权的税收优惠十分普遍，因此当总统候选人乔治·麦戈文(George McGovern)于1972年提出将其取消，以便降低总的税率之时，立即遭到人们的冷落和鄙弃。

在德国,直到1900年,大多数自治市政府不仅对私人土地的利用进行广泛的限制,而且政府本身还拥有大量的公有土地,以便用来控制城市边缘地带的开发。这种政策上的影响在1985年仍能看到,该年农夫们在距离杜塞尔多夫——欧洲大陆最富裕的城市——的摩天大楼不超过2 000英尺的地方侍弄他们的农作。这并不是因为其他土地利用方式不能产生更高的回报,而是因为政府杜绝了开发的可能性。在大不列颠,《城乡规划法》(Town and Country Planning Act)以及随后的立法限制了郊区的增长,从而为有效地进行国土规划奠定了基础。英国在这方面做得非常成功,与1930年代相比,二战后其农业用地转变成居住用地的速度事实上下降了。在瑞典,1947年的《建筑与规划法》(Building and Planning Act)使个人无法决定大都市区内私人土地的利用方式,并且废除了在城市地区随意修建的权利。①

与上述国家相反,在美国,增长的实际推手一直是经营私人土地的个体投资者。建筑活动始终没有进行欧洲意义上的规范。由于美国人对政府行为普遍持怀疑态度,因此市政部门和州政府在传统上对土地开发商尽量不加限制,而且在19世纪,它们在颁发有轨电车营业执照时收费十分低廉,有时干脆就不收取。这两种政策共同推动地价下降,在有轨电车线路延伸之后而不是之前刺

---

① 戴维·戈德菲尔德(David R. Goldfield):《瑞典的国家城市政策》("National Urban Policy in Sweden"),《APA杂志》(*APA Journal*)1982年冬季版,第24—38页;安东尼·萨克利夫(Anthony Sutcliffe):《走向规划的城市——1780—1914年的德国、英国、美国和法国》(*Towards the Planned City: Germany, Britain, the United States, and France, 1780—1914*),英国牛津,1981年。

激了居民住宅的开发。有轨电车线路远远地深入乡村地带，推动了城市边界以外地区的建筑活动。此外，与欧洲不同的是，美国公
296 交公司的大亨可以在郊区肆意进行土地投机。这又进一步推动他们尽快延伸有轨电车和铁路服务。

第六个也是最后一个推动郊区化的经济因素是资本主义制度本身。一个人即使不是马克思主义者，他也能看到，北美居民区的向外迁移是与工业资本主义和人口的贫富分化现象相伴而生的。“自由企业”制度刺激了土地投机商、社区开发商、建筑商、地产商和信贷机构的活动。而当经济体系进入周期性衰退之时，比如1890年代、1930年代和1970年代，新住宅的建筑速度和人口向边缘地带的移动也随之放慢。[①]

这六项经济因素，再加上种族偏见和民众普遍对绿地和独处的喜好，使得独栋私人房屋对中产阶级而言既廉价又有魅力，这样，他们就创造了一种工作、居住和消费分散开来的环境，至今这种环境在美国比在其他任何地方都更加显著。因此，可以将美国人的居住模式主要看作是经济力量和政府政策而引发的结果。有些郊区家庭的搬迁也许并非出于有意的或理性的选择，但大多数家庭向郊区独户住宅的迁移，则是因为这样做能够使他们从一系列的有利因素中获得最大利益。也就是说，低密度的居住模式是一种良好的抉择。

① 住宅建筑行业一般在经济衰退中较早受到冲击，而建筑行业就业的减少又会成为更大的经济衰退的主要因素。

未来趋势

1968 年，哥伦比亚大学著名的社会学家赫伯特・甘斯在《纽约时报杂志》中写道：“郊区将持续扩展，这是显而易见的，什么事情都不如这件事容易预测。”最近，未来学家已经预言，电子通信技术的发展和通信费用的降低（无论是通过计算机的调节器还是更廉价的电话费），将使传统城市变得不合时宜，尽管交通费仍然保持着较高的水平。1982 年未来研究所的一份报告指出，单向和双向的家庭信息系统（叫做图文电视系统和交互型图文电视系统）将深入到日常生活之中，这将使家庭住宅成为一个就业场所，因为无论男女都可以在一个计算机终端处理大量业务。杰克・奈尔斯（Jack Niles）是南加州大学的高级研究员，他说到，虽然 1983 年美国只有 1 万—2 万电子通勤人员，且大多是非全日制的工作人员，但到 1980 年代末期，这一数字将骤增到近 1 000 万人。此外，未来学家阿尔文・托夫勒（Alvin Toffler）于 1980 年在《第三次浪潮》（*The Third Wave*）中描述了一幅 21 世纪的图景，在这一世界中，计算机革命将消除由工业革命带来的诸多基本变化，即在工厂、办公室和装配 297
线中工作的集中化和标准化。相反，他预测，由于越来越多的社会互动是通过电子通信媒介进行的，人口的集中将会变得没有必要。①

① 赫伯特・甘斯（Herbert J. Gans）：《白人向郊区逃逸步伐的加快》（“The White Exodus to Suburbia Steps Up”），《纽约时报杂志》（*The New York Times Magazine*）1968 年 1 月 7 日，第 85—97 页。另见戴维・伯奇（David L. Birch）：《城市和郊区的经济前景》（*The Economic Future of City and Suburb*），纽约，经济发展委员会增补文档第 30 号，1970 年。

我认为,这些预测将会在未来的25年中被证明是错误的。通过家用电脑进行的股票交易就已经证明是一个令人沮丧的失败,虽然有一些靠电子方式往来的人发了财,但他们通常是一些十分个体化的作家和编程人员,或一些咨询人员。他们只是自谋职业的人,其家庭办公室也不需要很大的开支。虽然一些公司曾经尝试着在工作人员家系统地安装终端设备,但大多由于遭到了雇员反对而停止了这种试验。大多数公司发现,它们最优秀的雇员都很留恋与其办公室——"第二家庭"的正常社会交往。这些公司还发现,如果将一些行政人员从办公室的主体雇员中隔离出去,他们就会丧失听说传闻和消息的机会,也会丧失与老朋友偶然会面和与潜在客户碰面的机会。[①]

美国不仅不会成为一个更加分散化的国家,相反,我认为郊区化——在美国大约始于1815年——这一长期进程将会在未来20年里放慢速度,而一种新的空间均衡模式将在下世纪初形成。很显然,一系列强大的经济和人口因素将会化解这一分散化进程。

最重要的限制性因素就是能源的实际价格在不断上升和燃油

① 保罗·萨默逊(Paul Somerson):《没有像家这样的工作场所》("There's No (Work) Place Like Home"),《个人电脑杂志》(*PC Magazine*)1983年11月第2期,第106—133页。1974年,莫舍·萨福德(Moshe Safde)预言,2040年汽车将会所剩无几,城市中心将重新在区域中居于主导地位,许多郊区住宅将被拆除,高楼大厦中的生活将十分普遍。莫舍·萨福德(Moshe Safde):《城市界限之外》("Beyond the City Limits"),《星期六世界评论》(*Saturday Review World*)1974年8月24日,第54—57页。1976年我对2076年做了一个相似预测。参见肯尼思·杰克逊(Kenneth T. Jackson):《大城市——纽约及其郊区(1876—2076)》("The Greater City: New York and Its Suburbs"),载入米尔顿·克莱恩(Milton Klein)编:《纽约四百年(1676—2076年)》(*New York: The Centennial Years, 1676—2076*),纽约,1976年,第169—187页。

的供应短缺。1973 年 10 月 17 日，石油输出国组织（OPEC）在科威特举行会议，决定将原油价格提高 70%。在此之前，郊区居民异想天开地认为，只要他们需要，能源就会像风雨一样取之不尽，用之不竭。他们的国家领导人同样如此。1955 年，原子能委员会主席刘易斯·斯特劳斯（Lewis Strauss）海军上将预言，到 1970 年代，能源会廉价到电能不再需要计数的地步。然而，当 1973 年阿拉伯国家对以色列的两个最坚定的盟友，即美国和荷兰实施石油禁运之时，美国人才第一次认识到，他们的低密度生活方式过于依赖于廉价的能源，这是多么危险的事情呀！事实上，正如前文所指出的，在对通货膨胀进行换算以后，真实的能源价格在 1950—1973 年每年都下降 5%。①

毋庸置疑，低价位意味着高消费。1979 年 OPEC 进行了另一次更大规模的提价打击，美国人仍然平均每人每天消费 1.4 加仑燃油，相比之下，西欧和日本人均油耗只有 0.3 加仑和 0.2 加仑。1983 年联邦政府对每加仑燃油征收五美分附加税之后，美国的燃油税仍然低于每加仑 20 美分，相比之下，其他发达国家一般是这一数字的八倍。此外，这 19 美分的燃油税还大部分划拨给公路信

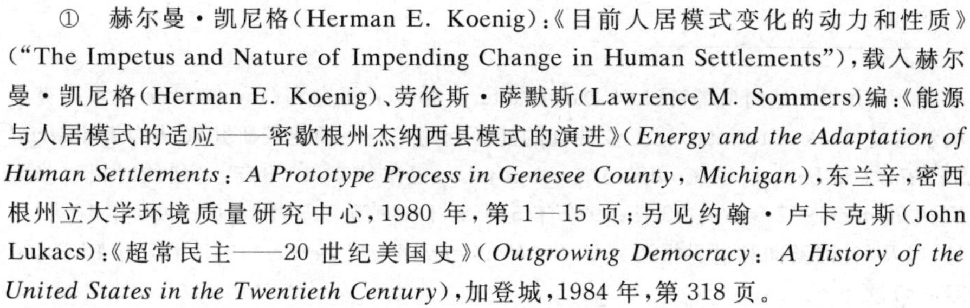

① 赫尔曼·凯尼格（Herman E. Koenig）:《目前人居模式变化的动力和性质》（"The Impetus and Nature of Impending Change in Human Settlements"），载入赫尔曼·凯尼格（Herman E. Koenig）、劳伦斯·萨默斯（Lawrence M. Sommers）编：《能源与人居模式的适应——密歇根州杰纳西县模式的演进》（*Energy and the Adaptation of Human Settlements: A Prototype Process in Genesee County, Michigan*），东兰辛，密西根州立大学环境质量研究中心，1980 年，第 1—15 页；另见约翰·卢卡克斯（John Lukacs）:《超常民主——20 世纪美国史》（*Outgrowing Democracy: A History of the United States in the Twentieth Century*），加登城，1984 年，第 318 页。

托基金,用来维护现有的公路。①

表16—3 1978年美国人口最多的十个州的人均燃油消费

(单位:加仑)

得克萨斯	671	俄亥俄	513
佛罗里达	574	新泽西	479
密歇根	549	宾夕法尼亚	442
加利福尼亚	534	马萨诸塞	427
伊利诺伊	520	纽约	349
美国平均数为532			

资料来源:《纽约时报》(*New York Times*)1979年5月28日。

各个州之间的燃油消费量差别很大。在得克萨斯州,由于货运卡车取代了牛仔的马匹,而且该州幅员辽阔,铁路穿越城市街道时并没有架高(休斯敦有1 000个这样的交叉点,而纽约市则一个都没有),因此1980年,其人均燃油消费量为671加仑,在主要的人口大州中是最高的。在纽约州,由于人口比较集中,公共交通得到广泛使用,因此人均燃油消费量只有349加仑,在各州中是最低的。这些数字显然说明:人口密度越高,人均能源消费越低。反过来,住宅与就业地点和服务区域的距离越近,在交通上就越节省化

① 乔尔·达姆斯塔特(Joel Darmstadter)、乔伊·邓克利(Joy Dunkerly)和杰克·奥尔特曼(Jack Alterman):《工业社会的能源利用——一项比较研究》(*How Industrial Societies Use Energy: A Comparative Analysis*),巴尔的摩,1978年。《纽约时报》(*New York Times*)1977年5月28日;1979年5月28日;1979年9月16日;1980年10月14日;以及《美国新闻和世界报道》(*U.S. News and World Report*)1979年7月16日,第37—41页。

石燃料。关于哥伦比亚特区的一份估算预计，如果该地区的城市蔓延持续下去，那么到 1997 年，其燃油消费将比 1975 年提高 60%。①

表 16—4 1980 年美国人口最多的十个州每 1 000 居民所注册的汽车数量（单位：辆）

伊利诺伊	659	密歇根	566
佛罗里达	651	加利福尼亚	541
新泽西	586	得克萨斯	516
俄亥俄	579	宾夕法尼亚	489
马萨诸塞	579	纽约	408
美国平均数为 544			

资料来源：美国人口普查局，1980 年。

住宅的特点也会对能源消费产生巨大影响。一个基本原理就 299 是，单位面积的外墙和屋顶越少，需要加热和制冷的能源也就越少。因此，共用外墙的排屋比四面墙体都暴露在外的独栋房节省 30% 的能源，而公寓住宅则可以节省 50%。与昂贵的地价一起，类似的数据已经促使 20 世纪后期的一位美国人搬回排屋，现在这种排屋被赋予了一个更加炫目的名字，即联排别墅(town house)

① 由于严重依赖农业机械，那些人均能源消费最高的州，也正好是农业就业人员比例最高的州。詹姆斯·罗伯茨(James S. Roberts)：《能源、土地利用和增长政策——对华盛顿大都市区的影响》(*Energy, Land Use and Growth Policy: Implications for Metropolitan Washington*)，华盛顿，地产研究公司和华盛顿大都市区政府联合会，1975 年；乔治·巴萨拉(George Basalla)：《能源—文明等式的谬误》("The Fallacy of the Energy-Civilization Equation")，《星期六评论》(*Saturday Review*)1979 年 11 月 24 日，第 28—31 页；以及《纽约时报》(*New York Times*)1979 年 5 月 28 日。

或共管式公寓(condominium)。①

1983年,在大多数关于石油的讨论中,"供过于求"一词代替了"危机"一词,人们对黎明时分加油站排起长队的记忆也渐渐淡忘了。但世界的石油储备终归是极其有限的,而且根据委内瑞拉能源部长、OPEC主席亨伯托·伯蒂(Humberto Calderon Bcrti)在1980年的说法,石油储备也许将在2010年就会枯竭。然而,无论地球上还有多少石油储备,真正重要的问题可以归结为一个,即能源的真实价格与可支配的收入相比,到底是上升还是下降了?不幸的是,答案是上升,因为随着世界上越来越不易开采石油,石油的勘探和开采成本正在迅速提高。主要的石油公司正向着地球上那些偏远而环境恶劣的地区进发,以寻找新的石油来源,以致成本达到天价。此外,由于石油储备主要位于政局不稳的中东地区,因此如果相信下面这种情形也许是一种幻想,即工业化世界能够重温能源丰沛的旧时光。美国煤炭储量异常丰富,可以直接用于发电。但是在当前的形势下,虽然可以从煤炭中提炼出复合燃料,但其成本将是天然液体燃料的二至四倍,而且只有经过多年的研发才行。所以,要想维持我们当前的郊区生活方式,不仅需要依靠日益减少的石油储备,而且还要越来越依靠核电站和液化天然气等危险的能源。

第二个限制郊区继续扩散的经济因素就是土地价格。在美国,购买地产本身的费用在购买住宅总费用中所占的比例,1948

① 希特曼股份有限公司(Hittman Associates, Inc.):《住宅能源消费——关于独户住宅的最后报告》(*Residential Energy Consumption: Single-Family Housing, Final Report*),华盛顿,1975年。

年为 11%，1982 年上升到 29%。正如我们前面所指出的，廉价的建筑地块的供应是美国大都市区迅速分散化的基本前提。①

第三个限制未来郊区化的经济因素是费用。在几代人时间里，普通的存折储户实际上补贴了住宅所有者，但他们除了低息的存折账户外别无选择。他们把钱存到储蓄银行，银行再将其借贷 300
给住宅买主。只要银行付给储户的利息低于 5%，那么它们就能以较低的市场利率发放房贷。然而，1977 年联邦立法确保小额储户也能够获得较高的利息。此后不久，一些储户开始将他们的现金从储蓄银行中提取出来，选择购买财政部的债券、货币市场的合作基金和其他投资形式，而这些项目的回报率高很多。直到最近的 1960 年代中期，存折储蓄一直构成住房贷款的近 90%，而 1980 年只占 25%。随着大量低息储蓄的消失，美国整个低息房贷资金的供应体系也就戛然而止了。美国人似乎不再可能有机会以低廉的市场利率获得住房贷款了。

第四个阻碍未来分散化的因素就是建筑技术。自 19 世纪框架结构的房屋发明以来，住宅建筑部门的技术进步已经落后于其他经济部门，而限制性的建筑法令继续阻碍着大多数预制技术的应用，使美国在开发廉价建筑方法方面落后于欧洲。现在虽然在住宅建筑技术方面有了一些进步——比如预制的屋顶构架、整体

① 根据联邦住宅管理局的报道，在 1946—1960 年间，土地成本上升了 180%，而建筑成本只上升了 77%。理查德·穆特(Richard F. Muth)：《城市住宅建筑用地和住宅市场》("Urban Residential Land and Housing Markets")，载入哈维·珀洛夫(Harvey S. Perloff)、小洛登·温格(Lowden Wingo, Jr.)编：《城市经济问题》(*Issues in Urban Economics*)，巴尔的摩，1968 年，第 285—333 页。

厨橱和整体卫生间预装——但它们对整个建筑成本的影响却是微不足道的。毫不奇怪，美国一套新宅的中位价格从 1970 年到 1982 年间增加了两倍，从 3 万美元上升到 8.88 万美元。[①]

第五，值得注意的是，虽然联邦政府自二战结束以来的许多举措推动了郊区化，但随着 1974 年《社区发展法》(Community Development Act)的通过，开始强调资源保护、旧宅维修和大众交通的发展。虽然里根总统试图改变这些举措中的某些内容，但即使在白宫，建筑新公路从而鼓励分散化的政策建议也不能得到赞同。州际高速公路系统已经完成了 99%，而规划部门尚未提出新的环城高速公路计划。

最后一个限制未来郊区发展的因素就是美国家庭结构的变化。梦想中的住宅是按照外出挣钱的丈夫和全日制的家庭主妇而设计的，当她的王子从外面那个冷冰冰的世界回到自己的安乐窝之时，她要为他提供一个温暖的天堂，这一目标早在 19 世纪就受到了安德鲁·唐宁、凯瑟琳·比彻尔和卡尔弗特·沃克斯等郊区理论家的热切推崇。然而，美国人口已经不再适宜核心家庭的模式。离婚率的上升、平均家庭规模的缩小(1980 年为 2.75 人)，以及鼓励妇女从事固定工作的运动，都降低了郊区大房子的魅力——它们远离工作、邻居和日常服务多达几英里。

① 《纽约时报》(*New York Times*)1983 年 2 月 6 日。马克·威利斯(Mark Alan Willis)：《对工业结构周期性需求和科技进步速度的影响——美国、英国和法国住宅建筑业的国际比较研究》(The Effects of Cyclical Demand on Industry Structure and on the Rate of Technological Change: An International Comparison of the Housebuilding Sectors in the United States, Great Britain, and France)，耶鲁大学博士学位论文，1979 年，第 2—3 页。住宅价格的数字来自美国商业部文件。

除了这些经济因素以外，作为白人逃逸的一种动力，种族和恐 301
惧的重要性会有所下降。随着更多的少数族裔跨入美国中产阶级行列，黑人的郊区化在 1970 年代已经成为一个主要现象，而到 1980 年，郊区黑人占美国所有黑人的比例已经达到了 23.3%。许多郊区社区为了减缓种族转换的速度，通过了更严格的区划法令，或者将单个独户住宅所占的最小地块由半英亩提高到两英亩。在加州，越来越多的小型郊区采取了非常措施，效仿中世纪建筑墙壁的方法在社区外竖起围墙，除了本社区居民、雇员和访客以外，其他人等一概拒之门外。而要进入罗灵希尔斯、印第安韦尔斯、布拉德布里和希登希尔斯，必须经过一番安全检查——经过身穿制服的保安的检查和闭路电视检测器，出示汽车驾照和身份证。但最近的司法判决，比如新泽西州的芒特劳雷尔判决案和纽约州的纽卡斯尔判决案，要求郊区社区在其地域范围内接纳“公平份额”的劣势群体人口以保证公平，并采取类似肯定性行动的措施为低收入群体提供住宅。司法判决因而也允许移动房屋进入新泽西州的马纳拉潘，而公寓住宅也在纽约州具有排他性的查帕阔建立起来。①

随着郊区黑人百分比的上升，可以预计其在大城市的比例将

① 然而，到目前为止，黑人的郊区化表现为更加严格地将黑人隔离在某些郊区的特定地区，而不是在一个开放的住宅市场上分散开来。菲利普·克莱(Phillip L. Clay)：《黑人的郊区化进程》(“The Process of Black Suburbanization”)，《城市问题季刊》(*Urban Affairs Quarterly*)1979 年 6 月第 14 期，第 405—424 页。另见塞斯·赖克林(Seth Reichlin)：《郊区的老化》(“The Aging of the Suburbs”)，《财富》(*Fortune*)1980 年 12 月 15 日，第 66—84 页。以及托马斯·克拉克(Thomas A. Clark)：《以全国视角看郊区黑人》(*Blacks in Suburbs: A National Perspective*)，新泽西皮斯卡塔韦，城市政策研究中心，1979 年。

会稳定下来或下降。黑人从南部乡村的迁徙运动已经基本停止。事实上，超过80%的黑人已经城市化，这预示着本世纪初期所出现的那种大规模的黑人迁徙将不会再现。此外，城市居民平均年龄的上升，尤其是最有犯罪倾向少年男子数量的减少，将会导致中心城市犯罪率的进一步下降。由于这些因素的出现，推动郊区化运动的动力将因此而大幅度下降（表16—5和表A—14）。

302 表16—5 1980年美国前15位大都市区郊区黑人人口

大都市区	郊区黑人人口（人）	黑人百分比（%）
1.华盛顿	404 814	16.7
2.亚特兰大	215 909	13.5
3.圣路易斯	201 348	10.6
4.洛杉矶	398 069	9.6
5.巴尔的摩	125 721	9.1
6.纽约－新泽西	544 545	8.7
7.费城	245 527	8.1
8.克利夫兰	94 285	7.1
9.休斯敦	88 256	6.7
10.旧金山湾	145 566	6.5
11.芝加哥	230 827	5.6
12.底特律	131 478	4.2
13.匹兹堡	73 790	4.0
14.达拉斯－沃斯堡	65 955	3.9
15.波士顿	34 205	1.6

资料来源：1980年人口统计。

最近内层郊区已经陷入衰退的怪圈。虽然有些郊区，比如密歇根州的奥克帕克——1950 年代在底特律边界以北发展起来——由于其异乎寻常的宗教和种族的多样性正处于繁荣发展时期，但其他郊区已经面临着财政、教育、种族和住宅的危机，其严重程度与 20 世纪六七十年代大城市的危机不相上下。在这些老化的大都市区，税收基础不再扩大，而服务开支却由于老年人和较贫困人口的增加在不断上升，因而其财政收入的压力很大。虽然美国郊区发展的经历从来不是铁板一块，从加州的帕萨迪纳和圣塔安娜到纽约州的新罗谢尔和芒特弗农，但 20 世纪的主要问题现在也成为一种主要的郊区现象。即使在生气勃勃的华盛顿大都市区，1970 年代在首都环路以内的每一个地方辖区都出现了人口流失的现象，而在该环路以外的每一个辖区这一现象则继续在增长。但这些崭新的郊区却蕴含着其自身衰落的种子。

随着郊区开始出现明确的衰落迹象，中心城市和乡村却又出现了复兴。虽然人口、就业和收入等方面的统计并不能证明下述论点，即回归城市的运动已经扭转了一个半世纪以来的郊区化趋势，但旧街区的绅士化也许在昭示着，在未来 20 年里人口布局将发生重大变化。城市复兴的最早征兆于 1920 年出现于华盛顿特区的乔治敦，并随着不久后布鲁克林海茨掀起沙石房屋的翻修潮而成为一种时尚。从 1965 年开始，波士顿、旧金山、费城、萨凡纳和巴尔的摩等城市的重要城区，出现了一种与典型的城市发展模式相反的迹象，即社会上层新居民取代了低收入的家庭。1976 年，据一项针对哈佛学院 1968 级毕业生的调查表明，超过 60%以上的被调查者在修缮自己的老房子。在纽约市，华盛顿原有的马 303

厩所在地已经被改造为时髦的住宅。在布鲁克林，改造活动已经从斜坡公园扩展到格林尼堡和卡罗尔花园区。在查尔斯敦，过去的奴隶居所已经改造为漂亮的公寓楼房。华盛顿的改造活动更加引人注目，尤其是在国会山地区，为此，黑人居民开始组成社区协会，以便抵制白人的侵入。甚至洛杉矶这一长期以来被讥笑为没有中心的城市，也开始开发高层建筑林立的真正的中心商务区。在1950—1980年，洛杉矶市中心区的人口密度提高了40%，有明显的迹象表明，这是一个有活力的商业区，仅在1982年这里就建起了5 000套新的公寓住宅。[①]

美国可能正在进入一个后郊区化时代，这一趋势的另一迹象来自乡村。经过170年的相对衰落，乡村地区的增长率在1970年代超过11%，人口增加了近6 000万。这种新的增长常常被称为远郊化(exurbia)或乡村化(ruburbia)，指的是稀稀落落的住宅开发，或者说住宅散落在农业地区，缺少大多数的城市设施。这种现象的典型实例就是北卡罗来纳州的纳什县。在该县580平方英里的范围内，分布着120个繁荣的工业企业，但没有城市。在交通高峰时刻，可以看到数百名工人在优质的沥青高速公路网中驱车疾驰，而公路入口处却没有交通拥堵。他们来自农场房屋、乡村住

① 关于这一现象的一项出色的地方性研究是杰弗里·赫尼格(Jeffrey R. Henig):《亚当斯·摩根的中产阶级化——邻里变化的政治与商业后果》(*Gentrification in Adams Morgan: Political and Commercial Consequences of Neighborhood Change*)，华盛顿，乔治·华盛顿大学华盛顿地区研究中心，第9号文件，1982年。另见约翰·卢卡克斯(John Lukacs):《超常民主——20世纪美国史》(*Outgrowing Democracy: A History of the United States in the Twentieth Century*)，第193页。

宅、小型社区，以及拖车房屋驻地，这些住宅沿着乡村公路散布开来。

因此，我认为，郊区化应该看作是城市发展模式的一部分。城市的空间布局并不十分依赖于某种理想，而是更加依赖于经济；不是十分依赖于国民的习性，而是更依赖于工业发展、技术进步和种族的融合。美国城市与先于他们而存在的其他国家的城市相比，其差别并不十分巨大。我们也许可以预料，其他国家的城市可能会遵循“北美”模式发展，只要它们拥有了足够的汽车、公路和可支配的财富，就能促使这一模式出现。

最近欧洲城市的变化证明了下述观点，即郊区化是一种普遍的人类理想，其实现依赖于技术和经济富足。自从威廉·莱维特于1965年在巴黎市郊建造起他的第一批住房起，美国郊区的种种标志特征就开始在欧洲的土地上发芽：批量生产的房屋，用石板代替了更加传统的砖块和灰泥；大型购物中心出现在公路两旁，摧毁了村镇广场上的商业；加油站和快餐店纷纷在高速公路和干线道路两旁开业。从1970年代中期起，错层式房屋和殖民地式样的房屋在英格兰流行起来，休斯敦式的交通拥堵正在堵塞着从赫尔辛基到巴塞罗那等欧洲城市的大街小巷，都灵的富裕家庭正在离开这个城市，搬到附近的小山丘上定居，去追求生活的安全舒适。在瑞典，独户住宅的建筑最近开始在市场上居主导地位，在巴黎，中等和高等收入的职业阶层的郊区化现在正向凡尔赛方向发展。甚至在里约热内卢，尽管滨海的戈巴卡巴纳地区备受推崇，但其名望地位也逐渐被远离中心城市的伊帕内马、莱布隆和巴拉—达蒂茹卡等新社区所超越。这就印证了利奥·施努尔(Leo F. Schnore) 304

于 1965 年的预言，拉丁美洲将朝着美国的方向发展。[①]

然而，似乎任何一个其他国家都不会达到像美国现在这样高的郊区化水平，只要它们的经济资源和发展前景比不上山姆大叔这个共和国。因此，美国不仅是世界上第一个郊区化的国家，而且也将成为最后一个。到 2025 年，美国这种能源低效和依赖汽车的郊区体系，必将让位于高效节能的人类活动和居住模式。美国人广泛的离心化是一系列原因的结果，而这些原因在其他国家却不会再现。

无论未来城市形态如何，不管是在旧世界还是新世界，城市的中产阶级化或乡村的复兴，都不能抹杀这样一个事实，即郊区化已经成为美国人生活中一个显著的居住特点。由于能源价格的上涨将鼓励人口密度的提高和蔓延的减缓，由于犯罪和社区衰退等“城市”问题在老化的郊区将成为一种普遍的不可避免的现象，郊区化进程也许会在下半个世纪放慢速度。但热爱隐私、热爱自家宅地上独栋房屋的这种国民文化不会轻易消失。通用汽车公司的查尔斯·凯特林（Charles F. Kettering）——也许是继托马斯·爱迪

① 托马斯·福尔克（Thomas Falk）：《瑞典的城市——1960 年代福克斯人口分布变化》（*Urban Sweden: Changes in the Distribution of Population in the 1960's in Focus*），斯德哥尔摩，斯德哥尔摩经济学校，1977 年；《纽约时报》（*New York Times*）1980 年 10 月 30 日；利奥·施努尔（Leo F. Schnore）：《两个美洲的城市结构研究》（“On the Spatial Structure of Cities in the Two Americas”），载入菲利普·豪泽（Philip M. Hauser）、利奥·施努尔（Leo F. Schnore）编：《城市化研究》（*The Study of Urbanization*），纽约，1965 年版，第 347—398 页。约翰·哈里斯（John R. Harris）：《发展中经济体的城市与工业分散化——一个分析框架》（“Urban and Industrial Deconcentration in Developing Economies: An Analytical Framework”），《区域与城市经济学》（*Regional and Urban Economics*）1971 年 8 月第 1 期，第 139—152 页。

生之后美国最重要的发明家和工程师——认为研究历史其实是浪费时间。他认为，“从你的后视镜中观看，你哪里也去不成”，他宁愿盯住未来，这是因为“我们的余生终将生活在未来”。凯特林是错误的，因为过去的决策制约着未来。建筑、街道和公路体系的位置对社区的形态会产生永久性的影响。非常明显，建筑的投资成本是如此巨大，所以任何一代人都不能用新的体系代替旧的。对旧体系的适应总是占主导地位。正如戴奥斯（H. J. Dyos）和沃尔夫（M. Wolff）所指出的，“惰性是城市变化因素的一部分：结构比建造它们的人的寿命更长，并对人施加限制，他们不得不在后来适应它们，以期满足自己所需。”[①]

这一增长框架的设计无论多么仓促，都会成为一个永久性的
结构。无论是好是坏，美国郊区都是一个引人注目，或许还是一个 305
持久性的成就。用 1870 年代一首英语匿名短诗的诗句形容它是十分贴切的：

> 任何土地最丰腴的收获
> 是它产出的砖瓦。
> 它产出的最丰厚的果实
> 是一排排的房屋。

---

① 斯图亚特·莱斯利（Stuart W. Leslie）：《凯特琳老板——通用汽车公司的奇才》（*Boss Kettering: Wizard of General Motors*），纽约，1983 年，第 9—10 页；另见迈克尔·康榛（Michael P. Conzen）：《城市景观的分析方法》（“Analytical Approaches to the Urban Landscape”），载入卡尔·巴策（Karl W. Butzer）编：《城市地理论文集——一些熟悉或忽略的话题》（*Dimension in Urban Geography: Essay on Some Familiar and Neglected Topics*），芝加哥，芝加哥大学地理系研究论文，第 186 号，1978 年，第 146 页。

307

附　　录

本书第二章重点论述了1820年后的半个世纪中，美国城市中社会经济地位最高的集团向外搬迁的过程。但这一转变并非这50年中唯一的变迁，除此之外，还有四个变化在这一时期孕育成长，尽管其道路不同，终点却是一致的。第一种是边缘地区的增长快于中心城市。费城便是极好的例子。1810—1830年的20年间，人口增长最快的地区当属分布在费城北部边缘的独立郊区北立波特斯和温泉花园。① 在随后的20年中，人口增长的奇迹不再是内城郊区，而发生在摩亚门辛、佩恩区、里士满和肯辛顿。②

为数众多的行政区和自治市政府在19世纪中期涌现出来，为早期郊区居民提供基本的市政服务。对此，费城贸易委员会不无自豪地声称，“在经济开发和建设面前，郊区的空地很快消失了，贫

---

① 整个县而非城市化区域被用作统计的基础，为的是将这种趋势最小化，即人口较少地区呈现出比人口密集地区更高的增长比率。重要的是，人口最少和密度最低的地区，即拜伯里和莫兰德，在1810年和1870年并未引领发展。

② 在1850年，肯辛顿、北立波特斯、萨瓦克和温泉花园均被官方认定为最大的城市之一，即使它们在1854年并入费城时依然如此。

苦百姓也离开此地。”[①]1850 年代末，设施良好的马车和蒸汽火车驶进了日耳曼敦，这个曾经的偏荒之地一下子成了发展最为迅猛的地区之一，到 1870 年，年代久远的郊区无一不走上衰败之路。在 19 世纪剩余的岁月中，费城一带的许多地区经历了增长和衰落，在地图上呈离心趋势，以大约每 10 年 1.5 英里的速度向费城外围扩散。[②]

从上述费城早期的发展模式中可以得出两项总体结论。首先，费城模式与同期其他美国大城市的发展轨迹大同小异。如表 A—1 所示，从 1840 年起，纽约、波士顿、克利夫兰和圣路易斯都有 308
一段郊区增长快于中心城市的历程，甚至还有起步更早的例子。此外，与二战后人们耳熟能详的郊区大发展相比，费城在内战前的发展只有量的差异，而并无质的不同。高增长率从菲拉德尔菲亚、德拉瓦尔、蒙哥马利和卡姆登诸县向相对晚近才发展起来的伯灵顿、切斯特、格罗斯特和巴克斯等县的转移，这一离心模式在图 A—1 中展露无遗。

第二个主要的郊区化进程可追溯到 1860 年前，表现为美国许

① 费城贸易委员会(Philadelphia Board of Trade):《第 21 年度报告，1854 年 2 月 6 日》(*Twenty-First Annual Report, February 6, 1854*)，费城，1854 年。30 个郊区和行政区有时相互竞争，有时与费城争夺基本的城市设施，比如供水。纳尔逊·曼弗雷德·布莱克(Nelson Manfred Blake):《城市用水——美国城市供水问题史》(*Water for the Cities: A History of the Urban Water Supply Problem in the United States*)，第 87—89 页。

② 从 1900 年到 1950 年，城市以大约每 10 年 1 英里的速度向外扩张，1950 年起这一速度增长到每 10 年 3 英里。汉斯·布鲁姆菲尔德(Hans Blumenfeld):《大都市扩张潮》(“The Tidal Wave of Metropolitan Expansion”)，《美国规划师协会杂志》(*Journal of the American Institute of Planners*)1954 年冬第 20 期，第 3—15 页。

多大城市的人口密度趋向平衡。以1830年的数据为例，此时的城市人口高度集中于城市中心，不出几英里之外，人口便急剧减少。表A—2比较了1800—1890年菲拉德尔菲亚县各个小型城市分区的居住密度。从表中可知，大约1850年前后，该县各地人口密度趋于平衡，此时每平方英里的居民人数北立波特斯约8.5万人，该县最北端农业地区则在100人左右。与之类似，1850年起，普通公民的居住面积开始下降。同年，不足四分之一人口的居住面积低于50公顷（共3.2万平方英里），而40年后，同样面积的土地上分散地居住着45%的人口。因此，随着该县从19世纪中期开始的扩张，代表不同行政区不同密度的曲线也渐渐平缓下来。

换句话说，随着郊区住宅在县域内的扩散，在1815年前象征着人类居住模式的城乡分野渐渐模糊了。1855年，威廉·斯蒂尔曼（William J. Stillman）在《蜡笔》上撰文抨击美国城市中隔离墙的消失，“该有道墙来把城市和乡村分开，把一些人关在城里，把一些人赶到乡下。可现在城市扩展到乡村了，我们不知道自己身在城市还是乡间”。①

第三个变化是，到1860年时，许多美国大城市的中心区域经

① “随笔”（Sketchings），《蜡笔——致力于形象艺术及其相关文学的杂志》（*The Crayon: A Journal Devoted to the Graphic Arts and the Literature Related to Them*）1855年1月3日第1卷，第11页。亦可见戴维·斯凯勒（Davis Paul Schuyler）：《1800—1870年的公共景观与美国城市文化——乡村公墓、城市公园和郊区》（Public Landscapes and American Urban Culture, 1800—1870: Rural Cemeteries, City Parks, and Suburbs），哥伦比亚大学博士学位论文，1979年，第6章。

历了人口的绝对减少。费城再一次告诉我们，城市中心的人口减少并非 20 世纪的专利。[①] 1830 年，费城第七大道以东的老城区人口臻于鼎盛，而最初的切斯特纳特和沃尔纳特地区早在 10 年前就已达到其人口密度的顶峰（表 A—3），而历史悠久的高街区在 1800 年时人口已达最高值，美国第一次人口普查的报告中有所记载。但人口减少的进程在内战后有增无减，从 1860—1890 年，又 309
有九个行政区加入其中，人口呈下降趋势。[②]

在纽约市，运河街以南的整个地区从 1850 年起步入人口减少期；第二区人口的下降尤为惊人，1825 年尚有 9 300 人，1860 年时已不足 3 300 人。[③] 在那里，商业的迅猛发展令人咋舌，甚至新建的仓库和零售店根本不留居住空间。随着下曼哈顿完全转变为商业区，地价如火箭般直冲云霄。早在 1843 年，富裕的辉格党商人凯勒布·伍德霍尔（Caleb Woodhull）写道：

> 几年前这座城市里所有的房子都住满了人，如今几乎都变成商店了，反而没有了住人的地方。这一变化还将继续，直到有一天，整个曼哈顿岛变成了商店货栈，在这儿做生意的人

---

① 尽管 19 世纪某个小社区会偶然减少人口，但城市在 1940 年达到其人口顶峰。但这一进程起源于 1820 年。

② 尽管费城的这一进程在 20 世纪继续发展，但 1950 年后该市人口才有所减少，这是因为 1854 年的大兼并后费城从其边缘地区持续获得人口。

③ 对于纽约的经历进行了肤浅而了无趣味的分析的是弗雷德里克·克拉克（Frederick P. Clark）：《纽约大都市区的中心化和分散化》（“Concentration and Decentralization in the New York Metropolitan Region”），《美国规划师协会杂志》（*Journal of the American Institute of Planners*）1970 年秋第 15 卷，第 172—178 页。

都住到了对岸，连绵的乡间住满了居民。①

在内战前的纽约和费城，这一现象毫不稀奇。从1857—1867年，波士顿12个区中有六个人口减少。在圣路易斯和巴尔的摩，早在亚伯拉罕·林肯还只是个名不见经传的斯普林菲尔德律师的时候，中心城区的人口就开始流失了。② 1890年后，新城市和小城市也步入了这一行列，如孟菲斯。③ 因此，像圣路易斯、费城、底特律、芝加哥等城市，人们虽然常常拿它们在二战后的人口下降作为论证美国城市正走向衰亡的证据，但其实要观察这一点，切不可忽视了19世纪。④

第四个郊区化进程在内战前至为明显，在此期间，中产阶级市民的通勤距离越来越远。如图A—2和A—3，在费城，从1829—1862年的30年中，许多商人朝着城市西部的斯古吉尔河和韦恩

① 《纽约美国人》(*New York American*)1843年3月22日。引自爱德华·斯潘恩(Edward K. Spann)：《新大都市——1840—1857年的纽约市》(*The New Metropolis: New York City*, 1840—1857)，纽约，1981年，斯潘恩，第116页。

② 芝加哥中心商务区2英里以内的人口数量在1890年达到峰值，随后开始下降。对芝加哥人口进行仔细研究的著作有两部，霍默·霍伊特(Homer Hoyt)：《芝加哥百年地价(1933)》(*One Hundred Years of Land Values In Chicago*, 1933)，芝加哥，芝加哥大学出版社；芝加哥社区名录(Chicago Community Inventory)：《芝加哥标准大都市区居民人口的增长与再分配》(*Growth and Redistribution of the Resident Population in the Chicago Standard Metropolitan Area*)，芝加哥，芝加哥社区名录，1954年，第18—19页。

③ 从1890—1910年，孟菲斯5个中心部位的行政区都流失了人口，而边缘地区人口增长达400%。

④ 1860年后伦敦中心地区人口减少，1881年后，伦敦30个行政区中有11个存在人口流失。伦敦县1891年后人口开始减少。

街以西的日耳曼敦搬迁。[1] 在这些年间，搬出店铺居住的商人增加了一倍，其平均通勤距离也增加了大约一倍。与之类似，无论如何都要远离工作地点居住的典型的银行经理也延长了其通勤距离，与 1829 年相比，他们的通勤距离在 1862 年时也增长了一倍。尽管银行和大商店仍集中在第七大道以东，但优雅的居住区却不断地向远处扩展。[2] 有写日记习惯的费城人悉尼·乔治·费舍尔(Sidney George Fisher)很快就发现其社交友朋“向往乡村生活”，310
他在 1847 年写道，“新建住房和品位高雅的住房不断涌现，”尤其是在日耳曼敦，“那里的环境对身体极为有益，而且景色优美。”[3]

相比费城，纽约市的轨道交通系统覆盖范围更广、人口增长速度更快，但其工作与居住地点的分离却更为迅速，至少在中产阶级

① 若要了解更多细节，参见肯尼思·杰克逊(Kenneth T. Jackson)：《19 世纪的城市分散——基于统计数据的调查》(“Urban Deconcentration in the Nineteenth Century: A Statistical Inquiry”)，载入列奥·舒诺尔(Leo F. Schnore)编：《新城市史——美国历史学家的计量研究》(*The New Urban History: Quantitative Expectations by American Historians*)，普林斯顿，1975 年，第 134—140 页。

② 对费城通勤模式最详细的研究认为，产业工人一定会在能够提供就业机会的离家最近的工厂就业，但我认为这一观点是错误的。参见西奥多·赫斯伯格(Theodore Hershberg)、哈罗德·考克斯(Harold Cox)和小戴尔·赖特(Dale Light, Jr.)：《通勤就业——对 1850—1880 年费城工作、居住和交通的实证研究》(“The Journey-to-Work: An Empirical Analysis of Work, Residence, and Transportation, Philadelphia, 1850—1880”)，载入西奥多·赫斯伯格编：《走向新城市史——19 世纪美国的城市化与工业化》(*Toward a New Urban History: Urbanization and Industrialization in Nineteenth Century America*)。

③ 转引自戴维·斯凯勒(Davis Paul Schuyler)：《1800—1870 年的公共景观与美国城市文化——乡村公墓、城市公园和郊区》(Public Landscapes and American Urban Culture, 1800—1870: Rural Cemeteries, City Parks, and Suburbs)，哥伦比亚大学博士学位论文，1979 年，第 6 章，第 10 页。

和上层社会是这样。[①] 表 A—4 展示给读者 1825—1973 年曼哈顿律师的通勤状况,每 10 年为一期限,从中可以发现,通勤里程的百分比在 1835—1845 年增长最为明显。从 1835—1865 年,尽管平均通勤里程增加了两倍,但再次增加两倍则历时了 50 年。1865 年起的 30 年间通勤里程几无增长,但 1890 年代有轨电车线路的电气化以及电梯和地铁系统的迅速扩展发挥了很大的作用,通勤距离在 1895—1915 年增长一倍。[②]

在波士顿,生意兴隆的批发商人是第一个迁出城市的重要群体,但很快律师和银行家也加入其中,这两个行业工时短、收入高。到 1851 年,波城几乎一半的银行业者和律师都将家安在郊区。郊外住宅区对处于社会经济金字塔中的第二层级尤其具有吸引力,他们的收入虽不足以购买波士顿山间的豪宅,但可以有多种住房

① 大约也在 20 世纪早期,艾伦·普利德(Allan R. Pred)发现,比起非熟练工人,能够负担得起时间和费用的曼哈顿蓝领工人都乐于花更多的时间和距离通勤。艾伦·普雷德(Allan R. Pred):《1800—1914 年城市工业增长的空间变迁》(*The Spatial Dynamics of Urban Industrial Growth*, 1800—1914),马萨诸塞州坎布里奇,1966 年,第 336—338 页。

② 关于轨道交通与居住之关系,有三部上乘佳作。詹姆斯·西蒙斯(James W. Simmons):《住在城里的花费——市内流动述评》("Charging Residence in the City: A Review of Intra-Urban Mobility"),《地理评论》(*Geographical Review*)1968 年 10 月第 58 卷,第 622—651 页;乔治·斯梅克(George M. Smerk):《有轨电车——美国城市的塑造者》("The Streetcar: Shaper of American Cities"),《交通季刊》(*Traffic Quarterly*)1967 年第 21 卷,第 569—584 页;以及奥利弗·祖兹(Oliver Zunz):《城市环境中的技术与社会——以第三大街的高架铁路为例》("Technology and Society in an Urban Environment: The Case of the Third Avenue Elevated Railway"),《跨学科历史杂志》(*Journal of Interdisciplinary History*)1972 年夏第 3 卷,第 89—102 页。

选择(表 A—7)。[①]

纽约人通勤距离的增加远比其他地区明显。之所以采用律师这一职业群体作为参照物,是因为他们的工作与中心商务区息息相关,其收入又足以保证其住房选择的多样性。如图 A—4 所示,在孟菲斯、宾汉姆顿和帕特森,1925 年之前,普通律师的住宅距其办公室不超过 2 英里,而纽约市律师的通勤距离早在 1860 年就已超过 2 英里。然而,即便在纽约这个哈得孙河畔的大都会中,平民百姓在 1870 年代高架线路建成之前仍旧居住在工作地点附近。但郊区化的进程已然在达人潮客中开始,未来岁月中美国城市将要迎来巨大的空间变革,其基础业已悄然打下(表 A—9)。[②]

郊区化进程在 1815—1835 年展开,内战则进一步推动了它前
进的步伐。随着投资商在城市外围为白领工人和管理人员建立起 311
与世隔绝的居住郊区,美国城市无论规模、地域还是内部结构,都发生了巨大变化。但破败的住房却被遮盖在繁华社区光亮的外墙之下;黑人只能在靠近白人住房的后巷里安家;而新的郊区则有着种族歧视的藩篱,有着引人入胜的起伏地势,其不断攀升的地产价值吸引着越来越富裕的居民搬入其中(表 A—12)。事实确是如此。

① 亨利·宾福德(Henry C. Binford):《郊区商业——杰克逊时代的城镇与波士顿通勤者》(The Suburban Enterprise: Jacksonian Towns and Boston Commuters),哈佛大学博士学位论文,1976 年,第 120—142 页。

② 更多关于通勤的数据可参见本书第九章。

人口的增加与减少
斯库尔基尔河
宾
镇区
北利伯蒂斯
镇区
布洛克利
镇区
河
帕萨扬克
镇区
金赛森
镇区
新泽西州
莫亚曼西
镇区
特拉华
费城地区
1970—1980年
巴克斯
宾夕法尼亚州
梅沙
新泽西州
蒙哥马利
宾夕法尼亚州
费城
费城
1850—1870年
切斯特
宾夕法尼亚州
特拉华
宾夕法尼亚州
伯灵顿
新泽西州
增加
减少
持平
特拉华
格洛斯特
新泽西州
北
以上各地为县名

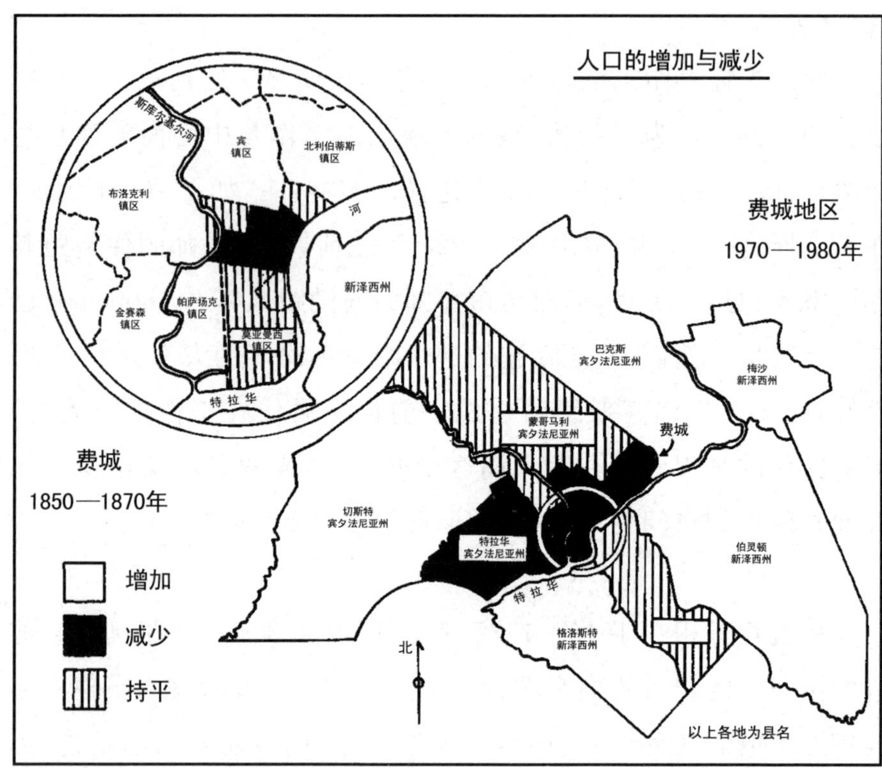

图 A—1

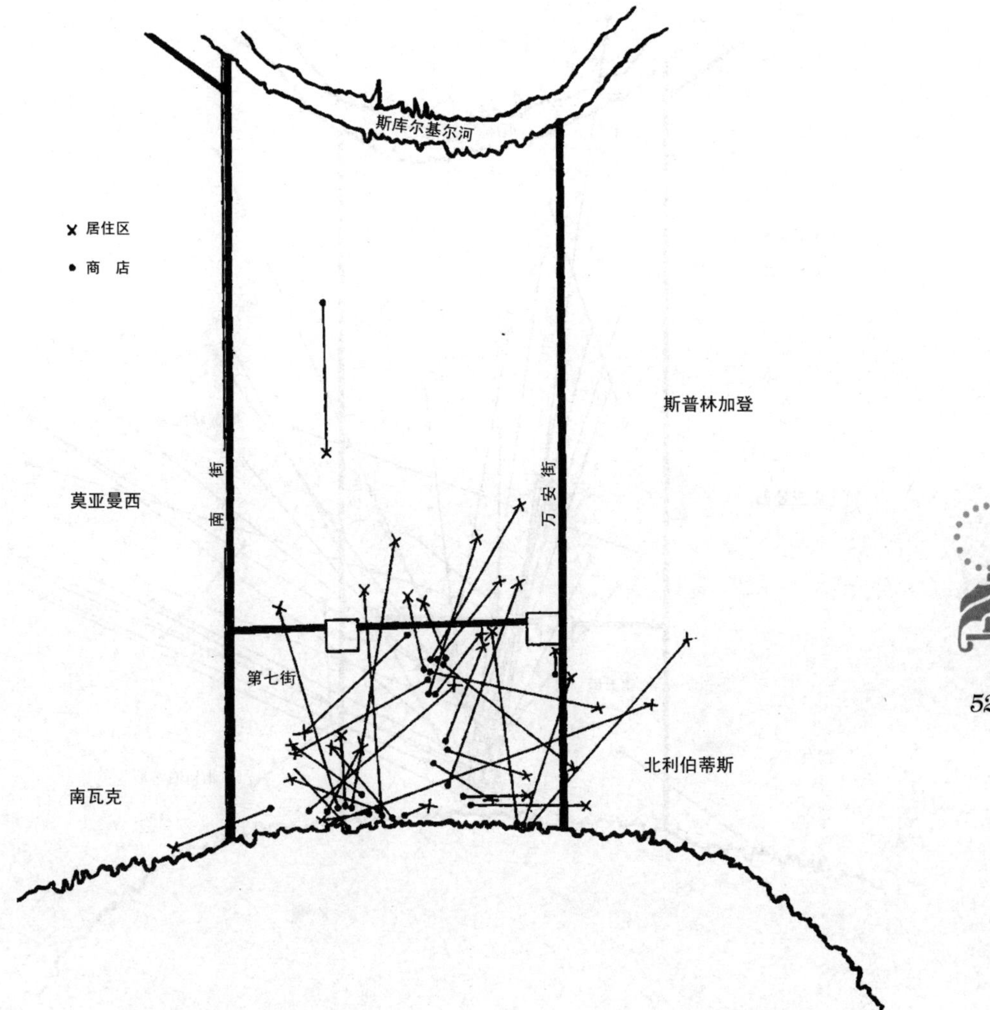

图 A—2:1829 年费城商人的通勤距离。一项对在此定居和通勤的 86 人中的 42 人进行的抽样调查。 313

资料来源:《得席弗尔 1829 年费城姓名地址录及指南》(*DeSilver's Philadelphia Directory and Stranger's Guide, 1829*),费城,罗伯特·得席弗尔出版社,1829 年。

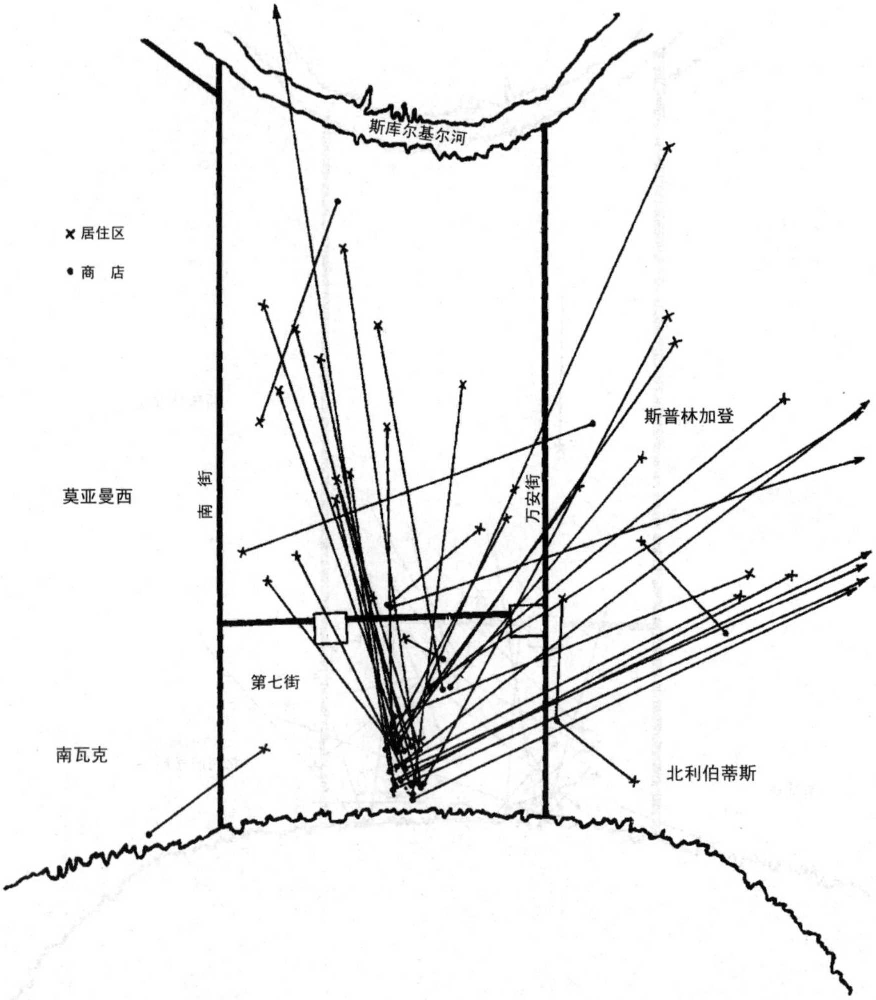

314 图 A—3：随机抽取的费城 56 个木材、瓷器、玻璃、棉花、干货和钢铁商人的通勤距离。其中 7 人居住、工作在同一地点，8 人无法定位。

资料来源：《麦克尔罗伊 1862 年费城姓名地址录》(*McElroy's Philadelphia City Directory for 1862*)，费城，E. C. ，J. 比尔德公司，1862 年。

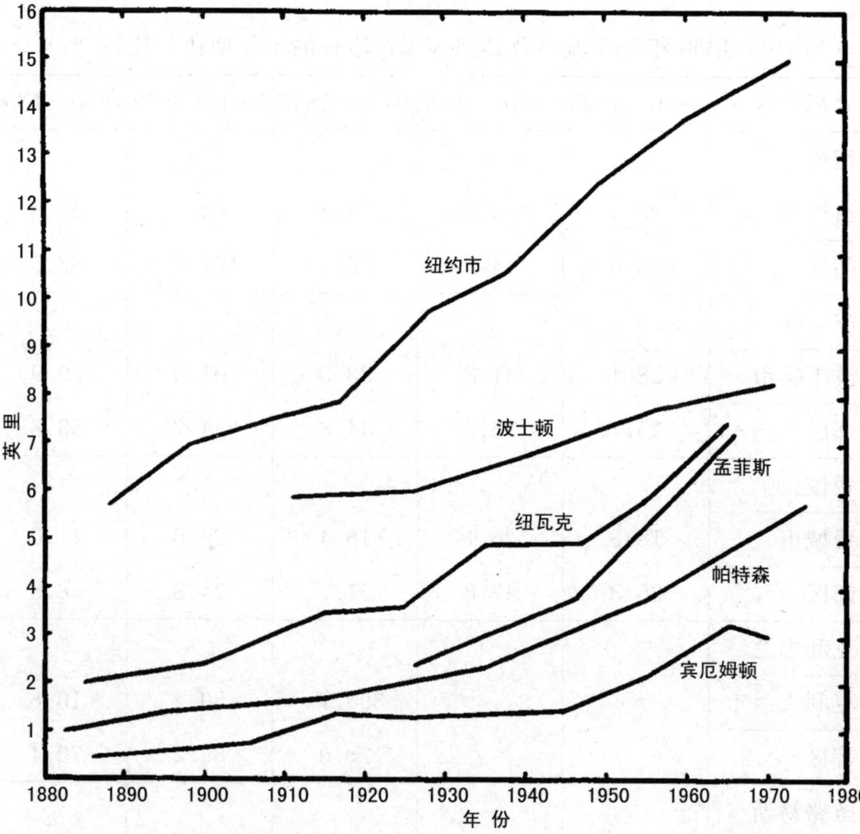

16
15
14
13
12
11
10
9
8
7
6
5
4
3
2
1

英里

纽约市

波士顿

孟菲斯

纽瓦克

帕特森

宾厄姆顿

1880 1890 1900 1910 1920 1930 1940 1950 1960 1970 1980

年份

图 A—4：1880—1980 年部分城市律师的通勤距离，以英里为单位。 315

316 表 A—1

1810—1860 年五个城市及其郊区人口增长的十年期比率比较(%)

大都市区	1810—1820	1820—1830	1830—1840	1840—1850	1850—1860
纽约					
纽约市	28.4	63.8	54.4	64.9	57.8
郊区	63.0	114.6	135.4	167.3	88.5
波士顿					
波士顿市	28.1	41.8	38.5	61.0	29.9
郊区	25.7	35.2	44.8	84.7	53.8
费城					
费城市	18.8	26.1	16.4	29.6	11.0
郊区	25.3	47.8	51.7	74.8	48.8
克利夫兰					
克利夫兰市			393.7	50.4	10.8
郊区			128.0	89.2	72.4
圣路易斯					
圣路易斯市	187.4	27.3	181.4	51.8	20.0
郊区	33.3	52.6	135.9	309.9	100.7

这里的纽约郊区只包括布鲁克林，尽管合并了哈得孙县，但新泽西还没有改变其传统结构。表中波士顿郊区包括切尔西、查尔斯顿、坎布里奇、布莱顿、布鲁克莱茵、罗克斯伯里和多切斯特。费城郊区指的是 1854 年前属于菲拉德尔菲亚县而不属于费城的地区。克利夫兰郊区则包括除了 1830 年克利夫兰市外的库亚霍加县地区。圣路易斯郊区是 1840 年除去圣路易斯市的圣路易斯县其他地区。在纽约和费城地区，郊区增长的优势可以追溯到 1800 年，而非表中的 1810 年。

资料来源：1810—1860 年美国十年期人口普查。

317

表 A—2
1800—1890 年费城与菲拉德尔菲亚县部分小行政区每平方英里密度之比较

行政区	平方英里	1800	1830	1860	1890
中心城东	0.683	50 000	65 000	59 000	42 000
中心城西	1.594	12 000	25 000	65 000	50 000
北立波特斯	0.556		50 000	75 000	65 000
萨瓦克	1.050	9 000	19 000	50 000	72 000
肯辛顿	1.899		1 800	25 000	65 000
东温泉花园	0.639		14 000	65 000	63 000
西温泉花园	1.000		1 500	32 000	62 000
佩恩区	1.984		500	16 000	60 000
金塞辛	8.923	60	110	250	2 880
莫兰德	4.779	75	85	110	800
拜伯里	9.045	69	108	130	850
合计	129.583	625	1 460	4 367	8 600

资料来源:英里总计之数来自威廉·坎贝尔(William Bucke Campell):《费城的老城镇与行政区》(“Old Towns and Districts of Philadelphia”),《费城史》(*Philadelphia History*)1942 年第 5 卷,第 94 页。密度的计算基于相关年份的人口普查报告,对人口密集地区的数据只保留了整数。

318 表 A—3

费城中心城市内战前的人口流失

行政区	1800	1820	1830	1850
调整前				
下德拉瓦尔	3 377	3 237	6 863	6 425
高街	2 792	2 529	4 427	3 549
切斯特纳特	2 693	2 930	4 115	2 443
沃尔纳特	2 169	2 817	3 428	2 544
多克	2 235	2 415	5 378	5 734
上德拉瓦尔	3 067	3 396	5 763	7 224
新马克特	4 865	5 892	12 983	14 405
合计	21 198	23 216	42 957	42 324
调整后				
下德拉瓦尔	3 377	3 237	3 920	3 672
高街	2 792	2 529	2 528	2 028
切斯特纳特	2 693	2 930	2 352	1 396
沃尔纳特	2 169	2 817	1 960	1 454
多克	2 235	2 415	3074	3 276
上德拉瓦尔	3 067	3 396	3295	4 128
新马克特	4 865	5 892	7418	8 232
合计	21 198	23 216	24 548	24 185

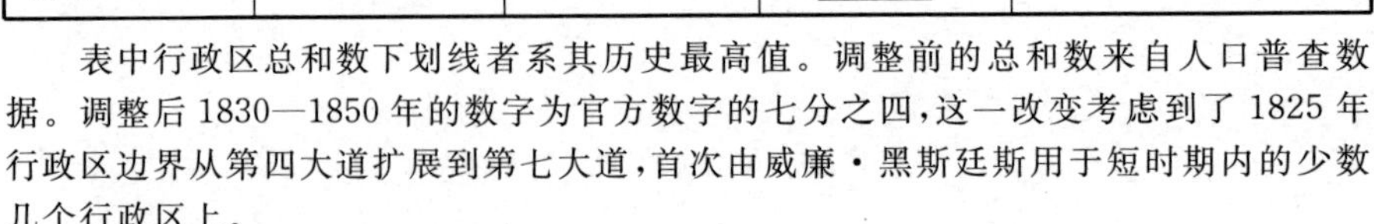

表中行政区总和数下划线者系其历史最高值。调整前的总和数来自人口普查数据。调整后 1830—1850 年的数字为官方数字的七分之四，这一改变考虑到了 1825 年行政区边界从第四大道扩展到第七大道，首次由威廉·黑斯廷斯用于短时期内的少数几个行政区上。

资料来源：美国人口普查数据及约翰·戴利（John Daly）、艾伦·温伯格（Allen Weinberg）：《菲拉德尔菲亚县行政区的人口谱系》（Genealogy of Philadelphia County Subdivisions），费城档案局，1966 年，第 92—100 页。

表 A—4 319

1825—1973 年在曼哈顿办公的律师的平均通勤距离(单位:英里/10 年)

年份	抽样	曼哈顿外(%)	平均通勤距离(曼哈顿—住宅)	平均通勤距离(其他)	平均通勤距离(全部)
1825	88	1	0.67(英里)		
1835	84	2	0.81		
1845	84	14	1.39		
1855	97	23	1.81		
1865	99	35	2.43		
1875	100	44	2.91		
1888	123	41	4.02	8.47	5.74
1898	118	45	5.10	9.21	6.95
1908	129	38	5.41	10.76	7.49
1917	108	47	6.50	9.47	7.87
1928	120	61	5.17	12.55	9.72
1938	120	64	4.43	14.01	10.56
1949	120	62	4.09	17.40	12.41
1960	120	68	3.36	18.62	13.74
1973	120	66	3.49	20.97	15.03

1908 年后,居住与工作同在曼哈顿的律师的平均通勤距离开始下降,这是因为许多律师事务所逐渐离开曼哈顿金融区,搬到中城,这一趋势一直持续至 1980 年代。抽样数据和计算得到了威廉·迈尔斯(William Meyers)、罗宾·刘易斯(Robin Lewis)和多萝西·弗里德曼(Dorothy Freeman)的帮助。

资料来源:抽样数据来自朗沃斯 1825—1875 年城市名录、特罗的纽约城市名录 1888—1917 年部分、纽约律师录 1928 年部分和 1938—1973 年哥伦比亚大学法学记录。

320 表 A—5

1980 年 12 个衰退最严重城市和 12 个发展最迅速城市每平方英里的人口密度

衰退城市	密度	增长城市	密度
1.纽约市	23 283	1.洛杉矶	6 395
2.芝加哥	13 173	2.休斯顿	2 867
3.费城	12 986	3.达拉斯	2 416
4.底特律	8 620	4.圣迭戈	2 711
5.巴尔的摩	8 646	5.圣安东尼奥	2 980
6.旧金山	14 955	6.菲尼克斯	2 428
7.华盛顿	10 385	7.印第安纳波利斯	1 862
8.密尔沃基	6 641	8.孟菲斯	2 226
9.克利夫兰	7 560	9.圣何塞	4 216
10.波士顿	12 239	10.哥伦布	3 087
11.圣路易斯	7 403	11.杰克逊维尔	654
12.匹兹堡	7 639	12.西雅图	5 391

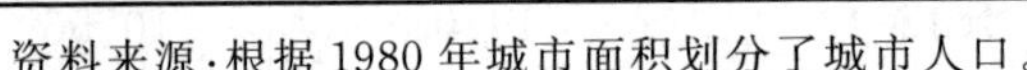

资料来源:根据 1980 年城市面积划分了城市人口。

表 A—6　321

19 世纪纽约韦斯切斯特县的村镇合并

村	并入镇	年份
阿德斯利	格林堡	1896
布朗克斯维尔	东切斯特	1898
克伦顿	科特兰特	1898
杜波斯弗里	格林堡	1873
黑斯廷斯	格林堡	1879
欧文顿	格林堡	1872
拉克蒙特	曼莫罗纳克	1891
曼莫罗纳克	曼莫罗纳克	1895
芒特基斯科	贝德福德	1875
新罗切勒	新罗切勒	1858
北佩尔海姆	佩尔海姆	1896
北塔里敦	芒特普莱森特	1875
佩尔海姆	佩尔海姆	1896
佩尔海姆庄园	佩尔海姆	1891
皮克斯基尔	科特兰特	1827
欢愉谷	芒特普莱森特	1897
波特切斯特	雷恩	1868
辛辛	奥斯宁	1813
塔里敦	格林堡	1870
怀特普莱恩斯	怀恩普莱恩斯	1866

322 表 A—7

1911—1917 年在波士顿拥有办公室的律师的平均通勤距离(单位:英里/15 年)

年份	抽样	波士顿外(%)	平均通勤距离(波士顿—住宅)	平均通勤距离(其他)	平均通勤距离(全部)
1911	76	56.6	2.7	8.6	5.9
1926	77	58.4	2.9	8.5	6.0
1941	78	62.8	3.2	9.0	6.8
1956	77	72.7	3.6	9.2	7.7
1971	78	78.2	3.1	9.8	8.3

样本抽取方法:从名录中某一年的律师中每 10 人抽取 1 人,直到总数达到 76—78 人为止。

资料来源:1911 年、1926 年、1941 年、1956 年和 1971 年的波士顿城市名录。

表 A—8

1915—1965 年新泽西州纽瓦克律师的平均通勤距离(单位:英里/10 年)

年份	抽样	住在纽瓦克外(%)	平均通勤距离
1915	200	39.5	3.47
1925	200	41.0	3.64
1935	200	57.5	4.90
1945	100	62.5	4.98
1955	100	63.5	5.85
1965	100	78.0	7.40

样本抽取方法:从名录中的律师中每 10 人抽取 1 人,直到达到目标总数为止。计算得到了米尔顿 · 海斯(Milton Hess)和罗宾 · 刘易斯的帮助。

资料来源:表中相应年份的纽瓦克城市名录。

323

表 A—9

1859—1970 年纽约宾汉姆顿律师的平均通勤距离(单位:英里)

年份	抽样	宾汉姆顿(%)	平均通勤距离(宾汉姆顿—住宅)	平均通勤距离(其他)	平均通勤距离(全部)
1859	23	0	0.36		0.36
1870	25	0	0.32		0.32
1886	40	0	0.46		0.46
1896	47	0	0.60		0.60
1906	40	0	0.74		0.74
1916	45	2	1.28	2.57	1.31
1926	44	11	1.05	3.28	1.29
1935	45	13	1.08	3.18	1.32
1945	50	12	1.11	3.73	1.42
1955	50	18	1.45	5.15	2.12
1965	49	45	1.59	5.11	3.27
1970	49	42	1.47	5.09	2.99

资料来源:表中相应年份的宾汉姆顿城市名录。由罗伯特·戴维斯(Robert Davis)计算。

表 A—10

1914—1954 年新泽西州南奥兰治县随机抽取居民的工作地点(百分比)

工作地点	1914(%)	1934(%)	1954(%)
南奥兰治	44.4	19.4	19.7
纽约市	25.9	33.3	15.8
纽瓦克	7.4	23.6	37.1
其他郊区	0	12.5	15.7
寡妇	7.4	2.7	5.6
未知	14.8	8.3	6.1
样本	35	72	74

资料来源:相应年份南奥兰治县城市名录每 20 人中抽取 1 人。

表 A—11

1930 年圣路易斯地区部分社区的住房价格和房主贷款公司居住安全率

社区	房主（%）	住房价格（千美元）				居住安全率
		3 以下（%）	3—7（%）	8—15（%）	15 以上（%）	
圣路易斯	31.6	11.6	49.6	30.1	7.7	C
大学城	50.1	4.8	19.9	23.2	37.5	A
韦伯格洛夫斯	78.5	7.3	29.5	39.2	23.2	A
梅普尔伍德	56.3	7.0	60.9	28.2	12.0	C
柯克伍德	68.3	13.0	41.9	32.1	11.2	
里士满	57.2	6.5	28.3	50.6	13.8	B
克莱顿	49.8	2.5	7.5	17.4	72.3	A
福格尔森	72.7	9.7	52.2	29.6	7.4	B
布莱特伍德	66.3	14.6	70.5	13.2	1.5	C
兰度	84.6	1.2	4.8	14.9	79.1	A

资料来源：1930 年美国人口普查数据圣路易斯部分；房主贷款公司调查文件，收藏于国家档案馆；以及国家资源委员会：《地区规划，第二部分——圣路易斯地区》（Regional Planning, Part II - St. Louis Region），华盛顿特区，美国政府印刷局，1936 年，第 52 页。

325

表 A—12

1850 年和 1980 年部分美国城市大都市区化之比较

城市	1850	1980
纽约		
城市人口	515 547	7 071 030
大都市区人口	868 918	16 121 297
城市所占百分比	59.30	43.90
费城		
城市人口	121 376	1 688 210
大都市区人口	371 860	4 700 996
城市所占百分比	32.6	35.9
匹兹堡		
城市人口	46 601	423 928
大都市区人口	150 000	2 260 919
城市所占百分比	31.1	18
克利夫兰		
城市人口	7 977	573 822
大都市区人口	29 000	1 895 997
城市所占百分比	27.5	30.3
圣路易斯		
城市人口	25 000	453 085
大都市区人口	77 860	2 344 912
城市所占百分比	32.1	19.3

1850 年的纽约人口即曼哈顿人口，纽约大都市区人口包括现代纽约的四个区再加上属于新泽西州的毗邻县。1850 年费城大都市区人口包括肯辛顿、北立波特斯、萨瓦克、温泉花园、摩亚门辛、南佩恩、里士满、西菲拉德尔菲亚、日耳曼敦和法兰克福。1850 年匹兹堡城市人口反映的是那一年巨大兼并之前的状况。1850 年的克利夫兰只包括其第一区。1840 年代的兼并包括在了郊区的数据里。

资料来源：美国人口普查数据，1850 年和 1980 年；保罗·斯杜邓斯基（Paul Studenski）编：《美国大都市区政府》（*The Government of Metropolitan Areas in the United States*），纽约，1930 年，第 17—18 页；罗德里克·麦肯齐（Roderick D. McKenzie）：《大都市区社区》（*The Metropolitan Community*），纽约，1933 年，第 194—197 页。

326

表 A—13

1935—1968 年美国新开工住房(以千为单位)

年份	总数	FHA 开工数	VA 开工数	公共住房
1935	216	14	0	5
1936	304	49	0	15
1937	332	60	0	4
1938	339	119	0	7
1939	458	158	0	57
1940	530	180	0	73
1941	619	220	0	87
1942	301	166	0	55
1943	184	146	0	7
1944	139	93	0	3
1945	325	41	9	1
1946	1 015	69	92	8
1947	1 265	229	160	3
1948	1 344	294	71	18
1949	1 430	364	91	36
1950	1 408	487	191	44
1951	1 420	264	149	71
1952	1 446	280	141	59
1953	1 402	252	157	36
1954	1 532	276	307	19
1955	1 627	277	393	20
1956	1 325	192	271	24
1957	1 175	168	128	49
1958	1 314	295	102	68
1959	1 495	332	109	37
1960	1 230	161	75	44
1961	1 284	244	83	52
1962	1 439	259	78	30
1963	1 582	221	71	32
1964	1 502	205	59	32
1965	1 451	196	49	37
1966	1 142	158	37	31
1967	1 268	180	52	30
1968	1 484	220	56	38

资料来源:美国住房与城市发展部,《HUD 趋势——年度摘要》(*HUD Trends: Annual Summary*),华盛顿,1970 年;美国人口普查局:《住房建设统计数据,1889—1964》(*Housing Construction Statistics*),华盛顿,1964 年,表 A—2。

表 A—14 327

1980 年非洲裔美国人口占较大比例的美国城市和郊区

社区	1970 年(%)	1980 年(%)
伊利诺伊州东圣路易斯	69.1	95.6
俄亥俄州东克利夫兰	58.6	86.5
新泽西州东奥兰治	53.1	83.5
加州康普顿	71.0	74.8
亚拉巴马州普理查德	50.5	73.7
印第安纳州加里	52.8	70.8
华盛顿特区	71.1	70.3
佐治亚州亚特兰大	51.3	66.6
密歇根州底特律	43.6	63.1
新泽西州纽瓦克	54.2	58.2
加州英格伍德	11.2	57.2
亚拉巴马州伯明翰	42	55.6
路易斯安那州新奥尔良	45.0	55.3
马里兰州巴尔的摩	46.4	54.8
新泽西州卡姆登	39.1	53.1
弗吉尼亚州里士满	42.0	51.3
特拉华州威尔明顿	43.6	51.1

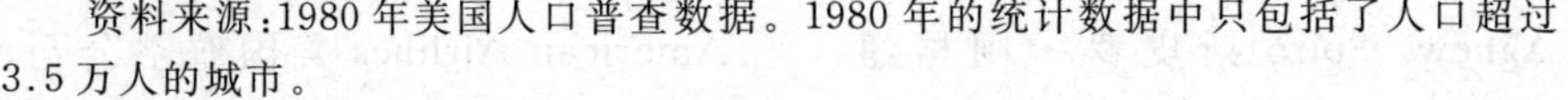
资料来源:1980 年美国人口普查数据。1980 年的统计数据中只包括了人口超过 3.5 万人的城市。

索　　引

（数字系英文原版页码，在本书中为边码）

A

B

C

G

H

I

L

Q

R

S

W

图书在版编目(CIP)数据

马唐草边疆/(美)肯尼思·杰克逊著;王旭等译.—北京:商务印书馆,2017
(汉译世界学术名著丛书:120年纪念版:珍藏本)
ISBN 978-7-100-14347-9

Ⅰ.①马… Ⅱ.①肯… ②王… Ⅲ.①城市史—美国
Ⅳ.①K712.9

中国版本图书馆CIP数据核字(2017)第154922号

汉译世界学术名著丛书
(120年纪念版·珍藏本)
马唐草边疆
〔美〕肯尼思·杰克逊 著
王 旭 李文硕 王宇翔 刘敏 孙群郎 译

商务印书馆出版
(北京王府井大街36号 邮政编码100710)
商务印书馆发行
北京通州皇家印刷厂印刷
ISBN 978-7-100-14347-9

2017年12月第1版 开本 710×1000 1/16
2017年12月北京第1次印刷 印张 40¼
定价:195.00元